Horst Mönnich
Der Turm

BMW
Eine Jahrhundertgeschichte

Band 1
Vor der Schallmauer (1916-1945)

Band 2
Der Turm (1945-1972)

Horst Mönnich

Der Turm

BMW
Eine Jahrhundertgeschichte

Band 2
1945 - 1972

BMW Edition
im ECON Verlag

CIP-Kurztitelaufnahme der Deutschen Bibliothek

Mönnich, Horst:
BMW – Eine Jahrhundertgeschichte / Horst Mönnich.
Düsseldorf; Wien: ECON-Verlag (BMW-Edition)
Bd. 2. Der Turm: 1945–1972. – 1. Aufl. – 1986.
  ISBN 3-430-16764-7

BMW Edition im ECON Verlag
besorgt von Gernot Brauer
Gestaltung Otl Aicher

1. Auflage 1986
Copyright © 1986 by ECON Verlag GmbH,
Düsseldorf und Wien
Alle Rechte der Verbreitung, auch durch
Film, Funk und Fernsehen, fotomechanische
Wiedergabe, Tonträger jeder Art,
auszugsweisen Nachdruck oder Einspeicherung
und Rückgewinnung in Datenverarbeitungs-
anlagen aller Art, sind vorbehalten.
Layout: Gernot Brauer, Karin Büchner
Gesetzt aus der Times und Helvetica der Fa. Hell, Kiel
Satz: Bercker, Graphischer Betrieb GmbH, Kevelaer
Druck und Bindearbeiten: Mainpresse Richterdruck, Würzburg
Printed in Germany
ISBN 3 430 16764 7

Was er webt, weiß kein Weber

Sprichwort

Band 2
Der Turm

Inhalt

Sieger und Besiegte 1945-1951
Großer Fragebogen
Drinnen und Draußen
Nun doch Demontage
Was in Eisenach geschah
Ein Prozeß
Veritas contra Milbertshofen
Allacher Palastrevolution

Gratwanderung 1951-1960
Tücken eines Engels
Das Ei
Absage an die Luft
Der Stoff, aus dem die Träume sind
In der Hand der Banken
Ein Tag im Leben der BMW
9. Dezember 1959

Anabasis 1960-1972
Quandt
Ein Auftrag
Die Sanierung
Der Rubikon wird überschritten
Hahnemann kommt
Die neue Klasse
Glück und Glas
Griff nach den Sternen
In Homburg und anderswo
Abschied von den Flegeljahren
Der Turm

Die Kapitel

Sieger und Besiegte
1945-1951

Großer Fragebogen	12	Die Stunde Null · Einblick in einen unerklärlichen Vorgang · Verschwörung gegen den Frieden? · General History so – oder so · Schreckliche Bilanz
Drinnen und Draußen	19	Eine Rechnung geht nicht auf · Die Direktiven der Stabschefs · Ein Diebstahl und seine Folgen · Arbeitserlaubnis für Autoreparaturen · Denkschrift aus Stadelheim · Allach wird Karlsfeld Ordnance Depot · Wrba und Dorls · Militär ist Militär · Milbertshofen – noch einmal davongekommen?
Nun doch Demontage	29	Inschriften an der Feldherrnhalle · Bittgänge · Die Beschlagnahme · Ein Henker namens Hencky · Dürfen, können, sollen, müssen wir? · Oberst Silvey erscheint · Ein Brief Ludwig Erhards · Davongekommen – wofür?
Was in Eisenach geschah	36	In der Falle · Im Abteroder Kalischacht · Der Befehl Nr. 93 des Marschalls Shukow · Die Awtowelo übernimmt Eisenach · Anhörung des Albert Siedler · Konstruieren auf Befehl · Arbeiterdelegation nach Karlshorst · 3000 PKW vom Typ 321 · Ein russischer General · »Warum sind Sie nicht drüben geblieben?«
Ein Prozeß	44	Streit um das Markenzeichen · Wer hat recht: Eisenach oder Milbertshofen? · Jurisprudenz in der Zwickmühle · Ost oder West – wo liegt BMW? · Sinnlose Demontage · »Holzaktion« in Milbertshofen · Kisten, so groß wie Wochenendhäuser · Mr. Claimes umarmt Deby · Von Byrnes zu Marshall · Hallo, Mr. Craig! · 1948: Die R 24 auf dem Genfer Salon · Währungsreform · Berlinblockade · Die wahren Blockadegründe · Bericht des Graham Walker über die Deutschen · Mr. B. Byrnes besucht Milbertshofen · »Schöne Laboratoriumsausstattung« · Eine Motorradschlacht zwischen BMW und NSU · Wiederbeginn aus Stoppkosten, um ein Komma verrückt · Die ersten Motorräder sind da · Prozeßausgang
Veritas contra Milbertshofen	64	Ein Phönix in der Asche: der 326 · Die technische Crew von Allach · Wie es zur »Veritas« kam · Donath in der Sackgasse
Allacher Palastrevolution	71	Armeeruhm für Allach · Robert E. L. Masters paßt die ganze Richtung nicht · Korea mischt sich ein · Daimler-Benz vor den Toren · Nacht- und Nebelaktion in Immenstadt · Eine Sternstunde wird verpaßt · Der 501

Gratwanderung
1951-1960

Tücken eines Engels	80	Deutsche Selbstfindung · Geburt des Grundgesetzes auf Herrenchiemsee · Gewogen und zu schwer befunden: der 501 · Münchner Spätheimkehrer · Traum und Wirklichkeit des 501 · Böning, Szimanowski und andere
Das Ei	92	Entdeckung der Isetta in Genf · Kann der Dixi wiederholt werden? · Kein Auto, ein Zwitter · Liliputomnibus 600 · Popps Tod und Vermächtnis
Der Stoff, aus dem die Träume sind	101	The Baron of Park Avenue: Maxie Hoffman · Ein Designer in New York: Graf Goertz · Wie man zum 507 kam · BMW ist kein Chauffeurwagen
Absage an die Luft	106	Fliegen wieder erlaubt · Operation Paperclip · BMW-Ingenieure: Wo sind sie geblieben? · Die List des Theodore von Kármán · Das Geheimnis der Pfeilflügel · Spätheimkehrer Prestel wird befragt · Deportation an die Wolga · Sachse gründet BMW Studiengesellschaft für Triebwerkbau · Erster Schritt vom Wege der AG: Teilverkauf von Allach · Zborowskis Wiederkehr

In der Hand der Banken	119	Höchste Alarmstufe · Dr. Heinrich Richter-Brohm tritt an · »Kämpfer«isches Erlebnis · Ende des Mittelklasseprojekts · Denzel baut in Wien den 700 · Eine Drucksache von Daimler-Benz · Feiths Sanierungsplan
Ein Tag im Leben der BMW AG 9. Dezember 1959	130	Beten für BMW: die Stunde des Kohlenhändlers Nold · Der Mann im braunen Anzug: Mathern · 5500 Facharbeiter – ohne Wert? · Glaubensbekenntnisse zur BMW Aktie · Die Entscheidung Richter-Brohms · Das fehlende Prüfungsgutachten · Ein Personalchef denkt nach · In den Seilen: Nold · Matherns Gleichnis von der Weihnachtsgans · Quandt zwischen Daimler-Benz und BMW · Anfechtung der Bilanz · Vertagung

Anabasis
1960-1972

Quandt	150	Ein Herr Lindemann · Ein Erbe und ein Auftrag · Am Scheideweg · Nallingers Signal
Ein Auftrag	156	Gerhard Wilcke, Rechtsanwalt und Notar · Semler oder Goergen? · Auf bayerischem Parkett · Die Wahl
Die Sanierung	161	Sondierung bei Zahn · Die Freier · MAN oder General Electric · Startplan in drei Phasen · Das entscheidende 51ste Prozent
Der Rubikon wird überschritten	167	Der Break-Even-Point · Wie muß der Mittelwagen aussehen? · Robert Pertuss · Quandt und die »Niere« · Ohne Emissionskonsortium · Schnauzer bellt Dogge an · Die Rechnung geht auf · Eine Nachricht in Kempten
Hahnemann kommt	173	Die Borgward-Pleite · Quandt engagiert Gieschen – und Hahnemann · Im Lager bei Freiburg · 63 Millionen »im Sack« · »Nischen-Paul« und seine Verkaufsstrategie · Aus Freude am Fahren · Beinah-Fiasko des 1500
Die neue Klasse	189	›Eigentum für alle‹? – Fragen des Arbeiters · Ein neuer Mittelstand · Was der Kunde kauft, wird gebaut · Pioniere am Werk: Von Monz bis Gieschen · Die vier »Landesfürsten« · Volks Formel: N = A : T · Neue Niederlassung Berlin · Eine Händlerversammlung · »Was kosten die stolzen BMW?« · Kämpfer scheidet aus · MAN erwirbt Triebwerkbau · In Spandau rührt sich was
Glück und Glas	202	Dialog auf der IAA 1965 · Hahnemann denkt nach und handelt · Eine Landmaschinenfabrik in Niederbayern · Der alte und der junge Glas · »Hoch versichern, anzünden!« · Ein Schwertstreich · BMW »übernimmt« Glas · Leute- und Landkauf in Dingolfing · Ende des Goggomobils
Griff nach den Sternen	215	Natter, am Busen genährt · Lösung von der »Nische« · Die neuen Sechszylinder – Angriff auf Untertürkheim? · Daimler-Benz freut sich auf weißblaue Konkurrenz · Renn- oder Ralleysport? · Aschheim und die Folgen
In Homburg und anderswo	225	Wer hat BMW gerettet? · Nachbarn am Zaun: Golda und Quandt · Lehrgeld eines Betriebsratsvorsitzenden · Ein Ingenieur namens v. Kuenheim
Abschied von den Flegeljahren	229	Der Mann an der Spitze und vier Grundvoraussetzungen · Harald Quandt und Eberhard v. Kuenheim · Herbert Quandt: »Machen Sie das!« · Mit 41 Jahren Vorstandsvorsteher · Alles ist getan – ist alles getan? · Wie Hahnemann den Turm durchsetzte · 1971: Da grummelt doch was? · Gieschen und sein Nachfolger · Abschiedsgedanken bei Gieschens Ausscheiden · Zwei Temperamente · Hahnemann geht
Der Turm	241	Idee und Wirklichkeit des Karl Schwanzer · Gedanken nach dem Bauen · »Operations Research« im Turm · Vier graue Eisenschränkchen speichern erste Daten · Mystik der großen Zahl · Wendepunkt 1973
	249	Warum der Autor hier aufhört
	250	Namensregister
	254	Sachregister
	259	Bildnachweis

Sieger und Besiegte
1945 - 1951

Großer Fragebogen

»Die Erde bebte nicht, die Sterne fielen nicht vom Himmel, kein Komet hatte es angekündigt, die Natur verhielt sich ruhig, nirgendwo geschahen Zeichen und Wunder – am wenigsten dort, wo der Friede so sehnlich erharrt worden war: in der Brust des Menschen.« Ein deutscher Schriftsteller, Horst Lange, fixierte so den Anbruch der Stunde Null, und wenn er meinte, es endete genauso, wie es angefangen hatte, »ganz gewöhnlich – die apokalyptischen Signaturen betrafen nicht das Ganze –, es begann mit Hysterie und uneingestandener Angst, und es ging mit Erschöpfung und offenbar gewordener Angst zu Ende«, so war, was nun begann, in Deutschland begann, zuallererst vom Fortfall dieser Angst bestimmt.

Mochten im Osten Millionen die Heimat verloren haben, Millionen sich um Angehörige bangen, deren Schicksal ungewiß war, Heere von Kriegsgefangenen auf blankem Feld herumliegen, zerlumpt, hungernd und frierend: Stacheldraht und Besatzungsbefehle, Panzerwagen und noch so martialisches Auftreten der Sieger, ob es Russen, Amerikaner, Engländer oder Franzosen waren, wen schreckte es noch? Die Angst war weg – und mit der Angst etwas, was als »Pflicht« jedem Deutschen im Nacken saß. War er in der Partei gewesen oder nicht, hatte er auf Hitler gesetzt oder nicht, mochte er selbst Defätist genannt worden sein und, vom Untergang Deutschlands längst überzeugt, nichts sehnlicher als das Ende herbeigewünscht haben: die Bürde, als Deutscher diesem Staat, liebte oder haßte man ihn, auf Gedeih und Verderb anzugehören, war bis zuletzt geblieben.

Auch sie war nun fort. Der Staat, ein Gebilde, das aus der Lebensleistung von Generationen, ihren Opfern, ihrem Fleiß bestand, hatte jede persönliche Verantwortung, die über die Bedürfnisse des eigenen Leibes hinausging, bei seinen Bürgern verwirkt. In ein Nichts zerstoben, hatte er ein Volk von 70 Millionen sich selbst überlassen – und *das* war die Stunde Null: ein geschichtsloser Zustand, in dem die Deutschen dahintrieben... Erlöst von der Allmacht »Führer«, wissend, daß man ohne ihn leben konnte, leben mußte, leben durfte, waren sie, so absurd ihnen dies erschien, besiegt und doch frei. Keine Bomben mehr, die vom Himmel fielen; atmen, ohne an morgen zu denken. Was war, war nicht zu ändern, was sein würde, würde sein.

Kolk saß in seiner Wohnung in der Borstei am Fenster und sonnte sich, als es klingelte. Er hatte damit gerechnet. Er ging zur Tür, öffnete. Ein baumlanger Soldat in Khaki stand vor ihm – baumlang, Khaki, selbst den Colt, der dem Mann am Gurt baumelte, hatte er sich genau so vorgestellt.

»Du Kolk, Kassierer?« Kolk nickte.
»Du mit mir kommen.«
»Wohin?«
»Zu der BMW.«
»Was soll ich da?«
»Bißchen arbeiten.«
Lächerlich, alles genauso, als liefe ein Drehbuch ab, das er kannte:
»Was darf ich mitnehmen?«
»Etwas Wäsche vielleicht.«
»Essen?«
»Kriegst du von uns.«

Oscar Kolk

Kolk verständigte die Nachbarn, damit die es seiner Frau sagen konnten; sie war evakuiert, wußte aber, daß er von seiner Reise nach Augsburg, wo er noch einen Scheck über 50 Millionen eingetrieben hatte, heil nach München zurückgekehrt war. Er schloß die Wohnungstür, ging nach unten, der Soldat hinter ihm – aus Sorge, er könnte ihm entwischen? Auch das wie im Drehbuch, dachte Kolk –, stieg in den wie erwartet unten am Haus stehenden Jeep, winkte einigen Kindern zu, die ihn hüpfend umsprangen, und fuhr ins Werk, das keine zehn Minuten weit entfernt lag.

Hier endete das Drehbuch. Denn daß nun eine Reise in die Vergangenheit beginnen würde, gründlicher und genauer, als sie Kolk und allen Direktoren samt ihren Assistenten, die die Reise mit ihm antraten, in Erinnerung stand, hatte seine Phantasie nicht voraussehen können. Der Große Fragebogen, den man ihm vorlegte, beschwor herauf, was ein einzelner Mensch

– es sei denn, er wäre ein Übermensch gewesen – zur Stunde, als es sich ereignete, niemals so vor Augen gehabt haben konnte. Da es das Werk betraf und nicht die eigene Person – die nur am Rande –, schien es Kolk, als durchschritte er eine Welt, die endgültig dahin war – ein Puzzle, noch einmal zusammengefügt, bevor es in der Abfalltonne verschwand.

Sie wollten *alles* wissen. Dabei verriet jede Frage, die sie stellten, daß sie alles schon wußten – vom Gründungsdatum der Firma an, ihren Zielen, ihren Erfolgen, Niedergängen und Aufschwüngen im Kaiserreich, in der Weimarer Republik, in Hitlers Drittem Reich bis zur darauffolgenden unausbleiblichen Katastrophe. Alle Erwerbungen, die je getätigt wurden, wünschten sie aufgeführt und: von wem finanziert, mit welchen Vorständen, welchen Bankhäusern, die jährlichen Handelsbilanzen, Transaktionen mit Japan, direkt oder anders gemacht oder nur geplant, wollten wissen, wohin einzelne Fabrikteile verlegt worden waren, deren Aktivitäten, Personal, Betriebsfläche, Grundstücksgröße, wann in Serie produziert wurde, wann nicht und warum. Selbst wie es in der Lagerschalengießerei ausgesehen hatte, wollten sie erfahren, und wieviel Blei, Bronze und Weißmetall bei wieviel Stunden im Monat von wieviel Universal-Werkzeugmaschinen verarbeitet worden war, wer diese Kleinschmiedestücke, jene Zahnradrohlinge geliefert hatte (Beilhack in Rosenheim, Schneider in Aalen, Henningen in Metzingen, Krumm und Dowidat in Remscheid, Pettinghaus in Altenförde, Herder und Hammesfahr in Solingen bis hin zu Janischek in Brünn, Stör in Sagengottes) und, natürlich, was an Großteilen wie Pleuelstangen, Luftschraubenwellen oder Planetenradträgern aus »Waffenschmieden« wie Krupp in Essen, Rheinmetall in Düsseldorf, den Tatrawerken in Nesseldorf oder den Deutschen Edelstahlwerken stammte.

Vermutlich saßen in all diesen Firmen längst Männer wie er, Kolk, über die gleichen Fragebögen gebeugt, um ihrerseits die nach München gelieferten Produkte auf Punkt und Komma genau aufzuführen, gewärtig – falls die Angaben nicht übereinstimmten –, der Falschaussage bezichtigt und, wie für nachweisbare Abweichungen angedroht, durch Sondergerichte abgeurteilt und bestraft zu werden.

Die Prozedur übertraf alles, was Deutsche an Bürokratie von deutschen Amtsstellen gewöhnt waren. Wozu, weshalb das Ganze bei zu fünfzig und mehr Prozent in Trümmern liegenden Hallen, zerstörtem Arbeitsgerät, verbrannten Konstruktionsplänen, einer in alle Winde verwehten, praktisch gar nicht mehr vorhandenen Belegschaft – »Gefolgschaft«, wie man bisher gesagt hatte – und bei der Absicht der Sieger, aus Deutschland einen Kartoffelacker zu machen? (Nächst der Abtretung Ostpreußens und Oberschlesiens an Polen, der Saar und der Gebiete zwischen Rhein und Mosel an Frankreich, der Zwangsverpflichtung eines Kontingents deutscher Arbeiter in die Siegerstaaten als Reparation, der Internationalisierung des Ruhrgebietes und der Zerstörung aller wichtigen Industrie- und Kohleförderungsanlagen war, wie erste Radiomeldungen mitteilten, dies und nichts anderes vorgesehen. Oder sollte, was einst hier hergestellt worden war, erneut hergestellt werden? Auch das kursierte an Gerüchten: daß es nun, gemeinsam mit den Deutschen, gegen die Russen ginge...) Vielleicht diente der Große Fragebogen aber auch nur reiner Gewissenserforschung – lügst du im Kleinen, wirst du uns auch im Großen belügen! – ? Oder es gehörte einfach zum Imponiergehabe des Siegers, mehr wissen zu wollen, als zehn Weise beantworten konnten. Vielleicht aber, sagte sich Kolk, steckt am Ende noch etwas anderes dahinter.

Die Gelegenheit, in einen unerklärlichen Vorgang Einblick zu nehmen, wie er nie wieder gewährt werden würde, war ohne Zweifel von hohem Reiz für jeden, der dahinterkommen wollte: Warum waren die Deutschen ihren Gegnern industriell ebenbürtig oder sogar überlegen geblieben – trotz abgeschnittener Rohstoffzufuhr, erschöpfter eigener Rohstoffbasen und, dies mindestens ab 1943, bei einer verzweifelten Lage an allen Fronten? Wo lag das Geheimnis, das doch nicht allein auf ihren verrückten Führer zurückzuführen sein konnte, das es ihm im Gegenteil erst ermöglicht hatte, diesen Krieg zu entfesseln und, gestützt auf eine Kraft, die mit »nationalsozialistischer Idee« nicht annähernd zu erklären war, fast fünf Jahre durchzuhalten – fünf Jahre, in denen die deutschen Armeen halb Europa erobert hatten?

Kolk gab zu, daß für ihn – auf der Suche nach einer Antwort im BMW-Bereich – diese Frage nicht minder interessant war als für jeden, der

Die Stammväter von BMW: Gustav Otto (links), Flieger, Konstrukteur von Flugmaschinen und Gründer der Otto-Flugzeugwerke, in deren Hallen am Oberwiesenfeld BMW Anfang der zwanziger Jahre einzieht.

Rechts: Karl Rapp, Gründer der Rappmotoren-Werke, die 1917 als Bayerische Motorenwerke im Handelsregister erscheinen.

sie, und sei es allein aus Gründen der Konkurrenz, von draußen stellte. Wie in Lesages Roman vom »Hinkenden Teufel«, der die Dächer der Weltstadt Madrid abdeckt, so daß der Leser mit einem Blick sehen kann, was in Tausenden von Wohnungen, Köpfen und Herzen vor sich geht, trat im Großen Fragebogen zutage, was auf dem Grund der Diktatur im Dickicht der Wirtschaft und Industrie vor sich gegangen war. Doch was ergab das? So sinnlos es war, auch nur eine einzige Antwort verschleiern zu wollen, so sinnlos war es auch, die Vielfalt von Einzelheiten, die die Erinnerung preisgab, zum schlüssigen Bild zusammenzufügen.

Denn »The general history«, die den Lebenslauf der Firma darstellen sollte, enthielt nichts anderes als in unzähligen Lebensläufen von Firmen stand, wie sie auf der ganzen Welt existierten. Ein Mann erkennt, daß für etwas, was er herzustellen gedenkt, ein Bedürfnis besteht. Der Anlaß, der das Bedürfnis geweckt hat, ist eine Erfindung. Daß diese das Jahrhundert, in dem man lebt, bis auf den Grund verändern konnte, war eine Folge aller industriellen Tätigkeit, die sie ausgelöst hatte – BMW nicht ausgenommen. Kolk war es recht, alles getreulich hinzuschreiben, was er darüber wußte. Aber was wußte er schon?

Ein gewisser Rapp, ein einfacher Motoren-Ingenieur, hatte 1913 in München die Rapp-Motorenwerke gegründet. Sein Ziel war es, Flugmotoren zu bauen. Viele taten das, warum nicht auch er? Man fliegt. Er kann das Sei-

Ottos neuer Passagierdoppeldecker (5 Personen) »erhob sich nach ca. 150 Meter Anlauf vom Flugplatz Oberwiesenfeld aus in die Luft und zog in gleichmäßiger Höhe von 140 Metern seine Kreise. Die Landung vollzog sich außerordentlich glatt...«

Am 29. 11. 1916 trifft der Dipl.-Ing. Franz Josef Popp, Oberleutnant d. R. in der k.u.k. Österreichisch-Ungarischen Marine, in München bei den Rapp-Motorenwerken ein.

Max Friz, Ingenieur bei Daimler, kommt 1917 aus Stuttgart nach München. Er hat sich bei Rapp beworben. Popp stellt ihn ein.

ne dazu beitragen, hat nicht viel Glück, der Krieg kommt, den man später den Ersten Weltkrieg nennen wird, rettet ihn vor der Pleite. Kein Held, dieser Mann, ein Unglücksmensch eher, dem nichts recht gelingen will, nichts leicht von der Hand geht, bis ihm endlich – weder in Preußen noch in Bayern interessiert sich jemand für seine Flugmotoren – Österreichs Marinefliegerei einen Auftrag erteilt. So war es doch? Ja, so war es. Aber erst, als der k. u. k. Oberleutnant Popp in Wien den Befehl bekam, den Auftrag behördlicherseits »abzunehmen«, und nach München fuhr, wurde etwas daraus: Kurzentschlossen – um den Auftrag und was sich da hochtrabend »Motorenwerke« nannte zu retten – gab er dem Ganzen, wenn es auch nur ein elender Schuppen war, einen neuen Namen: BMW. Daß die dann errichtete Fabrik, als der Krieg verloren und an Flugmotoren nicht mehr zu denken war, in einer Firma aufging, deren eigentlicher Gründer Gustav Otto hieß – Otto, wie der Erfinder des Viertaktmotors, dessen Sohn er war –, mochte mehr eine Kuriosität sein als ein Wegzeichen, auf das man stolz sein konnte.

Überlegte er, Kolk, es sich recht, so wäre aus all dem, trotz der ehrenwerten Stammväter, nie etwas anderes geworden, wenn es nicht zwei Leute gegeben hätte: den Mann des Kapitals – einen Halsabschneider, Kriegsgewinnler, Inflationsspekulanten, Abenteurer und weiß Gott noch was – und einen Techniker, der imstande war, durch eine schlichte Erfindung, die er »Höhenflugmotor« nannte, dem Schicksal eine Wendung zu geben; Erfolg,

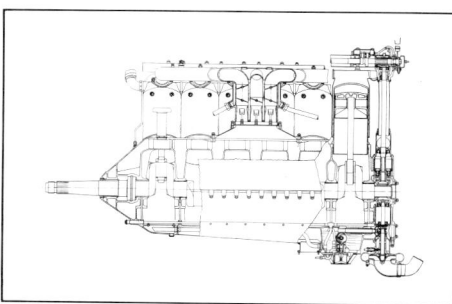

Querschnitt des von Friz konstruierten Höhenflugmotors BMW III a.

das Zauberwort, stellte sich ein, zum erstenmal. Was aber hatte Castiglioni, wie der eine hieß, bewogen, BMW zu finanzieren – zu einer Zeit, als ganz bestimmt kein Gewinn, nur Risiko damit verbunden war? Daß er als Jude in Bayern Fuß fassen konnte – Hitler hatte noch nicht beschlossen, Politiker zu werden – und gelitten wurde, reichte nicht aus. Und Friz, Max Friz, der schwäbische Ingenieur, der seit Jahren in Stuttgart im Konstruktionsbüro bei Daimler saß, was hatte ihn veranlaßt, sich in der kleinen Klitsche der Rapp-Motorenwerke in München in der Schleißheimer Straße zu bewerben? Wirklich nur die ihm von Gottfried Daimler verweigerte Gehaltserhöhung von monatlich 50 Mark? Nein, es war der Reiz, in der bayerischen Hauptstadt am Oberwiesenfeld bei einer Firma, die eigentlich nichts weiter besaß als den Namen BMW und einen weißblauen Propellerkreis als Firmenzeichen, eine Idee in die Tat umsetzen zu können, die bei Daimler, weil man dort nichts davon hielt, auf ewig im Schubkasten verschwinden sollte: jenen Höhenflugmotor, der als BMW III a den Deutschen, infolge der größeren Höhen, die sie mit ihm erreichten, noch im letzten Kriegsjahr 1918 ihre staunend vom Gegner wahrgenommene Luftüberlegenheit einbrachte. Dreißig Luftsiege errang allein Ernst Udet, Staffelführer im Richthofengeschwader, mit dem neuen Motor, der nur einen Fehler hatte: er kam zu spät, wie Udet beklagte. Derselbe Udet, der als Generalluftzeugmeister dann unter Göring...

Ja, dachte Kolk, so würde es die »general history« nun bestätigen: Da war sie doch, die gerade Linie, die vom Ersten in den Zweiten Weltkrieg hineinführte, oder nicht? – die Verschwörung gegen die Welt, an der BMW, längst ehe Hitler auf der Bildfläche erschien, tätigen Anteil gehabt hatte, stets vorgebend, technischen Träumen angehangen zu sein, die dem Motorrad, dem Automobil galten, in Wahrheit aber nur das eine Ziel verfolgten: in der Luftrüstung an erster Stelle zu stehen: zunächst mit dem besten Kolbenmotor, dann mit dem ersten serienmäßigen Strahltriebwerk der Welt und: mit Raketentriebwerken, die alles in den Schatten stellten, was es auf alliierter Seite gab.

War es so? Gleichviel, dachte Kolk, mochten sie doch glauben, was Fakten und Zahlen, in Fragen gegossen, die keine Nebenerklärungen zuließen, in jeder Antwortspalte scheinbar bewiesen. Daß es anders war, anders gewesen sein könnte, interessierte niemand. Deutschland hatte aufgehört, Subjekt des Völkerrechts zu sein, und er, Kolk, hatte keinen Anspruch darauf, seine Kenntnis zur Geltung zu bringen. Und so schrieb er, soweit es rekonstruierbar war, hin, was er wußte, teils aus dem Gedächtnis – die nach Feldafing ausgelagerte Buchhaltung samt Hollerithabteilung war von marodierenden Fremdarbeitern geplündert und in Brand gesteckt worden –, teils aus Unterlagen, die eine vorsorgliche Hand in Panzerschränken verwahrt hatte. Wenn die Schlüssel zu diesen Schränken nicht gleich zur Stelle waren, hatten übereifrige GIs die Schlösser mit Pistolenschüssen aufgesprengt. Viel hatten sie nicht in den Stahlfächern gefunden: Lohnlisten, unbedeutende Schriftstücke, Aufsichtsratsprotokolle, eine Übersicht aller Werkzeugmaschinen und wohin diese in Auslagerungsbetriebe verbracht worden waren: Hofbräuhauskeller/Franziskanerkeller/Rohrmattenfabrik Dachau (1583), Bleichach (345), Immenstadt (244), Kempten (310), Kaufbeuren (243), Landshut (141), Stephanskirchen (172), Trostberg (376), zusammen 3414 Maschinen... und dergleichen mehr, zufällig gemachte Angaben (»Werk Gnôme et Rhône in Paris hat anfänglich eine größere Zahl von Motoren BMW 132 gebaut, später bis Juni 1943 Teile für BMW 801 geliefert...«) – alles nur Splitterbelege über längst Bekanntes, nicht das große Geheimnis, dem allenthalben in Deutschland die »Joint Intelligence Objective Committees« genannten Suchgruppen auf der Fährte waren, um es in der »ersten ordnungsmäßigen Ausbeutung der Gehirnkraft eines fremden Landes« noch im Kampf gegen Japan nutzbar zu machen, darüber hinaus aber, um profunde Anklage erheben zu können...

War solche Anklage gegen BMW erhebbar, dann änderte auch die Ausfüllung des Großen Fragebogens nichts daran, dann war dies beschlossene Sache, und jeder Vermerk, jeder Hinweis darauf, daß man nicht primär Rüstungswerk, sondern eine zivile Firma gewesen war, die als solche zu behandeln sei, war nur geeignet, dort Zweifel aufkommen zu lassen, wo Tatsachen für sich sprachen. Zum Beispiel die Lizenzvergabe des luftgekühlten Sternmotors von Pratt & Whitney, einer amerikanischen Firma, an BMW. Kein Mensch hatte im Jahr 1928 an Krieg gedacht, und wenn an »Rüstung«, dann ganz legitim; sollte Deutschland auf ewig verweigert werden, was jeder Staat dieser Erde selbstverständlich für sich in Anspruch nahm, Amerika an der Spitze?

Aber *darüber* war nichts im Großen Fragebogen zu lesen. Wen interessierte es, daß alle technischen Konzeptionen, die die Firma entwickelt und angeboten hatte, jeweils in ihrem Bereich an der Spitze des Fortschritts standen; daß BMW deshalb, nur deshalb konkurrenzfähig geblieben war und im Ausland geachtet, beliebt wie kaum eine andere Marke? Und wie war jene Kontinuität erklärbar, die es an keiner anderen Stelle in Deutschland zum zweitenmal gab? Über drei Bereiche gespannt – Flugmotoren, Motorräder, Automobile –, hatte *ein* Management ohne nennenswerte Fluktuation, hatte *ein* Mann, der diesem Management ein Vierteljahrhundert lang vorstand, Franz Josef Popp, ein eher unzugänglicher, eingebildeter, närrischer und störrischer Mensch, diese Kontinuität dem Zeitalter abgetrotzt. Und welch einem Zeitalter: der schimmernden Wehr, wie das im Ersten Weltkrieg, im Kaiserreich, noch hieß, sodann einer Republik, die, wie Stresemann es einmal Briand gegenüber geklagt hatte, »im schwarzen Gehrock erstarrte und keinerlei Rücksicht auf die psychologischen Bedürfnisse der Masse nahm«, einer Republik, die in Reparationszahlungen, geschwächt durch Inflation und Weltwirtschaftskrise, untergegangen war; abgetrotzt schließlich einem Hitler, seinem Rassenwahn, der trügerischen neuen Blüte Deutschlands, das

Reichspräsident v. Hindenburg (2. v. l.) besichtigt 1931 die Internationale Automobil- und Motorradausstellung in Berlin. Popp (vorn links) stellt ihm den BMW Dixi vor.

sich Großdeutsches Reich nannte, seiner stolz proklamierten neuen Wehrhoheit mit all ihren Folgen, die in der Katastrophe des Zweiten Weltkrieges endeten. Kraft dieser Kontinuität, die immun zu sein schien gegenüber Weltuntergängen, war man bei BMW, nachdem das Flugmotorengeschäft sich wieder anließ, noch Ende der zwanziger Jahre von der Motorradherstellung in den Autobau eingestiegen. Hatte mit dem Kauf der Fahrzeugwerke Eisenach ein kleines Automobil erworben, den Dixi, einen Lizenznachbau des Austin Seven. Und hatte diesen Wagen für alle, »innen größer als außen«, wie er angepriesen wurde, eher ein Wägelchen, wie es die verarmten Bevölkerungskreise sich gerade noch leisten konnten angesichts von Banken- und Firmenzusammenbrüchen und sich schon formierenden Arbeitslosenheeren, Zug um Zug hochgepäppelt, bis jener eigene, unverwechselbare BMW-Wagen entstanden war: Immer in kleiner Serienzahl produziert, avantgardistisch, funktionstüchtig, technische Exklusivität mit sportlichem Flair und praktischem Gebrauch verbindend, hatte er die Rennplätze Europas erobert und, die Zuverlässigkeit eines Uhrwerks unter der Haube, eine Kundschaft bedient, die keine Konzessionen in Richtung Massengeschmack und technischem Verzicht – nur damit man fahren konnte – duldete. Fanatisch, als handele es sich ums eigene Ich, schwor sie auf BMW...

Zum Fenster hinaussehend, auf die Trümmerwüste des Werkes starrend, dachte Kolk daran, wann er hier eingetreten war und warum. Wie die

Plakate:
BMW-Sportwagensieg in Le Mans 1939.
(Darunter) Motorradweltrekord 1929.
Langstrecken-Rekordflug
Berlin – New York – Berlin 1938 mit BMW-Sternmotoren in der Focke-Wulf »Condor«.

meisten, die irgendwann zu BMW gestoßen waren, hatte auch er ein »Schlüsselerlebnis« gehabt, das für ihn, den Autofan, schlichtweg »328« hieß und ein kleiner weißer Rennwagen war, den er, Stammgast auf dem Nürburgring, 1936 dort zum erstenmal an sich vorbeiziehen sah. Ein Inserat lesen: »Unkostenfachmann in der Betriebswirtschaft von BMW, München, gesucht...« und sich bewerben, war eins. Tatsächlich hatte er den Posten bekommen. Dann sein Erstaunen, als er, in der Betriebsabrechnung mit dem ersten Monatsabschluß beschäftigt, den Verteilungsmodus der Unkosten, auch der Gemeinkosten, erfuhr: 80 Prozent waren da auf GmbH (also Flugmotoren) und nur 20 Prozent auf AG (Automobile und Motorräder) gebucht – wie das? Er hatte gedacht, zu einem Autowerk, zu *der* Automobilfirma Deutschlands, zu kommen – nun war er in einer Flugmotorenfabrik gelandet? Die Erkenntnis war niederschmetternd – bis er begriff, daß alles, was für ihn, den Autofan, BMW hieß, nur *so* möglich war. Daß hier eine Sache, die ungeheure Kosten verursachte, nur auf diese Weise Wirklichkeit hatte werden können. Denn um die besten Automobile und Motorräder der Welt zu bauen, immer nur in kleinsten Serien, brauchte man Geld; Geld brauchte es, um eine Konstruktions- und Versuchsabteilung zu unterhalten, die unablässig mit neuen Modellen beschäftigt war – Geld, Geld, Geld. Es lag auf der Hand: BMW wäre längst zur Pleite verdammt gewesen, wenn man nicht – Popps ebenso gewagter wie praktikabler Trick – die roten Zahlen in den schwarzen, gewinnausweisenden des Flugmotorenbaus versteckt hätte. War dies dem Fiskus gegenüber Betrug?

Nun, der Fiskus hatte durchaus gewußt, was er tat, als er diese Aufrechnung billigte, sehr wohl erkennend, daß das eine nicht ohne das andere zu haben war. Noch 1940, im Mai, war der 328er zur Mille Miglia in Italien erschienen, hatte gewonnen. Wenn die alte Crew aus dem Autobau nun Posten im Flugmotorenbau zugewiesen bekam – wie Friz, der Schöpfer der R 32, der später das Werk Dürrerhof bei Eisenach leitete, wie Fiedler, sein Nachfolger als Konstruktionschef, wie der Leiter der Rennabteilung, Ernst Loof, der in einem Flugmotorenreparaturwerk in Argenteuil bei Paris zerschossene Flugmotoren zusammenflickte, oder Claus von Ruecker, dem die Motorenprüfstände in Allach unterstellt wurden –, wenn sie alle Rüstungsleute geworden waren, dann aus dem einen einzigen Grund: damit ihr Platz gehalten, damit Zeit überbrückt werden konnte bis zum Tag X, an dem man die Arbeit wieder aufnehmen würde. Dann sollten Konstruktionen, die insgeheim weitergedacht wurden, über Planpausen hinaus Gestalt annehmen und beweisen: Man war nicht müßig gewesen, hatte nicht geschlafen, hatte vielmehr aus der Not die Tugend der Autobauer gemacht – und mit der Zeit, nicht bedrängt durch Mode und Markt, einen Wagen entwickelt, der in die Zukunft, nicht in die Vergangenheit wies. Ausgereift, um Jahre voraus, sollte er nach dem Krieg dem Werk zu einem neuen Anfang verhelfen.

Träume. Auch sie hatten nichts im Großen Fragebogen zu suchen.

Dort unten ging Kurt Deby, der Technische Leiter vom Werk Milbertshofen. Er hatte die Amerikaner sofort nach der Einnahme der Stadt an die unzerstört gebliebene Herbitus-Anlage führen müssen, den Höhenprüfstand im Gebäude 100, auf dem jetzt Rolls-Royce-Motoren liefen; der Prüfstand konnte Höhen von 15 000 bis 20 000 Metern simulieren; alle Anzeichen sprachen dafür, daß man ihn abbauen und nach Amerika verschiffen wollte, wo es, wie ein technischer Offizier der US-Army hatte durchblicken lassen, derartiges nicht gab. Eingerahmt von US-Offizieren, den Zollstock in der Hand, umschritt der Ingenieur gerade einen Bombentrichter, vermaß ihn und trug die Zahlen in eine Kladde ein. Wozu? Sollte der Trichter beweisen, wie genau sie gezielt hatten? Spurensuche. Wohin führte die Spur?

Immer nur auf Flugmotoren, dachte Kolk. Nur Flugmotoren, Flugmotoren hatte man hier in München erdacht und gebaut, gebaut und zu Tausenden an die Front geschickt – und alles andere, bis auf die Konstruktions- und Versuchsabteilung für Automobile, die in München verblieben war, Eisenach überlassen. Auch der Motorradbau in Milbertshofen war noch 1942 auf Befehl des Reichsluftfahrtministeriums nach Eisenach, in den Thüringer Wald, verlagert worden.

Daß, schon in den zwanziger Jahren, alle Impulse für eine Motorradentwicklung, die BMW mit den Rekorden von Henne Weltgeltung verschafft hatte, von München ausgegangen waren und daß jene phänomenalen Autos der dreißiger Jahre, auch wenn Eisenach sie hergestellt hatte, hier entstanden waren – was zählte es jetzt? Rüstungszulieferer, Rüstungswerk war man gewesen – allein diesen Nachweis zu führen, darauf kam es den Fragern im Großen Fragebogen an, und daraus sollte, Kolk war sich dessen sicher, BMW der Strick gedreht werden, so furchtbar die Bilanz ohnehin war.

Milbertshofen war zerstört. Die Belegschaft, bei Kriegsende noch mit 14 000 beziffert, wo war sie geblieben? Allach, glimpflicher davongekommen – mit nur 3,2 Prozent der rund 200 000 Quadratmeter Hallenfläche zerstört, wie Kolk der Schadensliste entnehmen konnte –, war geplündert, das heißt: zur Plünderung freigegeben worden (unerläßliches Zugeständnis der Besatzungsmacht an die befreiten Fremdarbeiter, an die Häftlinge der Außenstel-

Das Ende:
Milbertshofener
Werk 1944 (unten),
Dostlerstraße,
Mai 1945 (rechts).

len des Konzentrationslagers, das den berüchtigten Namen Dachau trug). Daß dabei nicht alles in Flammen aufging, der aufgestaute Haß sich nicht an den Maschinen und festen Einrichtungen ausließ, mußte als Wunder erscheinen. Im Allacher Wäldchen, wie es noch immer hieß, hatten 18 000 Menschen gearbeitet. Wo waren sie jetzt? Und Eisenach? Würde es zunächst von den Amerikanern besetzt, russisches Beutegut werden, wäre es verloren, Totalverlust. Spandau, das etwa zur Hälfte in Trümmern lag – Belegschaft bei Kriegsende 7000 –, war beim Einmarsch der Roten Armee in Berlin von dieser sofort in Besitz genommen und, wie Flüchtlinge berichteten, demontiert worden – desgleichen Zühlsdorf, desgleichen Basdorf in der Märkischen Heide, die zum Niederbarnimer Werk gehörten. Auch die Berliner Niederlassung war dahin, durch Bomben total zerstört; die andere Niederlassung, in Wien, unterlag der Beschlagnahme deutschen Vermögens in Österreich. Hinzu kam noch der Verlust von Bitschweiler im Elsaß, wo BMW eine Gießerei samt einer Werkzeugmaschinenfabrik besessen hatte.

Das waren die Sachwerte.

Von all den Verlusten an dem, was man geistiges Eigentum nennt: Zeichnungen, Patente, technische Pläne – in vielem wertvoller als aller Besitz – und von den Menschen, die »BMW« gewesen waren, die es nicht mehr gab, die an der ersten Stelle aller Verluste standen und von denen, wie immer, keine Statistik berichten würde, gar nicht zu reden.

Hatte BMW überhaupt noch eine Chance, weiterzuleben und, wie klein auch immer geworden, noch einmal anzufangen?

Nur ein Narr konnte daran glauben.

Drinnen und Draußen

Wäre die Geschichte, wie Treitschke sagt, eine exakte Wissenschaft, so müßten wir imstande sein, die Zukunft der Staaten zu enthüllen. Noch niemand hat das vermocht. Und so war es, bei allem Unglück, das Deutschland getroffen hatte, den Deutschen nicht im entferntesten möglich, sich ihre Zukunft vorzustellen, während die Sieger dagegen meinten, diese Zukunft wäre berechenbar und die Rechnung ginge auf.

Sie ging schon nicht auf, als gleich nach Roosevelts Tod, einen Tag nach dem Amtsantritt Präsident Trumans, Henry Morgenthau jun., der Finanzminister, aus der amerikanischen Regierung schied – der Mann, mit dessen Namen der Plan verbunden war, Deutschland als Industriegebiet von der Landkarte zu streichen und in einen Zustand zu versetzen, der dem nach dem Dreißigjährigen Krieg gleichen sollte: Wüste, bestenfalls Weide- und Ackerland! (Nach den Aufzeichnungen des Staatssekretärs Hull, einem Gegner des Plans, war vorgesehen, »alle industriellen Anlagen und Einrichtungen, die nicht durch Kriegseinwirkung zerstört worden sind, entweder vollständig zu demontieren oder aus dem Gebiet zu entfernen oder völlig zu zerstören. Aus den Bergwerken sind alle Einrichtungen zu entfernen und die Bergwerke mit Gewalt völlig zu zertrümmern.«)

Damit war es nun nichts. Das »O. K., F. D. R., W. D. C.«, jener berühmte Vermerk, mit dem Roosevelt und Churchill auf der Konferenz von Quebec 1944 dem Plan Morgenthaus zugestimmt hatten, war in ein endgültiges Nein verwandelt – was allerdings nicht mehr verhindern konnte, daß Morgenthaus Ideen zunächst weiterwirkten. Nie ganz offiziell verkündet, infolgedessen aber auch nie ausdrücklich von den Regierungen verworfen – erst am 3. Juli 1945 gab Truman eine Erklärung dazu ab –, hatten sie Eingang in die Instruktionen der amerikanischen Stabschefs gefunden, und die »Direktive J. C. S. (Joint Chiefs of Staff) 1067« bestimmte die Richtung der amerikanischen Politik in Deutschland, bestimmte sie noch bis zum Juli 1947. Wobei die Frage, wie lange es möglich war, »Deutschland in ein fortwährendes Armenhaus zu verwandeln«, ohne daß dies auf die wirtschaftliche Lage Westeuropas zurückschlug, die Militärs wenig kümmerte.

Blickt man in Kenntnis dieser Daten und Vorgänge heute auf »jene Tage« zurück, wird manches verständlich, was Besatzungspolitik mit ihrem Hin und Her, Her und Hin auf der einen, und was das Verhalten der Besiegten auf der anderen Seite an Widersprüchen aufwies. Dort: täglich wechselnde Ansichten, Befehle, Zuständigkeiten, Ordnungsversuche – bald Zuckerbrot, bald Peitsche, bald höfliches Ersuchen, bald kalte Zurückweisung. Hier: jede begründete und unbegründete Art von Hoffnung, versehen mit der ganzen Skala von Unterwürfigkeit bis Gelassenheit, von Wurstigkeit bis zu raffinierter Ausnutzung noch der geringsten Chance.

Kurt Donath, seit 1942 Betriebsdirektor im Münchner Werk I Milbertshofen, hatte bei Kriegsende die vom Gauleiter angeordnete Zerstörung der Werkstätten unterbunden und, dank seiner sozialen Einstellung, Übergriffe der Fremdarbeiter verhindert. Von den Alliierten als Geschäftsführer eingesetzt, bestimmt er das erste Nachkriegsjahr von BMW.

Von Churchill ist, zu Roosevelt gesprochen, das Wort überliefert: Er wolle nicht, daß England nach dem Krieg an einen Leichnam gefesselt werde. Trotzdem hatte er in Quebec dem Morgenthau-Plan zugestimmt, als Preis dafür, daß nicht die Amerikaner, wie ursprünglich vorgesehen, sondern die Briten das Ruhrgebiet besetzen würden – kein schlechter Tausch, wenn es darum ging, die deutsche Konkurrenz auf dem Eisen- und Stahlmarkt auszuschalten, die ja vor allem an der Ruhr saß. (»Hier liegt das Herz der industriellen Macht Deutschlands!« hatte in Morgenthaus Memorandum gestanden.) So kam es, daß amerikanische – und nicht britische – Truppen in Süddeutschland einmarschierten, und Kurt Donath, dem die Geschäftsleitung von BMW anvertraut war, sollte es recht sein. Irgendwie waren ihm die Amerikaner lieber, sei es, daß sie von weiter her kamen und BMW nie zu fürchten gehabt hatten, sei es, daß er sie für großzügiger, für weniger kommißköpfig hielt als die englischen Herren – was freilich eine Täuschung war: Methoden des Wilden Westens der »Texas Boys« verdeckten nur anfangs eine administrative Strenge, mit der nicht zu spaßen war.

Die Kriegsschäden in Milbertshofen wogen schwer. Etwa die Hälfte aller Gebäude und Hallen, aller Werkseinrichtungen, aller genau aufeinander abgestimmten Anlagen, die das 300 000 Quadratmeter umfassende Gelände bedeckten, waren zerstört. Ruinen in diesem Ausmaß dem Erdboden gleichzumachen lag näher, als sie wiederherzurichten, dachte Donath. Also kam alles darauf an, ihre Brauchbarkeit unter Beweis zu stellen, noch ehe

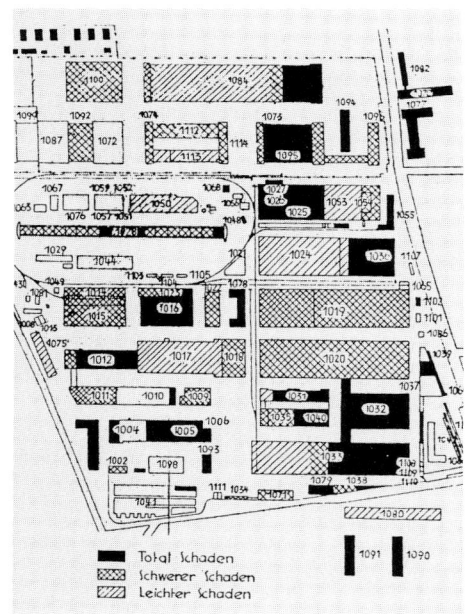

Das zerstörte Werk im Lageplan (oben) und aus der Luft (rechts).

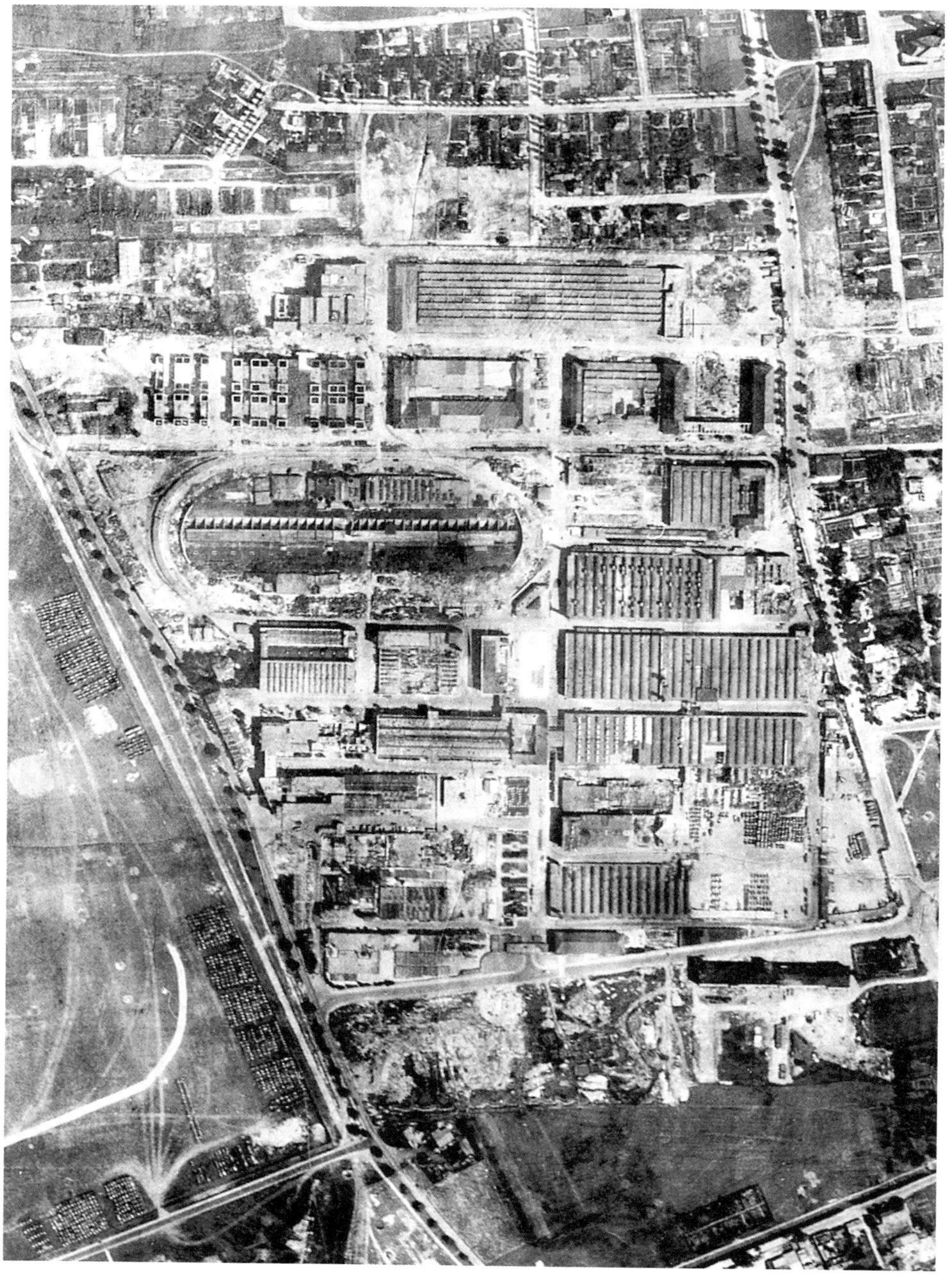

Entscheidungen fielen: Man sprach von Kontrollratsbeschlüssen, die abzuwarten wären... Was ließ sich tun, um die Schleifung zu verhindern? »Ihr Deutschen kriegt es fertig, unter unseren Augen einen neuen Krieg vorzubereiten!« hatte ganz offen ein US-Offizier zu Deby geäußert und ihm die Bitte abgeschlagen, den Arbeitstrupp, der als Notstandsmannschaft im Werksgelände verblieben war, zu verstärken. Vollauf damit beschäftigt, Stromkabel, Wasser- und Gasleitungsrohre zu flicken, waren Debys Leute nur gelitten, weil ein Leben ohne Küche, ohne Ambulanz, ohne Bar – die die GIs als erstes überhaupt installiert hatten – kein Leben war. Um aufzuräumen, Trümmer zu beseitigen, Werksstraßen unterm Schutt freizulegen und so fort, hätte es ganzer Bataillone von Arbeitern bedurft, und nach welchem Plan hätte dies geschehen sollen, wer setzte »Dringlichkeiten«, wie sie jeder Ameise einprogrammiert sind, die ihren zerstörten Staat sofort nach der Katastrophe wieder funktionstüchtig macht?

Die Lösung kam überraschend am Morgen nach einer Nacht, die nicht gefahrlos vergangen war. Zwei betrunkene Soldaten der amerikanischen Besatzung hatten versucht, ein Motorrad zu stehlen, das hinter einem Vorrat von Lebensmitteln versteckt stand – die letzte intakte R 75, die es in Milbertshofen gab und die so, von Konservenbüchsen als Alarmanlage umbaut, bisher der Beschlagnahme entgangen war. Deby sprang, vom Poltern der Dosen geweckt, von seinem Feldbett, erfaßte die Lage – Anzeige gegen

Anzeige! – und versprach, bei freiem Abzug der Ertappten, wenn sie die Sache nicht an die große Glocke hängen würden, ihre defekten Motorräder, die der Grund für den versuchten Diebstahl waren, reparieren zu lassen. Dies geschah. Wenige Stunden später stand eine ganze Reihe reparaturbedürftiger Fahrzeuge – Lastwagen, Jeeps, erbeutete Privatwagen, Motorräder, Beiwagenmaschinen – vor den Monteuren, deren Geschicklichkeit und Improvisationskunst, dargeboten auf einer Art Arbeitsbühne unter freiem Himmel, bei den Besitzern Achtung und Beifall fand. Im Handumdrehen erhielt Donath, dem offen versichert wurde, daß es bessere Mechaniker nicht gäbe, eine »Reparaturerlaubnis«; zunächst ohne Anspruch auf Entgelt und Rechte, dann, als mehr und mehr Hallenraum erforderlich wurde, um nur die dringendsten Wünsche erfüllen zu können, auch offiziell. Maschinen und Handwerkszeug durften dem abgesperrten Werksgelände entnommen werden, es gab regelrechte Arbeitsverträge, und Neueinstellungen von Facharbeitern wurden erlaubt. Womit die Eingeschlossenen – wer drinnen war, durfte nicht heraus, wer draußen war, durfte nicht hinein – zum ersten Mal wieder wenigstens Kontakt mit der Außenwelt bekamen.

Der Bann war gebrochen. Auch Soldaten, auf Reglements eingeschworen, sind nur Menschen, und Menschen verändern ein Klima, trotz aller Befehle, die dies zu verhindern trachten. Mit sechzig Facharbeitern, die Donath aufgrund einer amtlichen »Arbeitserlaubnis für Autoreparaturen«

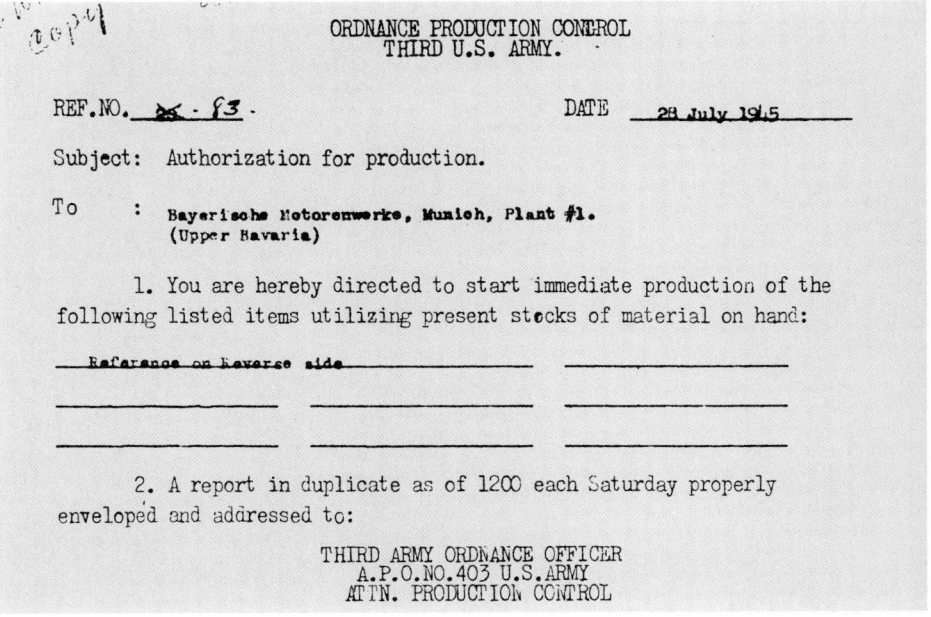

»Sie sind hiermit ermächtigt zur sofortigen Aufnahme der Produktion...« Die erste amtliche Arbeitserlaubnis der Sieger für BMW.

»Der Gedanke, daß ein Anfang gemacht sei, war wie ein ins Wasser geworfener Stein, der Kreise zieht...«

einstellen durfte – sie wurde am 21. Juni 1945 verfügt –, zog neues Leben in das an der Lerchenauer Straße dahinsiechende Ruinenfeld ein, und Hoffnung auch für die draußen Verbleibenden – die das Werk nach wie vor nicht betreten durften – breitete sich aus.

Nicht zuletzt dank Alfred Böning, einem der führenden Ingenieure, dem die Motorradentwicklung unter Rudolf Schleicher viele Patente verdankte. Im Krieg als »Ringführer« nach Allach versetzt, war er, von Donath gerufen, nach Milbertshofen zurückgekehrt, dort aber als sein »bestes Pferd im Stall«, wie Donath ihn nannte, nicht »drinnen«, sondern »draußen« geblieben, als die Amerikaner kamen. Dies sollte sich als Glück erweisen. Noch im Mai war es Böning gelungen – die Wachen wechselten gerade –, Donath am Tor zu sprechen. »Wir gründen eine neue Entwicklungsabteilung«, flüsterte der ihm zu. »Mieten Sie irgendwo Räume, vielleicht in Nähe der Auslagerungen Cennobiskeller... Hofbräuhaus...«

Böning schüttelte den Kopf, alles ungeeignet, er sei schon dort gewesen; zu viele GIs, die da herumwimmelten.

»Und hier – in der Nähe?«

Böning nickte. Er werde sein Bestes tun... Schon trat der neue Posten heran, schon war Donath verschwunden – und Böning ging auf die Suche.

So kam es, daß BMW hinter den Mauern einer Vulkanisieranstalt, nicht weit von der Lerchenauer Straße, unter den Augen der Besatzungs-

Kurt Deby, Technischer Leiter von Werk I Milbertshofen, das als Reparaturwerkstätte wieder arbeiten darf.

Alfred Böning, der »draußen«, außerhalb des Werkes, eine »Entwicklungsabteilung« ins Leben ruft, bei der der alte Stamm sich wieder einfindet.

Was die Zeit verlangt, wird produziert: Fahrräder, Kochtöpfe, Landmaschinen... aus Aluminiumbeständen, die aus dem Flugzeugbau herübergerettet worden sind.

macht und wohl gerade darum unbehelligt bleibend, in einem Büro, in dem sogar noch Zeichentische vorhanden waren, eine »Entwicklungsabteilung« betrieb, in der erste Konstruktionen entstanden, wobei es gar nicht darauf ankam, ob sie sich realisieren ließen. (»Der Gedanke, daß ein Anfang gemacht sei, war wie ein ins Wasser geworfener Stein, der Kreise zieht«, sagte Böning später darüber.) Nach und nach fand sich der alte Stamm bei ihm ein, und wie die Katze nicht vom Mausen läßt, entwarf man, was die Zeit verlangte: Fahrräder, Kochtöpfe, Landmaschinen, arbeitete auch schon an einem Motorrad... Kühn geworden, zog Böning dann, als die Amis die Reparaturwerkstatt erlaubt hatten, durch Löcher im Zaun ins Werkgelände um:

Gebäude 11, 5. Stock. Dort igelte er sich ein, AUFGANG FÜR UNBEFUGTE VERBOTEN. EINSTURZGEFAHR! stand unten auf dem Schild; die Fenster waren verdunkelt wie im Krieg, die Treppe durch Gerümpel verbarrikadiert.

Weniger glücklich verlief eine andere Aktion: Zur Außenwelt gehörte auch Fritz Trötsch. Als Exportleiter des Werks einer der wenigen, die nicht nur die Sprache der Sieger, sondern auch ihre Mentalität verstanden, hatte er sich darauf besonnen, daß Popp, der frühere Generaldirektor von BMW, der sich nach Grainau bei Garmisch zurückgezogen hatte, entweder jetzt die Chance hatte, wiederzukommen – oder nie. Die Frage war, ob man das im Werk auch wollte. Popps Nachfolger im Amt konnten kaum etwas dagegen einwenden – sie waren, wie die meisten Wehrwirtschaftsführer, im Internierungslager. Einen Aufsichtsrat, der handlungsfähig zu nennen gewesen wäre, gab es nicht. Donath fragen? Der saß, unerreichbar für alle hier draußen, drinnen – »und durfte nicht raus, so wenig«, erklärten Werksangehörige, die das Tor belagerten, »wie wir rein«. In der Menge erblickte Trötsch auch Fiedler, den Konstruktionschef, und Brenner, der den Kundendienst geleitet hatte. Man fiel sich um den Hals – in jenen Tagen wußte niemand vom anderen, ob er mit dem Leben davongekommen war. Trötsch beriet sich mit beiden. »Ja, hol ihn!« sagten sie. Trötsch radelte in seine Wohnung zurück, warf seinen Lancia an, einen Versuchswagen, der ihm gehörte – die Sieger hatten vergessen, ihn zu requirieren –, und fuhr durchs besetzte München

Besuch des bayerischen Wirtschaftsministers Dr. Seidel (rechts) bei der »Landmaschinenfabrik« BMW 1946.

hinaus nach Grainau. »Wie in Friedenstagen«, erinnerte sich Trötsch, als er mir Fotos aus jener Zeit zeigte – »kein Mensch hielt mich an, jeder glaubte: Wenn der das darf, darf er's mit allerhöchster Genehmigung, womöglich von Eisenhower persönlich!« Popp traute seinen Augen nicht, als der Lancia vor seinem Haus hielt. »Niemand schickt mich«, sagte Trötsch, »aber wir drei, der Fiedler, der Brenner und ich, wir haben gedacht, es wäre Zeit, daß Sie kämen.«

Das Unternehmen ging nicht gut aus. Viele meinten, es wäre ein Husarenstreich gewesen, in völliger Unterschätzung der wirklichen Verhältnisse. Doch wer wußte schon, wie die Verhältnisse wirklich waren? Als Popp die Mitteilung erhielt, sich bei Property Control einzufinden – in der Holbeinstraße hinter dem Friedensengel, wo die amerikanische Militärregierung saß –, glaubte er, man wolle ihn zum bayerischen Wirtschaftsminister ernennen. Etwas anderes konnte es seiner Ansicht nach gar nicht sein. Er fühlte sich unbelastet – schließlich hatte er ein Parteiausschlußverfahren aufzuweisen; daß er später wieder eintrat, war als reine Schutzmaßnahme zu bewerten –, und die Stunde brauchte fähige Männer, die durchgreifen konnten. Sein Erstaunen war deshalb groß, als im Korridor ein Militärpolizist auf ihn zutrat und auf die Frage: »Are you Mr. Popp?« nicht einmal sein Nicken abwartete; schon war er verhaftet. Trötsch ließ man stehen. Traurig sah der ihm nach. Man brachte Popp nach Stadelheim in die Strafanstalt.

»Are you Mr. Popp?« Im Gefängnis von Stadelheim verfaßt Franz Josef Popp eine Denkschrift, die BMW retten soll.

»Dort hat er dann«, so Trötsch, »mit Bleistift und Lineal, auf liniertem Papier, das ich ihm verschaffte, den ›Großen Plan‹ skizziert.«

»Was war das, der ›Große Plan‹?«

»Man darf es gar nicht laut sagen: ein Fahrradmotor. Mit dem könne BMW getrost wieder beginnen. Schließlich habe Deutschland den Krieg verloren; die Leute würden sich um ihn reißen, meinte Popp.«

»Nach dem Ersten Weltkrieg hat BMW auch einen Fahrradhilfsmotor gebaut. Die Leute rissen sich keineswegs um ihn. Wußte er das nicht mehr?«

»Er muß es vergessen haben, wie er alles sofort vergaß, was nicht in die Zukunft wies. In allem Ernst sprach er von der Rettung, die seine Idee bedeute. Zipprich sei schon am Detaillieren – der Techniker Erich Zipprich, der bei Popp im Vorstand saß und jetzt in der Zelle nebenan. Franz Josef Popp glaubte fest, es sei ihm bestimmt, BMW wieder in die Höhe zu bringen...«

Vier Wochen später, Popps Haft war in Hausarrest umgewandelt worden, holte Trötsch ihn in Stadelheim ab. »Alles ist fertig«, sagte er.

»Der Motor?« fragte Trötsch ängstlich.

»Ach was! Meine Denkschrift!« sagte Popp listig.

»Sie haben eine Denkschrift verfaßt?« fragte, noch ängstlicher geworden, Trötsch.

»Dank Ihrem linierten Papier«, sagte Popp. »Darauf steht der lückenlose Beweis, daß ich – daß BMW – niemals sind wir freiwillig Rüstungsbetrieb gewesen, man hat uns gezwungen dazu, und als wir es waren, hat man mich der Sabotage bezichtigt, übrigens zu Recht! Ja, Sie hören richtig...«

Er meinte wirklich, wenn Deutschland zu wenig leistungsfähige Flugzeuge besessen hatte, um die Luftschlacht über England gewinnen zu können, sei dies auf ihn zurückzuführen. Offenbar hatte er vergessen, daß sein Zerwürfnis mit dem Luftfahrtministerium rein privater Natur gewesen war – gegensätzlichere Menschen wie Milch, den Feldmarschall, und ihn hatte der liebe Gott nie geschaffen; sie konnten sich nicht ausstehen. Und das Strahltriebwerk, die Raketen, wer hatte das alles bei BMW »angeschafft«, wenn nicht Popp! Großzügig wie er immer war, sah er *darüber* hinweg. Seine Denkschrift sei unabweisbar, das sei ihm im Gefängnis klargeworden. »Sie müssen uns wieder Autos produzieren lassen«, sagte er, »mit Fahrrädern fangen wir gar nicht erst an. Sie müssen, Trötsch. Ich werde dafür sorgen!«

»Sie müssen gar nicht, Herr Popp!« knurrte Trötsch. »Im Gegenteil. Was noch steht von BMW, wird man demontieren.«

Popp lächelte mild. »Unser Werk?«

»Jedenfalls spricht man davon«, sagte Trötsch. »Haben Sie die Beschlüsse von Potsdam gelesen? Nächst der giftgaserzeugenden Industrie stehen wir an zweiter Stelle auf der Liste, Sie werden sehen.«

»Das sind Märchen«, sagte Popp. »Allein meine Beziehungen zu Pratt & Whitney...«

»Es war ihm nicht zu helfen«, schloß Trötsch, »und mir auch nicht. Wie war ich bloß auf den Gedanken gekommen, er, der große Popp, der BMW gegründet und hochgebracht hatte, könnte das Zepter noch einmal ergreifen? Nein, die Ära Popp war abgelaufen – die Epoche einer unumschränkt herrschenden Autorität, die das Werksschicksal bestimmt hatte, samt allem Glück, das dem Haus mit so technisch Begabten wie Friz, Schleicher, Fiedler, wie v. Falkenhausen, Böning und anderen zugefallen war, geradezu so, als gehörten München, BMW und technischer Fortschritt zusammen . . . Popp glaubte, dies sei wiederholbar. Er glaubte daran, weil er nie den Glauben an sich selbst verlor. Bis sie ihn dann vor die Spruchkammer stellten . . . – die Deutschen, nicht die Amerikaner. Das hat er niemals verwunden.«

In Stadelheim befand sich auch Dr. Max Wrba, einst stellvertretendes Vorstandsmitglied bei BMW, auch er als Wehrwirtschaftsführer in »automatischer Haft«. War Popp in die Holbeinstraße gegangen im Glauben, als Minister zurückzukehren, so hatte Wrba direkt in der Höhle des Löwen, nur wenige Korridore entfernt von der Stelle, wo Popp verhaftet wurde, ein Dienstzimmer zugewiesen bekommen, in dem er, der versierte Verwaltungsfachmann, als Chef des deutschen Personals beim Headquarter residierte. Er hatte sich nicht dazu gedrängt, in seinem Fragebogen war angegeben: Parteimitglied ab 1944. Trotzdem besaß er das volle Vertrauen der Militärregierung – vierzehn Tage, nicht länger. Da entdeckte nämlich jemand, daß auch er auf der Liste stand, und er kam nach Stadelheim, wie Popp, nicht ohne jedoch vorher an die Amerikaner den besten Rat seines Lebens losgeworden zu sein. Dieser »beste Rat seines Lebens« betraf Allach und einen Mann, der wiederum Wrbas Vertrauen besaß: Wilhelm Dorls. Dorls, sein früherer Assistent, hatte sich in Planungsdingen bewährt und war, nach einem Zwischenspiel als Betriebsführer des Spandauer Flugmotorenwerks, dessen Chef Donath er ablöste – Donath vergaß ihm dies nie –, auf Vorschlag Wrbas an die Spitze von Allach gestellt worden.

Als der Krieg schon dem Ende zuging, hatte er unter der Prämisse: »Wir müssen durchhalten, um das Ende zu bestehen« es verhindern können, daß Allach den Kriegswirren zum Opfer fiel: Keine Maschine wurde gesprengt, kein Prüfstand zerstört, keine Tonne Flugbenzin »vergällt«, wie dies von der Gauleitung befohlen worden war; und wer ihn fragte, ob er noch immer der Ansicht sei, daß »wir den Krieg gewinnen«, hatte zur Antwort erhalten: »Sie nicht?« Noch kurz vor der Einnahme Münchens nach Ebensee, einem kleinen Ort in Österreich, beordert, sollte Dorls – im Weigerungsfall: Todesstrafe – für die sogenannte »Alpenfestung« eine »Triebwerkfertigung BMW 801« einrichten. Er hatte weder eine »Alpenfestung« noch die geringste Voraussetzung für eine Fabrik dort angetroffen. Als er zurückkehrte, fand er München besetzt vor, meldete sich in Milbertshofen und hörte von Donath, daß Allach noch stand. Ungeschoren und fast so, wie sein Plan es vor-

Wilhelm Dorls – Werksleiter in Allach.

Werkseingang in Allach.

Keine Maschine wurde gesprengt, kein Prüfstand zerstört, keine Tonne Flugbenzin vergällt . . .
Gesamtansicht des unzerstört gebliebenen Allacher Werkes, das zum Karlsfeld Ordnance Depot KOD der US-Army avanciert.

Die Deutschen werden von polnischen Displaced Persons kontrolliert...

... bevor die US-Army einrückt und die Überwachung selbst übernimmt.

»Arbeiter gesucht! Wohnungen werden gestellt!« Wohnsiedlung Karlsfeld.

gesehen, war es über die Wirren der letzten Tage hinweggekommen. Niemand hatte geschossen, die Amerikaner waren durchmarschiert, und weil sie sich nicht im geringsten um das Werk gekümmert hatten, war die Bevölkerung von Karlsfeld und Dachau »zum Klauen« ausgerückt, dem Beispiel folgend, das die freigelassenen Lagerinsassen gaben – »displaced persons«, wie die Fremdarbeiter jetzt hießen, und Häftlinge des Konzentrationslagers Dachau, die im sogenannten Schwabenbachlager das Ende des Krieges überlebt hatten.

Dorls fand denn auch Allach, als er es wiedersah, wie von einem Heuschreckenschwarm heimgesucht vor: von allem irgendwie Beweglichen entblößt, Küchen, Keller, Wirtschaftsgebäude leer, das Mobiliar zertrümmert, Türen und Fenster herausgebrochen. Jedes nützliche Ding, das frei herumlag – und bei einer Monatsproduktion von 600 bis 1000 BMW 801-Motoren hatte viel frei herumgelegen –, war als Tauschobjekt für Zigaretten, Schnaps, Butter, Mehl und dergleichen Kostbarkeiten verschwunden: erbeutet, fortgeschleppt. Doch auch nur dies. In Flammen war nichts aufgegangen, ja, zu seiner Freude bemerkte Dorls, daß alle fest installierten Maschinen an ihrem Platz, alle Gebäude, von wenigen Bombenschäden abgesehen, unversehrt geblieben waren; selbst die Kraftwerke waren intakt geblieben. Wie lange noch? Das gesamte Gelände war nur unzureichend von einer aus polnischen Kriegsgefangenen bestehenden Wachmannschaft gesichert – und bot sich doch geradezu ideal für ein Depot an, ein Nachschub- und Fahrzeugdepot, wie es – und *dies* wußte Wrba zuverlässig – die US-Army zur Überholung, Sammlung und Umgruppierung ihres Feldmaterials dringend brauchte (allein im Bereich der 3. amerikanischen Armee waren 20 Divisionen zu versorgen!).

Daß man, nach geeigneten Objekten wie mit der Wunderlampe suchend, bisher nicht auf Allach gekommen war, war grotesk. Mit einer Grundfläche von über einer Million Quadratmetern, zudem unmittelbar vor den Toren Münchens gelegen, war das Allacher Werk, das man aus Tarnungsgründen zwischen den Hallen mit Bäumen bepflanzt hatte, so wie es sich im Krieg erfolgreich der Sicht von oben entzogen hatte, den Militärs abermals entgangen. Weil es »Wald« und nicht »Platz« suggerierte? fragte sich Wrba. Man brauchte doch nur die Bäume abzuholzen und hatte Platz en masse. Oder stand Allach als vermeintlicher »Staatsbesitz« – Staatsbesitz wurde als Beutegut angesehen, für das eigene Zuständigkeiten galten – einfach nicht auf der Liste von Property Control, der allgewaltigen Beschlagnahmebehörde bei der Militärregierung?

Sei's wie es sei: Wrbas Hinweis auf Allach und auf Dorls, der sein Mann war, hatte vollen Erfolg. Die Amerikaner gaben ihr O.K., Dorls verlangte, daß Wachen vor die Tore gestellt würden, damit endlich die Klauerei aufhöre, und zwei Tage später hatte er den Auftrag, in großen Stückzahlen für die US-Army Motoren, Achsen und Getriebe grundzuüberholen.

Bereits am 4. Juli, wenige Tage nach der Eröffnung der »Reparaturwerkstatt« im Werk I Milbertshofen, rückte dann die amerikanische Armee in Allach an – mit Bulldozern, Holzfällertrupps, Planierraupen, Betonierkolonnen. Baum um Baum fiel – die Armee gab Borkenkäferbefall an, ließ auch, als alles vorbei war, Gift gegen diese Tiere streuen –, und während die letzten Reste des Allacher Wäldchens dahinsanken, wurde, als gelte es den Stall des Augias auszumisten, alles aus den Hallen entfernt, was nach Kriegsgüterproduktion aussah und von den Plünderern nicht hatte fortgeschleppt werden können: Stapel von Materialien, halbfertige Flugmotoren, Aluminiumteile, Zylinderblöcke, sorgsam gehütete Bestände von kostbaren Metallen, deren Verlust bei nachgewiesenem Verschulden noch Wochen zuvor den Kopf gekostet hätte. Zu riesigen Gruben gekarrt, wurde alles hineingeworfen und mit Erde bedeckt. Zugleich verkündeten Anschläge, Zeitungsanzeigen, Rundfunkdurchsagen: »Arbeiter gesucht! Wohnungen werden gestellt!« Tatsächlich richtete die Armee die verlassenen, verwüsteten Gehäuse der Wohnsiedlung Karlsfeld, des Würmlagers, des Lagers Ludwigsfeld wieder her und mit Spinden, Betten, Stühlen, Tischen aus ihren Beständen neu ein. Alle Flüchtlingslager der aus Osteuropa vertriebenen, in die US-Zone eingeströmten Volksdeutschen wurden nach Facharbeitern durchkämmt, desgleichen die deutschen Kriegsgefangenencamps zwischen New York und New Orleans, von Fort Dix, Fort Devens und wie sie alle hießen bis nach Alaska hinauf; und diese Menschen, mochten sie auch nie Facharbeiter gewesen sein und sich nur dafür ausgeben, wurden nach Allach verbracht, Allach bei Munich/Germany. Dort sollten sie »Ordnance-Gerätschaften«, wie das amtlich hieß, instandsetzen und überholen, mit anderen Worten: eine Armee, die technisch verbraucht war, wieder auf Vordermann bringen.

Mit dem Einrücken des 143rd Ordnance Base Automotive Battalion, dirigiert von einem Mann, den die Amerikaner zum Chef der Werkspolizei gemacht hatten – er hieß Schorsch Meier, war schon einmal Polizist gewesen und hatte als Rennfahrer 1939 auf einer BMW in England die Tourist Trophy nach Deutschland geholt –, wurde der Platz Allach zum KOD erklärt, zum *K*arlsfeld *O*rdnance *D*epot. Auch eine deutsche Werksleitung, mit Dorls an der Spitze, wurde offiziell eingesetzt. Sie hatte die amerikanische Oberaufsicht, also die Armee, zu »beraten« (später hatte jeder deutsche Bereichs- und jeder Abteilungsleiter einen amerikanischen Überwacher zur Seite). Es ist verbürgt, daß der Hauptkassier von Allach kurz vor der Besetzung des Werks den Kassenstand – der genau eine Million Reichsmark betrug – überprüfte. Da er nicht wußte, was zu tun war – Dorls, der Chef, war abwesend –, nahm er die Summe mit nach Hause. Als das KOD eingerichtet wurde, brachte er sie zurück, bedauernd, daß er sie ohne Zinsen abliefern müsse. Er setzte sich gleich an den Tisch und zahlte – Stundenecklohn 1 RM, Anlernlohn 88 Pfennig – die ersten Löhne aus.

»Klingt wie ein Märchen, war aber keins«, sagte Dorls, als er sich 1982, kurz vor seinem Tod, daran erinnerte. »Alles war selbstverständlich, und: Der Mensch ist ein Gewohnheitstier. Löhne! Arbeit! Ganze Berge von Getrieben und Achsen, die die Amis heranfuhren, waren – na ja, eben Getriebe und Achsen, die überholt werden mußten. Und hieß es, wir könnten die Kosten dafür einschließlich 100 Prozent Gemeinkosten verrechnen, warum nicht? Bedenkt man die Lage, war das ein Witz, war aber keiner. Ich habe mir den Lorenz Dietrich als Kaufmann geholt, und der hat gelacht: Wenn

»Klingt wie ein Märchen, war aber keins...«

Das unzerstört gebliebene Werk Allach wird unter deutscher Leitung ein Nachschub- und Fahrzeugdepot der US-Army.

wir nicht sagen, was ›direkt‹ und was ›indirekt‹ ist, werden wir schon genug verdienen. Wir haben dann auch alle gut verdient, immer ›direkt‹ verrechnet, bei wenig oder gar Null-Unkosten... Militär ist Militär, da kannten die nichts. Und alles lief wie am Schnürchen: Die Amis brachten und holten die ›Ware‹, an die umgebauten Motoren kam ein Schildchen: ›BMW‹, und die GIs haben nur noch diese Umbau-Motoren gewollt, die waren besser als ganz neue Motoren von Ford, und nur einmal gab's Krach, aber nicht von amerikanischer Seite.

Es erschienen zwei Aufsichtsratsmitglieder der AG – es gab nur die zwei –, pikiert, daß wir den Auftrag der Amis angenommen hatten, ohne den Vorstand zu fragen. ›Welchen Vorstand?‹ fragte ich. Sie nannten Donath und Krafft und so weiter. Ich stritt deren Vorstandsfähigkeit ab. ›Ein Vorstand‹, sagte ich, ›muß vom Aufsichtsrat eingesetzt sein, und dieser beschlußfähig; sind Sie das, zu zweit? Ich glaube nicht...‹ Da gingen die hoch, und ich habe wörtlich gesagt: ›Verdammte Brut! Ich denke an die, die ster-

Löhne! Arbeit! Ganze Berge von Getrieben und Achsen, die die Amis heranfahren, werden grundüberholt.

ben mußten im Krieg, weil Ihr soviel Blödsinn gemacht habt, und jetzt geht's weiter so. Ich schmeiß' Sie aus dem Fenster, Sie können sich das Oberlicht aussuchen, durch das Sie fliegen wollen.‹ – Nun, sie zogen es vor, zu gehen. Wortlos.

Wir hatten völlig freie Hand. Erst viel später kamen Inspekteure, die in den Arbeitslinien standen, die Qualität überwachten... unsere Kontrolleure kontrollierten... Das war recht und billig, bedenkt man, daß nach Unterzeichnung meines Vertrages – einen Tag danach – die Beschlagnahme des Werkes vom Kontrollrat in Berlin aufgehoben wurde. Die Rettung passierte also in letzter Minute!«

BMW – jedenfalls was das Werk Allach betraf – war noch einmal davongekommen. Und wie sah es in Milbertshofen aus?

Hier hatte sich, unter Aufsicht der Militärregierung und des Arbeitsamtes, in geheimer Wahl ein Betriebsrat konstituiert, mit dem Werkzeuglagerverwalter Denk als Vorsitzenden und, für die Angestellten der kleinen Belegschaft – obwohl es getrennte oder eigene Vertretungsgruppen nicht mehr gab –, einem Mann, der schon vor 1933, im letzten frei gewählten Betriebsrat des Werkes, eine Rolle gespielt hatte: August Kaiser. »Herr Direktor Scholl«, heißt es im Protokoll über eine erste Besprechung der Werksleitung mit diesem Betriebsrat, »gab seiner Genugtuung Ausdruck, daß... nun eine Institution geschaffen wurde, die der Belegschaft die Möglichkeit gibt, Wünsche und Beschwerden der Werksleitung zur Kenntnis zu bringen und darüber hinaus durch Vorschläge usw. am Wiederaufbau der Firma mitzuwirken...«

Da steht es, datiert 3. August 1945: »Wiederaufbau der Firma.« Kein Zweifel, sie wird wiederaufgebaut! Und damit man auch gleich weiß, was das ist, eine Firma, gibt Scholl weiter bekannt: Zwar sei das Werk kraft hö-

Alles läuft wie am Schnürchen. Militär ist Militär...

herer Gewalt – der Besetzung von BMW durch die amerikanischen Truppen – von jeglicher Verpflichtung gegenüber den Arbeitnehmern entbunden, doch hätten sich Aufsichtsrat und Vorstand (zum erstenmal ist wieder von beiden die Rede!) entschlossen, bis zu zwei Monaten Kündigungsgehälter und Kündigungslohn zu zahlen. Gesperrt werde lediglich die Auszahlung des nicht abgegoltenen Urlaubs 1944 für Gehaltsempfänger über 600,– RM (»und das alles«, fügt Scholl hinzu, »bei einer zur Zeit sehr angespannten finanziellen Lage, die aller Kraft und allen Einsatzes nicht nur der Konzern- und Werksleitung, sondern auch jedes Werksangehörigen bedarf, um im Interesse des Werkes und des Namens BMW gemeistert zu werden«). Wegen des Urlaubs 1945 und wegen der alten Rechte der weiterhin in der Firma beschäftigten Werksangehörigen sei eine Entscheidung des bayerischen Arbeitsministeriums abzuwarten. Ein Möbelverkauf für fliegergeschädigte Werksangehörige werde zur Zeit durchgeführt, und was das Lehrlingswesen angehe, so seien bis jetzt 60 Lehrlinge aufgenommen, vor allem Lehrlinge

Sieger und Besiegte: Aufzug des Sternenbanners bei Arbeitsbeginn in Milbertshofen.

des zweiten und dritten Lehrjahres, um ihnen die Möglichkeit eines Lehrabschlusses zu geben ...

Betriebsrat ... Lehrlingswerkstatt ... Urlaubsgeldnachzahlung ... Heißt das nicht, daß alles mehr oder weniger wieder im Lot ist, so wie das im Frieden erwartet werden kann – auch in Milbertshofen? Ja, die Militärregierung hatte, nach mehreren Besichtigungsgängen, bereits gutgeheißen, »die Produktion in zwei bis drei Hallen zusammenzuziehen«, und ein Fertigungsplan war auch schon »to the Production Control Agency« eingereicht worden. Darin wurde gebeten, zum »Endausbau« die Genehmigung zu erteilen, das Werk aus den Verlagerungsbetrieben zu vervollständigen. »Es soll dann endgültig 992 Werkzeugmaschinen umfassen ... Wir benötigen monatlich 400 t Koks für unseren Bedarf, weitere 400 t werden zum Beheizen der von der 9th Air Force belegten Gebäude benötigt ...« Der Bittbrief schloß: »Unsere Wünsche gehen dahin, zu einem mittleren industriellen Programm zu kommen, welches uns eine wirtschaftliche Auslastung des Werkes ermöglicht. Gezeichnet: Donath. Gezeichnet: Deby.«

Man schrieb, als der Brief durch Kurier zur Holbeinstraße hinüberging, den 28. August 1945. – Der August hatte es in sich. Auf Hiroshima und Nagasaki waren Atombomben gefallen (6. und 8. August), Japan hatte kapituliert (14. August), damit war der Zweite Weltkrieg zu Ende. Am 2. August hatten die Großen Drei die Konferenz von Potsdam beendet.

Nun doch Demontage

Die Großen Drei – Stalin, Truman, Churchill (der nur am Anfang dabei war, Attlee trat nach dem überraschenden Wahlsieg der Labour Party in England an dessen Stelle) – waren am 17. Juni im Cäcilienhof bei Potsdam zusammengetreten, um hier zunächst ihre Grundsätze für die Behandlung des besiegten Landes während der ersten Kontrollperiode festzulegen: »Völlige Abrüstung und Entmilitarisierung Deutschlands und die Ausschaltung der gesamten deutschen Industrie, welche für eine Kriegsproduktion benützt werden kann.« Das war nur zu verständlich. Eine andere Formulierung aber war geeignet, jeden noch irgend vorhandenen Zukunftsoptimismus zu zerstören: »Das deutsche Volk muß überzeugt werden, daß es eine totale militärische Niederlage erlitten hat und daß es sich nicht der Verantwortung entziehen kann für das, was es selbst dadurch auf sich geladen hat, daß seine eigene mitleidlose Kriegführung und der fanatische Widerstand der Nazis die deutsche Wirtschaft zerstört und Chaos und Elend unvermeidlich gemacht haben.«

Bekannte Sätze, dachte Donath und war ohne Sorge. Auch daß »Personen, die den alliierten Zielen feindlich gegenüberstehen« – er kannte niemanden, der das tat –, aus den öffentlichen Ämtern und den verantwortlichen Posten in wichtigen Privatunternehmen zu entfernen seien, neben der selbstverständlich erscheinenden Ausmerzung der Nationalsozialistischen Partei und der Verhaftung von Kriegsverbrechern, verwunderte ihn nicht. Verwunderlich war nur der Satz: »Die Bezahlung der Reparationen soll dem deutschen Volk genügend Mittel belassen, um ohne Hilfe von außen zu existieren«, wenn es andererseits hieß: »Die für die Industrie, welche erlaubt sein wird, entbehrliche Produktionskapazität ist entsprechend dem durch die internationale Reparationskommission empfohlenen und durch die beteiligten Regierungen festgelegten Reparationsplan entweder zu entfernen oder, falls sie nicht entfernt werden kann, zu vernichten«?

Man brauchte kein Volkswirtschaftler zu sein, um sich auszurechnen, was dies bedeutete. In den Westzonen stockte die Nahrungszufuhr. Deutschland hungerte. Die tägliche Ration lag zeitweilig bereits unter 1000 Kalorien. Sein vorläufiges Ziel, so hatte General Montgomery am 1. September für die britische Besatzungszone erklärt, sei die Zuteilung von 1500 Kalorien pro Tag an die deutsche Bevölkerung, aber selbst diese Menge könne wegen Verteilungsschwierigkeiten nicht überall ausgegeben werden. Verschlimmernd auf die Lage wirke sich die diesjährige ungewöhnlich schlechte Ernte aus. Es gebe nur eine Lösung: Lebensmittel nach Deutschland einzuführen.

Doch wovon sollten sie bezahlt werden? Vom deutschen Auslandsvermögen? Das war beschlagnahmt. Vom Erlös deutscher Patente? Die waren vogelfrei – für ein paar Cents pro Fotokopie in den USA zu haben. Vom Arbeitsertrag deutscher Kriegsgefangener? Der wurde als Zahlungsmittel so wenig anerkannt wie das, was deutsche Wissenschaftler und Techniker, die nach der Kapitulation ins Ausland verbracht worden waren – unter ihnen führende BMW-Leute aus der Raketen- und Strahltriebwerksforschung –, für neue Entwicklungen leisteten. Also gab es nur einen Weg: Güter zu exportieren. Deutschlands Ernährung hing somit von seiner industriellen Produktion ab – und diese von der Höhe der Reparationen, über die sich die Großen Drei in Potsdam nicht hatten einigen können; lediglich die Forderung der Sowjetunion, zu den Reparationen aus ihrer eigenen Zone noch 10 Prozent der westdeutschen industriellen Ausrüstung, die für eine deutsche Friedensrüstung unnötig sei, ohne Bezahlung und Gegenleistung zu erhalten, war übereinstimmend akzeptiert worden. Den Umfang der Reparationen, so hieß es, würde der Kontrollrat im einzelnen verfügen.

Es war Herbst, man ging in die letzte Septemberwoche. Von der Stirnseite der Feldherrnhalle waren unter der Sonne des August die großen weißen Buchstaben, die jemand dorthin geschrieben hatte: KZ DACHAU – BELSEN – BUCHENWALD – ICH SCHÄME MICH, DASS ICH EIN DEUTSCHER BIN, stark verblaßt, und auch, was an der Seite gegenüber der Residenz stand, war nur noch schemenhaft zu lesen: KEINE SCHAM, NUR VERGELTUNG! HAKENKREUZ – SCHANDKREUZ. Eine andere Schrift daneben, die verkündet hatte: GOETHE, DIESEL, HAYDN, ROB. KOCH. ICH BIN STOLZ, EIN DEUTSCHER ZU SEIN! war nicht mehr zu entziffern.

Einige noch vor kurzem an gut sichtbarer Stelle im Stadtgebiet angebrachten anonymen Anschläge, die das Verhalten von deutschen Frauen und Mädchen anprangerten, welche »ihre Frauenehre nur um einige Zigaretten oder um eine Tafel Schokolade« wegwürfen (»Schlagt sie, schneidet ihnen die Haare ab, den amerikanischen Huren, helft alle mit!«), hatte die Besatzungsmacht tilgen lassen.

Am 27. September berichtete die »Münchner Zeitung«, das Nachrichtenblatt der amerikanischen Armee: »In den Städtischen Oberschulen für Mädchen am St.-Anna-Platz, an der Luisenstraße, am Königsplatz und an der Tengstraße beginnt der Unterricht für die Klassen 2, 3, 4.« Eine weitere Meldung besagte, daß der Chef der Militärregierung München, Oberstleutnant Walter Kurtz, im Schwabinger Krankenhaus seinen schweren Verletzungen, die er einige Tage zuvor im Hof des durch Bomben beschädigten Rathauses durch herabfallende Mauerstücke erlitten habe, erlegen sei.

Beides berührte Donath kaum. Schulsorgen mit Töchtern hatte er nicht – seine Ehe war kinderlos geblieben –, und bis zum Chef der Militärregierung war er nie vorgedrungen; er kannte ihn nur dem Namen nach.

Von Reparationsbeschlüssen war nichts zu lesen.

Dann, am Abend des gleichen Tages, kam eine Nachricht über den Rundfunk. Der Kontrollrat habe, so sagte der Sprecher, die Beschlagnahme einer Reihe von deutschen Industrieunternehmen verfügt sowie den Abtransport ihrer Anlagen als Reparationsleistung Deutschlands an die Siegerstaaten angeordnet. Auf der Liste befände sich auch die Bayerische Motorenwerke AG, Werk II in Allach.

Deby, der die Nachricht mit Donath zusammen hörte, erinnerte sich später, bei »Bayerische Motorenwerke« seien sie beide blaß geworden, doch sei die Blässe sofort gewichen, als sie »Werk II in Allach« vernahmen. Denn das Allacher Werk ging sie im strengen Sinne nichts an. Es stand unter eigener Verwaltung und war immer »verlängerte Werkbank« geblieben. Die Amerikaner hatten es – anders als Milbertshofen, das als Privatbesitz galt – regelrecht requiriert. Donath selbst hatte als BMW-Verantwortlicher, der nominell auch für Allach zuständig war, den Requisitionsbefehl unterschrieben – und war Allach damit losgeworden.

In einer »Niederschrift über den zeitlichen Ablauf der Beschlagnahme« ist festgehalten, was sich zwischen Hoffnung und Befürchtung, Befürchtung und Hoffnung abspielte. Zunächst ereignet sich gar nichts. Einige Tage vergehen. Fast erscheint, was man gehört hat, als ein böser Traum, an dem nur merkwürdig bleibt, daß ihn viele zugleich gehabt haben.

Dann, beim Betreten des Werks am Dienstag, dem 2. Oktober 1945, findet die Werksleitung am Südtor und an den Eingängen von Werksgebäuden eine Verfügung der Militärregierung vor, datiert vom 1. Oktober, unterzeichnet von einem Leutnant Moskowitz. Das gesamte Vermögen der Gesellschaft, heißt es darin, sei nach Gesetz Nr. 52 der Militärregierung beschlagnahmt. Es wird nachgeforscht: Wer hat das angeheftet? Gestern abend, sagte der Wachhabende des Werkschutzes: Ein Polizeibeamter des Milbertshofener Polizeireviers war da. Hingewiesen, daß die Verfügung auf Werk II ausgestellt sei, er sich hier aber vor Werk I befände, habe sich der Beamte entfernt, sei jedoch nach etwa einer Stunde wieder erschienen und habe den Anschlag, nicht ohne Protest des Pförtners, überall angebracht. Donath rief daraufhin sofort beim Allacher Werk an, wo er erfuhr: ja, auch dort seien Beschlagnahmeplakate angeschlagen worden. Sie seien jedoch auf Werk I ausgestellt. – Weiter heißt es in der »Niederschrift«: »... Herr Thomas wurde veranlaßt, sämtliche Auszahlungen der Gesellschaft augenblicklich zu sperren. Alle zuständigen Herren der Gesellschaft wurden veranlaßt, sich sämtlicher Verfügungen einschließlich Vermietung, Verpachtung und Verkauf von Firmeneigentum mit sofortiger Wirkung zu enthalten und alle diesbezüglichen Verhandlungen zunächst abzubrechen. Anschließend sagte sich die Werksleitung bei Herrn Oberbürgermeister Scharnagl im Rathaus an und wurde von diesem noch im Lauf des Vormittags empfangen.«

Scharnagl war nicht allein. Neben dem Zweiten Bürgermeister, Dr. Stadlbauer, war der städtische Baudirektor, Professor Hencky, ehemals Werksdirektor der I. G. Farben in Bitterfeld, anwesend. Scharnagl teilte den Herren mit, daß es infolge technischer Störung nicht mehr gelungen sei, sie von dem Befehl der Militärregierung persönlich in Kenntnis zu setzen, und daß er deshalb die fraglichen Beschlagnahmeplakate an beiden Werken in

Erste Sitzung des neugebildeten Stadtrats von München im Neuen Rathaus am 1. August 1945.

München und Allach durch die Polizei habe anbringen lassen. Dies sei aber nicht alles. Ob die Herren dies hier lesen möchten... Er überreichte die Durchschrift eines weiteren schriftlichen Befehls der Militärregierung bei der Stadt München, datiert vom 1. Oktober und unterzeichnet von einem Oberstleutnant Keller:

»Hauptquartier der Militärregierung München

1. Oktober 1945
GMM/Bck

An den
Oberbürgermeister der Stadt München
München
Rathaus

1. Sie werden angewiesen, sofort mit der Schleifung der im Stadtkreis München gelegenen BMW-Fabriken 1 und 2 zu beginnen.
2. Sie werden ferner angewiesen, die ganze Werksanlage in Lattenverschlägen zur Verschiffung zu verpacken. Ein detailliertes Inventar ist von jedem Lattenverschlag anzufertigen und ein Durchschlag davon innerhalb eines jeden einzelnen Kistenverschlages anzubringen.

Im Auftrag der Militärregierung:
    gez. Eugene Keller jr.
    Oberstleutnant, AUB, 0103324
    Stellvertretender Standortkommandeur«

Oberstleutnant Keller mit Oberbürgermeister Scharnagl.

Alles Weitere, fügte Scharnagl hinzu, werde Professor Hencky regeln, den die Militärregierung bestimmt habe, die Sache administrativ zu Ende zu bringen.

Das Ende also – und für einen Augenblick steht die Zeit still. Ist es – das Ende? Man sagt, Napoleon habe, als man ihn nach Waterloo zur Abdankung drängte, die Worte geflüstert: »Ich habe getan, was ich vermochte!« – und darin sei alles enthalten gewesen, was ein Mensch zu seiner Rechtfertigung vorbringen kann.

Auch Donath hat getan, was er vermochte. Mit Verantwortung bepackt, weil er nicht in der Partei war, hat er den Kopf hingehalten, hat Unrechtmäßigkeiten ertragen, Demütigungen hingenommen, hat jeden erdenkbaren Fleiß an den Tag gelegt, um die Firma am Leben zu erhalten, hat BMW verteidigt, verteidigt, verteidigt und sich tausend Schliche einfallen lassen, um den Siegern, nicht einmal zu ihrem Nachteil, kleine »Geländegewinne« abzutrotzen. Bis Halsstarrigkeit in Verständnis, Voreingenommenheit in die Bereit-

Noch immer werden Blindgänger im Werksgelände gefunden und entschärft.

Gebunden an die Kontrollratsbeschlüsse, treffen die Abgesandten der Siegermächte in Milbertshofen ein.

schaft umschlug, ihm – und damit dem Werk – zu helfen. »Wären Sie bereit, ein Geschenk anzunehmen?« hatte ihn, noch bevor es die Reparaturwerkstatt gab, der Kommandant der Besatzungstruppe gefragt: »Wir schenken Ihnen BMW, und Sie führen als Privatmann den Laden, well?« Und, als Donath lachte: »Warum lachen Sie? Das ist ein ernsthafter Vorschlag!«

»Ebenso ernsthaft wie: das Werk in Lattenverschlägen zur Verschiffung zu verpacken?« könnte Donath jetzt fragen, aber das Lachen ist ihm vergangen.

Der unbekannte Verfasser jener »Niederschrift über den zeitlichen Ablauf« wußte sicher nicht, als er Datum an Datum reihte, Besprechung an Besprechung, Bittgang um Bittgang aufführte – dabei auf jede Ausmalung, jeden Kommentar, jede Dramatik verzichtend –, welch ein bemerkenswertes Dokument er schuf. Wie in einem umgedrehten Fernglas erblickt man darin, gestochen scharf, die Lage der Deutschen, bald in dieser, bald in jener Gruppierung und in von Minute zu Minute umschlagenden Positionen: amtlich und brav im Rathaus, in kargen Privatwohnungen mit dem leichten Ruch der Konspiration, in notdürftig hergerichteten Betriebsbüros, wo man pausenlos tagt und auf Kanonenöfen Muckefuck, versetzt mit ein paar Kaffeebohnen, kocht, aber auch vor den Schreibtischen von Militärgewaltigen mit den »Stars and Stripes« im Hintergrund an der Wand... Da ist eine Werksführung, die zäh zu retten versucht, was doch nicht mehr zu retten ist (und jeder weiß es); eine Stadtverwaltung, die – mit ihrem Oberbürgermeister an der Spitze – als verantwortliches Vollzugsorgan dem Kontrollrat gegenüber ihr liebstes Kind der ortsansässigen Industrie (und das ist BMW, zu München und Bayern gehörig wie das Hofbräuhaus) dem Tod überantworten soll. Auch der bestellte Henker ist da. Daß er Hencky heißt, ist ein Omen, für das er nichts kann, aber daß er, als ehemaliger I.G. Farben-Direktor aus Bitterfeld – und I.G. Farben steht obenan auf der Schwarzen Liste der Sieger – nun als »Abbaukommissar«, wie er offiziell genannt wird, keinerlei Bedenken an der Rechtmäßigkeit der Auslöschung von BMW haben darf, belastet ihn sichtlich. Daneben Männer, die ständig befürchten müssen, aufgrund ihrer Stellung im Dritten Reich, für die sie den Nachweis der Unbescholtenheit erbracht haben, jederzeit doch noch in Schwierigkeiten zu kommen – und ihm, dem Abbaukommissar, eine geheime Abmachung mit den Amerikanern präsentieren, die klar erweist, daß eine Gesellschaft, die nicht mehr besteht, durchaus besteht... Und dahinter die Prokonsuln mit der soliden Schwerkraft der Macht, die sie gegeneinander ausspielen, einerseits gebunden an die Kontrollratsbeschlüsse, die keinen Zweifel an der Rechtlichkeit des Abtransportes aller Maschinen und der totalen Enteignung von BMW lassen, andererseits bestrebt, ihre eigenen Interessen nach Kräften wahrzunehmen, bis hin zur Komplizenschaft mit den Deutschen.

Tatsächlich haben Dorls und Dietrich, die Direktoren von Allach, eine Vereinbarung mit Colonel Serren, dem Leiter des Ordnance Depot Karls-

»Sie werden angewiesen, die ganze Werksanlage in Lattenverschlägen zur Verschiffung zu verpacken.«

feld, getroffen, wonach sie die Generalreparatur von monatlich 6000 Kraftfahrzeugen der amerikanischen Armee übernehmen. Wenn der Allacher Maschinenpark dazu nicht ausreicht, dürfen die Milbertshofener Anlagen dazu herangezogen werden und ebenso die Geldmittel der AG – veranschlagt sind 6 683 000 RM! –, obwohl der Abbaukommissar das gesamte Vermögen beschlagnahmt hat. Auch den Milbertshofener Leuten erscheint das nicht geheuer (noch ahnt niemand, daß Allach dereinst der Schopf sein wird, an dem sich BMW wie weiland Münchhausen aus dem Sumpf ziehen kann). Wie verfahren die ganze Situation ist, zeigt eine Liste mit zwanzig Fragen, die die verunsicherte Werksleitung dem verunsicherten Abbaukommissar in die Hand drückt, der damit von Pontius zu Pilatus läuft; längst ist ihm sein Amt, nach dem er alles sein muß und will: Aufsichtsrat, Vorstand, Werksleitung, Vermögensverwalter, Liquidator ... über den Kopf gewachsen.

Die Liste hat etwas vom Fragetrotz kleiner Kinder, wenn sie, im Widerspruch von Weltentdeckung und elterlichem Gebot, Vater und Mutter zermürben. Da heißt es: »Dürfen wir die 1. 10. 45 fällig gewesene 2. Rate der Berufsgenossenschaftsbeiträge (Sozialversicherung) für die Werke München und Allach in Höhe von 300 000 RM auszahlen? – Wir haben als einzigen noch nicht zurückbezahlten Kredit eine Investition von 50 Millionen RM bei der Bank der Deutschen Luftfahrt aufgenommen, an dem auch andere Privatbanken zur Hälfte beteiligt sind. Dürfen wir die am 30. 9. 45 fällig gewesenen Zinsen überweisen? – Wir mußten auf Befehl des Ministeriums für Rüstung und Kriegsproduktion Betriebsteile, Läger und sonstige Einrichtungen nach auswärts verlagern. Dürfen wir die den Aufnahmebetrieben aus der Vergangenheit geschuldeten Mieten bezahlen? Auch die nach dem 3. 10. 45 fällig werdenden Mieten? – Wir sind verpflichtet, den baulichen Zustand, wie er beim Einzug bestanden hat, wiederherzustellen. Dürfen wir diese Verpflichtung erfüllen? – Dürfen wir Versicherungsbeiträge aus den abgeschlossenen Versicherungsverträgen bezahlen? – Dürfen wir Telefongebühren, die (a) vor dem Einmarsch der amerikanischen Armee, (b) nach dem Einmarsch der amerikanischen Armee, (c) nach der Beschlagnahme des Vermögens angefallen sind, begleichen, da bei Nichtbezahlung der Rechnungen die Ge-

Deby (linkes Bild, vorn) fällt es zu, die Beschlagnahmekommission durch das Werk zu führen.

fahr der Sperrung des Telefons durch die Reichspost besteht? – Dürfen wir Verpflichtungen gegenüber Lieferanten erfüllen, an deren Unternehmungen ganz oder teilweise ausländisches Kapital beteiligt ist (vor allem Amerika, England, Schweiz, Tschechoslowakei)?«

Dürfen, können, sollen, müssen wir ... Es gibt kaum etwas, was nicht gefragt wird: ob Verpflichtungen aus Arbeitsverträgen gelten, ob rechtsverbindliche Zusagen an Arbeiter und Angestellte aufrechterhalten, Teile von Arbeitslohn wie Lohnpfändungsbeträge, Sterbegelder, Krankenkassenprämien einbehalten werden dürfen und, wenn ja, wohin sie abzuführen seien. Selbst ob »für den privaten Gebrauch geeignete Gegenstände, die für die Fortführung des Betriebes ohne Interesse sind, an Betriebsangehörige, vorzugsweise Fliegergeschädigte«, verkauft werden dürfen, will man wissen, und ob Forderungen des Konzerns gegenüber dem Reich, auch der Stadt, die sich aus Fliegerschäden, Verlagerungen, Plünderungen, Lieferungen, gestoppten Aufträgen und so fort ergeben, bestehen bleiben; soll man da eine Liste aufstellen und einreichen, und bitte wohin?

Indessen wird nach Lust requiriert, diesmal für Allach, wie man erfährt. »Im Laufe des Vormittags erschienen drei amerikanische Offiziere unter der Führung von Major Pedsel.« Darauf hingewiesen, daß die Unterzeichnung des Vertrages den internen Richtlinien nicht entspräche, »ließen sich die Herren von der Besichtigung des Werksgeländes nicht abhalten und

Ludwig Erhard, damals noch bayerischer Wirtschaftsminister, setzt sich in nebenstehendem Brief an den Obersten Kontrollrat für BMW ein. Hier beim Besuch des amerikanischen Außenministers Byrnes in München 1946 (v. l. n. r.) der bayerische Ministerpräsident Hoegner, Byrnes, Erhard und General Clay.

Die Firma BMW mit Werk I in München und Werk II in Allach ist auf der Reparationsliste unter den Nummern 2 und 14 aufgeführt. Ich höre, daß die Möglichkeit besteht, die Maschinenwerkzeuge und -ausrüstungen beider Fabriken – am 25. 9. 46 – auf der Brüsseler Wiedergutmachungskonferenz den Staaten des Westens zuzuschlagen.

Ich halte es für meine Pflicht, darauf hinzuweisen, daß BMW keinesfalls als typischer Rüstungsbetrieb angesehen werden kann, dem man seine Maschinen vollständig wegnehmen müßte, um den Aufbau eines Kriegspotentials zu unterbinden. BMW war und bleibt ein bedeutender Faktor der bayerischen Wirtschaft in Friedenszeiten, und es ist deshalb notwendig, daß zumindest Teile des Werks erhalten bleiben. Der wirtschaftliche Erfolg des Unternehmens beruht auf der Herstellung von Motorrädern, Autos und Flugzeugmotoren, die für Handel und Sport gebaut wurden. Es ist erwähnenswert, daß die BMW Standard-Erzeugnisse ab 1935 nur bis zu einem gewissen Grad von der deutschen Armee und Luftwaffe akzeptiert wurden. Während des Krieges stand die Produktion der gesamten Original-BMW-Erzeugnisse still. Der einzige Flugzeugmotor, den BMW seit Ende 1942 in großen Stückzahlen für die Deutsche Luftwaffe im Werk Allach baute, war der Typ 801. In Werk I erfolgte keine nennenswerte Serienproduktion. BMW war schon immer eine gemeinnützige Aktiengesellschaft und stand nicht unter der Kontrolle des Reichs. Auf der anderen Seite betrachtete man die Firma als eine gute Anlagequelle für kleine Aktionäre.

Die nachstehenden Zahlen zeigen, wie wichtig BMW für die deutsche Wirtschaft ist.

Bis Ende 1936, nämlich zu der Zeit, bevor die deutsche Aufrüstung begann, besaß BMW 1432 Maschinenwerkzeuge in Werk I und 1960 Maschinenwerkzeuge in Eisenach.

Fünf Jahre lang, von 1927 bis 1931, konnte BMW einen Exportdurchschnitt von nahezu RM 8 000 000,– pro Jahr halten, wobei der Inlandshandel im Jahre 1928 70% ausmachte. Nach einem vorübergehenden Umsatzrückgang nahm der Jahresexport wieder zu, und in den Jahren 1937, 1938 und 1939 erreichte das Unternehmen wieder eine durchschnittliche Exportrate von RM 8 000 000,–.

Für die Fertigung in Friedenszeiten bleibt nur noch das BMW-Werk I, da das Werk in Dürrerhof in der Nähe von Eisenach, die Werke Spandau und Zühlsdorf, die alle 1936 gebaut und erworben wurden, vollkommen von den russischen Streitkräften geräumt wurden. Nach den neuesten Informationen wurde das Stadtwerk Eisenach von den russischen Streitkräften beschlagnahmt, und das ist so zu verstehen, daß diese Fabrik von einem russischen, staatlich überwachten Automobilkonzern unter russischer Leitung übernommen wird.

Werk II in Allach bei München, das 1936 gegründet wurde, wurde von einem Materialdepot der CBS beschlagnahmt und arbeitet mit 1000 Maschinenwerkzeugen für die amerikanische Armee; es ist zweifelhaft, ob Werk II jemals wieder für den zivilen Bereich zurückgewonnen werden kann.

In Werk I und II stehen heute noch insgesamt 4800 Werkzeugmaschinen im Vergleich zu 3400, über die BMW im Jahre 1936 zu Friedenszeiten verfügte.

Werk I konnte die Erlaubnis für die unerläßliche Produktion in Zeiten des Friedens bekommen, die die Herstellung von Ersatzteilen für Autos und Motorräder einschließt, um unsere noch übriggebliebenen Fahrzeuge so lange wie möglich in Einsatz halten zu können. Diese Genehmigung umfaßt auch die Instandsetzung von Maschinen für die Bauwirtschaft, die Lebensmittelindustrie und Landwirtschaft, einschließlich der Fabrikation von zwei dringend erforderlichen landwirtschaftlichen Arbeitsgeräten, die ursprünglich in der russischen Zone hergestellt wurden.

Man beabsichtigt auch, die Fertigung von Fahrrädern und Motorrädern aufzunehmen, die dank des guten Rufes, den BMW genießt, einen weiten und aufnahmefähigen Exportmarkt in Europa zu erschließen verspricht.

Um dieses wichtige Programm in die Tat umzusetzen, ist es unbedingt notwendig, daß BMW die ca. 900 Werkzeugmaschinen und erforderlichen Ausrüstungen behält. Diese Maschinen sollten von den Reparationszahlungen ausgeschlossen werden. BMW könnte sich dann im Werk I einem kleinen Bereich widmen, um die künftige Fabrikation von Gegenständen in Friedenszeiten im sogenannten »Werk des Ostens« weiterzuführen. Diese 900 Werkzeugmaschinen würden Werk I auf den Stand von 1928 zurückbringen, was nach wie vor eine vernünftige Produktion gewährleisten würde. Gleichzeitig blieben immer noch 80% von 4800 Werkzeugmaschinen für Reparationszahlungen übrig.

In der Vergangenheit deckten Fabriken, die nun in der russischen Zone liegen, weitgehend den industriellen Bedarf Bayerns. Um unsere äußerst dringenden Bedürfnisse zu befriedigen, sind wir deshalb heute mehr als jemals zuvor von der noch vorhandenen bayerischen Industrie abhängig. Angesichts der Notwendigkeit einer Importfinanzierung können die Exportchancen nicht oft genug betont werden.

Aus diesem Grunde ist es untragbar, BMW für unsere Wirtschaft vollständig zu verlieren.

Dr. Ludwig Erhard
Staatsminister für Wirtschaft

Der Wert der im Abtransport befindlichen Werkzeugmaschinen beläuft sich auf 30 Millionen, der der Prüfstandanlagen auf ca. 15 Millionen RM...

... und tausend Mann tun ihr Bestes, um zu entfernen, wovon sie gelebt haben.

requirierten die Einrichtungsgegenstände der zur Zeit noch belegten Büros«. (Wenige Wochen später werden dort auch die Lampenfassungen entfernt, ja sogar die elektrischen Leitungen aus den Wänden gerissen.) Kaum sind die Herren fort, fährt Oberst Silvey von der Property Control der Militärregierung vor, läßt sich von den Herren von Krafft, Schneider und Deby den Bunker C vorführen, erklärt die dort gelagerten Wagenersatzteile von der Beschlagnahme ausgenommen – man braucht sie für die »Reparaturwerkstatt«, die weitergeführt werden soll – und gibt »zu Ernährungszwecken« das ebenfalls im Bunker befindliche Lebensmittellager frei. Kaum ist er fort, fahren die Herren der amerikanischen Presse vor, um Aufnahmen von den Abrüstungsarbeiten zu machen. Deby weist sie nach Halle 17 und 19, ohne jegliche Stellungnahme zur Abrüstung generell. Doch gibt er vier Zahlen bekannt:

1. Vom Gesamtmaschinenpark der BMW sind mindestens 70 Prozent aller Maschinen für Friedensaufgaben brauchbar.
2. Der Wert der zur Zeit im Abtransport begriffenen Werkzeugmaschinen beläuft sich auf 30 Millionen,
3. der der Prüfstandsanlagen auf ca. 15 Millionen RM.
4. Am Abbau des Werkes Milbertshofen sind rund 1000 Mann beschäftigt.

Tausend Mann, wirklich? Man sieht sie kaum. Sieht Maschinen, Maschinen, ganze Kolonnen von chromblitzenden hochkomplizierten Gebilden, die ihre Sockel verlassen haben, und wie sie, zerlegt in tausend Teile, in Kisten verpackt aus den Hallen rollen. Wer diese Arbeit tut? Uninteressant für den amerikanischen Zeitungsleser; deutsche Kulis tun jede Arbeit, Hauptsache, sie wird bezahlt, Hauptsache, es gibt was zu fressen dafür (Sonderration), also wird in die Hände gespuckt, hau ruck! Ab dafür ... Natürlich nicht mit dem Vorschlaghammer (man wird einen Arbeiter auf den Fotos sehen, wie er mit Pinzette und Lupe einen Steuermechanismus auseinandernimmt).

Daß hier Facharbeiter, Spezialisten am Werk sind – Donath hat sie eingestellt, froh um jeden, den er wieder beschäftigen kann –, versteht sich von selbst. Eine andere Frage ist ... Aber sprechen wir nicht von Tragödien, sprechen wir vom allseits guten Einvernehmen, sprechen wir von Vernunft, die den Ton angibt, Vernunft, die einen völlig reibungslosen Ablauf garantiert, Vernunft, mit der jeder, den man hier arbeiten sieht, sich ins Unvermeidliche schickt. Demontage ist nun mal kein Zuckerschlecken. Demontage ist ... ja, was ist sie? Barbarei? Es gibt Schlimmeres.

Und doch ist es schlimm genug. Tausend Mann tun ihr Bestes, um zu entfernen, wovon sie gelebt haben ... reißen von Betonsockeln, wovon sie wieder leben wollen ... vernichten, wovon und wodurch sie allein wieder leben können: ihren Arbeitsplatz, die Fabrik, die ihre Zukunft, ihr Leben bedeutet.

Mit der Kapitulation Deutschlands, in der Stunde Null, war die Angst fort, die jedem Deutschen im Nacken saß: keine Bomben mehr, die vom Himmel fielen, atmen, ohne an morgen zu denken; was war, war nicht zu ändern, was sein würde, würde sein.

Jetzt greift eine neue Angst um sich.

»Wir sind noch einmal davongekommen«, heißt ein Stück von Thornton Wilder, das überall auf den Bühnen gespielt wird.

Sind wir noch einmal davongekommen?, fragen die Leute. Gewiß. Doch stellt sich nun eine zweite Frage. Sie besteht aus einem einzigen Wort: Wozu?

Was in Eisenach geschah

Es ist Zeit, den Blick nach Osten zu richten. Auch hier geht die gleiche Angst um, auch hier wird demontiert. Und doch soll dies in Eisenach, wo das Schild BAYERISCHE MOTORENWERKE AG durch ein »vormals« ergänzt worden ist – EISENACHER FAHRZEUG- UND MASCHINENFABRIK GMBH VORM. BMW –, auf ungleich andere Art und Weise geschehen als drüben in München, bei den Amerikanern.

Drüben in München, das klingt noch wie *ein* Herzschlag. Doch besteht keinerlei Verbindung mehr hinüber, seit in der Nacht vom 30. Juni zum 1. Juli 1945 die amerikanischen Truppen mit Sack und Pack Thüringen und Sachsen verlassen, »geräumt« haben, wie es in der Sprache der Militärs heißt. Es gab Gerüchte, daß sie weggehen würden. Wie viele Gerüchte hat es gegeben, an denen nichts dran war. Einige Deutsche, die von den Amerikanern als »Geheimnisträger« eingestuft wurden, sind gefragt worden, ob sie, wenn die Russen kämen, den Westen vorziehen würden. Auch Albert Siedler, der als Oberingenieur von BMW Eisenach einen Motorpool außerhalb des Werksgeländes, in einer Kammgarnspinnerei, leitete, hat man gefragt.

»Steht das zur Disposition?« hat er geantwortet.

»Nein, aber wenn, im Fall der Fälle ...«

Gut, hat er gesagt, er ginge dann mit ..., hat vorsichtig die Wohnung geräumt, hat, bis auf die Vorhänge an den Fenstern, alles, was man zum Leben braucht, in einen LKW verstaut – als Autowrack getarnt, mit alten Zeltbahnen abgedeckt, steht der Wagen neben der Garage an seinem Haus – und zwei weitere LKW bereitgestellt, einen für Schaaf, den kaufmännischen Direktor (der nominell zuletzt der gesamten AG in München vorstand, aber nach Eisenach zurückgekehrt war, wo seine Familie lebte), einen anderen für die beiden Techniker, auf die die Amerikaner besonderen Wert legten. Dann, am Morgen des 1. Juli, Siedler war gerade vor seiner Arbeitsstätte angelangt, brauste auf einem BMW-Motorrad ein GI heran: ob er noch die ihm versprochenen Zylinderköpfe erhalten könnte, es sei eilig. (»Noch?«, denkt Siedler, und »so früh am Tag?«) »Come on«, sagte er. »Nix come on«, erwiderte der Soldat und wies zur Lagerhaltung hinüber, die neben den Werkstätten lag: Da drinnen gäbe niemand mehr etwas raus, da seien die Russen.

Sie waren da. Siedler stürzte zum Schuppen, wo die LKWs standen. Das Tor war nur angelehnt.

»Pascholl!« rief eine Stimme hinter ihm, »du hier Chef?«

»Ja«, sagte Siedler, das Tor verriegelnd – obwohl es da gar nichts mehr zu verriegeln gab, denn die bereitgestellten Lastwagen waren verschwunden –, »ich Chef.«

Er blickte sich um und sah in das Gesicht eines jungen Burschen in erdbrauner Uniform; die Kalaschnikow umgehängt, winkte ihm der Rotarmist fröhlich zu. Dann gingen sie hinein. Die Falle war zugeschnappt.

30. Juni 1945:
Die Amerikaner gingen.
Die alte BMW-Direktion ging mit.
Mit vielen Dokumenten.
Mit allen Lohngeldern.
Und den Worten:
„Hier habt ihr den Schutthaufen –

macht damit, was ihr wollt!"

So erinnert die »Neue Berliner Illustrierte« in der DDR 1966 im Rückblick an den Tag der Übernahme des Eisenacher Werkes durch die Russen.

36

Vier Jahre und zweihundertzwanzig Tage nach seiner verpatzten Flucht – man schrieb das Jahr 1950, und neben zwei Handkoffern hatten die Siedlers nichts als ihre Sachen auf dem Leib – machte Siedler im Münchner Werk in einer Art Anhörung, um die ihn die Werksleitung ersucht hatte, einige Aussagen.

An jenem Tag, sagte er, hätte er mit BMW nichts mehr im Sinne gehabt. Das sei doch glatter Verrat gewesen, zumal er mit den Amis gut gekonnt habe und sie und der Schaaf und die anderen genau gewußt hätten, was einem blühen würde, der den Stempel »Kapitalistenknecht« aufgedrückt trug. Dennoch sei er von BMW nicht mehr losgekommen. Dies habe jedoch nicht an ihm, sondern an den Russen gelegen. »Niemand hielt das für möglich«, sagte Siedler, »sie waren ausgesprochene BMW-Fans, angefangen bei dem Major, der sofort einen erbeuteten Wagen, einen grünen BMW 321, von mir repariert haben wollte – und ich reparierte ihm den natürlich –, bis zu dem Soldaten, der auf einer R 12 ankam, die ich überholen sollte – und die war nicht erbeutet. Sie stammte aus Sibir. Dort hatten die Russen im Krieg unsere Maschine, auch die R 71, nachgebaut. Man sah es sofort: Sie war nicht arcatom geschweißt – ganz gewöhnlich autogen –, schlechte Schweißverbindungen, die Zahnräder waren falsch abgekapselt. Später, als die Zivilverwaltung kam, mußte ich Ingenieuren, die dort in Sibir gearbeitet hatten, immer wieder vorführen, wie man bei Pleueln, die per

Auch in Eisenach fängt man mit der Herstellung von Eimern, Kochtöpfen, Schüsseln usw. wieder an. »Das Haupterzeugnis der Produktion war der Handwagen, der bald in großer Zahl, mit seinen Vollblechrädern weit hörbar, seine Nützlichkeit damals für den Menschen bewies«, heißt es in der Artikelserie »Die Kraft der Werktätigen schuf ein neues Werk«, die in der DDR über Eisenach erschien.

Begründung des Landespräsidenten von Thüringen für die Beschlagnahme von Eisenach.

Hand gehont werden müssen, den Drall wegbringt, damit sie nicht ›schrauben‹; ein Problem, mit dem sie nicht fertig wurden. – Eines Tages, das war im Oktober, rief man mich zur Kommandantur. Ich verständigte meine Frau – viele, die zur Kommandantur mußten, sind von dort nie wieder gekommen – und wurde in einen Keller gesperrt, einige Stunden lang. Dann fragten sie mich, ob ich ihnen Motorräder bauen könnte, und nannten gleich die Anzahl: zweihundert im Monat. ›Gerne‹, sagte ich. ›Doch womit? Wovon?‹ – ›Du willst nicht?‹ – ›Doch‹, sagte ich, ›ich will!‹ – lehnte man ab, das wußte ich, war man ›Saboteur‹.

Man muß das verstehen«, fuhr Siedler fort, »dieses Mißtrauen und ... Ganz anders als die Amerikaner, die alles im Überfluß hatten, kamen die Russen aus einem Land, das arm war, vom Krieg ausgepowert, von den Deutschen gebrandschatzt, um das schlimme Wort zu gebrauchen. Und dieses Thüringen, in das sie nun eingerückt waren, obwohl auch wir bis zur Halskrause in Ruinen steckten, erschien ihnen wie ein Schlaraffenland: Nichts war hier unmöglich – und BMW wie eine Nuß darin, die man nur aufzuknacken brauchte.

Wir hatten den Rest unserer funkelnagelneuen Wagen – unentdeckt von den Amis – im Heu versteckt. Die fanden sie gleich, und ich mußte sie fahrbereit machen, mein erster Job. Der zweite: Sie hatten Studebakers, aus dem Leih- und Pachtvertrag mit Amerika, Lastwagen; die konnten sie fahren, aber nicht reparieren, es gab keine Ersatzteile. Ich richtete ihnen zwölf von den Dingern her, und sie bezahlten dafür – was die Amis nie getan hätten –, nicht mit Geld, uns gingen die Augen über: mit Tabakwaren, die ein Jeep anbrachte, aus irgendeiner konfiszierten Fabrik ...

Der Technik standen sie wie die Kinder gegenüber. Drei Motorräder, die wir aus Einzelteilen zusammengebastelt hatten, haben uns die Amis kurz und klein geschlagen – sie hätten das nie getan. Im Gegenteil: Ich kriegte zehn Russen, die mir halfen, zusammenzubauen, was zusammenzubauen ging – ihre alte Kunst: Aus drei mach eins. Dann fuhren sie Tee, Brot und Hirse heran ... Wochenlang gab's nun Hirsebrei, bis sich mir – ihnen nicht – der Magen umdrehte, und dann wieder nur Kraut, bis sich mir – ihnen nicht ..., gut. Also nach einem halben Tag Fasten und Dunkelhaft in der Kommandantur trugen sie mir an, was mein dritter Job wurde: Motorräder zu bauen, keine Wehrmachtsräder, Zivilmaschinen ... ›Wie lange dauert das? Wann können wir das erste Rad haben?‹ – ›Das dauert ein Jahr.‹ – ›Du verrückt. Sechs Wochen!‹ Ich sagte nein, auch wenn ich in den Keller zurück oder Gott weiß wohin kommen sollte. Aber sie warfen mich nur raus, gaben einem anderen Ingenieur den Auftrag, einem linientreuen, der alles versprach, wenn er das und das bekäme. Wenn – –, er bekam es nicht, und nach sechs Wochen war kein Motorrad auch nur im Ansatz zu erblicken. So wurde ich wieder zur Kommandantur bestellt.«

»Erinnert ihr euch«, sagte Siedler und blickte zu Deby hinüber, der sich dann und wann Notizen machte, »an das große Ersatzteillager, das wir in Eisenach hatten?«

»Das – gab es noch?« fragte Deby.

Siedler nickte. »Das gab es, samt allen Ersatzteilen der R 35, der Einzylinder 350 Kubik, die damals in München nicht weitergebaut werden durfte, weil ... das Rad schüttelte.«

»Ja«, sagte Deby, »wir zogen es aus der Produktion, und ich hob, ich weiß nicht warum, die Ersatzteile auf. Alles ging dann nach Eisenach, als der Motorradbau verlagert wurde.«

»Und das war mein Glück«, fuhr Siedler fort, »darauf besann ich mich. ›Also gut‹, sagte ich – daß die Maschine schüttelte, sagte ich nicht –, ›zweihundert Räder im Monat, wenn – wenn ich genügend Werkzeugmaschinen bekomme.‹ – ›Woher?‹ fragten die Russen. Da sagte ich, obwohl die Demontage in Gang und alles schon beschlagnahmt war: ›Aus dem Schacht in Abterode.‹ Sie fuhren mich gleich hin, rüber zur Werra, der Schacht liegt dicht an der Zonengrenze, ließen mich die Leitern hinuntersteigen, endlos, 450 Meter tief: Da standen sie in den Kalisälen, unsere herrlichen Maschinen, alle tipptopp in der trockenen Luft, ohne einen Rostfleck. Ich ging mit der Grubenlampe heran, malte mein X auf die, die ich brauchte, und: ›BMW, BMW ...‹ auch auf die vom Dürrerhof, den hatten sie schon geschleift, aber die Maschinen standen hier, die neuesten und besten, die wir besaßen ... Nach drei Stunden klingelten sie, was ich so lange da unten

Albert Siedler, Oberingenieur in Eisenach.

mach', und ich klingelte zurück: ›Brauche noch Zeit‹ – Ich mußte die Wahl im Augenblick treffen, ohne Unterlagen ... und wählen, was mir durch den Kopf ging: Drehbänke, Schleifmaschinen, Bohrwerke ... und zählen dazu: zweihundertzwanzig Stück! Nach drei Stunden klingelte es wieder: ›Du Sabotage, du sofort rauf!‹ Als ich oben ankam, wußte ich nicht, ob es nach Eisenach zurückging oder ... – Sie drohten ja stets: Sabotage! Deportation! – Was soll ich sagen? Ich bekam die Maschinen – man zog sie an Seilen, im freien Schacht, ans Licht –, die Fahrstühle waren ausgebaut, da wären sie auch nicht reingegangen.«

»Alle zweihundertzwanzig?« fragte Deby.

»Alle«, sagte Siedler, »die übrigen gingen nach Rußland, wo sie nie angekommen sind; aus den Waggons gekippt, in den Schnee, oder geplündert, nitschewo. Ich konnte dann bald die ersten Motorräder abliefern – an Teilen war ja alles da, nur die Rahmen bauten wir selbst. Die ersten Maschinen hat man gleich nach Moskau gebracht, in eine Versuchsabteilung, und dort geprüft. Und dann kam der Befehl, gegeben in der Stadt Moskau: ›In Eisenach ist das Motorrad R 35 zu bauen!‹ und so weiter, Stempel und Unterschrift, den hing ich im Werk ans Schwarze Brett. Und baute und baute, zweihundert, zweihundertfünfzig Motorräder im Monat, bis uns die Ersatzteile ausgingen. Das war nun kein Problem mehr, wir konnten die Teile jetzt selbst fertigen. Und zwischendurch baute ich auch die ersten Autos!«

Anfang der Automobilproduktion im Bau WX, Parterre.

Presserei vor Produktionsbeginn.

Beschlagnahmebefehl der sowjetischen Militäradministration für das BMW-Werk Eisenach.

Befehl Nr. 93 des Marschall Shukow

„Zur Sicherstellung der Herausbringung der neuen Personenkraftwagen und Motorräder in der Fahrzeug- und Maschinenfabrik in Thüringen
befehle ich
dem Präsidenten der Selbstverwaltung des föderalen Landes Thüringen, Herrn Dr. Paul: die Produktion von Personenwagen mit vier Türen, Baumuster 326 und Motorräder mit 350 ccm Volumen, Baumuster R 35, mit einem Jahresprogramm von je 3000 Stück bei Arbeit in einer Schicht wieder aufzunehmen.

Zu diesem Zwecke sind:
a) bis zum 10. 11. 1945 alle unbedingt erforderlichen Instandsetzungsarbeiten an Gebäuden durchzuführen, die Montage der wichtigsten Aggregate und Werkzeugmaschinen abzuschließen und die Fertigung in allen Abteilungen des Werkes aufzunehmen;
b) bis zum 10. 11. 1945 täglich 15 bis 20 fahrfähige Lastkraftwagen und Schlepper mit entsprechenden Brennstoffmengen und Fahrern zur Verfügung zu stellen, zwecks Durchführung des Rücktransportes des nötigen Maschinenparkes, der Materialien, Vorrichtungen und Instrumente in die Automobilfabrik nach der beigefügten Anlage Nr. 1;
c) ab 25. 10. 1945 ist das Werk mit Leuchtgas in einer Menge von 15 000 cbm täglich und Elektro-Energie in einer Menge von 800 kW täglich während des 4. Quartals 1945, und in einer Menge von 2000 kW täglich ab 1. Januar 1946 zu versorgen;
d) bis zum 1. 11. 1945 ist eine Kalkulation der Verkaufspreise für Automobile und Motorräder während der Aufbauzeit des Werkes zur Genehmigung bei der Industrie-Abteilung der Sowjetischen Militärverwaltung in Deutschland einzureichen;
e) ab 20. 10. 1945 ist die Produktion des Baumusters 321 und des Motorrad Baumuster R 35 unter Ausnutzung der vorhandenen Teile-Vorräte nach der Anlage Nr. 2 zu organisieren. Die Herausbringung von Personenkraftwagen Baumuster 326 ist ab April 1946 zu beginnen;
f) bis zum 25. 10. 1945 sind folgende Entwürfe zur Genehmigung an die Sowjetische Militär-Administration in Deutschland einzureichen:
1. Entwurf über die Wiederingangbringung der Produktion;
2. Entwurf über die Versorgung des Werkes mit Rohstoffen und Materialien unter Zugrundelegung einer besonderen Ausnutzung der im föderalen Land Thüringen vorhandenen Werke und Rohstoffe.
3. Entwurf über die Finanzierung der Instandsetzungs-Bauarbeiten und über die Ausgaben, die mit dem Transport und der Aufstellung der Werkzeugmaschinen verbunden sind." Und so weiter.

Unterzeichnet war der Befehl:
„Der oberste Befehlsleiter der Sowjetischen Militär-Administration und der oberste Befehlshaber der Gruppe der Sowjetischen Okkupationsstreitkräfte in Deutschland
Marschall der Sowjetunion G. S h u k o w
Mitglied des militärischen Rates der Sowjetischen Militär-Administration in Deutschland
Generalleutnant F. B o k o w
Der stellvertretende Stabschef der Sowjetischen Militär-Administration in Deutschland
Generalleutnant D r a t w i n"

»Wann war das?« fragte Donath, den man ans Telefon gerufen hatte und der wieder eingetreten war.

»Im Oktober, denke ich«, sagte Siedler, »als die Arbeiterdelegation zu Marschall Shukow gefahren war, nach Berlin-Karlshorst. Dort saß die SMAD (Sowjetische Militäradministration), deren Chef Shukow war.«

»Und was wollte man dort?« fragte Donath.

Siedler lachte. »Ihn bestechen. Eisenach sollte demontiert werden, nur Shukow konnte das abwenden. Man fuhr in einem BMW 321 vor, den man ihm übergab. Man sagte, dies sei der letzte Wagen, den es in Eisenach gäbe – es war auch wirklich der letzte –, aber die Belegschaft habe sich verpflichtet, innerhalb einer Woche fünf Wagen des gleichen Typs zu bauen. – ›Gut‹, sagte Shukow, ›wenn ihr das schafft...‹ – Wir bauten die Wagen in Tag- und Nachtarbeit. Das war mein vierter Job. Und das Wunder geschah: Pünktlich wie abgemacht standen die Wagen vor Shukows Tür. Worauf der Befehl Nr. 93 des Marschalls Shukow erging, gerichtet an die Werktätigen des Automobilwerkes Eisenach..., an Audi in Zwickau erging nichts Derartiges, dort wurde alles bis auf die letzte Schraube demontiert... der Befehl also, jährlich dreitausend PKW vom Typ 321 zu bauen, dazu dreitausend Motorräder, Typ R 35 – die Genehmigung hatten wir ja schon. Wir stellten sofort über viertausend Leute ein. Alle Wagen gingen in großen Holzkisten, das Holz dafür wurde im Thüringer Wald geschlagen, schubweise sofort nach Rußland, als Reparationsgut. Stellen Sie sich das mal vor«, sagte Siedler, »Holzkiste an Holzkiste, jede so groß wie ein Wochenendhaus, und in jeder ein Auto.«

»Wir hatten auch Kisten so groß wie Wochenendhäuser«, sagte Donath. »Nur waren Werkzeugmaschinen darin, nicht Autos, die wir mit diesen Maschinen so gern gebaut hätten. Wir hatten eine Liste mit sechzehn Nationen – als Indien geteilt wurde, kam Pakistan noch dazu, da waren es siebzehn –, die sich darum rissen. Noch um die Kochlöffel in unseren Werksküchen hat man sich gerissen. Einige Griechen bestanden auf Wasserhebemaschinen; sie glaubten, damit Schiffe heben zu können – ein Übersetzungsfehler, es waren nur die Pumpen unter unseren Bunkern, damit die nicht vom Grundwasser unterspült wurden. Auch die grub man aus, schleppte sie fort. – Aber lassen wir das. Warum gingen Sie in Eisenach weg? Sie waren technischer Chef einer Fabrik von...« Donath sah auf seine Notizen, die vor ihm auf dem Tisch lagen, »... siebentausend Menschen. Fünftausend davon Techniker. Konstruktion, Produktion, alles in Ihrer Hand. Und Sie bauten Autos. Warum gingen Sie weg?«

Siedler blickte den Mann, unter dem er hier würde arbeiten müssen, verdutzt an.

Die gleiche Frage hatte ihm ein Beamter auf dem Wohnungsamt gestellt, der seinen Flüchtlingsausweis sehen wollte.

»Ich habe keinen Flüchtlingsausweis«, hatte Siedler gesagt. »Ich bin nachts über die Grenze gegangen, zusammen mit meiner Frau. Vielleicht wissen Sie, was das heißt: Es ist alles zu; Spürhunde, Wachen, die sofort schießen...«

»Können Sie Zeugen benennen?« unterbrach der Beamte.

»Ich werde mich hüten, die Leute zu nennen, die mir halfen, und anzugeben, wo das war; sie haben mir geholfen, aber ihr Leben ist mir genauso wichtig wie meins, und ich denke nicht daran, sie zu nennen, damit ich einen Ausweis bekomme. Ich werde keinen beantragen.«

»Dann nicht«, sagte der Beamte, und Siedler hatte geantwortet:

»Da drüben war BMW, das war der Grund, deshalb blieb ich. Hier ist auch BMW. Man kann nicht gut von BMW zu BMW flüchten, oder? Sehen Sie das ein? Nein, Sie sitzen auf Ihrem Bierarsch, Sie sehen nichts ein. Sie haben, was ›drüben‹ heißt, abgeschrieben. Sie wollen Ihre Ruhe. Sie haben Ihre Vorschriften.«

»Ja«, sagte der Beamte, »an die halte ich mich. Sie haben keinen Ausweis, und so kann ich Sie nicht als Anwärter auf eine Wohnung eintragen, geschweige Ihnen eine solche zuweisen. Sie wissen nicht, was hier los ist und daß Sie im Westen sind, wo es ordentlich zugeht. Da kann man nicht zu einem sagen: ›Sie sitzen auf Ihrem Bierarsch!‹, ohne wegen Beamtenbeleidigung dranzukommen...«

Siedler hatte den Disput abgebrochen. Soll ich mich jetzt, dachte er, hier bei BMW auf ähnliches einlassen, da die gleiche Frage: ›Warum gingen

3000 PKW vom
Typ 321 jährlich...

Sie weg?« die gleiche Verständnislosigkeit ahnen ließ, wie sie fast jeder hier hatte. Waren die blind hier? Sah niemand, daß man da drüben, bei noch so gutem Willen, wie er ihn gezeigt hatte, auf keinen grünen Zweig kam? Natürlich hatte er gehört, was hier in München geschehen war... Daß Hoegner, der Ministerpräsident, als ihn die Werksleitung aufsuchte, ihr die Tür gewiesen hatte: Für Rüstungsbetriebe und Kriegsverbrecher rühre er nicht den kleinen Finger. Daß die Sieger sogar mit Sprengungen angefangen und nur deswegen aufgehört hatten, weil es Tote gegeben hatte. Und daß BMW keine Chance besaß, wiederzukommen, so daß man ernsthaft den Gedanken erwog, als Landwirtschaftliche Produktionsgenossenschaft aufzutreten und sich in Raussendorf AG umzufirmieren, nach diesem Erfinder von Ackergeräten, die neben Fahrrädern und Kochtöpfen hergestellt werden durften...

Um so mehr hatte er sich drüben in die Sielen gestemmt, um BMW zu erhalten. Das ging nicht ohne Zulieferungen aus Westfabriken, die wieder arbeiteten. Man hatte ihn immer mal wieder rübergelassen, damit er Kolben besorgte von Mahle in Cannstatt, Zündkerzen von Bosch in Stuttgart, Lichtmaschinen, sogar Einspritzpumpen für einen Sportwagen, den die Russen gebaut haben wollten. Bis der große Hammer kam, die Demarkationslinie dicht gemacht wurde. In einer Keramikfabrik irgendwo in Sachsen hatte er dann eigene Zündkerzen herstellen lassen, Kolben wurden, er wußte nicht wie, in einem alten Maschinenbau bei Leipzig gedreht, Lichtmaschinen bei Halle gefertigt, und man hatte bei Ambi-Budd in Berlin, obwohl die Fabrik auf sowjetisch besetztem Boden lag, Karosseriewerkzeuge »besorgt«, also gestohlen – bei Nacht und Nebel, weil keine Genehmigung vorlag und die Produktion stockte.

Er hatte viel dazugelernt, bis zu Konstruktionsaufträgen, die man ihm stellte und die ihm, als hätte er das sein Leben lang getan, flink von der Hand gingen. Dennoch hatte er sich immer im Exil gefühlt, überwacht, bespitzelt, bedroht. Nie war diese Drohung gewichen: abgeholt zu werden, wenn etwas nicht geklappt hatte, ein Irrtum entstanden war, der nicht bei ihm lag, eine Schlamperei oder Schlimmeres.

Einmal waren Autos ohne Ersatzreifen in Moskau eingetroffen: Schwer bewacht führte man ihn zur Verladerampe in Eisenach, riß Kiste um Kiste auf, sah: Jedes Auto hatte vorschriftsmäßig sein Ersatzrad im Kofferraum. »Und kann davonfliegen unterwegs, wie?« höhnten die Russen. »Hat wohl der Teufel geholt? Aber den hat der große Stalin abgeschafft, wer also, sag, bestiehlt uns?«

Dann hatte die Awtowelo, eine russische Aktiengesellschaft, das Werk übernommen, und jedem Deutschen wurde, von der Werksspitze bis hinunter zum Buchhalter, ein gleichgeordneter russischer Fachmann zur Seite gestellt. Doch nichts änderte sich, so ausgezeichnet die Zusammenarbeit auch war, und fuhr man zur Generalversammlung, einer Art Aufsichtsratssitzung, nach Berlin ins Askaniahaus, wußte Siedler nicht, ob er, wenn er

BMW Eisenach: eine russische Aktiengesellschaft namens Awtowelo.

Demonstration am 1. Mai 1948 in Eisenach.

morgens um neun von Maschinenpistolen bewacht das Gebäude betrat, der Inquisition – ohne Essen, ohne Schlaf, sie dauerte meist bis zum Nachmittag des nächsten Tages – standhalten und wieder herauskommen würde.

Gleich bei der ersten Sitzung klagte ihn ein junger Hauptingenieur an – er hatte ihn nie zuvor gesehen –, daß tausend Felgen, die er nachgeprüft habe, Rostflecken aufgewiesen hätten. Siedler geriet in Wut – jene Wut, die man die schwäbische nennt; Siedler war Schwabe – und erhob Gegenklage wegen Unterlassung: Wenn da auch nur ein Rostflecken zu sehen gewesen wäre, hätte man ihm das sofort mitteilen müssen..., er fände das hinterfotzig.

Man zog sich zur Beratung zurück, saß zu Gericht über ihn, und verkündete, zurückgekehrt: »Siedler aufstehen! Der Strasseringenieur (Strasseringenieur ist der erste Ingenieur des Werkes) bekommt...«, nein, Straflager war es nicht, nur eine Rüge wegen ungebührlichen Benehmens: »Wir hoffen und erwarten, daß dies nicht wieder vorkommt!« Siedler, weder im Recht noch schuldig, setzte sich wie ein Schüler; ihm war alles gleich, nur weg hier, dachte er, wer hält dieses Tauchbad aus: einerseits gute Bezahlung, Quartalsprämie, nie materielle Sorgen – andererseits, bei keinerlei technischen Verständigungsschwierigkeiten, was dann um so unbegreiflicher war: »Du hast zu konstruieren, hast zu bauen, was wir verlangen, und wenn du nicht unterschreibst, daß du erfüllen wirst, wozu du dich jetzt verpflichtest, kommst du nicht mehr nach Hause. Unterschreib!«

Zunächst zogen sie für jeden Monat, den man über die Zeit brauchte, die der Vertrag vorsah, 10 oder 20 Prozent des Gehalts als Konventionalstrafe ab. Brachte aber der bestellte Motor nicht die geforderte Leistung, war man, im günstigsten Falle, die Stellung los, die Wohnung los, hatte das Privileg, die Kinder studieren zu lassen, verloren und konnte sich nur noch als Hilfsarbeiter verdingen.

Wiedermal hatte er den Mund aufgemacht, hatte protestiert. Geistige Arbeit, hatte er gesagt, lasse sich nicht ver-akkordieren, mit rein theoretisch errechneten, zur Auflage gemachten Daten sei kein vernünftiges Auto zu bauen: Soviel PS, die und die Drehzahl... und der Verbrauch darf die Ziffer X nicht übersteigen..., »wir unterschreiben nicht, mein Chefkonstrukteur und ich.« Dann mußten sie unterschreiben. Aber er hatte doch gewagt, dem russischen Generaldirektor, der auch General der Roten Armee war – einem freundlichen Mann, der ihn mochte –, zu entgegnen: »Das ist unsittlich, Genosse General.«

»Was ist unsittlich?«

»... zu verlangen, daß ich etwas verwirklichen soll, wovon ich nicht hundertprozentig weiß, ob ich's kann, ob das geht...«

Der General lächelte. »Du verstehst das nicht? Hast du, wenn du unterschreibst, etwa nicht die Konstruktion im Kopf, vielleicht schon in der Schublade, fix und fertig? Na siehst du... in der Zeit, die wir dir geben,

Holzkisten, so groß wie Wochenendhäuser, für die Sieger...

...mit Werkzeugmaschinen in München (oberes Bild) und Autos für Moskau in Eisenach.

Siedler mit dem Leiter der Fertigmontage Fischer auf dem Werkshof in Eisenach.

kannst du die nächsten Sachen machen, das wirklich Neue, auf das es ankommt – und du wirst es tun. Das, mein Freund, sichert uns den Fortschritt.«

Nein, hatte Siedler gedacht, aber nicht mehr gesagt: Das Gegenteil ist richtig: Es hemmt den Fortschritt. Ein System, das das Letzte aus den Menschen herausholt, sie ständig unter Druck setzt, noch die Fähigsten in Angst hält, nicht zu genügen, ist fortschrittsfeindlich. Wofür das alles, wozu? Um einer Faszination nachzujagen, die immer noch BMW hieß, um einen Wagen dieses Namens bauen zu können? Die Autos, die Eisenach jetzt verließen, gingen nicht mehr als Reparationsgut in die Sowjetunion, sondern wurden ins Ausland geliefert, wo sie Devisen einbrachten – nach Frankreich, in die Schweiz, überall dorthin, wo dieser Name, nannte man ihn, sofort höchstes Interesse weckte ... und dabei die Käufer übersehen ließ, daß BMW in Wahrheit Awtowelo hieß, eine russische Aktiengesellschaft war, und daß der weiß-blaue Kreis mit München und Bayern, woher er stammte, nichts mehr zu tun hatte.

Sollte er *davon* berichten? Wen interessierte es? Was sollte diese Frage: Warum sind Sie nicht geblieben, gingen in Eisenach fort? Sollte er sagen, daß er ein dummer Kerl war, wie jener Kollege, der ein Vierteljahr vor ihm geflohen war? Der russische General hatte Siedler verhört, Siedler konnte nichts sagen, der Kollege, mit dem er befreundet war, hatte selbst ihm keinerlei Andeutung gemacht, abends hatte man noch miteinander geplaudert, über Nacht war er verschwunden. »Wohin?« fragte der General.

»Er war Rheinländer, an den Rhein wohl«, sagte Siedler.

Da lachte der General, schlug sich auf die Knie ... »Der dumme Kerl! Wie kann man nur so dumm sein! Nein, dieser dumme Kerl! In einem halben Jahr spätestens sind wir am Rhein, dann haben wir ihn!«

Und so schwieg Siedler, vier Jahre und zweihundertzwanzig Tage nach jenem Tag, der für ihn, wie er damals schwor, so wahr er Siedler heiße, der letzte Tag bei BMW sein sollte – und der erste wurde für seinen ganz persönlichen Versuch, das alte Zeichen nicht untergehen zu lassen und zum Verräter an sich selbst zu werden.

Er schwieg und dachte: Schweigen ist auch eine Antwort.

»Nein«, sagte Donath, »ich wollte Sie nicht beleidigen. Wir sind froh, daß Sie hier sind, Siedler. Wir können bloß nicht garantieren dafür, daß Sie hier bei BMW sind. Es schwebt ein Prozeß. Eisenach beansprucht den Namen BMW, weil es nachweislich BMW-Wagen baut – und wir nicht. Die Wagen werden sogar hier im Westen, in den Westzonen, angeboten. Allerdings mit Mängeln, die die Besitzer jetzt in München bei uns reklamieren. Wir lehnen natürlich die Reklamationen ab, damit aber auch die Verantwortung. Und so kam die Frage auf: Wer ist BMW? Geht der Prozeß – ein Prozeß um das Markenzeichen – zugunsten von Eisenach aus, sind wir den Namen BMW los. Und damit das letzte, das wir besitzen.«

Auf großen Tafeln werden den Arbeitern im Betrieb die täglichen Ergebnisse der 10 000-km-Prüfungsfahrt der Versuchs-PKWs 340 bekanntgegeben.

Ein Prozeß

Der Prozeß wurde vor dem Landgericht in Düsseldorf geführt, nicht gegen die sowjetische Aktiengesellschaft Awtowelo, die offenkundig durch die Herstellung und den Vertrieb der Bautypen 320 und 340 die Schutzrechte der Klägerin, BMW München, verletzt hatte, sondern gegen einen Autohändler, der in Düsseldorf saß; er hatte die Wagen eingeführt, vermutlich aus der Schweiz, wohin sie aus der sowjetischen Besatzungszone – die bereits DDR hieß, als Staat jedoch nicht anerkannt war – gelangt waren. Sicher fiel der Importeur aus allen Wolken, als er erfuhr, bei der Verletzung mitgewirkt zu haben, »da in den Westzonen der Verletzungstatbestand erst durch die Abnahme der Wagen verwirklicht werde«, wie es in der Anklageschrift hieß. Der Hebel war richtig angesetzt: Erst durch die Benutzung der Wagen konnte beim Käufer die Vorstellung entstehen, die Wagen stammten aus München und seien »Original BMW«. Alles sprach ja dafür: das Markenzeichen, der weiß-blaue Kreis mit den Buchstaben BMW; die gesamte unverwechselbare Formgebung der Wagen ... Wodurch, sagten die Juristen, die sowjetische AG als Herstellerfirma für sich mit einem Gut werbe, das ihr nicht gehöre, das dem internationalen Waren- und Ausstattungsschutz unterliege und das zu allem, da von geringerer Qualität, was zahlreiche Reklamationen erwiesen, den Ruf von BMW aufs empfindlichste schädige ...

In Eisenach weitergebaut: Das berühmte Coupé 327.

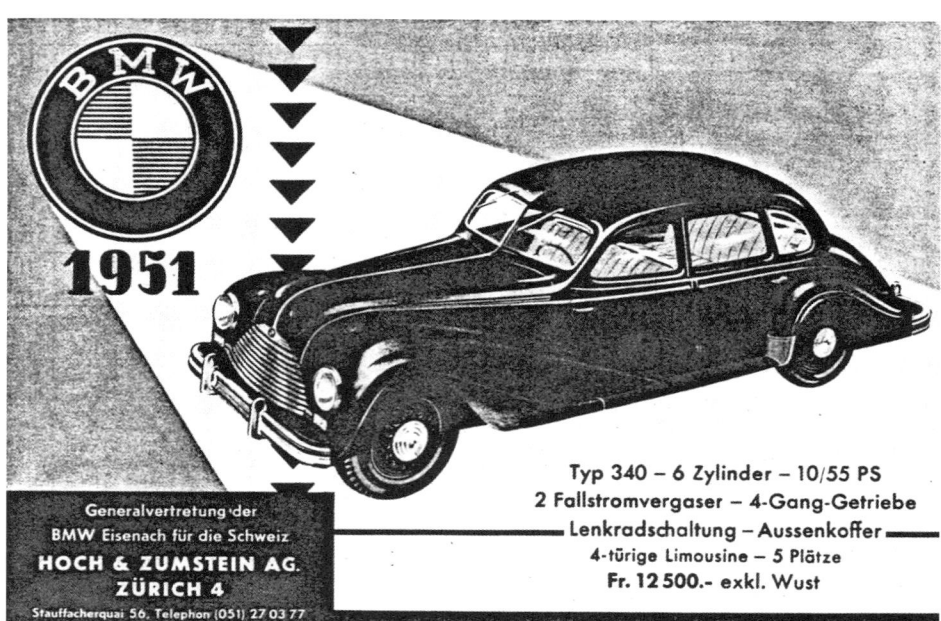

Anzeige des Schweizer Importeurs für den BMW Typ 340...

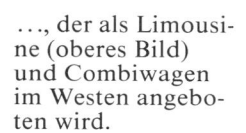

..., der als Limousine (oberes Bild) und Combiwagen im Westen angeboten wird.

Natürlich wehrte sich der Händler. Die Enteignung von BMW Eisenach, das seit eh und je Mittelpunkt der Kfz-Produktion von BMW gewesen sei – in der Tat war nie ein einziges Automobil in München gebaut worden –, beruhe auf einem Reparationsbefehl der sowjetischen Militäradministration, mithin des Kontrollrats, und habe Ausstattungs-, Warenzeichen- und Patentrechte für das ganze Reichsgebiet erfaßt. Zudem seien die Wagen nicht in den Westzonen, sondern in der Ostzone in Verkehr gesetzt worden; nach einem unlängst in Frankfurt am Main geschlossenen Abkommen über den Interzonenhandel sei die Einfuhr der Wagen erlaubt ...

In großen Zügen war das der Tatbestand, und die Frage war, ob der Autohändler verlangen durfte, die Alliierte Hohe Kommission anzurufen, da nur sie allein klären könnte, ob Zeichen- und Ausstattungsrecht mit der Enteignung auf die Russen übergegangen wären und ob überhaupt ein deutsches, westdeutsches Gericht über die bürgerlich-rechtliche Wirkung der sowjetischen Anordnung entscheiden könne und dürfe.

Gesetzt den Fall, dem Händler würde erlaubt werden, was er arglos selbstverständlich für sich in Anspruch nahm, so stand tatsächlich die Welt auf dem Kopf. Nicht nur, daß jeder, der diese Wagen auf den Straßen der Bundesrepublik erblickte oder selbst darin fuhr, der Ansicht sein mußte, BMW sei mit seinen früheren Wagen wieder auf dem Markt – auch jeder

Mangel, jede Beanstandung daran wurde einem Werk zugerechnet, das auf die Herstellung keinerlei Einfluß hatte. War das erstere angesichts der scharfen Konkurrenz, die es bereits gab, eine schwere Schädigung, so war das letztere – haften zu müssen für etwas, was man gar nicht hergestellt hatte – das Ende. Wenn es keine Kontrolle mehr darüber gab, was das Markenzeichen abdeckte: Güte und Qualität des Produkts, so war es nichts mehr wert, war »BMW« erloschen.

Schon einmal, nach dem Ersten Weltkrieg, hatte es eine ähnliche Situation gegeben. Damals war, von Popp gerufen, die Knorr-Bremse in die stillgelegte, vom Versailler Diktat betroffene BMW-Fabrik an der Moosacher Straße eingezogen, zunächst als BMW rettender Auftraggeber, dann mehr und mehr als Besitzer, bis schließlich etwas BMW hieß, was gar nicht mehr BMW war. Camillo Castiglioni, der das Werk einst finanziert, dann aber verkauft hatte, kaufte jedoch zurück, was ihm allein von Wert erschien: den Namen, das Zeichen. Buchstäblich den Namen BMW kaufte er aus der Fabrik heraus, nichts anderes begehrte er als jenen weiß-blauen Propellerkreis mit den drei Buchstaben im Außenrand, ein Symbol, eine Abstraktion – und BMW begann neu.

Das war achtundzwanzig Jahre her, noch nicht drei Jahrzehnte. Aber sie hatten die Welt verändert, so gründlich wie nie zuvor. In der Technik, in den Naturwissenschaften waren Grenzwerte aufgebrochen, deren Überschreitung niemand für möglich gehalten hatte, und der Mensch als *zoon po-*

Eisenacher Prototypen des Modells 342 auf der Leipziger Frühjahrsmesse 1951. Man schwankte zwischen amerikanischem Vorbild (links) und dem Festhalten an der Niere.

litikon, als gesellschaftsfähiges Wesen im Sinne des Aristoteles, fand sich nicht mehr zurecht. Nackte Barbarei, Rückfall in finstere Zeiten seiner Geschichte, Völkermord, Raub, Rache vor Recht waren seine Antwort auf die Herausforderung gewesen, und, als einziges Allheilmittel der Machthaber, das Chaos zu befrieden: Teilung. Staaten, Länder, Familien, in Jahrhunderten Gewachsenes, ganze Kulturkreise wurden geteilt, voneinander getrennt, gespalten, wie die Axt einen Baum spaltet, und neuen Denkweisen, Ideologien unterstellt, neuen Ordnungen eingepflanzt, die künstlich, nicht organisch waren.

Die Axt hatte auch BMW getroffen, Äste waren abgetrennt worden, Hauptäste; der Stamm war am Leben geblieben. Doch wie sah dieses Leben aus?

Der Befehl, das Werk in Lattenverschlägen zur Verschiffung zu verpacken, was jedem Fachmann ebenso ungeheuerlich wie komisch erschien, hatte sich nicht als Ausgeburt praxisferner Schreibtischphantasie, sondern als ernsthaft und ausführbar erwiesen – ausführbar, sobald man die Vorstellung, dies habe etwas mit Vernunft zu tun, beiseite schob. Nie wieder war der unentwirrbare Haufen von Blech und Eisen, der in der Gießerei zum Abtransport aufgeschichtet lag, irgendwo einer Gießerei einzufügen, mochte diese im nahen Belgien oder im fernen Pakistan liegen oder dort erst errichtet werden; nie wieder war zu gebrauchen oder auch nur vermindert nutzbar zu machen, was, ortsfest eingebaut und verankert, nicht bloß von seinen Fundamenten, sondern aus seiner Funktion gerissen wurde, wie etwa ein Spezialbohrwerk, das innerhalb des feingefügten Produktionsablaufs von hochkomplizierten Flugmotoren einen ganz bestimmten Platz eingenommen hatte. Besser wäre es gewesen, an Ort und Stelle all diese Geräte zu sprengen und zu vernichten. Oftmals erreichten sie nicht mal ihre Bestimmungsorte wie beispielsweise jenes für Neuseeland bestimmte Schiff, das, vollgefüllt mit Millionenwerten, vor der Küste auf eine Mine lief und sank.

Diese ganze Demontage war sinnlos geworden. Nicht von einem auf den anderen Tag ausführbar, hatte sie sich über Jahre hingezogen: neunzehnhundertsechsundvierzig, neunzehnhundertsiebenundvierzig, neunzehnhundertachtundvierzig, neunzehnhundertneunundvierzig – man muß die Jahreszahlen ausschreiben, um den Zeitraum auch nur anzudeuten. Noch 1950, als die Währungsreform längst wieder stabile Verhältnisse im Lande geschaffen hatte, als Ost und West längst auseinanderdividiert waren, es eine Bundesrepublik Deutschland und eine DDR gab, eingeschmolzen in feindlich sich gegenüberstehenden Machtblöcken, und die Zonenwirtschaft fast vergessen war, wurde sie weiter betrieben. Als Bestrafung und als Entschädigung gedacht, dann mehr zufällig als geplant durchgeführt, hatte sie

Noch immer Demontage im Westen: 1946, 1947, 1948, 1949... ohne Nutzen für die Sieger, fast zum Vorteil der Besiegten, die die geraubten, inzwischen veralteten Maschinen mit Hilfe von ERP-Geldern aus dem Marshall-Plan durch neue, moderne ersetzen.

weder den Siegern noch den ihnen verbündeten Staaten irgendwelchen Nutzen gebracht, vielmehr sich in das Gegenteil verkehrt. Es war absurd, aber nicht zu bestreiten: Indem sie die Besiegten von einem inzwischen längst veralteten Maschinenpark befreite, beschwerte sie jene, die eben diese veraltete Ausrüstung in Gebrauch nehmen mußten, mit Ladenhütern, die schrottreif waren. Ursprünglich dazu bestimmt, ein Exempel zu statuieren, zerschlug diese Demontage jetzt, ungeachtet jeder Einsicht und des guten Willens, der aus Einsicht wächst, jegliches gewonnene Vertrauen, demütigte und demoralisierte die Deutschen.

Wer als Deutscher bei BMW mit der Prozedur der Abwicklung betraut war, lief in den Hallen 17 und 20, wo die nach Tausenden zählenden Maschinen auf Abtransport warteten, noch 1946, 1947 »wie durch einen dicht bewachsenen Wald« – so drückte es ein Augenzeuge aus. »Und der einzige Drei-Tonnen-Kran, den wir im Werk hatten, schwebte darüber, hob die zyklopischen Gewichte, die oft das Doppelte wogen, an ihrem einen Ende an, dann wurde was untergelegt, der Kran schwenkte auf die andere Seite, dann wurde dort was untergelegt, und so ging das fort, zentimeterweise; noch Jahre, glaubten wir, würde es brauchen, bis die Hallen geräumt wären... Dieses Surren des Greifers, ich höre es heute noch... und sehe, als endlich alles abtransportiert war, diese Hallen. Pudelnackt standen sie da, und man ging, zwischen den zerstörten Fundamenten, die wie Grabsteine aus dem Boden ragten, wie durch einen Friedhof... Niemand hatte diese schreckliche Arbeit mehr tun wollen. Das Arbeitsamt teilte uns Leute zu, die anstanden, weil sie Lebensmittelkarten brauchten, nur wer Arbeit nachwies, bekam eine Karte... Auch ich stand an – weil ich nicht entnazifiziert war, hatte man mich gefeuert – und meldete mich zur ›Holzaktion‹. ›Holzaktion‹ war das Stichwort für: bei BMW diese Arbeit tun. So war ich wieder drin im Werk ... Schon im Krieg hatte man die Einfahrbahn, das riesige Oval, das auch mit Tarnnetzen nicht der Sicht von oben zu entziehen war, gesprengt ... und in die Krater, die da nun klafften, hatten die Amis nach der Besetzung hineingeworfen, was immer da hineinging: Maschinenteile, Propeller, Schränke, Bettstellen, Fahrräder – Gelump in ihren Augen, für uns Kostbarkeiten – Erde drauf, einplaniert. Dies wurde nun alles ausgegraben. Einer fand eine zersprungene Waschschüssel, ein anderer einen alten Fahrradrahmen ... auch viel Brennholz lag darin. Um es gerecht zu verteilen, wurden Marken ausgegeben, ... Warenpfennige genannt. Sie waren, vor der Währungsreform, für uns wertvoller als jeder Lohn, für den man sich doch nichts kaufen konnte, weil es nichts gab.«

Das Widersinnigste war in Allach geschehen. Ein kilometerlanger Troß, bestehend aus lauter beschlagnahmten Werkzeugmaschinen, verließ die Hallen durch das eine Tor, während durch ein anderes ein zweiter Troß, kilometerlang auch er, mit ganz ähnlichen Maschinen hereinfuhr, funkelnagelneuen, von weither, manche sogar aus den USA; und: dieselbe Militärdienststelle, die das Demontagegut abfahren ließ, hatte sie geordert.

Aber auch in Milbertshofen geschah Seltsames. Im Hinblick darauf, daß BMW einmal auch wieder Autos bauen würde, hatte Deby im Alleingang – er selbst behauptete: in Absprache mit dem Vorstand – mit Geldern aus dem Marshall-Plan in den USA eingekauft, was in Deutschland nicht zu

Auf 17 Länder der Erde verteilt, erreicht das zur Verschiffung in Kisten verpackte Demontagegut oft nicht einmal seinen Bestimmungsort...

haben war: zwei riesige Chillingworth-Pressen, Preßwerkzeuge modernster Bauart für Autobleche. In Hamburg ausgeladen und auf Schienen gesetzt, zogen sie in abenteuerlichem Transport durch das Land, das jetzt Bundesrepublik hieß. Über Nebenstrecken umgeleitet – sie gingen durch keinen Tunnel hindurch –, trafen sie in Milbertshofen ein, als auch hier noch jene Kisten, so groß wie Wochenendhäuser, mit Demontagegut das Werk verließen.

Die werkseigene Verladerampe in Milbertshofen.

»Da war dann immer auch ein wenig Kuhhandel dabei«, erzählte Deby als alter Herr. Seine Stimme war schon etwas brüchig, oft unterbrach er sich, bat um Geduld, das Zurückblicken sei ihm, wie meist bei alten Leuten, eine Freude, doch ganze Partien rutschten manchmal weg, das ärgere ihn, na, hilft nichts, jene Zeit stünde ihm aber deutlich vor Augen. »Kam zum Beispiel ein Engländer und wünschte hochwertiges Leichtmetall, führte ich ihn zu den Lagerbeständen. ›Bedienen Sie sich, Sir‹, sagte ich, nicht gerade fröhlich – und er bedankte sich, indem er Maschinen freigab, die auf der Liste standen und nach England gehen sollten. Nicht gerade das Beste, aber ein Grundstock war da, mit dem wir wieder anfangen konnten. Gleich kam ein Däne gelaufen, mit demselben Wunsch – was sollte ich tun? Denn da war Claimes, der amerikanische Offizier, der die Kontrollaufsicht hatte . . . Entweder gingen sie zu dem, oder, soweit sie deutsch konnten, zu mir – und ich hatte ein schlechtes Gewissen. ›Mr. Claimes‹, sagte ich . . . Claimes schüttelte den Kopf: ob ich mich fürchte? *Er* sähe nichts, höre nichts . . . und wieder handelte ich was ein. Bis dann die russische Kommission erschien, der Claimes nicht ausweichen konnte – ein General mit viel Gold auf den Schultern, Begleitoffiziere, Dolmetscherin. Man wollte den Windtunnel sehen, was wahrscheinlich ein Übersetzungsfehler war: Es gab keinen. Mir war sofort klar, was sie suchten: die Herbitusanlage.«

»Und die war von den Amis beschlagnahmt«, sagte ich.

»Ja, zum Abtransport in die USA«, sagte Deby, »und die Russen wußten das. Nun kannte ich, als besserer Hausmeister, der ich war, jeden Winkel im Werk – und führte die Delegation. In die Irre? Vielleicht. Jedenfalls sparte ich, Claimes beobachtete mich mit dem Glas, sorgsam das Gebäude 100 aus, in dem die Herbitus stand, und kam heiklen Fragen zuvor, wies auf dieses hin, jenes, ließ sie hier hineinsehen, dort hinein, doch die Hallen interessierten sie nicht, keine einzige Werkzeugmaschine – sie sprachen verächtlich von ›Großmutter‹ –, nur ›Wo Windtunnel?‹ wollten sie wissen, und ich sagte: ›Den gibt es nicht!‹, was ja auch stimmte. Als sie weg waren, trat Claimes auf mich zu, sichtlich erleichtert, und umarmte mich. Ich bin richtig erschrocken – ›no fraternisation‹ war noch nicht aufgehoben. Und Claimes beließ es nicht bei der Geste: Ich durfte weitere ›Billets‹ – mit dem Aufdruck ›Werksbestand‹, ich hatte immer welche in der Tasche – an eine Reihe von Maschinen kleben, die wer weiß wohin gehen sollten.

Wir haben dann, wie Sie wissen, in buchstäblich leeren Hallen mit Motorrädern wieder angefangen – nach Teigknetmaschinen, Kochtöpfen, Heizplatten und all dem Kram . . . von Stählen, die sich irgendwo fanden, wurden da Spiralen heruntergedreht, da ließ sich manches draus machen.

Wir waren sehr arm, aber nicht unglücklich. Wir hatten, als Automobilfabrik, kein einziges Automobil. Und auch kein Motorrad, das dem Werk noch gehört hätte.

Als wir begannen, wieder Motorräder zu bauen, es waren nur 250-ccm-Räder erlaubt, lieh man uns Werkzeugmaschinen aus einem Maschinenring, der dem Wirtschaftsministerium unterstand, lauter aufgelesenes aber noch intaktes Zeug, das nur an Betriebe verteilt werden durfte, die nicht der Reparation unterlagen – also *nicht* an Kugel-Fischer, *nicht* an BMW. Daß wir doch was bekamen, lag an meinem Freund Günter, einem früheren Allach-Direktor, der im Ministerium saß und den man später nach Minden holte, in die Wirtschaftsorganisation der Bizone . . . Da hatte man sozusagen den Bock zum Gärtner gemacht. Günter wurde, nachdem er die Leihaktion für uns zuwege gebracht hatte, der maßgebliche Mann für Materialzuteilungen, und so bekamen wir Eisenkontingente, Reifen und so weiter, die wir sonst nie gesehen hätten . . .«

Zu dieser Zeit – im Januar 1947, als die Ablieferung des Demontagegutes an die Empfängerstaaten der Siegermächte erst richtig anlief – stellte die »New York Herald Tribune« ihren Lesern die Lage in Deutschland dar. »Ist ein neuer deutscher Nationalismus im Entstehen?« hieß es einleitend, und dann: »Nach beinahe zweijähriger Besatzung ist der Urtyp der 17 Millionen in der US-Zone lebenden Deutschen ein verstockter Zyniker, der vor seinem Sieger winselt, die Achseln zuckt, wenn von Demokratie die Rede ist, und einen neuen Krieg als mögliche Lösung seiner jetzigen Probleme betrachtet. Beeindruckt durch amerikanische Macht, verachtet er pflichtgemäß den Nazismus und huldigt zum Schein demokratischen Idealen. Jedoch der einzige

Was die Russen im Werk allein interessierte: die Herbitusanlage.

wirkliche Balsam auf seine Bitterkeit und Demütigung ist ein eigensinniger Glaube an seine eigene Überlegenheit und an den endgültigen Triumph der deutschen Rasse.«

Schlägt man die Chronik der Stadt München auf, ist etwa um die gleiche Zeit, als dieser Artikel in den USA erschien, zu lesen:

»*9. Januar 1947* An vielen Bäckerläden ist schon in den frühen Morgenstunden ein Schild mit der Aufschrift ›Brot ausverkauft‹ angebracht. Ursachen des Brotmangels sind Mehlmangel, ›Massenkäufe‹ mit den von den Feiertagen her vorhandenen Vorräten an Brotmarken und Schwierigkeiten bei den Mühlen und Bäckereien durch Frost, Brennstoffknappheit und Stromsperren.

Der auf der Seite des ehemaligen Braunen Hauses befindliche sogenannte ›Ehrentempel‹ am Königsplatz wird gesprengt. Die Fundamente bleiben erhalten und sollen für einen vorgesehenen Bau Verwendung finden.

120 Kellerwohnungen sind gegenwärtig neben Hunderten von anderen Elendsbehausungen, Barackenwohnungen und Ruinenunterkünften beim Städtischen Wohnungsamt registriert.

13. Januar 1947 Nach Bekanntgabe der Bayerischen Staatskanzlei hat die amerikanische Militärregierung die Genehmigung erteilt, daß Deutsche wieder Fahnen mit den bayerischen Landesfarben Weiß-Blau setzen dürfen, jedoch nicht in der Nähe der Flagge der Vereinigten Staaten.

14. Januar 1947 Der Stadtrat beschließt die Umbenennung von 77 Straßen und Plätzen, die nach Regimentern, Waffengattungen, Heer- und Truppenführern und nach Siegen früherer Kriege benannt sind... Künftig soll es z. B. Straßen mit den Namen der NS-Opfer Fritz Gerlach, Sperr und Caracciola geben.

16. Januar 1947 Der zweite der beiden Ehrentempel am Königsplatz wird gesprengt.

18. Januar 1947 Auf einer überfüllten Großkundgebung im Circus Krone spricht der neue Säuberungsminister Alfred Loritz zur Entnazifizierung und verspricht eine Erhöhung der Spruchkammern von 200 auf 300. Er wiederholt seine Ansicht, daß die meisten ›Pg's‹ nach 1933 nicht freiwillig in die Partei gegangen, sondern hineingetrieben wurden.

23. Januar 1947 Vor dem Krieg gab es in München 23 000 Kraftfahrzeuge, heute darf die Zahl von 10 000 nicht überschritten werden. 3500 Zulassungsanträge liegen vor, die keine Aussicht auf Genehmigung haben.

27. Januar 1947 Im ›Theater der Jugend‹ findet die Premiere von Goldonis ›Diener zweier Herren‹ statt. Unter der Regie von Georg Kruse spielen in den Hauptrollen...

1. Februar 1947 Die ›Süddeutsche Zeitung‹ bringt im redaktionellen Teil den Hinweis: ›Wir haben keine Kohlen! Wir bitten dringend, von Besuchen Abstand zu nehmen! Die Redaktion befindet sich im Kesselhaus, Eingang Türe II.‹«

Es gibt nichts zu kaufen – man tauscht. Gesuche und Angebote am Rotkreuzplatz in München.

Erfreuliches in der Trümmerwelt: Erste Baugerüste, wie hier am Münchner Karlstor...

und Pressefreiheit. Zeitungskiosk am Hauptbahnhof in jenen Tagen.

James F. Byrnes, der amerikanische Außenminister, hält 1946 in Stuttgart eine aufsehenerregende Rede zur Deutschlandpolitik der USA.

George Marshall, der Nachfolger von Byrnes, verkündet das European Recovery Program, ERP, das den Wiederaufbau im Deutschland der Westzonen einleitet.

Es fror Stein und Bein. Eine zweite Kältewelle war Anfang Januar über die Stadt hereingebrochen, mit Temperaturen bis zu minus 26 Grad. Die Schulzimmertemperaturen sanken bei Außentemperaturen von minus 18 auf minus 4 bis 6 Grad. Unterricht gab es nur noch eine halbe Stunde pro Tag und Klasse, und die Besatzungskosten beliefen sich, wie der Finanzminister Kraus vor dem Landtag vortrug, von Mai '45 bis Januar '47 auf 723 674 800 RM, die Kosten für Ausländer auf 187 998 600 RM. Der Zusammenbruch stand vor der Tür.

Daß es dann doch irgendwie weiterging, hing mit einem Ereignis zusammen, das, für die Deutschen nicht recht erkennbar, sich im Herbst 1946 in einer Rede ankündigte, die der amerikanische Außenminister James F. Byrnes in Stuttgart hielt. Darin war die vollkommene Revision der bisherigen Nachkriegspolitik der Westalliierten in ihren Besatzungszonen in Aussicht gestellt. Wörtlich hatte Byrnes gesagt: »Wenn Deutschland ... nicht in der in den Potsdamer Beschlüssen vorgesehenen und geforderten Weise als wirtschaftliche Einheit verwaltet wird, müßten an dem von der Alliierten Kontrollkommission festgelegten Industrieniveau Änderungen vorgenommen werden ...« Was hieß das? Noch wenige Wochen vorher war Byrnes, um sowjetische Einwendungen auszuräumen, bereit gewesen, neben der vollständigen Entmilitarisierung die Dauer der Besetzung Deutschlands von fünfundzwanzig auf vierzig Jahre heraufzusetzen. Jetzt sagte er: »Während wir darauf bestehen werden, daß Deutschland die Grundsätze des Friedens, der gutnachbarlichen Beziehungen und der Menschlichkeit befolgt, wollen wir nicht, daß es der Vasall irgendeiner Macht oder irgendwelcher Mächte wird oder unter einer in- oder ausländischen Diktatur lebt.« War dies der Bruch mit der Sowjetunion, der endgültige Zerfall der Kriegskoalition? Und daß man, ob gewollt oder ungewollt, nun in Deutschland den künftigen Verbündeten sah, ohne den es nicht ging? Jedenfalls war es das Ende einer Strafperiode für denjenigen Teil Deutschlands, der von den Westmächten besetzt war. »Das amerikanische Volk wünscht«, so hatte Byrnes geschlossen, »dem deutschen Volk die Regierung zurückzugeben. Das amerikanische Volk will dem deutschen Volk helfen, seinen Weg zurückzufinden zu einem ehrenvollen Platz unter den freien und friedliebenden Nationen der Welt.«

Bereits am 1. Januar 1947 wurden die amerikanische und die britische Zone zur Bizone zusammengeschlossen, wenig später in diesen Verbund auch die französische Zone eingegliedert. Dann, am 7. Juli 1947, sprach der Nachfolger von Byrnes, George Marshall, vor Studenten der Harvard-Universität. Seine Worte gingen in die Geschichte ein. Marshall forderte die europäischen Länder, Deutschland eingeschlossen, auf, ein Programm auszuarbeiten, das die wirtschaftliche Wiederbelebung durch Zusammenarbeit ermöglichen sollte – mit der vollen finanziellen Unterstützung der USA.

(Insgesamt wurden dann in den Jahren 1948 bis 1952 aus dem »European Recovery Program«, abgekürzt ERP, Rohstoffe und Waren, Kredite und Zuschüsse in Höhe von 13 Milliarden Dollar verteilt. Davon flossen in das Gebiet der späteren Bundesrepublik 1,24 Milliarden Dollar, was pro Kopf der Bevölkerung in den ersten drei Wiederaufbaujahren – von 1947 bis 1950 – einen Kredit von fast 400 Mark bedeutete, während im sowjetisch besetzten Gebiet im gleichen Zeitraum durch Reparationen etwas mehr als dieser Betrag pro Kopf der 17 Millionen Deutschen, die in der »Zone« lebten, entzogen wurde.) Mit dem Marshall-Plan, der dem Morgenthau-Plan diametral entgegengesetzt war, standen die Demontagen am Pranger – und wurden trotzdem durchgeführt, teils, weil Marshall glaubte, daß Deutschlands gar nicht voll ausgeschöpfte Industriekapazität durch die Überlassung stilliegender Betriebe anderen zugute kommen könnte, teils, wie bei den Engländern, aus Konkurrenzgründen.

Eine erste Ahnung davon hatte BMW bekommen, noch bevor die Kontrollratsbeschlüsse in Kraft traten: In das Karlsfeld Ordnance Depot von Allach fuhr ein englischer Offizier ein und verlangte mit barscher Stimme, den Deutschen Georg Meier zu sehen. Aber Schorsch Meier, Chef der Werkspolizei, hatte ihn schon erspäht – es war sein Amt, hier niemanden einzulassen, der nichts mit dem KOD zu tun hatte – und erkannt. »Mr. Craig!« rief er, denn kein anderes Gesicht als das des früheren Rennleiters von Norton, der britischen Motorradfabrik, steckte unter der steifen Mütze mit der Kordel an Stelle der karierten Sportmütze, die Craig zumal dann, wenn darunter noch seine Shagpfeife die englische Landschaft vernebelte, das Aussehen jenes so oft strapazierten Detektives namens Sherlock Holmes gab. Auch jetzt fehlte die Shagpfeife nicht. Doch Craig nahm sie weder aus dem Mund noch streckte er die Hand zur Begrüßung hin oder schlug dem einstigen Renngefährten, wie er das früher getan hatte, freundschaftlich auf die Schulter. Vielmehr sagte er zu seinem Dolmetscher, den er mitgebracht hatte – obwohl er doch gut Deutsch sprechen konnte, wie Meier sich erinnerte –, er wünsche sofort die Konstruktionspläne jener Rennmaschine ausgehändigt, mit der Meier auf der Insel Man gefahren sei, Anno neununddreißig, als dieser die Tourist Trophy nach Deutschland entführte – und diese selbst. Meier glaubte, er höre nicht recht und sagte, da müsse sich der Herr Craig ins Werk hinüberbemühen, da warte man schon auf ihn; sicher würde er die Pläne, falls sie nicht nach Amerika gelangt seien, unverzüglich erhalten. – Und die Rennmaschine? – Seine Maschine? tat Meier erstaunt. Die sei, wie alle Rennmaschinen des Werks, während des Krieges ausgelagert worden... nach Berg am Starnberger See... Dort hätten sie vermutlich englische Soldaten, die schneller waren als Craig, konfisziert. (Hier log Meier; er hatte sie 1943 in Berg selbst abgeholt und in einem Heustadel des Karlsfelder Gutes versteckt.) Die Tourist Trophy aber, ein verkleinertes Abbild der richtigen, die ja einen Meter groß sei und die man, aus Sicherheitsgründen, nach Wien verbracht habe, sei *sein* Privateigentum, die kriege Craig nicht. Und jetzt müsse er seinem Dienst nachgehen. »Auf Wiedersehen, Mr. Craig, in besseren Tagen!« sagte er und verschwand.

Craig, außer sich vor Wut, fuhr sofort nach Milbertshofen hinüber, wo er Donath heranschrie, der Trötsch, den früheren Exportchef, kommen ließ. Was Meier passiert war, wiederholte sich nun, nur daß Trötsch – er war im Rennstall von Norton aus und ein gegangen und mit Craig befreundet – an eine Komödie glaubte, die Craig ihm vorspiele. Bis auch er am Ernst der Situation nicht mehr zweifeln konnte: Man fuhr nach Starnberg hinaus zum Schloß Berg, wo die Konstruktionspläne in einem Tresor liegen sollten. Craig hielt das für eine Finte, zog seine Pistole, legte sie auf den Tisch und verlangte, »nunmehr zum letztenmal«, die Herausgabe. Es sei, sagte Trötsch, wie in einem schlechten Film gewesen, und bis heute wisse er nicht, was Craig damit bezwecken wollte. Anhand der Pläne hinter das Geheimnis von Meiers Kompressormaschine zu kommen, war absurd, und Craig war der letzte, der daran glauben konnte. Jedenfalls händigte man ihm die Zeichnungen aus, nicht zähneknirschend, wie vielleicht erwartet, nicht einmal böse, fast gleichgültig, kühl. (Später, als Aldington, Chef der mit BMW wirklich befreundeten Frazer-Nash-Company, im Werk erschien, um einen bestimmten Vorschlag zu machen, der die frühere Kooperation fortsetzen sollte, wurde das Vorkommnis begraben; Aldington entschuldigte sich formell für England und versprach, die Pläne wiederzubringen; ein Versprechen, für das er

Georg »Schorsch« Meier (rechts) und sein alter Freund Craig (darunter), der jetzt als englischer Offizier die Herausgabe der Konstruktionspläne von Meiers Kompressor-Rennmaschine fordert.

Joe Craig.

51

einige Zeit erbat und das er einlöste, als man sich auf dem Autosalon von Genf wiedersah.)

Dort, auf dem ersten Autosalon der Nachkriegszeit, stand im März 1948, von Scheinwerfern angestrahlt, jene R 24, ein Motorrad von 250 ccm, zu dessen Bau man sich in Milbertshofen entschlossen hatte, obwohl noch alle Voraussetzungen dazu fehlten. Daß es mehr oder weniger nur eine Attrappe war, wußte nur Trötsch. Als ihm die Einladung nach Genf auf den Tisch geflattert war und er sofort begeistert zusagen wollte, hatte Donath ihn für geistesverwirrt gehalten: »Mit was gehen wir denn dahin? Womit? Einer Skizze?« Nein, meinte Trötsch und erinnerte Donath an eine Fahrt nach Nürnberg im ersten Nachkriegsjahr, die Reifen des Lancia waren hin (desselben Lancia, mit dem Trötsch Franz Josef Popp in Grainau abgeholt hatte), und ein Nürnberger BMW-Händler, »noch einer vom alten Schlag«, hatte ihnen ausgeholfen und nicht nur das, er hatte ihnen ein altes »ausgeglühtes« Motorrad, das sie auf einem Schrotthaufen entdeckten, überlassen. »Wir warfen es damals hinten in den Wagen, erinnern Sie sich? Nun, das habe ich herrichten lassen, äußerlich. Die Eingeweide fehlen. Was macht das?« Trötsch hatte dann die Maschine selbst nach Genf gebracht, und Aldington hatte ihm beschrieben, wie es manchem seiner Kollegen die Sprache verschlug, nur einer hätte sich Luft gemacht. »Schau dir diese frechen Germanen an«, hätte er gesagt, »sie sind schon wieder da!«

Bereits 1946 präsentiert BMW Eisenach seine Erzeugnisse auf der Leipziger Herbstmesse...

... und erst auf dem Genfer Salon 1948 zeigt BMW München das erste Motorrad, die R 24 (rechts).

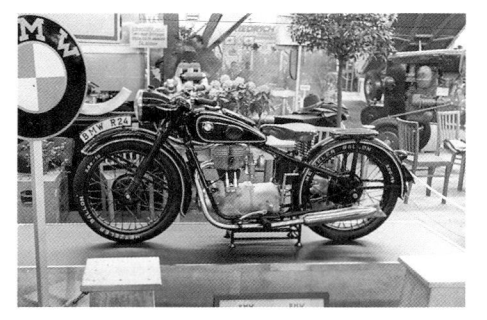

Die R 24 löst auf der Exportmesse in Hannover im Mai 1948 Vorbestellungen aus, die alles schlagen, was man sich in den kühnsten Träumen erhofft hatte: 3500 Motorräder!

Zwei Monate später, im Mai 1948, stand die verbesserte Ausführung – Zylinder und Zylinderkopf waren auf einem Horizontalbohrwerk gedreht, das die Firma Krauss-Maffei dem Werk ausgeliehen hatte – auf der Exportmesse in Hannover und erzielte als Halbfabrikat – mit einem Getriebe, dem es an Zahnrädern fehlte, und ohne Kurbelwelle – Vorbestellungen, die alles schlugen, was man sich in den kühnsten Träumen erhofft hatte: 2500 Motorräder!

Der Glaube versetzt Berge, heißt es in der Bibel. Niemand wußte, wie für diese astronomisch erscheinende Zahl ein Serienbau in Gang kommen sollte: in noch leeren Hallen, an nur in der Phantasie vorhandenen Werkzeugmaschinen, ohne Stahl, den es nur auf Bezugsscheine gab ... lediglich mit Menschen, die arbeiten konnten und wollten. Zu dieser Zeit war illegal alles zu haben, woran legal niemand gelangen konnte. Die Wirtschaft handelte danach und überwand Engpässe, indem sie überhöhte Preise zahlte – vor allem für Maschinen, ohne die nichts ging –, oder sie »kompensierte«, das heißt: tauschte Güter mit Gütern. Produkte, die man herstellte, wurden damit zwar dem Markt entzogen, aber in realen Gegenwert verwandelt. Beides war gesetzeswidrig, beides BMW versagt. Denn BMW stand unter Treuhandschaft, und Dr. v. Mangoldt-Reiboldt, der von der Militärregierung amtlich bestellte Generaltreuhänder, hätte Kopf und Kragen riskiert, wenn er gesetzliche Vorschriften mißachtete, zumal er in Paris bei der Hohen

Kommission in einem wichtigen Wirtschaftsamt saß. Andererseits war er als eine Art Generaldirektor verantwortlich dafür, daß BMW in seiner Substanz erhalten blieb.

Die Lage, bei vollen Auftragsbüchern, war ernst wie nie zuvor, als ein beispielloser Solidaritätsakt befreundeter Motorradwerke, die schon gut florierten, unerwartet Hilfe brachte; NSU in Neckarsulm, Zündapp in Nürnberg traten BMW fast die Hälfte ihrer Eisenzuteilung ab, und jene Maschinenverteilungsstelle des Landes Bayern, von der bayerische, von der Demontage verschont gebliebene Betriebe veranlaßt wurden, alte Drehbänke, Werkzeugmaschinen und Zurichtgeräte abzugeben, lieh oder schenkte diese dem bedrängten Werk.

War auf diese Weise etwas in Gang gekommen, was in aller Bescheidenheit »Produktion« genannt werden konnte, so trogen die Bestellungen nicht darüber hinweg, daß die Hungerwirtschaft, in der man sich befand, der Arbeitswilligkeit Grenzen setzte. Mit bloßem Zureden war, Donath spürte es täglich, der Bereitschaft zur Arbeit nicht mehr beizukommen. Zerrieben wie zwischen Mühlsteinen – dem Wettlauf der Geldbesitzer, Sachwerte zu ergattern, und dem Versuch von oben, durch Verbote, Beschlagnahmungen und Zwangsbewirtschaftung den Zugang zum Warenmarkt zu versperren – war jede Hoffnung auf bessere Zeiten auf Null, nein *unter* Null gesunken. Der Schwarzmarkt blühte und zerstörte jeden Anreiz, überhaupt noch etwas zu tun. Recht und Gesetz galten nicht mehr, da Güter, die produziert wurden, nur Geld erbrachten, mit dem nichts mehr zu kaufen war.

Etwas mußte geschehen, ein Umbau der deutschen Wirtschaft erfolgen, Geld mußte in echte Kaufkraft umgesetzt, die Preise des amtlichen Marktes dem wirklichen Angebot von Waren angeglichen werden.

Eine Währungsreform war unumgänglich.

Niemand wußte zu dieser Zeit, daß die Scheine einer neuen Deutschen Mark, die in ihrem Aussehen so fatal an den amerikanischen Dollar erinnern sollte, längst ausgedruckt in New Yorker und Washingtoner Bankdepots lagen – seit 1946 nämlich, weshalb sie auch keinen Eindruck trugen, der eine Notenbank oder einen sonst für sie Verantwortlichen auswies. Offenes Geheimnis hingegen war: In Berlin saßen die Russen auf den Druckstöcken der Deutschen Reichsbank und vereitelten jede Bemühung der Westalliierten, den Überhang von geschätzt etwa 300 Milliarden »dreckiger« Banknoten zu beseitigen; sie druckten soviel Noten nach, wie sie wollten, und ließen sie in die Westzonen einfließen. Das mußte Folgen haben. Es lag auf der Hand, was eine eigene, nur in den Westzonen geltende neue Währung bedeutete: die endgültige Spaltung, eine »Chinesische Mauer« mitten durch Deutschland! Und so wurde die Währungsfrage aufgeschoben, von Woche zu Woche, von Monat zu Monat, bis nicht mehr bestreitbar war, daß die weiterhin unbegrenzt nachgedruckten Reichsmark-Scheine der Russen (die darauf bestanden, auch künftig mindestens die Hälfte des neuen deutschen Geldes in Leipzig zu drucken) längst zur Munition eines kriegerischen Zustandes gehörten, den man als Nervenkrieg oder als Vorgeplänkel des später offen ausbrechenden Kalten Krieges bezeichnen konnte.

Dennoch zögerten die Westalliierten, die Frage der Währung anzugehen, bevor nicht die letzte Verhandlungsmöglichkeit mit den Russen erschöpft war. Immer wieder hatte man deutsche Fachleute und Finanzexperten unter dem Siegel höchster Verschwiegenheit zu eigenen Lösungen aufgefordert. Zuletzt war ein deutscher »Generalstab«, der sich »Sonderstelle für Geld und Kredit« nannte, in einige beschlagnahmte Villen von Bad Homburg eingezogen. Beauftragt, die Lösung der Geldreform auf »vierzonaler« Grundlage auszuarbeiten – völlig zwecklos, wie sich später erwies –, bestieg diese Gruppe am 20. April 1948 einen mit Milchglasscheiben ausgestatteten Omnibus, der sie, begleitet von einem gewissen Mr. Tenenbaum aus dem Stab General Clays, zu einem ungenannten Ort bringen sollte. Daß es sich um das amerikanische Flugzeug-Camp des ehemaligen Flugplatzes Rothwesten der deutschen Luftwaffe in der Nähe von Kassel handelte, war jedoch beim Aussteigen nicht schwer zu erraten: Da lag der Habichtswald, ragte der Herkules von der Wilhelmshöhe in den Himmel.

Durch Stacheldraht von der Außenwelt abgeschirmt, begann das Konklave. Zu ändern war nichts mehr, alles war, wie die deutschen Experten sahen, bis ins Detail ausgearbeitet. Die Abwertung basierte auf einer

Quote von 10 Prozent, die in Wahrheit, da ein Teil des Geldes zu Festkonten gefror, nur 6,5 Prozent betrug. 50 Mark – in letzter Minute auf 60 Mark erhöht – waren als Kopfquote vorgesehen, für Arme und Reiche, jedes Kind, jede Frau, jeden Mann. Am Tag X konnte jeder zunächst 40 Reichsmark in Deutsche Mark umwechseln – die restlichen 20 RM später –, und jeder war jedem gleichgestellt. (Eine Täuschung, wandten die Deutschen ein; dies liefe auf eine völlige Enteignung der Armen und Alten hinaus. Ob man deren vom Munde abgezehrte Spargroschen nicht voll aufwerten könne? Versähe man steigende Vermögen zugleich mit einer fallenden Quote, koste das keinen Pfennig mehr – und sei sozialer als die vorgesehene kapitalistische Lösung, die nur wieder die begünstige, die etwas besäßen. Doch der Einwand stach nicht.) Alles, was die deutsche Kommission zu tun hatte – dies freilich in Tag- und Nachtarbeit –, war rein verfahrenstechnischer Art: Man entwarf Formulare, die sich auf deutsche Verwaltungsformen bezogen, betextete sie und dergleichen. Was fertig war, ging sofort per Flugzeug nach London, wo die Druckaufträge ausgeführt wurden. Am Samstag, dem 19. Juni, war es soweit. Und es war fast wie im Krieg, wenn eine Sondermeldung angekündigt wurde: Eine eigenartige Spannung lag über Deutschland, als man am Abend aus den Lautsprechern die Stimme des alliierten Sprechers vernahm; mit deutlich amerikanischem Akzent gab er in deutscher Sprache die Anordnungen zur Umstellung der Währung bekannt.

München, Brienner Straße: Frauen demonstrieren gegen den Schwarzhandel...

... und Münchner Studenten am Odeonsplatz gegen den Hunger – am 17. Juni 1948, drei Tage vor der Währungsreform.

20. Juni 1948, Marienstraße: Bei strömendem Regen wartet man auf die Auszahlung des Kopfgeldes.

Der Tag X – es war der darauffolgende Sonntag – brachte vielstündige Wartezeiten vor den Ämtern, die die Kopfquote auszahlten, aber auch die Vermutung, daß das neue Geld in Kürze nicht viel mehr wert sein würde als das alte. In Ingolstadt nahm sich eine alte Dame das Leben, weil sie befürchtete, am Tag danach ihren Kindern zur Last zu fallen, und in Augsburg wurde ein Arbeiter beobachtet, wie er seine Pfeife mit einem 10-Mark-Schein anzündete.

Dann, am Tag danach, war alles anders. Die Schaufenster hatten sich über Nacht gefüllt, in den Bäckerläden gab es Weißbrot, Torten und Kuchen, auf dem Viktualienmarkt Gemüse und Salat, in den Eisenwarenläden wieder Nägel und Schrauben, Radios standen bei den Elektrohändlern, Fahrräder in den Fahrradgeschäften zum Verkauf, ja selbst Autos wurden angeboten und – so blitzartig vervielfältigten sich die 40 Deutsche Mark in der Hand einzelner Leute – tatsächlich gekauft.

Würde die Währung »halten«? Überall fehlte es an wichtigsten Dingen: Schäden mußten ausgebessert, Rohstoffe besorgt werden. Wovon? Das alte Geld war verschwunden, was an Waren angeboten wurde, war gehortet, und konnten sie auch zu normalen Preisen erworben werden, so gab es noch keine Kredite – der gesamte Kreditapparat war lahmgelegt – und Reserven ebensowenig. Doch die Löhne waren nicht gesunken und hatten endlich wieder Kaufkraft; konnten die Betriebe sie aber zahlen? Die Selbstkosten –

bei knappster Kalkulation – würden nur bedingt an den Verbraucher weitergegeben werden können: Fielen die Preise nur etwas zu hoch aus, wäre die Ware gleich unerschwinglich. Zudem blickte jeder der mit Besitz hier im Westen »Begünstigten« – wieso »begünstigt«, wie es amtlich hieß: weil der Krieg ihn verschont hatte? – besorgt auf den Lastenausgleich, den der Staat der Reform anzuschließen gedachte. Jetzt, wo das Geld knapp und wieder etwas wert war, sollte man für den verlorenen Besitz im Osten auch noch Ausgleichszahlungen leisten?

Alle diese Fragen ließen dem Rausch, in den der »Tag danach« die Menschen versetzt hatte, schnell die Ernüchterung folgen. Wieder einmal war geleimt, wer gespart hatte, sei es als kleiner Post- und Kontensparer, sei es über Versicherungen, sei es über den Besitz industrieller Schuldverschreibungen: Der größte Teil des Ersparten, neun Zehntel davon, war gestrichen, was auf glatten Betrug hinauslief, während die Sachwertbesitzer, die Eigner von Grund und Boden, die Händler, die über zurückgehaltene Warenlager verfügten, die landwirtschaftlichen und industriellen Produzenten und auch die Aktienbesitzer nicht nur verschont, sondern beschenkt worden waren. Unmittelbar nach dem Tag X, an dem für einen trügerischen Augenblick alle gleich gewesen waren, hatte sich dank der sofort einsetzenden Wirtschaftsbelebung ihr über Krieg und Zusammenbruch gerettetes Vermögen ohne jedes Zutun vermehrt, so, als schlösse eine gute Fee einen nur ihnen zugänglichen Zauberberg auf, und sie brauchten nur hineinzugehen und den Schatz zu nehmen.

Abgabe der Meldebögen über Konten und Guthaben bei einer Bank.

Nein, von einer gleichmäßigen Verteilung der unvermeidlichen Opfer auf alle konnte keine Rede sein. Nur die Koppelung von Währungsreform *und* Lastenausgleich – also eine sofortige Vermögensabgabe der Geld- und Sachwertbesitzer –, nur die Durchführung beider Maßnahmen in einem Zuge hätte dies möglich gemacht, hätte jenen sozialen Ausgleich geschaffen, der für eine Neuordnung unerläßlich war. Aber die Westalliierten hatten das abgelehnt; auch der sogenannte Dodge-Plan, eine 50prozentige Hypothek auf Grund und Boden, Produktionsmittel und Vorräte sowie eine Kapitalsteuer, die bis zu 90 Prozent des Wertes der vorhandenen Güter betragen sollte, hatte keine Gnade vor ihren Augen gefunden.

War so die Erschaffung der D-Mark nach fremdem Recht erfolgt, mußte doch jeder, der ihre sozialen Härten zu spüren bekam, zugeben, daß diese, verglichen mit den Folgen der Inflation in den zwanziger Jahren, erträglich waren – erträglich nach den ungeheuren Opfern, die Hitlers Krieg einem jeden abverlangt hatte, und angesichts des augenblicklichen Aufschwungs, der überall im Lande zu verzeichnen war.

Doch die eigentliche Ernüchterung stand noch aus. Die meisten Menschen hatten sich keine Gedanken gemacht, als unmittelbar nach der westdeutschen Währungsumstellung der Gegenzug, eine ostdeutsche Geldreform, folgte. Sie erschien nur natürlich. Nun gab es zwei deutsche Währungen, eine gute und eine schlechte, na und? Daß die Währungsmauer Deutschland endgültig teilte, daß sie zwei deutsche Staaten, zwei Verteidigungsbündnisse (hier die NATO, dort den Warschauer Pakt) im Gefolge haben würde und daß dies die Spaltung eines gemeinsamen deutschen Bewußtseins bedeuten müßte, war nur wenigen klar. Und doch war nichts klarer als dies, als in der Nacht vom 23. zum 24. Juni 1948 die Russen den gesamten Personen- und Güterverkehr Berlins in die Westsektoren, die Stromlieferung aus dem Ostsektor der Stadt und die Lebensmittelzufuhr aus ihrer Zone sperrten. Einen Tag später faßte, wie es in den Geschichtsbüchern heißt, General Clay als der eigentliche Herr Westdeutschlands »den historischen Entschluß, eine Luftbrücke einzurichten«. Die Blockade Berlins hatte begonnen. Der Westen war entschlossen, komme was da wolle, die Stadt zu halten. Der Kalte Krieg war da.

Worum es für die Amerikaner im Kampf um Berlin ging, machte Clay bereits im April, in einer Telefonkonferenz, die er mit dem Washingtoner Kriegsministerium führte, in beschwörenden Worten klar: »Wenn Berlin fällt, folgt Westdeutschland als nächstes. Wenn wir beabsichtigen, Europa gegen den Kommunismus zu halten, dürfen wir uns nicht von der Stelle rühren. Wir können Demütigungen und Druck, die nicht zum Kriege führen, in Berlin einstecken, ohne das Gesicht zu verlieren. Wenn wir fortgehen, gefährden wir unsere europäische Position. Falls Amerika dies jetzt nicht versteht, wenn es nicht begreift, daß die Würfel gefallen sind, wird es nie zu

Ein glücklicher Tag: Verlosung der ersten fertiggestellten R 24 an Werksangehörige durch Direktor Krafft v. Dellmensingen am 14. 12. 1948. Donath gratuliert dem Gewinner.

dieser Erkenntnis kommen, und der Kommunismus wird alles überrennen. Ich glaube, die Zukunft der Demokratie verlangt von uns, daß wir bleiben.«

Die Absichten der Sowjets erhellt eine Szene, die sich am 3. Juli, kurz nach Beginn der Berlin-Blockade, im Hauptquartier von Marschall Sokolowskij bei Potsdam abspielte: Nachdem die Sowjets erklärt hatten, daß die Alliierte Kommandantur nicht mehr bestehe, begaben sich die drei westlichen Militärgouverneure zum Marschall der Roten Armee. An der Stadtgrenze wurden sie von sowjetischen Begleitoffizieren empfangen. »Man führte uns«, so berichtet Clay über dieses letzte Treffen der alten Allianz, »direkt in Sokolowskijs Vorzimmer, sodann in seinen Arbeitsraum. Dort begrüßte er uns höflich, aber kalt ... Robertson (der britische Militärgouverneur) drückte seine Besorgnis über die Verschlechterung unserer Beziehungen aus, die in der Blockade gipfelte, und sagte, wir wünschten, in der Währungsfrage eine Übereinkunft zu erzielen, durch die alles wieder in Ordnung käme. Sokolowskij unterbrach ihn, um in verbindlichem Ton zu erklären, die technischen Schwierigkeiten würden so lange anhalten, bis wir unsere Pläne für eine westdeutsche Regierung begraben hätten. Das war ein erstes Eingeständnis der wahren Blockadegründe.«

Der Entschluß der Amerikaner zur Unnachgiebigkeit gegenüber diesem Erpressungsversuch führte zur ersten Niederlage, die die Sowjets seit dem Ende des Krieges hinnehmen mußten, und zu jener deutsch-amerikanischen Verbundenheit, die die Politik Westdeutschlands fortan und auf Dauer bestimmte. Die Blockade dauerte dreihundert Tage, und als sie am 12. Mai 1949 abgebrochen wurde, war Berlin nicht mehr, was es gewesen, auch für Clay immer gewesen war: ein Symbol preußischer Machtentfaltung, die folgerichtig zur Diktatur Hitlers geführt hatte, sondern für die westliche Welt ein Ort der Freiheit, an dem sie sich orientieren konnte.

4500 Tonnen Fracht pro Tag waren nötig, um die zweieinhalb Millionen Westberliner und die westlichen Garnisonen in der eingeschlossenen Stadt mit Kohle, Lebensmitteln und den allerdringlichsten Verbrauchsgütern zu versorgen. Auch bei schlechtestem Wetter suchten sich amerikanische und britische Flugzeuge, die die Lasten beförderten, mittels Radar tagtäglich ihren Weg zu den West-Berliner Landepisten in Tempelhof, Gatow und Tegel. 3619 Betriebe waren stillgelegt. Zwei Stunden am Tag gab es Strom bald für diesen, bald für jenen Stadtteil, meistens saß man im Dunkeln, bei Trockenkartoffeln und Trockengemüse – POM, wie das amerikanische Kartoffelpräparat hieß (aber lieber POM, sagten die Berliner, als: Frau komm!).

Auch in dem Spandauer Werk von BMW, das seit 1947 ähnlich wie in München Kochtöpfe, Landmaschinen, auch einige Werkzeugmaschinen produzierte, hatte man die Arbeit niederlegen müssen. Am 17. Dezember 1948 war es Harald Wolf, dem Spandauer Werksleiter, gelungen, nachmittags um 16 Uhr telefonisch nach München durchzukommen: man möge ihm über die Luftbrücke einige Ersatzteile schicken; zwar läge der Betrieb still, man wolle jedoch die Zeit nützen und einige Maschinen überholen.

»Es ist niemand erreichbar«, sagte das Telefonfräulein, »die Herren sind alle in Halle 17.«

»Was ist in Halle 17?« fragte Wolf.

»Wissen Sie das nicht?« fragte das Fräulein erstaunt zurück. »Hohe Tiere sind da, Militärregierung und so. Es gibt Sekt, mir hat man auch was rübergeschickt. Moment, eben kommen Presseleute ...« Wolf hörte, wie sie ihnen zurief: »Halle 17. Beeilen Sie sich, die Feier hat gerade begonnen.«

»Welche Feier?« fragte Wolf verdutzt.

»Man liefert das erste Motorrad aus«, sagte das Mädchen, »wir sind alle ganz high ...« – hier brach die Verbindung ab.

»Die sind alle ganz high in München«, sagte Wolf zu seiner Sekretärin und legte auf, »verstehen Sie das, Frau Kummer?«

Frau Kummer, Münchnerin und sonst immer bereit, bayerische Unverständlichkeiten zu erklären, überhörte die Frage.

»Aber ich versteh's«, sagte Wolf. »Die fangen wirklich an in München. Das erste Motorrad. Hoffentlich fährt es auch.«

Das war drei Jahre, zwei Monate und siebzehn Tage nach dem amtlich befohlenen Ende, und so könnte man etwas pathetisch den 17. Dezember 1948 als den Beginn des zweiten Lebens von BMW bezeichnen. Das Werk zählte 1227 Arbeiter und Angestellte, und was Wolfs Sorge anging: das Motorrad fuhr.

Wenige Tage später, am 23. Dezember 1948, war in »Motor Cycling«, der führenden englischen Motorradzeitschrift, unter dem Titel »Der Adler hat zwei Köpfe« das Folgende zu lesen: »Wie der B.E.T.R.O.-Übersee-Nachrichtendienst berichtet, hat der Wiederaufbau der BMW (Bayerische Motoren Werke) in München schnellere Fortschritte gemacht, als vorauszusehen war. Die Gesellschaft hat bereits mit der Serienproduktion ihrer 250-ccm-Motorräder begonnen, die eigentlich erst im Januar anlaufen sollte. 500 Maschinen sollen monatlich produziert werden. Die ersten 230 Maschinen werden wahrscheinlich im Januar auf den Markt kommen, zu einem vermutlichen Verkaufspreis von 1600 Deutsche Mark. Dieser würde bei dem offiziellen Exportkurs etwa 120 Pfund Sterling betragen.

Daß die deutsche Industrie unterstützt werden sollte, um sich so schnell wie möglich zu erholen, war eine schon früh festgelegte Politik. Je eher sich die Sieger von der Verantwortung der Unterstützung der Besiegten freimachen konnten, desto besser – die Hauptsache war, sicherzugehen, daß die Deutschen sich auf Kunst und Wissenschaft, auf Frieden statt auf Krieg konzentrierten.

Aber es gibt zwei Arten von Krieg, in welchen sie sich sehr erfahren gezeigt haben – militärischer Krieg und Handelskrieg. Solange die Besatzungsmächte noch über dem Rhein bleiben, können sie den ersteren verhindern und den zweiten auf die interne Wirtschaft beschränken, aber es wird eine Zeit kommen, wo die deutsche Industrie versuchen wird, sich über ihre Grenzen auszudehnen. Mit anderen Worten, England, dessen Leben jetzt von seinem Export abhängt, wird sich vielleicht in einer nicht allzu fernen Zukunft in Handelskonkurrenz mit derselben deutschen Industrie befinden, die jetzt zum Leben und Erblühen gebracht wird.«

Der Artikel, verfaßt von Graham Walker, sprach im weiteren von »gemischten Gefühlen«, mit denen man das verfolge, wenngleich man keine Zweifel habe über die Fähigkeit »unserer eigenen Fabrikanten, dieser Art Konkurrenz entgegenzutreten und sie zu schlagen«. Er schloß: »Was uns beunruhigt, ist der Gedanke, daß, während unsere eigene Motorradindustrie ihre eigenen Kämpfe auf dem Weltmarkt mit einer nicht allzu hilfreichen Regierung auszufechten hat, die Alliierten einen Kuckuck im Exportnest zu hegen scheinen. Wir wären glücklicher, wenn wir eine offizielle Versicherung hätten, daß, falls er seine Flügel regt, sie wenigstens beschnitten werden.«

Im Jahr darauf, im Juni 1949, besucht der Herausgeber einer anderen Fachzeitschrift mit dem ganz ähnlichen Namen »Motorcycle«, Mr. Arthur B. Bourne, die bayerische Hauptstadt und, offenbar um zu überprüfen, was da von den Flügeln beschnitten werden könnte, auch das Milbertshofener BMW-Werk. »Als ich«, berichtet er seinen englischen Lesern, »innerhalb des Stacheldrahtes war – Industriepolizei am Eingang und eine Schranke in der Einfahrt (Luftbrückenfahrzeuge werden dort in großer Anzahl repariert),

»Hohe Tiere sind da, Militärregierung und so, es gibt Sekt...« (oberes Bild) Dr. v. Mangoldt-Reiboldt (2. v. l.), der von der Militärregierung eingesetzte Treuhänder, mit Oberbürgermeister Dr. Scharnagl (Mitte) und Abgesandten der Militärregierung (unteres Bild) bei der Feier zur Vorstellung der R 24.

BMW Milbertshofen, Tor 1, Dostlerstraße. Lastwagen mit Motorrädern verlassen das Werk.

wurde ich zu dem großen Bürogebäude gebracht. Es war keine Seele in den Gängen. Wie anders muß das in den Kriegs- und Vorkriegstagen gewesen sein! Ich wurde zum Oberingenieur geführt, und bald streiften wir durch die große Fabrik. Gleich nach dem Krieg stellte BMW Kochtöpfe und Pfannen, Bäckereimaschinen, Luftkompressoren und landwirtschaftliche Maschinen her. Man denke – BMW produziert landwirtschaftliche Maschinen! Jetzt haben sie das alles aufgegeben außer dem letzteren, und außer ihrer Arbeit für die US-Army konzentrieren sie sich auf Motorräder.«

»Alle Werkzeugmaschinen«, erläutert dann Bourne seinen Freunden, »wurden als Reparationen demontiert. Jetzt, was für ein Wechsel: Batterie auf Batterie neuer Werkzeugmaschinen der neuesten Typen. ›Sicher‹, vermutete ich, ›sind Sie jetzt sogar besser ausgerüstet als vor dem Krieg?‹ Die Antwort war: ›Ich würde nicht sagen besser, vielleicht ebensogut.‹« Bourne kann das nicht beurteilen – er ist vor dem Krieg nie in Milbertshofen gewesen –, läßt aber keinen Zweifel, daß hier bald eine Motorradfabrik stehen wird, die nicht weniger modern ist als eine »beliebige andere«. Die diplomatische Antwort des deutschen Oberingenieurs noch im Ohr, stellt er fest: »Was immer bei dieser Fabrik der Fall gewesen sein mag: andere, die ich kennenlernte, waren nicht unglücklich, wenn sie Kredite erhielten, um die Werkzeugmaschinen zu ersetzen, die als Reparationen demontiert wurden . . .«, und fragt seine englischen Leser: »Wären Sie unglücklich, wenn Sie die Möglichkeit hätten, sich eine Ihrem Produktionsprogramm angepaßte neue Werkzeugeinrichtung anzuschaffen, während Ihre Konkurrenten in anderen Ländern Ihre alten Maschinen erhalten?«

Nach dieser Abschweifung kehrt er zur BMW-Fabrik zurück und beschreibt unter der ironischen Überschrift: »Schöne Laboratoriumsausstattung«, was sich dort tut: »Sie zeigten mir neue Prüfmaschinen zur Materialbestimmung, Härtebestimmung usw. der fertigen Teile. Ich war über ihren Stolz nicht erstaunt. Und die Produktion, die auf 250 ccm, Kardanantrieb, Blockkonstruktions-Einzylindermaschinen konzentriert ist, ist keine Nebensache. Sie stellten, als ich dort war, 50 Stück pro Woche her, und die Produktion begann erst im Dezember letzten Jahres (nicht im Januar, wie mir in Genf gesagt wurde). 800 Arbeiter arbeiten an Motorrädern, meistens die alten Facharbeiter; sie hoffen, Mitte dieses Jahres 1000 Stück pro Monat herzustellen.

Beschädigte Werkstätten werden wieder aufgebaut, und wenn diese fertig sind und die neue Einrichtung gekommen ist, wird umgezogen; z. B. sollte letzten Monat ein Gebäude für den Zusammenbau am Fließband in Gebrauch genommen werden.

Außer den üblichen Zubehörteilen und Zylindergüssen ist die Fabrik von Zulieferungen abhängig. Die Gießerei ist nur für Leichtmetall vorgesehen. Tonnen von Material sind verfügbar in Form von Stapeln alter BMW-Leichtmetall-Flugmotorenzylinder – der einzige Artikel, wie sie sagten, der

»800 Arbeiter arbeiten an Motorrädern und hoffen, Mitte dieses Jahres 1000 Stück pro Monat herzustellen.«

In der Gießerei...

in der Nabenfertigung...

am Zylinderkopf-
Bohrwerk...

nicht für Reparationen bestimmt wurde. Zur Zeit werden die Kurbel- und die Getriebegehäuse in Sandguß gefertigt, aber später werden diese, wie alle Leichtmetallteile, in Kokillen gegossen werden. Übrigens wird zur Bearbeitung der Zahnräder sowohl Schaben als auch Schleifen angewandt. Sie ziehen die erstere Methode vor, wie sie sagten, da sie billiger und mindestens ebenso gut sei...«

Bourne berichtet wie von einer Expedition in ein fernes Land, das von einer geheimnisvollen Katastrophe ins Steinzeitalter zurückversetzt wurde. Nun beginnen die Eingeborenen, obwohl sie wieder von vorne anfangen müssen, die Technik besser zu handhaben als jemals zuvor...

»Zwei Getriebeprüfstände gefielen mir«, konstatiert er mit der Nüchternheit eines Forschers. »Bei dem einen ist ein komplettes Getriebe aufmontiert und wird durch einen elektrischen Motor bei verschiedenen Geschwindigkeiten angetrieben – es kann unter jeder gewünschten Belastung angetrieben werden, da am Auslauf eine Reibungsbremse aufmontiert ist. Kein Raten mehr, ob das Getriebe unter allen Bedingungen geräuschlos ist; keine späteren Beschwerden über den Gangwechsel – und keine Notwendigkeit, ein Motorgetriebe aus einer fertigen Maschine herauszureißen. Der andere Prüfstand treibt den zusammengesetzten Kardanantrieb. Läuft der Kardan richtig? Ist der Lauf ruhig? Ich stellte auch fest, daß der Mann, der den Kardan zusammensetzte, blaue Farbe für die Zähne verwendet – wahrscheinlich Ingenieurblau –, um das tadellose Eingreifen zu prüfen.

Vor dem Kriege, so berichtete man mir, wurde die 250-ccm-Maschine als ein unbedeutendes Modell in der Reihe der anderen betrachtet. Jetzt ist sie das einzige Modell – 250 ccm ist die höchste Kapazität, die der deutschen Industrie gestattet ist, mit Ausnahme von Horex, die 3000 Stück 350-ccm-Maschinen für die Polizei und andere öffentliche Zwecke herstellen.

bei der Motoren-
montage.

Infolgedessen versucht die BMW, diese Maschine so gut zu machen wie ihre früheren großen Modelle.

Zwei wichtige Änderungen mit technischem Interesse und praktischem Wert wurden vorgenommen. Erstens der neue Zylinderkopf. Er ist aus Leichtmetall mit einem besseren Durchlaßquerschnitt, dichtem Deckel, direkt über dem Kopf zwischen dem Einlaß- und Auslaßventil befestigt, und sechskantigen Stahlsäulen, die aus der gußeisernen Zylinderbuchse nach oben verlaufend die Kipphebel tragen. Früher wurden die Kipphebel in dem Leichtmetall-Zylinderkopf angebracht; bei dieser neuen Anordnung bleibt das Ventilspiel konstant. Wenn die Genehmigung zum Bau der R 51-500-ccm-Maschine wieder erteilt wird, werden auch für diese die neuen Köpfe verwendet werden. Das andere ist das neue Getriebe. Der Zweck ist, einen besseren Gangwechsel und einen Sicherheitsfaktor für Seitenwagen zu erreichen. Wahrscheinlich würde das neue Getriebe auch bei der 500-ccm-Zweizylindermaschine verwendet werden können. Ein Hauptmerkmal des neuen Getriebes ist, daß auf der Antriebswelle innerhalb des Getriebegehäuses sich ein gefederter, nockenähnlicher Stoßdämpfer befindet. Es wurde mir gesagt, daß das neue 250-ccm-Modell elastischer ist; das ist der Grund dafür. Aber der Kickstarter arbeitet noch rechtwinklig zum Radstand der Maschine. Meine Bemerkung, daß ich gehofft hatte, dies würde abgeändert, wurde damit beantwortet, daß sie der Ansicht sind, dies sei für den normalen Gebrauch besser – meistens ist es wohl eine Gewohnheitssache.«

Nie ist das Rad der Geschichte zurückzudrehen. Ein unabänderlicher Prozeß, dem Mächte und Menschen unterworfen sind, ringt ihnen ständig Entscheidungen ab. Entwürfe, wie für die Ewigkeit gemacht, werden zunichte, neue Bedingungen entstehen. Dem Geist der Zeit verpflichtet, die Menschen von Vorurteilen befreiend, ruft er, die eben noch Feinde waren, zu neuem Handeln auf. Nie nach rückwärts gewendet, stets nach vorn, geht dieser Prozeß unaufhaltsam weiter und verändert die Gestalt der Zeit.

Unter der Losung: OHNE D-MARK KEIN WIRTSCHAFTSWUNDER hatte man in den Westzonen staunend die sofortige Aufhebung der Preiskontrolle vermerkt, und daß die aufgeblähte Wirtschaftsbürokratie – von der Bevölkerung als eine wahre Geißel empfunden – entmachtet und mit ihrem Wegfall ein Hauch von persönlicher Freiheit in die Haushalte und Betriebe eingezogen war. Nicht die Deutschen, der »Feind« hatte dies bewirkt, und wenn man in Chefetagen und Materialbüros spürte, welchen Widerstand die Alliierten noch immer dem Abbau von Wirtschaftsbeschränkungen entgegensetzten, wie sie versuchten zu hemmen, was Währungs- und Steuerreform in Fluß gebracht hatte, mußte man sich fragen: Hatten sie nicht weit genug vorausgedacht?

Nein, nichts war mehr zurückzudrehen. Auch die beschlagnahmten Vermögen waren plötzlich »frei«. Bei BMW gehörte dazu jenes »Inkasso

Einspeichen der Räder.

Endmontage.

Kotflügelpresse.

Die fertige R 24.

auf verbrannter Erde«, das Oskar Kolk, der frühere Vorstandsassistent, der als Kistenschreiner in Allach bei der US-Army wiederbeschäftigt worden war, noch wenige Tage vor der Kapitulation eingetrieben hatte. Niemand sprach mehr von seiner abenteuerlichen Fahrt an die Elbe nach Dessau-Kochstädt, wo er das aus Berlin »verlagerte« Reichsluftministerium auf gepackten und schon gar nicht mehr ausgepackten Koffern antraf und zur Kasse bitten konnte, so rechtzeitig, daß die Summe, die das Reich BMW für längst überfällige Stoppkosten schuldete, noch am 28. April 1945 in gedeckten Reichsmarkschecks der Deutschen Bank in München zufloß: 63,5 Millionen! Das Komma um eine Stelle nach links verrückt, war dies jetzt, nach der Abwertung, immer noch ein unvorstellbar großer Haufen Geld, mit dem Donath wirtschaften konnte.

Wie wirtschaften? Er hatte sich entschieden, Motorräder zu bauen, doch war die Produktionsentscheidung *Motorrad* keine freie Entscheidung: Sie wurde zugewiesen, es gab keine Wahl. Mit Motorrädern begann man nach dem Ersten Weltkrieg, als es mit dem Fliegen, also auch mit dem Bau von Flugmotoren, vorerst vorbei war; mit Motorrädern beginnt man wieder. Wer im verarmten Land konnte es sich schon leisten, auf vier Rädern zu fahren; auf zweien vielleicht, zwei Räder waren realistisch, der Boom der Motorradfabriken in Deutschland bewies es. Hier sich anzuhängen hieß nicht nachkleckern, hier einzusteigen hieß: den Weltruhm, den BMW mit der im Grundaufbau kaum veränderten R 32 errungen hatte, der mit Hennes Weltrekorden, mit Schorsch Meiers Rennsiegen ins Legendäre gestiegen war, zur Triebkraft für eine neue Aufstiegskurve zu machen. Schorsch Meier, der den Werksschutz im Karlsfeld Ordnance Depot, dem Allacher Reparaturwerk, leitete, hatte seine alte, in einem Heuschober des Allacher Gutes versteckte Rennmaschine hervorgeholt, hatte Rennen inszeniert, die Massen in Bewegung gebracht und begeistert, auch die amerikanische Besatzungsarmee. Hunderttausende zogen zur Solitude, zur Motorradschlacht zwischen BMW und NSU.

Vor diesem Hintergrund – der hier nur flüchtig skizziert sei, allein er macht den Erfolg verständlich – gab es Anfang 1949 bereits wieder 400 BMW-Vertretungen, im Verlauf des Jahres fast zehntausend produzierte und verkaufte R 24, 1950 schon 17 061, davon über 3000 für den Export (was besonders verwunderlich war: Sämtliche Patentzeichnungen der früheren BMW-Erzeugnisse waren im Ausland zu haben – in den USA pro Zeichnung für 10 Cents erhältlich –, und Ersatzteile durften überall lizenzlos nachgebaut werden; die Schweiz baute sogar gleich eine ganze 750-ccm-Maschine unter anderem Namen verblüffend ähnlich nach und verwendete sie als Heeresmotorrad).

Trotzdem: Es ging weiter aufwärts in Milbertshofen. Die von der Militärregierung verfügte Hubraumbeschränkung auf 250 ccm war aufgehoben worden; nun konnte die längst geplante R 51 mit 500 ccm in Serie gebaut werden. Sie wies die berühmte Teleskop-Hinterradfederung auf, und die R 24, jetzt 25 genannt und ebenfalls mit der ihr bisher aus Sparsamkeit versagten Hinterradfederung versehen, kam auf den Markt. Auch eine R 67 mit 600 ccm wurde angeboten, und als »schnellstes Serienmotorrad der Welt« eine Sportversion, die R 68.

Dennoch hatte sich Siedler – ein Mann, der aus der Fremde kam, aus Eisenach, das ihm im Laufe der nächsten Monate vollends fremd geworden war – an das Wort Donaths zu erinnern: »Wer ist BMW? Geht der Prozeß – ein Prozeß um das Markenzeichen – zugunsten von Eisenach aus, sind wir den Namen los. Und damit das letzte, das wir besitzen.«

Alle Anfangserfolge konnten nicht darüber hinwegtäuschen, daß er recht hatte. BMW – ein Unternehmen ohne Unternehmer? fragte die Presse. Die verfügbaren Anlagen in Milbertshofen, von den verfügbar werdenden in Allach ganz zu schweigen, seien kapitalmäßig, so war zu lesen, bis heute mit der Produktion von 1500 Motorrädern im Monat bei weitem nicht ausgenutzt. Das wertvollste Kapital der Gesellschaft: die hervorragenden Köpfe, habe man zu anderen Firmen gehen lassen, die einst vorbildliche Absatzorganisation sei inzwischen mit anderen Firmen engagiert. Was viele schwer getroffenen Großfirmen (AEG, Siemens, die Kugellager-Industrie) geschafft hätten: wieder nach und nach in zäher unternehmerischer Arbeit nahezu in ihre alte Bedeutung hineinzuwachsen, habe BMW nicht zuwege gebracht.

Die fertige R 24 wird verpackt und ausgeliefert.

»BMW is here again!« – BMW ist wieder da: Man präsentiert sich auf der Frankfurter Frühjahrsmesse 1949 (rechts) wie in New York (unten)...

Jetzt rufe man nach staatlicher Hilfe: Mit der Motorradproduktion allein könne das Hauptwerk in Milbertshofen, das mit 40 Millionen Mark zu Buche stehe, kaum gehalten werden, geschweige das Gesamtunternehmen mit einem Aktienkapital von 100 Millionen RM! Klage man aber, zur Produktionsverbreiterung fehlten die Mittel: Da höre doch alles auf! Eben dies, die Mittelbeschaffung, sei eine unternehmerische Aufgabe ersten Ranges und nicht Sache des Staates oder der Gewerkschaft. Darin lägen ja Bedeutung und Wert der freien Unternehmerschaft: daß sie Kräfte frei mache, die in unermüdlicher Arbeit Schwierigkeiten überwänden und Ergebnisse erzielten, zu denen ein schwerfälliger Staatsapparat nicht in der Lage sei. Auf wen, schloß die Philippika, warte man denn?

... und liefert »Motorräder für die Schweiz«.

Vergeblich verwies Donath auf die Auto-Union, mit der er, leider erfolglos, Verhandlungen geführt hatte: Die Ingolstädter hätten sich für ein Düsseldorfer Angebot entschieden, nicht für die Ansiedlung in Allach. Das brachte die Kritiker vollends in Harnisch: Warum ausgerechnet die Auto-Union, die unter weit schwierigeren Umständen als BMW wiedererstanden sei, in Allach einlösen solle, was BMW offensichtlich nicht schaffe, doch sich und der Welt schuldig sei: wieder *Autos* zu bauen!?

Auch der Prozeß um das Markenzeichen stach nicht mehr als Argument. Mit Bergen von Akten und Beweismaterial, das die Klägerin und der Beklagte ausgebreitet hatten, war er zu Ende gegangen. Am 17. November 1950 wurde vom Landgericht Düsseldorf, wo beide Seiten nur durch ihre Anwälte vertreten waren, das Urteil gesprochen. Es besagte:

daß die Enteignung von Eisenach keinen Verlust von Zeichen und Patenten beinhalte;

daß der Sitz von BMW stets in München war;

daß die gewerblichen Schutzrechte durch die sowjetische Aktiengesellschaft Awtowelo nicht erworben wurden, auch wenn in Eisenach Entwicklungsarbeiten durchgeführt worden sein sollten;

daß das Patent Nr. 633 031 – es betraf die Wagentypen 321 und 340 – nur von BMW München benützt werden dürfte;

daß die Kennzeichnungskraft der Formgebung – die bei Kraftfahrzeugen unzweifelhaft erfolge, um den eigenen Wagen von anderen Wagen abzuheben – für BMW absolut gegeben sei;

daß die Schutzrechte einwandfrei von der Awtowelo verletzt worden seien;

daß das Zeichen der Klägerin nicht durch andere verwendet werden dürfe.

Summa summarum hieß das: BMW München behielt Namen und Zeichen und hatte dadurch, daß niemand mehr streitig machen konnte, was in Vergangenheit und Gegenwart die Firma trug, mehr als nur einen Prozeß gewonnen.

Warum zögerte Donath noch?

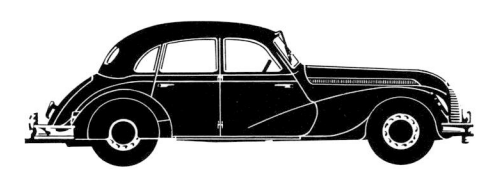

EMW 340·2 1949-1955

Den Prozeß um das Markenzeichen verliert Eisenach, das in EMW, Eisenacher Motoren Werke umfirmiert. München wird das alleinige Recht, Namen und Zeichen BMW zu führen, zugesprochen.

Veritas contra Milbertshofen

Bereits im Frühjahr 1946 hatte es in Alfred Bönings »Konstruktionsabteilung« – Gebäude 11, 5. Stock, AUFGANG FÜR UNBEFUGTE VERBOTEN – Überlegungen gegeben, die einem Zweiliterwagen galten – mit dem Blick auf Amerika, wo ein Auto unter 2,5 Liter Hubraum kein Auto war. Böning sprach von Märkten, in die man hineinstoßen müßte. Die Verstiegenheit in solche Träume nährte ein Fund, den Debys Leute in den Trümmern von Werk I machten: ein im Feuer verglühter, pontonförmiger Stromlinienwagen, der das als K-Linie bekannte Abriß-Heck aufwies, wie es die Aerodynamiker Reinhard v. Koenig-Fachsenfeld und Wunibert Kamm für BMW entwickelt hatten. Er stammte aus der legendären Versuchsreihe 332 und war, auf das Chassis des 326 gestellt, zu Beginn des Krieges nur in wenigen Exemplaren gebaut worden. Donath ließ den Wagen sofort vermessen – Konstruktionspläne gab es nicht, die lagen in Eisenach oder, was auf dasselbe herauskam, in Moskau.

In wochenlanger Arbeit, von neugierigen Blicken abgeschirmt, restaurierte eine ausgewählte Schar alter Meister und Monteure in einer Art Rausch, der sie überkam, das Fossil – nicht nur äußerlich, sondern mit allem, was unter der Haube lag. Es gibt eine Fotografie, auf der Deby mit Hut

Restaurierung eines Fossils. (v. l. n. r.) Max Klankermeier, Hans Burgmeier und Otto Poppitz.

1940/42, mitten im Krieg, wurde dieser Wagen unter äußerster Verschwiegenheit entwickelt – für Friedensprojekte bestand ein Reichsverbot. Hier im Stylingraum der Entwicklungs- und Versuchsabteilung: Arbeit am Tonmodell. Im Vordergrund links der Mille-Miglia-Wagen.

Stylingchef Meyerhuber (links) und Modelleur Schmuck.

und Mantel – die hinter ihm erkennbaren Vorgartenbüsche deuten darauf hin, daß der Sommer vorbei ist und man sich im frühen Herbst befindet – vor dem fertigen Wagen steht, von Siegespose weit entfernt, ein zages Lächeln um Augen und Mund, das eher Skepsis als Freude ausdrückt. Vielleicht weiß er schon, daß der Wagen, soeben probegefahren, eine exotische Erinnerung bleiben wird. Denn an seine Serienherstellung war gar nicht zu denken: Weder waren dafür Fertigungsvorrichtungen noch Rohstoffe vorhanden, und eine Genehmigung für den Bau von seiten der Militärregierung war ebensowenig zu bekommen.

Dennoch sollte das wiederhergestellte Modell über die reine Fingerübung hinaus, für die Donath es ausgab, etwas bewirken. Und zwar in ihm selbst.

Er, ein Fanatiker der Genauigkeit, hatte den Bau von Flugmotoren stets als das Nonplusultra auf dem »weiten Gebiet der Verbrennungsmotoren, die mit geschlossenen Verbrennungsräumen arbeiten«, angesehen. (»Ihre Präzision und ihre Gewichtsgrenzen pro PS wurden für viele Ingenieure Leitbilder, die bis in den heutigen Tag hineinreichen«, heißt es in einer von ihm verfaßten Studie »Über den luftgekühlten Sternmotor in Deutschland«.) Nun sah er: Was für den Flugmotorenbau galt, galt für den Autobau gleichermaßen, ja bedingte ihn.

Die Erkenntnis war absolut neu für den Außenseiter Donath: daß in dieser Fabrik, in die man ihn als Flugmotorenmann geholt hatte, nur auf diese Weise Automobile hatten entstehen können, die ihresgleichen auf der Welt suchten. Das war spätestens vom 326 an, auf dessen Chassis das Versuchsmodell stand, der Fall gewesen.

1936 hatte dieser Wagen, als er auf der Internationalen Automobilausstellung in Berlin vorgestellt wurde, ein völlig neues Bild vom Auto vermittelt. Obwohl, was in ihm steckte – Motor, Getriebe, Hinterachse, Federung –, nur Weiterentwicklungen aus längst Bewährtem waren, wirkte er mit seinem neuen Aufbau von Ambi Budd – Kastenrahmen, verschweißt mit der Karosserie zu einer Einheit! – gegenüber dem bis dahin gebräuchlichen Rahmen aus Rohren »modern wie die nächste Minute«, wie ein Kritiker damals schrieb, und war doch das Gegenteil von *modisch*: ein in Konstruktion, Straßenlage, Wirtschaftlichkeit und Ausstattung rundum solides Automobil, das bisher unbekannte Eigenschaften zeigte. »Risikoloses Fahren, ohne auf die Straßenbeschaffenheit achten zu müssen . . .«, »ein Fahren auf den Hintersitzen wie auf den vorderen . . .«, lauteten die Urteile der Fachpresse, ja, in der gefürchteten »Motor-Kritik« des Ingenieurs Ganz war sogar zu lesen, er liefe so ruhig, »daß in seinem Innern jedes Nebengeräusch, und sei es das knisternde Stullenpapier, unangenehm auffällt«.

Reminiszenzen wie diese ließen sich nicht abtun. Wer inmitten von Ruinen, leergeräumten Hallen und im Ohr die Befehle der Sieger von einem neuen Automobil träumte, mußte sich sagen: Besser, wir bauen keins, als unter dem Anspruch zu bleiben, den die Vergangenheit stellt. Wie hatte doch jemand einmal gesagt: Das wenige, was BMW an Neuem bringt, darf nicht zu dem Schluß verleiten, BMW stagniere; das genaue Gegenteil ist der Fall; stets hat das wenige ausgewiesen, daß an grundlegenden Dingen gearbeitet wird. – Es gab keine Zukunft ohne diese Gewißheit.

Ausfahrt 1949. Man trifft sich beim Eifelrennen. Schorsch Meier (am Wagen links) ist mit seinem alten 327 gekommen und Deby (2. v. l.) im restaurierten Direktionswagen 332.

Fritz Fiedler, dem Schöpfer des 326 und letzten technischen Direktor von BMW, war als ehemaligem Wehrwirtschaftsführer der Wiedereintritt ins Werk verwehrt. So hatte er nicht lange überlegt, als ihn ein Angebot der Bristol Aeroplane Company aus Filton/England erreichte, dort das zu tun, was in Deutschland unmöglich war: Konstruktion und Serienfertigung eines

Originalgetreue Kopien des 327, Bristol 400 genannt, auf dem Stand von Frazer-Nash und Bristol, Genfer Salon 1948.

Fritz Fiedler mit dem Chef von Bristol Aeroplane H. J. »Aldy« Aldington und dessen Bruder Don (unten, 2. v. l.), der hier in München gelandet ist und im Werkswagen abgeholt wird, führt die Verhandlungen mit Donath.

großen Wagens vorzubereiten. Die Offerte fiel sowohl unter »Reparationen« wie »alte Freundschaft«. Aldington nämlich, der frühere Chef des englischen BMW-Lizenznehmers Frazer-Nash, war an die Spitze von Bristol Aeroplane berufen worden. Sofort entschlossen, Sportautomobile zu bauen und damit führend für England im Nachkriegseuropa zu werden, hatte er mit Donath eine Art Geheimabkommen getroffen: Wir erhalten von euch als Reparationsgut die über den Krieg geretteten Konstruktionspläne des BMW 327 und 328, und ihr bekommt das Recht, von der Weiterentwicklung dieser Wagen bei uns zu profitieren, das heißt: die von Fiedler weiterentwickelten Chassisteile und Motoren dürft ihr, wie wir einst aus Deutschland, nunmehr von uns aus England beziehen.

Tatsächlich lief die originalgetreue Kopie des BMW-Coupé 327 dann auch im Frühjahr 1947 bei Bristol Aeroplane vom Fließband, Bristol 400 genannt. Fiedler hatte den Motor auf 85 PS gebracht. Und so wurde ein reiner BMW-Nachbau, der 2375 englische Pfund kostete, auf Anhieb *der* englische Sportwagen. Freilich konnte Donath, als Fiedler seinen Auftrag erfüllt hatte – der Mohr hat seine Schuldigkeit getan, der Mohr kann gehen –, wenig damit anfangen. Wenn überhaupt, mußte ein Gebrauchswagen her, kein hochgezüchtetes Sportmodell. So war es ihm durchaus recht, als Bristol abwinkte: Nein, es ginge nun doch nicht!, und Aldington sich hinter »höherer Gewalt« versteckte; feste Zusagen hätte es nie gegeben.

In der Tat war auch nur Fiedler dem – niemals schriftlich ergangenen – Angebot gefolgt. Die anderen alten Mitarbeiter und Konstrukteure der Entwicklungsabteilung hatten der Sache nicht recht getraut und – wie Ernst Loof und Hans Schaeffer, beide waren von Aldington ebenfalls nach England eingeladen worden – nie wieder etwas davon gehört. Doch wo waren sie geblieben, die »Alten«, die auf ihren Ausweichposten im Krieg nichts sehnlicher als den Tag herbeigesehnt hatten, an dem es wieder losgehen sollte? Alexander von Falkenhausen laborierte in Leonberg südlich Regensburg auf dem Gut seiner Schwiegereltern notgedrungen an einer eigenen Firma, der AFM (*A*lexander von *F*alkenhausen, *M*ünchen); Donath hatte ihn

Von Graf Lurani gelenkt und begleitet von H. J. Aldington, erringt der Bristol 400 den 3. Platz in der Klasse über 1,1 Liter bei der Mille Miglia 1949.

Internationale Alpenrallye Juli 1952. Alexander v. Falkenhausen mit seiner Frau am BMW 328, den er über den Krieg rettete.

Falkenhausen auf der Rennstrecke im von ihm konstruierten AFM-Rennwagen.

wissen lassen, daß im Werk für ihn kein Platz vorhanden sei, es sei denn als Detailingenieur. Auch Schleicher saß abseits, in Berg am Starnberger See. Bar jeder Verdächtigung, ein Nazi gewesen zu sein, war er aus eigenem Antrieb »draußen« geblieben, nicht gewillt, Abhängigkeiten einzugehen, die er auch früher vermieden hatte, und betrieb in der früheren Versuchsabteilung – deren Werkzeugmaschinen nicht zum Demontagegut gehörten, er hatte sie billig erwerben können – eine eigene Firma. Max Friz, aus Eisenach geflüchtet, war nach Tegernsee gegangen, auch er ohne Lust, sich zu arrangieren, nachdem er schriftlich hatte begründen müssen, warum ein Techniker, den die Führung des Reiches zum Wehrwirtschaftsführer ernannt hatte, kein Parteigänger, auch kein Nutznießer dieser Partei gewesen war, der er hatte angehören müssen. Alle übrigen fristeten in Allach ein Dasein auf Zeit.

Dorls fütterte sie durch. Zum deutschen Direktor beim Ordnance Depot ernannt, vergab er kleine Aufträge an sie, durchaus mit Billigung der amerikanischen Armee, die davon profitierte, und steckte auch eigenes Geld in die »Crew«. Mit Lorenz Dietrich zur Seite, der die kaufmännischen Angelegenheiten in Allach versah, hatte er hier eine Entwicklungsabteilung beisammen, wie es sie in keinem Automobilwerk der Welt gab: eine Handvoll Männer, die, frei von Terminzwängen, Pläne entwarfen und bis zur Konstruktionsreife durchspielten, Hypothesen aufstellten, ganze Planungsreihen in sie einbanden, alles wieder verwarfen, bis sie die Lösung gefunden zu haben meinten, die BMW zurück auf die Erde stellte, aus den Wolken technischer Phantasien ins Hier und Heute, wo Brot *und* Spiele noch lange kein Paar waren und doch die Entwürfe für morgen bestimmten...

Alle, die Dorls um sich versammelte, waren ohne Vertrag. Doch *ge*bunden an, *ver*bunden durch den gemeinsamen Vorsatz, nicht untergehen zu lassen, was an technischem Erbe da war, verstanden sie sich als eine Art Brain-Trust, dessen Existenz Donath wohl bekannt war, mit dem er aber nichts anzufangen wußte, sei es, weil er unsicher war in Autodingen, sei es, weil für das wenige, was wirklich machbar war, ihm *seine* Leute genügten.

Und dann war da auch eine Befürchtung. Hieß es nicht, Franz Josef Popp träfe sich ganz ungeniert mit der »Crew«, beriete sich mit ihr? Obwohl unter Hausarrest gestellt und nur mit alliierter Sondererlaubnis befugt, sein Exil in Schloß Sandizell bei Augsburg zu verlassen, wo er bei Freunden Unterschlupf gefunden hatte, bereite er, wie Eingeweihte zuverlässig wissen wollten, nicht ohne Aussicht, dank seiner guten Verbindungen zu den Banken, die Rückkehr ins Werk vor.

So unsinnig dies war – jeder wußte von Popps Schwierigkeiten mit dem Betriebsrat, der seine Wiederkehr allein wegen gewisser offizieller Reden des Betriebsführers Popp im Dritten Reich ein für allemal ausschloß –, fest stand wohl, daß alte Reibereien, die es zwischen Dorls und Donath gegeben hatte, das Klima nicht gerade begünstigten. Donath, einst Betriebsdirektor im BMW-Flugmotorenwerk Spandau, war im November 1942 wegen ungenügender Ausnützung von Kapazitäten auf Beschluß des Vorstands – sprich des Popp-Nachfolgers Hille und des BMW-Ringführers Zipprich – von Dorls abgelöst und nach München versetzt worden. In Berlin war dem versierten Planungsmann Dorls gelungen, was Donath versagt blieb: Ohne die Fabrikräume zu erweitern und zusätzliche Werkzeugmaschinen aufstellen zu müssen, konnte er die Produktion auf 300 Flugmotoren im Monat erhöhen. Unter Donath hatte sie bei 100 Motoren, einem Drittel davon, gelegen! Mochte dies nach der Katastrophe 1945 eher als ein Verdienst bewertet werden denn als »mangelnde Einsichtsfähigkeit in technisch Erreichbares« – ein Vorwurf, der Donath tief verletzt hatte –, so blieb Dorls' Wort bestehen, daß ein Unternehmen, gleichgültig ob im Krieg, ob im Frieden, unweigerlich pleite gehen mußte, wenn es nur ein Drittel von dem, was möglich war, produzierte . . .

Vorwürfe wie dieser überstanden Weltuntergänge. Und gleich das erste Zusammentreffen beider Männer in der Zeit »danach«, als die Besatzungsarmee Dorls zum Leiter des Allacher Werks gemacht hatte, war ein erneuter Affront für Donath gewesen, der nun als Chef von Milbertshofen fungierte. Unmittelbar vor Inkrafttreten der Kontrollratsbeschlüsse, die die Totaldemontage über BMW verhängten, hatte Dorls eigenmächtig, ohne Vorstandsbeschluß, jene Absprache mit den Amerikanern getroffen, die Allach (und damit BMW) rettete.

Vergessen war das nicht. Hinzu kam, daß Erich Zipprich, ehemals als »Ringführer« mitverantwortlich für die Donath seinerzeit zugefügte Kränkung, an der Spitze der technischen Mannschaft von Allach stand . . .

Aus Stadelheim entlassen, wo wir ihn zuletzt in der Nachbarzelle von Franz Josef Popp antrafen, hatte Dorls ihn buchstäblich von der Straße aufgelesen und an den Konstruktionstisch gesetzt. Fähig, ein Projekt, das am Abend als vage Idee bestand, bis zum Morgen im Detail aufs Reißbrett zu werfen und durchzurechnen, hatte er, ein technisches Naturtalent, hier zur Aufgabe seines Lebens zurückgefunden.

Neben ihm, verantwortlich für alles, was mit Styling zu tun hatte, arbeitete Ernst Loof, der frühere Leiter der Rennabteilung bei BMW, überzeugt, daß die Zukunft für BMW, wie groß die Armut im Nachkriegsdeutschland auch sein mochte, bei den »Spielen«, beim Rennsport lag, *nicht* in fahrbaren Untersätzen, die andere herstellen sollten, auch viel besser herstellen konnten, weil ihre Erfahrung darin größer war.

Dann gab es den Techniker Schaeffer, den Konstrukteur Rech aus Alexander von Falkenhausens alter Versuchsabteilung, der Ingenieur Knoch war da, Leibach, der das Kommandogerät entwickelt hatte, und der Praktiker Niedermeyer für die Fertigungstechnik . . . lauter exzellente Leute, die sich nicht einbildeten, unersetzlich zu sein, aber doch verdienten, daß ihre Arbeit Widerhall fände.

In Milbertshofen schien man von alledem nichts zu bemerken. Der Hochstimmung, in der sich die »Crew« befand, folgte schnell die Ernüchterung: Die wollen uns nicht! Aber wie schmeichelhaft es auch war, gefürchtet zu werden und deshalb – das Schicksal so mancher Elite – nicht beachtet, nicht benutzt, ja ganz offensichtlich kaltgestellt zu sein: Was fing man damit an? Und so war aus der Mannschaft, die aus BMW wieder BMW machen wollte, eine eigene Firma entstanden, die den aufschlußreichen, bekennerhaften Namen »Veritas« trug. Mit Georg (»Schorsch«) Meiers Hilfe und Reputanz als Rennfahrer – er hatte seinen Werkschutzjob satt und wollte sich längst selbständig machen – begann man bei Kaufbeuren, wo soeben die Flüchtlingsstadt Neu-Gablonz von Glasbläsern aus Schlesien gegründet worden war, in alten Arbeitsdienstbaracken, zog aber bald in eine stillgelegte Maschinenfabrik nach Hausen, in der Nähe von Sigmaringen, und später nach Rastatt-Muggensturm um.

Aus alten BMW-Sportwagen machte die »Veritas« neue – vornehmlich des Typs 328, der allgemein der Mille-Miglia-Wagen hieß und den Loof, im Lande herumreisend, aufkaufte, wo er ihn fand. Und die Firma florierte. Bald wartete sie mit der in Serie gehenden Konstruktion eigener Wagen auf, entworfen im von Dorls geleiteten Konstruktionsbüro in Caslano im Tessin. Aus leichtem Stahlrohr gefügt das Chassis – Motor und Antrieb besorgten überholte, auf Herz und Nieren geprüfte 328er-Aggregate –, trugen sie vorn am Bug, über der typischen BMW-Niere, das alte Feldzeichen, den weiß-

Die Männer um Veritas: (v. l. n. r.) Georg »Schorsch« Meier, Lorenz Dietrich und Ernst Loof.

Die Veritas-»Werke« in Meßkirch.

blauen Propellerkreis mit den drei Buchstaben BMW, ohne daß die »Veritas« vom Werk dazu autorisiert gewesen wäre. Was Donath dazu bewog, der Firma bei Strafe – Sigmaringen lag in der französischen, nicht in der sowjetischen Zone – die Benutzung des Markenzeichens BMW zu verbieten wie jedem anderen Privatfahrer im Westen auch, der seinen selbstgebauten Wagen damit versah, nur weil unter der Haube ein alter, echter BMW-Motor steckte.

Nicht zuletzt dieses Verbots wegen, das viel Staub aufwirbelte, war Donath in Zugzwang geraten. Er kannte das Gerede, daß er aus Neid auf jene »einmalige« Entwicklungsgruppe gepfiffen und, statt dankbar zu sein, daß es sie gab, ihr nur alle erdenklichen Schwierigkeiten bereitet habe ... Geradezu mühelos hätte BMW an die alte Sportwagentradition anbinden, hätte den längst fälligen Start im Autobau haben können, wenn ... Ja, er wußte, was da geflüstert, gewispert wurde, daß nichts recht vorangige, weil die zweite – und eben nicht die erste – Garnitur in Milbertshofen säße, daß

Neben v. Falkenhausen auf AFM errangen Hermann Lang (oben) und Karl Kling (rechts) – hier auf dem Hockenheimring 1950 – auf Veritas die ersten respektablen Rennerfolge der Nachkriegszeit.

Veritas-Endstation am Nürburgring, wo noch in wenigen Exemplaren der »Veritas Nürburgring« entsteht.

In Rastatt-Muggensturm wird noch nach dem Entzug des BMW-Emblems der Dyna-Veritas gebaut.

Herumwursteler und Nichtskönner, Theoretiker und nicht Praktiker, Zauderer und nicht Tatentschlossene die Posten besetzt hielten. Ihren »Persilschein« eingerahmt auf dem Schreibtisch (»Persilscheine« hießen die Entnazifizierungsbescheide mit dem Vermerk: »Nicht betroffen«), zeigten sie mit den Fingern auf jene, die vermutlich guten Grund hätten, dem Werk fernzubleiben, und Donath, mochte ihre fachliche Qualifikation auch noch so hoch liegen, wolle mit ihnen nichts zu tun haben.

Wie feiner Regen, der ins Erdreich dringt, war dieses Wort von der »zweiten Garnitur« eingesickert, machte die Beziehungen unsicher, vergiftete die Arbeit.

Donath litt nicht an Selbstüberschätzung. Um so mehr kränkte es ihn, ständig angezweifelt zu werden. Gesetzt den Fall, sie alle, die BMW groß gemacht hatten, wären mit Popp an der Spitze wieder ins Werk eingezogen – hätten sie *mehr* bewirken können als er, Donath, mit seiner »zweiten Garnitur«?

Wer wußte und wollte es schon wissen, daß alles, was technisch möglich war, ob von ersten oder zweiten Leuten erdacht, im Nichts verblieb, wenn alle Produktionseinrichtungen, die einen rentablen Serienbau erlaubten, fehlten? Was war denn da gewesen? Ein paar alte Gußformen, in Auslagerungsorten im Allgäu wiedergefunden, hatten zur Anfertigung von Austausch-Aggregaten gedient. Damit hatte man begonnen, hatte die ersten 500 Motoren des 326, um die Werkstatt einzuarbeiten, nach den alten Zeichnungen gebaut, ohne eigene Gießerei; es gab nur *einen* Ofen für kleine Versuchsteile, und die Grauguß-Abgüsse kamen aus Esslingen, wo Böning sie abnahm ... So wenig wie Dorls in einer »Alpenfestung«, die es nie gegeben hatte, ein Flugmotorenwerk aus der Erde hatte stampfen können, so wenig ließen sich in leeren Hallen Automobile bauen, zumal das einzusetzende Kapital, von dem immer gesprochen wurde, nur auf dem Papier existierte.

Also mußte man sich an jemanden halten, der tatsächlich besaß, was man selbst nicht hatte. Praktisch hieß das: Fusion. Wer kam da von Autobauern in Frage? Donath war nach Frankreich zu Simca gefahren, wo man eine hübsche viertürige Einliter-Limousine mit geschwungenen Kotflügeln herausgebracht hatte; die Lizenz konnte BMW haben, die Preßwerkzeuge nicht. Nach Dearborn, USA, zu Ford war die nächste Reise gegangen: Vielleicht ließen sich zusammen mit Ford US-Lastwagen fürs westliche Deutschland bauen, woraus dann eine PKW-Produktion entstehen konnte. Aber Ford wollte entweder BMW kaufen oder einen Dieselmotor gebaut haben. Dann hatte Donath mit der Auto-Union – noch bevor die Frage des Allacher Standorts zur Debatte stand – Fusionsgespräche geführt. Aber die Leute in Ingolstadt waren ähnlich arm dran wie BMW, und der DKW-Zweitakter, das Deutsche Wunder genannt, stand zu sehr der Vorstellung vom sportlichen und technisch anspruchsvollen Automobil, wie BMW sie hatte und nicht aufgeben wollte, im Wege. Und mit Adler zusammenzugehen, wo man bisher auch nur Motorräder produziert hatte, und, wie die Adler-Leute vorgeschlagen hatten, ein gemeinsames Karosseriewerk zu errichten, das die Investitionskosten erträglicher machen konnte? Auch das war, bei möglicher Teilung der Produktion – wobei es BMW zufallen sollte, wieder nur die großen Zweiliter-Autos zu bauen –, an der Finanzierung gescheitert.

So hing wieder alles von Allach ab. Dieses Allach! Stets war Donath gegen die »verlängerte Werkbank« gewesen, diesen »Körper ohne Blut«. Vom Krieg geschaffen, viel zu groß für eine vernünftige Friedensproduktion, mußte BMW zerbrechen, wenn es sich auf Allach als Produktionsstätte einließe. Niemand konnte ihn davon abbringen, auch wenn die Presse heuchlerisch, wie er meinte, Allach als »nicht hoch genug zu schätzendes Aktivum des alten Namens« bezeichnete.

Allerdings konnte er eins nicht abstreiten, daß die »verlängerte Werkbank«, sie allein und niemand anderes, BMW gerettet hatte. Und daß man derzeit davon lebte, was Allach erwirtschaftete, und nicht von den eigenen Produkten, wußte jedes Kind.

Allacher Palastrevolution

Zeit der großen Mauserung hat man den November genannt, jenen Monat, in dem es auf Bußtag und Totensonntag zugeht: Der Mensch verharrt und wendet sich um; nicht nach vorn, zurück ist sein Blick gerichtet, er hält Einkehr.

Im November 1949 boten zwei Amerikaner besonderen Anlaß dazu. Der eine, Paul Hoffmann mit Namen, hatte als US-Administrator der Marshallplangelder mit München und BMW nicht allzuviel zu tun. In Paris hatte er den Vertretern von achtzehn europäischen Ländern, die Hilfe aus seinem Fonds erhielten, in dürren und, wie in den Kommentaren unterstrichen wurde, sorgfältig abgewogenen Worten erklärt, Westeuropa müsse bis Anfang nächsten Jahres einen entscheidenden Fortschritt zur Verwirklichung einer Zollunion gemacht haben oder sich auf eine Katastrophe vorbereiten; der US-Kongreß würde voraussichtlich Beweise für eine Verschmelzung der europäischen Nationalwirtschaften verlangen, ehe er weitere Mittel bewillige. Der andere Amerikaner war ein Soldat. Er hieß Robert E. L. Masters, stand im Dienstgrad eines Lieutenant Colonel (Oberstleutnant) und hatte als neuer Chef des Karlsfeld Ordnance Depot in München-Allach angekündigt, daß die amerikanische Armee die Reparaturaufträge verringern müßte, womit die Entlassung von Arbeitern akut würde.

Robert Masters und sein Stab.

Alle überholten Lastwagen, die Allach verlassen, trugen am Motor das BMW-Gütesiegel.

Beide Verlautbarungen verhießen Katastrophen. Die erste, das dunkle Wort direkt an die Wand schreibend, entsprang der Ansicht: Europa kann nur als einheitliches Ganzes gerettet werden – oder seine einzelnen Teile würden das alte Spiel der Nationalstaatlichkeit so weit treiben, bis jeder für sich oder alle zusammen untergehen. Die zweite war ohne Alternative. Das Werk Allach beschäftigte 7300 Mann. Was würde, was konnte geschehen, sie nicht auf die Straße zu setzen? Das Ende des Reparaturbetriebes war terminiert: Am 1. April 1951 wollten die Amerikaner Allach schließen. Was dann?

Einer Flut von Denkschriften, Protesten und Erklärungen, verfaßt vom Allacher Betriebsrat, den Gewerkschaften, den Parteien – sie alle plädierten für die Aufrechterhaltung und weitere Konzentrierung amerikanischer Armeeaufträge in Allach; keine Armee der Welt würde ohne Reparaturen auskommen! – folgte im Juni 1950 die Entlassung von 1300 Arbeitern. Und Milbertshofen, mit seinen nur 2700 Beschäftigten, nahm sie nicht auf! Donath, so hieß es, sei strikt dagegen. Er selbst, der für den Vorstand verantwortlich zeichnete, schwieg.

Zwei Wochen später, der Sommer hatte in europäischen Breiten gerade begonnen, marschierten nordkoreanische Streitkräfte über die Demarkationslinie des 38. Breitengrades nach Südkorea ein; der Grundkonflikt, der die Welt spaltete, war, nach der vergeblichen Blockade Berlins, vom »kalten« in »heißen« Krieg umgeschlagen. Die Sache mit den Entlassungen hatte plötzlich Hintergrund, weltpolitischen Hintergrund erhalten, wenngleich niemand bei BMW an einen Zusammenhang beider Ereignisse dachte. Und doch war er herstellbar: Während die Hauptmacht der amerikanischen Truppen in Deutschland, einem geteilten Land wie Korea, entlang des Rheins stationiert war, lagen ihre Versorgungsdepots und Nachschubbasen

Deutsche und Amerikaner 1954 neben dem girlandengeschmückten Jubiläumsmotor. Zwischen 1945 und 1954 verließen 1 001 769 grundüberholte Motoren das Karlsfeld Ordnance Depot in München-Allach.

bis zu 300 Kilometer in östlicher Richtung – jener Richtung, aus der ein Angriff kommen konnte. Sollte er von Lagerverwaltern und Technikern abgewehrt werden? Also war man zu Umgruppierungen gezwungen.

Als hätte Masters, der neue Chef des Ordnance Depot, dies vorausgesehen! Gleich bei seinem Amtsantritt hatte er – »eine starke Persönlichkeit, die sich nicht damit abfinden konnte, als gleichberechtigter Partner mitzuarbeiten«, wie es noch maßvoll in der Denkschrift des Betriebsrates über ihn hieß – den technischen Direktor Hundt gefeuert, der sich gerade auf dem Weg in die USA befand, um dort eine Lizenz zum Bau amerikanischer Großmaschinen für Erdbewegungen zu erwerben; er wollte sie, wenn die Armee fortginge, in einem Teil der Allacher Fabrikhallen produzieren. Masters' Vorgänger, Colonel Smith, hatte, als er schied, Hundt noch für die ausgezeichnete Art und Weise gedankt, »in which you and the BMW II staff have cooperated with my office« – einer Zusammenarbeit, die in den letzten Monaten, wie er betonte, nicht nur zu verdoppelter Produktion, auch zu steter Senkung der Kosten und, nicht zuletzt dank umsichtiger Arbeitsplatzbesetzung, sogar zu erheblichen Gewinnen geführt habe. Und jetzt wurde Hundt, wie Masters verfügt hatte, der Zutritt zum Werk verwehrt!

Auch das Markenzeichen der BMW, der weiß-blaue Propellerkreis, störte den neuen Herrn. Was hatte es, seiner Ansicht nach, auf all diesen Formblättern, Zeichnungen, Aufstellungen, Tabellen und sonstigen Druck-

Armeeruhm für Allach! Aber Masters paßt »die ganze Richtung« nicht.

sachen, die das Depot versandte, zu suchen? Unübersehbar eingeprägt jedem Datenschild an jedem reparierten Motor, jedem Lastwagen, jedem Panzeraggregat, das Allach verließ, schmälerte es in Masters' Augen die Leistung *seiner* Leute, die der Welt größtes Reparaturwerk, dessen sich die US-Militärmacht rühmen konnte, betrieben. Dies sei ein Glanzstück der US-Army, und wenn überhaupt, müsse der amerikanische Stern dies ausweisen. Und so erhielt die deutsche Werksleitung Anweisung, das Markenzeichen zu tilgen, eine Maßnahme, die sich keineswegs gegen die Firma BMW richte, wie Masters zu verstehen gab; nach wie vor sei BMW Mietherr der Allacher Gebäude, nicht aber Betreiber des Werks; dies sei die Armee, allright.

Daß sein Verbot ein Schlag ins Gesicht all derer war, die als BMW-Ingenieure und Facharbeiter Allach zu seinem Armeeruhm verholfen hatten, zählte wenig. Höchste Kommandostellen zollten Allach höchste Anerkennung, die nicht nur ideell, sondern recht handfest in Form von Beförderungen zu Buche schlug. Auch Masters rechnete damit (tatsächlich wurde er bald zum Oberst ernannt), und so geschah, was angesichts der Weltlage ein Witz war: Amerika verbot die Verwendung eines Markenzeichens, um dessen Eigentumsrechte BMW gegen die Russen, die es für ihr Eisenacher Werk heiß begehrten, gerade in einem Prozeß kämpfte.

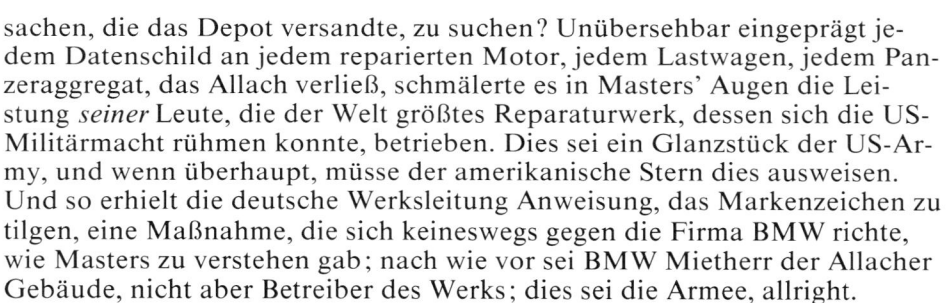

Der Welt größtes US-Reparaturwerk mit deutscher Werksleitung, sprich BMW, und weißblauem Markenzeichen an jedem überholten Panzer und LKW-Motor.

Masters paßte die »ganze Richtung« nicht. Daß die Siegermacht USA einer deutschen Werksleitung freie Hand in der Ausführung von Aufträgen ließ, deren Kosten allein von den Deutschen bestimmt wurden, verdroß ihn ebensosehr wie Erklärungen, die das deutsche Werksteam für Mängelrügen der Abnahmebehörde fand: Es gebe nur ungenügende technische Unterlagen, ja so gut wie überhaupt keine, stets müßten fehlerhafte Zeichnungen, die die Armee zur Verfügung stelle, mühsam überarbeitet, wenn nicht ganz neu angefertigt werden ...

Das amerikanische Personal hatte mehrfach gewechselt, Technikern aus der kämpfenden Truppe waren Fachleute gefolgt, die die Vorteile deutscher Arbeitsmethodik schnell erfaßten, und Zeitvorgabe und Prämiensystem, den Amerikanern unbekannt, waren eingeführt worden. Erst als neue Leute aus den USA, die ohne besondere Ausbildung waren, ihre mangelnden technischen Kenntnisse durch bürokratischen Überfleiß auszugleichen versucht hatten, war es zu Differenzen gekommen. Masters lastete sie den Deutschen an. Auch die Schwierigkeit, Betrieb und Personalstand jeweils den bestellten und ausgeführten Motoren- und Getriebereparaturen angleichen zu müssen, immer unter dem Druck, daß plötzlich alles vorbei sein könne, ließ er nicht gelten. Jeder wußte doch: Werden Motoraggregate grundüberholt, einmal, zweimal, wird in absehbarer Zeit unweigerlich das Stadium erreicht sein, das eine Grundüberholung unrentabel, ja, infolge Ermüdungserscheinungen des Materials, undurchführbar macht. Also war Allach von vornherein eine Sache auf Zeit gewesen.

Und so blies Donath plötzlich der Wind ins Gesicht. Seine Weigerung auf Übernahme der Entlassenen lief auf das gleiche hinaus, was die Amerikaner vorschlugen: alle in Allach zunächst noch Weiterbeschäftigten in »direct hire« – »hire« entspricht ziemlich genau dem deutschen Wort »Heuer« – unmittelbar der Armee zu unterstellen. Das bedeutete: keine soziale Verpflichtung, Annullierung aller rechtlichen Ansprüche, die die Belegschaft aufgrund ihrer bisher geleisteten Arbeit erworben hatte. Um derartigen Ansprüchen ebenfalls zu entgehen, stellte Donath für den Fall, doch jemanden zu übernehmen, die Bedingung: nur mit neuen Arbeitsverträgen, die »besondere Vorrechte und langjährig gewährte Zuwendungen als Bestandteil alter Verträge« ausschlossen.

Wie kam er dazu? Weder moralisch noch juristisch konnte sich BMW aus der Verantwortung stehlen. Allach hatte BMW gerettet, kein Zweifel. Mochte offenbleiben, ob nicht auch die unterbliebene Schleifung von Werk I der Nutzung des Allacher Werks für Armeezwecke zu danken war, fest stand: Ohne den Reparaturauftrag, auch wenn dieser von den US-Behörden nie unterzeichnet worden war – nach internationalem Recht durfte eine Besatzungsarmee keinen Vertrag mit einer besetzten Nation schließen –, wäre nichts von dem möglich gewesen, was Milbertshofen, bei völliger Demontage seiner Anlagen und Maschinen, zu einem Wiederanfang verholfen hatte. Zwar hatte die Armee angeordnet, daß in Allach ohne Gewinn gearbeitet werden müsse, aber Abschreibungen, Mieten und Instandhaltungskosten gingen auf ihre Rechnung und wurden der AG ausbezahlt (allein um die riesigen Anlagen zu erhalten, hätte es jährlich eines Betrages von 3 Millionen Mark bedurft). Von der Hauptsache ganz zu schweigen: der Beschäftigung von Tausenden von Arbeitern, die vor dem Nichts gestanden hatten. Zumeist Volksdeutsche, deren Herkunft aus den verschiedensten Ländern Europas und unterschiedlichsten sozialen Schichten gewisse Spannungen unvermeidbar sein ließ, bildeten sie mindestens ab der Währungsumstellung eine Stammbelegschaft von Facharbeitern, auf die BMW, wann immer sie beim weiteren Aufbau gebraucht würden, zurückgreifen konnte.

Hatte man dies in Milbertshofen nie bedacht? Es war nicht Masters' Sache, sich darüber den Kopf zu zerbrechen. Ihn schmerzte es am allermeisten, wenn die Armee hier fortging, und er mit ihr. Anlagen wie diese, auf einen Ruck hingesetzt, gab es in den USA allenfalls in Detroit bei Ford (Villers Rouge nannte man deshalb hier, nach Fords kilometerlanger Fließbandhalle am River Rouge, die Hallen von Allach). Daß die AG, der Allach gehörte, das Werk als »Körper ohne Blut« ansah – ein Gebilde, das in seinen Ausmaßen alles sprengte, was für BMW machbar wäre –, begriff er nicht. Gab es, wenn BMW selbst keinen Gebrauch davon machen konnte, nicht Dutzende deutscher Industrieunternehmungen, die sich darum reißen mußten, hier mietweise – wie die Armee – einzuziehen?

Es gab sie in der Tat, und die Sternstunde, von der Popp in den zwanziger und dann noch einmal in den dreißiger Jahren geträumt hatte: sich mit Daimler-Benz zu einem gemeinsamen großen süddeutschen Autowerk zusammenzuschließen, war nahe wie nie gewesen, als das schwäbische Autowerk, gerade als die Allacher Krise ihrem Höhepunkt entgegentrieb, erneut an BMW Gefallen fand. Da waren doch die Hallen, die man brauchte! Nicht um Autos ging es, sondern um eine Ackerzugmaschine, Unimog genannt, die alle Aussicht hatte, ein Schlager zu werden. Der Konstrukteur

Alle Arbeiter sind in »direct hire« der Armee unterstellt...

Der von Masters gefeuerte Technische Direktor von Allach, Dipl.-Ing. Hundt.

Dr. Wilhelm Haspel, Chef von Daimler-Benz.

Friedrich hatte sie für Mercedes bei Böhringer in Böblingen entwickelt. Aber weder dort noch in Gaggenau, wo Mercedes seinen Lastwagenbau betrieb, war Platz genug, um den Unimog in Serie auflegen zu können. Als Dr. Haspel, der mit Popp befreundete Chef von Daimler-Benz – ihn hatte man nach der üblichen automatischen Haft als Wehrwirtschaftsführer wieder in sein Amt gelassen –, dann in Allach erschien, war zwar der ideale Produktionsort gefunden, nicht aber die Frage gelöst: Wann gehen die Amerikaner? Niemand wußte es. Ein Gespräch mit dem »Bevollmächtigten der BMW AG für Allach« – es war niemand anders als der von Masters entlassene technische Direktor Hundt – hatte Haspel dann auf eine Lösung gebracht, die beiden wie das Ei des Kolumbus erschien. In Milbertshofen nahm die Motorradfertigung nur einen Bruchteil der Hallen ein: Die meisten standen dort unbenutzt herum. Wie, wenn man in ihnen den Unimog, und sei's auch nur vorerst die Nullserie, auf die Beine stellte? Damit wäre auch BMW geholfen, und es träte keine Verzögerung ein; nach und nach, je nachdem, wie schnell oder wie langsam die Armee drüben in Allach abzöge, könne man hinüberwechseln.

Aber Donath wollte nichts davon wissen. Haspel hatte daraufhin einen noch viel weitergehenden Vorschlag gemacht: nicht nur den Bau des Unimog, auch die gesamte PKW-Dieselmotorenfertigung von Daimler-Benz könnte Milbertshofen zugewiesen werden. Donath schüttelte unbeirrt den Kopf: Auch wenn, wie Haspel meine, ein solcher Glücksfall – nach einem verlorenen Krieg, mit allen seinen Folgen! – nur einmal im Jahrhundert denkbar sei, solle Mercedes sich da keinerlei Hoffnung machen. – Warum, hatte Haspel gefragt, nie wieder könnten zwei Werke sich standortmäßig vorteilhafter ergänzen: hier, wo ein Überfluß an Raum, dort, wo Mangel daran bestünde; hier, wo Facharbeiter beisammen wären, die man entlassen müsse – und das könne bald sein! –, dort, wo man nicht wisse, woher sie nehmen; hier, wo jegliches Kapital fehle, um wieder auf die Füße zu kommen, dort, wo Aufträge es heranschafften für eine Produktion, die aber nicht auszuführen sei: Alles erschiene ihm so, wie es günstiger nicht sein könne, um augenblicklich beim Schopf gepackt zu werden ... Nein, hatte Donath gesagt. Und Haspel: ob Donath etwa Angst habe, Mercedes könne BMW schlucken? Das sei absurd: BMW könne, im Unterschied zu früheren Abreden, produktionsmäßig tun und lassen, was es wolle ... Was nicht heiße, daß am Ende – wenn dies für beide von Vorteil sei, so, wie früher einmal geplant, was widrige Umstände jedoch stets verhindert hätten, leider! – durchaus die Fusion stehen könne. Warum nicht? – Doch Donath war bei seiner Ablehnung geblieben, Haspel tief enttäuscht nach Stuttgart-Untertürkheim zurückgekehrt.

»Wir in Allach waren, als wir davon hörten, wie vor den Kopf geschlagen«, heißt es im Protokoll eines Augenzeugen, der die Verhandlungen am Rande miterlebt hatte. »Eine so große Chance aus der Hand zu geben! War Donath blind? Es blieb nur der Schluß, daß er, ein glänzender Technik-Theoretiker, der auf die Hochschule gehörte, nun gerade hatte zeigen wollen, was er nicht besaß: unternehmerische Stärke, Kaltblütigkeit, Weitblick. Aber keiner kann aus seiner Haut. In einer Nacht-und-Nebel-Aktion hatten wir Allacher mal Werkzeugmaschinen zu holen – ›holen‹ ist gut, zu klauen; Immenstadt lag in der französischen Zone, und der Verlagerungsbetrieb, in dem die standen, war von Marokkanern besetzt. Wir brauchten sie aber, und sie gehörten BMW. Die Army hatte uns Lastwagen gestellt, Fahrer, GIs ... Donath verbot es uns. Wir fuhren trotzdem. Alles ging gut. Donath tobte. Er sei dem Kontrollrat persönlich für jede beschlagnahmte Schraube verantwortlich. Wie wir dazu kämen ... Die Maschinen gehörten, den Reparationsbeschlüssen zufolge, den Franzosen, nicht BMW! – Verwaltern«, schloß der Augenzeuge, »Verwaltern ist es gleich, was sie verwalten – Hauptsache, es wird verwaltet. Ohne es zu wissen oder gar zu wollen, sind sie ohnmächtig, mehr als ein Prinzip zu vertreten. Das Prinzip bestimmt sie, nicht das Wagnis, das an Risiko gebunden ist.«

Doch in Milbertshofen wurden auch andere Deutungen laut, wußte man doch, daß sich in Sachen »Automobil« etwas tat. War Donaths »Nein« davon bestimmt, sah alles ganz anders aus. Wer läßt sich gern in die Karten schauen? Eingedenk alter Fehden mit Mercedes-Benz, zeugte es nicht sogar von Weitsicht, wenn man neuen Fehden von vornherein aus dem Weg ging? Stets war der schwäbische »Große Bruder« auf Produktionsabsprache bedacht gewesen, stets war der Ton eisig geworden, hatte BMW sich der Klasse der Großen genähert. Wie, wenn Donath beabsichtigte, mit einem neuen Automobil in diese Klasse vorzustoßen, die Mercedes als seine Domäne ansah? Jeden Versuch solcher »Grenzüberschreitung« hätten die Schwaben von Allach aus, oder sogar in Milbertshofen hospitierend, im Keim erstickt.

Dennoch gab Hundt die Hoffnung nicht auf, Daimler-Benz doch noch für Allach zu gewinnen, auch wenn Milbertshofen dagegen war. Eingedenk seines ihm vom Generaltreuhänder Dr. von Mangoldt-Reiboldt erteilten Auftrags, »das Werk Allach über die Zeit der amerikanischen Beschlagnahme hinweg zu führen und jede Möglichkeit zur Vorbereitung einer späteren zivilen Produktion zu studieren«, schreibt Hundt an Haspel am 29. Oktober 1950: »Über Bank und Aufsichtsrat scheint nun bis zum Vorstand der BMW die Nachricht gedrungen zu sein, daß Daimler-Benz als Interessent für das Werk Allach auftritt...« Und: der Vorstand habe die bisherige Planung, welche Allach in die zukünftige Auto-Produktion einbezog, zurückgezogen und versuche nun, unterstützt von Betriebsrat und Gewerkschaft, durch direkte Vorstellungen bei Mr. McCloy von den Amerikanern mindestens die Freigabe einer 35 000 Quadratmeter großen Halle zu erreichen. Es sei sicher, daß Daimler-Benz in Bayern von den staatlichen und städtischen Stellen wie auch von der Arbeitnehmerseite her mit offenen Armen aufgenommen werde...

Haspel hat darauf nicht mehr geantwortet. Doch schrieb er am 4. Dezember 1950 in einem Brief an Rummel, den Aufsichtsratsvorsitzenden von Daimler-Benz, er hielte es für falsch, wenn die BMW sich im Augenblick darum bemühen würden, die Amerikaner aus dem Werk herauszubringen, »weil vorher sehr viele andere Fragen gelöst werden müßten, die Zeit brauchen« und von deren Ergebnis es abhängen würde, »wie wir uns weiter entschließen«. Ehe diese grundsätzlichen Probleme nicht geklärt seien, würde er es für untunlich halten, »diesbezügliche Bemühungen« zu unterstützen. Er schloß: »Wir unsererseits möchten ausdrücklich darauf aufmerksam gemacht haben, daß wir in dieser Hinsicht nicht in irgendein Obligo kommen wollten.«

Dies war die endgültige Absage.

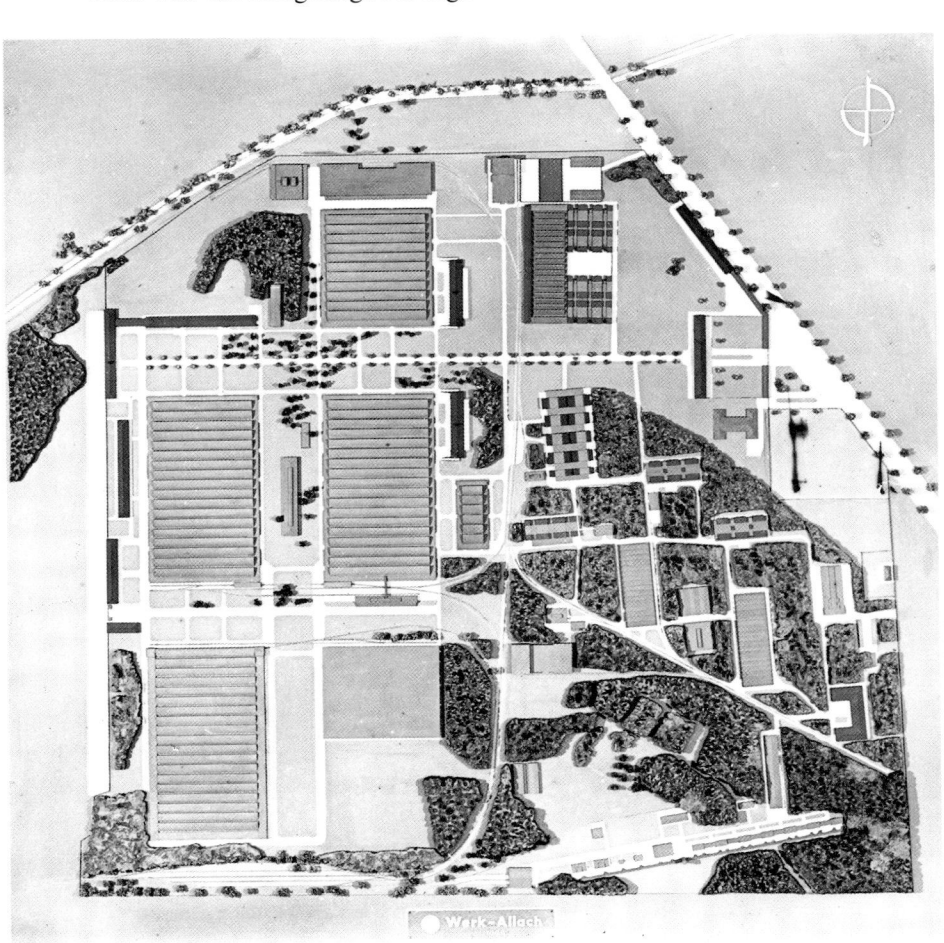

Nicht um Autos ging es bei Haspels Angebot, sondern um eine Ackerzugmaschine, Unimog genannt, die alle Aussicht hatte, ein Schlager zu werden.

Da waren doch die Hallen, die man brauchte... Anlagen wie diese, auf einen Ruck hingesetzt, gab es in den USA allenfalls in Detroit bei Ford – Villers Rouge nannte man deshalb hier nach Fords kilometerlanger Fließbandhalle am River Rouge die Hallen von Allach.

Und wie ging die Allacher Palastrevolution aus? Wie einst der König von Preußen sich hatte belehren lassen müssen, daß es ein Berliner Kammergericht gab, waren auch die Sieger gezwungen, zu erkennen, daß »1950« nicht mehr »1945« war. Ihr Umerziehungsprozeß zur Ausbildung demokratischer Formen – Reeducation genannt – hatte in Deutschland einen Wandel herbeigeführt, den sie jetzt, auch wenn er sich gegen sie selbst wandte, akzeptieren mußten. Betriebsrat und Gewerkschaften hatten nämlich – bei gleichzeitiger Anrufung der höchsten Besatzungsinstanz, des US-Hochkommissars für die westlichen Besatzungszonen, Mr. McCloy – die Flucht nach vorn angetreten und »Öffentlichkeit« hergestellt: zunächst in einer Betriebsversammlung, zu der Rundfunk und Presse und die Landesregierung geladen wurden – immerhin erschienen dort der Arbeits- und der Wirtschaftsminister des Landes Bayern und versprachen Abhilfe –; dann, mit großem Tamtam, in einer Kundgebung im Circus Krone.

Wurde dort zwar auch nicht mehr gesagt, als vorher intern in dem Memorandum zu lesen war, so zeigte der Entschluß, in die Öffentlichkeit zu gehen, unmißverständlich an, daß eine neue Qualität von Verantwortung im Land der Besiegten herangewachsen war. Weder eine Militärregierung, die mit den Deutschen zusammenarbeiten wollte (und mußte), noch eine Werksleitung waren davor geschützt, daß öffentlich Vorwürfe gegen sie erhoben wurden, die *alle* angingen, nicht nur die Betroffenen selbst. Das war neu, so maßvoll es vorgebracht wurde: daß die Arbeiterschaft, entschlossen, ihr Geschick in die eigenen Hände zu nehmen, sich nicht mehr dazu hergeben wollte, zum Spielball bald dieser, bald jener Interessen zu werden; daß man bei künftigen Beratungen über das Schicksal des Werkes und seiner Belegschaft beteiligt zu werden wünschte; und schließlich: daß seitens der Firma keine Ansprüche an Allach bestünden, wenn sie sich gerechten Forderungen der Arbeiter verweigere und Verpflichtungen, die auf ihr lägen, nach dem Weggang der Armee nicht mehr nachkommen wolle; Allach, die Gebäude, das Werk gehörten zu BMW wie sie, die Arbeiter, auch.

Die Klänge verhallten nicht ungehört. Noch bevor sie ertönten, hatte Donath mitgeteilt, daß die Absicht des Vorstandes, aus dem Werk Allach auszusteigen, vom Aufsichtsrat – an dessen Spitze der bisherige Generaltreuhänder, v. Mangoldt-Reiboldt, getreten war – nicht geteilt werde und man beschlossen habe, im Werk Allach weiter die Pflichten als Vertragspartner für die Belegschaft zu übernehmen. Auch die Militärregierung lenkte jetzt ein, und so endete der Sturm im Wasserglas – angesichts der Weltlage mit dem Krieg in Korea war die Allacher »Erhebung« nicht anders zu nennen – schneller, als man gedacht hatte. Vermutlich hatte Mr. McCloy selbst die Entscheidung herbeigeführt, die Allach, bei Abwendung des »direct hire«, die Zusicherung der Armee brachte, den Reparaturbetrieb für weitere fünf Jahre aufrechtzuerhalten.

Das »direct hire and fire« abgewendet! Der Koreakrieg brachte für Allach die Zusicherung der Armee, den Reparaturbetrieb für weitere fünf Jahre aufrechtzuerhalten und damit die Weiterbeschäftigung von Tausenden BMW-Angehörigen.

Ein halbes Jahr nach dem endgültigen Scheitern des Versuchs von Daimler-Benz, sich in Allach anzusiedeln, lud Donath die bundesrepublikanische Presse, die Landesregierung, die Herren der früheren Militärregierung mit ihren Damen und die übliche Prominenz, darunter auch einige Filmstars, die dem kargen Glanz einer Autopremiere in diesen Zeiten nicht nur ein paar Lichter aufsetzen, sondern auch als Käufer multiplizierende Wirkung haben könnten, in den »Bayerischen Hof« am Promenadeplatz in München ein. Man schrieb den 13. April des Jahres 1951, doch Donath war nicht abergläubisch. Er trat vor den Kreis der Gäste und sagte: »Unser technisches Schicksal lag auf zwei Gewichtsauflagen einer Waage. Die eine Seite war belastet durch den Weiterbau unserer alten Typen in unserem ehemaligen Werk Eisenach, die andere Seite durch den Nachbau unserer ehemaligen Erzeugnisse in einem anderen europäischen Land. Wir als der Zeiger an der Waage besaßen nichts mehr und wurden somit lediglich zum Anzeiger unserer früheren Qualität. Was blieb uns technisch gesehen weiter übrig, als den Versuch zu unternehmen, die Waage wieder in Bewegung zu bringen? Übersetzt heißt das: Wir mußten neue Wege gehen.«

Dann zog er das weiße Leinentuch, fast wie bei einer Denkmalsenthüllung, fort – und was zum Vorschein kam, war in der Tat eher einem Denkmal ähnlich als einem Automobil. In feierlichem Schwarz präsentierte sich eine Art Tresor; auf Räder gesetzt, einer erstarrten Woge gleich, in die

Der 501 auf der Internationalen Automobilausstellung 1951.

das Ganze eingeschlossen lag, wölbten sich Bleche, deren Wölbung gar nicht aufzuhören schien. Es war, erinnerten sich Leute, die der Enthüllung beiwohnten, als hätte Donath kein Leinen-, vielmehr ein Leichentuch aufgeschlagen, und man hätte eher weinen als jubeln mögen. Jedenfalls, darauf schienen sich die Umstehenden sofort zu einigen, habe es sich weniger um ein technisches Novum gehandelt, das der Öffentlichkeit vorzustellen gewesen wäre, als vielmehr um eine nur in Bayern mögliche merkwürdig barocke Kreation, die Erdenschwere mit Leichtigkeit verband.

Tatsächlich deutete der Name »bayerischer Barockengel«, wie der Wagen, als er anderthalb Jahre später auf die Straße kam, genannt wurde, auf solche Empfindungen hin.

Gratwanderung
1951 - 1960

Tücken eines Engels

Mit dem Jahr 1950 war die Mitte des 20. Jahrhunderts erreicht. Die Welt und mit ihr Deutschland bewegte sich nunmehr auf das Jahr 2000 zu, und wer selbst in seiner Lebensmitte stand, würde es nicht mehr erreichen. Um so stärker ließ ihn, stand er an verantwortlicher Stelle, der Gedanke nicht los, wie es weitergehen sollte – mit ihm? ohne ihn? Hatte er Einfluß auf die Dinge: Sollte er sich treiben lassen wie bisher oder den Versuch unternehmen, selbst zu steuern, wie klein auch der Bereich wäre, in dem er es konnte ... Aber wohin trieb die allgemeine Entwicklung, die die Wirklichkeit von morgen abgab?

Der Engländer George Orwell hatte 1948 – in einfacher Umkehrung der Jahreszahl – für »1984« eine Vision dieser Wirklichkeit enthüllt, die er als »positiven Denkanstoß« verstanden wissen wollte: »Wenn wir nicht vorausblicken, wird uns auch nichts von unserer gegenwärtigen Situation bewußt werden können. Ob 1948 oder 1984 – das Gefühl *in* einer Zeit, mit allen seinen Ahnungen, ist wichtig: Das Heute, das Heute!«

Smith, der Held in Orwells Vision, lebt in London, Hauptstadt des Luftstützpunktes Nr. 1, der am drittstärksten bevölkerten Provinz Ozeaniens, einem aus dem Empire und den ehemaligen USA bestehenden autoritären Staatsgebilde, das immer Krieg führt. Die Parole der einzigen Partei, die es gibt, lautet: Wer die Vergangenheit beherrscht, beherrscht die Zukunft; wer die Gegenwart beherrscht, beherrscht die Vergangenheit. Oder, wie Orwells Smith sagt: »Es war nichts weiter nötig als eine nichtabreißende Kette von Siegen über das eigene Gedächtnis. Wirklichkeitsdenken nannten sie es: in der Neusprache hieß es Zwiedenken.« Und ein Freund von Smith, der in der Forschungsabteilung für Neusprache des Wahrheitsministeriums arbeitet, begeistert sich: »Zum Schluß werden wir Gedankenverbrechen buchstäblich unmöglich machen, da es keine Worte mehr gibt, in denen man sich ausdrücken konnte ... Das ganze Reich des Denkens wird anders sein. Es wird überhaupt kein Denken mehr geben.«

Doch die Deutschen hatten, was in diesem Zukunftsentwurf als Warnung ausgebreitet war, bereits hinter sich. Darüber hatten sie ihre Identität verloren, sie lebten in Provisorien, deren jedes sich zwar einredete, Deutschland zu sein, es aber nicht war. Alle ihre Bemühungen (und Erfolge) im Westen und Osten, den Ausgleich zwischen West und Ost bei sich selber zu verwirklichen, ähnelten, wie ein deutscher Publizist 1950 schrieb, denen einer Familie, die fabrikneue Möbel in ein brennendes Haus hineinträgt, um sich einzurichten; daraus ergäben sich keine Aufgaben, die in die Zukunft wiesen und den Einsatz aller lohnten. Und so war es: Sie standen vor einer Wand, vor der die Probleme unlösbar erschienen, und nichts als die vage Hoffnung blieb ihnen, vor dieser Wand neue Kräfte in sich freizumachen, die nach vorn, in die Zukunft führten.

Kein Weg hatte daran vorbeigeführt, daß Deutschland geteilt wurde – endgültig, soweit dieses Wort in der Geschichte gilt. Es gab wenig Zustimmung, niemand jubelte, weder in dem einen Staat, der sich »Bundesrepublik Deutschland« nannte, noch in dem anderen, der den Namen »Deutsche Demokatische Republik« trug. Hier wie dort traf zu, was Karl Jaspers, der Heidelberger Philosoph, in einer Rede 1945 gesagt hatte: »Wir werden nicht jubelnd von ›Aufbruch‹ reden, nicht noch einmal dem falschen Pathos verfallen, daß es nun gut und herrlich werde und daß wir vortreffliche Menschen in vortrefflichen Umständen sein würden. Solcher Illusion verfiel mancher in den Jahres 1918 und 1933. Diese Selbstberauschung, während in der Tat der Ruin seinen Gang geht, ist uns verwehrt. Uns bleibt, unser Verhängnis schlicht auf uns zu nehmen, und dann zu tun, was noch möglich ist: harte Arbeit auf lange Sicht, mit wenig Hoffnung auf unmittelbares Glück.«

Das galt noch immer. Vor Selbstberauschung, während der Ruin seinen Gang ging, waren die Deutschen im besetzten Deutschland bewahrt geblieben. Vom Sozialismus hielten sie nicht gerade viel, und wer in den Westzonen lebte, hatte nüchtern bis skeptisch all jene Freiheiten und Zugeständnisse registriert, die die westlichen Siegermächte gewährten: vom Marshall-Plan und seinen Segnungen bis zur angekündigten »Unterstützung des deutschen Volkes beim Aufbau eines Staates, der sich selbst erhalten kann und friedliche Ziele hat und der sich in die europäische Wirtschaft eingliedert«, wie es, die Direktive der Stabschefs JCS 1067 aus dem Frühjahr 1945 ersetzend, in einer Mitte Juli 1947 an General Clay ergangenen neuen Richtlinie aus Washington hieß.

Damit waren die Weichen gestellt.

»Wer immer ein Gebiet besetzt, erlegt ihm auch sein eigenes gesellschaftliches System auf. Jeder führt sein System ein, soweit seine Armee vordringen kann. Es kann gar nicht anders sein.« Dies soll Stalin noch vor der Kapitulation Deutschlands gesagt haben, wie Milovan Djilas, ein Mitstreiter und späterer Widersacher Titos, berichtet. Vor einer Weltkarte mit der rot eingezeichneten Sowjetunion habe er hinzugefügt: »Sie (die Westmächte)

Sowjetische Gebiets- und Machterweiterung seit 1939.

werden nie den Gedanken akzeptieren, daß eine so große Fläche rot ist, niemals, niemals!«

Nun waren zwei deutsche Staaten da, und es war unabänderlich.

Was die Welt, am allermeisten aber diejenigen, die es betraf, einigermaßen verblüffte: Die Deutschen in den drei westlichen Besatzungszonen hatten sich eine Verfassung gegeben, die alle Lehren ihrer Geschichte umschloß. Sie nannten sie »Grundgesetz«.

Von der Öffentlichkeit fast unbemerkt war die Geburt dieses Grundgesetzes auf Herrenchiemsee in Oberbayern eingeleitet worden. Der Wirt des Schloßhotels hatte sie als junger Mann miterlebt. Als ich ihn aufsuchte – er war außer den Reportern und der einen oder anderen Sekretärin der einzige Augenzeuge, der noch lebte –, rechnete ich mir aus, daß das fünfunddreißig Jahre her war. Was würde er noch wissen?

Am 1. Juli 1948 übergaben die Militärgouverneure den Ministerpräsidenten der deutschen Länder die sogenannten Frankfurter Dokumente, die eine verfassunggebende Versammlung für die drei Westzonen vorsahen.

Die Sonne stach, es war Januar, Föhn, er zog das Gebirge heran, fast fiel es in den See. »Es war still wie heute«, sagte er. »Die Währungsreform war gerade gewesen. Noch am Sonntag vorher war die Insel schwarz von Menschen. Danach war's wie abgeschnitten. Kein Geld – außer dem Kopfgeld, 40 Mark, die jeder nur hatte, die war'n zu wertvoll, um sich das Ludwigschloß anzusehn und bei uns Weißbier zu trinken. Wir überlegten schon, ob wir Lokal und Hotel schließen sollten – das Personal war schon entlassen. Da kamen sie, elf ältere Herren – ältere Herren in meinen Augen, ich war damals Mitte Zwanzig –, und zogen hier ein. Der Konvent begann.« Ein Paar am Nachbartisch, die einzigen weiteren Gäste heute, mucksmäuschenstill, horchte auf, horchte, man sah's den beiden an, in eine Vergangenheit hinein, in der die Zeiten durcheinanderwirbelten: Konvent? Im Kloster nebenan, das auch »Altes Schloß« heißt, hatten einst Mönche gehaust; Bayernkönig, Währungsreform und ... »Grundgesetz«, sagte jetzt der Wirt – was war damit, *hier?*

»Hatte man«, fragte ich, »hatten *Sie* eine Ahnung, was die Herren tun wollten?«

(v. l. n. r.) Der französische General P. König, der amerikanische Botschafter Robert D. Murphy und General Lucius D. Clay, Befehlshaber der amerikanischen Besatzungsmacht, bei der Übergabe ihrer Vorschläge.

»Nicht gleich, erst allmählich«, sagte der Wirt. »Erstens waren acht Gendarmen aus Prien da, nebst zwei Geheimpolizisten. Das war schon ungewöhnlich. Und zweitens: die Journalisten. Es gab nur zwei Telefonanschlüsse hier, immer durchgestöpselt vom Priener Amt. Sie können sich denken, was da los war, nach den Sitzungen. Jeder wollte der erste sein.« Der ihm die Sache dann erklärt habe, sei der Hans-Ulrich Kempski gewesen von der »Süddeutschen Zeitung«. Ein dickes Ding, habe der gesagt. »Von dem, was die im Konvent beschließen, hängt die Verfassung ab. Nicht die bayerische, die deutsche. Aus Null soll ein Staat entstehen, ein Muster von Staat, kein

81

Nationalstaat, ein Bund deutscher Länder, und manche, die meisten sind noch dagegen. Klar ist nur, daß es nicht ohne Gesetze geht. Um Gesetze zu machen, braucht's eine Verfassung. Die soll hier entstehen. Wie sie ausfällt, wird den Staat entscheiden, ob der funktionieren kann, als Demokratie ... So etwa«, sagte der Wirt. »Da war mir erst klar, was Herrenchiemsee bedeutet. Wenn was Vernünftiges dabei herauskommt, machen die hier Geschichte, dachte ich. Und es fiel mir die Bayernpartei ein, die in Prien rebellierte. Etwas von Haberfeldtreiben war durchgesickert. Sie wissen: Da wirft man Fensterscheiben ein, legt Brand, treibt den Teufel aus ... Nun, wir hatten die acht Polizisten, und die Herren, die im Alten Schloß tagten, gleich hier neben uns, Zimmer 7, ob Preußen oder nicht, waren friedliche Leute. Staatsrechtler, hieß es, Professoren, weniger Politiker. Der Süsterhenn war dabei, ein Minister aus Rheinland-Pfalz, Theo Kordt aus Bonn, ein Professor Brill aus Hessen, glaube ich. Auch ein Mann aus Berlin, der Stadtverordnetenvorsteher Otto Suhr, offiziell durfte der gar nicht dabeisein, nur die elf Länder der Westzonen. Von Kiel, für Schleswig-Holstein, war auch ein Professor gekommen, Baade, ein Freund vom Carlo – na, und Carlo, Carlo Schmid. Hier, das Buch, hat mir der Carlo Schmid geschenkt. Mit Widmung.«

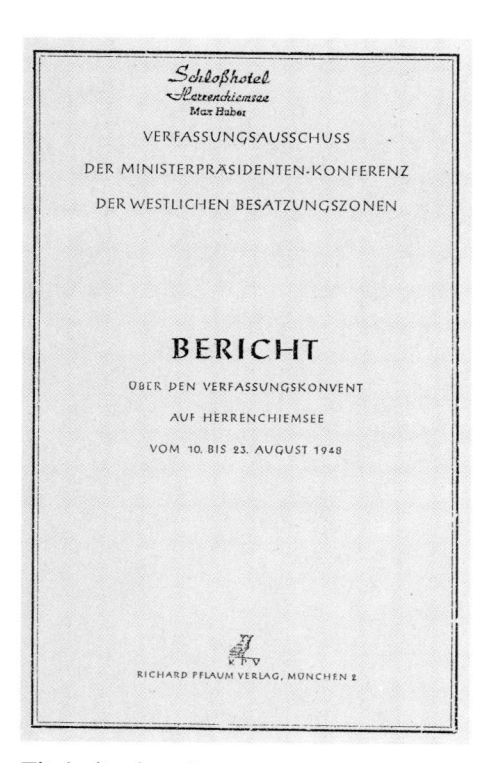

Titelseite des »Berichts über den Verfassungskonvent«.

In der Sitzung, in der er sich konstituierte, waren die elf Länder der Westzonen durch folgende Bevollmächtigte vertreten:

Baden:	Dr. Paul Zürcher, Oberlandesgerichtspräsident, Freiburg i. B.
Bayern:	Dr. Josef Schwalber, Staatssekretär im Bayerischen Staatsministerium des Innern, München
Bremen:	Dr. Theodor Spitta, Bürgermeister von Bremen
Hamburg:	Dr. Wilhelm Drexelius, Senatssyndikus, Hamburg
Hessen:	Dr. Hermann Brill, Professor, Staatssekretär und Leiter der Hessischen Staatskanzlei, Wiesbaden
Niedersachsen:	Dr. Justus Danckwerts, Ministerialrat in der Niedersächsischen Staatskanzlei, Hannover
Nordrhein-Westfalen:	Dr. Theo Kordt, Dozent an der Universität Bonn
Rheinland-Pfalz:	Dr. Adolf Süsterhenn, Minister der Justiz und für Unterricht und Kultus, Koblenz
Schleswig-Holstein:	Dr. Fritz Baade, Professor und Direktor des Instituts für Weltwirtschaft an der Universität Kiel
Württemberg-Baden:	Dr. Josef Beyerle, Staatsminister der Justiz, Stuttgart
Württemberg-Hohenzollern:	Dr. Karl Schmid, Professor, Justizminister und stellvertretender Staatspräsident, Tübingen.

Er gab es mir in die Hand, Holzpapier, leicht vergilbt. Ich las den Titel: Römisches Tagebuch. Dann: »Dem lieben Herrn Huber auf Herrenchiemsee. Carlo Schmid, 14. August 1948.«

»Ein Dokument«, sagte ich. »Heben Sie's gut auf.«

»Meinen Sie?« fragte der Wirt. »Keine Sau interessiert, was hier passiert ist. Aber alles steht aufgeschrieben«, er wies auf das zweite Buch, das er mitgebracht hatte, den »Bericht über den Verfassungskonvent«, der noch unter amerikanischer Lizenz (US – E 172) bei Richard Pflaum in München erschienen war. »Und alles wahr«, sagte er, »und so, daß man es versteht. Aufregend!« Er schlug das Buch auf, las: »Artikel 1: Der Staat ist um des Menschen willen da, nicht der Mensch um des Staates willen ... Die Würde der menschlichen Persönlichkeit ist unantastbar ... Artikel 2: Alle Menschen sind frei. Jedermann hat die Freiheit, innerhalb der Schranken der Rechtsordnung und der guten Sitten alles zu tun, was anderen nicht schadet. – Na ja. Sie haben dann eine Gedenktafel angebracht. Kommen Sie, ich zeige sie Ihnen.« Wir gingen hinaus, keine hundert Schritt, und er wies nach oben. In Stein gemeißelt, klein, eigentlich nur mit dem Feldstecher zu lesen, war in die Wand unterhalb eines Fensters im ersten Stock des Alten Schlosses folgende Inschrift eingelassen: IN DIESEM GEBÄUDE TAGTE VOM 10.–23. AUGUST 1948 DER VERFASSUNGSKONVENT ZUR VORBEREITUNG DES GRUNDGESETZES FÜR DIE BUNDESREPUBLIK DEUTSCHLAND.

»War das Absicht«, fragte ich den Wirt, »es so hoch anzubringen?«

»Glaube nicht«, erwiderte er. »Die Leute interessiert nur das Ludwigschloß. Wer die Insel betritt, will dorthin. Zehn Minuten für den Weg. Anderthalb Stunden dauert die Führung, zurück, schon ist das Schiff da, die nächsten kommen.«

So war es wohl. Eine Stimme vom Hotel rief: »Herr Huber, Telefon.«

»Moment«, sagte der Wirt, »gehn Sie allein rauf? Nicht zu verfehlen: Das Eckzimmer rechts, Nummer 7. Ich habe es aufschließen lassen. Es ist übrigens derselbe Raum, in dem Hitler, das war nach seiner Landsberger Festungshaft, von den Bechsteins, dem Pianofabrikanten Bechstein und seiner Frau, das Geld gekriegt hat.«

»Welches Geld?«

»Ach«, sagte der Wirt, »eine Kleinigkeit. Bloß vier Millionen, mit denen er die Partei wiederaufbaute. Und womit dann alles anfing.«

»Und das ist kein Märchen?«

»Ich war nicht dabei«, sagte der Wirt, »aber da oben ist das passiert, Saal 7, und es ist Geschichte. Kann man nicht wegwischen. Jedenfalls ein Ort zum Nachdenken. Haben Sie das Buch?«

Ich nickte. Angelangt im Saal 7, einem dunkel getäfelten Raum, der gar nicht sehr groß war, aber bequem elf Menschen – mit dem Mann aus Berlin zwölf – an einem Tisch Platz bot, schlug ich es auf, fast neugierig, ob »Würde«, die wiederherzustellen war, von diesem Ort in den Text hatte überführt werden können, den der Parlamentarische Rat in Bonn sofort nach den Beratungen auf Herrenchiemsee erhalten hatte. Die Präambel begann so: »Der Begriff ›Grundgesetz‹ ist vieldeutig. Er kann nach dem Sprachgebrauch eine Verfassung bezeichnen, also das rechtliche Gefüge und die Grundnormen eines Staates. Es ist aber ebenso möglich, daß mit der besonderen Wahl dieser Bezeichnung – anstatt des präziseren Wortes ›Verfassung‹ – von den Ministerpräsidenten zum Ausdruck gebracht werden wollte, daß die Aufgabe des Parlamentarischen Rates nicht darin bestehen solle, die rechtliche Ordnung für einen Staat im vollen und strengen Sinn des Wortes zu schaffen, sondern für ein hoheitliches Gebilde, dem gewisse Merkmale fehlen, die nur Staaten im vollen Sinne des Wortes eigentümlich sind.«

Ich ließ das Buch sinken. Vor den Fenstern des Saales lag die Landschaft wie im Traum: Frauenchiemsee mit seinem Dom, seiner karolingischen Torhalle, erbaut von König Ludwig dem Deutschen im Jahre 860 (und, unweit davon, jener mechanischen Werkstatt des Willi Huber, der bei BMW der »Mann mit den goldenen Händen« genannt wurde: wegen der schnittigen Sportwagenaufbauten für die 328er Fahrgestelle, die er auf dem Ledersack hämmerte), lag die Krautinsel mit ihren Büschen und Weiden, der Kranz der Berge dahinter im blauen Glast des Föhns, und ich hörte Carlo Schmid sagen, daß das Staatsgebilde, dessen Geburt man hier am Chiemsee soeben einleite, nicht mehr als provisorischen Charakter tragen dürfe: Ein

Seit 1947 baut Willi Huber (rechts) in einem ehemaligen Bootsschuppen auf Frauenchiemsee Rennsportwagen mit BMW Motoren.

Ungewöhnlicher Anblick: Ein Rennwagen mitten im Chiemsee.

»Weststaat« könne gar kein Staat sein, weil es ihm der unabhängigen Autorität ermangele, solange die Besatzung andaure. Ein wirklicher Staat müsse die Grenzen seiner Wirksamkeit selbst schaffen und dürfe nicht schon im Aufbau von außenstehenden Mächten beeinflußt werden. Außerdem müßten alle Türen für eine spätere gesamtdeutsche Institution offengehalten werden, er plädiere deshalb dafür, den Begriff »Weststaat« von vornherein abzulehnen. Abgelehnt, erscholl es rings im Kreis um ihn, auch Pfeiffer, der bayerische Minister, sagte es und klatschte, und Carlo Schmid fuhr fort: Die Schaffung eines De-facto-Staates würde einen ausgesprochen separatistischen Akt darstellen und könnte, nein, würde mit Sicherheit der Anlaß für die Bildung des Pendants eines ostdeutschen Staates sein. Außerdem könne von Verfassung keine Rede sein. Für eine echte Verfassung müsse man auf die Barrikaden gehen und dürfe nicht erst die Genehmigung einer Militärregierung einholen. Bravo, rief es nun allenthalben um ihn herum, und Suhr, der Mann aus Berlin, sagte, ein Schuß Berliner Luft würde dem zu findenden provisorischen Verfassungswerk, das man Grundgesetz nennen wolle, sehr guttun, und alle elf stimmten ihm, der nominell gar nicht anwesend war und sein durfte, einmütig zu.

Unten, auf der Allee, die zum Königsschloß führt, welches das Bayerische Versailles genannt wird, erblickte ich das Paar von vorhin. Die Besichtigung lag hinter ihm. Was hatten die beiden gesehen? Doch nicht wohl Geschichte, wie die landläufige Meinung war: daß sie im Ludwigschloß eingefangen sei wie die Mücke im Bernstein. Aber hatte man meinem Paar gesagt, daß im Versailler Spiegelsaal, der für Ludwig das Vorbild zu seinem Prunksaal abgab, einst, 1871, die Proklamation des deutschen Kaiserreiches, zur eindeutigen Demütigung Frankreichs, stattgefunden hatte? Zwei Jahre darauf kaufte der Märchenkönig die Insel, nach weiteren fünf Jahren begann er mit seiner Kopie, sieben Jahre baute er daran, dann ging das Geld aus, und im folgenden Jahr suchte er den Tod im Starnberger See. Welche Vision nahm er mit? Daß sich, über die Schlafgemächer, übers Tischleindeckdich mit seiner monströsen Mechanik, über den Spiegelsaal hinaus »Meicost-Ettal«, wie er sein Unternehmen nannte – es enthielt in Metathese das Wort des Sonnenkönigs »L'état, c'est moi!« –, vollenden ließe? Es wurde, zum Glück, nichts daraus. Aber deutsche Geschichte, wiewohl er dies nicht beabsichtigte, blieb in seiner Kopie anwesend: Am 28. Juni 1919, dem fünften Jahrestag der Ermordung des Erzherzogs Franz Ferdinand, wurde im Spiegelsaal von Versailles, wo König Wilhelm I. zum deutschen Kaiser ausgerufen worden war, der Friedensvertrag mit Deutschland, das »Schand-Diktat«, unterzeichnet. »Bringt die Deutschen herein!« knurrte Clémenceau, und wie Verbrecher, durch eine kleine Seitentür eingelassen, erschienen die beiden deutschen Delegierten, wurden ans unterste Ende der Tafel verwiesen und, nach der Unterzeichnung, wieder durch die kleine Seitentür hinausgebracht... Eine gespenstische Szene!

Doch wer wußte davon, wollte es wissen, wenn er durch Ludwigs elend-prunkvolle Kopie des Spiegelsaales geschoben wurde, drüben im Schloß? Aber hier, angesichts von Ereignissen, die sich mit dem Staat, in dem ich lebte, verbanden, stieg sie vor mir auf, und jene mir von dem Wirt geschilderte Szene dazu, in der Hitler, am gleichen Ort, wo das Grundgesetz entstand, sein Geld von den Bechsteins empfangen haben soll...

Paradoxie der Geschichte, Zufall, Conclusio?

Das Paar hatte nun das Alte Schloß erreicht. Es blieb ihm keine Zeit mehr, hinaufzusehen, wo die steinerne Tafel hing: IN DIESEM GEBÄUDE TAGTE ... und ich hinterm Fenster stand.

Das Schiff wartete schon.

Er habe keine Botschaft mit Verheißungen zu geben, hatte Theodor Heuss, der erste Präsident der neuen Bundesrepublik Deutschland, an der Schwelle zur Jahrhundertmitte verkündet. »Wir gehen in das neue Jahr mit einer seltsamen Mengung der Gefühle...«

Damit drückte er ziemlich genau aus, was das Volk dachte und empfand. Einem Parlament mit »geknickter Souveränität« (Heuss), aber demokratisch gewählt, stand eine Bevölkerung gegenüber, der die Besatzungsmächte es ausgetrieben hatten, selbständig zu handeln und zu entscheiden. Mehr als vier Jahre lang war sie – politisch, rechtlich, wirtschaftlich, kulturell – von fremder Hand gelenkt, fremden Direktiven unterstellt gewesen,

Vom Status ›Besiegte‹ zum Partner: Erste Annäherungsversuche von Deutschen beim Einmarsch der amerikanischen Truppen durch die Dachauer Straße am 30. April 1945.

Acht Jahre später: Theodor Heuss, der erste Präsident der neuen Bundesrepublik Deutschland (rechts), auf der Internationalen Automobilausstellung 1953 mit Mr. McCloy, dem US-Hochkommissar für die westlichen Besatzungszonen, und dem BMW-Treuhänder Dr. v. Mangoldt-Reiboldt.

geübt darin, sich anpasserisch zu verhalten, um zu überleben. Wer gegen den Stachel löckte, verlor schnell seinen Posten, wurde bestraft. Auch hatten die Westmächte sich vorbehalten, alle auswärtigen Angelegenheiten *ihrer* Deutschen zu regeln, Grundgesetzänderungen, gesetzgeberische Maßnahmen, Länderverfassungen und dergleichen mitzubestimmen, und sich ausbedungen, über Abkommen jeglicher Art, die Handel und Wirtschaft betreffen, unterrichtet zu werden, um sie gegebenenfalls verhindern zu können. Sollte das Demokratie sein, Selbstbestimmung? Wer daran glaubte, hatte nichts dazugelernt, und wenn »Reeducation« nicht zu Nutz und Frommen der Sieger, sondern wirklich zum Wandel in Einsicht und damit zum Besten der Deutschen gedacht war, stand ihrer Mehrheit die Rolle von Musterschülern schlecht an (nach der Volkszählung vom 13. September 1950 lebten rund 47 500 000 Deutsche in jenem Staat, der sich nun fremd, ungewohnt, Bundesrepublik Deutschland nannte). Dennoch gab es nur eins: die Sache der westlichen Demokratien zur eigenen zu machen: nicht um mitzumischen; nicht allein aus Gründen der Selbsterhaltung, sondern im Interesse aller Seiten mußte man versuchen, den Status *Besiegte* loszuwerden, mußte man Partner werden.

Dazu war es nötig, »die Trümmer der Geschichte zu beseitigen«, wie Heuss gefordert hatte. Der Beitrag Deutschlands zum Frieden konnte nur darin liegen, die Verhältnisse im Innern so zu stabilisieren und zu demokratisieren, daß kein Keim zu irgendwelcher Revanche aufkam und die Welt wieder Vertrauen gewann. Dies war vor allem auch über die Wirtschaft möglich. Würde es gelingen, sie aus eigener Anstrengung wieder in Gang zu bringen, war die Zukunft nicht verloren.

Eine, wie man auch bei BMW spürte, bescheidene Zukunft. Doch trug man den Kopf nicht gesenkt. Das erste Automobil war da, und dem Unkenruf im Bayerischen Hof, daß das Leinentuch ein Leichentuch sei, war uneingeschränkter Beifall gefolgt: Auf der Internationalen Automobilausstellung 1952 in Frankfurt umlagerten, wie einst den 326 im Jahre 1936, Trauben von Menschen den schwarzen Solitär aus Bayern. Laien wie Fachleute zog er magnetisch an – jene, weil da inmitten von viel Nützlichem ein Ding stand, das weit über alles nur Nützliche hinauswies (und recht genau anzeigte, wohin die Reise ging, vom Wirtschaftswunder sprach damals noch kein Mensch), und diese, die aus der Branche waren, aus ihrem Hintergrundwissen: Wie wollte BMW einen solchen Wagen bauen?

Noch nie war ein Automobil in Milbertshofen vom Band gelaufen, stets nur in Eisenach. Und nun knüpfte dieser erste Nachkriegswagen von BMW, sechs Jahre nach dem Exodus, zwölf Jahre nach der mit Kriegsbeginn jäh beendeten Weiterentwicklung nicht einfach an, wo man aufgehört hatte: beim »großen« nur in wenigen Exemplaren gefertigten 3,5-Liter-»Autobahnwagen«, sondern . . .

Schnittzeichnung des BMW 501.

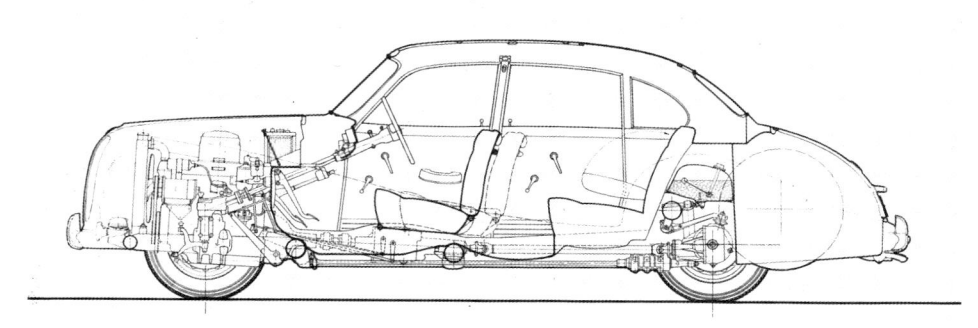

Vorstudien zum 501.

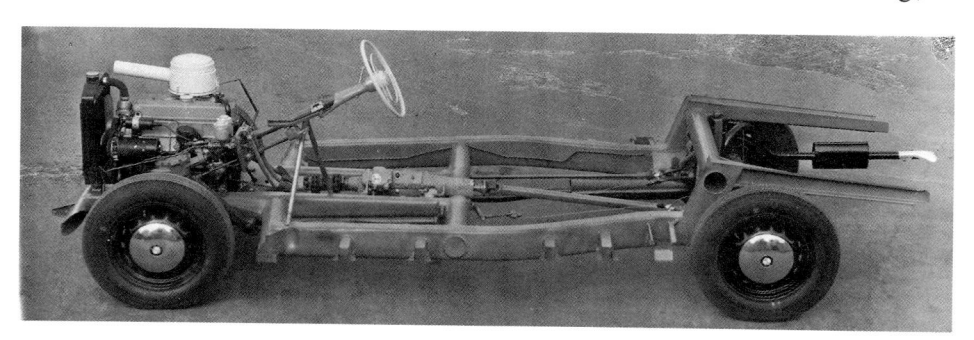

Man hatte die ungewöhnlich stabile Kastenrahmen-Bauweise beibehalten. Fahrgestell des 501.

Hätte Böning eins der Versuchsmodelle aus der Reihe 332 unverändert nachgebaut oder nur in wenigem verbessert, so wäre immer noch ein halbwegs modernes Fahrzeug auf den Markt gekommen. Aber dieses »501« genannte Zwei-Liter-Automobil wollte mehr sein. Es schloß ein, was eine Entwicklung, die während des Krieges außerhalb Deutschlands, vor allem in den USA, weitergegangen war, am Automobil konstruktiv fortgeschrieben hatte.

In einem Prüfungsbericht über den neuen BMW 501 faßte Helmut Werner Bönsch – der später Direktor bei BMW wird – dies in die folgenden Worte: »Fünfzehn Jahre Fortschritt konnten nicht einfach ignoriert werden. Amerika hatte einen neuen Maßstab für Raumbedarf und Fahrkomfort geschaffen, der europäische Motorenbau hatte gelernt, Hochleistung mit Elastizität zu verbinden. Ein Wagen, der in seiner Grundkonzeption für die nächsten acht bis zehn Jahre gültig sein sollte – und die enormen Investierungskosten eines neuen Modells fordern diese Zeitspanne –, mußte nach diesem Standard ausgerichtet werden. Wo lagen die Gründe für die erstaunlichen Erfolge des Lancia-Aurelia? Was hatten die großen Amerikaner in den letzten Jahren an Spurhaltung, an Lenkruhe, an Sitzausbildung, an Luftführung gelernt? BMW konnte an diesen Fragen nicht vorbeigehen, und so wurde mit der den Münchnern eigenen Systematik einer dieser Wagen nach dem andern untersucht. Bei einer solchen Methodik können auch drei Jahre Entwicklungszeit sehr kurz werden – aber an ihrem Ende steht auch die glücklichste Synthese zwischen amerikanischer und europäischer Automobiltechnik, die ich bisher gefahren habe.«

Schon der Aufbau verriet das. Der Motor lag nicht mehr hinter, sondern über der Vorderachse, wodurch eine ganz andere Gewichtsverteilung entstand. Durch den nach vorne geschobenen Schwerpunkt hatte der Wagen bessere Geradeausfahrt und war, durch die Anordnung der hinteren Sitze *vor* und *über* der Hinterachse, von alten Plagen befreit: keine Vibration mehr, Fahrgastraum und Straße waren getrennt. Da nun das Motorgewicht auf der Vorderseite ruhte, hatte der 501 Doppel-Querlenker vorn erhalten, während die hintere Banjo-Achse durch Dreieckslenker geführt wurde. Und natürlich auch vorn Drehstabfederung (beim 326 nur hinten vorhanden) und Lenkradschaltung, die, wie man sah, sich als notwendig erwies, denn der Wagen verfügte über drei vordere Sitzplätze – wie in Amerika auch.

Was die Auguren zudem bemerkten: Das voll synchronisierte Getriebe war nicht starr am Motor angeflanscht, sondern mit diesem durch eine elastische Zwischenwelle verbunden, die unter der vorderen Sitzbank lag;

Der 501 in seiner endgültigen Gestalt.

von hier führte ein aufwendiges Übertragungsgestänge zur Lenksäule. So stellte, da zwischen den beiden Vorderachsträgern keine durchgehende Verbindung bestand, jedes Aggregat eine eigene Baugruppe dar, die einzeln montiert und für sich kontrolliert werden konnte. Auch beim Rahmen war dies möglich: Auf zwei Dreieckslaschen wie auf die Schneiden einer Waage aufsetzbar, konnten die Federstäbe durch Stellschrauben genauestens eingestellt werden.

Gut, man hatte die ungewöhnlich stabile Kastenrahmen-Bauweise beibehalten: schmal der Vorder-, breit der Mittelrahmen, beide verbunden durch Rohr-Querträger: aus Sicherheitsgründen, wie der Prospekt in Vergleichszeichnungen anschaulich darlegte. Und hing der Motor an auffallend dünnen Trägern, war dies kein Fehler, wie der Laie meinen konnte, sondern als Sollbruchstelle zu bewerten: Bei einem Frontaufprall mußte die Aufhängung brechen, der Motor würde nach unten abrutschen, und die Insassen

Stufen der Entwicklung: Vom 501 mit Luftschlitzen bis zum ersten fertigen Wagen.

liefen nicht Gefahr, von ihm erdrückt zu werden. Im übrigen sei dieser Rahmen, erklärte der Verkauf, nicht schwerer als beim 326 und daher leicht genug, um auch von dessen Motor, dem alten bewährten Sechszylinder, an dem kaum etwas zu verbessern gewesen sei, gezogen werden zu können.

Dies alles schien die Findigkeit zu beweisen, mit der die Konstrukteure ans Werk gegangen waren. Einerseits aus der Not eine Tugend machend (der Motor war da, warum einen neuen konstruieren?), hatten sie auf nichts verzichtet, was die Zukunft bestimmte. Wer allerdings wußte, daß der in der Kriegszeit entwickelte 332 ähnliche Konstruktionsmerkmale trug – aber wer wußte das? –, hätte Donaths Wort von den neuen Wegen, die man gegangen sei, widersprechen können. Doch warum die Leistung schmähen, die die Konstrukteure erbracht hatten? Der Reihe nach waren dies Böning (Grundentwurf), Böning (Fahrgestell), Böning (Vorderachskonstruktion), Böning (Lenkradschaltung) – wie denn, hatte Böning alles allein gemacht? Nein, nicht die Karosserie, wehrte er ab, die trüge nicht seine Handschrift: zu wuchtig, zu schwer... Peter Szimanowski zeichne verantwortlich für sie. Dieser Szimanowski, von Horch kommend, wo man das Schwere und Wuchtige liebte, war nicht abzubringen gewesen von der barocken Linienführung, mochte sie auch, wie er offen zugab, an die Formgebung von Buick erinnern, warum nicht? Jedenfalls hatte er, frei aus der Hand – der 501 war nie im Windkanal gewesen –, die strömungsgünstigste und zugleich stabilste Karosserieform geschaffen, die es zu dieser Zeit gab, und hatte Donaths Zustimmung erhalten – der verließ sich auf Fiedler.

Aus England wieder zurück, saß Fritz Fiedler als Techniker im Vorstand, was ihm eher lästig denn lieb war. Als Konstrukteur, dem »es zufiel« – im Gegensatz zu Böning, der sich alles schwer erarbeiten mußte –, hatte er zu viele Ideen, die ihm, wie er meinte, ein Vorstandsposten mit all seinen Verantwortlichkeiten nur verdarb. Im Fall des 501 trug er jedoch als Direktor, und nicht als Konstrukteur, die Gesamtverantwortung – und hatte Ja gesagt trotz aller Mängel, die von den Umständen diktiert wurden. Alles in allem war er zufrieden. Was im BMW-Bereich als bewährt galt, hatte man beibehalten und doch ein neues Fahrzeug geschaffen, das internationale Maßstäbe setzte. Solide und extravagant, konnte es mit Käufern rechnen, für die beides, der Qualitätsanspruch und das Außergewöhnliche, immer zusammengehört hatten.

Daß der Wagen 15 150,– DM kostete – bei einem Durchschnittsgehalt von 350,– DM, die ein mittlerer Angestellter im Monat nach Hause trug –, mochte wohl nur den erstaunen, der nicht bemerkte, daß dieses Auto auch im Serienanlauf viel Handarbeit erfordern würde; so gesehen, mochte es im Preis eher zu niedrig als zu hoch angesetzt sein. Sah man vom Export ab, der beim Start eines neuen Modells nie groß ins Gewicht fiel, so ließ sich leicht abschätzen, wie viele Leute imstande waren, sich den Wagen zu leisten, wie viele Wagen demnach produziert werden konnten und wieviel Gewinn seinem Hersteller verbleiben mochte, vorausgesetzt, die versprochenen technischen Werte hielten dem Luxus stand, den das Fahrzeug äußerlich darbot.

Wer so dachte, dachte nicht falsch. Fragte er jemanden, der Genaueres darüber wissen mußte, so begegnete ihm ein vielsagendes Lächeln, das alle positiven Vermutungen bestätigte, alle negativen aber, ohne sie zu widerrufen, ins Absurde verwies. Wohin sie in der Tat gehörten.

Denn absurd war alles, was die Wirklichkeit betraf, der der Barockengel aus Bayern entstammte. Absurd war, was seine Produktion ermöglichen sollte, absurd war es, ohne sich um Marktanteile zu kümmern, die andere schon besetzt hatten, den Verkauf allein auf das alte BMW-Image abzustellen und, bei allen Malaisen, die den 501 sofort begleiteten, dem Standpunkt zu huldigen, den Vorstand und Aufsichtsrat einmütig vertraten: Nicht

Luxusträume. Von links das 327 Coupé, der BMW 501, der Daimler-Benz 300 und die BMW 335 Limousine.

unser Glück ist es, wenn wir den Wagen verkaufen können – von Glück reden kann ein Kunde, der ihn erhält.

Dies war, nach allen Auskünften, die es darüber gibt, nicht etwa Galgenhumor, sondern die ernsthafte Ansicht aller, die im Werk etwas zu sagen hatten. Angesichts der langen Lieferzeiten mochte mancher zahlungskräftige und zugleich geduldige Kunde tatsächlich beglückt sein, wenn er »seinen« 501 endlich in Empfang nehmen durfte, doch sprachen Augenzeugen immer wieder von dem »nicht zu erklärenden, durch nichts gerechtfertigten BMW-Hochmut, der alles verdarb«, der einem Popp wohl anstehen mochte, nicht aber seinen Nachfolgern. Hanns Grewenig, der auf Vorschlag der Deutschen Bank engagierte kaufmännische Direktor, ein Mann, der von diesem Dünkel noch am wenigsten angekränkelt war, hatte bereits bei der Vorstellung des 501 im Bayerischen Hof gesagt: »BMW-Wagen sollen die Visitenkarte der deutschen Gesellschaft sein!« – Was hatte er sich dabei gedacht? Hatten jene alten BMW-Fahrer, die zwischen Motorrad und Großwagen nun völlig unbedient blieben, auf eine solche Visitenkarte nicht genau denselben Anspruch wie die paar Großkopferten, auf die der 501 zielte?

In einer Denkschrift mit dem Titel: »Über die Situation der BMW Aktiengesellschaft und die sich daraus ergebenden Maßnahmen« heißt es sechs Jahre später: »Mit einem Gebrauchswagen der mittleren Preisklasse hätte BMW allerdings die Konkurrenz nur mit einem in hoher Stückzahl produzierten Wagen antreten können. Die für eine solche Groß-Serienfertigung erforderlichen wesentlichen Investitionen glaubte man im damaligen Zeitpunkt nicht finanzieren zu können.« Vorsichtig, wie um niemand weh zu tun, fährt der Text fort: »Ob die Beschaffung derartiger Mittel damals für eine durch Totaldemontage schwer getroffene Firma, die außerdem infolge der Beschlagnahme des Werkes Allach des brauchbarsten Teiles ihrer Fertigungskapazitäten beraubt war, möglich gewesen wäre, mag dahingestellt bleiben.« Wird hier noch gnädig verschwiegen, wie das mit Allach wirklich war, heißt es dann mit unverkennbarem Tadel: »Eine Marktforschung hätte allerdings damals die gefährliche Begrenztheit des Marktes für diesen teuren und komfortablen Wagen offenkundig machen müssen.«

War sich der Verfasser so sicher, daß der Vorstand, auch ohne Marktforschung betrieben zu haben, dies nicht gewußt hätte? Um nämlich der Frage: »Warum nicht ein kleines Fahrzeug?« begegnen zu können, auch wohl, um abgesichert zu sein, wenn etwas schiefging, hatte der Aufsichtsrat zu einer Zeit, als der Bau des 501 längst beschlossen und seine Konstruktion weit über die Vorentwürfe hinaus gediehen war, der Entwicklung eines Zwischenmodells zugestimmt, und Böning hatte es überraschend schnell präsentiert. Sein bis zum Prototyp fertiggestellter Entwurf zeigte ein Kleinstauto vor, das, äußerlich dem Typ 327 nachgebildet, in Aufbau und Größe etwa dem italienischen Topolino entsprach. Es hatte »Pfiff«, verfügte über eine selbstregulierende automatische Luftkühlung, Vorder- und Hinterachse waren einfach gehalten, und der Antrieb, ein 2-Zylinder-Boxer, dem R 51-Motorrad entlehnt, war problemlos, sparsam, bewährt.

Das Autochen wurde, noch ehe es den Beweis antreten konnte, dem Publikum zu gefallen oder nicht, sofort verworfen. Türen und Dach, wandte der Vorstand ein, erforderten Preßwerkzeuge, die man nicht habe, und die erwartete Stückzahl, 300 bis 400 pro Tag, sei viel zu hoch angesetzt... All das hatte man freilich schon vorher gewußt.

Auch Grewenigs Versuch – sollte es denn schon beim großen Wagen bleiben –, der mangelnden Erfahrung vorzubeugen und Pontonform und selbsttragenden Aufbau zu wählen, Elemente, die seiner Ansicht nach das Auto der Zukunft bestimmten, war gescheitert. Er hatte entsprechende Aufträge an die italienischen Stylisten Pininfarina und Giovanni Michelotti vergeben. Michelottis Entwurf wurde sofort, Pininfarinas bereits im fertigen Modell (Maßstab 1 : 1) vorgeführter Wagen nach einigem Zögern abgelehnt. Nein, nichts darin oder daran erinnere an einen BMW, wie der Käufer ihn wolle, nichts setze auch nur andeutungsweise die alte Linie fort...

Niemand macht sich mehr eine Vorstellung davon, wie stark in den fünfziger Jahren der Trend »nach oben« war. Käufer, die sich soeben noch mit dem Moped, mit dem Roller oder dem Motorrad zufriedengegeben hatten, wandten sich, als stünden sie unter einem geheimen Zwang, dem Klein- und Kleinstwagen zu; man wollte vor der Witterung geschützt sein, verständlich, gleichzeitig aber beweisen – und *das* war das Motiv –, daß man es nach dieser freudlosen Zeit immerhin schon zum Automobil gebracht hatte, wobei »Automobil« sofort die weitere Aufstiegsskala signalisierte: Der Kleinstwagenbesitzer wollte einen Kleinwagen, der Fahrer des Kleinwagens einen Wagen der Mittelklasse, der Mittelklassefahrer einen großen Wagen.

Daß die Verantwortlichen bei BMW dieses Marktgesetz rigoros mißachteten, indem sie glaubten, weil man BMW sei, die Reihenfolge auf den Kopf stellen und mit dem Großwagen beginnen zu können, lag, vom Hochmut der Führungsspitze abgesehen – Unwissenheit ist fast auszuschließen –, eher in einer Unter- als Überschätzung der eigenen Kraft. Aus eigener Kraft einen Mittelwagen auf die Beine zu stellen, hielt Donath für Frevel. Die Kassen waren leer, und ein Arbeiterstamm konnte erst allmählich zum Autobau in Großserie, aber in BMW-Qualität – und Donath war entschlossen, in diesem Punkt keinen Abstrich zu machen – herangebildet werden. Zu allem übrigen kam der Koreakrieg; er hatte nicht nur im Allacher Werk für Unruhe gesorgt. Das Material war knapp geworden, Eisen und Stahl wurden wieder zugeteilt, und wenn es in Minden, im Verwaltungsrat für Wirtschaft, nicht Gönner gegeben hätte wie Debys Freund Günter und den Ministerialrat Wenk, hätte BMW nicht einmal für seine Motorradproduktion genügend Rohmaterial erhalten – wie dann für Autos, die man erst zu bauen beabsichtigte? Die Automobilindustrie bekam je nach den Zulassungen des

Prototyp des Kleinwagens, der dem BMW 327 nachgebildet war.

Vorjahres ihre Kontingente zugewiesen, und jeder wachte wie ein Zerberus über die Einhaltung dieses Zuteilungssystems, nach dem BMW überhaupt nichts bekommen durfte.

Aus allem ergab sich, das alte Popp-Prinzip beizubehalten – Popp hatte als erster und letzter Generaldirektor von BMW den Sechszylinder zur Norm erhoben – und in den Nachkrieg zu übertragen: wenig produzieren (damit halten wir die Qualität), teuer verkaufen (es wird auch jetzt Leute geben, die das Geld dafür haben), statt umgekehrt: viel zu produzieren (was wir gar nicht können) und kaum etwas daran zu verdienen (weil die Preise niedrig sein müssen, wegen der Konkurrenz). Gewiß, da war ein kleiner Unterschied: BMW unter Popp hatte nie vom Automobil, auch nie von seinen Motorrädern, hatte immer nur vom Flugmotorenbau gelebt, mit dem allein es möglich gewesen war, jene Baukastenreihe von Automobilen zu finanzieren, die eine ganze Epoche geprägt hatten. Doch gab es ja wohl, war das Auto erst einmal da, Zuschüsse, Bürgschaften und, gestützt auf diese und das alte BMW-Vertrauen, Bankkredite...

Dann aber passiert alles, was einem Automobilwerk mit einem neuen Modell nicht passieren darf: Von der Unbegreiflichkeit, daß zwischen Präsentation und Auslieferung an den ersten Käufer eindreiviertel Jahre vergehen – erst im Februar 1952 beginnt der Bau von 25 Vorserienwagen, im Oktober 1952 die Serienproduktion, noch im selben Jahr, immerhin! –, bis zu Fertigungsschwierigkeiten, »bedingt durch ungenügende Konstruktionsabstimmung auf die fertigungstechnischen Voraussetzungen«, wie der Karossier Baur in Stuttgart klagt. Zu ihm wird auf Lastwagen Chassis um Chassis samt eingebautem Motor gebracht, die dann, mit daraufgesetzter Karosserie, deren Einzelteile in Milbertshofen gepreßt worden sind, wieder zurückgekarrt werden. »Fortgesetzte Änderungen, überspitzte Abnahmebedingungen«, notiert Baur. »Unser Münchner Spätheimkehrer«, spottet die Presse, als glücklich Exemplar Nr. 1 seinem Käufer übergeben wird – das ist im Dezember 1952. Als dann aber mit Hilfe von ERP-Krediten eine Preßhalle von 5000 Quadratmeter errichtet ist, in der die zwei von Deby aus den USA gekauften Breitziehpressen, die einzigartig in Deutschland sind, ihren Platz finden, muß man Fremdaufträge hereinnehmen, weil die Kapazitäten nicht

»Greifen Sie zu!« Exportchef Trötsch (rechts) mit einem Kunden.

ausgelastet sind. Grund: Der Wagen kommt beim Publikum nicht an, der Motor erweist sich als zu schwach oder vielmehr: der Wagen als zu schwer.

Noch bevor die Serie ausgeliefert wird, weiß Donath, daß der 501 in seiner Unausgewogenheit zwischen Motorkraft und Gewicht leistungsmäßig kaum dem vergleichbaren Mercedes 220 gewachsen ist. Und so macht er sich selbst an die Arbeit, von Brennräumen versteht er etwas, und entwirft einen neuen Zylinderkopf, der zwar die Leistung von 65 auf 72 PS erhöht, zugleich aber durch die höhere Verdichtung, die höhere Drehzahl den Motor verdirbt. Die Folge: Garantiekosten, die in die Millionen gehen (später wird jedem Eigentümer eines 501 ohne Rücksicht auf den Zustand seiner

Aufstellung einer der beiden von Deby aus den USA eingekauften Breitziehpressen in der neuen Halle.

Maschine zum Pauschalpreis von 1000 Mark ein neuer Motor geliefert). Und so geht es fort, mit der Flucht nach vorn: einem leistungsstärkeren Motor, »der die Harmonie der Fahrwerksdaten weder durch größere Baulänge noch durch höheres Gewicht stören durfte« (Testbericht), dann aber doch um 20 Kilogramm schwerer ist als der Sechszylinder. Mit zunächst 2,6 Litern, später wahlweise auch mit 3,2 Litern lieferbar, die wiederum wahlweise mit 120 PS oder in der »Superausführung mit 140 PS« zu haben sind, ist es der erste V-8-Zylinder-Wagen der Welt mit Leichtmetallmotorblock, 502 genannt, der in seiner Leistung Vergleiche mit dem Mercedes 300 herausfordert, dabei aber 4000,– DM weniger kostet. Doch ist er äußerlich vom 501 kaum zu unterscheiden und so nur dem Mercedes 220 vergleichbar. Die Meinungen in der Öffentlichkeit sind geteilt: eine unglückliche Mischung von Fortschritt (Leichtmetallmotor), von übertrteuertem Luxus und augenfälliger Rückständigkeit, kurzum, ein Versager, sagen die einen; ein rundherum modern konzipierter 2- bis 3-Liter-Tourenwagen mit sportlichen Varianten, sagen die anderen und rechnen ihm echte Marktchancen aus.

Hat er die? Er hat sie nicht. Was bei einem Automobil in der Serie sich an Mängeln herausstellt, ist versäumte Entwicklungsarbeit, sie nachzuholen schier unmöglich. Die Kosten wachsen ins Gigantische und bringen die Firma, bleibt sie dabei und schwört nicht ab, letzten Endes nicht nur um ihr Produkt, sondern um ihre Existenz.

BMW schwört nicht ab. »Nicht der große Wagen, seine Konstruktion, der hohe Preis usw. führen ins Dilemma, allein die Form, die barocke Form«, sagen die Leute vom Verkauf. Aber Szimanowski, der beste Karosserieschneider, den es damals in Deutschland gab, hatte sie sich in den Kopf gesetzt – und da niemand die Schwierigkeiten ahnte, die es damit geben würde, hatte er, als der Aufsichtsrat grünes Licht gab, freie Hand. Freie Hand! Man mußte den vorderen Kotflügel in drei bis vier Arbeitsgängen pressen, damit er nicht riß. Genau so die Hecklampe. Alles war rund ... Die Anschlußteile im Stoßstangenbereich, alles rund ..., was enorm viel Abstimmarbeit verlangte und schwer zu kontrollieren war: Preßteile haben das Bestreben, nach dem Preßvorgang wieder wegzuspringen, wenn sie rund sind; sie verformen sich weg vom Zeichnungsstand. Und das in den Griff zu bekommen, war nur über Erfahrung möglich, die die wenigsten hatten.

Und so muß man bereits 1953 froh sein, wenn dem geplanten Absatz von 25 000 Automobilen im Jahr ein Sechstel von tatsächlich an den Mann gebrachten Wagen gegenübersteht. Insgesamt werden von allen Sechs- und Achtzylindern – einschließlich der Sportwagen-Varianten 503 und 507, die große Investitionen fordern, jedoch nicht das erhoffte Geschäft mit Amerika bringen – 23 400 Exemplare im In- und Ausland verkauft. Stück um Stück setzt das Werk zu und erleidet einen Verlust von 76 Millionen Mark, eine Summe, die alles aufzehrt, was das Motorradgeschäft an Ertrag abgeworfen hat, alles, was Veräußerungen (eines Teils des Allacher Werkgeländes) und Mieteinnahmen (aus dem Allacher Reparaturwerk der US-Army) eingebracht haben, noch immer einbringen. Damit hält sich BMW einschließlich aller Stützkredite der Banken, Staatsbürgschaften, Wandelanleihen usw. über Wasser, bis dann jener schwarze Tag im Dezember des Jahres 1959 hereinbricht, an dem die Firma vor dem Konkurs steht: ein hohes, zu hohes Lehrgeld für die Erkenntnis, daß es unumgänglich ist, die Produkte dem Markt anzugleichen und, Prestige hin, Prestige her, endlich mit einem Kleinfahrzeug zu beginnen, das das endgültig abbröckelnde Motorradgeschäft auffangen kann und die erste Sprosse eines Aufsteiger-Programms abzugeben vermag.

Das Ei

Nach Genf, der Stadt Calvins, Rousseaus und des Völkerbunds, Tagungsort unzähliger Friedenskonferenzen, die diesem 20. Jahrhundert immer neue trügerische Hoffnungen eingepflanzt haben, nach Genf am Lac Léman in der Schweiz reist im März 1954 von München aus ein Mann namens Eberhard Wolff, Entwicklungsingenieur bei den Bayerischen Motoren Werken und mit wechselndem Erfolg dort seit einigen Jahren tätig. Froh, die Nase einmal hinausstecken zu können, auch wenn es nur in die kleine Schweiz ist, versehen mit ein wenig Zehrgeld und der Order, sich ja auch umzusehen, hat er das merkwürdige Gefühl, daß etwas in der Luft liegt. Aber die Luft ist bleiern und schwer, vom Juragebirge ist der Winter zurückgekehrt, jedes Ausstellungsfieber erfrierend, und Wolffs Ziel ist der Genfer Autosalon.

Als Drehscheibe internationaler Aktivitäten im Automobilismus und im Motorradsport hat dieser Salon einige Berühmtheit erlangt. Nicht nur, daß er schon im März, wenn sich erste Regungen auf dem Käufermarkt zeigen, seine Pforten öffnet – und dies alljährlich, andere Ausstellungen halten gewöhnlich den Turnus von zwei oder drei Jahren ein –, auch der Umstand, daß die Schweiz, die über keine eigene Automobilproduktion verfügt, auf importierte Fahrzeuge angewiesen ist, macht ihn begehrlich. Alle großen Marken stellen hier aus, aber auch kleine errechnen sich Chancen, anderen den Rang abzulaufen, und nicht nur berühmte Konstrukteure von internationalem Ruf, auch noch ganz unbekannte Erfinder steuern zum Flair des Salons bei – was sie, sobald sich bestimmte Trends zeigen, die Marktchancen verheißen, an keineswegs schon erprobten oder gar bewährten Modellen ersonnen haben, hier ist es zu sehen. Auch Firmen, die halb vergessen sind, vom Schicksal Gebeutelte, melden sich wieder. BMW hat hierher sein erstes Nachkriegsmotorrad geschickt, und obwohl es nicht vielmehr als eine Attrappe war, fuhren die Deutschen mit vollen Auftragsbüchern nach Hause ...

Das ist jetzt einige Jahre her, und mag Wolff sich daran erinnern, daß damit der Wiederaufstieg seines Werkes begann, so muß er sich eingestehen, daß BMW der deutlich erkennbaren Flaute im Motorradgeschäft nichts Neues entgegengesetzt hat.

Gewiß, auch andere Hersteller haben Sorgen, ihre Zweiräder loszuwerden. Doch sind sie nicht zu bewegen gewesen, durch Zusammenschluß jenen Kleinwagen auf die Beine zu stellen, der allein dem Volkswagen – der läuft und läuft – Paroli bieten könnte, ein Unterfangen, vor dem schon ein Popp einst zurückwich.

Donaths bewegte Worte sind ins Leere gestoßen, erst unlängst hat er dem Chef der Zündapp-Werke, Hans Friedrich Neumeyer (dessen Vater zu den Mitbegründern der BMW AG gehörte), Gerd Stieler von Heydekampf von der NSU und jenem Richard Bruhn, der im Krieg und Nachkrieg BMW immer mal wieder zur Seite gestanden hatte und der jetzt die Auto-Union leitet, den Plan einer großen, allein für diesen Kleinwagen zu gründenden Automobilfabrik vorgetragen. Nein, Hände weg! sagten alle; abgesehen davon, daß unsere Hände gebunden sind, sei es, daß wir selbst einen Kleinwagen vorbereiten, der schon in Bälde erscheinen wird – wie Bruhn bekanntgab –, sei es, daß wir, Zündapp und NSU, beim Kleinmotorrad bleiben wollen, in das bereits zuviel Investitionen geflossen sind, als daß wir noch umschwenken könnten.

Also nichts, wieder nichts. Und kein Silberstreifen am Horizont? Wolffs Blick, kaum daß er den Salon, eine riesige Halle, die dennoch mit ihren Kojen die Intimität kleiner Räume besitzt, betreten hat, streift den Stand von BMW, wo neben der alten weiterentwickelten R 24, an der er im Versuch mitgewirkt hat, der neue »Luxusdampfer von der Isar« steht. Zwar ist dies nur ein Prototyp, aber für den Sommer wird der 502 in Serie angekündigt. Mit seinem Super-Motor, den der Konstrukteur Ischinger in Tag- und Nachtarbeit geschaffen hat – man spricht von acht Wochen –, verblüfft er manchen Besucher, der ihn nur durch ein etwas größeres Heckfenster und den winzigen Schriftzug »V 8« auf dem Kofferraumdeckel vom bisher Gewohnten unterscheiden kann. Erst die geöffnete Haube gibt sein Geheimnis, den ersten Leichtmetall-V8-Zylindermotor der Welt, preis. Wer, von Ischinger ins Vertrauen gezogen, ihn im Werk sah, war begeistert bis hingerissen

Genf am Lac Léman, Tagungsort unzähliger Friedenskonferenzen – Treffpunkt der automobilen Welt im Genfer Autosalon.

Der »Luxusdampfer von der Isar« mit Ischingers neuem Leichtmetall V 8-Motor unter der Haube im internationalen Flair des Salons 1954.

von der technischen Schönheit dieses Motors, der Logik seines Aufbaus, diktiert von dem Ziel, das schwere Wagengewicht des 501 auszugleichen. Wie die Architektur eines Dombaumeisters, schwärmte Kolk später, sei ihm dieser Motor erschienen: die Statik, das Gehäuse, die Stößel ... Wolff weiß, daß die Spezialwerkzeugmaschine, die Böning eigens für den Achtzylinder konstruiert hat, wohl an die zwanzig Motoren am Tag »schafft«, indessen gar nicht voll ausgenutzt werden konnte, weil die für den Wagen notwendige technische Ausrüstung der übrigen Fabrik allenfalls zwölf Motoren pro Tag zuließ. Wie sollte das Werk davon leben, vorausgesetzt, das nun an die 18 000 Mark teure Automobil fände seine Abnehmer?

Doch seine, Wolffs, Sicht auf die Dinge sollte das nicht behindern. Im Werk sagt man ihm nach, daß er »Überblick« besitze und, alles andere als den närrischen NHE-(*N*icht-*h*ier-*e*rfunden-)Punkt im Auge, neuen Ideen, auch und gerade wenn sie von außen kommen, sich nicht verschließe. Und hat er nicht den Auftrag, sich »umzusehen«? So tritt er, die Sinne eher geschärft als abgestumpft, seinen Rundgang an. Er braucht nicht weit zu gehen. Nur einige Gänge weiter entdeckt er ein Ding, das ebenso seltsam wie praktisch anmutet: Einerseits einem Roller ähnlich, ist es doch kein nur verkleidetes Motorrad, andererseits weist es durch seine vier Räder Merkmale eines Autos auf und ist auch kein Automobil.

Eberhard Wolff.

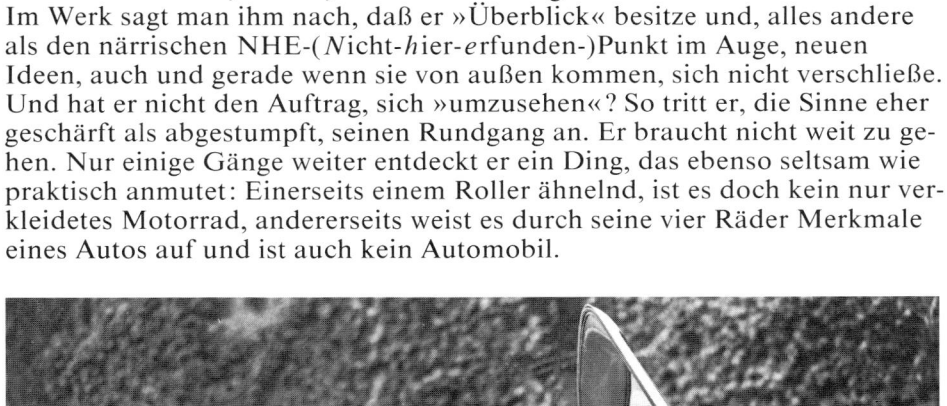

Öffnet man das Ei, schwenkt die Lenksäule zur Seite ...

Was ist es also? Wolff tritt näher. Ein Ei? Ja, denkt er, ein Ei, ein rollendes Ei, das BMW bebrüten sollte. Und schrickt sofort zurück. Es hat keinen Seiteneinstieg, die Tür sitzt vorn, nimmt die ganze Stirnfront ein. Öffnet man sie, steht das Lenkrad auf seiner Säule frei in der Luft und – man sitzt augenblicklich. Streckt man dann die Hand aus und zieht die Tür heran – Klack! –, hat man Lenkrad, Schaltung und Bremse im Griff, als wären sie immer dagewesen. Und hat nichts vor sich, nur Sicht; keine Motorhaube, allerdings auch keine schützenden Massen, wie sie der Autofahrer stets vor sich zu haben glaubt (in Wahrheit, denkt Wolff, schützen sie gar nicht, wenden sich im Fall eines Aufpralles vielmehr gegen ihn, gefährden ihn eher). Und Wolffs Ingenieurverstand registriert: Verzicht auf Seitentüren, das bedeutet bei einem Fahrzeug dieser Größe kürzeren Radstand, mindestens um 300 mm; kürzerer Radstand bedeutet Einsparung von Gewicht, Einsparung von Gewicht verminderte Gestehungskosten, die sich natürlich auch bei anderen Teilen auswirken müssen, vor allem beim Rahmen; je kleiner dessen Basis, um so höher ist, bei gleichbleibender Stabilität, seine Biegungs- und Verwindungsfestigkeit. Und nicht auszudenken die Wendigkeit des Vehikels, bedingt durch das schmale Hinterteil: Einfädeln in Parklücken quer zur Fahrtrichtung: kein Problem, man kann direkt auf dem Gehsteig aussteigen, auch Schrägparken ist möglich, da das Ding – wie heißt es überhaupt? – nicht über andere längs dem Bordstein parkende Wagen hinausragt.

Aber das alles, denkt Wolff, als er wieder dem Ei entsteigt, wem wird es in München einleuchten, wer dort bereit sein, dieses Ei auszubrüten? Nie

Eine Kostenrechnung, die auf der Hand liegt.

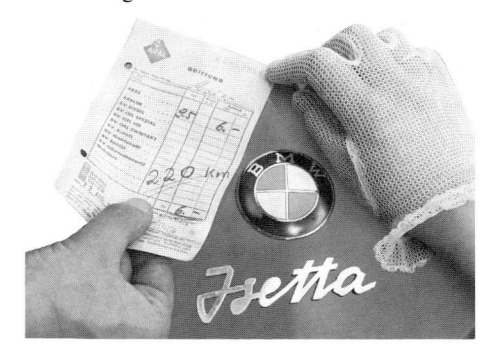

wird man das tun. Selbst wenn es technisch halten sollte, was der Hersteller angibt, und es ein Renner zu werden verspräche – nie. Wolff denkt an den Konstrukteur Hofmeister, der noch immer vom Mittelwagen träumt – nicht grundlos; Hofmeister hat sich an erste Entwürfe gemacht (einen Vierzylinder mit doppelten Querlenkern und starrer Hinterachse und selbsttragender Karosserie ... Aber wird etwas daraus?). Er denkt auch an Grewenig, der sagen würde, warum nicht gleich auf den Viktualienmarkt gehen, wenn man Eier verkaufen soll und nicht mehr Automobile – ach ja, der Reihe nach würden sie dagegen sein mit ihren elitären Vorstellungen, und daß man dann ja bald beim Fahrrad mit Hilfsmotor landen würde, wo man in grauen Vorzeiten schon mal gewesen ist: »Flottweg«, »Flink«, hießen die Dinger nicht so? Aber, denkt Wolff, daß keine Zeit mehr bleibt, wissen sie auch; daß etwas geschehen muß, rasch, ebenso, und daß, wenn das Wasser einem bis zum Hals steht, der Retter in jeder Gestalt willkommen ist ... auch als Ei. Übrigens nennt es sich »Moto-Coupé Isetta« – ein Name, der bei der Lizenznahme beibehalten werden kann, wie Rivolta, der Firmenchef, Wolff persönlich mitteilt; man sei nach Genf gegangen, um einen deutschen Interessenten zu finden; mit ihrer Fronttür sei die Isetta bei den kleinwagenbesessenen, durch Fiat verwöhnten Italienern auf keine große Gegenliebe gestoßen ...

Wolff hört zu, hat es plötzlich sehr eilig. Bricht seinen Rundgang ab, fährt sofort nach München zurück, und das Unerwartete tritt ein: Er kann Donath und Fiedler veranlassen, sofort die Koffer zu packen und nach Mailand zu reisen. Dort wird man schnell handelseinig. Da Rivolta bereit ist, mit der Lizenz auch gleich die Preßwerkzeuge für die Karosserie zu verkaufen, auch nichts gegen einen stärkeren Motor hat, den die Münchner einbauen wollen, steht der alsbaldigen Produktion nichts im Wege ... und alle Zweifel, ob das rollende Ei zu BMW passe oder nicht, sind wie im Keim erstickt.

Was hatte den Sinneswandel bewirkt? Wer im Werk sich noch an die Zeiten des kleinen Dixi erinnern konnte, dachte sofort an ihn. Angefangen beim Tag, als – noch vor dem Erwerb von Eisenach durch BMW – hundert Austin-Seven-Wagen im Werkshof der maroden Fabrik entladen wurden, von Zweiflern bespöttelt, von stichelnden Niederträchtigkeiten begleitet ... bis hin zum unglaublichen Alpenfahrt-Sieg des Teams Buchner/Kandt/Wagner, das den aus kümmerlichen Anfängen entwickelten 3/15-PS-BMW mit der Präzision einer Uhr über die schwierigsten Alpenpässe schleuste, auf 2500 Kilometern lauter Bestzeiten gegen eine internationale Konkurrenz erringend. Auch das Ei war ein Lizenzfabrikat, und wie jener Austin Seven, der, zum BMW sich mausernd und in kurzer Zeit die fremde Herkunft vergessen machend, sich als der große Wurf erwies, der sogar der Weltwirtschaftskrise trotzte – warum sollte und konnte nicht auch das Ei der große Wurf werden? Die Zeiten waren ähnlich arm wie Ende der zwanziger Jahre, der Wunsch der Massen, zu erschwinglichem Preis in den Besitz eines fahrbaren Untersatzes zu gelangen, ähnlich groß und gar nicht bestreitbar: Da

Kleinfahrzeuge der fünfziger Jahre: Der Zündapp Janus (links), Messerschmitts Kabinenroller (rechts), das Fuldamobil (links), Champion 400 (rechts).

gibt es Messerschmitts Kabinenroller, der immer häufiger im Straßenbild der Städte auftaucht (dreirädrig, mehr ein umkleidetes Motorrad als ein »Mobil«, mit seiner Plexiglashaube wirkt er wie ein auf Räder gesetztes Cockpit eines Kleinflugzeugs, und der Volksmund höhnt: »Mensch in Aspik«); es gibt das Fuldamobil, eine Art Beiwagen ohne Motorrad, man sucht es förmlich daneben, und später, da ist die Isetta schon da, eine Heinkel- und eine Hoffmann-Kabine, auch der Zündapp Janus macht von sich reden und das Goggomobil der niederbayerischen Landmaschinenfabrik Glas, ein richtiges kleines Auto. Sie alle, die Schutz vor Wetter und Wind bieten, haben die Motorradindustrie aus ihrem Dornröschenschlaf geweckt, »und emsiges Leben«, wie Werner Osswald in »auto motor und sport« 1954 schreibt, »herrscht allerorten in den technischen und kaufmännischen Büros, eine Firma will der anderen den Rang ablaufen, und jede hat Angst, zur Verteilung des frischen großen Kuchens zu spät zu kommen«.

Auch BMW! Aber niemand im Werk, von Donath bis zum Verkauf hin, sah die Isetta als Auto an. Ein Lückenbüßer – ja. Mehr war da nicht drin. Eben deshalb konnte man sich dafür entscheiden. Kein Auto – und deshalb auch nichts, was die einzuhaltende Linie störte. Das war das ganze Geheimnis.

Und so hatten sie zugegriffen. Und dem Ei, das nur einen Zweitakt-Doppelkolbenmotor mit ganzen 9 PS aufwies, jenen Viertakter der R 25 eingebaut – damit wurde es um 3 PS stärker –, auch das Getriebe neu konstruiert und die Isetta mit 2550,– DM, die sie kostete, preislich außer Konkurrenz zu jedem in Deutschland fahrenden Kleinwagen gesetzt. Und abgewartet.

Und war ganz erstaunt, als es kein Gelächter gab, die Presse nicht mäkelte, sondern akklamierte: Sieh an, das »Ei«, wie einst der Dixi, steht

Kontrastprogramm einer Firma: die kleine Isetta, der große V 8.

der Firma durchaus zu Gesicht, stört ihr Programm keineswegs, im Gegenteil, festigt, bestätigt es.

Jedermann war entzückt: gerade das, was gefehlt hat. Mit ihrer Länge (2,30 m) paßt die Isetta fast in jede Parklücke. Ihre Wendigkeit, mag ihre schmale hintere Spurweite auch fern von BMW-Charme sein, ist außerordentlich. Ihre Anspruchslosigkeit in puncto Benzinverbrauch – 3,5 Liter im Stadtverkehr – unübertreffbar. Hinzu kommt, daß sie von jedem, der einen Führerschein Klasse IV besitzt (und diesen vor dem 1. Dezember 1954 ohne Fahrprüfung erworben hat), gefahren werden darf. Und, wie man im Werk konstatiert, niemand verprellt sie. Denn wer sie überholt, den charakteristischen Pfeifton seines 502 im Ohr, muß lächeln und staunen zugleich. Gemächlich vor sich hin tuckernd, bescheiden, zuverlässig und geradezu stetig, jeden Berg ohne Furcht erklimmend, tangiert sie den Stallgefährten nicht im geringsten, nötigt vielmehr dessen Besitzer Respekt und sogar ein bißchen Stolz ab.

Ihre Popularität drücken Bildgeschichten aus, die das Werk verbreiten läßt. Da sind – erstes Bild – dreizehn Pferde zu sehen, die einen römischen Streitwagen ziehen. Auf Kommando des Rosselenkers (Peitschenknall) halten Pferde und Wagen an und gruppieren sich um. Die Pferde verwandeln sich – zweites Bild – zum Motorblock, der Streitwagen zur Karosserie der Isetta, und aus der dorischen Säule wird eine Tanksäule, an der die

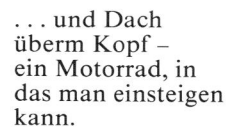

Isetta nippt. Nippt, in der Tat. Wir wissen bereits, wieviel: 3,5 Liter! Überschrift des Plakats: FAHRE UND SPARE. – Eine andere Bildgeschichte ist überschrieben: WIE MAN SITZT, SO FÄHRT MAN. Zwei lustig aussehende dicke Männer stehen vor einer geschlossenen Tür. Sie hören Pfiffe einer Trillerpfeife, die durch das Schlüsselloch kommen. Einer der Männer blickt hindurch. Jetzt möchte der andere auch wissen, was das Pfeifen bedeutet. Beide, nun abwechselnd durch das Schlüsselloch spähend, erkennen drei Menschen – Vater, Mutter, Kind –, die auf Kommando eines Vierten, des Fahrlehrers, nach Pfiff das Aussteigen aus einer mit Rädern versehenen Holzkiste üben. Auf einem Schild hinter dem Mann mit der Trillerpfeife ist zu lesen: FAHRSCHULE. HEUTE EINSTEIGÜBUNGEN FÜR BESITZER KLEINER WAGEN. – Die beiden Männer sehen sich verständnislos an. Einer tippt sich an die Stirn. Lachend lassen sich beide auf einem Sofa nieder, auf dem zwei Leute bequem Platz haben. Das Sofa blendet in eine Isetta über, in der die beiden Dicken, so bequem wie auf ihrem Sofa sitzend, davonfahren.

Als Reisegefährt, Rikscha, Clubsessel auf Rädern, als rollende Reisetasche und Mädchen für alles wird sie vorgestellt, und wenn bei Pirandello sechs Personen einen Autor suchen, so sind es in der BMW-Werbung zwölf (Arbeiter, Landarzt, Außendienstbeamter, eine Dame im Abendkleid, in die Oper fahrend, eine Hebamme, Skifahrerin, ein Tankwart, Stadtvertreter, eine Pressefotografin, Hausfrau), die ein Fahrzeug suchen ... und finden ...

Bildgeschichte aus den BMW-Blättern.

Die Isetta als Werbeträger ...

... und Dach überm Kopf – ein Motorrad, in das man einsteigen kann.

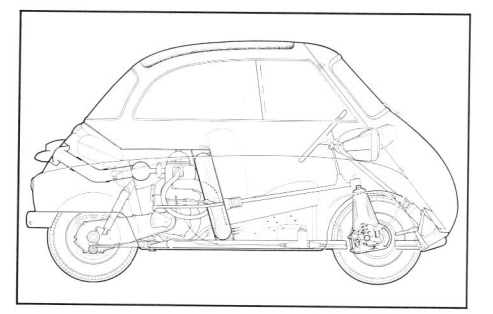

als ideale Erfüllung ihrer Wünsche: das Motocoupé BMW Isetta, dessen Sparsamkeit alles bisher Gebotene übertrifft (»Für ganze 5,80 DM fahren zwei Erwachsene und ein Kind rund 230 Kilometer weit!«) ...

Wer im Werk jedoch annahm, die Notzeiten seien vorbei, zog das Gesicht bald lang. Bei nahezu 13 000 hergestellten Isetten, die die Händler 1955 abnehmen und verkaufen, ist der Gewinn schmal – zu schmal, um die Verluste zu decken, die der große Wagen verursacht. Um die Nachfrage zu steigern, sinnt man auf technische Verbesserungen und baut sie ein. Da wird der Federweg an der Vorderachse von 30 auf 80 Millimeter vergrößert, um die Fahrbahnstöße zu mindern; wird ein neuer Kniehebelverschluß angebracht, der mit einem Griff die mächtige Fronttür fest und fast geräuschlos schließt; der Motor mit 300 Kubikzentimeter Hubraum wird auf 13 PS gebracht, wodurch die bisherige Höchstgeschwindigkeit von 85 Stundenkilometern »sicher« ist – ja, die Isetta kann, wie eine »Untersuchung aller am Markt befindlichen Kleinwagen« erweist, mit zwei Personen besetzt im vierten Gang jetzt mehr Elastizität anbieten als der viel stärkere Volkswagen. Auch Handel und Industrie macht sie sich dienstbar. An Stelle des Plexiglas-Heckfensters mit zurückklappbarem Faltverdeck ausgerüstet – so kann eine Kleinladefläche aufgesetzt werden –, wird sie Cabrio und Lieferwagen zugleich.

Auch sportlich hält sie mit, mischt sich frech unter die Teilnehmer der Internationalen Alpenfahrt, und wird auch Max Klankermeier bei der nächtlichen Abfahrt vom Großglockner aus der Kurve getragen und sich überschlagen, so kann er – die aus der Fassung gedrückte Heckscheibe befestigt er mit einem Gummiband – weiterfahren und, zusammen mit den beiden anderen Isetten, die Lesachtal-Etappe von Heiligenblut über Lienz/Donau nach Kötschach schaffen (man fährt 41,4 km/h im Durchschnitt, die schweren Wagen 52,1 km/h). Und vom Ätna in Süditalien fährt sie, von Paul Schweder gelenkt, Ann Botschen ihm zur Seite, nonstop nach Nordschweden, 2947 Kilometer, im Durchschnitt 60,1 km/h ... Vorsichtshalber will der Pressechef Hoepner die »Streichholzfahrt« – nur mit Streichhölzern, spotten die Teilnehmer, seien die Augen offenzuhalten – in seinem 502 begleiten. Aber noch bevor er am Ätna richtig schaut, ist Schweder schon unten und weg. Dann, bei der Paßkontrolle am Brenner, fragt ihn jemand: »Warum drängen Sie sich vor?«

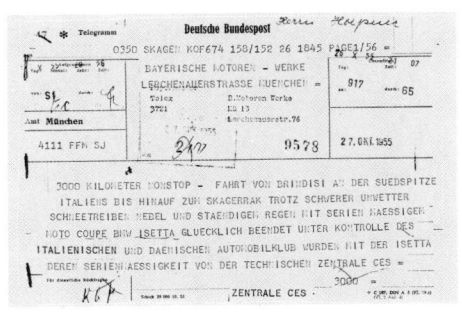

»Ich hab's eilig«, sagt er.

»Ich auch«, der andere; es ist Schweder.

»In München, beim Tanken«, erzählt Oskar Kolk, der als Inlands-Verkaufsleiter die Unternehmung betreute, »haben wir schnell die Reifen an beiden Fahrzeugen durchgesehen. Bei der Isetta fehlte nichts, kein Millimeter. Dem Hoepner mußten wir auf seinen 502 vier neue Reifen aufziehen. Dann ging die Fahrt weiter.«

Das war 1957.

München soeben erreicht! Paul Schweder und Ann Botschen auf ihrer legendären »Streichholzfahrt« von Brindisi zum Skagerrak.

Erste Anzeichen der Krise: Unverkaufte Isetten und V 8 auf dem Werksgelände.

Aber bereits 1956, im Januar, hatte die Nachfrage nachgelassen, trotz aller Finessen der Werbung, wozu auch Verse gehörten wie: »Es klingt zwar ungeheuerlich / Waldi« – das war ein Dackel, der neben einer Isetta herlief – »... ist teurer, steuerlich.« All das zog da aber schon nicht mehr. Die Leute wollten ein richtiges Auto, das bot in Bayern Hans Glas mit seinem Goggomobil an, und jeden Sonnabend erschienen neue Glas-Verse in der Zeitung, ein wahrer Dichter-Wettstreit war ausgebrochen:

> Weltraumfahrt ist noch nicht möglich.
> Wer drauf wartet, wart' vergeblich.
> Familie nicht mehr warten will.
> Lösung klar: Goggomobil.

oder:

> Ich will Euch auf Händen tragen,
> hört man oft den Vater sagen.
> Mutter war das bald zuviel.
> Lösung klar: Goggomobil.

Zum Zweikampf Isetta/Goggomobil gehörte, daß Glas seinen »Goggo-Romeo« – wie die BMW-Leute die Sportversion des Goggomobils bezeichneten, der im Volksmund auch »Flüchtlingsporsche« genannt wurde – auf der

Der Hauptkonkurrent: Das Goggomobil von Glas.

Weltweit beachtet, wenn nicht immer ganz ernst genommen: Die Isetta als Armeespaß... Hochzeitskarosse... Imbißstube... und als Theaterrequisit in Göteborg bei einer Aufführung des »Weißen Rößl«.

»Komm zu BMW, es kann dein Glück sein...« Vorstellung des 600 auf der IAA '56.

Internationalen Automobilausstellung in Frankfurt vorstellen durfte, BMW seine Isetta aber nicht. Sie war streng den Motorrädern zugeordnet. Um sie dennoch auf der Automobilausstellung den Leuten zeigen zu können, stellte Kolk sie auf ein Podest vor dem Hauptportal – als Verlosungsgewinn für jeden 250 000sten Besucher; bis zur Million hinauf waren das vier Isetten, die man zu Werbezwecken drangab. Jeder sah sie dort, bevor er sich ins Gewimmel der Ausstellung stürzte, und wenn er sie verließ, noch einmal. Das war 1955; Kolk: »Sie wurde uns im Werk aus der Hand gerissen. Zwei Jahre später waren die Halden da, unübersehbar. Wir mußten uns auf Biegen und Brechen ein Auto einfallen lassen. Leider wurde daraus nur der 600, kein Automobil, eine Art Omnibus en miniature – mit der Fronttür der Isetta, ein durch und durch verunglückter Zwitter.«

Warum hielt man, als erkennbar war, daß die Isetta ausgespielt hatte, an ihrem Prinzip fest? Es ist nur mit dem Mut des Mannes zu erklären, der alles auf eine Karte gesetzt hat und nicht mehr zurück kann. Man hat investiert, investiert. Hat alles zusammengekratzt, um für das beschlossene Exportziel: 40 000 Isetten in alle Welt! neue Hallen zu erbauen, neue Fließbänder zu installieren, neue Pressen aufzustellen – was soll da die Schreckensmeldung, der französische Iso-Lizenznehmer in Paris, der die Beneluxländer und Spanien beliefert, habe Konkurs angemeldet? Benelux und Spanien sind nicht Deutschland, wo die Isetta als billigstes Fahrzeug für die Erst-

motorisierung ihre Bedeutung behalten wird. »Es war immer ein Fehler der Konkurrenz, ein solches Fahrzeug zu früh aufzugeben«, erinnert Wolff, der in Genf das Ei entdeckt hat, auf einer Krisensitzung im Herbst 1957 den neuen Generaldirektor; man müsse im Gegenteil die Stückzahlen erhöhen, die Isetta damit verbilligen, allen Unkenrufen zum Trotz. Hat er recht?

Man weiß es nicht, weiß nur, daß der 600 nicht einschlägt. »Komm zu BMW, es kann dein Glück sein!«, hatten, ungebrochenen Optimismus verkündend, Zeitungsinserate noch im Sommer 1956 geworben, doch schon wenige Wochen später, im August, stimmte der »Ausschuß für Massenentlassungen« beim Landesarbeitsgericht Südbayern dem Antrag der Bayerischen Motoren Werke AG in München zu, 600 Arbeitern die Papiere auszuhändigen. Es blieb unverständlich. Allein von Januar bis Juli hatten 15 000 verkaufte Isetten die Werkshallen verlassen – erst dann, von einem Tag auf den andern, quoll der Fabrikhof von unverkauften Fahrzeugen über, und alle Tricks nützten nichts, sie den Händlern schmackhaft zu machen (auch ein Rundschreiben nicht, man möge sich so schnell eindecken wie möglich, ein großer Export-Auftrag liege vor; wer zuerst kommt, mahlt zuerst...).

Wo lag die Ursache? Die Industriegewerkschaft Metall hatte eine achtprozentige Lohnerhöhung durchgesetzt, was freilich keine Preiserhöhung (um 200,– DM) rechtfertigte: Die übrigen Produktionskosten waren ja nicht gestiegen, im Gegenteil, hatten sich verringert. Oder war es die Ankündigung anderer Firmen, sie brächten bald billige Kleinwagen heraus, die schon zum Kauf Entschlossene zögern ließen? War es die Suezkrise und die Furcht, das Benzin werde knapp? War es ... Und nun war der Zwitter da, für den Grewenig beim Bundeswirtschaftsminister, der Erhard hieß, aus Bayern stammte und zudem die Soziale Marktwirtschaft erfunden hatte, einen 7-Millionen-Mark-Kredit als Bundesbürgschaft beantragte und erhielt ...

Ein Zwitter, vom Verkauf her gesehen, war der 600 gewiß. Doch übersah, wer ihn so nannte, daß seine Konstrukteure bei der Bemühung, aus der Isetta einen echten Viersitzer zu machen, auf etwas gekommen waren, dessen Bedeutung sie selbst und die Automobil-Technik erst viel später erkannten. Als Schleicher, der zu dieser Zeit als »Berater« wieder im Werk tätig war, mit Fiedler am Reißbrett stand – es galt, bei Verlängerung des Radstands um etwa 70 cm, die schmale hintere Spurweite der Isetta der vorderen anzugleichen –, hatten beide unter mehreren Konstruktionen zu wählen. »Wir probieren die Schräglenker-Hinterachse!« schlug Schleicher vor – und traf damit ins Schwarze. Die Unveränderlichkeit von Spur und Sturz, Exaktheit der Lenkung, gute Radführung (der einzeln aufgehängten Räder) und die durch ihr hochliegendes »Rollzentrum« bedingte geringe Kurvenneigung sowie der auf ein Minimum begrenzte Übersteuerungseffekt waren die Vorzüge dieser neuen Achse, die, erstmals in den 600 eingebaut, sich dann auf ganzer Linie durchsetzen sollte. (»Mercedes«, schwärmte Schleicher

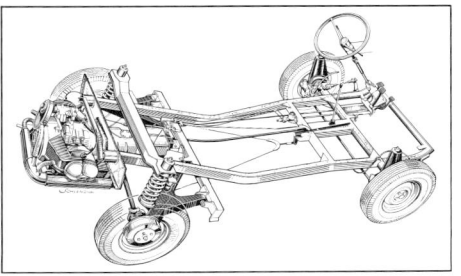

Vom Publikum abgelehnt: Die »große Isetta«. Trotz zusätzlich seitlichem Einstieg, trotz ihrer revolutionären Schräglenkerhinterachse ...

Seiner Zeit voraus? »Kleinomnibus« BMW 600 mit stromliniengeformtem Anhänger auf dem Weg zum St. Gotthard.

noch in seinen alten Tagen, »hat sie auch bauen müssen, dann hat sie der Bob Lutz bei Ford eingeführt, und die großen Opel-Typen haben sie ebenfalls. BMW hat sie praktisch fünfzehn Jahre früher gehabt: die beste Schwingachse, die überragende Fahreigenschaften garantierte ...«)

Doch was an Neuerungen die »große Isetta« auch sonst noch verbuchen konnte: Das Publikum lehnte sie ab. Nichts zählte, schlug durch: nicht die bei beibehaltenem Fronteinstieg zusätzliche seitliche Tür, damit man bequem zu den hinteren Sitzen gelangen konnte, nicht ihre Geräumigkeit, ihr Beschleunigungsvermögen, beides bedingt durch den »weltberühmten Zweizylinder Boxer, seit Jahrzehnten erprobt in -zigtausenden von BMW-Motorrädern«, wie es im Werbeprospekt hieß. Weder ihr bei erhöhter Motorleistung extrem niedriger Verbrauch und die steuerliche Begünstigung im Verkehr (Wohnsitz – Arbeitsplatz), die für die Wahl eines 600-ccm-Motors entscheidend gewesen war, verlockten zum Kauf, noch daß man bei umgelegter Rückenlehne eine geräumige Ladefläche erhielt. Sie sah nun einmal wie ein Liliput-Omnibus aus, erst recht, als das Werk sich entschloß, das Fahrgestell zu verlängern (was nicht gerade billig war). Man wollte in einem Auto sitzen, das Türen rechts und links hatte; selbst im winzigen Goggomobil von Glas – das viele als den Totengräber des 600 ansahen – fühlte man sich mehr »zu Hause« als in der immer als Notlösung empfundenen BMW-Kreation, mochte sie technisch noch so überlegen und fortschrittlich sein.

Alltag 1960.
Wie ein Fisch im Wasser schwimmt die Isetta im Stadtverkehr, der schon beängstigend anschwillt.

Am 29. Juli 1954 ist der frühere langjährige Vorsitzer unseres Vorstandes

Herr Generaldirektor Franz Josef Popp

völlig unerwartet einem Schlaganfall erlegen. Der Verstorbene hat seit der Gründung unserer Gesellschaft im Jahre 1916, an der er maßgeblich mitgewirkt hat, ihrem Vorstand als Vorsitzer angehört und bis zu seinem Übertritt in den Ruhestand während des zweiten Weltkrieges in hervorragender Weise dazu beigetragen, das Ansehen und den technischen Ruf der Firma zu schaffen.

In den wechselvollen Jahren zwischen den beiden Weltkriegen war es vor allem seinem sicheren industriellen Urteil und seiner vorausplanenden Initiative zu danken, daß die Gesellschaft auf den verschiedenartigen Gebieten ihrer Produktion den Weg in eine stetige Aufwärtsentwicklung fand.

Wir gedenken in herzlicher Trauer des Verstorbenen und werden ihm in unserem Hause stets ein ehrenvolles Andenken bewahren.

München, den 30. Juli 1954

Aufsichtsrat und Vorstand der
BAYERISCHE MOTOREN WERKE A.G.
und ihrer Tochtergesellschaften

»Da die menschliche Statur das A und O ist, dem sich eine Kleinwagen-Konstruktion anpassen muß, haben wir wieder die Fronttür als ideale Lösung für den Einstieg gewählt«, hatte das Werk verkündet, als der 600 im Dezember 1957 in Serie ging. Wenige Wochen später, als auch die große Isetta unverkäuflich im Werksgelände herumstand, sah man ein, daß der Satz nicht stimmte. Der Mensch war nicht nur von seiner Statur bestimmt; seine Wünsche, seine Sehnsüchte zählten. Auch seine Vorurteile.

Wer hätte dies besser gewußt als Popp? Doch Popp konnte, wiewohl er das gern getan hätte, keinen Rat mehr geben. Fast unbemerkt von der Welt, die ihm ohne BMW nichts bedeutete, war er am 29. Juli 1954 in Stuttgart gestorben. Auf Schloß Sandizell, wohin er zu Freunden nach seiner Haft gegangen war, hatte er im Januar 1946 mit dem ihm eigenen sentimentalen Pathos geschrieben:

»Von meinem Werk vertrieben, ohne Heim von meiner Familie getrennt, meine Freiheit verloren, im Asyl, das gute Freunde mir gewährten, denke ich wie so oft in meinem Leben an die abgeklärten Worte Leonardo da Vincis: WER NICHT KANN WAS ER WILL, MUSS WOLLEN WAS ER KANN.«

Seine Nachfolger hatten Grund, sich daran zu erinnern.

Der Stoff, aus dem die Träume sind

Wie in einem Drama Charaktere und Begebenheiten, in Wechselwirkung miteinander verflochten, auf die Peripetie zutreiben, so auch bei BMW. Hier der vorsichtige Donath – Donath Cunctator, wie man ihn nennt –, der noch zu retten versucht, was zu retten ist (aber was ist da noch zu retten, da der große Wagen jede Substanz aufzehrt), dort der ehrgeizige Verkaufschef Grewenig, der die Crux im mangelnden Exportgeschäft sieht und deshalb, mit Blick auf Amerika, Aufsichtsrat und Vorstand beschwört, einen Sportwagen zu bauen: mit ihm könnte man nicht nur an glorreiche Zeiten wiederanknüpfen, sondern auch Gewinne erzielen, die alles herausreißen werden.

Eine dritte Figur ist der BMW-Importeur für Nordamerika, Max Edwin Hoffman, von seinen Freunden »Maxie« genannt und als »the baron of Park Avenue« – dort hat er sein Geschäft – nicht nur in New York, sondern in der ganzen Welt bekannt. »He is the Duveen of the motor business«, hat ein langjähriger Kenner des Importgeschäftes von ihm gesagt, »a great entrepeneur. He has tremendous vision, loves cars, and he's a fantastic salesman.« Auf einer ersten Europareise hat Hoffman München besucht, hat zwischen den Ruinen seine alte Liebe BMW wiederentdeckt, hat den Kontakt nicht mehr abreißen lassen und sofort, als der V 8 auf den Markt kam, dreißig 502-Limousinen auf einen Schlag importiert. »Ich hatte«, erzählt er Fiedler, als er 1954 erneut ins Werk kommt, »keine Schwierigkeiten damit. Aber die Händler hatten sie. Die Zeit für BMW in den USA war noch nicht gekommen. Jetzt ist sie gekommen.«

Der vierte im Spiel ist Ernst Loof. Wir sind ihm zuletzt bei der »Veritas« begegnet, jener Firma, der Donath endgültig den Garaus gemacht hat, als er – unter Verschrottung aller Montageeinrichtungen – Loofs Veritas-Baracke am Nürburgring übernahm, ein Dutzend Leute dazu, das Ganze »BMW Forschungs- und Entwicklungsabteilung, Außenstelle Nürburgring« nannte und mit kleinen Aufträgen bedachte, welche Detailerprobungen des 501 auf der Eifelrennstrecke galten. Noch immer fristet Loof hier sein Leben, noch immer erfüllt vom Traum, als Autokonstrukteur *den* Sportwagen zu erschaffen, den er, als früherer Rennleiter von BMW, sich immer gewünscht hat. Der Traum zerrann. Inzwischen ist er ein schwerkranker Mann geworden. Da wirft ihm das Schicksal noch einmal eine Chance hin. Er weiß nur zu gut: es ist die letzte.

Sie ist überraschend gekommen, als in sein Holzhaus am Nürburgring die Kunde dringt, daß der Aufsichtsrat – in Abwesenheit Donaths, der gerade nach Bad Kissingen zur Kur gegangen ist – grünes Licht für den Bau eines schnellen Zweisitzers erteilt hat. Loof weiß, wohin das zielt: auf Mercedes, wo die Sportwagen 190 SL und 300 SL bereits in Serienfertigung gegangen sind, und auf Amerika, auf Hoffmans Zusage, den Wagen mühelos zwischen Florida und New York an den Mann bringen und BMW damit den Durchbruch in den USA verschaffen zu können.

Loof handelt sofort. In München trifft er Grewenig. Grewenig wehrt ab: Von Konstruktionsaufträgen wisse er nichts, einen solchen könne nur Donath erteilen, und der sei in Kissingen. Loof stürzt aus dem Büro, rast dorthin – und kommt Donath gerade recht, der wenige Stunden vorher, bleich vor Entsetzen, vom Werk telefonisch die gleiche Nachricht erhalten hat, die Loof nun betteln läßt: »Geben Sie mir den Auftrag. Ich werde ihn schnellstens erfüllen.« – »Gut«, sagt Donath – Donath, der Loofs Pläne so elegant wie unnachsichtig stets torpediert hat –, »bauen Sie den Wagen. Bauen Sie ihn von Hand, Motor und Chassis vom 502 liefert Ihnen das Werk – nein, keinen Sechszylinder, wie Hoffman ihn wünscht, der Achtzylinder ist serienreif, den nehmen wir.«

Loof, überglücklich, macht sich ans Werk. Die Karosserie wird von Baur in Stuttgart aus Aluminiumblech gefertigt, und als Hoffman in München erscheint, zeigt ihm Fritz Fiedler – man fährt dazu eigens nach Stuttgart – das Wunderding. Hoffman sagt höflich, aber bestimmt: »Das wird man nie verkaufen können; das ist zu häßlich: das flache Armaturenbrett und die wenig attraktive Form ...«, er werde italienische Designer zu Entwürfen auffordern. Gleich will er nach Italien, kommt nicht dazu, fliegt nach New York zurück, besinnt sich hier auf den Stilisten Albrecht Graf Goertz, einen Deutschen, der seit 1937 in New York lebt, skizziert ihm auf einem

Der Designer
Albrecht
Graf Goertz ...

... und sein erster
Entwurf des 507.

Das im Münchner
Werk angefertigte
Modell im Maßstab 1:5.

Im Maßstab 1:1
von Modelleur
König geformte
endgültige Gestalt
des 507.

Blatt Papier, wie er sich den Wagen denkt, und erkennt sofort, als Graf Goertz ihm die ersten Detailskizzen vorlegt: das ist der Wurf. Die Skizzen gehen nach Deutschland, zehn Tage später klingelt das Telefon in der Park Avenue: BMW München. Ob Graf Goertz nach Deutschland kommen könne. Goertz kommt. Die Zeit ist knapp. Bis zur nächsten Internationalen Automobilausstellung sollen die Prototypen fertig sein: eines schlanken, dennoch geräumigen Coupés nach Gran-Turismo-Art, 503 soll es heißen, auch als Cabriolet zu entwerfen, und eines Touring-Sport-Roadsters, den man BMW 507 nennen will.

Bald geht ein nach Goertz' Entwurf im Werk im Maßstab 1:5 angefertigtes Modell des 507 per Schiff nach New York. Doch Hoffman gefällt es nicht. »Zu hoch, zu eckig, mehr einem Thunderbird als der Grundskizze ähnlich«, mäkelt er, läßt ein Tonmodell formen, schickt es zurück über den Teich. Loof, erbittert über die Ablehnung *seines* Prototyps, den auch Aufsichtsrat und Vorstand »enttäuschend« finden, fährt auf eigene Faust zur

Schönheitskonkurrenz nach Neuenahr, erwirbt dort mit seinem Modell eine Goldmedaille, den »Goldenen Kranz« für Linie, Form und Ausstattung dazu – und löst einen Wutanfall Grewenigs aus, als der aus der Motorpresse davon erfährt und die Zeilen liest: »Welchen Zweck mag die Taktik der BMW-Geschäftsleitung haben, den Prototyp des seit langem erwarteten Sportwagens auf einer Schönheitskonkurrenz zu zeigen, um ihn dann rasch wieder wegzunehmen und mit dem Mantel geheimnisumwitterten Schweigens zu umgeben?« Es ist das »Aus« für Loof, dem Grewenig verbietet, weiter mit dem Wagen herumzufahren, und eine Schlappe für Donath, der dieses fertigungstechnisch einfache, nicht unelegante und vor allem preislich vertretbare Fahrzeug in Auftrag gab.

Im August 1955, ein milder schöner Sommertag breitet sich über New York hin, übergibt Alexander von Falkenhausen als der für das Fahrwerk des 507 verantwortliche Konstrukteur im Waldorf-Astoria-Hotel an Maxie Hoffman jenen Wagen, von dem die Süddeutsche Zeitung schreiben wird: er vermittle den Eindruck, als habe sich die bullige Kraft einer D-Zug-Lokomotive mit der spielerischen Eleganz eines englischen Windhunds vereinigt: »Drei Meter lange Motorhaube, hellgelbe Schweinsledersitze, funkelnde Armaturen, spiegelnder Lack, sparsamer Chrom, ein Zwitter zwischen Flugzeug und Auto, ein Düsenjäger der Autobahn, ein technisches und formgestalterisches Wunderwerk.«

Auch Hoffman ist begeistert. War es eine Anekdote, daß hier im Waldorf-Astoria, wo Goertz' Schöpfung soeben ihren Triumph erlebte, die Geschichte begonnen hatte? Wie denn? Nun, wie Geschichten beginnen – Designergeschichten. Es war bald nach dem Krieg, da parkt Goertz sein Auto, das eine ungewöhnliche Karosserie hat – Goertz entwarf sie 1938, sein erstes Autodesign – vor dem Waldorf-Astoria hinter einem andern, dessen Besitzer Raymond Loewy ist: Loewy, der Papst aller US-Designer. Als Loewy wegfahren will, erblickt er im Rückspiegel Goertz' Karosserie. Goertz wird sein Schüler.

Design ist das Nachvollziehen von Träumen. Wie kann man träumen, wenn man nicht angeregt wird vom Stoff, aus dem die Träume sind. Goertz ist viel gereist: ein paarmal um die Erde, fünf Jahre während des Krieges im

Serienausführung des 507.

amerikanischen Armeedienst, die Hälfte davon im Pazifik, vier-, fünfmal im Jahr zwischen New York und Brunkensen bei Hannover, wo er seiner Frau hilft, das väterlich ererbte Gut zu bewirtschaften. Zeitweilig Bauer und Tierhalter, ist er doch Designer geblieben, gewillt, Identität herzustellen, die seiner Ansicht nach die Schlüsselindustrien verloren haben, vor allem die Automobilhersteller: Sich nie groß von der Norm entfernend, sehen ihre Produkte auch danach aus, eins ähnelt dem andern, verwischte Gesichter, eben keine »Identität«. Im 507, obwohl ohne die charakteristische Niere am Bug, ist sie ihm geglückt, vollkommen, und wenn ein Kritiker ausruft: eine Meisterleistung des aus Amerika heimgekehrten Grafen Goertz, so ist BMW gemeint, das mit dem Wagen ein Fahrzeug geschaffen hat, dessen »Konstruktionsreife im Quadrat der Wartezeiten auf sein Kommen gestiegen ist« – auch wenn man ihm ansieht, daß es nicht auf bayerischem Boden gewachsen ist. »Kaum war eine halbe Stunde vergangen, nachdem die grauen Tücher von den BMW-Modellen gefallen waren, da ging ein Raunen durch die Hal-

IAA 1955. »Die BMW-Leute haben sogar die Italiener geschlagen.«

le – die BMW-Leute haben sogar die Italiener geschlagen«, heißt es in der Sondernummer der »Kölnischen Rundschau« zur IAA 1955.

Was man dort nicht schreibt, weil man's nicht weiß, ist das Folgende: Der BMW-Importeur Maxie Hoffman ist abgesprungen. Jene 2000 von ihm bestellten Wagen – er selbst spricht von 5000 –, deren Abnahme er an die Garantie band, daß der Einkaufspreis pro Stück 12 000 DM betrage, sind Papier. Corvette und Thunderbird, Wagen von etwa gleicher Leistung wie der des 507, aber nur einen Bruchteil davon kostend, sind soeben auf dem amerikanischen Markt erschienen. Und so zerstob der amerikanische Traum des Verkaufschefs Grewenig. Der gewünschte Preis würde nicht einmal die Selbstkosten decken, auch nicht bei Serienfertigung, wofür bei so großen Stückzahlen weder die Fabrik noch die notwendige Maschinenausrüstung da sind.

Dennoch bleibt man im Werk bei dem Beschluß, beide Wagen in Serie aufzulegen. Und fertigt nur Einzelstücke, für die allerdings keine Mühe gescheut wird: Jeder Wagen, der zur Auslieferung kommt, wird von der Versuchsabteilung nach der Annahme noch einmal 100 Kilometer gefahren. Klingt da auch nur ein Ton ein wenig anders, wird er wie ein Flugmotor auseinandergenommen und wieder zusammengebaut, und Falkenhausen hat, um die vom Vorstand geforderten 220 km/h zu garantieren, die Autobahn München–Ingolstadt sperren lassen; vor Eching sind Lichtschranken aufgebaut, die er, den Beamten vom Technischen Überwachungsverein mit

Wallbergrennen 1959. Am Steuer des BMW 507 Hans Stuck senior.

Stoppuhr neben sich, nach zehn Kilometer Anlauf mit 220,1 km/h passiert – Gott sei Dank, die c_w-Werte stimmen und die Continental-Rennreifen, auf 5 atü Luftdruck gebracht, halten durch! (Später erreicht der 507 mühelos 223 km/h, und Hans Stuck senior fährt ihn in Bergrennen, an Jaguar, Ferrari und Mercedes 300 SL vorbei.)

Doch wer hat schon das Geld, das er kostet? Und so werden, mangels Käufern, vom 507 (Kaufpreis 25 500 DM, er wird bald erhöht) insgesamt nur 253, vom 503, der »Schwester« (Kaufpreis 29 500 DM) etwas mehr, nämlich ganze 412 Exemplare gebaut. 1959, nach knapp vierjähriger Bauzeit, wird der 507 ganz aus dem Programm gestrichen. Aber wo immer er erscheint – an der Copacabana, in Hollywood, auf den Blumen-Boulevards von Nizza, Orten, die bezeichnend sind für seine Käufer –, blickt man sich nach ihm um, bewundert – so Albrecht Graf Goertz selbst in einem »Nachwort« auf seine Schöpfung – »wieviel ingeniöses Können, welche dynamische Kraft des 150pferdigen Achtzylindermotors sich mit turbinenartiger Geschmeidig-

Perspektivische Schnittzeichnung vom 507.

keit und Elastizität unter der Motorhaube verbirgt: Form und Technik vereint in glücklicher Harmonie.«

Ernst Kämpfer, der als neuer Finanzchef BMW ab 1958 begleitete, konnte ein Lied davon singen, was diese Harmonie, zu der sich Form und Technik in den »Traumwagen« 503 und 507 vereint hatten, das Werk zusätzlich kostete. Später meinte er einmal darüber: »Solange das eben das Reichsluftministerium bezahlte, konnte man sich den Scherz leisten. Der Dixi ging nicht mehr, da hat man den BMW-Sportwagen herausgebracht, der sehr beliebt war ... Die geringen Stückzahlen spielten damals keine Rolle, und daß umsatzmäßig nichts dabei heraussprang – die Fabrik lebte weiter. Und lebte gut mit dem Grundgedanken: Wir sprechen die Individualisten an, Leute, die bereit sind, viel Geld für ein Auto zu bezahlen. Sehen Sie, und dieser Grundgedanke war wie Wegerich, der Asphaltpflaster durchbohrt ... Sportwagen! BMW hat immer, auch seine Gebrauchswagen, sportlich gebaut – in den Innenausmaßen brachten sie nie, was Mercedes-Wagen bringen. Selbst beim 600, dem Liliput-Omnibus, war der Slogan: Innen größer als außen. Hinzu kommt, daß BMW nie einen Chauffeurwagen anbot. War das gut? Für die Individualisten, ja: Ärzte, Rechtsanwälte, Schauspieler und was da alles ist, guter Mittelstand eingeschlossen. Leider stimmt bloß die Kasse dabei nicht, oder selten. BMW hat keine Firmen als Kunden, hat keinen – Chauffeurwagen. Und das ist schlecht. Die Zeiten können noch so mies sein, aber wenn sich eine Firma festgelegt hat, bleibt sie dabei; und steht geschrieben: unsere Direktionswagen werden bei 100 000 oder 200 000 gefahrenen Kilometern verkauft, dann werden die bei diesem Kilometerstand verkauft, und wenn die Bude halb zusammenbricht ... der Wagen geht weg, und ein neuer wird gekauft, ob Sommer, ob Winter, ob Frühling, ob Herbst. Der Individualist denkt ganz anders: Um Gottes willen, denkt der, jetzt ist Februar, jetzt warte ich erst mal bis Mai. Und sind die Zeiten schlecht, kauft er erst mal gar nicht – Autos sind ja sehr langlebig geworden.«

Der 503 auf dem Pariser Salon 1957. Importeur Thodoroff (4. v. l.) mit einer französischen Delegation.

War das neu? Keineswegs. Auch Grewenig hatten solche Gedanken bewegt, und so stand auf der IAA neben den Sportwagen ein Gefährt, von dem »Die Tat«, Zürich, schrieb: »... von eigentlichem Luxus kann man

Entwicklung einer Staatskarosse. Hier führt Alfons Goppel, damals Innenminister des Freistaats Bayern, Bundeskanzler Adenauer den bereits im Heck abgeänderten BMW 502 vor.

Vom »Barockengel« mit veränderten Heck zum sogenannten Adenauer-Wagen: Prototyp 3200 »Staatslimousine« und (darunter) der 505, von der Schweizer Karosseriefirma Ghia-Aigle gebaut: für Adenauer zu niedrig.

beim Typ BMW 505 sprechen...«, und die »Automobil-Revue«, Bern: »BMW diesmal unsportlich. Diese Repräsentationslimousine auf dem verlängerten BMW-Chassis 505 zeigt äußerlich die Ghialinie und im Innenausbau den dezenten Luxus der deutschen Spitzenfahrzeuge.«

Nicht von ungefähr lobten Schweizer Zeitungen das Fahrzeug. Es war von der Schweizer Karosseriefirma Ghia-Aigle entworfen und, in ganzen zwei Exemplaren, dort auch gebaut worden: mit Trennglas vom Fahrerraum zum Fond, Sprechanlage zum Chauffeur, Bar, weitumgreifender (amerikanischer) Panoramascheibe und allem, was der Serienwagen nicht hatte. Dieser 505 war mit Blick auf Bonn entwickelt worden – und weiter: dem Prestigebedürfnis von Ministerien würden Firmen, die auf sich hielten, nicht nachstehen wollen. Bloß: Als man Adenauer den Wagen vorführte, stieß es ihm, nach einer Probefahrt, die er genoß, beim Aussteigen den Hut vom Kopf – der Wagen sei für ihn zu niedrig. So blieb es bei den zwei Exemplaren.

Absage an die Luft

Als den Deutschen nach dem Ersten Weltkrieg »fliegen wieder erlaubt« worden war, bestanden für das besiegte Land ungleich bessere Voraussetzungen dafür als nach 1945. Zwar hatte Rathenau von wissenschaftlichem Mord gesprochen, der an Deutschland verübt werde, zwar sorgten willkürlich auslegbare »Begriffsbestimmungen« für weitere Verzögerungen und Einschränkungen, nachdem das Verbot, »Luftfahrtgerät zu bauen und einzuführen«, aufgehoben worden war. Doch der alte Fliegergeist lebte, und was im Reich nicht ging: Piloten zu schulen, Flugzeuge zu erproben, war in Rußland möglich, wo Reichswehr und Rote Armee zusammenwirkten, um ihr luftmilitärisches Defizit aufzuholen, aber auch die Zivilfliegerei einzuüben und in neue Techniken einzuweisen.

Wie anders nach dem Zweiten Weltkrieg. Die deutsche Luftfahrtindustrie: zerschlagen, in Atome zerlegt. Was irgendwo noch funktionstüchtig war: demontiert, ins Ausland verbracht. Die Konstrukteure, Erfinder, Wissenschaftler dazu; einige gingen freiwillig, was sollten sie auch hier? Ihre Forschungsinstitute, Laboratorien, Versuchsanstalten gab es nicht mehr; wie vom Wind verweht waren Fabrikationsgeheimnisse, Produktions-, Organisationsmethoden, Betriebserfahrungen; und alle Patente, entschädigungslos enteignet, konnten in den Siegerstaaten frei und nach Gutdünken eines jeden, der sie haben wollte, vorausgesetzt, daß er kein Deutscher war, verwertet werden. »Fliegen wieder erlaubt«, klang wie barer Zynismus: wie? womit? Dennoch endete am 5. Mai 1955, fast auf den Tag zehn Jahre nach der bedingungslosen Kapitulation, das abermalige »Verbot für den Bau und die Einfuhr von Luftfahrgerät«. Deutschland, der Teil, der sich Bundesrepublik nannte, erhielt seine Lufthoheit zurück.

Schon 1948 hatte Franz Josef Popp die Dinge beim Namen genannt, als er in seiner Denkschrift festhielt: »Keine moderne Wirtschaft kann in Zukunft auf den Luftverkehr verzichten, ebensowenig wie auf andere Verkehrsmittel. Dies hat mit militärischen Gesichtspunkten ebensoviel und ebensowenig zu tun. Das Verbot der zivilen Luftfahrt in Deutschland ist eine Maßnahme gegen die zivile Konkurrenzfähigkeit.«

Daß er damit recht hatte, bestritten nicht einmal die Sieger. Jeder vernünftige Grund, das Verbot anders zu sehen, fehlte; und wenn Popp forderte, daß es aufgehoben werde, so dachte er an sein Werk und an dessen Basis, auf die er es gestellt hatte und auch in Zukunft gestellt sehen wollte: mit dem Flugmotor als Mittelpunkt der Produktion und Automobilen und Motorrädern wie gehabt. Wem immer auch beschieden wäre, BMW wieder hochzubringen, der würde daran festhalten müssen, auch nach seinem Tode. Daß es anders kommen könnte, hielt er für ausgeschlossen, und nicht nur er. Auch Donath – Donath war ein Flugmotorenmann – und andere hatten den Plan nie aufgegeben. Die Frage war nur, wann – wann würde man ihn ausführen können? Dieses »Wann« entschied alles Weitere. Und so hatte sich niemand über das »Wie« den Kopf zerbrochen.

Nun war es soweit, und wie sah die Lage aus? Bedenkt man, daß die Bundesrepublik, als das Verbot aufgehoben wurde, längst den Status eines Verbündeten besaß, daß sie Mitglied des Atlantischen Bündnisses wie auch einer Westeuropäischen Union war (mit der gern gegebenen Verpflichtung, auf ihrem Gebiet keine nuklearen, biologischen und chemischen Waffen herzustellen), dann wirkt Popps frühe Feststellung doppelt makaber.

Drei Tage vor Kriegsschluß war Dorls, der Direktor von Allach, in die »Alpenfestung« beordert worden, um dort auf grünen Wiesenmatten – nichts anderes fand er vor – ein Flugmotorenwerk zu errichten: ohne Leute, ohne Material, ohne Maschinenausrüstung, ohne Techniker. War es jetzt anders? Wie sollte ein Land, das von der Spitze der Luftfahrttechnik gewissermaßen in die Steinzeit versetzt war, Verteidigungsaufgaben übernehmen, die dem Luftraum überragende Bedeutung zuwiesen – einem Luftraum, in dem überschallschnelle Flugzeuge und ballistische Raketen operierten!

1944, mitten im Krieg, hatte ein amerikanischer Luftwaffengeneral, der weit genug denken konnte, gesagt: »Vor zwanzig Jahren waren Piloten, Piloten und nochmals Piloten das Rückgrat der Luftwaffe. Das Rückgrat der nächsten Luftwaffe werden Wissenschaftler sein – technisch denkende Menschen.«

Schloß Sandizell bei Schrobenhausen. Hier verbrachte, von den Amerikanern unter Hausarrest gestellt, Franz Joseph Popp, der Gründer von BMW, die Jahre 1947/48.

General Henry H. Arnold, Chef des Army Air Corps (links), zeichnet den Aerodynamiker Theodore von Kármán mit der Verdienstmedaille der amerikanischen Luftwaffe aus.

Die sogenannte ALSOS-Mission (ALSOS = Codewort für »Abwehr-Mission zur Enthüllung der deutschen Atomforschung«) landet mit ihrer Dakota in Stadtilm bei Erfurt ...

... und beginnt sofort mit der Sichtung der Unterlagen, die zur Operation »Paperclip« führen.

Wenn dies stimmte – und 1955 zweifelte kein Mensch mehr daran –, dann spielte die Zerschlagung der deutschen Luftfahrtindustrie eine nur geringe Rolle gegenüber dem Verlust an wissenschaftlich-technischem Know-how.

Von Archimedes wird berichtet, daß er durch Brennspiegel die feindlichen Schiffe bei der Belagerung von Syrakus in Brand gesetzt und vernichtet habe – eine Fabel, an deren Wahrheitsgehalt gezweifelt werden darf; nie hätte bei einer durch Hohlspiegel betriebenen »Kraftmaschine« die Rückstrahlung von Sonnenwärme feste Körper in Brand setzen können.

Außer Zweifel aber steht, daß die Römer, wäre Archimedes bei der Überrumpelung von der Landseite – wie es dann geschah – nicht umgekommen, ihn als Erfinder dingfest gemacht und »ausgequetscht« hätten, so, wie es nach dem Zweiten Weltkrieg geschah, als die Alliierten die Auswertung wissenschaftlicher Ideen für militärische Zwecke mit allen nur denkbaren Mitteln betrieben.

Im September 1944 wurde der Aerodynamiker Theodore von Kármán, der in Göttingen studiert hatte und in Aachen Gründer und Leiter des Aerodynamischen Instituts der Technischen Hochschule gewesen war, von Henry H. Arnold, Chef des Army Air Corps, auf den Flugplatz La Guardia in New York bestellt. Der General war auf dem Weg zur Konferenz von Quebec, wo sich Roosevelt und Churchill trafen. Jetzt, bei der Zwischenlandung, weihte er Kármán, den Wissenschaftler, in seine schon die Nachkriegszeit betreffenden Gedanken an: Er sagte: »Wir haben diesen Krieg gewonnen, und er interessiert mich nicht mehr. Ich glaube nicht, daß wir Zeit verschwenden sollten, darüber zu debattieren, ob wir den Sieg durch reine Übermacht oder durch eine qualitative Überlegenheit gewonnen haben. Nur eins soll uns interessieren. Wie sieht die Zukunft der Luftfahrt und der Luftkriegführung aus? Wohin führen die neuen Erfindungen wie Strahlantrieb, Raketen, Radar und Atomenergie?« Kármán hörte fasziniert zu und nahm den Vorschlag Arnolds, ins Pentagon zu kommen und eine Gruppe von Wissenschaftlern um sich zu sammeln, an, so wie er, als dann um Berlin gekämpft wurde und das Ende des Krieges unmittelbar bevorstand, Arnolds zweitem Vorschlag folgte: unverzüglich nach Deutschland zu gehen und an Ort und Stelle und aus erster Hand festzustellen, wie weit die Deutschen tatsächlich mit ihren wissenschaftlichen Forschungen gekommen waren.

So begann, was vorauszusehen war, jenes »Wissenschaftler-Sammelprogramm« der amerikanischen Luftwaffe, das unter dem Namen »Operation Paperclip« eher an eine Treibjagd erinnern sollte, oder an Schlimmeres, denn auch Army und Navy, dazu die Geheimdienste, durchforsteten mit technischen Spezialkommandos Deutschland nach der begehrten Beute. Es bestanden regelrechte »Einkaufslisten« für vorgemerkte deutsche Wissenschaftler, und die Vertreter der Streitkräfte benahmen sich, so Kármán selbst, wie »Aufkäufer auf einem Sklavenmarkt« – oft ohne verhindern zu können, daß französische Nachrichtenoffiziere ihnen zuvorkamen. (Zwei von ihnen drangen in den Wittelsbacher Hof in Bad Kissingen ein, wo, von US-Posten bewacht, 120 deutsche Spezialisten mit ihren Familien wohnten. Sie gingen die Quartiere ab und hatten, bevor man dahinterkam, den einen und anderen bereits für Frankreich abgeworben.) Die Zerstörung der deutschen Wissenschaft mußte, wie Kármán zu Recht befürchtete, die Folge sein. Trotzdem wurden die Operationen – »Lusty« hieß sinnigerweise ein zweites Unternehmen der US-Luftwaffe, das Jagd auf deutsche Wissenschaftler des Flugzeugbaus machte – fortgeführt. Dabei wurden Millionen von Dokumenten gesichtet, auf Mikrofilm aufgenommen und einer Informationszentrale zugewiesen, aus der später das »Department of Defense Documentation Center« entstand.

1952 wurde in Tullahoma im Staat Tennessee in Camp Forest, einem 16 000 Hektar großen Militärgelände, von Präsident Truman das »Arnold Development Center« eingeweiht. Hier hatte die Herbitus-Höhenprüfanlage von BMW ihren Standort gefunden. Glanzstück des Centers aber war ein Windkanal, gebaut nach dem Vorbild jenes (damals noch nicht fertiggestellten) größten Windkanals der Welt, wie ihn Kármán und seine Leute bei der »Treibjagd« in den Ötztaler Alpen aufgespürt hatten. Er war im schallnahen

Ingenieur C. K. Soestmeyer.

Herbitus-Höhenprüfanlage, in Tullahoma/Ohio wieder aufgebaut.

Bereich von 0,9 Ma ausgelegt. (In Kochel stießen die amerikanischen Fachleute noch auf einen kleinen, ebenfalls im Bau befindlichen Windkanal, der die siebenfache Schallgeschwindigkeit simulieren sollte – und auf Zeichnungen, die Flugbahnen nach New York aufzeigten: ein erster Hinweis auf einen praktisch möglichen interkontinentalen Flugkörper.)

Von BMW-Technikern hatte es den Ingenieur C. K. Soestmeyer, der die von Hellmuth Sachse entwickelte Herbitus miterbaut hatte, nach Tullahoma verschlagen, andere waren in Dayton/Ohio gelandet oder bei den Aerospace Research Laboratories der Wright Patterson Air Force Base in Dienst getreten. Professor von der Nüll, der das Institut für Strömungsmaschinen der Deutschen Versuchsanstalt für Luftfahrt in Berlin geleitet hatte, übernahm bei der Garrett Air Research in Los Angeles die Projektleitung für Gas- und Luftlieferturbinen. Auch Helmut Schelp, der Mann aus dem Reichsluftfahrtministerium, der BMW einst die Entwicklung von Strahltriebwerken angedient hatte, war dort; später ging er nach Phoenix, wo er als Chefingenieur wirkte. Bruno Bruckmann, der Entwicklungschef für den gesamten Triebwerksbau der BMW, war bei General Electric in Cincinatti/Ohio eingestiegen, er machte dort das Strahltriebwerk J 47, das in Korea zum Einsatz kam, betriebsreif; und Peter Kappus, zuletzt Leiter der Stabsabteilung für Vorprojekte bei BMW, stellte, ebenfalls bei General Electric, Untersuchungen über die Anwendung besonderer Triebwerksformen wie das »Lift-Fan« und das »Aft-Fan-«Strahltriebwerk an. Die Junkers-Leute, die einst den Jumo 004 entwickelt hatten, arbeiteten unter Dr. Amselm Franz

Bruno Bruckmann, Entwicklungschef in Spandau, geht zu General Electric nach Cincinnati/Ohio.

Peter Kappus, Leiter der Stabsabteilung für Vorprojekte bei BMW, wird ebenfalls dort tätig.

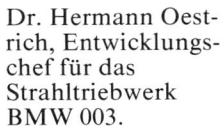

wie ehedem geschlossen als deutsche Ingenieurgruppe bei Avco-Lycoming in Stratford, Connecticut; »Pioneer works with Jets« würdigte sie die »New York Times« 1954 in einem Artikel.

Sie alle hatten langfristige Verträge, nach deren Ablauf die meisten Deutschen Angebote der amerikanischen Luftfahrtindustrie annahmen, die sie auch nach der Pensionierung als »Berater« absicherten. Keiner hatte Lust, nach Deutschland zurückzugehen.

Nur Dr. Hermann Oestrich, der das Strahltriebwerk 003 bei BMW entwickelt hatte, und elf seiner Mitarbeiter hatten es vorgezogen, in Europa zu bleiben. Das französische Luftfahrtministerium, bemüht, die für Jahre unterbrochene luftfahrttechnische Entwicklung aufzuholen, hatte der Gruppe O (Oestrich), die sich zunächst in Lindau-Rickenbach am Bodensee in einem Dornier-Zweigbetrieb wieder zusammenfand, ein umfangreiches, ebenso vielversprechendes wie großzügiges Angebot gemacht: Unter der Bezeichnung ATAR (*A*telier *A*éronautique de *R*ickenbach) sollten sie ein neues Strahltriebwerk für französische Militärflugzeuge entwickeln und bauen. Als »Groupe Technique Voisin«, mit der Gruppe O als Kern, lieferte man die ersten Prototyp-Zeichnungssätze bereits im Juni 1946 an die SNECMA (*S*ociété *N*ationale d'*E*tudes et de *C*onstruction des *M*oteurs *A*éronautiques), so hieß die Muttergesellschaft, die in Paris saß, und Anfang 1948 lief das erste der sechs V-Triebwerke auf dem Prüfstand von Villaroche, dem Versuchszentrum, in dessen Nähe nach Dammarie-les-Lys (Seine et Marne) die deutschen Techniker mit ihren Familien 1953 zogen. 1948 nahm Dr. Oestrich die französische Staatsbürgerschaft an, später wurde er zum Ritter der Ehrenlegion ernannt. Nachdem dann für die Bundesrepublik »Fliegen wieder erlaubt« war, kehrten die meisten seiner Mitarbeiter ins westliche Deutschland zurück, sei es in die aus dem Nichts auftauchende Luftfahrtindustrie, sei es als Lehrer an Hochschulen, wo sie mit offenen Armen aufgenommen wurden.

Auch Helmut von Zborowski, der »Raketengraf«, war dabei. Von den Franzosen aus einem Kriegsgefangenenlager befreit, hatte er, der frühere SS-Führer, für Frankreich in seinem »Bureau Technique Zborowski« in Brunoy (Seine et Oise) den berühmten Coleopter »Käfer« entworfen und entwickelt, einen Senkrechtstarter, der als »Ringflügelflugzeug« von sich reden machte. Daß Zborowski noch einmal, wenn auch vorübergehend, bei BMW eine Rolle spielen sollte, hätten weder er noch jene, die ihn an die Spitze der späteren BMW-Triebwerkbau beriefen, sich je träumen lassen. Aber für Erfinder, mochten sie selbst dem Teufel gedient haben, galt nicht, was jedem anderen zum Fallstrick wurde: seine Einlassung in deutsche Vergangenheit. – Es gab keine Macht der Erde, die auf Genies – waren sie es wirklich oder hielt man sie nur dafür – glaubte verzichten zu können. Weder die Vereinigten Staaten, noch Frankreich, England oder gar die Sowjetunion rümpften da auch nur die Nase.

Dr. Hermann Oestrich, Entwicklungschef für das Strahltriebwerk BMW 003.

Helmut von »Zborowski, der »Raketengraf«.

Als der Krieg in Korea ausbrach, erregte ein russisches Flugzeug, die MIG 15, das Erstaunen (und Entsetzen) der amerikanischen Kampfverbände. Es gab nur ein einziges Flugzeug auf amerikanischer Seite, das ihr gewachsen war: die North American F-86 Sabre Jet. Sie hatte Pfeilflügel.

Wie Amerika dazu gekommen war, hat Theodore von Kármán in seinem Buch »Die Wirbelstraße« berichtet. Ausführlich beschreibt er darin, wie er 1945 in einem Kiefernwald bei Braunschweig, in der Nähe des Dorfes Völkenrode, eine geheime Anlage entdeckte, die den Geheimdiensten vollkommen entgangen war: 56 Gebäude, unter Baumwipfelhöhe errichtet, bargen Forschungseinrichtungen für Ballistik, Aerodynamik und Triebwerkstechnik. Das Aerodynamikgebäude interessierte ihn natürlich besonders. Und richtig, auf einem Schreibtisch entdeckte er das Modell eines Flugzeuges, »das wir noch nie vorher gesehen hatten. Es hatte zurückgezogene Flügel, wie eine Pfeilspitze. Georg Schairer (Kármáns Begleiter) war ganz aufgeregt, als er das Modell sah, und ich ebenso. Es stellte den neuen Typ des ultraschnellen Flugzeugs der Zukunft dar.« Erst wenige Monate vorher hatte man über eine solche Entwicklung diskutiert...

Die Deutschen hatten, wie Kármán wußte, Befehl gehabt, alle Dokumente bestimmter Geheimhaltungsstufen bei Empfang eines bestimmten Stichwortes zu vernichten, und Aschenhaufen bewiesen, daß der Befehl ausgeführt wurde. Er war aber sicher, daß sie nicht Zeit gehabt hatten, alles zu vernichten oder beiseite zu schaffen, und daß es höchstwahrscheinlich, wie bei allen bürokratischen Organisationen, Duplikate gab. Aber wo konnten die Pläne versteckt sein? Es gab buchstäblich Tausende von Verstecken. Kármán fragte den deutschen Direktor Dr. Hermann Blenk, aber der sagte, er wüßte es nicht. »Ich hatte«, berichtet Kármán weiter, »einen Sergeanten mit, der vom Nachrichtendienst abgestellt war. Frank Tchicherin war russischer Abstammung, er war tatsächlich mit dem ersten Erziehungsminister der Kerensky-Regierung in Rußland verwandt. Als wir zu unserem Auto gingen, sagte ich auf englisch (das der Direktor verstand): ›Hören Sie, Tchicherin, wir sind fertig hier. Ich glaube, wir können jetzt den russischen Nachrichtendienst benachrichtigen, daß er hier übernehmen kann.‹ Der russische Nachrichtendienst war überhaupt nicht in der Nähe. Aber ich wußte, daß die Deutschen Angst vor den Russen hatten und daß sie dadurch aufgescheucht werden konnten.

Ich hatte recht. Am nächsten Tag rief Direktor Blenk Tchicherin und zeigte ihm einen trockenen Brunnenschacht. Er sah hinein. Der Schacht war mit Papieren angefüllt. Darunter waren Beschreibungen des Pfeilflügels und umfangreiche Windkanal-Meßergebnisse, die deutlich zeigten, daß der Pfeilflügel überlegene Flugeigenschaften bei schallnahen Geschwindigkeiten hatte. Diese Daten waren die ersten ihrer Art. Schairer schrieb schnell an seine Mitarbeiter bei Boeing in Seattle, berichtete ihnen von seinem Fund und wies sie an, die Arbeit an dem Mach-1-Flugzeug mit dem geraden Flügel, das sie konstruiert hatten, einzustellen.

Er nahm das Material auf Mikrofilm auf und verwendete es, nach seiner Rückkehr nach Seattle, für die Konstruktion der B-47, dem ersten amerikanischen Bomber mit Pfeilflügel.« In einer Fußnote heißt es dann: »Die North American F-86 Sabre Jet, die in Korea eingesetzt wurde, basierte auch auf 1945 erbeuteten Unterlagen der deutschen Luftwaffe.«

Er ist müßig, Überlegungen dahingehend anzustellen, was geschehen wäre, wenn Kármáns Vorschlag, den russischen Geheimdienst zu benachrichtigen, keine List, sondern ernsthafte Absicht und durchführbar gewesen wäre. Die Russen hatten es gar nicht nötig, darauf zu warten. An welchem Ort auf deutschen Boden sie auf die gleichen Konstruktionsunterlagen stießen, ist nicht bekannt. Fest steht aber, daß sie ihnen in die Hände fielen, und daß deutsche Konstrukteure in Rußland aus diesen Plänen jene MIG 15 entwickelten und bauten, deren amerikanisches Gegenstück die North American F-86 Sabre Jet wurde.

Da das amerikanische Pfeilflugzeug sich der MIG 15 gewachsen zeigte, war das militärische Gleichgewicht – jedenfalls in den Augen der US-Militärs – gerade noch erhalten geblieben. Trotzdem wurde, wie Kármán an anderer Stelle erwähnt, im Pentagon sofort ein Kommando für Forschung und Entwicklung unter einem stellvertretenden Stabschef gebildet, was anzeigte, »welche Bedeutung die Luftwaffe der Forschung beimaß«. Kármáns Resümee: »Es ist tragisch, daß immer und immer wieder der Feind den Wert wissenschaftlicher Untersuchungen beweisen muß.«

Im Sommer 1954 war der deutsche »Spezialist« Karl Prestel aus der Sowjetunion heimgekehrt. In Augsburg, wo er bei seinem Bruder Unterschlupf fand, klopfte, kaum daß er ausgeschlafen hatte, ein Mann an die Tür, der sich als Angehöriger des amerikanischen Geheimdienstes CIA auswies. Alle Daten Prestels waren ihm bekannt: daß dieser als »Hauptkonstrukteur« – er nannte die russische Bezeichnung dafür – die deutsche Oberleitung im BMW-Werk Staßfurt, genannt OKB 2, innegehabt, auf dem Schachtgelände des ehemaligen Salzbergwerkes 1946 das 003-Triebwerk zum Laufen gebracht und, beauftragt, das Triebwerk auf einen höheren Schub zu bringen, auch diese Aufgabe gelöst habe ... »Es wurden aber«, warf Prestel ein, »keine 1100 Kilopond wie gefordert, sondern nur 1000 Kilopond erreicht.«

»Immerhin eine 25prozentige Steigerung gegenüber der Serienausführung zu Kriegsende«, sagte der Amerikaner. »Wären Sie bereit, vierzehn Tage nach Frankfurt zu kommen? Wir laden Sie ein.«

»Ist das ein Befehl?« fragte Prestel.

»Eine Bitte«, sagte der Amerikaner höflich. »Sie würden, wie auch andere Ihrer Kollegen, uns einen Gefallen erweisen.«

Prestel hatte nichts zu verschweigen. Er war auch nicht ängstlich. Geheimnisträger war er nicht, sonst hätten ihn die Russen nicht nach dem We-

---

Die im Korea-Krieg erprobten sowjetischen Düsenjäger vom Typ MIG 15 auf einem mitteldeutschen Rollfeld klar zum Start.

Die in Korea eingesetzte North American F-86 Sabre basierte gleichfalls auf 1945 erbeuteten Unterlagen der deutschen Luftwaffe.

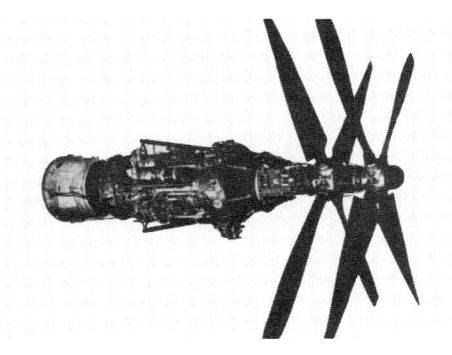

Das Kusnezow-Triebwerk NK 12 mit Gegenlaufpropeller.

Der deutsche »Spezialist« Karl Prestel.

Ferdinand Brandner, Leiter des deutschen Kollektivs.

sten entlassen. In Frankfurt traf er auf bekannte Gesichter: Dr. Scheibe, den früheren Leiter der Prüfstände für die Flugmotorenentwicklung bei Junkers – er war, wie Prestel, in Dessau von den Russen zum »Hauptkonstrukteur« ernannt worden –, und Dr. Vogts, der die Triebwerksberechnung bei Junkers von Null an – alle Unterlagen waren auch dort vernichtet worden – wieder auf die Beine gestellt hatte. Bei der Befragung, die in zwangloser, fast heiterer Atmosphäre stattfand, erschien es Prestel zweifelhaft, ob die »alten Hüte«, von denen er und seine Kollegen zu berichten hatten, im Jahre 1954 die Amerikaner überhaupt noch interessieren konnten. War nicht längst überholt, was zum Beispiel der Grund gewesen war für die ständigen Risse am Schaufelfuß der Turbinen? Bei voller Belastung waren die Turbinenschaufeln immer länger und länger geworden, hatten das Gehäuse gestreift und waren natürlich beschädigt worden. Man fand heraus, daß es am Material lag (zwar kannten die russischen Fachleute die exakte Analyse des deutschen Werkstoffes, aber nicht die Technologie der Herstellung). Oder daß die Entwicklung des 3000-kp-Triebwerkes zwei volle Jahre in Anspruch genommen und daß man, bei Übernahme des Jumo-012-Konzeptes, eine Kombination von Ringbrennkammer (BMW) und Einzelbrennkammer (Jumo) gefunden hatte, mit erstaunlich gutem, rauchlosem Ausbrand ... Waren solche Details noch wichtig? Anscheinend doch, und daß ein vom Jumo 022 stammendes 6000-PS-Propeller-Triebwerk, nachdem es nach erfolgreichem 100-Stunden-»Staats«lauf zum Serienbau abgegeben war, bestimmte Veränderungen erfuhr. – Welche? – Nun, daß der Gegenlaufpropeller durch einen einfachen Vierblatt-Propeller, das geschweißte Gehäuse durch ein Gußgehäuse ersetzt wurde, unter anderem. – War dies das Triebwerk Kusnezow NK-4? – NK-4, jawohl, und als solches in die Transportflugzeuge Antonov An-8 und -10 und Iljuschin Il 18 eingebaut ... – Und NK-12? – Wir hatten das 022-Triebwerk einfach verdoppelt, mit Abtrieben auf ein gemeinsames Luftschraubengetriebe. Dabei traten schwingungstechnisch Störungen auf. Der Versuchsträger stürzte ab. Daraufhin wurde ein Triebwerk in nur einer Einheit entwickelt, mit 12 000 PS: NK 12, das Anfang '53 auf den Prüfstand kam. – Mit Erfolg? – Nikolai Kusnezow leitete das Kollektiv, der beste Mann, den die Russen hatten ...

Bei allen diesen Fragen – und Antworten, die er gab – mußte Prestel im stillen lächeln. Stets hatten die Russen, wenn sie dem deutschen Kollektiv eine neue Aufgabe stellten, dem Sinne nach gesagt, was der Minister für Luftfahrt der UdSSR, Genosse Chrunitschew, dem Kollektivleiter Ferdinand Brandner in Moskau Ende 1948 erklärt hatte: »Wir wissen, in der Technik kochen alle nur mit Wasser, auch die Amerikaner. Sie werden den Amerikanern nicht alles erzählen, denn diese werden sicher nichts von uns nachbauen. Sie werden nur wissen wollen, welche Typen und wie viele Stücke wir von jeder Type bauen. Das aber werden Sie nie erfahren.« Prestel hatte dies in der Tat nie erfahren, und was er wußte, war Stückwerk, ohne Beweiswert.

Abends unterhielt man sich auch über menschliche Dinge. Prestel erzählte, wie er, 1945 in Spandau zum Trümmeraufräumen kommandiert, »einfach aus Neugier« und um ein paar persönliche Sachen abzuholen, nach Staßfurt gefahren sei. Die Angst, von den Russen verschleppt zu werden, hatte ein gewisser Schilo, der Direktor in Spandau und auch schon vor-

In Spandau zum Trümmeraufräumen kommandiert ...
Das Gebäude 1013, das die Versuchs- und Entwicklungsprüfstände im BMW Werk Spandau enthielt.

Vom 003-Triebwerk waren nur Einzelbauteile vorhanden.

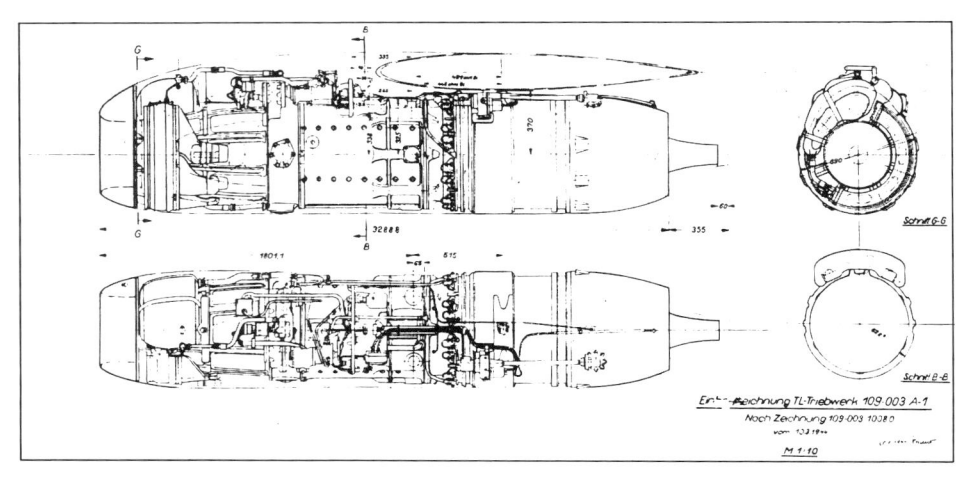

Von oben nach unten: Brandners Haus an der Wolga. Hier ging Prestel aus und ein.

Kollektivleiter Brandner beim Holzsägen.

Eine Grabstätte deutscher Kriegsgefangener wird gefunden und vom Brandner-Team eingeweiht.

her bei der Bramo (Brandenburgische Motorenwerke) gewesen war, ihm in bewegten Worten ausgeräumt. Von Dr. Oestrich und seinen Leuten wußte er nur, daß sie sofort nach der Einnahme Staßfurts durch die Amerikaner von diesen nach München verbracht worden waren; zur Wahl gestellt, entweder nach Frankreich oder in die USA zu gehen, hätten sich die meisten Oestrich-Leute für Frankreich entschieden. Vom 003-Triebwerk, das die Amerikaner samt allen Konstruktionsunterlagen konfisziert und abtransportiert hatten, waren nur Einzelbauteile vorhanden. Da es aber gelang, diese Reste zusammenzufügen, ein Unterfangen, das keinem anderen Zweck diente, als sich beliebt oder besser unentbehrlich zu machen, schwand die Furcht, eventuell doch nach Sibirien zu kommen. Man hatte das ohne Zeichnungen rekonstruierte Triebwerk sogar zum Laufen gebracht, es gab gute Verpflegung, und die Russen verlangten Ausarbeitungen, wie sich die Deutschen ein ganzes Entwicklungswerk vorstellten.

»Das«, sagte Prestel, »war bei 2200 Mann, die wir wieder beschäftigten, darunter unersetzliche Facharbeiter, natürlich die Hoffnung, die wir, nicht zuletzt für BMW, an unsere Berichte banden ... Niemand zweifelte daran, daß das Werk in Deutschland entstehen würde, ein Vorhaben, das in den warmen Sommerabenden, Maikäfer prallten gegen die Scheiben – es war eine Maikäferepidemie in diesem Sommer 1946, man konnte nur noch bei geschlossenen Fenstern arbeiten –, in unseren Köpfen feste Gestalt annahm. Der Herbst kam, Oktober, es war schon kühl. Ich traf gerade die letzten Anordnungen für den Lauf des großen Triebwerks 018 ... es war mit 6000 Kilopond ausgelegt, und wir alle waren so fertig wie glücklich, daß wir das geschafft hatten ... Ich ging zu Bett. Dann, es war noch dunkel, früh gegen vier Uhr, rief jemand, eindeutig mit russischem Akzent: ›Aufstehn!‹ Ein russischer Offizier, dazu seine Dolmetscherin, standen in meinem Schlafzimmer. Ich stürzte ans Fenster. Unten liefen russische Soldaten hin und her. Unsere Villa – ja, meine Frau und ich wohnten hochherrschaftlich in einer der wenigen stehengebliebenen Direktionsvillen – war umstellt, sie drängten ins Haus, die ganze Wohnung war voll von Soldaten. ›Meine Frau bleibt hier!‹ rief ich. ›Nix hier. Frau kommt mit.‹ Es gab keine Gegenwehr, keinen Protest. Vier Wochen später, es war schon Winter, kamen wir in Uprawlenschesk Gorodok, was soviel wie Selbstverwaltungsstädtchen heißt, an der Wolga an, 20 Kilometer von Kujbyschew, wo der große Stausee liegt ... 250 Techniker von BMW – Ingenieure, Konstrukteure, Facharbeiter –, etwa 50 von Askania aus Berlin und rund 350 ›Spezialisten‹ von Junkers aus Dessau, die man in der Nacht vom 21. und 22. Oktober 1946, genau wie uns in Staßfurt, aus den Betten geholt hatte. – Dort an der Wolga sind wir dann acht Jahre geblieben ... bis kurz nach Stalins Tod.«

»Und nie nach Hause gekommen?« fragte einer der Amerikaner.

Prestel schwieg. Dann sagte er: »Sie fragten uns stets, was wir dort wollten. Es ginge uns doch gut. Aber wir kämen schon nach Hause, mit der Bahn, mit dem Flugzeug, jederzeit; wenn Deutschland sowjetisch ist ...«

»Am Ende ist es das«, warf jemand scherzhaft ein, »Sie sind jetzt zu Hause.« Man lachte.

»Ich bin mir nicht sicher. Es ist wie ein fremdes Land«, sagte Prestel.

Er konnte dies nicht näher erklären, wollte es auch nicht. Es ging die Amerikaner nichts an. Bei allem Triumph, überlebt zu haben, war ein dump-

Berlin, 17. Juni 1953: Der Wagen eines hohen Funktionärs – ein EMW der Eisenacher Motorenwerke, früher BMW – wird von Ostberliner Arbeitern umgestürzt.

fer Schmerz in ihm. Woher kam dieser Schmerz? Er war kein politisch denkender Mensch, er war Techniker. Er war aber auch ein Deutscher, und wenn die Uneinigkeit der Siegermächte zu einem westdeutschen und einem ostdeutschen Staat geführt hatte, so wußte er, wohin *er* gehörte.

In der »Zone« hatten die Deutschen im Jahr zuvor den Aufstand geprobt. Er hatte erst jetzt davon erfahren. Er kannte all die Plätze, Straßen, wo sie marschiert, die Großbetriebe, aus denen sie zum Zentrum Berlins vorgestoßen waren: Stahlwerk Henningsdorf, Siemens-Plania, das Kabelwerk Oberspree, Johannisthal, das Walzwerk Oranienburg, Weißensee, Strausberg, Rüdersdorf, Mahlow, Velten ... Vom Strausberger Platz, an der jetzigen Stalinallee – dort in der Nähe hatte er gewohnt –, waren sie in Richtung Alexanderplatz und Leipziger Straße gezogen, von russischen Panzerkolonnen gefolgt – und hatten die rote Fahne vom Brandenburger Tor heruntergeholt. Berlin brannte, diesmal nicht von Feuern entzündet, die vom Himmel fielen. Wohl hatten Arbeitsdruck und Arbeitszwang, hatte materielle Unzufriedenheit den Zündstoff geliefert, dann aber war es zur echten Erhebung gekommen, ein Vorgang, der zeigte, daß politische Freiheitsideale noch lebten und nicht von Propaganda vernebelt und beseitigt werden konnten.

Um so unbegreiflicher erschien ihm das Verhalten der Leute hier, ihr rein auf Materielles gerichteter Erwerbssinn, ihr praktischer Verstand, der jeden Stolz, ein Deutscher zu sein – aber »Stolz« traf nur annähernd das, was er meinte – vermissen ließ. War es die Angst, mit Hitler identifiziert zu werden, und ein Fluch? Waren sie deshalb so tüchtig? Was war es, das sie blind machte für die wahren Gründe, als Deutsche wieder gelitten zu sein und wovon sie glaubten, es habe, zusammen mit ihrem Fleiß, sie bereits wieder so hoch gebracht, daß man sie beneiden konnte? Alle Berechnungen, alle Voraussagen, wie lange es dauern würde, das Trümmermeer wieder in eine begehbare Welt zu verwandeln, hatte ihre »Tüchtigkeit« über den Haufen geworfen – und alles, was an Einsicht, an Bestürzung, an Wärme dem andern gegenüber dagewesen war, auch. Er erinnerte sich noch sehr deutlich an die Stunde Null, an das Gefühl, bei der äußersten Not, die über Menschen hereinbrechen kann, wirklich frei gewesen zu sein. Was war von dieser Freiheit geblieben? Hatte er dafür die russische Staatsangehörigkeit, die man ihm antrug, ausgeschlagen? Dreimal hatte man ihn gefragt, dreimal hatte er Nein gesagt – und es war schwerer gewesen, dies zu begründen und soviel Wohlwollen zu entgehen, als nicht, wie ebensooft angedroht, nach Sibirien zu kommen.

Das Gefühl, jetzt wie ein Bettler vor der Tür zu stehen – denn er besaß nichts, alles und jedes mußte er sich erbitten –, war aber nur das eine. Schwerer wog, daß er als Techniker vor dem Nichts stand.

Was immer ihm und seinen Leidensgenossen in Uprawleschensk Gorodok aufgetragen war, es technisch zu lösen – und er hatte sein ganzes Können darangegeben, seine Phantasie, seine Lust am Tüfteln und am Erproben des Erschafften –, war nie benutzt worden. Allein *wie* man es machte was man machte – die *Methode,* nicht das Ergebnis hatte die Russen interessiert. Als sie dahintergekommen waren, wie die Deutschen etwas auslegten, berechneten, konstruierten: als sie sahen, daß es Geräte gab, um die Funktion einzelner Baugruppen, bevor man sie zusammenfügte, erst zu überprüfen; als sie heraus hatten, warum dies und das bei ihnen nicht hatte klappen können und sie nun wußten, wie es zu handhaben war und daß sie das selber machen konnten: hatten sie alle Projekte abgesetzt, die Mühsal von -zig Jahren verworfen, ab dafür, und die Deutschen nach Hause geschickt.

Zuletzt in Sawjolowo, hundert Kilometer nördlich von Moskau, wohin die Restgruppe, zu der er gehörte, verlegt worden war, hatte man ein ziviles Flugzeugprojekt verfolgt, das Professor Baade in Dresden und Pirna in der DDR in einem neu zu errichtenden Flugzeugwerk mit eigenem Triebwerksbau verwirklichen sollte. Der Österreicher Ferdinand Brandner sollte die Triebwerksentwicklung übernehmen, Prestel den Versuch, wie bisher. Beide schlugen das Angebot aus. Brandner ging ins neutrale Österreich zurück, Prestel in den Westen aufgrund des Umstandes, daß ein hoher SED-Funktionär, der ihn für Pirna verpflichten wollte, Verständnis für ihn zeigte: Er war Lehrling bei BMW gewesen.

1954, noch im Jahr seiner Heimkehr, wurde Prestel aufgefordert, nach Milbertshofen zu BMW zu kommen. Im Direktionsgebäude traf er auf Helmuth

Sachse; beide kannten sich gut, Sachse hatte in einer eigenen Fabrik in Kempten im Allgäu das Kommandogerät gebaut, an dessen Entwicklung Prestel beteiligt gewesen war.

»Dann wär' ja der alte Stamm zusammen«, sagte Sachse, »Sie machen doch mit?«

»Was ›mit‹, wo ›mit‹?« fragte Prestel mißtrauisch.

»Wir haben hier eine Studiengesellschaft gegründet, ich stelle Sie als Versuchsleiter ein.«

»Wofür?«

»Das Ding heißt exakt: BMW-Studiengesellschaft für Triebwerkbau. Keine Angst, nichts Verbotenes. Die Bundeswehr ist im Aufbau. Ein Bundesverteidigungsministerium desgleichen. Auch ein ›Amt für Wehrtechnik und Beschaffung‹ gibt es, das schon jetzt, die Klauseln werden bald fallen, Aufträge erteilt: an Daimler-Benz – aber die wollen nicht so recht – für PTL-Triebwerke; warum nicht an BMW? Der Vorstand ist einverstanden. Wir denken an eine Kleinturbine, 50 PS, zum Antrieb von Pumpen.«

»Nichts Militärisches?«

»Gebranntes Kind, ich verstehe«, sagte Sachse.

Dann erläuterte er, daß man den völlig verlorengegangenen Anschluß an die Luftfahrtindustrie nur wiedergewinnen würde, wenn es hier Leute gäbe, die zunächst allerbescheidenste Fertigungsaufträge entwickeln und ausführen könnten – und über praktische Erfahrungen verfügten, wie man sie, er blickte Prestel vergnügt an, zum Beispiel in Rußland gewonnen hat.

»Da kommen Sie zu spät«, sagte Prestel und erzählte von der Frankfurter Befragung. »Als wir auseinandergingen«, schloß er, »versicherten uns die Amis allerdings, wir Spätheimkehrer von der Wolga hätten ihnen Millionen erspart – durch das, was sie jetzt wüßten.«

»Und das zu den Millionen, die ihnen ›Paperclip‹ einbrachte!« entfuhr es Sachse.

»Was war ›Paperclip‹?«

»Auch eine Art Deportation – auf amerikanisch. Von unseren Leuten sind immer noch einige drüben. Freiwillig, mit festen Verträgen. Einige sind sogar Amerikaner geworden. – Aber nun sind Sie hier, Prestel. Was halten Sie von einem Trainertriebwerk, das wir entwickeln und ausführen könnten?«

»Allein?«

»Zusammen mit ausländischen Firmen, leistungsstarken natürlich.«

»An wen denken Sie?«

»Rolls-Royce zum Beispiel. Produzieren würden wir in Allach. Die US-Armee zieht endgültig dort ab, Mitte nächsten Jahres; sie hat schon gekündigt. – Übrigens, hier im Werk I sind ein paar Prüfstände erhalten geblieben. Sehen wir sie uns mal an?«

»Schon passiert«, sagte Prestel. »Bevor ich heraufkam, habe ich mich umgesehen. Für den Anfang genügen sie.«

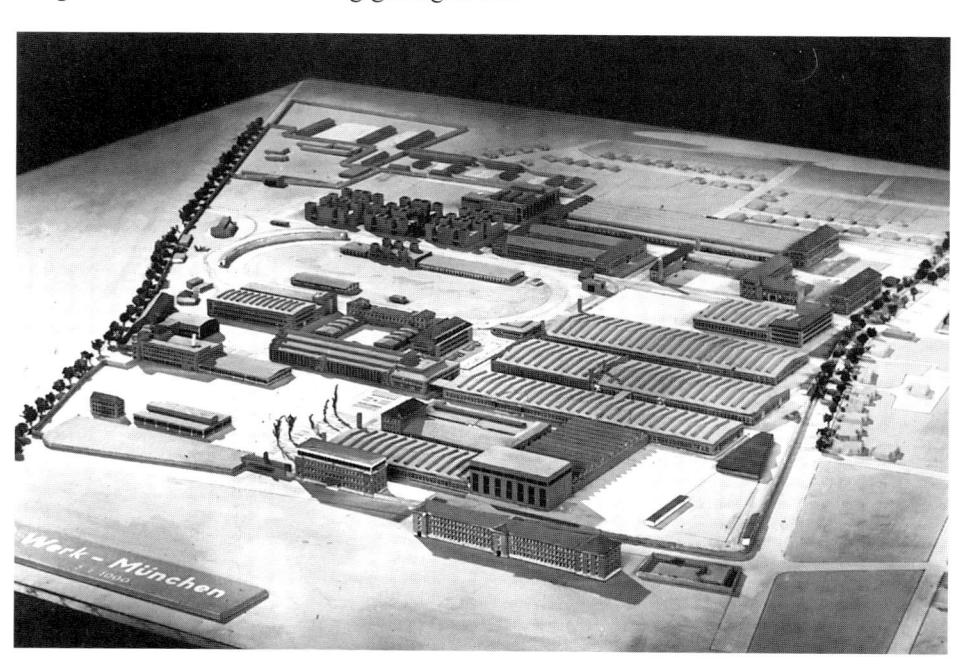

Im Werk I Milbertshofen erhalten gebliebene Prüfstände...

...im Modell rechts über der Einfahrbahn.

Helmuth Sachse.

Die Sache mit der BMW-Studiengesellschaft hatte Hand und Fuß. Im Beirat saßen die Herren von Mangoldt und Donath, bekundeten, daß BMW entschlossen sei, dem Werk die alte Struktur einzuziehen: neben Motorrädern und Automobilen auch Triebwerke für Flugzeuge zu bauen. Da sei nur ein Haken. Unter den Bedingungen, die das Bonner Verteidigungsministerium genannt habe, sei eine Klausel: strikte Trennung von Triebwerkbau- und Muttergesellschaft, sowohl verwaltungstechnisch wie finanziell.

Das habe er vorausgesetzt, sagte Sachse. Natürlich müsse der Triebwerkbau unabhängig bleiben, nicht gerade getrennt von Tisch und Bett, aber... Jeder wisse, daß die AG am großen Wagen Verluste erleide, die die Gewinne im Motorrad- und im Isettabereich nicht deckten. Seit dem Kriege habe das Werk keinen Pfennig an Dividenden gezahlt, was viele Altaktionäre bereits veranlaßt habe, ihre Aktien abzustoßen. Die Folge: Vertrauensschwund, und er brauche ja nicht auszuführen, was das bedeute. Das Autogeschäft gehe ihn sicher nichts an. Im Zusammenhang, daß der Mittelwagen, nach dem alle Welt schreie, gewaltige Investitionen erfordere, aber doch. Aus Mietzahlungen, wie sie die US-Army derzeit noch leiste, seien sie nicht zu erbringen. Woher aber dann? Es sei, würde kein Riegel vorgeschoben, deshalb nur allzu verständlich... Was, fragten die Herren, sei allzu verständlich?

Nun, sagte Sachse, das Geld aus dem großen Topf zu nehmen, vorausgesetzt, es läge noch etwas darin.

Er ließ offen, wieviel das sein könnte, machte aber deutlich, daß die Begehrlichkeit, wenn einem das Wasser bis zum Hals stünde, keine Skrupel kenne, auf Gelder zurückzugreifen, die für einen ganz anderen Zweck in den Topf getan worden seien – hineingetan vom Verteidigungs-, vom Wirtschaftsministerium, hineingetan aber auch von jenen ausländischen Partnern, die er bereits für die »Triebwerkbau« an Land gezogen habe...

In der Tat war, was Sachse bisher erreicht hatte, beachtlich zu nennen und geeignet, die Begehrlichkeit nicht zu mindern, eher zu steigern. Jene Kleinturbine, von der er zu Prestel gesprochen hatte, war produktionsreif entwickelt worden. Ein eigener Brennkammerprüfstand für offene Verbrennung war gebaut, und Prüfstände in Allach, die von der Raketenentwicklung noch vorhanden waren, hatten sich als groß genug erwiesen, um eine Luftlieferanlage, bestehend aus zwei Demag-Radialverdichtern, und den Prüfling aufnehmen zu können. (Ende 1956 liefen die Brennversuche mit dieser Anlage; nur wenig war zu ändern.)

Auch mit Rolls-Royce war man in Verbindung gekommen. Sachse hatte erreicht, daß BMW die Wartung der Triebwerke von – in Amerika und Kanada eingekauften – Flugzeugen der neuen deutschen Luftwaffe in Allach würde durchführen können, und ebenso schien das Projekt mit dem Trainerflugzeug zu klappen. In Gesprächen in Bonn hatte man darüber verhandelt. Unvergeßlich hatte sich Leibach, der dabei war, ein Disput

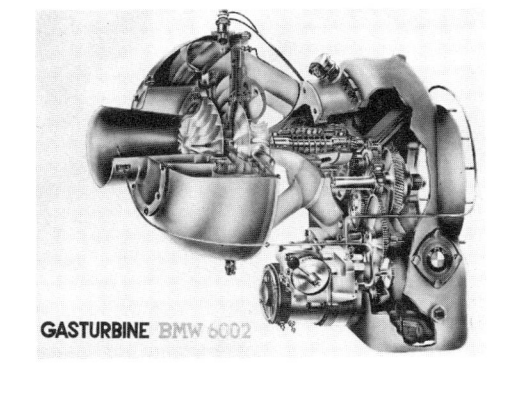

Montage der Gasturbine 6002 in Allach.

Hubschrauber Dornier 32 E mit der Kleingasturbine der BMW Triebwerkbau GmbH.

eingeprägt, den der spätere Inspekteur der neuen Luftwaffe, General Steinhoff, mit seinem Berater Oberst Horten führte. Steinhoff sagte, als alle Einzelheiten geklärt waren, zu Horten: »Wie schnell soll das Flugzeug werden?«

»So knapp unter Mach 1« (also unter der Schallgrenze), sagte Horten. Pause. Dann fügte er hinzu: »Wissen Sie, Herr General, wenn man schon Mach 0,9 fliegt oder knapp unter 1, wär's doch gut, wenn so'n Trainerflugzeug auch knapp Überschall fliegen würde.«

»Da haben Sie recht«, sagte Steinhoff. »Aber wissen Sie, Oberst Horten, wenn wir schon 1,1 bis 1,2 Mach fliegen, könnten wir auch bis 1,3 oder 1,4 Mach gehen.« Horten darauf: »Da haben Sie auch wieder recht, General Steinhoff. Aber wenn wir 1,3 oder 1,4 fliegen, könnten wir da nicht gleich 1,6 Mach –?« Und so ging es weiter, innerhalb einer Viertelstunde hatten sich die Herren auf Mach 2 (doppelte Schallgeschwindigkeit) hinaufgesteigert, und Sachse war nicht verwundert, als er hörte, er solle Kostenangebote für ein 5-Tonnen-Triebwerk einreichen.

Der Pferdefuß war nur: Jene strikte Trennung von BMW AG und BMW Triebwerkbau blieb eiserne Bedingung.

Und so geriet, wovon zu wünschen gewesen wäre, es würde BMW erhalten bleiben: sein Flugmotorenbau, ins Abseits. Der Pfiff ertönte – Freistoß. Doch als der Ball, um im Bild zu bleiben, wieder eingeworfen wurde, fing ihn niemand mehr auf. Die Spieler waren vom Spielfeld verschwunden.

Wie das kam, erklärt sich aus menschlichen Unverträglichkeiten ebenso wie aus der verzweifelten finanziellen Lage, in der sich die Muttergesellschaft befand: hier ein abflauendes Motorrad- und Isettageschäft mit minimalem Verkaufserlös – an einen Gewinn bei den großen Wagen war gar nicht zu denken –, dort die Einrichtung für einen ganz neu zu schaffenden Produktionszweig, wie ihn der Triebwerkbau darstellte.

Lycoming Triebwerk GO-480 B1 AG, von der Triebwerkbau in Lizenz gebaut.

Halle 10 in Allach: Lycoming-Montagelinie 1958.

Bereits Ende April 1955 tat die AG den ersten Schritt vom Wege, als sie sich entschloß, einen Teil des Allacher Werkes zu verkaufen: zwei große Fertigungshallen, ein Kraftwerk, Betriebs- und Nebengebäude, Wohnlager und dergleichen – 520 000 Quadratmeter, das war über die Hälfte des Allacher Geländes. Erwerber war die MAN (Maschinenfabrik Augsburg-Nürnberg AG), der Kaufpreis betrug 21,5 Millionen DM. Dazu wurden weitere 8500 Quadratmeter, mit einer dritten Fertigungshalle, an die MAN verpachtet, wofür diese der neu (oder wieder) zu gründenden BMW Triebwerkbau GmbH jene Werkstätten auf BMW-Gelände errichtete, für die der Muttergesellschaft jedes Geld fehlte.

Kompliziert? Keineswegs. Es war wie das Durchschlagen des gordischen Knotens. Die Armee war gegangen, das Gelände frei, aber viel zu groß, um sinnvoll für eigene Zwecke genutzt zu werden, auch auf lange Sicht. Sich nicht von Werksteilen zu lösen, die ungenutzt auf lange Sicht die Kostenentwicklung des Unternehmens unerträglich belastet hätten, war eigentlich unverantwortlich.

Auch Sachse sah das ein. Doch war er zu sehr an Selbständigkeit gewöhnt, um sich zu fügen und Vorschriften machen zu lassen, die auch dann, als BMW einen neuen Mann an die Spitze des Unternehmens berief, die eingeleitete Zusammenarbeit mit dem Ausland, vor allem mit Rolls-Royce, gefährdeten, wenn nicht zunichte machten. Er drängte weiter auf Unabhängigkeit und eben jene Trennung, die ihm Dr. Richter-Brohm, der neue Generaldirektor, ebenso versagte, wie es seine Vorgänger getan hatten. Daß Richter-Brohm vom bayerischen Finanzministerium, an das er sich wegen eines 20-Millionen-Kredites hilfesuchend gewandt hatte, eine Abfuhr erhielt, bestätigte Sachse nur, wohin der Hase lief. (Die auf Kontrolle gerichtete Forderung, zwei Vertreter der bayerischen Landesregierung in den Aufsichtsrat der Triebwerkbau GmbH zu entsenden, lehnte die AG als Alleinbesitzer barsch ab.) Doch hatte er, Sachse, deshalb – es war lange her – den Dienst im Reichsluftfahrtministerium quittiert, deshalb im Krieg den Direktorposten bei BMW an den Nagel gehängt, um nun, mit der AG zusammen, unterzugehen? Zudem mochten sie sich nicht, der »Neue«, der BMW retten sollte – ohne von BMW eine Ahnung zu haben, wie Sachse meinte –, und er, der alles getan hatte, um BMW die Grundstruktur wiederzugeben. Seine Bitte, den Vertrag mit ihm nicht zu erneuern, kam seiner Entlassung zuvor, die gar nicht aufzuhalten war.

Sachses Nachfolger wurde der Österreicher Ferdinand Brandner. Er sträubte sich gegen den Vertrag, der auf seinem Schreibtisch lag, weil er »gegen hohe Geldbeträge etwas bringen sollte, das ich mit meinem Team aufgrund unserer achtjährigen Erfahrung in Rußland ohne zusätzliche Kosten zu geben imstande war«.

In Brandners Buch »Ein Leben zwischen den Fronten« heißt es dann weiter: »Unser Lobbyist stellte mich auf der Hardthöhe den maßgeblichen Herren des Bonner Verteidigungsministeriums vor. Ich erklärte in dieser ersten und einzigen Sitzung in diesem Ministerium meinen Standpunkt bezüglich dieses Vertragsentwurfes. Ich war betreten von der Schärfe, mit der meiner Ablehnung entgegengetreten wurde. Man legte mir nahe, mich von meiner Vergangenheit, von meiner Rußlandzeit zu befreien und europäisch denken zu lernen ... Leider hatte ich damals weder von den persönlichen Verknüpfungen in der bundesdeutschen Luftfahrtführung noch vom Staatsgebiet der neuen Bundesrepublik Deutschland eine Ahnung. Ich vergaß völlig, daß Deutschland ein besiegter Staat war. Man pflegte alte persönliche Beziehungen nach innen und erfüllte nach außen alles, was die ehemaligen Gegner jetzt als ›selbstlose‹ Freunde von Deutschland verlangten. Beispielsweise hat man nach dem Krieg zehn Jahre lang die Aerodynamik aus den Handbüchern der Technik gestrichen, um den jungen Deutschen den Zutritt zur Luftfahrtwissenschaft zu verwehren. So ist die BRD auf dem Luftfahrtsektor ein Land der Nachbauer geworden mit großem, künstlich gezüchteten Leerlauf in Technik und Wissenschaft.«

Es war im Mai 1958, als Brandner dann von Dr. Richter-Brohm in eine Vorstandssitzung der BMW gerufen wurde. Richter-Brohm teilte ihm mit, daß ein Schreiben des Bayerischen Industrieverbandes vorliege, wonach er nicht Geschäftsführer der Triebwerkbau GmbH bleiben könne, da er nicht Staatsbürger eines NATO-Staates sei. Ferner liege ein Bescheid von der NATO-Prüfstelle vor, der besage, daß er deshalb auch keine Aussicht habe,

Motor GO 480 B 116 wird in die DO 27 (oberes Bild) eingebaut.

die »security clearance« (Unbedenklichkeitsbescheinigung) zu erlangen und nicht zu Entwicklungsgesprächen im Amt zugelassen werde. Daher werde BMW, solange er als Geschäftsführer dort tätig sei, keinen Entwicklungsauftrag bekommen. Aus diesen Gründen, so erklärte Dr. Richter-Brohm sodann, sei er untragbar geworden, und so leid es ihm tue ... Als sein Nachfolger werde vom Amt Dipl.-Ing. Helmut von Zborowski gewünscht, der zur Zeit mit der Bundesrepublik wegen eines Coleopter-Projektes verhandle.

»Er war«, heißt es bei Brandner, »wie ich – Österreicher.«

Der weitere Verlauf der Geschichte führt mitten hinein in jenen schicksalhaften Dezembertag des Jahres 1959, wo der neue Mann, der Generaldirektor Dr. Richter-Brohm, wie ein Angeklagter auf dem Vorstandspodium der Aktionärsversammlung sitzt und für Entscheidungen verantwortlich gemacht wird, die er gar nicht getroffen hat. Einer der Aktionäre ruft hinauf: »Warum haben Sie Allach verkauft?« Und der Kohlenhändler Nold, der später ebenso wie Richter-Brohm für sich in Anspruch nehmen wird, BMW gerettet zu haben, spricht von der »Perle im BMW-Reich«, der Triebwerkbau GmbH, die BMW aus den Händen geglitten sei.

In der Hand der Banken

Das Wort »Höchste Alarmstufe«, ein den Deutschen im Krieg vertraut gewordener Begriff, gilt für Industrieunternehmungen dann, wenn eine Jahresbilanz mit beträchtlichem Defizit schließt. Die Bilanz von 1956 wies für BMW ein Defizit von 6,5 Millionen DM aus – bei Vereinnahmung von 4,8 Millionen DM aus Mieteinnahmen und der Verflüssigung von Vermögensbestandteilen des Werkes Allach, wie der Geschäftsbericht bekanntgab; das bedeutete einen realen Verlust von 11,3 Millionen. Da das Aktienkapital ganze 30 Millionen DM betrug, war somit »höchste Alarmstufe« gegeben.

Doch erst die wirklichen Zahlen, die eine Jahresbilanz nicht ausweist, machten offenbar, wie es in Wahrheit um das Unternehmen stand. Mit bisher 60 Millionen DM Verlust aus dem Wagenbau (das waren 38 Prozent des bis 1956 erzielten Autoumsatzes; bei jedem ausgelieferten Wagen hatte das Werk zwischen 4000 und 5000 DM draufgezahlt!) und Eingriffen in die Substanz, deren Erlös zerronnen war wie Schnee in der Sonne (21,5 Millionen DM aus dem Teilverkauf von Allach an die Maschinenfabrik Augsburg-Nürnberg, 14 Millionen DM aus Mieteinnahmen von Allach, das die Amerikaner aber inzwischen geräumt hatten), trieb BMW, falls nicht in letzter Minute doch noch ein Wunder geschah, dem Ende zu.

Für Milbertshofen kaum Zeit: Dr. Hans-Karl von Mangoldt-Reiboldt.

Dr. Robert Frowein, Vorstandsmitglied der Deutschen Bank.

Wir wissen, wie schwer es ist, am Haupt etwas zu ändern, wenn die Glieder versagen. Wer war das Haupt? Zweifellos Dr. Hans-Karl von Mangoldt-Reiboldt. Von den Alliierten zunächst als Generaltreuhänder eingesetzt, hatte ihn die Deutsche Bank an die Spitze des Aufsichtsrates delegiert. Der Aufsichtsrat überwacht den Vorstand, und ebenso ist er verantwortlich allen gegenüber, denen das Unternehmen gehört: den Aktionären. Wohl wußte die Deutsche Bank, die etwa die Hälfte aller BMW-Aktien in ihren Depots vereinigte, was sie an von Mangoldt-Reiboldt hatte, wenn es um Reputation und Verbindungen ging. Er war, als erster Deutscher, der einem internationalen Gremium vorstand, Präsident der Europäischen Zahlungsunion, war Präsident des Direktoriums des Europäischen Wirtschaftsabkommens und hatte – als zuständiger Vertreter der Bundesregierung bei der Europäischen Wirtschaftsorganisation in Paris – überall mitzureden, wo über Europa verhandelt wurde – hatte er Zeit für Milbertshofen? Kaum. Auch Dr. Robert Frowein, den die Bank Mangoldt-Reiboldt als Stellvertreter beigegeben hatte – er saß in Frankfurt –, war ein Mann, der dieses Amt unter anderen Ämtern versah und betrieb, nicht als Hauptgeschäft. Frowein begriff nur: War überhaupt noch etwas zu retten, mußte *er* handeln.

Schon einmal war es die Deutsche Bank gewesen, die das Schicksal von BMW gelenkt hatte: Ende der zwanziger Jahre hatte ihr Direktor, Dr. Emil Georg von Stauss, BMW zum Automobilbau verholfen: auf Stauss' Geheiß, mit Blick von seiner Bank auf eine Fusion mit Mercedes (Stauss saß dort wie hier im Aufsichtsrat), kaufte BMW die darniederliegende Eisenacher Fahrzeugfabrik auf und übernahm den kleinen Dixi – ein Glücksfall, wie sich bald herausstellen sollte.

Alles wiederholt sich – und wird ganz anders sein. Weder gab es jetzt einen Dixi noch einen Popp, der nie aus den Augen verlor, daß Abhängigkeit begehrlich macht, und der sich Umarmungen entzog, so daß es nicht zur Fusion mit den Schwaben, nicht zum Diktat einer Bank über BMW kam. Daß die Bank, die Deutsche Bank, *jetzt* regierte und neue Männer einsetzte, brauchte indessen kein Unglück zu sein. Ein Unglück wäre es, wenn sie die Macht behielte. Banken sind keine Unternehmer, deren Handeln vom Risiko bestimmt ist, sie wollen Gewinne machen, und Unternehmen, denen sie Kredite gewähren, müssen florieren – ihr gutes Recht. Floriert ein Unternehmen nicht, ist ihre Geduld begrenzt, ihr Engagement auch; geht es aber abwärts mit dem gestützten Objekt, werden sie es »sanieren« – mit Hilfe der Aktionäre, die die Verluste mittragen müssen. Am Ende steht der Verkauf.

Aber soweit war es noch nicht. Entschlossen, »BMW wieder auf die Beine zu bringen«, wechselt Frowein bis auf eine Ausnahme – Heinrich Krafft von Dellmensingen – den alten Vorstand aus. Donath wird vorzeitig in den Ruhestand geschickt – am Ende des Festes, das man ihm gibt, fällt die jahrelange Spannung von ihm, er sitzt auf seinem Stuhl, das Gesicht in den Händen vergraben, weint wie ein Kind, und der kecke Grewenig, wegen Erreichung der Altersgrenze »nur« in Pension gehend, tröstet ihn. An

Szenenwechsel. Donath auf dem Gipfel seiner Karriere: hier an seinem 50. Geburtstag, als er das Werk betritt.

Der neue Mann an der Spitze: Dr. Heinrich Richter-Brohm.

Grewenigs Stelle als Verkaufschef tritt Ernst Hof vom Henkel-Konzern; aber wird er Autos verkaufen können? (»Falls Autos da sind«, spötteln die Auguren. Später sagen sie: »Und er reiste von Hof zu Hof...«) Zum Vorstandsvorsitzenden mit dem auserbetenen und gewährten Titel »Generaldirektor« aber bestellt Frowein einen Mann, dem der Ruf vorausgeht, daß er das Zeug dazu hat, obwohl auch er branchenfremd ist: Dr. Heinrich Richter-Brohm.

Er hat ihn bei der Pintsch Bamag AG aufgespürt, einem soliden Familienunternehmen, von dem Froweins Mann sich aber trennen mußte, weil er als neuer Vorstandsvorsteher sofort das Aktienkapital verdoppeln und »alles auf eine breitere Basis« stellen wollte. Auch bei der Kampnagel AG, einer Hamburger Maschinenfabrik, ist er ausgeschieden; Grund: Reibereien »wegen zu wenig Bewegungsfreiheit«. Davor hatte er, als eine Art Feuerwehrmann süddeutscher Banken, Sanierungen kleinerer Unternehmen untersucht und eingeleitet, auch bei der Liquidation der I.G.-Farben mitgewirkt und war, bald nach dem Krieg, bei der Vereinigten Österreichischen Eisen- und Stahlwerke AG (Vöest), einem Teilbetrieb der früheren Hermann Göring-Werke, zur höchsten Höhe, zum Generaldirektor, aufgestiegen – und tief gestürzt, als er wegen, wie sich später erwies, nicht haltbarer Vorwürfe der Staatsregierung, die ihm Verstöße gegen die Devisenwirtschaft anhängen wollte, in Untersuchungshaft geriet. Ein eigenwilliger, unbequemer, nichtsdestoweniger selbstsicherer Mann, dem Format nicht abzusprechen, das Glück der Zeitläufe aber nicht unbedingt gewogen war, und der doch, nach Froweins sicherer Abschätzung, über alles verfügte, was BMW jetzt brauchte: Um- und Übersicht, Autorität, Durchsetzungsvermögen, Menschenkenntnis, vor allem: Entschlossenheit zu ganzen Maßnahmen, bei konsequentem Verzicht auf alles Halbe.

Solcher Erwartung entspricht auch das Bild, das er abgibt, als er bei BMW antritt, und wer ihn sieht und erlebt, glaubt an Inkarnation: Steht da nicht der alte Franz Josef, Gott hab ihn selig, Popp, wie er leibt und lebt? Einsneunzig groß, Schmisse im Gesicht – die hatte Popp allerdings nicht –, sein Schreibtisch bis auf das Schriftstück, das zur Debatte stand, stets abgeräumt, aufgeräumt, alles im Kopf, knapp im Ausdruck, klar in der Sprache – preußischer Offizierssohn, nun ja – mit leicht berlinerisch gefärbtem Idiom, auch darin Popp vergleichbar, der mit sprachlichen Anleihen aus vergangenen Wiener Tagen zu erinnern beliebte, woher er kam. Wie jener auf den Titel Generaldirektor pochte, so auch Richter-Brohm – er hat ihn sich vertraglich ausbedungen –, und wie jener ist er reizbar bis überheblich, »bis an die Grenze des Überschnappens«, wie durchaus Wohlmeinende bekunden, und dabei furchtlos. Einen NS-Zellenwart soll er 1934 eigenhändig verprügelt und aus dem Zimmer gejagt haben, als der ihm ein Verhältnis mit einer Jüdin nachgesagt hatte, und im Krieg in Prag, wo er der Böhmisch-Mährischen Maschinenfabrik vorstand, hatte er die Polizei aus seiner hellerleuchteten Villa verwiesen, ihr durch seinen Diener bestellen lassend: »Herr Generaldirektor wünscht keine Verdunkelung.«

Das Bild war zwingend: keine Verdunkelung (für die es im Krieg noch Gründe gegeben haben mochte). Als er, bei seinem Eintreffen in München, die Herren des Vorstands mit Herrn von Mangoldt zusammen antrifft, sagt er diesem, der sein Zimmer neben dem von Heinrich Krafft von Dellmensingen hat: »Bitte räumen Sie. Zwei Generaldirektoren, das geht nicht. Sie sind Aufsichtsrats-Vorsitzender. Ihr Platz ist nicht hier im Haus.«

Ebenso unmißverständlich ist seine Frage, was man, bitte sehr, für die nächsten Jahre vorhabe.

»Was denn?« fragt Mangoldt.

»Na das Programm.«

»Es gibt kein Programm.«

»Wie, Sie wollten mit dem Achtzylinder und der kleinen Isetta durchkommen?«

»Uns blieb keine Wahl.«

»Aber Sie müssen sich doch den Kopf zerbrochen haben, was in Zukunft zu tun sei.«

Die Antwort: Man habe, zugegeben, von der Hand in den Mund gelebt. Kein Programm, kein Programm – nein, das ist schlimmer als alles, was er erwartet hat.

Als Neuling in der Branche – was er selbst bestreitet: Die Böhmisch-Mährische Maschinenfabrik hat unter seiner Leitung vornehmlich Last- und Personenwagen gebaut – fährt er nach Turin, sieht sich dort bei Fiat um, wo man seinen Vater, den preußischen General, in guter Erinnerung hat (dank ihm hatte die Schwere Artillerie des Reichsheers ihre Zugmaschinenmotoren stets bei Fiat bezogen) – und erhält aufgrund umfangreicher Marktforschung, wie Fiat sie seit Jahren betrieb (bei BMW hat man an dergleichen auch nie im Ansatz gedacht), ein ungeschminktes Bild über die Absatzchancen innerhalb der internationalen Automobilindustrie. Danach steht sein Entschluß fest.

Und so ist sein erstes Werk, in einer 133 Seiten umfassenden Studie zu beschreiben, wie »die derzeit mangelhafte Lage, die sich aus der nahezu verzweifelten Ertragssituation ergibt, von Grund auf zu ändern« sei. Sein Rettungsvorschlag: ein völlig neuer BMW-Wagen der Mittelklasse, den er sich folgendermaßen denkt: »Motor 1600 Kubikzentimeter, 80 PS in der Normalausführung. Diese verleihen dem Wagen besondere Lebhaftigkeit (Beschleunigungsvermögen). Da der Motor als extremer Kurzhubmotor ausgebildet ist, kann dieser ohne weiteres auf eine höhere Leistung gesteigert werden, falls sich dafür besondere Absatzchancen eröffnen sollten.« Als normaler Jahresumsatz sind 24 000 Fahrzeuge vorgesehen, von denen 16 000 im Inland und 8000 im Ausland verkauft werden können. Aufgrund der Produktionsplanung sollen im Jahre 1959 13 000 Fahrzeuge im Inland und 6400 im Ausland abgesetzt werden. (Das, rechnet er aus, bedeutet einen Umsatz von 300 Millionen und Bilanzgewinn von 14 Millionen DM.)

Ein großes Wort. Ein nicht minder großes Wort ergeht von Richter-Brohm in der Hauptversammlung am Jahresende 1957 an die Aktionäre. »Für das neue Produktionsprogramm, das die Lücke zwischen der Isetta und dem Großwagen schließen soll, ist die Finanzierungsfrage gelöst.«

Wirklich? Als Ernst Kämpfer, noch bevor er als neuer Finanzchef, von Richter-Brohm geholt, seinen Posten antritt, im Dezember 1957 BMW einen Besuch abstattet, wird ihm gesagt, der Mittelwagen stehe unmittelbar vor dem Anlauf.

Der Zufall fügt es, daß er mit einem Mann von Ford, den Richter-Brohm als technisches Vorstandsmitglied engagieren will – der letzte Techniker im Vorstand ist gerade nach Hause geschickt worden, man hat keinen! –, zusammen durchs Werk geht. Vergeblich schauen sie nach einem Mittelwagen aus; Kämpfer, er war immer in der Industrie, hat feine Ohren, der Mann von Ford scharfe Augen. Sie entdecken – nichts, keine Schraube von einem Mittelwagen. Wieder bei Richter-Brohm, sagt Kämpfer, er habe gelernt, daß man für die Beschaffung von Werkzeug für ein neues Modell mindestens ein Jahr brauche. Nicht nur, daß da kein Werkzeug da sei, es sei auch noch nicht bestellt! Kein Motor fertig, keine Karosserie, nichts! Richter-Brohm winkt ab: Er gebe das ja zu, aber es käme jetzt alles heran. – Und die Finanzierung? – Die sei auch klar.

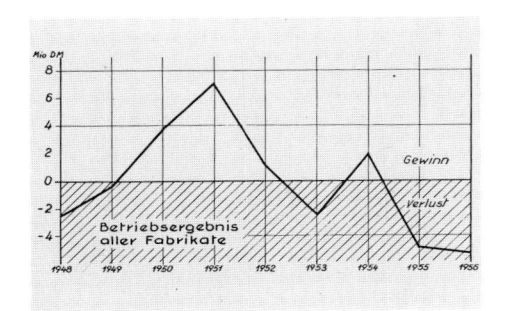

Aus der Studie von Richter-Brohm: »Der mit Abstand günstigste Zeitraum war das Jahr 1951, das einen Betriebsgewinn von DM 7,1 Mio. erbrachte.«

121

Der Bremer Holzkaufmann Hermann D. Krages.

Auf dem Weg zum Mittelwagen (von oben nach unten): 1955 entstand der »schräge Otto«, dessen vier Zylinder schräg unter der Fronthaube lagen.
1957: Der erste 1,6 Liter BMW in der Coupéausführung. Man verwarf ihn.
1958: Der serienreife 1,6 Liter-Wagen mit der Trapezlinie. Er scheiterte an den Finanzen.

Höchste Alarmstufe? Nun, Richter-Brohm ficht es wenig an, er baut auf Frowein, dessen Wort in der Bankenwelt ungeschriebenes Gesetz ist, und so steht fest, daß 35 Millionen für den Mittelwagen bereitstehen, aufgeteilt auf die Hausbanken von BMW (neben der Deutschen die Dresdner Bank und die Bayerische Staatsbank). »Bei Frowein«, so erinnert sich Kämpfer, »saßen die da wie die artigen Kinder bei Tisch, und keiner sagte was. Ja ja... machen wir mit. Aber es gab keine schriftliche Fixierung, keine verbindliche Erklärung... Das hätte bei Frowein nichts gemacht. Bloß: Eines Tages im Jahre 1958 ging der Frowein in Frankfurt in einen Blumenladen und fiel tot um. Herzinfarkt. Und nun erklärten alle: ›Wir haben uns zu überhaupt nichts verpflichtet. Wir wollen nicht und rücken keinen Pfennig heraus.‹«

Es folgt die Affäre Krages. Gemessen an den Hoffnungen und Erwartungen, die der Bremer Holzkaufmann, als der große private Finanzier, vorübergehend bei BMW erweckt, endet sie – außer daß eine Wandelanleihe über 15 Millionen herausspringt, die Krages garantiert, soweit sie nicht am Markt untergebracht werden kann – mit einem kläglichen Fiasko: Krages steigt aus, sein Aufsichtsratsmandat legt er dann im Februar 1959 nieder. Und ebenso scheitern alle Versuche des als arrogant und überheblich verschrienen »Preußen« Richter-Brohm, von Bayern jene Staatsbürgschaft zu erhalten, die seine Vorgänger – man weiß nicht weshalb, sie wurde vom bayerischen Staat angeboten – nicht in Anspruch genommen haben.

Wir kennen den Grund für Bayerns Ablehnung von Richter-Brohm, oder vermuten ihn, war es doch Richter-Brohm, der den bayerischen Wunsch, zwei Vertreter des Landes in den Beirat der Tochterfirma Triebwerkbau GmbH in Allach zu entsenden, vereitelt hat (und damit NATO-Rüstungsaufträge des Bundesverteidigungsministeriums in Höhe von 300 Millionen Mark für die Entwicklung von Strahltriebwerken, die die Allach-Tochter erhalten sollte, vorausgesetzt, sie flössen ihr und nicht der Muttergesellschaft zu). Wenn es stimmte, was Richter-Brohm gesagt haben soll, als er seinem Freund und Gönner Frowein darüber berichtete, so war es bezeichnend für ihn: »Was brauchen wir (im Beirat) zwei Bayern, die habe ich abgewimmelt.«

Abgewimmelt hatte er auch den bayerischen Plan, einen gebürtigen Bayern, den pensionierten Shell-Direktor Ernst Falkenheim, als »Administrateur délégué«, mit Sondervollmachten, an die Spitze des Aufsichtsrats zu stellen. Was sollte das? Was suchte der Staat in der freien Wirtschaft? Er, Richter-Brohm, hatte von Staatswirtschaft, die Untersuchungshaft in Linz nicht vergessend, genug. Natürlich wollte man ihn los sein. Da kannte man ihn aber schlecht. »Wir werden«, verkündete er, »das Problem privatwirtschaftlich lösen!«

Aber wie, nach Froweins Tod? Der Aufsichtsrat ist, ohne Frowein, nur noch ein Torso, und die lenkende Hand, die Richter-Brohm selbst sein wollte, fehlt. Mit jeder Bank muß er nun einzeln verhandeln, und jede weiß, daß die ohnehin knapp gehaltene Finanzierung bei Richter-Brohms versprochenem »Durchbruch nach vorn« nur dann wirksam werden kann, wenn die benötigten Gelder rechtzeitig fließen. »Nur dies«, so der »General« vor der Hauptversammlung im April 1959, »ließ eine Besserung der Ertragslage innerhalb einer relativ kurzen Zeit erwarten.« Mit anderen Worten: seine Produktionsplanung von 1957 ist Stückwerk geblieben, der Mittelwagen als deus ex machina in weiter Ferne, obwohl, wer den Prototyp zu sehen bekommt, zu sagen versucht ist, daß mit ihm alles in der Mittelklasse Bekannte, aus welchem Lande es auch stammen sollte, in den Schatten gestellt werde: »Moderne fließende Formen, in nichts an die bekannten großen BMW erinnernd, es sei denn in einigen Andeutungen an die Sportwagen, bis ins letzte genutzte Maße, kurz und gut, Schönheit, Geräumigkeit, Komfort ergänzen den sportlichen Motor zu einem Automobil, dessen große Erfolgschancen einwandfrei vorauszusehen ist.

Ich bin«, schreibt Heinz Kranz in »Automobil Technik und Sport« noch im Juli 1959, »felsenfest davon überzeugt, daß es nicht nur bei uns, sondern in aller Welt -zigtausend Begeisterte gibt, die auf einen sportlichen BMW 1600 fliegen, der sich in einer Preisklasse unter 10 000,- DM bewegt. Bei einer ausreichenden Produktion könnte er preislich an gewohnte Vorstellungen von Mittelklasse-Wagen anschließen und allen dennoch in seinen Leistungen weit überlegen sein.«

Was soll's, sagen die Banken, und da einer ihrer Vertreter im Aufsichtsrat, Ernst Matthiensen von der Dresdner Bank, kurz vor der erwähnten Hauptversammlung sein Mandat niederlegte, auch Falkenheim seine Zustimmung, Vorsitzender an Stelle Mangoldt-Reiboldts zu werden, zurückzog, Krages ebenfalls ausgeschieden ist und der wichtigste Punkt der Hauptversammlung, die Aufsichtsratswahl, von der Tagesordnung abgesetzt werden mußte, handelt, als es eigentlich fünf nach zwölf ist, endlich die Deutsche Bank und bestellt beim Registergericht einen Mann ihres Vorstandes, Dr. Hans Feith, zum stellvertretenden Aufsichtsratsvorsitzenden (der Vorsitz selbst bleibt unbesetzt).

Wer kennt sich noch aus? Nun, Feith kennt sich aus. Für ihn gibt es nur einen Weg: Illusionen begraben (und das Mittelklasseprojekt *ist* für ihn eine Illusion) und eine kapitalkräftige Gruppe suchen, an die sich BMW anlehnen kann. Wo ist sie? Da ist Ford (er verhandelt; die Verhandlungen schlagen fehl), da ist General Electric (er verhandelt; die Verhandlungen schlagen fehl; bei einem Besuch des Präsidenten dieser Gesellschaft muß dieser 25 Minuten warten, was Feith später abstreitet), da ist die britische Automobilfabrik Rootes (die macht ihr Kaufinteresse von einem Besuch beim Münchner Werk abhängig, zu dem es nicht kommt). Und da ist Daimler-Benz, dessen Direktor Dr. Zahn gleich bei den ersten Besprechungen im Gebäude der Deutschen Bank in Frankfurt auf Feiths Zustimmung stößt, und das ist kein Wunder. Denn Feith sitzt als Vertreter der Deutschen Bank auch im Aufsichtsrat von Daimler-Benz. Für Richter-Brohm ist die Sache klar: »Feith«, sagte er später, »wollte eben von vornherein BMW an Daimler verkaufen. Für den gab es einfach keine andere Lösung.«

Nach Richter-Brohms Plänen hatte, als er antrat, der BMW 600, der Liliput-Omnibus, einen Teil des Geldes für das Mittelklasse-Projekt bringen sollen. Das Publikum hatte ihn abgelehnt, und so wurde es mit der »Überbrückung« nichts. (Im Oktober 1959 wurde die Fertigung des 600 endgültig eingestellt, womit die 8,9 Millionen Mark, die seine Anlaufkosten verursacht hatten, nutzlos aufgewendet waren. Aber das war nicht Richter-Brohms Schuld.) Indessen löste der Umstand, daß niemand das ungeliebte Fahrzeug kaufen wollte, eine Initiative aus, die nicht mehr aus dem Werk selbst kam, auch nicht mehr kommen konnte.

Und so gibt es bei aller Rasanz, mit der die Geschehnisse sich der Katharsis nähern, ein retardierendes Moment. Im Theater weiß jeder, wann es eintritt: etwa nach der Mitte des letzten Aktes. »Meine Herren, ich habe Takt. Man stirbt nicht gleich im fünften Akt«, ruft bei Ibsen im Peer Gynt der geheimnisvolle Passagier, und das Spiel geht weiter. Ob es die Katastrophe nur hinausschiebt, die Hoffnung auf Aufhebung des unerbittlichen Ablaufs nur Täuschung ist oder nicht – allein die Möglichkeit, daß alles noch anders kommen könnte, bannt uns, läßt uns noch einmal hoffen: Es ist, als sähen wir die nachtdunkle Landschaft wie von einem Blitz erhellt, taghell – und darin die Lösung.

Ist es Krages, der sie verheißt? Kaum auf die Bühne gesprungen, tritt er, seinen Sack mit Geld auf der Schulter, in die Kulissen zurück. Er hat Angst, sein Geld zu verlieren, auch sind ihm die Leute fremd, schon ganz die Sache, um die es geht, sie ist ihm immer ein wenig unheimlich gewesen; und wenn er das Geld im Sack nicht verdoppeln kann, bleibt er lieber beim Holz, von dem er was versteht, oder geht, wie er es dann tut, in die Chemie. Aber ein anderer Mann tritt auf, kein Mann des großen Geldes, auch kein reiner Tor, und ein Prinz aus Morgenland ist er auch nicht. Doch kommt er aus Wien, wo man leichter denkt, eleganter, und er bietet Ideen an. Er ist Unternehmer – soweit er als Importeur von BMW für Österreich sich als solcher bezeichnen kann –, und er ist Techniker. Beides hat in ihm eine unvergleichliche Mischung von Einfallsreichtum, Idealismus, motorsportlicher Begeisterung – erfolgreicher Rennfahrer ist er auch – und eine Verbundenheit mit dem Produkt hervorgebracht, das ihn an BMW und BMW an ihn kettet. Jedenfalls sieht er weiter als andere und erkennt den Punkt, über den die Waage wieder ins Gleichgewicht gebracht werden könnte. Es ist Wolfgang Denzel.

Mit einer eigenen kleinen Entwicklungsgruppe hat er für einen neuen Kleinwagen, basierend auf dem Chassis des BMW 600, eine Karosserie entwickelt, die den Wagen vom Odium des Liliput-Omnibusses befreit und zum echten Auto macht. Ende März 1958 erteilt Richter-Brohm den Auftrag, vier

Rennfahrer, Techniker, Importeur: Wolfgang Denzel aus Wien.

»Ein feines Auto, der 700, nach dem 600er eine Erlösung!«

Das Turiner Holzmodell des 700.

Wie Denzel die Armatur gestalten ließ.

Ein von Stroinigg für Denzel entwickelter 4-Zylinder-Boxer-Versuchsmotor.

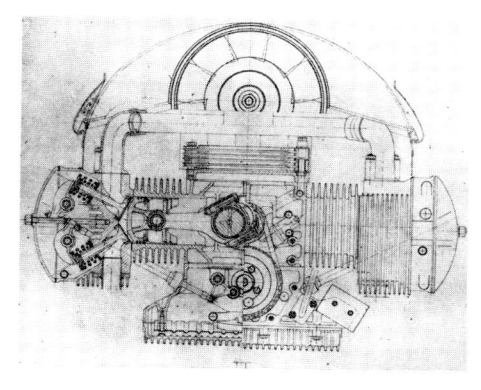

Monate später stellt Denzel am Starnberger See den fertigen Prototyp vor. Kämpfer erinnert sich so daran: »Da war so ein abfallendes Grundstück auf der Strecke nach Possenhofen, ganz abfallend, und direkt am Seeufer stand der Wagen mit einer Plane. Das ganze Volk stand 60, 70 Meter höher – da wird die Plane heruntergezogen, und alle waren platt. Keiner hatte das erwartet, keiner das dem Denzel zugetraut. Die Techniker hatten dann noch Kleinigkeiten zu bemängeln – Kleinigkeiten. Das Grundstück war von der Straße nicht einzusehen. Und alle Techniker und Verkäufer waren da von BMW. Weiß, auf dem grünen Rasen – ein feines Auto, nach dem 600er eine Erlösung!«

Daß diese Erlösung von draußen kam – und nicht aus dem eigenen Hause –, hatte gewiß mit dem bekannten Wald zu tun, den man vor lauter Bäumen nicht sieht, aber auch damit, daß ein Mittelwagen geplant war, um den alle Gedanken kreisten. An einen Kleinwagen dachte niemand, schon gar nicht an eine Weiterentwicklung des mißglückten 600, den Black, der technische Vorstand, noch immer als das Nonplusultra ansah und in astronomischen Stückzahlen zu bauen gedachte. Aber gerade dies: Mit nur wenigem Aufwand aus dem Liliput-Omnibus ein richtiges Auto zu machen, war Denzels Idee gewesen – und die Idee dahinter: mit diesem Auto(chen) Zeit zu gewinnen und jenes Geld, um den Mittelwagen, dessen Bau durch die Banken gestoppt war, komme was wolle dann endlich, womöglich aus eigener Kraft, herauszubringen.

Zu ihrer Rechtfertigung versuchte die Entwicklungsabteilung später – 1960 – nachzuweisen, daß sie, nachdem 1955 alle Versuche, die Isetta zu vergrößern, gescheitert waren, ein viersitziges Fahrzeug »mit im Heck querliegendem, wassergekühltem 4-Zylinder-Motor in einer Karosserie, welche der Standardform entspricht« entworfen und ausgearbeitet hatte. Der Vorstand habe dieses Modell im Sommer 1956 gutgeheißen, sich aber dann doch für jene verlängerte Isetta entschieden, die unter dem Namen BMW 600 lief. Man gab aber zu, daß an Denzel in Wien »aufgrund bestehender Verbindungen sowohl zu Herrn Michelotti als auch zur italienischen Karosseriefirma Vignale« vom Vorsitzenden des Vorstands der BMW – also von Richter-Brohm – der Auftrag erteilt wurde, »den ersten Prototyp für einen Kleinwagen der 700er-Klasse mit konventioneller Karosserieform zu erstellen. Als Unterlagen für diesen Typ«, heißt es sodann in dem von Fiedler, Wolff, Böning, v. Falkenhausen und Hofmeister unterzeichneten Memorial, »wurden Herrn Denzel sowohl Entwurfszeichnungen über die Karosserieform als auch sämtliche vom BMW 600 zu übernehmenden Teile und Teilaggregate in Form von Zeichnungen übergeben (siehe Anlage: Entwurfsskizze vom 7. 11. 1957)«.

Folgte noch die Bemerkung: »Aufgrund der in dieser Skizze festgelegten Abmessung, insbesondere der Höhenfestlegung, war dieses Fahrzeug bereits mit selbsttragender Karosserie gedacht...«

Die Skizze zeigte die Umrisse eines Fahrzeugs, das auffallend dem Denzel-Coupé glich – oder dieses ihm, was sonderbar anmutete: hatte Denzel nur ausgeführt, was das Werk verlangte? Wie reimte sich dann zusammen, daß alle Welt bei der Vorführung am Starnberger See sprachlos war? (»Niemand hatte das dem Denzel zugetraut...«) Und die selbsttragende Karosserie, die wieder eingebracht zu haben Denzels ganzer Stolz war, auch sie hatte, wie aus der Skizze hervorging, zum Konstruktionsauftrag gehört?

Etwas stimmte da nicht. Als ich Denzel hierüber befragte, lächelte er sanft. »Am Ende«, sagte er, »stammt die Skizze von mir? Ich will niemand der Fälschung bezichtigen, nur – so war es nicht. Coupé und Limousine wurden in Wien entwickelt. Warum? Nun, weil Richter-Brohm jeden Freitag abend oder Samstag früh dort erschien – in der Wattmanngasse, manchmal auch in San Remo auf meinem Segler, Rat suchend, Erholung auch, und ich einen gewissen Einfluß auf ihn hatte. Verständlich: Hier unser Wiener Konstruktionsteam mit neuen, unkonventionellen Ideen, effizient, produktiv, schnell; dort eine Hofkamillera, in sich zerstritten, die ihm das Leben schwermachte, dazu noch dieser Black, der dann plötzlich verschwand... ›Mensch, Denzel‹, klagte er, ›was soll ich machen? Jeder konstruiert vor sich hin, jeder was er will, und jeder meint, er kann das, weil er glaubt, von Autos versteht dieser Richter-Brohm ohnehin nichts...‹ Ich riet ihm, regelmäßig unter seinem Vorsitz Entwicklungsbesprechungen abzuhalten, um so dem Ganzen eine Linie zu geben, zu der man bisher nicht gefunden hatte, auch nicht finden würde, wenn er sie nicht angab. Er wußte, wie sehr ich mit drinhing, mich engagierte... BMW war seine, aber auch meine Zukunft, als Importeur hatte ich ja nix, nur BMW, und als das Werk nicht mehr hochkam, war ich, um Anschluß an bestimmte jüdisch-amerikanische Bankkreise zu finden, zu Maxie Hoffman in die USA gesandt worden. Hoffman hatte mir aber den Stuhl vor die Tür gesetzt, lud mich nicht mal zum Mittagessen ein. (Zwei Jahre später rief er mich in Wien an: ›Ich biete Ihnen soundsoviel, wenn Sie mir die BMW-Vertretung wiederbeschaffen!‹ Und ein drittes Jahr später, als er sie nicht bekam, wollte er einen Prozeß gegen BMW anstrengen...) Auch in Detroit und New York hab' ich verhandelt, unter anderem mit American Motors. Aber Roy Chaplin, ihr Vizepräsident, war ein Zauderer, wollte nicht, dann wieder doch, und als er nach München kam – wir saßen im Park gegenüber dem zerbombten Kriegsministerium, an einem Sommerabend war das, vergeß ich nie –, stellte ich die Bedingung: ›Nur wenn du mir den Geist und die Konstruktionsrichtlinien bei BMW nicht verdirbst‹ – ich dachte vor allem an die selbsttragende Karosserie –, ›mußt dich daran halten!‹ Chaplin schüttelte den Kopf und lehnte, jetzt, wo es fast soweit war, wiederum ab. (Hätte er's gemacht, wär' er nicht so bös' dran, heute...)

Das alles lag hinter mir, immer wieder hatte ich Richter-Brohm meinen Plan eingebleut: *erst* den Kleinwagen, *dann* mit dem Geld, das er bringen würde, den Mittelwagen zu bauen und den 600, von dem der Herr Black 400 000 Stück bauen wollte, ganz aufgeben – noch die 60 000, die dann gebaut wurden, waren zuviel. Bis eines Tages, es war auf dem Segler und Richter-Brohm wollte nach Korsika segeln, er warf schon die Leine los, ich stand an Land – und hatte die Konzeption im Kopf, auch schon meinen italienischen Designer aus Turin bei mir... Ich rief: ›Sie können nicht segeln, Herr Doktor, wenn wir jetzt nicht arbeiten dürfen!‹ Da rief er zurück: ›Machen Sie was Sie wollen!‹ Und ich, er hörte es schon nicht mehr, schrie ihm nach: ›Danke für den Auftrag!‹

Das, und nichts anderes, ging der Geburt des 700 voraus.

Schleicher hat dann, begeistert, was auf dem 600er-Chassis mit der Schräglenker-Hinterachse entstanden war, sogleich, noch am Starnberger Seeufer, den Antrag gestellt, das Auto möge gebaut werden.

Woraufhin – noch am Seeufer – der Vorstandsbeschluß fiel: Wir bauen!, und ein Protokoll aufgesetzt wurde, das die Klausel enthielt: Niemand dürfe an dieser Konstruktion auch nur das geringste verändern. Dann traten alle, die es anging, heran und unterschrieben – auch Hofmeister, mein Hauptwidersacher in der ›Kamillera‹ –, und ich erhielt, wie beim Pferdehandel, Vertrag und Geld; bis dahin hatte ich, gewärtig, daß dies und das bemängelt, ja vielleicht beide Prototypen strikt abgelehnt werden könnten, völlig auf eigene Faust gehandelt und dazu die letzten Kröten, die wir in Wien hatten, in ein Projekt gesteckt, von dem Richter-Brohm jederzeit hätte sagen können, er habe mit ihm nichts zu tun.«

Denzels Coupéausführung des 700.

Erleichtert fuhr Denzel nach Turin, orderte, wie vereinbart, alle Formen, Schnittfiguren, Blech- und Holzmodelle des Prototyps – die man dort schneller gefertigt bekam als sonst irgendwo auf der Welt – zum Versand, bezahlte die Kosten samt Zollabfertigung und Spedition per Lastwagen und stach, nun selber einmal nach soviel Schweiß, Angst und Spannung, in See. Ein Funkspruch riß ihn, Wochen später, vor der algerischen Küste aus allen Träumen. Vom nächsten Hafen aus rief er, worum er ersucht worden war, in München an. Kämpfer teilte ihm mit: Die Modelle seien nicht angekommen, alles stocke, jeder Tag sei kostbar, Verzögerung der Produktion unausbleiblich. Denzel brach sofort seine Reise ab, erfuhr in Wien, daß Fiedler, nicht irgendwer, seinem Technischen Leiter Hubert Stroinigg erklärt hatte, die Modelle sollten bleiben, wo sie seien, BMW brauche sie nicht mehr. Ein Mißverständnis? Eine Intrige, wie Denzel vermutete, von Hofmeister, der Zeit gewinnen wollte, um ein von ihm entwickeltes Gegenmodell durchzusetzen? (Denzel sah es dann in München, in Gips, eine Kreuzung von Goggomobil und 600, vom Vorstand besichtigt und verworfen.) Indessen, was immer der Grund war: Drei kostbare Monate waren vertan – drei Monate, die der Wagen früher auf den Markt hätte kommen können, um seinen Verkaufserfolg zu beweisen.

Daran hing viel. Niemand hätte gewagt, an der Zukunft von BMW zu zweifeln, niemand den Aktionären die Mär vom drohenden Konkurs erzäh-

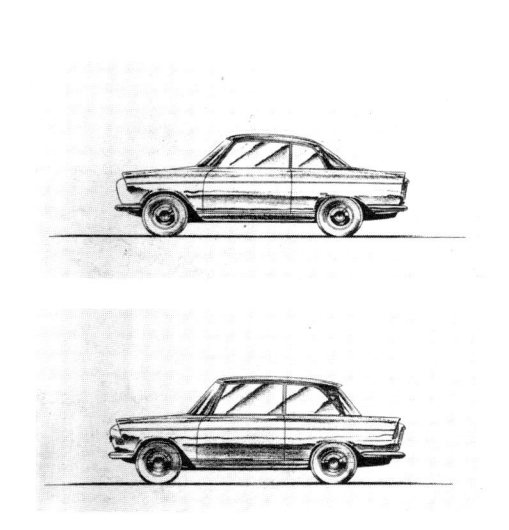

Skizzen von Michelotti zum 700 ...

Produktion der 700er Coupé-Karosserie.

... und ihre Ausführung in der Realität.

len können, unter der sie bereit waren, das Ultimatum Flicks entgegenzunehmen und sich einreden zu lassen, es gehe um Leben und Tod ihrer Firma.

Dann, der September ist da, rollt auf denselben Montagebändern, wo ein halbes Jahr zuvor die Prestige-Modelle 503 und 507 ausgelaufen sind, das BMW-Coupé 700 an, Michelotti aus Turin hat ihm den letzten Schliff gegeben – Presse und Öffentlichkeit jubeln und feiern es »als sportlichstes und schnellstes unter den kleinen Wagen, die zur Zeit auf dem deutschen Markt angeboten werden«.

Nur Eingeweihte wissen, daß eine Aufsichtsratssitzung dreimal unterbrochen werden mußte, um den Bankenvertretern Zeit zu geben, mit ihren Zentralen wegen zwei Millionen Mark zu verhandeln, damit der Serienbau eingeleitet werden konnte, bis schließlich der Chef der Deutschen Bank, Herr Abs höchstpersönlich, die Anweisung auf Auszahlung ohne Sicherheiten gab.

»Was das Polo-Pony unter den Pferden, ist der BMW 700 unter den Autos!« urteilt eine Münchner Zeitung, und auf der 39. Internationalen Automobilausstellung in Frankfurt am 17. September 1959, wo Coupé *und* Limousine vorgestellt werden, hagelt es Bestellungen: 15 000 Stück aus dem Inland, 10 000 allein aus den USA.

Die Inlandsnachfrage galt vor allem der kleinen 700er-Limousine. Sie kostete 4900 DM – das Coupé 5200 DM –, trug unverkennbar, wie das Coupé, in der Karosserieführung Michelottis, im Aufbau nach wie vor Denzels Handschrift – und war doch anders. Normalerweise baut man erst einen Viersitzer und dann, um ihn aufzuwerten, das (ungleich teurere) Coupé. Hier war es umgekehrt. Der Viersitzer war aus dem Coupé sozusagen »rückentwickelt« worden – für die Familie.

Das Signal dazu hatte Schleicher noch am Starnberger See gegeben, als er, für den Denzel-Entwurf eintretend, als einzigen Mangel daran vermerkte, daß nur zwei Leute »und hinten vielleicht noch ein Hund« darin Platz hätten. Kurze Zeit später stieß Helmut Werner Bönsch, der als Fachschriftsteller und Techniker besonders auf dem Gebiet des Motorradbaus bekannt war und in Altbach am Neckar ein freies Ingenieur- und Beratungsbüro betrieb, zu BMW. Betroffen von der Mutlosigkeit und Unsicherheit, die er im Werk antraf, hatte er schnell auf radikale Veränderungen gedrängt und, das A und O einer Automobilfabrik, eine unabhängige Kontrolle verlangt. Selbstverständlich mußte die Konstruktion durch den Versuch kontrolliert werden, selbstverständlich die Serienerprobung die Ergebnisse der Versuchsabteilung bestätigen oder verwerfen können, selbstverständlich mußten neue Erkenntnisse, wie sie sich bei Fabrikationsabweichungen ergaben, Platz greifen dürfen. Alles dies gab es nicht, unproduktive kostenfressende Parallelarbeit herrschte von der Konstruktion bis zum Verkauf auf der ganzen Linie. Erfahrungsaustausch war unbekannt und machte, bis hin zur

Helmut Werner Bönsch.

Käuferbegeisterung, Käuferbereitschaft: Das 700 Coupé auf der IAA 1959.

Zulieferindustrie, die bald von dieser, bald von jener Abteilung separate, sich widersprechende Aufträge erhielt, jeden sinnvollen Ablauf von Arbeit, der erst zum Erfolg führen kann, unmöglich.

Bönsch war kein Herkules, der sogleich das Übel an der Wurzel packen und ausrotten konnte. Aber als mitten hinein in seine Reformpläne das Denzel-Coupé platzte und die Einsicht aller da war, dieser Wagen könnte die Rettung bringen, forderte er – oder schlug dies Richter-Brohm in einem Papier vor –, zum Coupé kongruent eine Limousine zu bauen: Erst sie sei imstande, Käuferbegeisterung über ein BMW endlich wieder gemäßes Fahrzeug in Käuferbereitschaft für ein praktisches Gebrauchsauto zu verwandeln. So machte sich Hofmeister an die Arbeit – in der Zeit, als Denzel vor Algerien kreuzte – und baute in weniger als drei Monaten jene Limousine, die dann auf der Automobilausstellung neben dem bis auf winzige Kleinigkeiten unverändert gebliebenen Coupé Denzels stand. Auch für sie war Michelotti für den Karosserieentwurf gewonnen worden. Kraft ihres luftgekühlten Boxermotors mit 700 ccm und einer Leistung von 30 PS, dank ihrer beispielhaften Straßenlage, ihrer selbsttragenden Karosserie mit rahmenlosen Türen – bisher ein Privileg von Luxuswagen – erwies sie sich (neben dem Coupé mit zwei Vergasern und 40 PS) als Favorit und löste jene Identität von Käufer und Fahrzeug ein, die das Werk bisher nach dem Krieg nicht mehr zustande gebracht hatte.

Das Schicksal der BMW

Von Walter Slotosch

Das Pokerspiel um das mit großen Schwierigkeiten ringende Unternehmen der Bayerischen Motoren Werke AG (BMW) geht seinem Ende entgegen. Die für das Schicksal dieses weltbekannten bayerischen Automobilwerks maßgeblichen Stellen hüllten sich seit Monaten in abweisendes Schweigen. Eine zunehmende Vergiftung der Atmosphäre war die Folge. Gerüchte kamen auf und Verdächtigungen, rätselhafte Kurssprünge der BMW-Aktien ließen allerlei Vermutungen zu. Schwere Vorwürfe bis zu dem einer absichtlichen Schwächung des Werks kursierten in aller Öffentlichkeit. Es war hohe Zeit für eine Klärung der Lage. Diese ist nun mit den am Montag bekanntgegebenen Beschlüssen des Aufsichtsrats der BMW eingeleitet.

Wie die Verwaltung mitteilt, hat das Unternehmen in den letzten zehn Jahren einen Geschäftsverlust von 49 Millionen Mark erlitten. Die kurzfristigen Schulden haben ein Ausmaß von rund 60 Millionen Mark angenommen. Eine Liquidation der Gesellschaft, wenn nicht noch schwerwiegendere Maßnahmen, erscheinen nach Ansicht der Verwaltung unvermeidlich, wenn der vom Aufsichtsrat vorgelegte Sanierungsplan von der am 9. Dezember stattfindenden Generalversammlung der Aktionäre nicht angenommen wird. Die Einzelheiten dieser Vorschläge sind im Wirtschaftsteil dargestellt. Der Sanierungsplan baut im wesentlichen darauf auf, daß eine rentable Auslastung der Produktionskapazität von BMW durch Aufträge von Daimler-Benz garantiert und die Finanzierung durch ein Konsortium gesichert wird, dem die Deutsche Bank, die Bayerische Staatsbank, die Bayerische Landesanstalt für Aufbaufinanzierung und die Daimler-Benz AG angehören. Dieser Sanierungsplan läuft freilich letztlich darauf hinaus, die Bayerischen Motoren Werke der von Flick beherrschten Daimler-Benz AG, also Mercedes, anzugliedern. Über kurz oder lang würden wohl mindestens 75 Prozent des Kapitals von BMW dem Flick-Konzern gehören.

Die Frage ist, wieweit dabei die Eigenständigkeit der BMW erhalten bleiben kann. Die rechtliche Selbständigkeit des Unternehmens bleibt gewahrt. Vom bisherigen Produktionsprogramm der BMW aber scheinen zunächst nur die Kleinwagen beibehalten zu werden. Die Produktion eines mittelgroßen und die weitere Herstellung des großen Modells Marke BMW ist wohl kaum zu erwarten. Von dem Umsatz im Jahre 1960, der annähernd 300 Millionen erreichen soll, würden ein Drittel auf das Mercedes- und zwei Drittel auf das BMW-Programm entfallen.

Süddeutsche
Zeitung vom
11. 11. 1959.

Doch was zählt das wenige Wochen später – man schreibt Anfang Dezember 1959 –, als der Vorstand der Daimler-Benz AG in Stuttgart-Untertürkheim an 63 000 Mitarbeiter ein Rundschreiben verschickt, das eine völlig neue Lage offenbart:

»In den vergangenen Wochen bot sich von außen eine Gelegenheit an, die einer gewissenhaften Prüfung unterzogen werden mußte. Sie selbst haben in der letzten Zeit verfolgt, wie sich die Bayerische Motoren Werke AG (BMW) bemühte, aus ihrer langjährigen Krise herauszufinden. In den letzten Monaten wurde klar, daß dieses Unternehmen nicht mehr in der Lage ist, aus eigener Kraft wieder sicheren Boden zu gewinnen. In Kreisen der Wirtschaft und in der deutschen Öffentlichkeit wurde schon seit längerem die Meinung vertreten, daß eine Verbindung des bekannten bayerischen Automobilwerkes mit der Daimler-Benz AG einen Ausweg darstellen könnte. Als sich BMW und der bayerische Staat um Mitwirkung bei der Sanierung der Bayerische Motoren Werke AG an uns wandten, konnten sich Aufsichtsrat und Vorstand unserer Gesellschaft dem nicht verschließen.

Mit einer solchen Sanierungshilfe würde sich für unsere Gesellschaft die Möglichkeit ergeben, die freie Kapazität der Bayerische Motoren Werke AG für uns auszunützen und damit die rund 6000 Mitarbeiter zählende Belegschaft voll zu beschäftigen. Dadurch können wir nach einer notwendigen Anlaufzeit unsere Lieferfristen auf die für uns wirtschaftlichste Weise verkürzen. Dem Sanierungsplan, der Ihnen aus der Presse bekannt ist, muß noch die am 9. Dezember 1959 stattfindende Hauptversammlung der Bayerische Motoren Werke AG zustimmen.«

Danach steht, als Drucksache in alle Welt verschickt, BMW vor der Pleite. Den Eigentümern – sprich den Aktionären von BMW – ist auferlegt, entweder einem Sanierungsprogramm (in ultimativer Form) zuzustimmen, das praktisch den Verkauf bedeutet – oder den Konkurs herbeizuführen, was einem Totalverlust aller Anteile gleichkommt. Wenn aber Mercedes sich des bayerischen Werkes erbarmt, dann kaum, um den berühmten Namen zu erhalten: BMW soll, rundheraus gesagt, vielmehr Zulieferbetrieb für den großen Bruder in Stuttgart werden, dessen Fertigungskapazität, nach eigener Bekundung, »nicht mehr ausreiche, dem wachsenden Interesse des Marktes an unseren Fahrzeugen gerecht zu werden«.

»Fertigungskapazität« – der Laie denkt an Maschinenhallen, Werkstätten, Bandstraßen, Daimler-Benz vor allem an Arbeitskräfte, die das schwäbische Land nicht mehr hergibt. Man hat Lieferfristen von zwölf bis achtzehn Monaten, die Typen 180 und 190 müssen heraus, wer baut sie und wo? In Milbertshofen liegt nicht nur Fabrikraum brach, auch 6000 Facharbeiter, die jetzt um ihre Arbeitsplätze bangen, sind hier auf einen Schlag zusammen. Was das bringt, rechnet ein alarmierter Aktionär sofort Vorstand und Aufsichtsrat von BMW vor: »In der kapitalintensiven Autoindustrie«, schreibt er, »hat jeder Arbeitsplatz einen Wert von DM 20 000. Allein dies rechtfertigt nach dem investierten Wert einen Kurs von 400 Prozent, und wenn die Daimler-Benz die mit dem Kapital der Aktionäre geschaffenen Anlagen mitsamt dem (angesichts von Vollbeschäftigung) unbezahlbaren Arbeiterstamm in ihre Produktionserweiterung einbezieht, sind Anlagen und Arbeiterstamm noch wesentlich mehr wert.« Hat Feith, der Daimler-Benz wie einen Retter begrüßt, das übersehen? In der vorgelegten Sanierungsbilanz wird dieser Wert überhaupt nicht erwähnt, und gibt es Bewertungen, sind sie blanker Hohn: Die 45 laufenden und 61 neu angemeldeten Patente, über die BMW verfügt, stehen mit einer ganzen Mark zu Buche! Wie will man, fragt ein anderer Aktionär, dies begründen? Doch wohl nicht mit dem Satz, Flick könnte die für den Erwerb von BMW notwendigen Investitionen auch für den Bau einer ganz neuen Fabrik einsetzen ... »Soll das, wie von der Deutschen Schutzgemeinschaft für Wertpapierbesitz vorgebracht, uns erschrecken? – Man kann«, schreibt er beschwörend noch am 4. Dezember, fünf Tage vor der Hauptversammlung, dem BMW-Vorstand, »mit viel Geld selbstverständlich Fabrikationsanlagen des entsprechenden Ausmaßes bauen, auch die modernsten und leistungsfähigsten Maschinen beschaffen etc. etc., man kann aber nicht ohne weiteres mit Geld und auch nicht mit viel Geld den notwendigen Arbeiterstamm in diese Hallen bringen.« Psychologisch sähe er, der zufällig in der Holzbranche tätig sei, keinen Unterschied, ob er auf einem oberbayerischen Sägewerk um einen Waggon Bretter im Werte von 5000 bis 6000 DM, den er liebend gern haben möchte, herumschleiche, oder ob ein Riesenunternehmen um ein Riesenobjekt herumschleicht. »In beiden Fällen wird man bestmöglich zu vertuschen trachten, daß man gerade dieses Objekt brennend gern haben möchte, weil man sich sonst den Preis hochtreibt.«

So ist es in der Tat, und wenn Feith, der eifrige Verfechter einer Sanierung durch Daimler-Benz, mit anderen »Partnern« verhandelt und wieder verhandelt hat, weiß er wie kein anderer, worauf jeder spekulierte: auf »Zeit«, um das begehrte Objekt, wenn dessen unglücklichem Besitzer das Wasser wirklich bis zum Hals stand, noch billiger als ohnehin schon angeboten erwerben zu können.

Nun hat Daimler-Benz, der verläßlichste Partner und ein deutscher dazu, den Zuschlag erhalten – für einen 100-Millionen-Auftrag, der Milbertshofen alsbald ins Haus steht. Nicht nur, sagt Feith. Auch für eine dreijährige Dividendengarantie von sechs Prozent. Aber auch für einen Kapitalschnitt von 2 : 1 – was heißt: Jede Aktie von nominell 1000 DM ist fortan nur 500 DM wert! Friß Vogel oder stirb: den Verlust hat der Aktionär zu tragen, der im übrigen – das ist der Kern der Empörung – vom gesetzlichen Bezugsrecht neuer Aktien ausgeschlossen bleibt. Die übernimmt, zusammen mit Daimler-Benz, ein Bankenkonsortium. Mit der Option des Vorkaufsrechts für den neuen Herrn.

»Der Skat ist ausgereizt bis zum Letzten. Das Spiel wird entweder ein Null Ouvert oder ein Grand mit Vieren«, hatte Feith vor der Presse gesagt, als er seinen Sanierungsplan bekanntgab.

Doch abgesehen von dem Verdacht, jener Feith könnte mit seinem Vorschlag als einziger Rettung für BMW nicht Wohl und Wehe des Werkes, dessen Aufsichtsrat er vorsteht, sondern eigennützige oder gar fremde Interessen verfolgt haben, abgesehen auch von der ultimativen Form, mit der die Aktionäre der Herabsetzung des Grundkapitals von BMW von 30 Millionen auf 15 Millionen Mark zustimmen sollten, ohne an der Erhöhung durch Ausgabe neuer Aktien beteiligt zu sein; abgesehen von solchen Bedenklichkeiten einer ohne Zweifel fragwürdigen Sanierung: Vor die Hamletfrage SEIN ODER NICHTSEIN gestellt – zu einer Zeit, als ringsum Wirtschaft und Industrie in einen Zustand eingemündet sind, den man längst das deutsche Wirtschaftswunder nennt –, müssen alle Beteiligten sich genau überlegen, was sie auf der zum 9. Dezember 1959 einberufenen Hauptversammlung ihren Aktionären sagen wollen.

Verschweigen sie etwas, deuten sie die Ereignisse um, lassen sie auch nur im geringsten erkennen, daß sie, die da vorn auf dem Podium sitzen, die Rechte der Kleinaktionäre für nichts, die der Banken und Großaktionäre für alles erachten, wird es einen Sturm geben, wie ihn die Wirtschaftsgeschichte der Nachkriegszeit noch nicht erlebt hat.

So sieht jeder dem Tag in gespannter Erwartung entgegen, auch eine Anzahl von Direktoren der Firma Daimler-Benz, die am Abend zuvor mit ihren Mitarbeitern einige Suiten von Münchner Hotels bezogen haben. Schließlich will man um 24 Uhr die Macht übernehmen. Um 24 Uhr läuft das BMW gestellte Ultimatum der Sanierung durch Daimler-Benz ab.

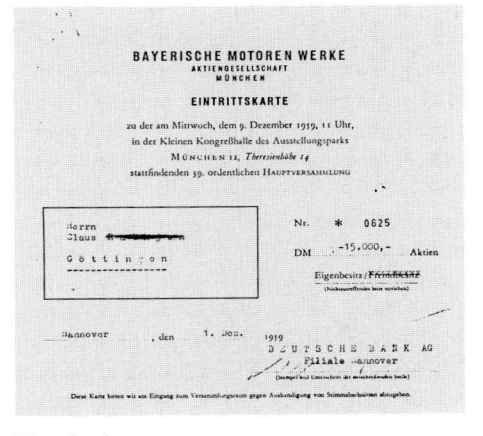

Eintrittskarte zur Hauptversammlung.

Ein Tag im Leben der BMW AG
9. Dezember 1959

Die Theresienhöhe
in München.

Kongreßhalle am
Ausstellungspark.

Dr. Friedrich
Mathern.

Zum Schrecken
der großen Kapitalgesellschaften
geworden:
Erich Nold (»Spiegel«-Titel 1958).

Schnee fiel, das Haupt der Bavaria auf Münchens Theresienhöhe war schon weiß, doch man mußte achtgeben, auf dem Asphalt gingen die Flocken in Matsch über, und wer sich der Kleinen Kongreßhalle am Ausstellungspark näherte, machte sich so seine Gedanken. Es lag nahe, die Menschheit in zwei Gruppen aufzuteilen – die der Verlierer und die der Gewinner; zwei Lager, die vom Schicksal bestimmt waren, das eine oder das andere zu sein. So war es immer gewesen, auch heute würde es so sein: Die Verlierer würden verlieren, die Gewinner gewinnen; jene hatten sich wehrlos zu fügen, diese nur mehr den Schein zu wahren, daß alles noch offen, das letzte Wort noch nicht gesprochen sei. Und so strömten, wohl wissend, welcher Seite man zugehörte, die Leute durch die Glastüren: die Verlierer in Überzahl – Kleinaktionäre, Händler, Werksangehörige –, die Gewinner ein kleiner Klüngel, der möglichst unerkannt bleiben wollte: Bankenvertreter, Bevollmächtigte der Großaktionäre, auch diese selbst, Justitiare, die sie berieten; skeptisch bis niedergeschlagen die einen, sich fragend, was sie hier überhaupt sollten; erwartungsfreudig bis hochgestimmt die anderen, bereit, sich konziliant zu geben, wenn es ums Aushandeln unerheblicher Modalitäten gehen würde – man wollte ja nicht gleich als Sieger in der Arena glänzen.

Langsam füllte sich die Halle, Hostessen hakten auf Listen Namen und Kapital ab, das die Anwesenden vertraten, wiesen nach rechts, wiesen nach links, es gab keine Sitzordnung. Nur die Presse hatte, seitlich erhöht, bevorzugte Plätze, von denen wahrzunehmen war, wer wen »erkannte«: ein BMW-Direktor einen Mann von Daimler-Benz, dem er am Vortag schon im Werk begegnet war – man begrüßte sich kurz –; ein Vertreter der »Schutzgemeinschaft für Wertpapierbesitz« einen Altaktionär, der ihm seine Stimmrechte übertragen hatte – sie flüsterten miteinander –; ein BMW-Händler einen Händler der Gegenseite – man winkte sich zu: ›Natürlich bleibt alles beim alten!‹ – aber wer glaubte daran? Auf einer Art Bühne standen zwei Tische, der eine mit grünem, der andere mit schwarzem Tuch verhängt, dahinter acht leere Stühle, auf denen zu sitzen manchem der Herren, die darauf Platz nehmen würden, nicht ganz geheuer erscheinen mochte. Dennoch war es wie immer auf Hauptversammlungen. Nichts deutete darauf hin, daß etwas anders verlaufen könnte, als vorgesehen war, und welche Spannung in der Luft lag: daß hier die einen, obwohl die Würfel längst gefallen waren, es unternehmen könnten, alles bisher Gewohnte, Geübte, Erfahrene auf den Kopf zu stellen, während die anderen, entschlossen, dem Morgensternschen Satz: daß nicht sein kann, was nicht sein darf! Gültigkeit zu verschaffen, um so sturer der Abstimmungsmaschinerie vertrauten, deren Räderwerk Emotionen mitleidlos zermalmen mußte. Spätestens am Frühnachmittag, meinten sie, würde man auseinandergehen, und in den Abendblättern wäre zu lesen, was die Artikelschreiber schon am Vorabend formuliert hatten, des Ausgangs gewiß: daß die Hauptversammlung den Vorschlägen der Verwaltung bis auf geringfügigen Widerspruch einiger weniger Aktionäre, die nicht hätten einsehen wollen, daß sie allein die Zeche bezahlen sollten, gefolgt sei.

Auch zwei Männer, die eine halbe Stunde vor Versammlungsbeginn im Foyer aufeinandertrafen, waren dieser Ansicht. Der eine, ein Kohlenhändler aus Darmstadt, Erich Nold mit Namen, hatte als einziger Aktionär öffentlich Opposition angemeldet, der andere, ein Mann in braunem Anzug, der ihn jugendlicher erscheinen ließ, als er an Jahren zählte, war Rechtsanwalt, hatte ein Mandat der BMW-Händler und war aus Frankfurt gekommen; er hieß Dr. Friedrich Mathern. Beide kannten sich – Nold hatte Mathern einmal in einer Grundstücksangelegenheit bemüht –, und beide sagten: »Sie hier?« – jener glücklich, in Mathern, der einen guten Ruf als Anwalt hatte, einen Mitstreiter zu haben, dieser nicht unerfreut und keineswegs so überrascht, wie sein Ausruf vermuten ließ: Nold fehlte auf keiner Hauptversammlung größerer Firmen; berühmt-berüchtigt, verschrien als »Winkelried«, »Anmacher«, ja Krawallstifter, wenn es seiner Ansicht nach nottat, und deshalb gefürchtet, galt er als berufsmäßiger Opponent – was er gar nicht war –, sorgte auch für Spaß und verstand sich jedenfalls auf die Kunst, nüchterne Bilanzzahlen mit Leben zu füllen.

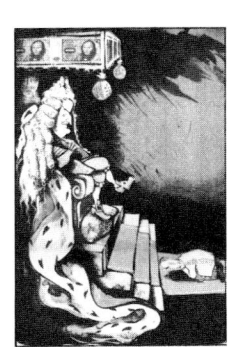

Abs-olutismus. Karikatur aus dem Simplizissimus.

Diesmal sei er gekommen, wie er Mathern sogleich bekannte, nicht um noch etwas zu retten, sondern um vor dem programmierten Untergang, der ja beschlossen sei wie das Amen in der Kirche, »es denen noch einmal zu sagen«, womit er hauptsächlich die Deutsche Bank meine, die auf zwei Schultern trüge. Da er nun eine Reihe von Aktionären verträte, hätten die, wenn er als ihre letzte Hoffnung sie auch enttäuschen müsse, doch wenigstens ein Recht darauf, aus ihrem Herzen keine Mördergrube zu machen. Dies zu bekunden, sei er hier.

Mathern kannte seine Geschichte. Der Grund für Nold, Hauptversammlungen zu besuchen und unbequeme Fragen zu stellen, steckte in einem alten Groll: Nolds Vater hatte für über 100 000 DM BMW-Aktien besessen, die die Banken, nach seinem Tod 1946, zu einem Kurs von 35 Prozent verkauft hatten. So war der junge Nold ausgezogen wie einer, der das Fürchten lernen wollte, um es andere zu lehren. Sein Credo war: Aktionäre sind Miteigentümer, Vorstandsmitglieder nur Angestellte eines Unternehmens, mithin auch Angestellte der Aktionäre – doch wie verhielten sie sich? Daß sie vom Aufsichtsrat überwacht wurden, änderte – nach dem Aktiengesetz von 1937, das vom »Führerprinzip« ausging und immer noch galt – nichts daran, daß sie die Zinsen für das von ihnen verwaltete Kapital, die Dividende, nach eigenem Gutdünken festsetzten, den Aktionären keinen Einblick in die Ertragslage des Unternehmens gaben und alle Rechte, die das Aktiengesetz den Anteilseignern zuerkennt, in ihrem Interesse auslegten. Nold hatte herausgefunden, daß der Aktionär, der einmal im Jahr auf der Hauptversammlung sich nach dem Gedeihen seines Betriebes erkundigen darf, bei der Gepflogenheit der Verwaltungen, die Tagesordnung möglichst kurz und nichtssagend abzufassen, ein praktisch unbegrenztes Auskunftsrecht hat, das niemand ihm nehmen kann. So war er, seine Fragen stellend, zum Schrecken der großen Kapitalgesellschaften geworden, und als er einmal, Aufsichtsrats- und Vorstandsbezüge beanstandend, sah, wie einer der Mächtigen, den er in die Enge getrieben hatte, ostentativ lachte, sagte er: »Wenn Sie lachen wollen, gehen Sie ins Kino. Hier beantworten Sie meine Fragen. Wenn nicht, werde ich das gerichtlich durchsetzen!« Worauf der hohe Herr sich bequemte, zu tun, was Nold verlangte, und dem Publikum der Mund offenstand.

Erich Nold war sicher kein Querulant. Doch war er ernst zu nehmen? Belustigt hörte Mathern, was ihm diesmal eingefallen war. Am Abend zuvor mit einem ihm befreundeten Aktienrechtler, der selbst BMW-Aktionär war, im Katholischen Hospiz abgestiegen – alle Münchner Hotels seien besetzt gewesen –, habe er, so berichtete Nold, auf seinem Nachttisch eine Bibel vorgefunden. Und da sei etwas Merkwürdiges geschehen: obwohl kein frommer Mann, der Kirche nicht zugetan, habe er diese Bibel ergriffen und laut gebetet.

»Was gebetet?« fragte Mathern.

»Nun, ganz einfach: daß Gott das Wunder geschehen lassen und BMW retten möge.«

Nun stand Mathern fast der Mund offen. »Und haben Sie ihn«, sagte er, »auch gefragt, wie?«

Nold fuhr unbeirrt fort: Er habe danach ruhig geschlafen, beim Aufwachen das Gebet wiederholt, dann sei er mit Dr. Josef Kübel, seinem Begleiter, zur Theresienhöhe gegangen, zeitig genug, um noch die Anwesenheitsliste einzusehen, die man ihm widerstrebend und nur unter der Drohung, er werde Krach schlagen, wenn man ihm die Einsicht verweigere, gegeben habe. All die erlauchten Namen, die er da gelesen habe, hätten ihm einerseits Mut eingeflößt, andererseits diesen ihm auch genommen. Allein die »Schutzvereinigung«, die auf die Deutsche Bank schwöre und damit, trotz aller Bedenken, auf die Sanierung, sei mit drei Millionen vertreten. Da sei ihm der Gedanke gekommen, die müsse man »umdrehen« – und jetzt, wie ein Geschenk des Himmels, stünde Dr. Mathern vor ihm.

Was sollte Mathern sagen? Daß er hier sei, um im Namen der Händlerschaft, wenn auch wirkungslos, zumindest Protest einzulegen; ganz spurlos dürfe die Sache nicht über die Bühne gehen. Freilich habe er, um zu reden, keinen Stimmschein – Händler handeln mit Autos, nicht mit Aktien –, und um auf die Rednerliste zu kommen, bedürfe es mindestens einer Aktie, die er verträte; so müsse er wohl stumm bleiben und auf die Trauerrede verzichten. Nold sagte sofort, da könne er helfen. Er habe genug Stimmen, wenn auch nicht genügend, um die Vertagung zu erzwingen, doch zum Reden reiche es: »Hier!« Mathern nahm dankend die Stimmscheine an, die Nold ihm hinhielt, hörte mit Erstaunen, daß der Kohlenhändler selbst nur für ganze 1100 DM Aktienbesitz hatte, daß ihm aber aufgrund seiner Ankündigung, in Opposition zu gehen, von Aktionären, die ihm vertrauten, für etwa 800 000 DM Stimmrechte übertragen worden seien: »800 000 nominal!« und, was bei den Banken in Depots festgelegt sei, noch einiges mehr: insgesamt drei Millionen!

»Gut, dies zu wissen«, sagte Mathern. »Doch auch das reicht nicht hin und her. Nichts läßt sich damit ändern.«

In diesem Augenblick, so erzählte Nold später, wenn die Rede auf die Rettung von BMW kam – und er erzählte es gern und oft –, habe ihm der liebe Gott, infolge seines Gebets am Abend zuvor und gleich beim Aufwachen am Morgen des 9. Dezember, eine Idee eingegeben. Die Idee sei gewesen, Mathern nicht nur Stimmrechte zu verschaffen, damit er reden könne, sondern mit einem Angebot auszustatten, das den entscheidenden Tagesordnungspunkt – und damit die Sanierung – überflüssig mache und die Vertagung gewiß: Sähe nämlich die Schutzvereinigung, daß es auch anders ginge, würde sie umschwenken, der Fusion mit Daimler-Benz widersprechen. Und so habe er Mathern vorgeschlagen, dieser möge, als Beauftragter der Händler, sofort die Gutehoffnungshütte Oberhausen anrufen, der, wie bekannt, die MAN (Maschinenfabrik Augsburg-Nürnberg) gehöre. Diese, bereits im Besitz eines Teiles von Allach, habe es, wie jedermann wisse, auf die BMW Triebwerkbau abgesehen und sei bereit, diese »Perle im Diadem« zu kaufen – zu weit höherem Preis als bereits angeboten. Generaldirektor in Oberhausen sei Hermann Reusch, ein Gegner Flicks und damit des Daimler-Benz-Angebotes. Gelänge es, aus Oberhausen und Augsburg ein neues Kaufgebot zu erhalten – woran nicht zu zweifeln sei, wisse man doch, daß die Triebwerkbau die Zusage des Bundesverteidigungsministeriums für 300 Millionen DM Starfighter-Aufträge in der Tasche habe –, und träfe die Nachricht ein, noch während hier geredet werde, dann sei dies, dies und nichts anderes die Rettung von BMW.

Er selbst, Erich Nold, wolle das seine tun: sich die Narrenschelle umhängen und die Versammlung hinhalten, bis das neue Angebot auf dem Tisch läge. Er traue sich zu, den Saal in Grund und Boden zu schwatzen. In Zwischenrufen geübt, werde er Aufsichtsrat und Vorstand in eine Art Lähmung versetzen, »paralysieren« – Briefe verlesend, sich heiser brüllend, ohne soweit zu gehen, daß man ihn rauswerfe –, kurzum, ein solches Spektakel veranstalten, daß Mathern genügend Zeit bleibe, hinter den Kulissen zu handeln.

Alles sei dann, erzählte Nold später über seine »Rettungsaktion«, wie besprochen verlaufen. Doch habe er Mathern »für alle Fälle«, wenn man nicht durchkommen sollte, ein kleines Buch zugesteckt: seinen Kommentar zum Aktienrecht, den er, wo er gehe und stehe, bei sich trüge. In diesem

Maschinenfabrik Augsburg-Nürnberg (MAN).

Verwaltung contra Aktionäre.

Kommentar sei von ihm jener Paragraph angestrichen, der bestimmte Möglichkeiten zur Anfechtung der Bilanz aufzeige, falls diese sich als fehlerhaft erweisen sollte, und das sei sie seiner Ansicht nach. Dann habe er, während Mathern zum Telefon gegangen sei, den Saal betreten.

War es so? Der Chronist hat es schwer, Aussagen, die ihm vorliegen, als reine Phantasie abzutun. Sie vorbehaltlos *seiner* Rekonstruktion eines Tages, der so viel entschied, zugrunde zu legen, widerstrebt ihm gleichermaßen. Doch muß er sich fragen: Wäre er selbst dabeigewesen, hätte er, im schnell sich entfaltenden Rededuell, die Wahrheit erkannt? Hier ein außer Rand und Band geratener Opponent, der es darauf angelegt zu haben schien, planmäßig die Versammlung zum Siedepunkt zu bringen, dort eine Verwaltung, die sich befleißigte, zu rechtfertigen, was ihrer Ansicht nach rechtens war, und doch nicht den einzigen Weg aus dem Dilemma wies, wie sie behauptete; dazwischen akklamierende, »Absetzen!«, nach dem Staatsanwalt rufende, erregte Leute (einer rief, an Richter-Brohm gewendet: »Stehen Sie auf, Sie Bazi, wenn Sie mit uns reden!«)... Wer am Ende des Tages nach zwölfeinhalb Stunden einer Hauptversammlung, die gewöhnlich nach ein, zwei Stunden zu Ende ist, vermuten wollte, dies sei Regie gewesen, mochte ebenso recht haben, wie es ausgeschlossen scheint, daß ein Vorgang wie dieser hätte gesteuert sein können.

Allein Mathern! Zwar bleibt er drei, vier Stunden stumm, immer in Kontakt mit den Händlern, die ihn bestärken: Nein, es ist noch nicht zu Ende mit BMW. In ihrem Auftrag ist er drei Tage zuvor nach London geflogen, hat dort mit dem Rootes-Konzern verhandelt, hat mit American Motors Verbindung aufgenommen, hat auch Ford noch einmal angesprochen, wo man, um einen größeren deutschen Marktanteil zu erreichen, allein am Mittelwagen interessiert ist und am Herauskauf von Milbertshofen, das ihn produzieren soll. Auch die Idee, alles Geld der Händler samt Händlerbanken und -sparkassen zusammenzukratzen, um das Werk sozusagen in Familienbesitz zu halten und gegen Fremdeinfluß abzuschotten, hat er auf reale Chancen abgeklopft... und verworfen: Händler als Besitzer? Nein, keine Basis. Aber wenn dieser 700, den Denzel aus Wien angebracht hat, weiter gut einschlägt, woran eigentlich nicht zu zweifeln ist, könnte er... Stärker und stärker hat Mathern den Gedanken eingekreist, daß dieser 700 die Finanzlücke zum Mittelwagen schließen und sogar das Zeug in sich haben könnte, mehr als ein Strohhalm zu sein. Zuletzt, in der Aschauer Post, wo die Händleropposition in Permanenz tagte, ist dieser Gedanke zum Plan herangereift, mit Mathern als dem führenden Kopf. Ihm zu unterstellen, demagogisch Volkszorn inszeniert zu haben, um dann, wenn die Szene im Chaos unterzugehen droht, weise und überlegen sein Rettungskonzept aus der Tasche zu holen, war absurd; es entsprach nicht seinem Charakter und, nach allen Bekundungen, die es über ihn gibt, nicht der Art und Weise seines Wesens; Furcht zu erzeugen, um Erfolg zu erzielen, war Matherns Sache nicht, und ebensowenig war denkbar, er hätte sich von Erich Nold, dessen Stimmkarten ihm die Möglichkeit verschafften, sich zu Wort zu melden, steuern lassen.

So wie die Dinge dann liefen, mochte Nold dies glauben. Mathern, der 1968 starb, hat nie etwas darüber verlauten lassen. Daß Nold, damals mit 31 Jahren im Vollbesitz seiner Kräfte, die Rolle des Narren bewußt spielte, kann – die Protokolle erweisen es – niemand bestreiten. Aber auch Nolds Narrenspiel hätte nichts vermocht, wäre da nicht etwas gewesen – und das müssen er und Mathern sofort gespürt haben –, was ganz von selbst Rede und Gegenrede, vorsichtige Zurückweisung und empörte Ablehnung entfesselte.

Es ging um die Marke BMW, um ihren Wert schlechthin, und daß dieser Wert weder im Sanierungsvorschlag noch in seiner Begründung durch Aufsichtsrat und Vorstand überhaupt nur erwähnt war. Die angegebenen Buchwerte, die Anzeige vom Verlust der Hälfte des Grundkapitals unter Hinweis darauf, daß in den vergangenen Jahren die vorhandenen offenen und stillen Reserven zum Verlustausgleich verbraucht worden seien, legten weder zugrunde, was 5500 Facharbeiter bedeuteten, noch das, was BMW seit Jahr und Tag, über Krieg und Nachkrieg hinaus, für seine Aktienbesitzer war: eine Art Goldwährung, für so sicher gehalten wie das Fort Knox.

Mochte geschehen was wollte, die BMW-Aktie war nie in Frage gestellt worden. Unerschütterlich hatte ihr Kurs gehalten. Aus vielen Briefen, die Anrechtsbesitzer zur Übertragung ihrer Stimmanteile an Nold geschrie-

---

BMW-AKTIEN

und Wandelanleihen, mögl. gr. Stücke od. Paket, gesucht. Zahlen bis DM 500.- per DM 100.- Nominalwert. Auch Tausch gegen andere Werte od. Beleihung, falls Übertragung der Stimmrechtsermächtigung. Sofort Bargeld. Diskretion zugesichert. Ausführl. Eilzuschriften erbeten unt. NJ 21 274 über CARL GABLER WERBEGES. MBH, München, Karlsplatz 13

(Süddt. Zeitung v. 29./30. 8. 1959)
Ein Inserat...

Aufkäufer von BMW-Aktien

München (SZ) — Die Kurse der Aktien der **Bayerischen Motoren Werke AG, München,** sind in letzter Zeit ständig und rapide gestiegen, obwohl es sich um ein dividendenloses Papier handelt und die Verwaltung vor der Hausse mehrfach gewarnt hat. Deshalb ist die Vermutung aufgetaucht, interessierte Aufkäufer seien am Werk. Ein Hinweis in diese Richtung ist, daß Aktien und Wandelschuldverschreibungen von BMW jetzt in Zeitungsinseraten gesucht werden, wobei gegenüber einem Börsenkurs von zuletzt 313 bis zu 500 DM je 100 DM Nominalwert geboten werden. Falls das Stimmrecht übertragen wird, wird auch eine Beleihung der Papiere angeboten (vgl. SZ Nr. 207, Seite 44).

Spekulationen um BMW-Aktien

München (SZ) — Die Börse beschäftigt sich weiter mit Vermutungen über die Interessenten für BMW-Aktien, die durch ein einen hohen Kurs bietendes Inserat (SZ Nr. 207) weiteren Auftrieb erhalten haben. Dabei gehen die Meinungen auseinander, ob es sich um ein echtes Angebot handelt — der Inserent wollte für einen Nominalwert von 100 DM bis zu 500 DM bezahlen, nachdem die BMW-Aktien am 28. 8. noch 313 notiert hatten und am 1. 9. per Kassa inzwischen auf 370 anzogen — oder ob die Anzeige nur dazu dienen sollte, den Kurs an der Börse hochzutreiben.

...hat Folgen
(Meldungen im
Wirtschaftsteil der
Süddt. Zeitung
v. 31. 8. und 2. 9.
1959).

Richter-Brohm
(rechts) mit Ober-
bürgermeister
Wimmer 1957
vor der Isetta.

ben hatten – und Erich Nold las sie der Reihe nach stur wie ein Fels in der Brandung um die Mittagszeit vor –, war ersichtlich, warum sie, die BMW-Aktionäre, jahrelang klaglos, ohne mit der Wimper zu zucken, auf jegliche Dividende verzichtet hatten: Sie hingen, mit unbegrenztem Vertrauen, an »ihrer« Firma. Und hatten die Banken, wie erst im Juli 1959 geschehen, vor dem Ankauf von BMW-Aktien gewarnt, so sah man darin eher ein Indiz für Konsolidierung als für Auflösung und Zerfall der A.G. Noch nie war eine Hauptversammlung so glatt und reibungslos über die Bühne gegangen wie die letzte im gerade vergangenen Sommer, da wurde das Jahr 1957 verabschiedet: In anderthalb Stunden, nach schonungsloser Darstellung der Lage durch den Vorstand, hatten die Aktionäre, allerdings bei ausgeglichenem Ergebnis, »Entlastung« erteilt, und alles war vorbei. (Eine Aufsichtsratssitzung in der Süddeutschen Bank noch am Abend vorher hatte bis 24 Uhr ergebnislos die Frage durchgespielt: Was machen wir, wenn die randalieren?) Es war unglaublich: Niemand protestierte, jedermann zeigte Einsicht und Verständnis. Und der Kurs hielt. Mitte August zahlte man 188 Prozent, wenige Tage später 250 bis 300 Prozent für eine BMW-Aktie, und am 24. August wurde ihr Kurs auf 400 Prozent festgesetzt. Dann fiel er wieder auf 350 bis 270 Prozent zurück.

Wieder empfahlen die Banken, das Papier »zu so günstigen Bedingungen« zu veräußern, denn es müsse doch mit einer Zusammenlegung des Grundkapitals gerechnet werden. Und wieder fanden sich neue Käufer – waren es wirklich »neue«? –, und keine noch so einschneidenden Folgen, wie die Warner sie heraufbeschworen: Kapitalherabsetzung und anschließend Kapitalerhöhung unter Ausschluß des gesetzlichen Bezugsrechtes, kein Schreckenswort wie »kalte Enteignung«, »Mißachtung des Aktionärsrechtes«, »Superkonzernbildung« hatten bei dem drohenden Sanierungsbeschluß, wie er jetzt vorlag, eine Änderung bewirkt. Im Geiste sah man, wenn von ihnen, den BMW-Aktien gesprochen wurde, robuste Männer in Lodenjoppen, die sie in Besitz hielten, und als Verwahrungsort den Kleiderschrank, in dem sie sicherer lagen als in jedem Tresor. Wäre es angebracht gewesen, den Kongreßsaal, wie dies bei Parteitagen üblich ist, mit Transparenten zu schmücken, so hätte, wäre es nach den Aktionären gegangen, eine Art »Glaubensbekenntnis« darauf erscheinen müssen. Der »Ochsensepp«, der CDU-Landtagsabgeordnete Dr. Josef Müller, hatte es einst gesprochen. Es lautete: »Ich glaube daran, daß die Wittelsbacher immer die oberste Instanz dieses Landes bleiben, daß München immer den Ruf einer Kunststadt haben und daß BMW-Aktien immer überwertig gehandelt werden, gleichgültig, was passiert.«

Zu dem, was passieren konnte, mochte – bei allen begangenen Fehlern – die Einsicht einer Verwaltung gehören, daß das Werk nicht mehr aus eigener Kraft zu erhalten sei und saniert werden müsse. Daß aber, bei Herabsetzung des Grundkapitals um die Hälfte und bei dessen gleichzeitiger Erhöhung um 70 Millionen Mark die Aktionäre vom Bezugsrecht neuer Aktien ausgeschlossen sein, diese vielmehr allein dem erwählten starken Partner unter den deutschen Automobilfabriken, der Daimler-Benz AG, zufallen sollten, war in den Augen der Betroffenen – Verrat, nein, mehr: es war Betrug.

Es meldete sich ein Herr zu Wort, ein Klein-Aktionär mit Namen Backmann. »Herr Richter«, sprach er ins Mikrofon, »Sie werden hören von mir keine akademischen Worte, sondern Worte von dem Mann von der Straße. Gott schütze mich vor meinen Freunden«, er machte eine Verbeugung zum Tisch mit den Aufsichtsratsmitgliedern hin, »vor meinen Feinden schütze ich mich selbst.« Dann nahm er wieder Richter-Brohm ins Visier. »Da ist gekommen ein Schlosser aus Amerika«, sagte er, »der hat eine Automobilfirma aufgemacht in Dingolfing. Gucken Sie sich mal das Unternehmen an. Und was haben Sie gemacht? Vor diesem Schlosser würde ich mich schämen. Hier ist das Wort gebraucht, der Staatsanwalt gehört her. Jawohl, das ist der einzige Weg.«

Der Mann, der sich schämen sollte, Dr. Heinrich Richter-Brohm, blickte unbewegten Gesichts in den tobenden Kessel, in den sich die Hauptversammlung verwandelt hatte. Wer war schuld daran, er? Jeder im Saal wußte doch, auf wessen Seite er stand, daß er aber, nach den Statuten, gehalten war, die Beschlüsse des Aufsichtsrates zu vertreten, sich nicht gegen ihn stellen durfte. »Hätten Sie, meine Damen und Herren«, so hatte er gefragt,

Richter-Brohm (stehend) am Vorstandstisch.

»Mein Name ist Feith...«
Dr. Hans Feith, Vorstandsmitglied der Deutschen Bank.

»Verständnis dafür gehabt, wenn meine Kollegen und ich in dieser Zeit auch noch das Schiff verlassen hätten? Die Situation der Gesellschaft wäre durch eine führungslose Krise nur noch weiter verschärft worden.« Und er hatte geworben: So bitter es allen Aktionären am heutigen Tag erscheinen möge, wenn sie bei dem Anlehnungsprozeß (an die Daimler-Benz AG) zunächst eine Einbuße in ihrem nominalen Besitzstand erlitten, so berechtigten doch die Stärke und der Ruf dieses Partners, der nicht nur mit Geld, auch mit Aufträgen sofort einspringen wolle, zu der Annahme, daß ihre BMW-Aktien in nicht allzu ferner Zeit einen Wert erlangen würden, der die heutige Einbuße ausgleiche.

»Ihr Wort in Gottes Ohr«, bohrte sich ein Zuruf in das seine. Und er blickte auf den Verantwortlichen für das Debakel, blickte zum Aufsichtsratstisch, und der Verantwortliche ergriff das Wort: »Der Vorsitzer des Vorstandes der Gesellschaft hat Ihnen soeben einen Überblick über die Vergangenheit der Bayerischen Motoren Werke...«

»Wer sind Sie überhaupt?« unterbrach ihn ein Zuruf, »wie ist Ihr werter Name?«

»Mein Name ist Feith«, sagte der Gefragte. »Ich bin Vorsitzender des Aufsichtsrats der Bayerischen Motoren Werke, ich bin vom Registergericht München als Aufsichtsratsmitglied bestellt worden. Außerdem bin ich Vorstandsmitglied der Deutschen Bank.«

Für einen Augenblick war es still wie in einer Kirche. Wer wußte schon, daß die Deutsche Bank auch Daimler-Benz vertrat und dort im Aufsichtsrat saß?

»Aha! Sie dienen also zwei Herren. Sie rasieren zwei Kunden!« rief jemand von der Seite, und Gelächter durchwogte die Halle. Hätte ein Filmemacher die Szene verfolgt, wäre die Kamera in diesem Augenblick auf Richter-Brohms von nervösem Zucken heimgesuchte Mundpartie zugefahren, erwartend, daß ein Lächeln darauf erscheine. Das Gesicht Richter-Brohms blieb jedoch weiter ernst. Er nahm die Pfeife – ein Aktionär hatte ihm zugerufen, er solle sie gefälligst aus dem Munde nehmen, und Richter-Brohm hatte es getan – wieder in die Hand und steckte sie sich an. Wie die Sache nun lief, er war aus dem Obligo.

Aber war er das wirklich? Unweit von ihm, am Ende des schwarzverhängten Tisches auf der Empore, saß als Mitglied des Aufsichtsrates der Betriebsratsvorsitzende Kurt Golda. Erst gestern hatten beide ein ausführliches Gespräch miteinander geführt, und er wußte, mit welcher Spannung Golda seiner »Rechtfertigung« entgegengesehen hatte und wie sie ihn nun enttäuschen mochte. Ahnte Golda, daß er, Richter-Brohm, bis tief in die Nacht mit sich zu Rate gegangen war? Man hatte sich in den Räumen der Deutschen Bank am Promenadeplatz getroffen. Sie waren immer gut miteinander ausgekommen, der Mann der Belegschaft und der Generaldirektor, ja, man konnte von Vertrauen sprechen, das sie verband. Golda hielt, im Interesse der Sicherung der Arbeitsplätze, um die es ihm ging, Richter-Brohms Modellpolitik für prinzipiell richtig; dem »Weißbuch« mit dem Mittelwagen als Kernstück hatte er, als Richter-Brohm es dem Aufsichtsrat vorlegte, voll zugestimmt, wie der ganze Aufsichtsrat auch. Ebenso hatte er dann mißbilligt, daß derselbe Aufsichtsrat, als er aufgefordert war, die nötigen Gelder für eben diesen Mittelwagen zu bewilligen, Richter-Brohm im Stich ließ, sie ihm zweimal verweigerte. »Sagen Sie das morgen. Sagen Sie, daß wir, die Belegschaft, mit Ihnen durch dick und dünn gehen werden und die Aktionäre auch, wenn sie die wahren Gründe erfahren. Sagen Sie, daß wir wissen, daß nicht Sie Schuld haben, daß der Mittelwagen steckenblieb, sondern der Aufsichtsrat, hinter dem die Banken stehn.« Das glaube er nicht, hatte Richter-Brohm geantwortet: Die Banken ließen den Aufsichtsrat fallen! Und Golda: »Nein! Sie lassen *uns* fallen. Sagen Sie das! Auch wenn Sie sich gegen den Aufsichtsrat stellen!« Ob Golda wisse, was das bedeute? hatte Richter-Brohm gefragt, und Golda, ohne mit der Wimper zu zucken, hatte geantwortet: »Selbstverständlich! Sie stellen Ihr Amt zur Verfügung, treten zurück. Aber dann – bricht der Sturm los! Wenn alle sehen, nicht nur die Kleinaktionäre, auch alle anderen: Hier steht ein Mann, der die Konsequenzen zieht – und mit dem wir neu anfangen können!«

Golda hatte gut reden: Amtsniederlegung! Das hieß: Verzicht auf alles, woran das Werk ihm gegenüber vertraglich gebunden war, nicht einmal auf eine Pension hatte er dann Anspruch. Er wußte genau, was Golda dachte: daß die Verantwortlichkeit eines Mannes, der an der Spitze stand, allein dem Wohl des Werkes und in diesem den Arbeitsplätzen gelten müsse, nicht dem schäbigen Anspruch auf eine Pension... Alle anderen im Vorstand waren abgesichert, auch wenn sie gehen müßten, einer, es war bekannt, hatte sogar schon einen Vertrag mit Daimler-Benz in der Tasche, machte gar keinen Hehl daraus, wie die Dinge jetzt standen. Danach war Daimler-Benz fest entschlossen, BMW von der Bildfläche verschwinden zu lassen, nicht zuletzt aufgrund des Mittelwagens, den man als Konkurrenz gegen sich gerichtet sah (so wie einst, als schon einmal ein geplantes Zusammengehen daran gescheitert war!) – Richter-Brohm machte sich da nichts vor: Man kannte in Stuttgart sein »Weißbuch« ... Trotzdem: Sein Entschluß, sich zu fügen und dem Linsengericht – in Goldas Augen – den Vorzug zu geben, stand fest. Das mußte Golda verstehen. Er war ja kein Übermensch, niemand hatte ihn je dafür gehalten.

Die Stunde seiner tiefsten Erniedrigung würde zwar nicht in Sieg umschlagen, aber als Stunde der Wahrheit Geschichte machen. Fast genüßlich folgte er nun dem Clinch, in den ein Mann vom unteren vorderen Tisch, unmittelbar vor den Vorstands- und Aufsichtsratstischen auf der Tribüne, Dr. Feith zog. »Wer ist der Mann?« fragte Richter-Brohm seinen Vorstandskollegen zur Linken, den Chef seiner Finanzen, Kämpfer. »Ein Kohlenhändler aus Darmstadt«, sagte dieser. »Er erscheint regelmäßig auf Haupt-

Tempi passati...
Richter-Brohm mit
Bundespräsident
Heuss (2. v. l.)
und Wirtschaftsminister Erhard
(links) auf der IAA
1957.

Das Auditorium.
Vorn am Tisch
Nold.

versammlungen und macht Stunk. Wenn Feith dem nicht gleich das Wort entzieht, wird er sein blaues Wunder erleben.«

Doch Feith, von Erich Nold bereits ständig unterbrochen, neigte sich vor, hob die Hand und fuhr fort, die gewünschten Auskünfte zu geben. »Das Unternehmen«, sagte er, »verfügt seit der Währungsreform über keine Rentabilität. Seine Illiquidität hat ein Ausmaß angenommen, das man als gefährlich bezeichnen muß. Auch das derzeitige Programm der Gesellschaft gewährleistet keine nachhaltige Rentabilität ... vielmehr bringt es mit Gewißheit weitere Verluste!« »Oho!« schrie der Mann vom unteren Tisch. Richter-Brohm schüttelte leicht, doch unübersehbar den Kopf, was Feith nicht entging. »Selbstverständlich«, fuhr er fort, »erhebt sich hier die Frage, wie es zu diesen Verlusten kam und« – Seitenblick auf Richter-Brohm, »ob hier ein Fehler der Verwaltung vorliegt.«

»Höhere Gewalt!« antwortete es von unten, und Wellen der Heiterkeit, bis von den letzten Stuhlreihen her, schlugen nach vorn.

»Selbstverständlich muß diese Frage sorgfältig geprüft werden!« versicherte Feith, und sofort stieß Nold zu: »Wo ist das Prüfungsgutachten?«

»Herr Nold«, sagte Feith begütigend wie ein Lehrer, der seinem vorlauten Schüler vergibt, »Sie wollen nachher sprechen. Sie werden dann entscheidenden Wert darauf legen, daß Sie nicht ständig unterbrochen werden. Vielleicht geben Sie mir mal die Gelegenheit, wenigstens den Standpunkt der Verwaltung vorzutragen.«

Dieser Standpunkt war bekannt. Aber warum hatte die Verwaltung ein Gutachten, das der Deutschen Revisions- und Treuhandgesellschaft in Auftrag gegeben war, den Aktionären vorenthalten? Wirklich aus Zeitnot, wie Feith behauptete, und nicht, um zu verschleiern, welche etwaigen »schwerwiegenden Handlungen und Unterlassungen« vorlagen, die Schadenersatzansprüche begründeten? Denn eben dies sollte das Gutachten klären: Welche Tatsachen hatten zur Verlustentwicklung geführt? Ob und wieweit war die Auslegung des 1,6-Liter-Wagens daran gescheitert, daß von den Banken die erforderlichen Geldmittel nicht bereitgestellt wurden? Und: Waren die Aufwendungen für dieses Programm in der branchenüblichen Weise verbucht worden? Feith gab zu, daß die Hauptversammlung, ohne das Prüfungsergebnis zu kennen, außerstande sei, Aufsichtsrat und Vorstand zu entlasten, und daß die Verwaltung deshalb Punkt 5 der Tagesordnung – die besagte Entlastung – zurückziehe. Freiwillig. Wohinter man nun sofort eine neue Finte vermutete ...

Ach, welch elendes Spiel, dachte Oscar Baldauf, der Personalchef des Werkes, ein kleiner, unscheinbarer Mann, der, von den Alliierten gefeuert, über Aufräumungsarbeiten wieder ins Werk hineingekommen war. Er konnte sich als Angestellter nicht zu Wort melden, und man sah ihm an, wie schwer ihm dies fiel. In der »Süddeutschen Zeitung« war am Vortag ein Aufsatz erschienen: »Wie BMW in die Sackgasse fuhr.« Wie viele hielt er das Blatt aufgeschlagen auf den Knien. Ein Aktionär, ein gewisser Dr. Haufel, sagte jetzt, er müsse dieses Bild als viel zu milde bezeichnen: »In einer Sackgasse kann man immerhin noch umkehren. BMW befindet sich nicht in einer Sackgasse, sondern ist in einen Kanal gefallen, der eine reißende Geschwindigkeit aufweist und dessen Wände so steil und glatt sind, daß der arme Verunglückte sie aus eigener Kraft nicht erklimmen kann. Und nun kommt jemand mit einer Stange und hält sie uns hin, und wir stehen jetzt vor der Frage: Sollen wir sagen, diese Stange genügt mir nicht, ich verlange einen komfortablen Rettungsring!? Und sollen wir im gleichen Atemzuge auch noch sagen: Außerdem will ich hier unten festgestellt haben, wer mir meinen nassen Anzug bezahlt?«

Nein, Freund, du irrst, dachte Baldauf, von wegen Anzug, von wegen Rettungsring ... Es geht uns schlecht, zugegeben, doch wie war es damals, als es zum 501 kam ... als wir glaubten, ihn dem Kunden aus der Vorkriegszeit schuldig zu sein, und erst, als er fertig war und produziert wurde, merkten, wie knapp der Kundenkreis geworden war ... Kanal, die Wände glatt, und wer hielt uns eine Stange hin – die Banken?

Da gab es den Oberbuchhalter Holzinger, Freitag war immer Lohnzahlung und die Kassen leer, Mittwoch, Donnerstag aber, ja, noch am Freitagvormittag saß er in meiner Seitenwagenmaschine, wir fuhren herum, ich wartete unten, er oben auf dem Armesünderstühlchen im Vorraum der Banken, wir klapperten alle ab, jede wollte »Sicherheiten«, aber wir hatten keine

---

Sonderdruck der »Süddeutschen Zeitung«: »Wie BMW in die Sackgasse fuhr« von Franz Thoma.

137

Oscar Baldauf.

Dr. Josef Kübel.

außer uns selbst. Und wenn wir nach Hause kamen, fragten uns unsere Frauen: Habt ihr das Lohngeld? Ist das Wunder geschehen? Und wir sagten: Ja, die Kinder können das BMW-Fähnchen – den Wimpel, den sie besaßen – zum Fenster raushängen – zum Zeichen, daß es wieder geschehen ist. Nicht über den Religionsunterricht sind die mit dem Begriff des Wunders bekannt geworden, sondern über BMW... Jeden Freitag, ja. Und nur einmal – Holzinger und ich waren noch nicht zurück – mußten die Leute länger als eine halbe Stunde auf ihren Lohn warten. Das war nicht zum Lachen. Da hatte keiner 20 Mark in der Tasche, zum Monatsende vielleicht 20 Pfennig, die »über« waren...

Der Aktionär sprach immer noch. »Wir müssen«, sagte er, »fern von Emotionen... die Grenze dessen finden, was angebracht ist. Ihnen allen ist durch die Situation sehr wenig, aber durch die Kraft Ihres Stimmzettels viel, nämlich das Schicksal der Gesellschaft, anvertraut...« Und wem, dachte Baldauf, war es damals anvertraut? Holzinger, mir, jedem Arbeiter... Und jetzt sagte dieser Mann: »Es gibt keinen Anspruch gegen Dritte, wenn es einem schlechtgeht. Dieser Anspruch gilt selbst dann nicht, wenn es sich um einen Konkurrenten handelt...«, und so möchte er ganz banal schließen: »Machen Sie es doch für Leute, die Sie hinter allen nur erreichbaren Büschen und Hecken suchen, durch die Ablehnung des Sanierungsvorschlages nicht noch billiger!«

So billig war es also schon, daß man hier von »noch billiger« sprach, dachte Baldauf, und es ist unser Leben.

Doch das Wort, gesprochen, damit man endlich zur Sache, zur Sanierung käme, verhallte, und offen blieb, wer die Leute waren, die hinter allen nur erreichbaren Büschen und Hecken zu suchen seien. War Flick damit gemeint? Seine Hintermänner, die ebenfalls hier im Saal saßen? Dr. Kübel, der Begleiter Nolds, meldete sich zu Wort, fragte: »Es liegen doch zweifellos Verträge mit Daimler-Benz vor. Warum wird uns nicht der Wortlaut aller Abmachungen vorgelegt? Als gewissenhafter Jurist lehne ich es ab, über einen Sanierungsplan ein endgültiges Urteil zu fällen oder ihn anzunehmen, wenn ich nicht auch alle Nebenabreden kenne.« Nun hatte Feith wieder Oberwasser. »Es gibt«, sagte er, »keine Geheimverträge mit Daimler-Benz, nur eine grundsätzliche Absprache über die 100-Millionen-Aufträge für 1960 ist getroffen worden...«

Nun, das wußte man, und was man nicht wußte, war nur zu vermuten...

Es war 12.30 Uhr. Noch immer hatte sich nichts bewegt. Draußen rieselte weiter der Schnee auf Bavaria und Kongreßhalle, und wer in dem überhitzten Saal gegen die Fenster blickte, litt zunehmend unter Ermüdung. Trotzdem glaubte niemand, was Feith bat, ihm abzunehmen: Alles, was auszuhandeln gewesen sei, habe er im Interesse der Aktionäre getan. »Das ist kein Aushandeln, das ist Ausverkauf!« rief Nold herauf. »Das ist ein Schauspiel, Herr Doktor! Die moralische Verantwortung haben Sie, auch wenn die Abstimmung zu Ihren Gunsten ausgeht. – Sie da oben sind der Diktator, Herr Feith. Sie haben keinen Grund zum Lachen, nicht einmal zum Lächeln.« Immer wieder ging es um das Bezugsrecht. Warum nicht 1 : 1? wurden Rufe laut. Warum kann man den Altaktionären nicht Gratis- oder Zusatzaktien geben ohne Stimmrecht? Und eine Stimme, alle anderen übertönend, rief: »5500 Facharbeiter – was sind die wert?« Es war wieder die Stimme des Kohlenhändlers aus Darmstadt, und Kämpfer hatte recht, Feith werde, wenn er ihm erlaube, ungehindert zu sprechen, sein blaues Wunder erleben.

Aber Feith wußte, was er tat. Ein Tonbandprotokoll, das die Zeitungen in Auszügen am übernächsten Tag abdruckten, hielt die Turbulenzen dieses Tages in den Hauptszenen fest. Das Tonband wurde aus ungeklärten Gründen vernichtet. Eine der Schlüsselszenen blieb, dank des Abdrucks, überliefert:

NOLD: »Ich habe der Verwaltung einen Antrag heraufgegeben. Ich bitte, diesen Antrag zu verlesen, damit die Hauptversammlung weiß, was ich beantragt habe.«

ZURUFE: »Lesen Sie den Antrag doch selber vor, oder können Sie nicht lesen?«

(Dr. Feith übergibt Nold den Antrag, damit er ihn selber verlesen kann.)

NOLD: »Unter Bezugnahme auf meine Oppositionsankündigung am 10., 12. und 26. November 1959, die ich hiermit beifüge, stelle ich nochmals die darin enthaltenen Anträge: Vertagung der Beschlußfassung über die Verwaltungsvorschläge, bis der Bericht eines unabhängigen Sonderprüfers laut Paragraph 118 Aktiengesetz vorliegt – keinesfalls eine Treuhand, weil eine Treuhand meines Erachtens die andere wäscht...«

DR. FEITH *(unterbricht):* »Herr Nold, zur Geschäftsordnung. Dies ist eine sachliche Diskussion. Sollten Sie sich in Beleidigungen irgendwelcher Art ergehen, werde ich Ihnen das Wort entziehen.«

NOLD: »... damit die Aktionäre vor einer Hauptversammlung selbst in der Lage sind, die Verwaltungsvorschläge zu überprüfen und sich richtig zu entscheiden. Die Tagesordnung bitte ich, entsprechend meinen Gegenanträgen, zu erweitern. Ich habe zu Anfang der Verwaltung erklärt, daß die Einberufung der Hauptversammlung nicht den gesetzlichen Vorschriften entspricht. Die meisten Aktionäre haben diesen Bericht der Treuhandgesellschaft nicht vorliegen. Sie können sich gar nicht entscheiden zu diesem wichtigen Punkt, und alles, was hier heute beschlossen wird, ist ein Flickwerk genau wie die Treuhandgesellschaft...«

(Lebhafter Beifall)

»Es ist ein interessanter Parallelfall zu verzeichnen. Vor einem Jahr war es mit dem Henschel-Werk so, wie es ähnlich jetzt bei BMW ist. Jawohl, die Firma ist so und so, Umstellung 4 : 1 muß sein, schlechte Wirtschaftslage usw. Aber heute, nachdem Herr Semler seine Semmeln gut verkauft hat, sind die Henschel-Werke das Zehnfache...«

DR. FEITH: »Herr Nold, ich habe Ihnen gesagt, das ist eine sachliche Diskussion. Wenn Sie irgendwelche Menschen beleidigen wollen –«

NOLD: »Ich mache den Vorschlag, die Versammlung kurzfristig zu vertagen, damit die Anwesenden eine Mittagspause machen können, um mir nachher genau folgen zu können.«

(Beifall und große Heiterkeit. – Nold spricht mit der Verwaltung.)

DR. FEITH: »Nach Ihren Darlegungen...«

ZURUF: »Mittagspause!«

NOLD: »Ich bitte Sie um eine Mittagspause.«

DR. FEITH: »Herr Nold, Sie haben das Wort. Ich möchte Sie bitten, fortzufahren.«

NOLD: »Ich fange an, vorzulesen und werde dann nach einer Mittagspause fortfahren.«

(Nold verliest längere Ausführungen aus dem Magazin »Der Spiegel« und Auszüge aus Dutzenden ihm zugegangener Briefe. Nach einer gewissen Zeit macht sich in der Versammlung wachsende Unruhe bemerkbar.)

ZURUFE: »Hören Sie auf, Herr Nold, Sie schaden uns.«

NOLD: »Lassen Sie mich doch ausreden, und setzen Sie sich nicht dem Verdacht aus...«

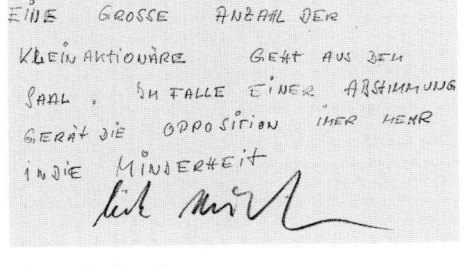

»Botschaft« eines Kleinaktionärs an Nold während dessen Rede.

»Hören Sie auf, Herr Nold, Sie schaden uns!«

DR. FEITH: »Herr Nold hat das Wort.«
(Nold spricht weiter. Nach einer Weile unterbricht ihn ein Aktionär.)
NOLD: »Nennen Sie mir Ihren Namen, ich möchte den Namen des Herrn wissen.«
DER HERR: »Herr Nold, Sie kennen mich doch.«
NOLD: »Ich kenne Sie nicht. Wer sind Sie?«
DER HERR: »Mein Name ist Dr. Siara.«
NOLD: »Herr Dr. Siara, Prokurist von der Deutschen Bank, nicht wahr?«
(Unruhe im Saal)
DR. SIARA: »Ich beantrage, die Redezeit von Herrn Nold auf eine Viertelstunde zu beschränken.«
DR. FEITH: »Herr Nold, Sie haben das Wort.«
ZURUFE: »Aufhören, aufhören!«
NOLD: »Kaufen Sie sich doch Coca-Cola.«
DR. FEITH: »Wir haben nicht die Absicht, Herr Nold. Sie haben das Wort.«
NOLD: »Ich muß meine Pflicht hier tun als Amateurstimmkartensammler.«
ZURUF: »Zur Geschäftsordnung: Ich stelle den Antrag, Herrn Nold das Wort zu entziehen.«
ZURUF: »Ich bitte, ihm nicht das Wort zu entziehen. Er ist zur Verlesung verpflichtet.«
DR. FEITH: »Herr Nold, Sie haben das Wort.«
NOLD: »Ich habe den Auftrag, das vorzulesen. Es kann noch eine halbe Stunde dauern.«
(Lebhafter Widerspruch)
DR. FEITH: »Herr Nold hat das Wort.«
(Nold liest weiter vor. Ein Aktionär bittet, das Klingelzeichen zu geben, wenn Herr Nold fertig ist. Der Saal leert sich immer mehr.)
NOLD: »Ich muß zu meiner Pflicht stehen, und hier stehe ich.«
(Große Unruhe, es wird durcheinandergerufen. Nold läßt sich nicht beirren und liest weiter. Er wird unterbrochen durch ständige Zurufe: Schluß, Schluß.)
NOLD: »Herr Vorsitzender, ich kann nicht mehr hier weitersprechen. Ich muß Sie um eine Pause bitten.«
DR. FEITH: »Sie können nicht eine Pause einlegen. Sie haben das Wort.«
NOLD: »Ich kann hier aber unmöglich noch sprechen. Ich bin physisch und psychisch nicht mehr in der Lage, weiterzusprechen. Ich werde dauernd unterbrochen.«
(Nold geht auf seinen Platz. Der Saal füllt sich wieder.)
DR. FEITH: »Herr Nold, Sie sollten nicht unterbrochen werden.«
(Dr. Feith beantwortet die von Nold gestellten Fragen. Nold stellt Zusatzfragen; daraus ergeben sich neue Kontroversen und teilweise erregte Auseinandersetzungen. Für einen Teil der Fragen wird die Beantwortung abgelehnt, da sie nicht zur Tagesordnung gehören. Schließlich erteilt der Aufsichtsratsvorsitzende das Wort Dr. Mathern.)

Hatte Feith gesiegt? Alle Anzeichen deuteten darauf hin. Nold, der Hauptwidersacher der geplanten Sanierung und des Verkaufs an Daimler-Benz, war »out«. Psychisch und physisch am Ende, wie er selbst hatte zugeben müssen, hing er, das Bild sei erlaubt, »in den Seilen«, und niemand beachtete ihn mehr. Selbst diejenigen, für die er gekämpft, die er zum Applaus hingerissen und, für Augenblicke, gegen die »Mächtigen der Welt« eingenommen hatte, gestanden sich jetzt ein, daß ihre Sache nicht besser, nein, daß sie schlechter stand denn zuvor.

Der fast leergeredete Saal hatte sich wieder gefüllt. Wie sollte einer, der jetzt ans Mikrofon trat – kein Mensch kannte ihn –, auch nur einen Funken Hoffnung in der Asche entzünden? Man wußte nur, daß er als Vertreter der Händler sprechen, daß er deren Belange, doch nicht unbedingt auch die der Kleinaktionäre verteidigen würde. Und einen Vertagungsantrag, diesmal im Namen der Händler, zu stellen, war absurd. Bereits am Vormittag hatte Dr. Will von der Deutschen Schutzvereinigung für Wertpapierbesitz vergeblich für die Aktionäre darum gekämpft, hatte beschwörend gerufen: »Aus dem Himmel gestürzt, klammert man sich heute als letzte Rettung an den Mercedes-Stern!« – und hatte kapituliert. Allenfalls konnte es sich jetzt um ein Schlußwort handeln.

Doch nun, ohne jede Dramatik, zerpflückte dieser – wie hieß er doch? – Dr. Friedrich Mathern mit leiser Stimme die Ehrfurcht vor dem

Dr. Will von der Schutzvereinigung für Wertpapierbesitz.

»Welchen Herrn haben wir gerade gehört?« Vorstandsmitglied Ernst Kämpfer.

»rettenden Mercedes-Stern«. Daimler-Benz wolle zu 50 Prozent die Kapazität ersetzen? Ja, zu fünfzig Prozent, bestätigte Feith.

Ob es richtig sei, daß für den 700er vor einiger Zeit bereits 25 000 Stück für das Inland und nicht ganz 5000 Stück für das Ausland bestellt wurden? Das sei richtig, wurde ihm vom Vorstandstisch geantwortet, doch seien die Zusagen nicht an eine Abnahmeverpflichtung gebunden.

Ein Aktionär rief: »Welchen Herrn haben wir gerade gehört?«

Dr. Feith sagte: »Herrn Kämpfer, Mitglied des Vorstandes der Bayerischen Motoren Werke«, und Beifall erscholl, er kam aus einer Ecke, in der es bisher still geblieben war. Mathern ließ nicht locker: Ob der Preis für den 700, unter der Voraussetzung ausreichender Produktion natürlich, so kalkuliert sei, daß der Verkauf mit einem Verdienst abschließt? Feith bejahte es: Allerdings müßte man berücksichtigen, daß für den Anlauf 1960 einige Mehrkosten entstehen würden ...

Diese so nüchtern wie emotionslos vorgebrachten Fragen ließen aufhorchen. Was wollte dieser Dr. Mathern? Was bedeutete die Frage: ob man, wegen eines eventuellen Verkaufs, mit der MAN Fühlung genommen habe? Ob im Oktober der englische Automobilkonzern Rootes Interesse am Eintritt in die Verhandlungen mit BMW gezeigt habe, und was daraufhin geschehen sei? Dann, der Notwendigkeit einer Sanierung durchaus zustimmend, sein Hinweis auf Reichsgerichtsentscheidungen, die bei solchen Kapitalerhöhungen zugunsten Dritter – bei ähnlichen Bedingungen wie hier – die Unsittlichkeit dieser Maßnahmen attestiert hatten. Auch die Frage der Immobilien, der Grundstücke, der Gebäude, die mit 13 Millionen DM zu Buche stünden, interessierten ihn. Mit bereits 44 Millionen DM feuerversichert, hätten sie mindestens einen Schätzwert von 30 Millionen DM – bei der heutigen Beschäftigungslage, der Vollbeschäftigung der deutschen Industrie sei dies mit allen Hallen, allen Maschinen und der Kapazität von 5000 bis 6000 darin beschäftigten Arbeitern eher zu niedrig als zu hoch veranschlagt. Da tauche daneben die neue Frage auf: Kann ich von diesem Betrieb an Dritte, Außenstehende, eine Aktienmajorität abgeben? Und sei die Verwaltung, der er ja aufs Wort glaube, daß keine Mühe ihr zu groß war, sich ganz und gar sicher, bei Daimler-Benz wirklich den besten Kaufpreis ausgehandelt zu haben? Eine Firma wie diese und ein Mann wie Herr Flick, den er schätze, sogar verehre, wären doch nicht geneigt, sich an einer Leiche zu bereichern, hätten dies auch nicht nötig ... Zusammenfassend müsse er sagen, er sei erstaunt darüber, wie wenig Vertrauen die Verwaltung selbst in ihr eigenes Unternehmen habe ...

Das Klima war vollständig umgeschlagen. Nicht ein einziges Mal hatte der »Mann im braunen Anzug« – wie die Zeitungen Dr. Mathern am nächsten Tag nannten – die Herren hinter den Präsidiumstischen angegriffen. Eher hatte er sie neugierig gemacht: Wenn das alles war ...? Doch Mathern war noch nicht zu Ende. Jetzt sagte er, er habe sich mit einer Reihe von Händlern unterhalten. Die seien noch immer überzeugt, daß sie die angegebenen Zahlen erreichen. Übrigens er auch. Dann, mit unüberhörbarem Spott: »Natürlich darf man von dieser Zahl 25 000, die von berufenen Leuten genannt wird, nicht ausgehen, das würde ja heißen, daß für das kommende Jahr 30 000 Stück als verkauft gelten, das würde ja einen Betrag von 130 Millionen zusätzlich bedeuten!« Jemand lachte. Mathern fuhr unbeirrt fort: »Wenn es nun möglich war, in diesem Jahr (es ging um das Jahr 1958, das verabschiedet wurde) *ohne* einen 700 und *ohne* Betriebsverluste zu arbeiten, warum, um alles in der Welt, muß es dann im nächsten Jahr Verluste geben?« Noch im Beifall, der ihm entgegenschlug, rief er zu Feith hinauf: »Und uns sagt man hier, eine Weiterführung der Firma ist absolut unmöglich, es sei denn, es kommen außer Geld auch zusätzliche Aufträge herein!«

Damit war Daimler-Benz gemeint, jeder im Saal wußte es, aber wußte man auch, warum Feith nickte? Mathern hatte sein Grundmotiv berührt: Wegen der Aufträge, die ihm von Daimler-Benz zugesichert wurden, hatte er sich hergegeben, den Promotor zu spielen; ohne Auftragsgarantien für das blessierte Werk war, nach der verfehlten Modellpolitik, jede Sanierung aussichtslos, daran hielt er fest. Daß die Aktionäre vom Bezugsrecht auszuschließen waren, hatte auch ihm nicht gepaßt; allein, es war die Bedingung. Nun mußte er den Kopf dafür hinhalten, gut – und anhören, was dieser Mathern vorbrachte, in seiner leisen Art vorbrachte, die auch den letzten Zuhörer in Spannung hielt, ihn, Feith, eingeschlossen.

Die BMW-Sanierung und die Aktionäre. Karikatur aus der Wochenzeitung DIE ZEIT.

Was Mathern richtig voraussah... Meldungen im Wirtschaftsteil der Südd. Zeitung vom 18. 12. 1959 und 24. 1. 1960.

Daimler-Benz wieder im BMW-Gespräch

Die Bemühungen, für die Bayerische Motoren Werke AG, München, potente Partner zu finden, gehen weiter. Die Maschinenfabrik Augsburg-Nürnberg AG interessiert sich aus den Gegebenheiten heraus in erster Linie für die BMW-Tochter, die Triebwerkbau GmbH, Allach, während eine Gesamtsanierung nicht zuletzt auch im Interesse der Aktionäre der AG liegen dürfte. Deshalb gehen nach unserer Kenntnis im Augenblick sehr intensive Bemühungen dahin, die Daimler-Benz AG, Stuttgart, zu einer Mitwirkung auf einer gegenüber dem von der GV abgelehnten Vorschlag veränderten Basis zu gewinnen, da ihr Interesse besonders der Automobilfabrik in Milbertshofen gilt.

MAN-Angebot an BMW verlängert

Auf Fragen eines Aktionärvertreters berichtete in der GV der Maschinenfabrik Augsburg-Nürnberg AG, Augsburg, deren Vorstandsvors. Dr.-Ing. Neumann, die Verwaltung habe ihr ursprünglich bis Ende 1959 befristetes Angebot an die Bayerische Motoren Werke AG, München, bis 29. 2. 60 verlängert. Das sei geschehen auf Anfrage der BMW-Verwaltung, die damit ihre Verhandlungen ohne Zeitdruck fortführen könne. Es handle sich um das Angebot, das Anlagevermögen oder die Geschäftsanteile der BMW-Triebwerkbau GmbH, Allach, zu erwerben. Da die MAN bereits mit BMW verhandle, könne augenblicklich nicht mehr gesagt werden. V

Doch traf es den Kern.

Mathern: »Wenn eine Verwaltung schon vor ihre Aktionäre treten muß, um ihnen bekanntzugeben, wir haben wieder etwas von eurem Geld verloren und euer Kapital ist zur Hälfte hin, wir brauchen neues Geld, wir verbieten euch aber, uns das zu geben, weil es wahrscheinlich wieder flöten geht, dann muß ich sagen, daß man diese Entscheidung doch wohl den Aktionären überlassen muß, die bisher ihre Opfer gebracht haben, um so weit zu kommen.« Er machte eine Pause: »Um auch im Gleichnis zu reden«, fuhr er fort, »ist es nicht so, als wenn man einer Weihnachtsgans kurz vor dem Schlachten erzählt, daß sie von einer vornehmen Familie gegessen wird?«

Das Protokoll verzeichnet hier: *Heiterkeit und lebhafter Beifall*. Ihm aber habe es, sagte Wolfgang Denzel, als er mir in Wien zwanzig Jahre später die Szene beschrieb, bei diesem Wort Matherns regelrecht die Sprache verschlagen. Bis dahin habe niemand richtig gewußt, was im Vexierspiel der Interessen überhaupt noch vor sich ging. Resignation, Übermut, verrückte Wortfindungen Nolds von »Eine Treuhand wäscht die andere!« bis »Alles Flickwerk!«, zuweilen auch blanker Zynismus von seiten des Feith, für den noch immer alles schon gelaufen war, wie es die Tagesordnung vorsah, hätten eine tumultuarische Verwirrung geschaffen, die Matherns Wort von der Weihnachtsgans mit einem Schlag löste.

Von Heinrich von Kleist gibt es den berühmten Essay: »Über die allmähliche Verfertigung der Gedanken beim Reden«. Darin spricht er von »ausgedehnten Kunstgriffen« zur Fabrikation seiner »Idee auf der Werkstätte der Vernunft, um die gehörige Zeit zu gewinnen«. Das Gleichnis Matherns von der Weihnachtsgans war ein solcher Kunstgriff, und wenn, nach Kleist, »die Sprache alsdann keine Fessel etwa wie ein Hemmschuh an dem Rade des Geistes, sondern wie ein zweites mit ihm parallel laufendes Rad an seiner Achse« ist, so kann man, liest man das Protokoll der nachfolgenden Stunden, förmlich sehen, wie dieses zweite Rad greift und wie es den Redner, während er denkt, über all die komplizierten Sachverhalte, jeden Widerstand überrollend, ins Zentrum seiner Absicht trägt. Zum Angebot der MAN, das »nicht ganz ohne Initiative durch hier anwesende Kollegen« und durch ihn erfolgt sei, sagt er: »Dieses Angebot ist da und lautet: Wir zahlen 30 Millionen in bar. Ich habe mich ausdrücklich noch einmal vergewissert: Auf den Tisch des Hauses.« Also sofort! Langwierige Verhandlungen, die alles wieder in Frage stellen, schließt er aus: »Es mag sein, daß ich nicht den letzten Kaufpreis herausgehandelt habe. Aber befinden wir uns hier nicht in der Lage eines Mannes, dem absolut das Wasser bis zum Halse steht? So wird es uns wenigstens dargestellt. Dieser Mann muß was essen. Er hat noch einen Brillantring, obwohl noch lange nicht feststeht, ob es sich hier nicht um einen Kieselstein handelt. Mir scheint der Preis von 30 Millionen bis zum Beweis des Gegenteils ein absolut fairer Preis zu sein, vielleicht in einem kleinen Ausmaß noch korrekturbedürftig.« Das Rad greift. Und mit jeder Umdrehung, die es macht, greift es weiter.

»Nun kommt die nächste Frage: Was macht Daimler-Benz, was machen die Banken? Ich bin hundertprozentig davon überzeugt, und ich glaube, unser Herr Vorsitzender wird mir in seinem innersten Herzen recht geben, ich sehe unsere deutschen Banken nicht als Räuber und Spitzbuben an, sondern ich weiß, daß sie sich der volkswirtschaftlichen Aufgabe absolut bewußt sind. Ich glaube auch nicht, daß die Firma Daimler-Benz sagt: Weil ihr nun nochmals eine letzte Anstrengung macht, euch selbst aus dem Dreck zu helfen, ziehen wir unser Angebot zurück. Es ist auch nicht so, daß sie sich morgen anders entscheiden muß. So schnell sind die nicht gebaut.« Ganz nebenbei sagt er das. Das Rad greift. Und während es greift, verläßt er die Bilder und macht handfeste Vorschläge: Bereitschaft der Aktionäre zum Verkauf der Triebwerk GmbH an die MAN sofort zu 30 Millionen oder zum noch festzusetzenden Betrag. Damit sei zunächst einmal das Geld gegeben und der Verlust ausgeglichen. Zug um Zug rechnet er vor: »Wir haben dann aus dem Verkauf einen Bilanzgewinn nach Abzug der Lastenausgleichsabgabe von 15 oder 12 Millionen DM. Wir haben aus der Kapitalherabsetzung einen Buchgewinn von 15 Millionen DM, also insgesamt 30 Millionen Buchgewinn. Damit gleichen wir den Verlust aus und haben dann ein Kapital von 15 Millionen DM und eine Reserve von gleicher Höhe. Dann sind wir zunächst einmal eine ganz vornehme Firma.«

Die Weihnachtsgans ist wieder da – nein, sie hat sich in Luft aufgelöst, nun geht man selbst zu Tisch, und was steht da drauf? »Es ist mir klar, daß die anderen 30 Millionen auch noch rein müssen. Aber wenn eine solche Bilanz vorhanden ist, und es werden Aktien *mit* Bezugsrecht ausgegeben, dann wird kein Mensch dieses Bezugsrecht nicht ausüben oder zumindest das Bezugsrecht verkaufen. Dann wäre der Kapitalbedarf auch gedeckt.« Was fehlt noch? Ja richtig: Jemand muß die Gesellschaft zu Tische führen – kein Zeremonienmeister, kein Maître de plaisir, der sie unterhält, – ein Vergnügen ist das nicht, vielmehr harte Arbeit: sie so zu ordnen, daß sie wieder leben kann. Mathern ist der Auffassung, daß »man mit dieser Aufgabe jemand betrauen sollte, der sich wirklich die Zeit dafür nimmt.« Er wolle gar nicht sagen, daß die Verwaltung das schlecht oder falsch gemacht habe, ganz zu schweigen von einem Aufsichtsratsvorsitzenden, der ehrenamtlich oder fast ehrenamtlich arbeite . . . er blickt sich zum Podium um, sieht Feith an, und Dr. Feith sagt »Ich glaube, ja.« Dann sucht er Erich Nold, der wieder auf seinem alten Stuhl im Auditorium sitzt, streichelt ihn: »Ich mache einen Vorschlag, der allerdings nicht ganz mit den Wünschen oder Ideen des Herrn Nold in Übereinstimmung steht. Ich schlage«, sagt er, »als einen geeigneten Mann dafür Dr. Johannes Semler vor. Ich bin nicht der Meinung, daß Dr. Semler bei Henschel schlecht gearbeitet hat, er hat gut gearbeitet. Selbstverständlich, soweit ich dazu gebraucht werde, stehe ich auch zur Verfügung.«

Das Rad greift. Beifall bezeugt es. Alles das hat er, der Dr. Mathern, scheinbar ganz nebenbei gesagt. Und ganz nebenbei sagt er nun: »Außerdem beantrage ich Vertagung der übrigen Beschlußfassung.«

Ist die möglich? Nun, sie *ist* möglich, wenn dieser Saal sie für möglich hält – und die Verwaltung, »ohne daß noch lange Abstimmungen und ähnliche Scherze« notwendig sind, dem Vorschlag sich anschließt. Wenn nicht – zum erstenmal hebt Mathern die Stimme –, werde er bei der Feststellung der Bilanz widersprechen, wegen der Fehler, die sie enthält.

Feith ist blaß geworden, man sieht es trotz der Lampen, unter denen er sitzt – draußen umhüllt schon Dunkelheit die Kongreßhalle. Die Blässe in seinem Gesicht zeigt an, wie genau er weiß: Dies ist die Siegfried-Stelle, der verwundbare Punkt, den die Hornhaut nicht schützt. Er kennt das Aktienrecht: Fehlerhafte Bilanzen sind anfechtbar! Und die Bilanz *ist* fehlerhaft: Die Abschreibungskosten des Modells 700 – Entwicklungskosten, Werkzeugherstellungskosten, alle möglichen sonstigen Anlaufkosten – total in den Gesamtverlust eines Jahres einzubeziehen, ist unzulässig! Natürlich hätten sie auf die kommenden Jahre, zumindest auf das nächste Jahr verteilt werden müssen. Aber jeder, auch er hat geglaubt: Dieser Wagen hat keine Zukunft.

Was tun? Zeit gewinnen. Wie gewinnt man Zeit? Den Gegner zermürben. Wie zermürbt man ihn? Indem man seine Glaubwürdigkeit, coram publico, erschüttert. Und so sagt Feith, in den verebbenden Beifall hinein: »Herr Rechtsanwalt Mathern, Sie sind ein ausgezeichneter Vertreter der MAN.«

Mathern aber, in die Pfuirufe hinein, die den Saal durchgellen – gelten sie ihm, gelten sie Feith? – entgegnet: »Meine Damen und Herren, ich habe das als Kompliment aufgefaßt. Es besteht kein Grund, ›Pfui‹ zu rufen.«

Empörter Aktionär.

Es bestand tatsächlich kein Grund dazu. Auch ein Aktionär, der in den hinteren Sitzreihen saß, war dieser Ansicht. Dennoch versuchte er herauszufinden, welcher Part der Pfui-Rufe überwog: der der Aktionäre, die Feiths Unterstellung billigten, oder der all jener, die sie empörte. Er wußte genau, in welcher Ecke des Saales die Befürworter der Sanierung saßen, und mehr als er *sah* – er hatte ein Augenleiden und war fast blind – vermittelte ihm sein geschärftes Gehör die Lage der Dinge. Man trat auf der Stelle. Wie sollte es weitergehen? Überzeugend war Feith nicht gewesen, eher Mathern. Jetzt fragte sich unser Aktionär, auf welcher Seite *er* stand.

In gewisser Weise mußte er sich dem »starken Partner«, den Dr. Mathern als »vornehme Familie« apostrophiert hatte, zugehörig empfinden, hielt er doch selbst einen nicht unbeträchtlichen Teil von Aktien dieser »Familie« in Besitz. Und mehr: Er selbst war es gewesen, der in Gesprächen mit Friedrich Flick, mit dem zusammen er im Aufsichtsrat von Daimler-Benz

Friedrich Flick.

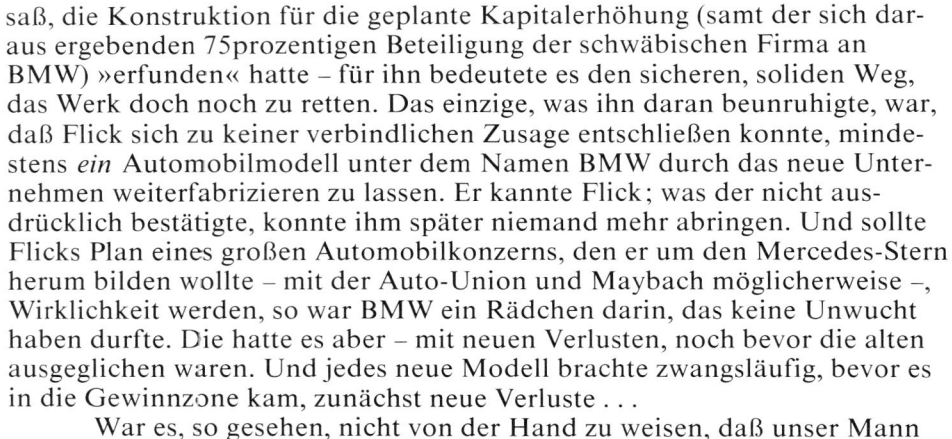

saß, die Konstruktion für die geplante Kapitalerhöhung (samt der sich daraus ergebenden 75prozentigen Beteiligung der schwäbischen Firma an BMW) »erfunden« hatte – für ihn bedeutete es den sicheren, soliden Weg, das Werk doch noch zu retten. Das einzige, was ihn daran beunruhigte, war, daß Flick sich zu keiner verbindlichen Zusage entschließen konnte, mindestens *ein* Automobilmodell unter dem Namen BMW durch das neue Unternehmen weiterfabrizieren zu lassen. Er kannte Flick; was der nicht ausdrücklich bestätigte, konnte ihm später niemand mehr abringen. Und sollte Flicks Plan eines großen Automobilkonzerns, den er um den Mercedes-Stern herum bilden wollte – mit der Auto-Union und Maybach möglicherweise –, Wirklichkeit werden, so war BMW ein Rädchen darin, das keine Unwucht haben durfte. Die hatte es aber – mit neuen Verlusten, noch bevor die alten ausgeglichen waren. Und jedes neue Modell brachte zwangsläufig, bevor es in die Gewinnzone kam, zunächst neue Verluste...

War es, so gesehen, nicht von der Hand zu weisen, daß unser Mann am Verzehr der Weihnachtsgans teilnähme, so war der Gedanke, sich an diesem Flügelchen, jenem Gürgelchen zu delektieren, ihm alles andere als angenehm. Die Weihnachtsgans – um bei dem Bild zu bleiben, das noch immer vor aller Augen stand – gehörte ihm nämlich auch, zwar zu weniger Teilen, als sie ihn berechtigten, als vornehme Familie mit am Tisch zu sitzen, doch unbestreitbar war er der wohl engagierteste Aktionär der bayerischen Firma.

Fast unbemerkt, selbst innerhalb seines engsten Vertrautenkreises, hatte er mit dem Kauf kleinerer und größerer Pakete von Aktien und Wandelschuldverschreibungen des angeschlagenen Unternehmens – bei deren Erwerb ihm der Bremer Holzkaufmann Krages half – begonnen. Mit allem Risiko, das immer ein inneres Engagement einschließt: seine Liebe galt den Autos. Hier wurzelte sein Ehrgeiz, Geld, das er in BMW steckte, nicht nur arbeiten zu sehen, sondern zu benutzen, um vielleicht einmal schöpferisch auf Werk und Produkt Einfluß zu nehmen, ein Wunsch, der ihm bei Daimler-Benz versagt geblieben war. Weder im technischen noch im kaufmännischen Bereich hatte es dort für ihn auch nur die geringste Chance gegeben, unternehmerisch zu wirken: Zu fest war die Hierarchie gefügt, die Modellentwicklung war ein erratischer Block, in den niemand eindrang, und die große Linie bestimmte, wenn überhaupt, der mächtige Flick. Nicht so bei BMW, wo bei offenkundig unfähiger, zumindest in sich zerstrittener Führungsspitze sowie, im technischen Bereich, weitgehender Unentschlossenheit ganz andere Voraussetzungen für einen Unternehmer bestanden – alles bedurfte hier der »starken Hand«. Und das konnte die seine sein.

Es ist an der Zeit, von ihm nun direkt zu sprechen – von dem Großaktionär Herbert Quandt nämlich, der aus Bad Homburg, von wo aus er mit seinem Bruder Harald zusammen das weitgegliederte Quandtsche Familienunternehmen steuerte, hierhergekommen war, zwar nicht mit großer Freude, doch gewiß, mit der Mehrzahl der anwesenden Aktionäre seinem eigenen Sanierungskonzept zustimmen zu können. Nun spürte er, wie der Wind umschlug.

Bereits in der Mittagspause hatte er sich mit Kurt Golda und seinem engsten Berater, dem Majordomus seines Hauses, Dr. Horst Pavel, sowie mit Feith zu kurzer Beratung zusammengesetzt. Er schätzte Golda. Zuweilen war der Betriebsratsvorsitzende – ein ganz ungewöhnlicher Vorgang – zu ihm nach Bad Homburg gekommen oder hatte mit ihm telefoniert, wohl wissend, wer der geheime Aufkäufer von BMW-Aktien war, die Krages, nach gehabtem Geschäft, Quandt überlassen hatte. Besorgt um die Sicherung der im Falle des Konkurses gefährdeten Arbeitsplätze, sein Hauptanliegen, hatte Golda mit offenen Karten gespielt und Entscheidungen, die anstanden, Quandt, in dem er den kommenden Hauptaktionär sah, anvertraut und »gesichert«. Noch einmal hatte Golda nun bekundet: daß, würde das Ultimatum erfüllt, es mit BMW aus sei. Im Interesse der Arbeiter bliebe ihm nichts anderes übrig, als in den Zulieferbetrieb einzuwilligen, zu dem das Werk herabsinke, wenn – ja, wenn nicht Sie, Dr. Quandt... Aber Quandt hatte abgewinkt: Ohne Daimler-Benz ginge nichts mehr, auch der 700 sei nur eine vage Hoffnung, sie ändere nichts am Tatbestand, daß er, Quandt, die nötigen Mittel nicht im entferntesten habe... Deshalb habe er Flick, der gar nicht so recht gewollt hätte, zu diesem Sanierungskonzept überredet, auch künftig werde er, Flick gegenüber, dafür sorgen, daß BMW nicht unterginge...

Herbert Quandt und Kurt Golda.

144

Er spürte, daß Golda nicht daran glaubte, und wie Goldas Schweigen seinem eigenen Glauben, dies zu vermögen, einen Stoß versetzte – wenn noch weitere Stöße folgten, könnte er womöglich wankend werden? Mein Gott, dachte er: Und wenn ich es wage, den Aktionären eine Sanierung aus eigener Kraft anzubieten? Draußen, im Saal, verlas Nold noch immer ihre Briefe. In der ganzen Wirtschaft gab es das nicht zum zweitenmal: daß Aktionäre so zu ihrem Werk, auf das sie gesetzt hatten, in der Stunde der Not hielten! Ein Anflug in Quandt, dies zu belohnen, kam auf, wurde aber schnell von ihm weggewischt: Reiner Romantizismus. Wer schenkte ihm was? Zuviel stand auf dem Spiel. Er hatte an sein Familienimperium zu denken. War er denn von allen guten Geistern verlassen, es dadurch zu gefährden, daß wildfremde Menschen ihm plötzlich wichtiger erschienen?

Jetzt, unter Mathems Worten, sah er, daß »Treue«, ein unkalkulierbarer Begriff in der Wirtschaft, *hier* kalkulierbar war, eine feste Größe, die sein Sanierungsmodell ausgeschlossen hatte. Warum bloß? Warum hatten, bei so überwältigendem Vertrauen, wie es hier zum Ausdruck kam, Vorstand und Aufsichtsrat dieses Moment völlig ausgelassen? Und wenn sie es versäumt hatten, warum er, von dem das Konzept stammte?

Er rechnete. Was Mathem vorschwebte, erschien ihm dilettantisch. Der Mann hatte ja auch nichts zu verlieren. Nein, wenn – dann mußte man es ganz anders machen. Vorausgesetzt, die Versammlung wies Daimler-Benz ab. Aber das, bei aller Schläue, konnte auch Mathem nicht mehr schaffen. Gebannt starrte Quandt in den vor Erregung wieder flimmernden Saal. Was ging da vor?

Ja, was ging vor: Eine Art Pogromstimmung herrschte. Noch eben unter dem Eindruck von – leider – vergeblichen Rettungsversuchen oder Erkundungen dazu, über die Mathem berichtet hatte (in seiner beiläufigen Art hatte er, wie auf einem Herrenabend, von seinem Wochenendausflug nach London erzählt: daß er mit Lord Rootes, dem Chef einer Automobilfabrik, die täglich 1300 Wagen produzierte, gefrühstückt habe, wobei ihm der Lord sein Bedauern darüber ausdrückte, keine Gelegenheit erhalten zu haben, das Werk in Milbertshofen in Augenschein zu nehmen), hatte das Publikum wenig Lust, Feiths Beteuerungen, daß sich die Daimler-Benz AG keineswegs um die BMW gedrängt habe, ja daß es nur nach schweren Verhandlungen möglich gewesen sei, sie zu diesem Angebot zu bringen, Glauben zu schenken oder auch nur noch anzuhören. »Abtreten!« rief man, ein Händler empörte sich: »Hat man schon einmal daran gedacht, sich mit uns Händlern in Verbindung zu setzen und uns zu sagen: Ihr müßt bei soundsoviel Wagen auf einen Verdienst verzichten? Wir hätten es getan! Jetzt setzt man uns die Pistole auf die Brust!« Auch ein Telegramm, das Feith nach der erbetenen Pause – um sich zu beraten – verlas, hatte keine Wirkung. Es stammte vom Bundesverteidigungsminister und enthielt die Erklärung, daß sein Ministerium »den in Aussicht gestellten Auftrag im Wert von 300 Millionen DM für die Triebwerkbau GmbH nur dann realisieren kann, wenn hinter der Triebwerkbau GmbH ein technisch und finanziell starker Partner steht«. Das war auf Daimler-Benz gemünzt. War die MAN nicht gleichwohl ein solcher Partner? Immer wieder rief man – Erich Nolds Stimme war deutlich herauszuhören –: »Fragen sie uns, ob wir bereit sind, die Aktien zu übernehmen!« – Bravo-Rufe erschollen – »Sie sind für uns da und nicht für die Deutsche Bank. Was sperren Sie sich so dagegen, uns zu fragen?« Bis Feith, vergeblich ankämpfend gegen Sprechchöre, die wieder »Abtreten! Abtreten!« forderten, sagte: »Die Verwaltung beantragt Ablehnung der Vertagung.«

»Welcher Vertagung?« fragte Mathem, »Punkt 4 der Tagesordnung? Der ganzen Versammlung?«

»Der Antrag, der mir vorliegt, lautet auf Vertagung der Hauptversammlung. Ich beantrage seine Ablehnung«, erklärte Feith. Dann rief er in den tobenden Saal, mit »Ja« solle jeder stimmen, der die Hauptversammlung vertagt wissen wolle.

Dazu war die Mehrheit aller Stimmen notwendig. Im Saal befand sich – vertreten von tausend Männern und einer Handvoll Frauen – ein Aktienkapital von 20 744 400 DM. Wenn er 70 Prozent davon hinter sich brachte, hatte Feith gesiegt. Die Abstimmung ergab – und er atmete auf – 70,5 Prozent des stimmberechtigten Kapitals. Damit war, nach fast zehnstündiger Debatte, die Vertagung abgelehnt, womit der vorgeschlagene Sanierungsplan als angenommen betrachtet werden konnte.

Bonner Auftrag für BMW-Triebwerkbau

Die Verhandlungen zwischen der *International General Electric, New York*, und dem Bonner Verteidigungsministerium über die Montage und den fortschreitenden Bau des Stahltriebwerkes GE J 79 für Starfighter-Flugzeuge sind für die **BMW Triebwerkbau GmbH, Allach b. München** (einer Tochtergesellschaft der Bayerischen Motoren Werke AG, München) positiv entschieden worden. Der Vertrag zwischen dem Verteidigungsministerium und der Allacher Firma ist praktisch ausgehandelt, wenn auch noch nicht unterschrieben.

Meldung der
Süddt. Zeitung
vom 8. 9. 1959.

Der Anteil von BMW an der PKW-Produktion der Bundesrepublik 1958: 50 254 Automobile. Aus dem »Spiegel« Nr. 3/1960.

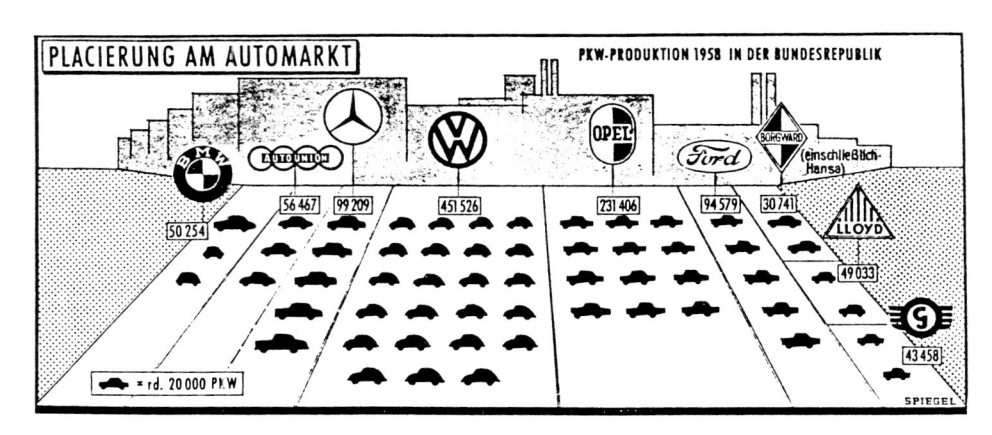

Wer aber geglaubt hatte, die Stunde der Händler und ihres Sprechers Mathern sei abgelaufen, war im Irrtum. Noch am späten Nachmittag hatte Denzel mit Roy Chapin, dem Vizepräsidenten der American Motors Corporation, in den USA telefoniert und erfahren, daß es in den Staaten absolut unzulässig war, ein Produkt, gleichgültig ob sein Erfolg sich erwiesen hatte oder noch ausstand, vorzeitig abzuschreiben. Und, sein ihm von seinem Anwalt auferlegtes Schweigen durchbrechend, hatte der Wiener Importeur sich öffentlich an den Vertriebschef des Werkes gewandt und in den Saal gerufen: »Auf wie lange sind Sie mit dem 700er ausverkauft?«

»Auf zwei Jahre«, hatte der geantwortet.

»Und wie lange im Export?«

»Drei Jahre«, war die Antwort.

Worauf Denzel, gegen die Empore gewendet, zornig ausrief: »Und da wagt man es, die Güte dieses Produktes anzuzweifeln, schreibt es einfach ab!« Und Dr. Schwinner, der Anwalt Denzels, war aufgestanden, hatte die Zahlen der Buchhaltung, die der Bilanz zugrunde lagen, für falsch erklärt und den Vorstand ersucht, alsbald die richtigen Zahlen bekanntzugeben. Was der Vorstand natürlich nicht tat . . .

Hier knüpfte Mathern an, und wenn, wie Kleist meint, die Sprache kein Hemmschuh an dem Rade des Geistes ist, vielmehr wie ein zweites mit ihm parallel laufendes Rad an seiner Achse, so hatte es nun den Redner ins Zentrum seiner Absicht geführt: Mathern war im Ziel. Er zog ein kleines Buch aus der Tasche und hielt es hoch, daß jeder es sehen konnte – wir erinnern uns an den Morgen, Nold hatte es ihm vor Beginn der Hauptversammlung zugesteckt –, es war der Becksche Kommentar zum Aktienrecht, Mathern blätterte ein wenig darin, dann hatte er die Seite: »Laut Paragraph 125, Absatz VII«, sagte er, »genügen die Stimmen von 10 Prozent des Kapitals zur Vertagung, wenn die Bilanzfeststellung beanstandet wird. Und wir beanstanden sie . . .« Er habe herausgefunden, daß die Entwicklungskosten für den BMW 700er samt den Kosten für die Herstellung der Werkzeuge gegen alles Steuerrecht komplett abgeschrieben und somit als Verlust ausgewiesen worden seien, »obwohl«, fügte er hinzu, »die Produktion des neuen Wagens kaum angelaufen ist und Erträge sich erst ab dem nächsten Jahr zeigen können.«

Was folgte, lief ab wie am Schnürchen. Die Leute umdrängten Mathern, manche, die sich zu früh gefreut hatten, drängten auch schon dem Ausgang zu, Körbe wurden herumgereicht, ein Notar gerufen, der die Auszählung der Stimmkarten überwachte. Sie ergab 6 236 100 DM Stimmen für Dr. Mathern. Das war weit mehr als er brauchte.

Im Protokoll ist vermerkt, was Dr. Feith, den allgemeinen Aufbruch für wenige Augenblicke stoppend, sagte:

DR. FEITH: »Herr Dr. Mathern hat die 10prozentige Minderheit nach Paragraph 125 Absatz 7 erbracht. Damit ist Punkt 4 der Tagesordnung ›Beschlußfassung über die Herabsetzung des Grundkapitals‹ usw. vertagt.«

(Lebhafter Beifall)

»Ich darf feststellen, daß die Punkte 1, 2 und 3 der Tagesordnung erledigt sind. Vertagt ist der Punkt 4. Die Verwaltung setzt die Punkte 5, 6 und 7 von der Tagesordnung ab und bringt sie auf die der nächsten Hauptversammlung.«

(Von hinten: »Wo wir doch so gemütlich zusammen sind!«)

»Ich glaube, die Hauptversammlung hat eine Länge erreicht, wo alle etwas erschöpft sind.«

»Aber nein!« konterte noch ein einziger Zuruf; er stammte von Nold.

Das Schlußwort behielt sich Mathern vor. Laut Protokoll sagte er:

DR. MATHERN: »Meine Damen und Herren. Sie haben akklamiert. Die erforderliche Minderheit für die Vertagung ist erreicht worden. Ob diese Akklamation berechtigt war, wird sich sicher erst noch zu erweisen haben. Das kommt ausschlaggebend darauf an – und hierzu möchte ich gern vom Herrn Vorsitzenden eine klare Antwort haben –, was nunmehr seitens der Verwaltung beabsichtigt ist. Wenn beabsichtigt sein sollte, die nächsten drei bis vier Wochen bis zur Einberufung der neuen Hauptversammlung verstreichen zu lassen, ohne daß etwas geschieht, dann ist unsere Abstimmung hier für die Katz gewesen...«

DR. FEITH: »Herr Dr. Mathern, selbstverständlich wird die Verwaltung die nächsten Wochen nutzen.«

(Zuruf: »Wir danken Ihnen, Herr Dr. Feith.«)

Gesiegt! Der »Mann im braunen Anzug«, Friedrich Mathern, beim Auszählen der Stimmen.

Dies war das Ende der 39. Hauptversammlung in der Geschichte der BMW. Sie hatte das um 24 Uhr ablaufende Ultimatum, das Friedrich Flick für sein Kaufangebot gesetzt hatte, gegenstandslos gemacht. Der Dank an Dr. Feith, wie ironisch er auch gemeint sein mochte, war an einen Mann gerichtet, der, als er am Morgen dieses Tages am schwarzverhängten Tisch des Aufsichtsrates als dessen Vorsitzender Platz genommen hatte, wissen mußte, worauf er sich einließ: auf das Wagnis einer völlig neuartigen Verantwortung, die der Aktionär zugewiesen bekam. Zum erstenmal in der Geschichte des deutschen Aktienwesens durften Aktionäre über Wohl und Wehe ihrer Gesellschaft selbst entscheiden. Nun hatten sie entschieden.

Aus seiner Niederlage zog Dr. Feith die Konsequenzen. Am 31. Januar 1960 trat er zurück. Auch Dr. Heinrich Richter-Brohm, als ihm dies von seiten des Aufsichtsrates nahegelegt wurde, trat zurück; das Werk erfüllte ihm gegenüber seine vertraglichen Verpflichtungen.

Auch fast alle übrigen Aufsichtsräte, darunter die Vertreter der Großbanken, gaben ihr Mandat zurück. Da das Werk ohne Aufsichtsrat, der einen neuen Vorstand bestimmen muß, völlig in der Luft hing – nach Paragraph 89 Absatz 1 des Aktiengesetzes kann das Amtsgericht neue Aufsichtsratsmitglieder bestellen, wenn dem Aufsichtsrat »länger als drei Monate« weniger Mitglieder angehören als im Aktienrecht oder in der Firmensatzung vorgeschrieben sind –, wurde am 1. Februar 1960 eine ganze Serie von Aufsichtsräten beim Registergericht München bestellt, unter ihnen Mathern und ein bisher unbekannter Rechtsanwalt und Notar namens Gerhard Wilcke.

Er war Justitiar des Großaktionärs Dr. Herbert Quandt.

Anabasis
(1960 - 1972)

Anabasis (griech.), das Emporsteigen, insb. eine Reise oder ein Feldzug nach einer höher gelegenen Gegend.

Meyers Großes Konversations-Lexikon
1904

Quandt

Die Quandts, einer holländischen Seilerfamilie entstammend, die sich im brandenburgischen Pritzwalk niederließ, hatten es zu beträchtlichem Vermögen gebracht, als dem Industriellen Günther Quandt nach dem Tod seiner Frau die »zweite große Erschütterung« seines Lebens widerfuhr. Der Professor Silex in Berlin, der seinen neunjährigen Sohn Herbert Werner wegen einer Sehschwäche untersucht und behandelt hatte, teilte ihm mit, daß die Netzhaut beider Augen zwar wieder gesunde, aber Narben zurückgeblieben seien, die die Sehschärfe wohl auf immer beeinträchtigen würden. Quandt, im Zweifel, wie es in seinen Memoiren heißt, »ob Herberts Augen sich je wieder so weit erholen würden, daß er den Lebenskampf bestehen könnte«, handelte sofort. Ostern 1919 wurde Herbert, zusammen mit seinem zwei Jahre älteren Bruder Helmuth, ins Arndt-Gymnasium in Berlin-Dahlem umgeschult: hier bestand die Möglichkeit, ein Kind, das nicht lesen durfte, ohne Bücher und Notizen durch einen Privatlehrer so zu unterrichten, daß es das normale Schulziel, das Abitur, erreichen konnte. Die besten Ärzte, so der Geheime Medizinalrat Graf Wiser in Bad Eilsen, der mit seinen unorthodoxen Übungsmethoden große Erfolge erzielt hatte, wurden herangezogen – das Faktum »mnemotechnischer Aneignung des Wissensstoffes« blieb. Aber es bildete in dem Knaben auch ein ungewöhnliches Selbstvertrauen aus, wie es ein Mensch, der allein auf sein Gedächtnis angewiesen ist, um sich in der Welt zurechtzufinden, leicht verlieren kann. 1929 macht Herbert als »Externer« vor einem offiziellen Lehrerkollegium in Potsdam sein Abitur. Entschlossen, an der Seite des Vaters zu arbeiten und nicht, wie dies für ihn vorgesehen war, in die Landwirtschaft zu gehen, um später einmal das eigens für ihn gekaufte Gut Severin bei Parchim in der Mark zu übernehmen, will er, wie der Vater, Industrieller werden.

1960, an einem der ersten Tage im Januar, es ist kalt und unwirtlich im Lande, fährt der Ministerialrat im bayerischen Finanzministerium, Dr. Otto Barbarino, von München aus nach Stuttgart-Untertürkheim, um zusammen mit dem Staatssekretär Guthsmuths vom Wirtschaftsministerium, der ihn dazu aufgefordert hat, bei Könecke, dem Generaldirektor von Daimler-Benz, einen letzten »Rettungsversuch für BMW« zu machen. Barbarino hält nicht viel davon, für ihn ist Daimler-Benz nach der dramatischen Abfuhr auf der Hauptversammlung des 9. Dezember 1959 auch dann kein Partner für BMW, wenn, nach neuerlichem Durchdenken der Sachlage und nachdem die Gemüter abgekühlt sind, erträgliche Bedingungen vorgelegt würden. Was sind »erträgliche Bedingungen«? Daimler-Benz wollte in Milbertshofen produzieren, mächtig, schnell. Das konnte nur auf Kosten des 700-Modells geschehen, dessen soeben angelaufene Coupé-Produktion jene freien Kapa-

Dr. Otto Barbarino, Ministerialrat im bayerischen Finanzministerium.

Drei Männer, auf die es ankam. V. l. n. r.: Ernst Kämpfer, Dr. Barbarino und Dr. Hans Peter, Präsident der Landesanstalt für Aufbaufinanzierung.

zitäten erforderte, wie sie die Stuttgarter in München in Anspruch zu nehmen wünschten. Nicht umsonst hatte die Deutsche Bank auf der Theresienhöhe den Verkaufserfolg dieses BMW 700-Automobils heruntergespielt – und dabei war dieser Wagen weiß Gott ein Himmelsgeschenk, war genau das Produkt, das die Finanzierungsbrücke auf dem Weg zum Mittelwagen abgeben konnte, vorausgesetzt – ja, was vorausgesetzt? Da war wieder der Partner, den das Werk brauchte und zu dem das Land Bayern voll Ja sagen könnte – jene Größe X, die eine Kapitalerhöhung ermöglichen würde, ohne die nichts ging.

Er, Barbarino im Finanzministerium, war ja bereit, für alle erforderlichen Bürgschaften und Kapitalspritzen, soweit sie die Kirche im Dorf ließen, einzutreten. Dieses Land, das die Eingliederung von unglaublichen Massen der nach Bayern eindrängenden Ostflüchtlinge in die heimische Industrie, in die Landwirtschaft des Ober- und Unterlandes, in seine Städte und Gemeinden geschafft hatte, dieses Land Bayern wollte BMW erhalten – uneingeschränkt. Nicht nur der Arbeitsplätze wegen, die Milbertshofen bot, sondern weil es, eine Art Staatssymbol, auch bayerische Wirtschaftspolitik auswies, einfach »Bayern« war – und dies in einem Sinne, dem nichts Provinzielles anhaftete. Wenn freilich der »Preuße« Richter-Brohm, in immer neuen Vorstößen beim Finanz- und Wirtschaftsministerium darauf anspielend, nicht zum Zuge gekommen war, wenn er dabei selbst oft den Eindruck gehabt haben mochte, die Ohren verschlössen sich, sobald hier einer forschgebieterisch auftrat und sprach und forderte, dann hatte das andere Gründe. Sie lagen im Fehlen einer wirklich starken Hand, die erforderlich war, um das angeschlagene Unternehmen aus dem Sumpf zu ziehen, und die Richter-Brohm für Barbarino nicht darstellte, und sie lagen im Fehlen einer Finanzkraft, die unternehmerisch strukturiert sein mußte. Wo war diese Kraft? Als Krages auftauchte, auch Verbindung mit ihm, Barbarino, suchte und fand, hatte sich schnell erwiesen: Dies war kein Mann, der industrielle Konzeptionen verfolgte, sie ausbaute, etwas riskierte, dies war ein reiner Sammler von Aktienpaketen; auch das mochte eine Konzeption sein, für BMW war sie untauglich, und der bayerische Staat, nicht interessiert an Privatspekulationen, mußte sich »raushalten«, wollte er nicht in Teufels Küche kommen.

Nun gut, vorbei – wie sollte es weitergehen? Wieder mit einem Aufsichtsrat, der nicht lenkte, der Zusagen machte, die er nicht hielt, wieder mit einem Vorstand, der plötzlich im Regen stand, auch wenn sein Konzept technisch in die richtige Richtung wies? Ach, dachte Barbarino, wir drehn uns im Kreise, und hier, hier in Untertürkheim, lieber Staatssekretär, das sehen Sie doch, nachdem wir nun drei Stunden ergebnislos Standpunkte ausgetauscht haben, hier sind die Türen zu...

Das Telefon klingelte. Barbarino hatte das merkwürdige Gefühl, er werde verlangt. Könecke, der Gastgeber, ließ es klingeln, unmutig; er hatte Order gegeben, Gespräche nicht durchzustellen.

Das Klingeln hörte auf. Ja, wo waren wir? Nun, es ist alles gesagt...
In der Tür erschien die Sekretärin. »Dr. Barbarino. Dringend«, sagte sie, »ein Herr...«, sie nannte den Namen.

Barbarino nickte, obwohl er den Namen mit keiner Person, die er kannte, in Verbindung zu bringen wußte; sicher eine Verwechslung. Gleichwohl erhob er sich, bat um Entschuldigung, folgte der Sekretärin ins Vorzimmer, schloß vorsichtshalber die Tür. Das Gespräch dauerte einige Minuten. Plötzlich standen Guthsmuths und Könecke neben ihm, sie verabschiedeten sich. »Also siebzehn Uhr, Hotel Zeppelin«, sagte Barbarino und legte auf.

»Sie haben noch etwas vor?« fragte Könecke.
»Ja«, sagte Barbarino, »unvermutet« und lächelte leicht.
Draußen fragte Guthsmuths: »Was ist um siebzehn Uhr?«
»Wir sind«, erwiderte Barbarino, »nicht umsonst nach Stuttgart gefahren. Quandt bittet uns um eine Unterredung.«
»Quandt?« fragte Guthsmuths, »ich denke, ein Herr Lindemann...«, er hatte den Namen verstanden und behalten.
»Ein Deckname«, sagte Barbarino. »Quandt ist in Stuttgart. Von irgend jemand wußte er, daß wir hier sind – und wo. Ist Ihnen bekannt, daß Quandt – fast blind ist? Er war neun Jahre alt, als er die Sehkraft verlor. Ein alter Lehrer, an dem er sehr hing, hieß Lindemann oder so ähnlich, hat er mir mal erzählt.«

Fritz Könecke, Generaldirektor bei Daimler-Benz, als Barbarino dort erschien.

Als man sich zur verabredeten Stunde im »Zeppelin« traf, saß Quandt bereits am Tisch. Er bat um Verständnis für die List, er habe Gründe, daß nicht jedermann bei Daimler-Benz, wo er mit Flick ja noch im Aufsichtsrat sitze, von seinem Hiersein erführe. Vorausgesetzt, daß der bayerische Staat ihm in den nächsten Jahren Unterstützung gewähre, wäre er bereit, den Rest des Krages-Pakets zu kaufen und, soweit er das könne, die Aktienmehrheit bei BMW zu erwerben. Guthsmuths und Barbarino wechselten einen Blick. Dann erklärten sie, die Regierung von Oberbayern habe ein dringendes Interesse, BMW zu erhalten. Vorbehaltlich höherer Zustimmung gäbe man gern die Versicherung, alles zu tun, was Bayern tun könne, um Quandts Pläne zu fördern. »Das genügt mir«, sagte Quandt, erhob sich, streckte die Hand hin – »ungefähr in der Richtung«, erinnerte sich Barbarino später an die Szene, »in der ich ihm gegenübersaß, so daß ich sie zuerst ergriff, eine sehr feste männliche Hand. Ich ließ sie los, dann schlug Guthsmuths in sie ein. – Wir hatten das Gefühl: ein Abkommen, das galt wie sonst nichts auf der Welt. – Erleichtert fuhren wir nach München zurück.«

Der Entschluß, bei BMW einzusteigen, sei an einen längeren Entscheidungsprozeß gebunden gewesen, sagte Herbert Quandt später wiederholt. Nach dem Scheitern der Hauptversammlung habe er sehr mit sich gerungen, ob er seinen BMW-Besitz nicht besser mit einem blauen Auge, also mit Verlust, veräußern sollte, statt sich zu engagieren – mit aller Macht, nur so würde er klar die Führung erringen. Aber erst allmählich sei ihm der Mut dazu gekommen.

Golda, der Betriebsratsvorsitzende, erzählt es anders. Danach habe man sich noch am 9. Dezember nachts um elf zusammengesetzt, im kleinsten Kreis: Quandt, sein Vertrauter und Beisitzer im sogenannten Vierer-Rat des Quandtschen Familien-Imperiums, Dr. Horst Pavel, und er, Golda ... Quandt sei sehr aufgewühlt gewesen: Dieser Mathern! Seine Rhetorik, seine bewundernswert gute Diktion! – und weiß nicht, der Mann, ahnt nicht einmal, für *welche* konstruktive Lösung er sich engagiert: daß es durchaus einen Hauptaktionär gibt, dessen Aktienbesitz nur nicht ausreicht, die Anträge der Verwaltung zu Fall zu bringen – sich selbst zu Fall zu bringen! Denn das Konzept Daimler-Benz, wie den Herren bekannt, stamme von ihm, Quandt, er, niemand anders, habe es eingebracht und Daimler-Benz und der Deutschen Bank vorgeschlagen, und noch am Morgen dieses Tages habe er es für die einzig vernünftige und mögliche Lösung gehalten – wie anders sähe nun alles aus! Überwältigt vom Vertrauen der Kleinaktionäre, ihrem Mut, ihrer Risikobereitschaft, beeindruckt von diesem »Geist«, den man mit der Laterne suchen könne, habe er erkannt, daß es um mehr gehe, als nur ein Unternehmen über Wasser zu halten, sprich vorm Konkurs zu bewahren. Und so habe er beschlossen, die treibende und bestimmende Kraft zu sein, um die Sanierung einzuleiten – mit allen ihm zu Gebote stehenden Mitteln. Ob's ihm gelinge, sei fraglich; versuchen wolle er's.

Hat die Erinnerung Quandt einen Streich gespielt? Gewöhnt, nie Entschlüsse plötzlich zu fassen, nie einer unkontrollierten Aufwallung seiner Gefühle nachzugeben, alles langsam heranreifen zu lassen – wollte er vor sich selbst festhalten, daß es hier nicht anders war, nicht anders gewesen sein konnte? Noch als er bei der 20. Wiederkehr der historischen BMW-Hauptversammlung vor einem kleinen geladenen Kreis auf die Ereignisse des 9. Dezember 1959 zurückblickt, beharrt er:

»Die Aktionäre wollten also, ohne daß irgendeine andere Möglichkeit oder Lösung zu erkennen war, den sicheren, den soliden Weg nicht gehen. Das aber bedeutete für mich, daß das Jahr 1960 das Jahr meiner vielleicht schwersten Entscheidung wurde. Einmal natürlich für BMW, zum anderen auch für meine Familie und mich, die (wir) ja das ganze Risiko alleine hätte(n) übernehmen müssen. Ich stand gewissermaßen am Scheidewege, ob ich mich von meinem weiß-blauen Besitz mit gewissen Verlusten trennen sollte oder ob ich mich alleine in das Engagement mit dem ganzen Risiko begeben sollte, das ich lieber dem kapitalkräftigen Unternehmen Daimler-Benz mit den sehr guten Reserven überlassen wollte. Die Entscheidung, die ich dann in den ersten sechs Monaten des Jahres 1960 getroffen habe, ist in diesem Kreis wohl ein Lied, das auch ohne Worte verstanden wird. Ich habe mich damals durch meine Entscheidung gewissermaßen zu meinem Glück gezwungen.«

Ein Toast auf die Zukunft. Dr. Herbert Quandt und Kurt Golda.

Glück! Zum ersten Mal spricht er davon – 1979, drei Jahre vor seinem Tod – und bleibt noch immer distanziert, traut dem Begriff nicht, setzt ein »Gewissermaßen« davor, als gelte, worauf andere bauen, nicht für ihn, dessen ganzes Leben sich als eine einzige Folge kühler, lang durchdachter Strategien darstellt, die Unwägbarkeiten ausschlossen und »Glück« schon ganz und gar.

Man zählt die Quandts zu den Superreichen im Lande – ihr Industriebesitz, 1945 zerschlagen, ist in anderer Gruppierung neu und glänzend erstanden. Aber ist das »Glück«? Es kann auch Belastung, kann Bürde sein, »Pflicht«, unter deren Last die landläufigen Vorstellungen von Glück zerschmelzen wie Schnee an der Sonne. Insofern war Quandt nie ein »Glücklicher«, und das Erbe des Vaters, das er und sein Halbbruder Harald übernahmen, gut, es war ihm nicht lästig, aber wirklich erfüllt hatte es ihn nicht. Verwalten, das Erworbene zu »mehren«, mit der Sorge um Erhalt und Zugewinn auch »Macht« zu schmecken, die köstliche Speise der Reichen, war ihm eher auferlegt als von ihm gewollt. Gewiß, er liebt sein Leben, und er ist kein Asket. Aber seine Passionen (Pferde, schnelle Autos, Rennboote) sind eher Ausflüchte denn Privilegien, die er genießt. Da ist ja immer sein Augenleiden, das er kaschiert, ja so meisterhaft tarnt, daß Menschen, denen er zum ersten Mal begegnet, niemals vermuten würden, er sei nahezu blind. Dennoch, es ist immer da, die Freuden der Welt verhüllt es ihm, und wenn er den Schleier, der um ihn liegt, durchstößt, dann nur kraft der Fähigkeiten, die sein Wille, das Handicap zu meistern, in ihm ausgebildet hat. Mühelos beherrscht er, was andere nur beherrschen, wenn sie es aus Texten, Tabellen, Statistiken jederzeit abrufen können. Er spricht Englisch, Französisch, hat jeden Börsenkurs seiner Anlagen im Kopf, kennt alle Schwierigkeiten und Vorzüge seiner Werke, weiß, auf wen er sich verlassen kann und auf wen nicht, niemand macht ihm etwas vor, und sein Tag beginnt früh, wie der Tag des Landmanns, der er nicht wurde, und endet am Abend, oft in der Nacht.

Ist das Glück? Wenn es, wie Nietzsche sagt, ein Gefühl davon ist, daß die Macht wächst, daß ein Widerstand überwunden wird – vielleicht. Aber Quandt ist kein junger Mann mehr, und es gibt ein Schlüsselerlebnis, das ihn ein für allemal von solchen Glücksempfindungen ausschließt. 1943, als die Kriegswirtschaft auf vollen Touren läuft, fährt er, dreiunddreißig Jahre alt, mit dem Vater von Fabrik zu Fabrik; viel ist zerstört, vom Bombenkrieg dezimiert, neue Anlagen müssen geschaffen, die alten zu erhöhter Produktion umgerüstet, nicht nur instand gesetzt, sondern verbessert werden, und alles so schnell wie möglich. Atemlos jagt man von Ort zu Ort. Im gleichen Tempo aber, wie neue Fabriken gebaut, bestehende erweitert, völlig neue Produktionen erschlossen, immer mehr Menschen – bei allen Schwierigkeiten, sie zu finden – eingestellt werden, geht, was hier ersteht, dort verloren.

In der Nacht vom 23. zum 24. Dezember 1943 werden die Pertrix-Fabrikanlagen in Berlin-Niederschöneweide zu 70 Prozent zerstört. Sechs Wochen später arbeiten sie wieder mit voller Kraft. Was nützt es? Aus dem Westen wird nach dem Osten und, als die Erde im Osten brennt, wieder nach dem Westen verlagert, und nichts wird bleiben, nichts ... außer der Erfahrung, daß der Mensch, da er überleben will, physisch und psychisch Strapazen auf sich nehmen kann, die ihm kein lieber Gott zumaß, als er ihn erschuf.

So wird einer, kommt er davon, sich zwangsläufig fragen, was er mit »Macht« anfangen soll, die ihm zufiel – ökonomischer Macht. Er ist reich, gewiß, aber ist er deshalb ein anderer? Die Reichen würden sich immer als eine andere Art von Menschen betrachten, weswegen jede bloße Revolution, die alle Vermögensunterschiede weiterbestehen läßt, unvermeidlich wieder zu neuer Tyrannei ausarten muß. So steht es im ersten kommunistischen Manifest, das, lange vor Marx und Engels, ein gewisser Joseph Fouché mitten in der Französischen Revolution geschrieben hat. Quandt hält das für baren Unsinn: daß einer, nur weil er mehr Geld hat als andere, anders sein müsse als jedermann. Und Tyrannei? Um auch nur im eigenen ökonomischen Bereich Tyrann zu sein, fehlt ihm der Antrieb, die Lust, auch jede Gelegenheit, auch jeder Grund: Geld entbindet doch nicht von Verantwortung, im Gegenteil, weist sie zu. Auch ihm ist sie zugewiesen, und wie jedermann hat er, gemeinsam mit Harald, sie genützt. Hat zusammengefügt, was zerbrochen war, und dabei, über das väterliche Erbe hinaus, sich als Unternehmer betätigt, Neues hinzugewonnen, immer im Sinne der Quandtschen Firmendok-

Die Quandt-Zentrale in Bad Homburg.

trin, Gebrauchsgüter für die Massen zu schaffen, Batterien, technisches Kleingerät, Pharmaartikel..., alles erstklassig, nichts Weltumstürzendes, aber Dinge, ohne die nichts ging auf der Welt.

Von seinem Vater hatte Günther Quandt gesagt, daß er »für neuzeitliche Einrichtungen durchaus aufgeschlossen« gewesen sei. »Aber mit allem, was er neu geschaffen hatte, war er fast über seine Grenzen hinausgegangen. Es gibt Menschen, die stark sind im Beharren, und andere, die am liebsten immer neu beginnen möchten: Ihnen kommt die Zukunft nicht schnell genug. Beide Typen sind notwendig und ergänzen einander. Gäbe es nur beharrende Naturen, die Welt wäre zum Stillstand verurteilt; gäbe es nur solche, die immer den Fortschritt wollen, würde die Tradition abbrechen, und der Mensch verlöre seinen besten Teil.« Günther Quandt hatte den Vater nicht verleugnet, als er, nach überaus erfolgreichen Unternehmerjahren, in der Inflation seinen »Buntbesitz« erwarb, auf den sich das Quandt-Imperium gründete. Stets hatte er sich der Warnung des Vaters erinnert: »Kredite? Hände weg!« und, wenn er auch wenig Gebrauch davon machte, seinen Rat im Ohr behalten: »Bleibt bei Betrieben, die ein Mann übersehen kann, technisch, kaufmännisch, finanziell. Ihr seid am glücklichsten dabei.«

Es ist, als ob dieser Rat, so altväterlich er erscheint, auch der dritten Generation die Hand führt. Als Herbert Quandt, der Enkel, sich entschließt, BMW zu sanieren, glaubt er, der unternehmerischen Aufgabe wegen dieser drei Voraussetzungen, die sie erfordert, gewachsen zu sein: Zwar ist er kein Techniker, aber seine ganze Liebe gehört dem Produkt, dem Auto; das kaufmännische Rüstzeug beherrscht er wie kein zweiter; und finanziell – nun, er wird nichts aufs Spiel setzen, was nicht »drin« ist, nicht Interessen der Familie opfern, nur um ein angeschlagenes Unternehmen zu retten.

Andererseits ist, worauf er sich einläßt, keine unternehmerische Spielerei. Da ist ja mehr. Zum Konsumgut, das das Produkt AUTOMOBIL darstellt, tritt ein Rang, den andere Konsumgüter nicht haben: seine Hochwertigkeit; man versteckt es nicht, mißt sich an ihm, wird an ihm gemessen.

So gesehen ist der Markenname, das Image von BMW, jedes Risiko wert.

Mitte Dezember, wenige Tage nach der Hauptversammlung, die BMW fürs erste die Selbständigkeit bewahrt, bittet Quandt den Finanzchef, Ernst Kämpfer, zu sich nach Frankfurt. »Was ist mit dem 700?« fragt er ihn.

»Der kann im Frühjahr in Produktion gehen«, erwidert Kämpfer.

»Trotz aller Schulden, die Sie haben?«

»Die Lieferanten halten still. Keiner läßt uns im Stich.«

»Erstaunlich«, sagt Quandt. »Und Bosch?« Er weiß, daß Bosch stets nur bar Kasse liefert.

»Auch Bosch«, versichert Kämpfer. Gleich nach der Hauptversammlung habe er ein Fernsehinterview geben müssen und darin gesagt, er werde,

»Die Lieferanten halten still. Keiner läßt uns im Stich.« Anlieferung des 700 bei Wolfgang Denzel in Wien.

Am 15. 7. 1960 verläßt bereits der 20 000ste 700 das Band.

Prof. Dr. Ing. Fritz Nallinger, Entwicklungschef bei Daimler-Benz.

wenn jemand seine Monopolstellung ausnützt, dies an die große, die ganz große Glocke hängen...« »Da sind die zu Kreuze gekrochen.«

»Und was halten *Sie* von dem Wagen?« will Quandt wissen.

»Ich bin mit ihm hergefahren. Sie können ihn hier behalten. Ein passables Fahrzeug. Vier Sitze, viel Platz. Hat zwar noch den Motorradmotor, den haben wir hochgekitzelt auf 700 Kubik. Aber läuft wie eine Eins und sieht bildschön aus: BMW-like vom Scheitel bis zur Sohle. Steht dem Coupé in nichts nach, das Denzel in Wien entwickelte.«

»Und die Limousine«, fragt Quandt, »wer hat die gebaut?«

»Milbertshofen«, sagt Kämpfer. »Ein bißchen Wien, ein bißchen Turin ist dabei – Michelotti hat den Scheitel gezogen...«

Quandt wollte sie gleich sehen. Sehen ist gut, dachte Kämpfer. Wie denn?

Dann sah er: Quandt ging um den Wagen herum, ermaß, hier und dort ihn berührend, Haube und Heck, ertastete seine Konturen, öfnete die Tür, setzte sich hinein. »Danke«, sagte er, »ich werde ihn fahren. Und Sie nehmen ein Exemplar, ich denke, Sie haben noch eins, und führen es Nallinger bei Daimler-Benz vor, privat. Auf meinen Wunsch. Geht das?«

Kämpfer fuhr mit der Bahn zurück und, schon am Tag darauf, mit dem Prototyp – es gab keinen anderen – nach Stuttgart. Am Abend rief Nallinger in Frankfurt an. »Herr Dr. Quandt? Wir waren also auf der Versuchsstrecke. Das Auto kann man bauen. Von meiner Familie darf da zwar keiner drin fahren, denn es hat den Tank vorn. Aber sonst ist das ein gutes Fahrzeug. Mit dem können Sie was machen. Das ist ein Aufhänger. Da gewinnen Sie Zeit für einen Mittelwagen.«

»Dies war«, sagte Kämpfer später, wenn er von der ihm noch verbleibenden Zeit bei BMW erzählte, »das Signal für Quandt, zum Registergericht zu gehen, wir hatten ja kaum noch Aufsichtsräte, und gleich eine ganze Reihe bestellen zu lassen, darunter Wilcke.«

Ein Auftrag

Es heißt, Quandt habe die Gabe besessen, stets die richtigen Männer an die richtige Stelle seiner Unternehmungen zu setzen. »Wie man Musik hört«, sagt sein Biograph Treue, »so hört er, der Musikliebhaber, Modulierungen der Stimme; er zog Schlüsse aus dem Wechsel der Lautstärke, der Sprachgeschwindigkeit, aus den Pausen zwischen Frage und Antwort, bei der Auswahl der führenden Persönlichkeiten nicht minder als im täglichen Gespräch mit leitenden Angestellten, mit Besuchern und mit den Teilnehmern an Sitzungen in aller Welt.« Das stützt die Legende, erklärt aber nur einen Teil des »Phänomens«, für das eher eine angeborene Neigung spricht. Schon der Dreißigjährige macht davon Gebrauch: Vom Vater zum Prokuristen der Pertrix-Chemie AG ernannt, kümmert er sich, als er 1940 in den Vorstand der Accumulatorenfabrik, der Kerngesellschaft aller Quandt-Unternehmungen, einzieht, vornehmlich um das Personalressort, in dem er die »Schlüsselstellung im Unternehmen« sieht. Hier entwickelt er jenes feine Gespür, Menschen beurteilen zu können, die Gabe, den »richtigen« Mann zu finden, und dazu die Zähigkeit, nicht nachzulassen, bis er ihn gewonnen hat, wenn er glaubt, ihn gefunden zu haben.

Gerhard Wilcke, Rechtsanwalt und Notar, Justitiar der Quandt-Gruppe.

Was Quandt an Gerhard Wilcke, seinem langjährigen Justitiar, anzog, wußte dieser verständlicherweise am wenigsten zu sagen. Wilcke war Jurist, ein Mann, der ganz in seinem Beruf aufging, so daß jemand, der nur flüchtig mit ihm zu tun hatte, ihn für den geborenen Advokaten hielt, was er aber nur seiner äußeren Erscheinung nach war. In Wahrheit versteckte sich dahinter ein durch und durch musischer Mensch, und das war es wohl, was Quandt sofort spürte – eine Polarität, die ihm lag, entsprach sie doch seinem eigenen Wesen. Hinzu kam, daß Wilcke, in oder nahe bei Berlin geboren, auch von dorther – Berliner Lebensart schlägt nun einmal durch – dem »Märker« Quandt näher stand, als dieser selbst zugeben wollte. – Wilcke hatte, in den Jahren 1925 bis 1933 ausgebildet, wirtschaftliche Erfahrungen bei Schering, dann bei Philips gemacht und war, nach einem kurzen Zwischenspiel 1945 als Bürgermeister von Alt-Wolfsburg, im niedersächsischen Kultusministerium tätig gewesen, bevor er sich in Hannover als Anwalt niederließ. Ein Angebot der VARTA, des Hauptunternehmens der Quandt-Gruppe, hatte ihn nach der Währungsreform bestimmt, nach Frankfurt zu gehen, wo er seitdem in der Hansaallee seine Kanzlei als Rechtsanwalt und Notar betrieb.

Es war kurz vor Silvester des Jahres 1959, als er, zufällig aus dem Fenster blickend, unten einem Kleinwagen, der merkwürdigerweise wie ein BMW aussah – die »Niere« am Kühler fiel Wilcke sofort auf –, zwei Herren entsteigen sah, die ihm zwar bekannt waren, aber, wenn sie seine Dienste in Anspruch nahmen, ihn stets zu *sich* hatten kommen lassen: Herbert Quandt und, er täuschte sich nicht, dessen Vertrauten im Vierer-Rat, Horst Pavel.

Wilcke stand kurz vor einer Geschäftsreise nach Südamerika, die er im Auftrag der Quandts antreten sollte; trotz einer Wirbelsäulenverletzung, die ihm zu schaffen machte, hatte er zugesagt, alles war besprochen. Der Besuch, galt er ihm, mußte andere Gründe haben. Trotzdem war der Anwalt nicht wenig überrascht, als er hörte, was Quandt und Pavel von ihm wollten. Beim Nachdenken darüber, wer ihr Mann bei der Vorbereitung eines für die Quandt-Gruppe, besonders aber für Herbert Quandt persönlich – so sagte Pavel – nicht ungefährlichen Vorhabens sein könne, sei man auf ihn, den in langen Jahren bewährten verdienstvollen juristischen Beistand, gekommen: Ob er bereit sei, die Interessen Herbert Quandts bei der Sanierung von BMW im neu zu bildenden Aufsichtsrat der Gesellschaft zu vertreten? Dr. Feith, der bisherige Vorsitzende, sei zurückgetreten...

Dann erfuhr Wilcke, knapp und klar, wie es Quandts Art war, was beabsichtigt sei: Herabsetzung des Stammkapitals um die Hälfte auf 15 Millionen DM, was die Substanzverluste – in eben dieser Höhe – ausgleichen würde; Aufstockung über das bisherige Grundkapital (30 Millionen) hinaus, wozu ein noch zu findender in- oder ausländischer Interessent aus der Automobilbranche gewonnen werden müßte. Zur weiteren Geldbeschaffung: Veräußerung von 50 Prozent der bis heute hundertprozentigen Tochtergesellschaft Triebwerkbau GmbH; keine nennenswerten Schwierigkeiten, ein größerer Auftrag des Bundesverteidigungsministeriums stehe ins Haus – eine Milliarde, sagte Quandt beiläufig, das Weitere werde sich finden.

»Ort der Handlung?« fragte Wilcke.
»Natürlich München.«
»Für wie lange?«
»Wir denken«, sagten beide Herren übereinstimmend, »an drei bis sechs Monate.«

Wilcke wiegte weder den Kopf noch nickte er. Die alte Unterschätzung von Zeit, der jeder Mandant unterlag. Doch war es seine Sache nicht, Bedenken zu äußern. Ein Auftrag – Ja oder Nein? Man kannte ihn, wußte, er würde sich in die Sielen stemmen. Natürlich ein Full-time-Job. Und ein Ortswechsel – mindestens vorübergehend – dazu. Aber auch ... eine Aufgabe, die nicht jeder lösen würde, nicht jeder übertragen bekam. Selbst wenn sie das Doppelte an Zeit erfordern sollte ...

Er ahnte nicht, als er sich bereit erklärte, sie zu übernehmen, daß sein ganzes zukünftiges Leben von ihr bestimmt sein würde.

Als Wilcke an einem Wintertag Mitte Januar 1960 in der Dostlerstraße in München-Milbertshofen die Vorstandsetage betritt, ist ihm beklommen wie nie im Leben zumute. Der amtierende Vorstandsvorsitzende ist entweder nicht da oder läßt sich verleugnen. Wilcke steht im Vorzimmer herum. Dann führt ihn die Chefsekretärin zu »unserem Finanzvorstand, Herrn Kämpfer«. Herr Kämpfer ist sehr erfreut, nimmt Wilckes Angebot entgegen, erklärt, es studieren, auch seinen Kollegen zeigen zu wollen (und, denkt Wilcke, zu telefonieren, vermutlich mit seinem Verhandlungspartner, dem Freistaat Bayern. Da hätte ich doch besser zuerst hingehen sollen, schilt er sich). – Wann er wiederkommen dürfe? In einer Stunde, sagt Kämpfer.

Nein, sagt sich Wilcke, das ist eigentlich kein Anfang. Er hat ja keinen brausenden Empfang erwartet. Aber schließlich weiß man, daß er von

Da liegt das Werk, abgeschirmt wie eine Festung ... Werkstor und Vorstandsgebäude in der Dostlerstraße im Jahre 1960. Genau gegenüber wird später der Turm entstehen.

Quandt kommt. Hatte dieser Kämpfer, fällt ihm ein, vor der umstrittenen Hauptversammlung nicht schon einen Vertrag mit Daimler-Benz in der Tasche? Das hat doch der Soundso erzählt. Oder nicht?

Das Wetter ist unfreundlich, kalt, ohne Schnee. München, im Winter ohne Schnee? Na, kann vorkommen. Wilcke schlägt den Mantelkragen hoch und betritt die Straße. Da liegt das Werk. Er hat es sich auf der Karte angesehen, ein großes Karree mit Zäunen drum, abgeschirmt wie eine Festung, doch wo Tore sind, müßte man ausspähen können, wie's drinnen aussieht ...

Er geht los, entschlossen wie ein Spion, der durch die Hintertür etwas erfahren möchte, was ihm die Vordertür verweigert. Aber alles, was er konstatiert, ist: Ruhe, bleierne, drückende Ruhe – und dies an einem Werktag. Hier sollen Wagen bereits vom Band laufen? Die ersten siebenhundert Coupés, hat Quandt geschwärmt, verlassen demnächst das Werk. Wo? Hier? (Wilcke weiß zu dieser Zeit nicht, daß das Preßwerk wie auch der Rohbau, abgeschirmt durch Hallen und Höfe, im Kern des Areals liegen.) Kaum ein Geräusch. Hier und da ein Elektrokarren, der hinter den Zäunen vorbeisurrt, ein paar Arbeiter, die sich gemessenen Schritts durch das Gelände bewegen, das ist buchstäblich alles, und verwegen erscheint Wilcke plötzlich, worauf er sich eingelassen hat.

Ohne Aufsichtsrat hing das Werk in der Luft. – Milbertshofener Werksanlage 1960.

Fritz Aurel Goergen, von der Presse »Prinz Aurel« genannt.

Dr. Johannes Semler.

Gewohnt, systematisch Einblick in die Aktenlage zu nehmen, wie jeder Anwalt es tut, wenn er einen »Fall« übernimmt, hat ihn die Peitsche der Zeit wie einen Kreisel ergriffen und sofort ins Zentrum gedreht. Nach Feith hatte fast die Hälfte des Aufsichtsrates, darunter die Vertreter der Großbanken, ihr Mandat niedergelegt. Ohne Aufsichtsrat, der einen neuen Vorstand bestellen muß, hing das Werk in der Luft.

Nach Paragraph 89 Absatz 1 des Aktiengesetzes konnte das Amtsgericht neue Aufsichtsratsmitglieder bestellen, wenn dem Aufsichtsrat »länger als drei Monate weniger Mitglieder angehören, als im Aktienrecht oder in der Firmensatzung vorgeschrieben sind« – wen würde der Registerrichter benennen? Quandts Vorschlagsrecht als Großaktionär war begrenzt, er hatte sich, neben Wilcke, für Dr. Johannes Semler entschieden. Semler war unabhängiger Wirtschaftsprüfer und brachte als Präsident der Schutzvereinigung für privaten Wertpapierbesitz beste Voraussetzungen als »Sanierer« mit. Favorisierter Kandidat des noch amtierenden Vorstandes – wie Wilcke vermutete – war Fritz Aurel Goergen, ein Mann, der als unternehmerisches Vollblut galt. Empfohlen vom hessischen Ministerpräsidenten Zinn – Goergen hatte Henschel in Kassel wieder aufgebaut –, war er zugleich ein versierter Techniker. Er hatte das Werk bereits durch Betriebsexperten überprüfen lassen, um BMW neue Fabrikationen zuzuführen (er dachte an Zahnräder, die auf vielen der vorhandenen, aber nicht voll ausgenützten Maschinen ohne große Umrüstung herzustellen wären).

Und was sprach für Semler? Er hat Henschel, bevor Goergen dorthin kam, erfolgreich saniert. An Mut gebricht es ihm nicht: Einst hat er sich als Vorsitzender des Wirtschaftsrats der Bizone mit seiner »Hühnerfutter-Rede«, in der er die widersprüchliche amerikanische Wirtschaftspolitik in bezug auf Deutschland heftig kritisierte, bei den Amerikanern unbeliebt gemacht; sein Nachfolger wurde Ludwig Erhard. Seine Autorität ist unbestritten. Aber der Wind bläst ihm ins Gesicht, ist er es doch gewesen, der die mißlungene Daimler-Benz-Lösung zur Rettung von BMW den Aktionären in einem Gutachten empfahl. Die Arbeitnehmervertreter im Aufsichtsrat – das sind neben Golda zwei weitere Vertreter des Betriebsrats und ein Mann der Gewerkschaften – werden nicht zuletzt deshalb gegen ihn und *für* Goergen votieren, wenn die Wahl des Vorsitzenden heransteht. Entscheidet man sich aber für Goergen an der Spitze, dann bedeutet dies nach erfolgter Sanierung, auch wenn sie Quandts Billigung fände, den Bruderzwist im Hause BMW. Wilcke macht sich nichts vor: Quandt *und* Goergen – das ginge nicht gut. Beide wollten als Unternehmer wirken und mußten einander ins Gehege kommen. Nie würde Goergen nach getaner Herkulesarbeit, dem Aufbau einer straffen Betriebsorganisation und einer rentablen Produktion, sich damit abfinden, nie sich begnügen, für Quandt lediglich die Kastanien aus dem Feuer geholt zu haben. Und nie würde Quandt, der Unternehmer sein wollte aber noch nicht war, Machtansprüche akzeptieren, die sich daraus ergaben. Dann lieber: Finger weg! So hing eigentlich alles von dieser Wahl ab, um so mehr, als das Werk unmittelbar vor dem Abschluß eines Vertrages mit dem Freistaat Bayern stand, der das Land – durch eine Stammeinlage in Höhe von 50 Prozent des Kapitals der Triebwerkbau GmbH – praktisch zum Teilhaber an der Tochtergesellschaft machte. Zwar wollte Bayern unverzüglich zehn Millionen DM auf den Tisch blättern, doch würde BMW, wie Quandt

Auf bayerischem Parkett. V. l. n. r.: Justitiar Wilcke, Herbert Quandt und sein Bruder Harald.

Johanna und Herbert Quandt mit Wilcke (links).

und Pavel sofort sahen, einen irreparablen Schaden davontragen: einmal, weil eine Rückkaufsklausel fehlte, zum zweiten, weil die Anteile viel zu niedrig bemessen waren. (Die General Electric, hat Quandt blitzschnell erkundet, ist bereit, für eine Beteiligung, an der sie wegen des Starfighter-Auftrags seitens des Bundesverteidigungsministeriums interessiert ist, wesentlich mehr zu bieten.) Und so haben Quandt, Pavel und Wilcke in fieberhafter Eile ein Parallelangebot ausgearbeitet. Wird es der Vorstand, so kurz vor dem Abschluß mit dem Land Bayern, überhaupt noch erwägen?

Nun, Quandt hat nicht umsonst einen Mann wie Wilcke auf den Kampfplatz geschickt. In Verhandlungen geübt, wird er von seiner Gepflogenheit, mit offenen Karten zu spielen, nicht abweichen – stets hat es sich als Vorzug, nie als Nachteil erwiesen. Es wird hier nicht anders sein. Daß er Interessen vertritt – wir alle vertreten Interessen! –, gilt nur bedingt: Das bessere Angebot zählt. Er ist bereit, es zu akzeptieren, bei gleicher Bereitschaft der Gegenseite. Apropos Gegenseite – ist sie das noch? Sitzen wir nicht im selben Boot? Die Sachlage – nichts braucht beschönigt zu werden – ist ernst genug.

Und so gibt Wilcke, als er in die Vorstandsetage zurückgekehrt ist, jeden Einblick, den man wünscht, wägt andere Standpunkte ab, widerlegt sie, begründet seine Thesen. Unbefangen sagt er von Anfang an, daß zwischen Strauß, dem Bundesverteidigungsminister, und Quandt eine »Entente cordiale« bestehe und daß, zweifellos, der Bund bei Vergabe des großen Auftrags die Geschicke der Triebwerkbau lieber Quandt als einem anderen anvertraue. Sollte sich das Blatt wenden, bitte – ein Aufsichtsrat ist ein unabhängiges Gremium, dessen Mitglieder Interessengruppen vertreten, aber – auch ein Gewissen haben. Dieses Gewissen könne niemand kaufen. Auch sein Gewissen nicht.

Und so erreicht er, daß man bei zunächst, wie ihm scheint, höhnischer Ablehnung seines Angebots dann doch stutzig wird, das Rückerwerbsrecht in den Vertrag einbeziehen will und nichts abzuschließen verspricht, was unternehmerische Lösungen für die Zukunft, mögen sie von Quandt, mögen sie von anderen bestimmt werden, verbaut.

Was Wilcke ärgert, ist allein der Mißmut, der ihn bei seiner ersten Erkundung auf bayerischem Boden befiel, ihn verunsichert hat. Das wird sich nicht wiederholen, schwört er sich. Und so fährt er, als die erste Aufsichtsratssitzung einberufen wird, einige Tage vorher nach München, um hier, in Ministerien und Ämtern, das bayerische Parkett kennenzulernen. Auch in den Büros seiner Anwaltskollegen, die für den Aufsichtsrat benannt sind, sieht er sich um, paukt das kleine löwenmähnige Einmaleins, lernt, daß die bayerischen Farben Weiß-Blau (und nicht Blau-Weiß) sind und welche Querverbindungen zwischen Staat und Stadt bestehen, daß der Andechser Abt Hugo Lang über seinen kirchlichen Bereich hinaus in der Politik des Freistaates ein kräftiges Wort mitspricht..., erfährt aber auch, wie die Gewichte in bezug auf BMW liegen: daß man im Wirtschaftsministerium mehr dem Herrn Goergen, im Finanzministerium mehr dem Herrn Semler zuneigt, und dies aus dem einfachen Grund, weil der Großaktionär diesen vorgeschlagen hat. Dr. Barbarino spricht dies offen aus: Die Misere des vergangenen Jahrzehnts sei in erster Linie auf die Herrenlosigkeit des Unternehmens zurückzuführen; was BMW ermangele, sei der »starke Herr«, der sowohl über Kapitalkraft als über genügend Mut verfüge, unternehmerisch tätig zu werden.

Die Frage bleibt: Wen wird der Aufsichtsrat wählen? Da kommt Wilcke, der eher eine Mehrheit für Goergen erkennt, eine Nachricht zu Hilfe, die die Presse am Vortag der Wahl verbreitet: daß Goergen den amerikanischen Flugzeugkonzern United Aircraft ins BMW-Geschäft bringen wolle. Später erweist sich, daß daran kein Wort wahr ist. Aber Goergens Dementi ist ausgeblieben, und das Bonner Verteidigungsministerium hat feste Absprachen mit General Electric und nicht mit deren Konkurrenz United Aircraft.

Und nun seht den Verhandler Wilcke! In scheinbar aussichtsloser Lage – die Mehrheit der Aufsichtsratsmitglieder ist für Goergen – erklärt er (Semler und Goergen sind hinausgeschickt worden und warten vor der Tür), daß zwar auch seinerseits ein »Soupçon« gegen einen Großaktionärsvertreter zu überwinden gewesen sei, er aber nicht anders könne, als für Semler zu plädieren. Warum? Nun, Semler sei neutral, erwäge und handle als Reprä-

159

sentant aller Aktionäre, nicht einer Gruppe allein, auch nicht der Quandt-Gruppe, die übrigens keineswegs den Erwerb einer kapitalmäßigen Mehrheit von BMW anstrebe, weder im Automobil- noch im Triebwerkbau verfüge sie über eigene Unternehmen oder Entwicklungen, sei demzufolge auch nicht imstande, ein tragfähiges technisches Konzept anbieten zu können. Und da die Sanierung nicht nur ein finanzielles, auch ein technisches Problem sei – seiner Ansicht überwiege sogar der technische Teil –, müsse man wohl, in Ermangelung eines Technikers im Vorstand, einen technischen Betriebsausschuß bilden, dessen Vorsitz Herr Goergen – er wüßte keinen besseren – übernehmen sollte.

Das war nicht unüberzeugend vorgebracht. Allerdings, fuhr Wilcke fort, ohne die Stimme zu heben, entscheidend, wer immer die Firma saniere, sei der Starfighter-Auftrag, und Bonn, so habe er das Gefühl, mache die Vergabe an die Triebwerkbautochter von einem Aufsichtsratsvorsitzenden abhängig, der garantiere ...

Sturm erhob sich. Die Wahl sei allein Sache des Aufsichtsrats, rief man, Kaiser und Papst hätten hier nicht mitzureden, sie, die Räte, seien gewählte Personen ... und Wilcke beschwichtigte: Bonn habe ja gar nicht gesagt, *wen* der Aufsichtsrat wählen sollte, nur durchblicken lassen, welche Vorstellungen der Auftraggeber mit der Wiedergesundung des kranken Mannes am Oberwiesenfeld verbinde, wenn der *eine* oder der *andere* Kandidat gewählt werden würde. Noch einmal: Klar sei, daß nur der Bundesauftrag eine »Sanierung aus eigener Kraft« ermögliche. Entfiele er, könne man gleich nach Hause gehen.

Also Semler? Gewiß, plädierte Wilcke. Und so wird denn Semler einstimmig gewählt, Goergen und Semler treten wieder ein, und Goergen als der Unterlegene gratuliert als erster dem Gewählten, wobei er sich, wie Wilcke in einem Bericht darüber schreibt, »gut sportlich verhielt«. (Auf der nächsten Aufsichtsratssitzung trat Goergen jedoch vom Vorsitz des technischen Ausschusses zurück – der sich daraufhin auflöste –, sprach von der »größten Intrige aller Zeiten« und legte kurze Zeit später auch sein Aufsichtsratsmandat nieder.)

Hatte Quandt gesiegt? Wir werden sehen. Jedenfalls, die Sanierung konnte beginnen, und in der Presse las man, daß es nun Sache der BMW-Verwaltung sei, alle Sanierungsmöglichkeiten durchzuprüfen. Für die beste der sich abzeichnenden Lösungen werde die Quandt-Gruppe sich dann entscheiden, vorausgesetzt, BMW baue weiter Wagen mit dem weiß-blauen Firmenzeichen und – außer Diskussion – die Triebwerkbau GmbH bleibe eine Tochtergesellschaft der AG.

Wo liegt die Zukunft?

BMW ist und *bleibt sanierungsbedürftig.* Aber das Blatt hat sich doch etwas gewendet. Mehrere, von der Gegenseite vorerst noch eifrig torpedierte Angebote wollen zum Zuge kommen, während vordem das Feld für einen Interessenten reserviert worden war. Das *treibt den Preis,* wenn man sich auch andererseits nicht der Illusion hingeben sollte, die Offerten längere Zeit gegeneinander ausspielen zu können. Der Aufsichtsratsvorsitzende Dr. Semler wird dafür einen guten Blick haben, zumal BMW die Atempause nutzen muß. Jedenfalls sollte diejenige Gruppe, die zum Ziele kommen will, auf Automobilbau setzen. Das schließt die Notwendigkeit mit ein, dem 1,6-Liter-*Mittelklassewagen* Aufmerksamkeit zu schenken. Denn auch ein gut im Markt liegender BMW-700-ccm-Kleinwagen sowie ein, wenn man optimistisch sein will, in seine Chance hineinwachsender Großwagen brauchen die tragende Säule des Mittelwagens. Da dieser Wagen ein Wurf werden, technisch seiner Zeit voraus und vorzüglich ausgestattet sein muß, keinesfalls also überstürzt herausgebracht werden darf, sollte die Sanierungslösung darauf zugeschnitten werden und finanziellen Spielraum lassen.

Süddt. Zeitung
vom 20./21. Februar 1960.

Die Sanierung

Wer es unternimmt, dem Liniengewirr der Sanierung bei BMW nachzugehen, tut es, wenn er etwas Geduld aufbringt, nicht ohne Gewinn. Vergleiche mit einem Geduldspiel bieten sich in der Tat an: »Zurück auf B, wenn Position R besetzt. Auf Feld E wird gepokert, daß einem die Augen übergehen, Hinhaltemanöver auf F (zweimal aussetzen). Unzumutbare Bedingungen auf G, die der präsumtive Partner nicht akzeptieren kann, ohne das Gesicht zu verlieren, vorrücken auf O...« Zunächst aber hat das Bild, das sich darbietet, Ähnlichkeit mit einem Ameisenhügel, dessen Bewohner, mit uns verborgenen Botschaften unterwegs, scheinbar ziellos ihres Weges ziehen, vorbei an den Trümmern der hereingebrochenen Katastrophe.

Blickt man einige Tage später auf die Unglücksstätte, ist sie schon verändert: Hindernisse sind abgetragen, neue Pfade erkennbar, ohne daß sich abschätzen ließe, wie es weitergeht im Bau, ob er nicht doch aufgegeben wird und ob die Direktiven der geheimen Kommandostelle ausreichen, ihn zu retten...

So ist es auch hier. In alle vier Himmelsrichtungen ergehen Anfragen, Mutmaßungen, Sondierungen, Befehle, Telefone klingeln, Fernschreiber tikken, und jener Zustand, den man fieberhafte Erregung nennt, hat jeden ergriffen, sei er führend oder auch nur am Rande beteiligt: Assistenten, Sekretärinnen, Boten, Detailkonstrukteure am Reißbrett, Arbeiter im Betrieb – sie alle, vom neuesten Stand der Sanierung durch Presse und Rundfunk stets informiert, blicken nach »oben«, wo drei Männer, sieht man sie nicht im Haus konferieren, pausenlos unterwegs sind: Semler, der als neutrale Instanz die Hauptstoßrichtung bestimmt; Wilcke, der den Sanierungsausschuß leitet, aber in allem, was er tut, immer die Interessen Quandts zu vertreten hat; und Kämpfer, der Mann im Vorstand: Nachdem Richter-Brohm den Hut genommen hat (in gütlichem Einvernehmen, heißt es, habe man sich getrennt), bestimmt er als Primus inter pares die laufende Produktion, steuert den Vertrieb, sprich Verkauf, und sorgt, damit beides läuft, für allernötigste Investitionen – bei der desolaten Finanzlage ein Kunststück eigener Art; bei allen entscheidenden Verhandlungen der Sanierung ist er dabei und gerade der, der oft das letzte herausholt, am klügsten abwägt, am vernünftigsten argumentiert.

Ein vierter Mann aus der Quandt-Gruppe, Dr. Horst Pavel, der Vertraute Herbert Quandts und Sachwalter im sogenannten Vierer-Rat des Familien-Imperiums, mit Wilcke seit den dreißiger Jahren befreundet, ist der Promotor, der alle Verhandlungen lenkt und leitet, der abwägt und bestimmt, was Wilcke als nächstes angeht, und der seinerseits jeweils das Plazet von Quandt einholt.

Pausenlos unterwegs: Kämpfer und Wilcke soeben aus Übersee zurück.

BMW-Stand auf dem Salon »De l'automobile« in Genf 1959. Neben dem Flaggschiff 502 und der Goertz-Schöpfung 507 brilliert bereits der 700 als Limousine und Coupé.

Dr. Horst Pavel lenkt und leitet alle Verhandlungen.

161

Von Anfang an wissen alle vier, daß man zweigleisig verfahren muß, um das Schiff wieder in Fahrt zu bekommen. Daß es darum geht, die Triebwerkbau GmbH, die Perle, in der AG zu halten – wer die Tochter haben will, muß die Mutter heiraten –, und daß zugleich jeder Freier aus der Automobilbranche, der seine Karte abgibt, sich allenfalls mit der Hälfte – nie über 50 Prozent – am Ganzen begnügen muß.

Zunächst sondiert Wilcke noch einmal bei Daimler-Benz das Feld. Er trifft sich – heimlich – mit Dr. Zahn, dem Finanzchef der Schwaben, auf neutralem Boden, im Ulmer Bahnhofsgebäude. Wartesaalatmosphäre. Zahn, der eigentliche Betreiber des Einstiegs von Daimler-Benz in Milbertshofen, sieht noch immer Anknüpfungspunkte, und Wilcke weiß, wie es diesen Mann gewurmt hat, sein hohes Ziel – BMW sollte die Tat seines Lebens werden – aufstecken zu müssen, nur weil die Deutsche Bank jenen unseligen Beschluß faßte, die Sanierungsbilanz nicht der Verwaltung, sondern den Aktionären zur Abstimmung vorzulegen. »Ja, ja«, sagt Wilcke, »und doch war es richtig: Immer wäre das an Mercedes hängengeblieben: Ihr habt BMW umgebracht!« Pause. Dann fährt er fort: Und wenn BMW bereit sei, vom ehernen Gesetz abzuweichen und Daimler-Benz 51 Prozent einzuräumen? Aufsichtsrat und Vorstand hätten ihn zu diesem Vorschlag ermächtigt, »vorausgesetzt, daß man uns« – er sagt schon *uns* – »die Selbständigkeit läßt«.

Aber die Weichen sind anders gestellt und der Weichensteller ist Flick höchstpersönlich. Noch einmal, im März 1960, trifft sich Wilcke mit Könecke, dem Vorstandsvorsitzenden der Daimler-Benz AG, in Frankfurt, übergibt ein ausgearbeitetes Angebot. Doch Flick, der die Absage nicht verwunden hat, sagt grollend nein, zur Enttäuschung beider Vorstände. Drei Jahre später wird die Enttäuschung bei BMW in größte Befriedigung umschlagen.

Auch die American Motors Corporation in Detroit ist interessiert und schickt eine ganze Mannschaft von Fachleuten über den Teich. Sie kommt in der Hoffnung an, den »Rambler«, der für amerikanische Begriffe ein Kleinwagen ist, aber nicht reüssiert, als Mittelwagen für Europa zu bauen – in Milbertshofen. Man rechnet, rechnet, fliegt zurück, rechnet weiter. Aber die Kalkulation – in US-Dollars dort, in D-Mark hier – klafft, wenn man Kosten und erzielbare Preise angesichts deutscher Konkurrenzerzeugnisse gegenüberstellt, zu weit auseinander. Und die Fertigungsweise nicht minder: American Motors will einen billigen Wagen, BMW einen qualitativ besseren und deshalb, gerechtfertigt durch Leistung und Ausstattung, im Preis natürlich auch höher liegenden Mittelwagen. Trotzdem, man »mag« sich, läßt nichts unversucht, und noch im August 1960, als das Verlöbnis eigentlich schon auseinander ist, besuchen Kämpfer und Wilcke die Fabriken von American Motors am Michigansee, und die Augen gehen ihnen über: Wie weit die in der Automatisierung sind, da ist man, besonders im Karosseriebau, in Milbertshofen das reinste Waisenkind! und braucht sich doch, bei näherer Betrachtung des vielen Blechs und seiner oft primitiven Verarbeitung (z. B. an Stößen und Kanten, wie der Laie Wilcke bemerkt), nicht zu schämen. Dagegen sind wir ja einsame Klasse! Die aufzugeben wäre das Ende von BMW.

Und Ford? Von Richter-Brohm schon im Vorjahr umworben, ist eigentlich nur der Preis von Wert, den Kämpfer damals genannt hatte: 180 Millionen! Ford hatte sie, ohne mit der Wimper zu zucken, sofort akzeptiert. Doch wofür? Man wollte (und will) den Firmennamen, das Firmenzeichen, dazu komplett das Werk Milbertshofen, hingegen Allach, Werk II, mit allem Drum und Dran, also auch den Triebwerkbau, der AG überlassen, die sich nennen mag, wie sie will, nur nicht mehr BMW. Das Angebot gilt noch immer – und wird, kein Wort ist darüber zu verlieren, zu den Akten gelegt.

Dann gibt es Gespräche mit Chrysler, mit Rheinstahl-Hanomag, mit Simca, mit Fiat im Baur au Lac bei Zürich und auch mit Rootes in London, in Fortführung jener Kontakte, die Mathern unmittelbar vor dem Coup auf der Theresienhöhe dorthin geschlossen hat. Und es erscheint auch Herr Borgward aus Bremen, Selfmademan, Schöpfer der überaus erfolgreichen »Isabella« und Besitzer der Lloyd- und Goliath-Werke; »erschien bei uns«, so erinnert sich Wilcke, »mit einer größeren Zahl von Mitarbeitern, darunter Direktor Wilhelm Gieschen, der schon im nächsten Jahr in den BMW-Vorstand überwechselte. Die Sitzgruppe im damaligen BMW-Sitzungssaal faßte die Teilnehmer nicht. Nach einer nicht zu langen Werksbesichtigung (wir nannten das damals die ›50-Cents-Tour‹ im Gegensatz zur ›5-Dollar-Tour‹,

Die Weichen sind anders gestellt. Dr. jur. Joachim Zahn, Finanzchef bei Daimler-Benz. In ihm, wissen die Auguren, schlug immer ein kleines BMW-Herz.

Auch Carl F. W. Borgward aus Bremen erscheint im Kreis der Freier.

»Unser Vertrauen in unser eigenes technisches Potential wuchs von Verhandlung zu Verhandlung.« Das neue Sitzungszimmer an der Dostlerstraße, in dem die Entscheidung fiel.

die wir den Amerikanern boten) begannen die Gespräche. Dabei stellte sich, nachdem beide Seiten ihre Interessen dargelegt hatten (nicht schon bei der Darlegung selbst), heraus, daß Borgward im Sinne hatte, das Werk Milbertshofen zu pachten, um es für die Erweiterung seiner eigenen Fertigungen einzusetzen und nebenher möglichst auch BMWs bauen zu können, ein wahrhaft kurios erscheinender Plan. Die Einsicht, daß wir neuer Mittel in erheblichem Umfange bedurften, um unsere Sanierung voranzutreiben, und daß ein laufender Pachtzins die erforderlichen geldlichen Größenordnungen nie erreichen könne, schien ihm fern zu liegen. Er wußte offensichtlich nichts davon, daß sein Unternehmen, schon neun Monate danach, in noch böserer finanzieller Lage sein werde als wir. Unsere Vorstellungen waren zu weit voneinander entfernt, um weitere Verhandlungen sinnvoll erscheinen zu lassen.«

Fast ist es wie im Märchen, wo der König seiner eigensinnigen Tochter Turandot Freier um Freier zuführt, die alle am Starrsinn der schönen Prinzessin scheitern – oder diese scheitern lassen, als sie ihnen reihum immer die gleichen unlösbaren Rätsel aufgibt. Freilich verlieren sie hier nicht ihren Kopf wie zu Turandots Zeiten, eher ist es umgekehrt: *sie* behalten ihn, und die Prinzessin ist es, um deren Kopf es geht. Und trotzdem sagt sie jedesmal nein?

Das Geheimnis ist schnell gelüftet, geben wir Wilcke als »König«, der Freier um Freier empfing, das Wort. »Die Wandlung«, berichtet er, »trat stets ein, wenn wir erklärten, keine Beteiligung am BMW-Kapital zugestehen zu können, die über 50 Prozent hinausginge. Sie zeigte sich nicht sogleich, oft erst später, wenn die Verhandlungsabgesandten z. B. mit ihren Großaktionären, ihrem Aufsichtsrat oder ihrem Gesamtvorstand gesprochen hatten. Das erscheint, nachträglich betrachtet, sehr verständlich. Doch wenn man sich heute fragt, woher wir das Vertrauen schöpften, das uns stets auf dieser Forderung trotz unserer ungünstigen Verhandlungsposition beharren ließ, so waren wohl zwei Faktoren dafür bestimmend: Wir hatten wieder einen finanzstarken Großaktionär, auf den jeder baute, im Grunde auch die Zweifler ... und: Unser Vertrauen in unser eigenes technisches Potential wuchs von Verhandlung zu Verhandlung, denn fast jeder Gesprächspartner zeigte besonderes Interesse an unserem Entwicklungsstand, insbesondere am Motorenbau.«

Und das war es wohl: das wieder gewachsene Selbstvertrauen, unter dem auch Pessimisten, wenn sie dem Rechtsanwalt Wilcke begegneten, zugeben mußten: Nicht jeder starke Einfluß ist schädlich. Schwerlich war denkbar, daß unter den Augen eines Großaktionärs die frühere BMW-Leitung Millionen hätte verwirtschaften können. Gewiß war der Argwohn noch groß: Wollte Quandt, der ja auch Aktionär bei Daimler-Benz war, dort, indem er bei BMW aktiv war, nur seinen Aktionärseinfluß stärken? Sicher, bei Daimler gab Flick den Ton an. Doch das Beispiel Flick, der soeben die Auto-Union (DKW) seinem Autoreich hinzuerworben hat – konnte es nicht für Quandt Anreiz sein, sich ähnlich zu verhalten, sprich: BMW als Mittel zum Zweck einzusetzen, um Flick die Majorität streitig zu machen? Manches sprach dafür (so Semlers zunächst ernsthaft erwogener Plan, bei Daimler-Benz »gewisse Elemente« des künftigen BMW-Mittelwagens mitproduzieren zu lassen, wofür man Daimler durchaus eine Beteiligung am BMW-Kapital einräumen könne). Doch mehr sprach dagegen, vor allem Quandts Bereitschaft, BMW neues Kapital zuzuführen und nicht zu knapp – nicht nur, wie er angekündigt hatte, durch Ausübung eigener Bezugsrechte für junge Aktien, vielmehr auch durch Übernahme nicht ausgenützter Spitzenbeträge solcher Aktien an der Börse. Wer das tun will, assistierte ihm die Presse, glaubt doch wohl an die eigene Chance.

Jenes Selbstvertrauen bestimmte dann auch die bayerischen Banken, ihr striktes Nein aufzugeben, das sie Wilcke bei dessen immer wieder unternommenen Anläufen, Betriebsmittelkredite zu bekommen, höflich, doch hartnäckig entgegensetzten. Betriebsmittelkredite sind keine Investitionskredite, wie sie Richter-Brohm verweigert worden waren. Die Ablehnung, die Wilcke als Vertreter Quandts nicht nur bei der Deutschen und der Dresdner Bank erfuhr, sondern auch bei einem Mann wie dem ihm als loyal bekannten Baron von Tucher, der der Bayerischen Vereinsbank vorstand, war zunächst so rigoros, daß er fast an eine Verschwörung glaubte – eine Vermutung, die bei näherem Hinsehen völlig abwegig war: Quandts

Lockheed Starfighter F 104 G mit Triebwerk General Electric J 79/11 A...

... das die BMW Triebwerkbau GmbH in Allach fertigt.

Das von der MAN Turbo GmbH gefertigte Rolls Royce Triebwerk Tyne 20 MK 22, hier eingebaut in eine C 160 Transall.

Verbindungen auch zu den bayerischen Banken waren immer gut gewesen; deren Vergabe von Betriebsmittelkrediten an ein bayerisches Industrieunternehmen, das sich zudem im Aufwind befand, war nichts Außergewöhnliches – was sollte der Widerstand? Schließlich erreichten Wilcke und Kämpfer, in immer neuen Verhandlungen ihr »gutes Recht« einfordernd, daß man BMW 25 Millionen einräumte, »25 Millionen und keinen Pfennig mehr«... Nun fehlten – die veranschlagten Betriebsmittel wiesen 35 Millionen aus – noch zehn Millionen, die eine Bürgschaft sichern sollte. Mit dieser Bürgschaft, die nie in Anspruch genommen wurde, stieg nicht etwa eine der Großbanken ein – es war der Freistaat Bayern, der sie gewährte: über die Landesanstalt für Aufbaufinanzierung und ihren Präsidenten Dr. Hans Peter, der BMW auch schon früher geholfen hatte. (Später, als am Aufstieg von BMW nicht mehr zu zweifeln war, standen dann die Banken an, was Wilcke, angesichts der früheren Demütigungen, »eine große Befriedigung verschaffte«.)

Doch führte kein Weg an einem starken Partner vorbei. War er in der Automobilbranche nicht zu finden, warum nicht im Triebwerkbau? Seit jeher hatten Flugmotoren die Firma getragen. Auch wenn die von ihr wieder begründete Triebwerkbau GmbH aus guten Gründen nicht erneut als Kernzelle eines die Bayerischen Motoren Werke tragenden großen und mächtigen Produktionszweiges begriffen worden und ins Abseits geraten war – warum, wurde im Kapitel »Absage an die Luft« dargelegt –, so stand sie auf dem Schachbrett Quandts keineswegs mehr in den hinteren Linien. Die Züge, die sie nach vorn gebracht hatten, waren, wie wir wissen, von jenem bisher freilich nur in Aussicht gestellten gigantischen Auftrag des Bundesverteidigungsministeriums bestimmt. Es ging um den Nachbau der Triebwerke für den Starfighter, das Projekt J 79, dessen Lizenz die Deutschen für ihre Bundesluftwaffe von der General Electric (USA), dem neben Rolls-Royce und Bristol (beide England) bedeutendsten Triebwerkhersteller der Welt, erworben hatten.

Bereits auf der Hauptversammlung des 9. Dezember, an der Wilcke als Quandt-Vertreter teilgenommen hatte, war ihm, dem nüchternen Beobachter, das durch Mathern erneut ins Spiel gebrachte hohe Interesse der MAN (Maschinenfabrik Augsburg-Nürnberg) für die »Perle« aufgefallen. Es lag auf der Hand, was da geplant war: durch ein Gegenangebot, das die Aktionäre alarmieren würde, erst einmal Daimler-Benz matt zu setzen, somit BMW, wenn nicht zu retten, wenigstens zunächst eine Atempause zu verschaffen – und dann weiter zu sehen. Wilcke hatte damals keinen Augenblick am Zustandekommen der Sanierung durch Daimler-Benz gezweifelt, für ihn war die Frage »Was will die MAN?« gegenstandslos gewesen. Wenn Daimler-Benz das Rennen machte, war es – natürlich – mit dem Erwerb der »Perle« – oder einer Beteiligung an ihr – durch andere ein für allemal vorbei. Erst jetzt begriff er, worum es ging. Mathern, der zwar dem Aufsichtsrat nicht angehörte, aber als Vertreter von drei Millionen DM Aktienkapital erneut in Aktionärsbriefen für die MAN eintrat, hatte in einem der vielen Gespräche, die es darüber gab, den prophetischen Satz gesprochen, so ausgeschlossen sei es gar nicht, daß eines Tages die GmbH – also die Tochter – mehr wert sein könne als heute die ganze Gesellschaft zusammen.

Daß die MAN verstärkt in den Triebwerkbau drängte, pfiffen die Spatzen von den Dächern, unter denen sie auf dem 1955 von BMW erworbenen Allach-Werksgelände ihre Fahrzeuge baute. Gleich nebenan befand sich die von ihr ins Leben gerufene Turbomotoren GmbH, ein Unternehmen, das mehr an Forschung und Entwicklung interessiert war und enge Verbindungen mit dem englischen Triebwerkkonzern Rolls-Royce unterhielt. Rolls-Royce baute 55 Prozent aller im Weltluftverkehr verwendeten Triebwerke, und der MAN war es zugefallen, mit dem Senkrechtstarter ein Triebwerk zu entwickeln, das sowohl für die militärische wie zivile Luftfahrt weit in die Zukunft wies. Die Frage war nicht neu: Warum sollte es nicht eine gemeinsame Zukunft für beide Gesellschaften geben, wo man doch bereits in Allach sozusagen Wand an Wand wohnte? Darüber könne man durchaus sprechen, ließ die BMW AG wissen. Nur: Die Tochter ist ohne die Mutter nicht zu haben. Ihr habt seit Jahr und Tag Fahrzeuge gebaut – warum wollt ihr nicht Partner werden an einer Automobilfabrik? Doch zögert nicht allzu lange: Da liegt ein Gegenangebot vor. Sogar ein sehr gutes.

Es war kein Geheimnis, von wem es stammte: der General Electric, dem Lizenzgeber jenes Starfighter-Auftrages, den für die BMW-Tochter

Verteidigungsminister Franz Josef Strauß im Kreis von Offizieren 1959.

Montage des ersten J 09-II Triebwerkes in Allach, Sommer 1961.

Triebwerkbau GmbH zu erhalten – und damit Mittel für die Sanierung zu gewinnen – dem Großaktionär Quandt ein Herzensbedürfnis war.

Vor diesem Hintergrund verhandelten Pavel und Wilcke, und es stritten zwei Seelen in ihrer Brust. Für General Electric sprach, daß man es nur mit *einem* Partner zu tun hatte (bei der MAN war, neben dem Lizenzgeber General Electric für den Nachbauauftrag, auch immer deren Konkurrenz Rolls-Royce zu berücksichtigen). Ein zweiter Pluspunkt war, daß die General Electric sich ohne Federlesen bereit zeigte, an der Sanierung der Muttergesellschaft mitzuwirken; wie, war noch offen, doch stellte sie bei einer 51prozentigen Mehrheitsbeteiligung an der Tochtergesellschaft – eine Forderung, die auch die MAN erhob – einen Kredit von 40 Millionen DM in Aussicht. Ihr Ziel war, bei BMW in München ihren gesamteuropäischen Stützpunkt auf dem Gebiet der Düsentriebwerke einzurichten.

Komplizierter lagen die Dinge beim MAN-Angebot. Hier hatte auch das Land Bayern, hatte auch Bonn mitzureden. Eine Klausel in dem Vertrag zwischen BMW und dem Freistaat sah vor, daß bei Weitergabe der Triebwerkbau-Anteile, die das Land beliehen hatte – das erste Geld, das in die Sanierungskasse geflossen war –, die MAN, unabhängig von dem durch Quandt für BMW erstrittenen Rückerwerbsrecht, bevorzugter Partner sein sollte. Das wünschte der Freistaat Bayern, der für die alten traditionsreichen Industrieunternehmungen auf bayerischem Boden (und das war die MAN, sie war älter und reicher an Tradition als BMW) besonders eintrat. Auch Bonn, mit dem Bayern Strauß als Verteidigungsminister, hatte sich bezüglich der Anteile insofern ein Mitspracherecht gesichert, als die Bundesrepublik Deutschland zwei Prozent der Triebwerkbau-Anteile treuhänderisch erwarb.

Das alles war eher lästig als erfreulich, doch konnte es der Ansatz sein, jene 51 Prozent zu vermeiden, die die MAN ursprünglich verlangte und die, wie wir bei den Freiern aus der Automobilbranche gesehen haben, Pavel und Wilcke so erschreckten, als würden sie sich, sie akzeptierend, dem Teufel verschreiben. Daß die MAN – anstelle einer echten Beteiligung an BMW, zu der sie sich nicht entschließen konnte – der Mutter, falls diese ihr die Tochter zuführe, einen echten Sanierungskredit gewähren wollte (Laufzeit 10 Jahre, zu günstigem Zins, sogar mit Zinsfreiheit in den ersten zwei Jahren), empfanden die Brautführer Pavel und Wilcke, alles in allem gesehen, als das bessere Angebot, so sehr sie die »klare und elegante Verhandlungsführung« des Frankfurter Rechtsanwaltes Dr. Rudolf Müller, der General Electric vertrat, schätzten.

Unterm Strich belief sich der Kaufpreis auf 22,5 Millionen DM; rechnete man die Kreditzusage hinzu, war das ein guter Gegenwert für die Anteile an der Triebwerkbau, die man abtrat.

Vorgesehen war, das entscheidende 51ste Prozent später, wenn beide Gesellschaften (BMW Triebwerkbau GmbH und MAN-Turbomotoren GmbH) fusioniert würden, der MAN zum Kauf anzutragen. Auch der Kaufpreis dafür wurde schon festgelegt: zum Nominalwert sollte ein Paketzuschlag von zwei Millionen DM treten. (Erwähnt sei noch, daß die General Electric ihren sich auf 21,7 Millionen DM belaufenden Kaufpreis in letzter Minute – für beide Angebote waren Fristen gesetzt – um 3,8 Millionen DM herabsetzte, für die sie jedoch einen Kredit in gleicher Höhe einräumte; von den 40 Millionen DM war sie längst abgerückt.)

Auch mit Bristol Siddeley, dem dritten möglichen Partner auf dem Gebiet der Düsentriebwerke, hatten Pavel und Wilcke verhandelt, wechselweise hatte man sich in London und München besucht und über Lösungen beraten, die bei Bristol, in alter Verbundenheit zu BMW, auf Überlegungen hinausliefen, sich mit 25 Prozent des zu erhöhenden Kapitals an der BMW AG zu beteiligen. Im Mai 1960 rief der Bonner Bristol-Delegierte fast täglich bei Wilcke in München an. Doch lag zum 1. Juni, dem Schlußtermin für die Abgabe der Angebote, kein Vorschlag vor, den der Aufsichtsrat noch beraten konnte.

In Marathonverhandlungen mit der MAN, die bis in die Nacht des 31. Mai in Nürnberg liefen, einigten sich die Partner, und nun, als Folge des geschlossenen Vertrags, erteilte das Bundesverteidigungsministerium den großen Nachbauauftrag für das Triebwerk GE-J 79 Starfighter, jenes Unglücksflugzeuges, dessen Verlustquote in Friedenszeiten mancher Luftschlacht im Zweiten Weltkrieg nicht nachstand. Aber das steht auf einem anderen Blatt.

Vergleichen wir die BMW-Sanierung mit den drei Phasen des Starts einer Weltraumrakete, so war die erste Phase (Abheben von der Erde) erreicht. Die Sanierer hatten sich von der Hälfte des Kapitals der größten Tochtergesellschaft, die die AG besaß, getrennt, um den Preis von, rund gerechnet, 37 Millionen DM.

Die zweite Phase (Verlassen der Erdatmosphäre) war die entscheidende. Für die Sanierer bedeutete sie, jenes technische Konzept zu finden und umzusetzen, das mit dem Mittelwagen stand und fiel. War BMW dazu fähig? Lebte im Werk noch der alte Ingenieurgeist?

Die dritte Phase (Eintreten in die Umlaufbahn) war rein finanzieller Natur: die aktienrechtliche Sanierung durch Kapitalzusammenlegung und Wiedererhöhung, die der Gesellschaft an neuen Mitteln 50 Millionen DM zuführen mußte. Zusammen mit dem Erlös aus Phase 1 waren das 87 Millionen DM, genau die Summe, die die Investitionen für eine neue Modellreihe ausmachten.

Erst mit dieser Modellreihe war BMW »aus dem Schneider«, würde das Werk wieder Anschluß finden an die übrigen Autohersteller in Deutschland, die dem Werk im Jahrzehnt davor weit vorausgeeilt waren, wie VW, wie Daimler-Benz und, ohnehin amerikanisch, Opel und Ford.

Sie einzuholen, war das gleichermaßen bescheidene wie wahnwitzige Ziel dieser Sanierung.

Später, als die Banken – unter dem Eindruck wachsender Zinsgewinne bei BMW – ihr verlorenes Terrain wiederzugewinnen trachteten, sagte auf einem Bankett, zu dem sie führende BMW-Leute einluden, einer der Bankiers, sich an Wilcke wendend: »Eine merkwürdige Firma, diese Bayerischen Motoren Werke. Wenn die Autowelt nach einem verlorenen Kriege bescheiden wieder anfängt, Kleinwagen zu bauen, baut BMW einen großen. Wenn alle dazu übergehen, Mittelwagen zu bauen, und diese mit immer größerem Hubraum, baut BMW einen Kleinwagen. Daß sie trotzdem Erfolg gehabt haben, ist das siebente Weltwunder...« Gemeint war damit der BMW 700, der – und *das* war das eigentliche Wunder für Wilcke – zunächst als Coupé und dann erst als »Kleinwagen« entstanden war, auch hierin alle be-

Neuwagen der Zeit: Ford Taunus (links); DKW 3 = 6 (rechts).

Auto Union 1000 Sport-Coupé (links); DKW F 12 (rechts).

kannten Regeln auf den Kopf stellend. Coupé *und* Limousine hatten dann, als überall die Kadetten, die kleinen Prinzen, die Taunus 12 M und die Arabellen auf den Straßen auftauchten, mit ihrem Verkaufserfolg das Werk buchstäblich über Wasser gehalten und jene gefährliche Zeit überbrückt, die der Mittelwagen zu seinem Anlauf brauchte.

Legt man, um im Bild zu bleiben, diesem Anlauf den Begriff des Countdown zugrunde, so hatten die Sanierer von einem Datum auszugehen, das frühestens im Jahre 1963 anzusetzen war: Jenem Tag X, an dem der projektierte Mittelwagen produktionsreif sein würde.

Der Rubikon wird überschritten

In einem Modellraum des Werkes stand, noch aus Richter-Brohms Zeiten, jener Prototyp, dessen Bau unterblieben war, weil die Banken die Mittel verweigerten. Immer mal wieder ging Wilcke an ihm vorbei, begleitet von Semler oder von Kämpfer, deren abfällige Bemerkungen er, der Laie, nicht begriff: der Wagen erschien ihm ganz passabel. Borgward verwarf ihn sofort: Bei seinem Besuch in Milbertshofen war er im Hof – der Hof war nicht sehr groß – ein paar Runden mit ihm gefahren; keine Isabella, meinte er; laßt ihn stehen, wo er steht, rührt nicht daran.

Aber nicht dieses Urteil von Borgward führte zu seiner Ablehnung. Der Wagen war ... technisch überholt. Um allein die an Blattfedern hängende Starrachse zu ändern, hätte es umfangreicher Umkonstruktionen bedurft, der Wagen wäre zu teuer geworden, unter 9500 DM nicht anzubieten, und das war viel Geld, zuviel Geld, um mit den Mittelwagen anderer Hersteller konkurrieren zu können; am Ende setzte man da, wie bei den Großwagen – von denen pro Tag noch immer drei Stück produziert wurden – Erkleckliches zu. Also nein. Kämpfer schlug, bei allem Zeitverlust, den das kosten würde, die Konstruktion zweier Mittelwagen vor, eines 1,3-Liter mit vier und

Noch aus Richter-Brohms Zeiten ... Prototyp des sagenumwobenen 1600.

eines 1,8-Liter-Wagens mit sechs Zylindern, bei weitgehender Angleichung ihrer Bauteile. Aber auch dieses Konzept wurde verworfen. Alles hing von der Preiskalkulation ab.

Der Break-Even-Point – der Punkt in der Kalkulation, der die Gewinnschwelle markiert, in dem also der Erlös gerade so groß ist wie die gesamten fixen und proportionalen Kosten des Produkts – lag für BMW bei einem Jahresumsatz von 240 Millionen (goldene Zeiten; zwei Jahrzehnte später lag er weit über zehnmal so hoch!). Um monatlich 20 Millionen DM Umsatz zu machen, bedurfte es zweier Grundmodelle: des Kleinwagens – mit niedrigem Preis – und des Mittelwagens, der im Preisniveau über Opel und Ford liegen würde, deren Stückzahlen er ja nie anstrebte. Hielt man sich an den Countdown und sollte die Rechnung aufgehen, mußte der Mittelwagen 1963 »stehen«. War das zu schaffen? Jede große Fabrik hätte vor diesem Termin kapituliert. Doch bei BMW würde, was Schwäche war, in Stärke umschlagen: Man war klein, dafür beweglicher als jede große Automobilfabrik, deren viel höherer Automatisierungsgrad Grenzen setzte, die nicht unterschreitbar waren. Auch konnten, bei viel kleinerem Materialbedarf, die Lieferanten schnell, pünktlich, genau sein. Und was die Technik anging: Konstruktion, Entwicklung, Versuch – jeder, der darin tätig war, stand, um es militärisch zu sagen, Gewehr bei Fuß, gewärtig, wenn es sein mußte, die Nacht zum Tage zu machen.

Bertram-Studie des 1500 mit italienischer Linienführung.

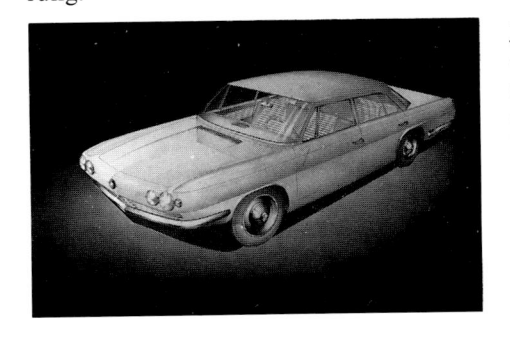

Stets hatte es Kämpfer verwundert, wie in einer Automobilfabrik – jedenfalls bei BMW – ein Automobil entstand. Er sah das, vereinfacht, mit den Augen des Kaufmanns so: »Da setzen sich die Techniker hin und basteln an irgendwas rum. Hier werden Motoren entwickelt, dort Karosserien, einer macht was im Modellraum ... Eines Tages geht man zusammen zum Vorstand: Wir könnten euch da was vorschlagen ... und dann passieren so schlimme Dinge wie beim großen Wagen. – Techniker möchten immer bauen, was ihnen gefällt ... noch mehr PS ... noch mehr Leistung ... mit den Kilogrammen stimmt's sowieso nicht, zwar ist vorgeschrieben, wieviel Kilo es haben darf, dieses neue, einzigartige Auto, dieser Traum von Leichtgewicht und Rasse, steht dann aber der erste Prototyp auf den Beinen, wiegt

Heckstudie des 1500 Prototyp.

Am Heck steht »BMW 1300« – zur Irreführung Neugieriger. Als der BMW 1500 dann erscheint, sagt die Firma: »Ein echter BMW, seiner Zeit weit voraus.«

Der Motor des 1500.

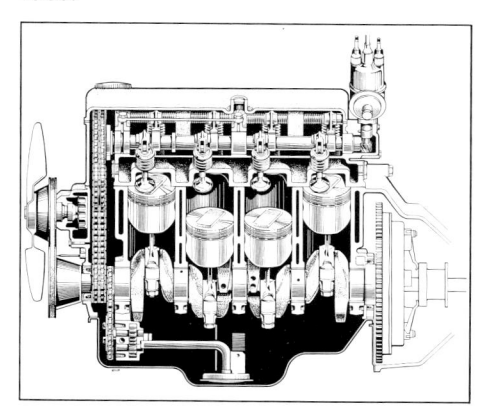

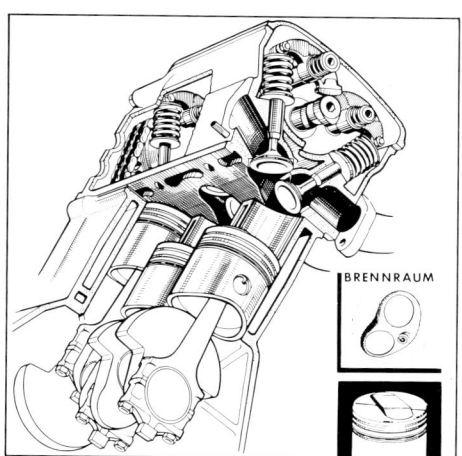

Ventiltrieb und Verbrennungsraum, als Wirbelkammer ausgebildet.

der viel mehr als geplant, und Gewicht kostet Geschwindigkeit, also PS und Treibstoff, und Kilos beim Auto wieder runterzubringen ist hoffnungslos, hoffnungsloser als jede Abmagerungskur beim Menschen, wo wenigstens, jedenfalls in der Regel, noch das Grundkonzept stimmt. Geht man aber, beim Auto, von der Form aus ...«

Er hatte das unter Richter-Brohm erlebt, als man für den besagten Mittelwagen auf den 503 zurückgriff, der als Coupé und Cabriolet das Wunschauto schlechthin war, aber, vorwiegend handgemacht, mit 32 000 Mark, fürs breite Publikum unerschwinglich. Wenn wir den, dachte der Vorstand – und fabrikatorisch mußte das machbar sein –, als Mittelwagen auf die Straße bringen, reißt man ihn uns aus der Hand. Also wurde er mit dem Storchschnabel auf Mittelwagenformat verkleinert, und als der Vorstand das Ergebnis aus Gips im Modellraum betrachtete – »daß es da«, so Kämpfer, »nicht zum Orgasmus kam... Jeder war des uneingeschränkten Lobes voll.« Dann stellte man die Kreation auf den Hof. Der Eindruck war niederschmetternd. Aus der Dimension der Straße wirkte der Wagen wie ein Spielzeugauto. Niemand glaubte auch nur im geringsten noch daran, daß er verkäuflich sein würde.

Nun hatte Kämpfer, als Mann der Finanzen, versuchsweise dem Verkauf angetragen, was bisher Sache der Technik war: zu bestimmen, was gebaut werden sollte: »Ihr habt das Ohr beim Käufer, ihr wißt, was zu verkaufen ist und was nicht!« Den Verkäufern war dies ebenso wenig recht wie den Konstrukteuren und Technikern. »Die einen«, resümierte Kämpfer bald, »knurren, weil sie sich nicht mehr beklagen können, daß sie nicht kriegen, was sie brauchen, und die anderen, entmachtet, müssen sich Sachen einfallen lassen, die nicht gleich, schon beim Material, wenn sie das zusammenzählen, in die roten Zahlen führen.«

Auch hatte er durchgesetzt, daß, wenn ein Modell oder auch nur eine Änderung zur Debatte stand, stets der ganze Vorstand sich im Modellraum zusammenfand, sein Plazet gab oder bei Ablehnung diese begründete. Der neue Wagen hatte Federbeine und, durch seine Kombination mit der schon von Schleicher im 600 verwendeten Schräglenker-Hinterachse, eine ungewöhnlich gute Straßenhaftung. Dies machte, wie auch Alex v. Falkenhausens neuartige »Wirbelkammer« beim Motor, das Fahrzeug »innovativ« – bei allen unvermeidlichen Mängeln, die die »kriminell kurze Entwicklungszeit«, von der einer der Direktoren sprach, mit sich bringen würde. Mit obenliegender Nockenwelle war der 65 PS starke Motor auf 1,5 Liter begrenzt – der Vorstand hatte dies mit Blick auf Mercedes gewünscht –, doch mit seinem Motorblock insgeheim so ausgelegt, daß er ohne Umbau auf 1,8 Liter vergrößert werden konnte.

Fiedler hatte einen Motorblock aus Leichtmetall vorgesehen, Falkenhausen bestand, um Lagerschäden und Kolbenklemmer zu vermeiden, die seiner Ansicht nach unausbleiblich waren und das vorzeitige Ende nicht nur des Wagens, sondern auch von BMW zur Folge haben könnten, auf Grauguß. Aber er drang, selbst als er drohte, er werde kündigen, nicht durch.

Von Karmann in Osnabrück, wo er vier Jahre im Karosseriebau tätig war, hatte man Robert Pertuss als technisches Vorstandsmitglied gewonnen. Pertuss war im Krieg Betriebschef bei Henschel gewesen; er kannte sich im

Robert Pertuss. Obwohl nur neun Monate bei BMW, beeinflußte er entscheidend die Karosserieform des 1500.

Werkzeugmaschinenbau aus, im Autobau fehlten ihm praktische Erfahrungen, doch wußte er, wie man Karosserien macht – der Karmann-Ghia, nach Ansicht der Fachleute nie wieder erreicht, war unter seiner Regie entstanden. So kümmerte er sich vor allem um die Karosserieform des neuen Wagens, für den er einen breiten Kühlergrill vorsah, wie ihn alle machten – womit er auf den Widerspruch Herbert Quandts stieß. Quandt forderte, um es kurz zu sagen, die »Niere« – unaufgebbares Charakteristikum, wodurch sich ein BMW von allen anderen Fahrzeugen unterscheide; so sei es gewesen, so ist es, so wird es sein. Es war das erste Mal, daß Quandt als Großaktionär in die Produktgestaltung eingriff, ein Vorgang, dem alle, die ihn erlebten – es ging um ein Symbol –, Symbolik nicht absprechen konnten: Mit der Erkenntnis wachsender Risikoübernahme war hier der Wille des Unternehmers ausgedrückt, einzuwirken auf das Produkt, das es zu verkaufen galt – und mehr: Schaden abzuwenden, der irreparabel war. (Tatsächlich war die »Niere«, wie sich bald erwies, unersetzlich. Quandt behielt recht, sein Instinkt hatte nicht getrogen.)

Daß der nahezu Blinde erkannte, was sehenden Augen der Fachleute verborgen blieb, hatte auch Wilcke tief beeindruckt. Er wußte, Quandt war ein Autonarr; von jeher schnellen, sportlichen Automobilen zugetan, galt seine Liebe vorzugsweise BMWs. Wilcke selbst hatte, lange bevor er in Quandts Dienste trat, einen BMW 328 gefahren, er konnte verstehen, was Männer daran anzog, auch einen Quandt, der nie selbst einen seiner Wagen hatte lenken dürfen. Daß die Liebe tiefer saß, wußte der Justitiar nicht; daß sie der Marke galt, echter Bewunderung jenes komplizierten Zusammenspiels von Ingenieurskunst, Formgebung, Sportsgeist und, bei hochgezüchteter Motorentechnik, einem sehr genauen Wissen um die geheimen Wünsche der Menschen, wußte er erst jetzt. Das also faszinierte den Mann, der sein Auftraggeber war, bis zur Leidenschaft. Und Wilcke begriff: Hier lag der Grund für den Entschluß, den Rubikon zu überschreiten (Wilcke war Lateiner, er dachte in solchen Bildern), und hier wurzelte die »Sanierung aus eigener Kraft«, wie Quandt sie nun wagen wollte.

Unaufgebbares Charakteristikum: die Niere.

Es hieß dies, ohne Partner aus der Automobilindustrie auszukommen (die MAN war dieser Partner nicht); hieß, rückhaltlos noch der geringsten Produktions- oder Absatzkrise ausgesetzt zu sein, wie sie Richter-Brohm, es war noch kein Jahr her, als Begründung für die Verluste angeführt hatte. Gewiß, eine solche Krise war nicht in Sicht. Dennoch konnte sie jederzeit eintreten. Stürzte dann alles wie ein Kartenhaus zusammen? Mit anderen Worten: Spielte man nicht va banque? Indessen nahte die Hauptversammlung.

Man sah ihr gelassen entgegen. Die Aktionäre würden wohl zustimmen; sowohl die beabsichtigte Herabsetzung des bisherigen Kapitals im Schnitt 4:3 (von 30 Millionen auf 22,5 Millionen DM) – im Jahr zuvor sollte es um die Hälfte herabgesetzt werden! – als auch die Erhöhung des Aktienkapitals (um 37,5 Millionen auf 75 Millionen DM, was durch die Ausgabe neuer Aktien zum Kurs von 140 Prozent bewerkstelligt werden sollte) würde ihre Billigung finden. Den Altaktionären wie den Besitzern von Wandelobligationen wollte man dafür ein Bezugsrecht im Verhältnis 1:1 gewähren – während sie bei dem gescheiterten Sanierungsangebot im Dezember 1959 davon ausgeschlossen waren.

Die Aussicht, an der Zukunft von BMW beteiligt zu bleiben, beruhte auf dem Beschluß der Verwaltung, das Werk als selbständigen Automobil-Mittelbetrieb zu erhalten. Auf einer Planungskonferenz hatte Pertuss, als der zuständige Techniker, die Frage Semlers, ob man das gedachte Programm mit den Betriebsanlagen der Gesellschaft verwirklichen könne, uneingeschränkt positiv beantwortet. Preßwerk, Gießerei bis hin zur Lackiererei, Endmontage, Kontrolle usw., das alles stimme, auch der Raumbedarf für eine

Die Väter der Neuen Klasse. (v. l. n. r.) Hofmeister, Fiedler, Wolff, v. Falkenhausen.

Fertigung von 350 PKW täglich, und Maschinen und Einrichtungen seien vorhanden. Was neu gebaut, neu angeschafft werden müsse, halte sich in den Grenzen der durch die Kapitalerhöhung zufließenden Mittel.

»Von 50 Millionen DM?« fragte Semler.

»Sagen wir«, antwortete Pertuss, »mit einer Toleranzmarge von zehn Prozent.«

Semler schwieg.

Etwas später – die Sitzung wurde durch eine Mittagspause unterbrochen – ließ er die Katze aus dem Sack. Es sei bedenklich, wenn BMW sich lediglich auf das Wagen- und Fahrzeugprogramm beschränken wolle. Er plädiere für das »zweite Bein«, worunter der Triebwerkbau zu verstehen sei. Die Verträge mit der MAN schlössen das nicht aus, und in Allach könne man, auf dem BMW verbliebenen Grund, gute 30 000 qm bebauen . . .

Das war, nach Pavels und Wilckes Ansicht, Schnee von gestern. In langen Diskussionen, auch mit Quandt, hatte niemand die leiseste Neigung verspürt, BMW wieder in den Bereich der Rüstungsindustrie hineinzuführen. Das Kapitel war abgeschlossen, und wenn Golda, der Betriebsratsvorsitzende, beunruhigt Wilcke gefragt hatte, ob sichergestellt sei, daß BMW eine Automobilfabrik bleibe und nicht zum Rüstungsbetrieb umfunktioniert würde, so drückte dies aus, daß Unternehmer und Arbeitnehmerschaft entschlossen waren, jene unselige Verbindung, die BMW fast das Leben gekostet hatte, nicht wieder zuzulassen. Wie richtig der Satz auch sein mochte, daß Geschichte sich nicht wiederholt, Vergleichbares nicht wieder eintreten konnte: die Aktionäre würden das einsehen.

Eine ganz andere Frage war, ob es bei der Absicht bleiben würde, beim Mittelwagen keine zu großen Stückzahlen anzustreben. Wie verhängnisvoll der Versuch werden konnte, mit unzureichenden Mitteln zum Bau großer Wagenserien überzugehen, zeichnete sich in diesen Tagen gerade bei Borgward ab. Die Frage rührte an die Lebensfähigkeit eines mittleren Werks in Deutschland. Wollte man BMW entsprechend umkrempeln, so waren nach Sachverständigenschätzungen etwa 150 Millionen DM erforderlich – eine Größenordnung, die auch mit Semlers »zweitem Bein« nicht hätte realisiert werden können.

In Amerika baute man Wagen, auch große Wagen, die sich im schnellen Wechsel der Mode rasch änderten, aber auch die teuren Maschinen zur Herstellung schnell amortisierten – sie alle waren standardisiert, und niedriger Standard beschleunigte den Umsatz. Obwohl dieses Prinzip auch nach Europa übergesprungen war (Opel, Ford), hatte sich die Produktion von individuellen Autos in Deutschland durchaus behauptet – Daimler-Benz, wo man allenfalls vom »Edel-Serienbau« sprechen konnte, als Paradebeispiel. Auch bei BMW war man – aufgrund einer längeren Beobachtung nach allen Seiten, die die Sanierungsvorschläge verzögert hatten – zur alten Auffassung zurückgekehrt: der Einzelleistung, dem individueller gefertigten Fahrzeug. Der Käufer wußte dies zu schätzen, wie die Absatzzahlen des 700 bewiesen. Und von Ängsten verschont zu bleiben, die den Großen der Branche aus dem Druck hoher Stückzahlen erwuchsen, war den Sanierern um Kämpfer und Wilcke mehr als recht.

Blieb die Frage nach dem Emissionskonsortium. Nach dem Aktiengesetz übernimmt eine Bank oder ein Bankenkonsortium die mittels der Kapitalerhöhung zu schaffenden jungen Aktien mit der Verpflichtung, sie den Aktionären zu einem in der Hauptversammlung zu vereinbarenden Kurs anzubieten. Die Hausbank von BMW, die Deutsche Bank, hatte es abgelehnt, daran mitzuwirken, nachdem, wie sie erklärte, die neuen Emissionsbedingungen eklatant von denen abwichen, die »ihr Mann«, Dr. Feith, im Dezember 1959 vorgeschlagen habe, mit dem bekannten negativen Ergebnis. Was war zu tun? Die Quandt-Gruppe mußte in den sauren Apfel beißen und über ein eigenes Auffangkonsortium, das die Zeichnung aller neuen Aktien garantierte, die Kapitalerhöhung selbst durchführen.

Das war leichter gesagt als getan. Wie der Sheriff in dem berühmten Western »High noon« von Bürger zu Bürger läuft mit der Bitte, ihn zu unterstützen, liefen bald Pavel, bald Wilcke von Bank zu Bank, stießen hier auf abrupte Ablehnung, dort auf nur zage Bereitschaft, in einer Art Unterbeteiligung, ohne nach außen in Erscheinung zu treten, am Auffangkonsortium teilzunehmen. Und fanden buchstäblich in letzter Minute – es war siebenundzwanzig Tage vor der auf den 1. Dezember 1960 einberufenen Hauptversammlung und die Ladefrist fast schon abgelaufen – endlich zwei Bankhäuser »erster Reputation«, die bereit waren, das Risiko mitzutragen: das Düsseldorfer Bankhaus Trinkaus (mit dessen Direktor, dem Bankier Rudolf Groth, Wilcke seit 1937 befreundet war) und die Frankfurter Bank in Frankfurt (hier verhandelte Pavel mit dem Vorsitzenden des Vorstands, Dr. Janssen).

Das Risiko, das die Quandt-Gruppe als Konsortialführerin übernahm, lag theoretisch zwischen 0 und 39 Millionen DM (¾ von 52 Millionen), wobei Quandt mit etwa 10 bis 15 Millionen DM rechnete, die er würde übernehmen müssen. Er hielt das für kein Unglück, vermehrten doch die neuen Aktien das genehmigte Kapital, auf das ein immer noch möglicher, vielleicht noch zu gewinnender Partner zuallererst blicken würde. Da Quandt sich verpflichtet hatte, die aufgefangenen Aktien bis zu drei Jahren zur Verfügung von BMW zu halten, war die Verwaltung beruhigt – was wollte sie mehr? Niemand sah voraus, in welchem Umfang die neuen Aktien gezeichnet würden. Sicher war nur, daß die Gesellschaft – durch die Zusage Quandts zur Übernahme aller nicht gezeichneten Aktien – die aus der Kapitalerhöhung kommenden Geldmittel auch wirklich erhielt.

Als die 40. Hauptversammlung der Bayerischen Motoren Werke am 1. Dezember 1960 um 10 Uhr morgens im Kongreßsaal des Deutschen Museums eröffnet wurde, stand fest, daß auch sie mit einem Novum in der deutschen Wirtschaftsgeschichte aufwarten würde: Ohne ein Emissionskonsortium hatte noch nie eine deutsche Aktiengesellschaft ihr Kapital erhöht, die Ausgabe neuer Aktien durchgeführt. Aber wen wunderte es. Bereits die letzte Hauptversammlung hatte, wie man sich erinnern konnte, das Merkmal des Außergewöhnlichen getragen: die Verabschiedung der Bilanz durch die Aktionäre. Immer wieder hatte Wilcke daran denken müssen: Wäre die Bilanz wie üblich vorher verabschiedet gewesen, hätte man nicht vertagen können, man hätte entscheiden müssen, selbst bei zwanzig Stunden Dauer, und zuletzt hätten die Aktionäre doch Ja zu Daimler-Benz gesagt.

Daß sie jetzt das Sanierungskonzept auch ohne Emissionskonsortium mit der überwältigenden Mehrheit von 17 301 500 aller gültigen Stimmen (18 073 800), das waren 95,73 Prozent, akzeptierten, zeigte an, daß sie diesmal Vertrauen zu den Vorschlägen der Verwaltung hatten und, im Gegensatz zur kaum vorhandenen Risikobereitschaft der Deutschen Bank und anderer führender westdeutscher Banken, das Risiko eines Comeback von BMW abermals unter allen Umständen zu tragen bereit waren ...

... Obwohl auch diesmal der Kohlenhändler Nold eine Vertagung wünschte (er begründete sie mit Wandelobligationen Quandts, die die übrigen Aktionäre benachteiligen könnten), obwohl ein Dr. Prein sagte, wenn er das Ganze betrachte, käme es ihm so vor, als hätte diesen Sanierungsvorschlag sehr gut auch ein kaufmännischer Lehrling nach drei Jahren erfolgreicher Ausbildung machen können, ja, legte ein Student der Volkswirtschaft im 3. Semester den Vorschlag als Seminararbeit seinem Professor vor, würde der ihm schön jovial auf die Schulter klopfen und sagen: »Junger Mann, Sie müssen sich bessern, so geht das nicht.« Es sei gewesen – erinnerte sich Wilcke später daran –, als bellte ein kleiner Schnauzer (Prein war Vorsitzender der Schutzgemeinschaft der Kleinaktionäre e. V. in Frankfurt) eine sehr gut gepflegte, große dänische Dogge an (Dr. Semler, der Prein ja auch als Präsident der Schutzgemeinschaft für Wertpapierbesitz, nicht nur als Aufsichtsratsvorsitzender von BMW gegenüberstand).

Auch die Frage der Teilung Deutschlands kam zur Sprache; welche Beteiligungsverhältnisse eintreten würden, falls das ostzonale Vermögen in die Verfügungsgewalt von BMW zurückkehre, ob es da »Besserungsscheine« für den Aktionär gäbe ... Darüber, sagte Dr. Semler, könne diese Versammlung unmöglich abstimmen.

Und so ging es fort, siebeneinhalb Stunden lang. Dann öffneten sich die Türen des großen Sitzungssaales im Deutschen Museum, die Leute strömten ins Freie, wenige unwillig, die meisten erleichtert, und wer von auswärts gekommen war, warf, bevor er in die Stadt ging und sein Hotel aufsuchte, noch einen Blick auf die Isar, die grün schäumte und vergessen ließ, daß es schon Dezember war.

Im Gewühl der Menschen und Wagen, die vorfuhren, winkte Wilcke seinem Fahrer. Sonst fuhr er selber, seit einigen Wochen nicht. Er wankte ein wenig, die Wirbelsäulenoperation wirkte immer noch nach, und der Ischias plagte ihn wie den alten Fritz, an den er, der »Preuße« in Bayern, in

Kongreßhalle des Deutschen Museums, München.

letzter Zeit oft denken mußte. Unter starken Schmerzmitteln, von denen er den Eindruck hatte, daß sie wohl den Schmerz linderten, aber auch den Geist verdummten, hatte er, da er sich nicht von seinem Platz am Aufsichtsratstisch erheben konnte, nur einmal gesprochen, befürchtend, daß ihm widerfahren könnte, was Richter-Brohm widerfahren war, als die Aktionäre riefen: Stehen Sie auf, wenn Sie mit uns sprechen! Nichts dergleichen war geschehen, wie denn auch? Das Klima war völlig entschärft gewesen, und wenn dann und wann ein aggressiver Ton aufgekommen war – als dieser Nold zu Semler heraufrief: »Wer verbietet Ihnen das Maul?« –, hatte die Versammlung eher gezischt als applaudiert. Bei der Aufsichtsratswahl hatte man ihn, Wilcke, erneut bestätigt, auch den erkrankten Mathern hinzugewählt, der war nun sein Partner. Gut, dachte er, nun doch ein wenig glücklich, das war geschafft.

Dr. Semler, ebenfalls wiedergewählt und nun abermals Aufsichtsratsvorsitzer, hatte vor der Wahl erklärt, daß es sich bei dem zu wählenden Gremium um ein Provisorium für zwei Jahre handele, er selbst habe sein Mandat zur Verfügung stellen wollen, da es aber nicht gelungen sei, eine geeignete Persönlichkeit für den Posten zu gewinnen, wolle er nochmals kandidieren und sich als »Platzhalter« verstehen.

Mit der beruhigenden Nachricht, daß der Dezember mit 3100 verkauften Autos vom Typ 700 die erwartete Verkaufsziffer überboten hatte, war Wilcke Anfang Januar ins Wallis zur Kur gefahren. Mithin, rechnete er sich aus, belief sich der Umsatz für das Jahr 1960 inzwischen auf 238 Millionen DM, acht Millionen mehr als geplant; 1959 hatte der Umsatz 170 Millionen, 1958 rund 195 Millionen DM betragen. Wilcke hatte sich ausbedungen: keine Telefonate, keine Briefe aus dem Werk, nichts von der Börse und wie die jungen Aktien gezeichnet würden, gar nichts wollte er einmal wissen, drei Wochen lang. Als er auf der Rückfahrt Ende Januar, begleitet von seiner Frau, in Kempten Mittagspause machte, kaufte er sich ein Boulevardblatt. Es enthielt die Nachricht, Dr. Semler habe soeben auf Wunsch des Bremer Senats die Sanierung der dortigen Borgward-Werke übernommen. Semler hatte bereits Presseerklärungen in Bremen abgegeben, die Wilcke deutlich anzeigten, daß beide Tätigkeiten unvereinbar miteinander waren.

Man würde sich also von Semler trennen müssen. Eben erst hatten die Aktionäre ihn wiedergewählt. Wie stand es mit seiner Verantwortung gegenüber dem Aktienbesitz? Wer, wenn Semler ausschied, hielt den Kopf dafür hin? Die Durchführung des Kapitalschnitts war in vollem Gange.

Wenige Wochen später – die Zeichnungsfrist lief bis Mitte Februar – wurde bekannt, daß die neuen Aktien, was niemand für möglich gehalten hatte, im Nennbetrag von DM 37 405 300 gezeichnet worden waren. Vom Auffangkonsortium mußten zum Kurse von 150 Prozent lediglich DM 94 700 für nicht gezeichnete Aktien übernommen werden, von denen aber, innerhalb einer Nachfrist, noch weitere DM 45 000 an Bezugsberechtigte abgegeben werden konnten.

Somit flossen aus der Kapitalerhöhung der Gesellschaft insgesamt DM 52 509 470 zu.

Quandt sah sich glänzend bestätigt. Die von ihm gezeigte Bereitschaft zu hohem Risiko war von den Aktionären und Obligationären überwältigend belohnt worden. Quandt wußte, daß sich das nicht auf ihn bezog. Die Aktionäre waren, etwas pathetisch gesagt – wogegen aber auch der Justitiar Wilcke nichts hatte –, BMW treu geblieben.

BMW zu Semlers Auftrag

Die Verwaltung der **Bayerische Motoren Werke AG, München**, stellt zur Wahl ihres AR.-Vorsitzenden Dr. J. Semler als Vorsitzender des AR. der neuzubildenden Auffanggesellschaft für die Borgward-Werke fest, sie stelle ihre Bedenken zurück angesichts der ernsten Lage bei dem Bremer Unternehmen. Dr. Semler werde zunächst noch im AR der BMW bleiben, wie in der letzten GV aber bereits angekündigt, in der nächsten GV sein Mandat zur Verfügung stellen und aus dem BMW-Aufsichtsrat ausscheiden. Über die Nachfolge werde die GV, die noch im ersten Halbjahr 1961 stattfinden solle, entscheiden. Die BMW-Verwaltung und Dr. Semler wollten jedoch ihre freundschaftlichen Beziehungen fortsetzen. (SZ)

Süddt. Zeitung
vom 8. 2. 1961.

Hahnemann kommt

Mit dem Schicksal der Borgward-Werke war BMW stärker verknüpft, als man sich in München eingestand. Auch der von München an die Weser gerufene Sanierer – es war Dr. Semler – hatte nicht die leiseste Ahnung, daß das Gelingen der einen Sanierung – sie war bei BMW noch keineswegs abgeschlossen – vom Ausgang der anderen, bei Borgward, bestimmt sein könnte. Und doch war es so: Der Untergang des Hauses Borgward kam dem Aufstieg von BMW unerwartet entgegen – nicht durch Zukauf wie zu Schapiros Zeiten, als Popp die Eisenacher Fahrzeugfabrik erwarb, sondern durch das Freiwerden hochqualifizierter Techniker und Kaufleute, die nach neuen Aufgaben lechzten und die Quandt sofort anwarb.

Wie dies geschehen konnte, ist ein Lehrstück eigener Art.

Bei Borgward hatte es Massenentlassungen gegeben. Der Grund hierfür – es herrschte Hochkonjunktur, und westdeutsche Industriefirmen wußten nicht, woher sie ihre Arbeitskräfte nehmen sollten – lag letztlich in der Person des Firmengründers und -inhabers selbst. Eher Konstrukteur und Forscher denn Kaufmann, hatte der gelernte Schlosser Carl F. W. Borgward der wirtschaftlichen Führung seines Unternehmens kaum Zeit und so gut wie kein Interesse eingeräumt. Jeder wußte, daß er, in seinen Modellraum

Ein Hansa 1800 auf dem Bremer Hafengelände.

Die Schauspielerin Olga Tschechowa an ihrem Borgward 2400 S.

1961 Bandstopp bei Borgward – das Ende der Isabella.

eingeschlossen, Unmengen angewärmten Plastilins verknetete, die als Autotypen, in seinen Werken alsbald produziert, Gestalt annahmen, aber auch, wie sie entstanden, wieder verschwanden – unbedauert von ihrem Schöpfer, der von Neukonstruktion zu Neukonstruktion jagte. Und mochten sie, mit abgewandelten Formen, veränderter Ausrüstung und unter neuem Signum, alsbald wieder auftauchen, »Entwicklung« belegend und vom Käufer freundlich bis begeistert aufgenommen worden sein, so hatte die Stärke Borgwards – seine völlige Unabhängigkeit – die Schwäche nicht verbergen können: Nie war es ihm gelungen, nach Anfangserfolgen eines zugkräftigen Modells diesem jene starke Position auf dem Markt zu verschaffen, die allein weiteres Experimentieren gestattet und die Firma – es waren drei Firmen, die sich Borgward leistete – getragen hätten.

Aus Gründen der Kapitalversorgung hatte der jetzt Siebzigjährige schließlich der Überlegung zugestimmt, aus der Borgward-Gruppe, einem reinen Familienunternehmen, eine AG zu machen – zu spät, wie sich nun erwies. Denn günstige Umwandlungsmöglichkeiten, die der Gesetzgeber bis zum 31. Dezember 1959 gewährte – und die ein Flick, auch ein Quandt in ihren Unternehmungsgruppen weidlich genutzt hatten –, waren verpaßt, der rechte Zeitpunkt unwiederbringlich verstrichen.

Bereits 1954, als es längst wieder Rohstoffe frei zu kaufen gab, hatte Borgward alles beim alten gelassen. Statt Verkauf, Werbung, Kundendienst jeweils zusammenzufassen, wurde alles dreifach – mit dreifachen Kosten –

nebeneinanderher betrieben. Ähnlich war es mit der Verwaltung, und die Händler, die in der Regel nur jeweils eine der drei Bremer Marken (Borgward, Lloyd und Goliath) vertreten durften, sahen sich nach Konkurrenzprodukten um, außerstande, Borgward-Kunden auf der Treppe des sozialen Aufstiegs mit Automobilen zu dienen, die aus demselben Hause stammten und sehr wohl den Weg nach oben markierten. Dennoch war Borgward bisher ohne fremde Hilfe ausgekommen. Mit Lieferantenkrediten – der Ruf, ein schlechter Zahler zu sein, störte ihn nicht – war seine Typenvielfalt, die die Gewinne auffraß, nie lebensbedrohend geworden; er überlegte sogar zu expandieren und – wir hörten von seinem Besuch bei BMW – womöglich in München, wie er ernsthaft vorschlug, seine neue Isabella herzustellen, ja diese, warum nicht, als BMW-Isabella auf den Markt zu bringen. Zuletzt hatte er sich, ähnlich wie BMW mit den Barockengeln der Typen 501 und 502, mit dem neuen 2,3-Liter-Borgward (mit Luftfederung und automatischem Getriebe) in die Klasse der Großen vorgewagt, unbekümmert wie immer und ohne abzuwägen, was es heißt, eine Diktion zu gebrauchen, vor der selbst ein Grewenig, der ehemalige Verkaufschef von BMW, obwohl sie ihm aus dem Herzen sprach, zurückgeschreckt wäre. Bei Borgward hieß das ganz unverblümt: »Wir wenden uns mit dem 2,3-Liter-Fahrzeug an den sportlichen Automobilisten, dem das Autofahren noch Freude macht. Und da liegt unser Vorteil: Der Wagen ist keine Chauffeur-Limousine, sondern er hat sportlichen Charakter, und sportliche Fahrer werden mehr Freude an ihm haben als am Mercedes.«

Das konnte nicht gutgehen – und es ging so wenig gut, wie es bei BMW gutgegangen war, wenn wir uns an das Ultimatum Flicks an jenem noch gar nicht weit zurückliegenden 9. Dezember 1959 erinnern. Hinweisen, die sich bis auf den Konkurs der Bremer Nordwolle zurückbezogen – ihr Zusammenbruch hatte im Zuge der Weltwirtschaftskrise eine deutsche Bank nach der anderen erschüttert –, standen Aufschreie von Kennern der Branche gegenüber: Wie, Dr. Borgward soll sein Können, seine ungeheure Energie als Angestellter von zweitklassigen Verwaltungsräten lenken lassen? In der Tat hatte der Bremer Senat eine Auffanggesellschaft gegründet, an deren Spitze, als Vorsitzender des Aufsichtsrates, der in gleicher Funktion bei BMW tätige Dr. Semler berufen worden war. Von der Presse als »Branchen-Totenvogel« angekündigt, hatte er zunächst wie ein braver Revisor Kasse, Bücher und Autohalden einer Inspektion unterzogen und gleich öffentlich erklärt, die Lage sei vor seinem Erscheinen in München bei BMW viel trostloser gewesen; der differenzierte europäische Käufergeschmack mache es ohne weiteres möglich, die spezifische Eigenart Borgwards zu erhalten.

Quandt war verstimmt. Dennoch war er mit Wilcke, einer Aufforderung Semlers folgend, sich eventuell am Kauf der Borgward-Werke zu beteiligen, nach Bremen gefahren. Mit Wilcke an seiner Seite hatte er alle drei Werke besichtigt. Der Mann, der ihn führte, war Quandt nicht unbekannt. Bereits als Borgward mit seiner Schar von Technikern Milbertshofen besucht hatte, war er ihm aufgefallen. Es war der Oberingenieur Wilhelm Heinrich Gieschen, rechte Hand des Autobauers Carl F. W. Borgward, doch hatte er, wie Kämpfer wissen wollte, stets auf der anderen Seite des Tisches gesessen, Borgward gegenüber, und immer nur dessen Aufträge entgegengenommen, »ein Mann, der nicht führte, der aber die ganze Fertigung unter sich hatte, das konnte er aber auch ...«

Gieschen hat sich an das Gespräch mit Quandt und was ihm folgte so erinnert: »Ich sagte: ›Ja, nun laufen hier die besten Techniker weg ... Herr Schicken, unser Chefkonstrukteur für Personenwagen, geht zu VW, Büchner von der Entwicklungsabteilung desgleichen ...‹ Quandt fragte: ›Konnten die denn nicht gehalten werden?‹ Ich sagte: ›Das weiß ich nicht.‹ Am Abend rief Quandt bei mir zu Hause an: Ob er sich täusche – er habe das sichere Gefühl, daß ich ebenfalls von Borgward weg wolle. ›Ja‹, sagte ich, ›das ist schon möglich.‹ Am nächsten Tag trafen wir uns in Hannover. ›Haben Sie Lust, zu BMW zu kommen?‹ – ›Da komme ich ja vom Regen in die Traufe‹, sagte ich. Da ließ er einen Aktenordner kommen. ›Sehen Sie den mal durch. Da sehen Sie, wie ich das saniert habe und was noch zu tun ist.‹ Ich sah, daß er die Aktienmehrheit erworben, auch den Rest der Krages-Anteile gekauft hatte und daß er mit Pertuss nicht einverstanden war. – Bald darauf bin ich nach Bad Homburg gefahren. Wilcke setzte den Vertrag auf. Für den Fall, daß Semler mich nicht gehen ließ, wollte Quandt mir den besten Rechtsan-

Oberingenieur Wilhelm Heinrich Gieschen.

walt, den es im Vertragsrecht gab, zur Verfügung stellen. Das war aber nicht nötig. Als ich kündigte, war Semler sehr böse, konnte jedoch nicht widerlegen, daß ich bei wichtigen Entscheidungen technischer Art – Semler hatte keine Ahnung von Technik – nicht mehr herangezogen worden war: Stets hatte er, und ich gab dies als Kündigungsgrund an, über unsere Köpfe hinweg verfügt. Natürlich sagte ich nichts von BMW; es ging ihn auch nichts an.

Dann, das war im Oktober 1961, da war die BMW-Hauptversammlung, die zweite nach der gescheiterten von 1959. Da saß ich oben auf der Bühne, unten lauter friedfertige Aktionäre – was mich wunderte, von Dividendenausschüttung war nicht die Rede –, da kommt Semler herein, damals noch offiziell Aufsichtsratsvorsitzender, erblickt mich am Vorstandstisch, neben den Aufsichtsräten, und fragt: ›Was wollen Sie denn hier?‹ – ›Ja‹, sagte ich, ›ich bin jetzt im Vorstand von BMW.‹ Er wußte nichts davon, bis zu diesem Augenblick. – Neben mir saß Paul G. Hahnemann. Wir kannten uns noch nicht. Noch am selben Tag setzten wir uns in Klausur zusammen, drei Tage lang, ohne Telefon, niemand störte uns. Meine Frage war, dem Sinne nach: Was kannst du verkaufen? Und die seine: Was kannst du bauen? Alles ohne Brimborium. Wir verstanden uns sofort. Übrigens: Wie er mit mir kam, ging er mit mir, oder ich mit ihm, zehn, elf Jahre später. Dazwischen liegt eine Epoche – die schönste, die ich mir als Ingenieur wünschen konnte. Ich hatte auch das Bauwesen unter mir. Ich baute den Turm, er plante ihn und setzte ihn durch, auf Biegen und Brechen, mit allen Finessen. Mein Gott, was für eine Zeit brach an.«

Paul G. Hahnemann.

War Gieschen von Borgward, so war Hahnemann von der Auto-Union gekommen, »der dermaleinst stolzen Auto-Union, die nicht nur auf den Rennpisten, sondern auch in der Gunst der Käufer Konkurrent Nr. 1 von Daimler-Benz gewesen ist«, wie Hahnemann es ausdrückte, wenn er darüber sprach; um freilich gleich hinzuzufügen, daß er als Marketing-Chef der neuen Auto-Union alles andere im Sinne gehabt habe, als den Status quo ante wiederherzustellen.

Was er später als seine berühmt gewordene »Nischen-Theorie« vorstellte, klingt hier schon an, und auch seine Marktstrategie, die er bei BMW entwickeln sollte, ist im Grundmuster da, als er seinen Kollegen bei der »dermaleinst stolzen Auto-Union« zum Abschied den Rat gibt: »Holt euch von einem Automobil-Schrottplatz das alte Kühlergesicht des Audi mit der stehenden Eins auf der Kühlwasserverschraubung und baut darum herum ein modernes Automobil mit einem Vierzylinder-Motor, behaltet den Vorderradantrieb bei und gebt diesem Fahrzeug den Namen Audi, dann kann nichts mehr passieren.«

Ähnlich wie BMW hatte die Auto-Union im Westen, wo ihr nur wenige Stützpunkte verblieben waren – alle ihre Werke mit den berühmten Namen DKW, Audi, Wanderer, Horch waren an den Ostblock verloren –, mit Motorrädern wieder angefangen. Zugleich hatte sie aber auch den alten Zweitakter-DKW wieder in Fahrt gebracht, der als DKW Junior, DKW-Jeep für die Bundeswehr oder sogar als Sportcoupé, auf 150 km/h ausgelegt, nur noch schwache Erinnerungen an den früheren Zweitakter zuließ. Auch wurde tunlichst vermieden, nach den Sternen zu greifen, etwa dem großen Horch, und den gleichen Fehler zu machen, der BMW unterlaufen war. Dennoch, im Export war der Zweitakter ein unüberwindbares Hindernis geblieben, es fehlte an Geld hinten und vorn, und als Daimler-Benz, auf Veranlassung Flicks, die Auto-Union kaufte, war dies die Rettung, eine Lösung indessen nicht. Obwohl gewiß war, daß der Zweitakter sterben, daß ein Viertakter der Mittelklasse seinen Platz einnehmen würde, auch daß die alten Fertigungsstätten – in Ingolstadt die Kasematten der alten Veste und in Düsseldorf die ehemaligen Rheinstahlwerke – nicht mehr ausreichten; und obwohl zum Zeitpunkt des Erwerbs der Auto-Union durch Daimler-Benz eine neue Fabrik bereits gebaut, ja, das dazugehörige Verwaltungsgebäude kurze Zeit später bezugsfertig war, weigerte sich Daimler-Benz, die Firma »anzunehmen«, bestand auf dem Nebeneinander zweier Firmen und demzufolge zweier Verkaufsabteilungen, kurzum, nahm das Stiefkind nicht zur Brust, an der es zu nähren gewesen wäre. Mitten in den Querelen, die auch Flick verstimmten – der stets verstimmt war, wenn Verluste auftraten, und sie traten natürlich auf –, erreichte Hahnemann der Ruf von Quandt.

Ministerpräsident Goppel mit Gieschen (links) und Hahnemann (rechts) am neuen BMW 1500.

175

Was tun? Hahnemann war vertraglich gebunden, und Flick wollte ihn nicht hergeben – ein Abkommen zwischen der Flick- und der Quandt-Gruppe, sich die Manager nicht gegenseitig abzuwerben, berechtigte ihn dazu. Aber Quandt hatte es sich in den Kopf gesetzt, Hahnemann zu bekommen, und der wußte Rat. Erst wenige Wochen vorher hatte er Semlers Angebot, zu Borgward nach Bremen zu gehen, ausgeschlagen. Eine Ahnung sagte ihm, daß in München die Aufgabe seines Lebens lag. Zudem hatte er etwas gegen Norddeutschland, »die Mädchen waren so anders, schon diese Aussprache, und dann hatte man mir sechsmal Labskaus empfohlen, als eine Götterspeise, während in München, wo ich 1931 studierte, noch meine filia hospitalis wohnte... Ich war, als geborener Straßburger, ein ausgemachter Süddeutscher – und nun geradezu versessen auf München. Kurz und klein...« Kurz und klein, Hahnemann erklärte, dann werde er kündigen, um doch bei Borgward einzusteigen, niemand könne ihn daran hindern. Woraufhin Quandt, noch im Beisein Hahnemanns, in Bad Homburg, wo beide die Modalitäten aushandelten, zum Telefon griff, Flick in Düsseldorf anrief und die Freigabe Hahnemanns erreichte: Nein, den Mann an Borgward verlieren, wäre absurd; dann lieber doch an BMW, so schwer ihm, Friedrich Flick, dies auch fiele...

Und so kam BMW zu Hahnemann oder dieser zu BMW, wie man will – und nicht zur Borgward-Gruppe, die zu dieser Zeit, im Frühjahr 1961, von alten Lagerbeständen, auch 15 000 Arabellen, die auf den Höfen standen, geradezu erdrückt wurde. Mit ihrem Verkauf, der Hahnemann zugedacht war, wäre jenes Geld in die Kassen geflossen, um das Semler den Bremer Senat ersuchte – vergeblich, wie wir wissen: Borgward verschwand. Aber mit vielen Technikern, die Gieschen folgten, auch mit Monz, dem Einkaufschef, der von Quandt gewonnen wurde, und mit kompletten technischen Anlagen, die Milbertshofen von Bremen übernahm, lebte Borgward in München weiter, vereint mit der Auto-Union, die mit Leuten, die Hahnemann seinerseits nachzog, einen zweiten Block bildete.

»Wie viele waren das?« fragte ich Hahnemann in seinem Stadtbüro in der Friedrich-Herschel-Straße in München, lange nach seinem Ausscheiden bei BMW.

»Oh«, sagte er, »da muß ich nachdenken. Fünfzig bestimmt. Hundert, noch mehr? Es war wie ein Ausverkauf. Dabei liebte ich die Auto-Union, hatte viel gelernt dort, ich war doch nicht abtrünnig, warb niemand ab. Sie kamen einfach, es lag nicht an mir. Es lag an BMW. Wie im Goldrausch war das, und die Claims – alles mußte erst abgesteckt werden, nichts war da, nichts. Man hatte in München ja auch nie Autos gebaut. Die Prüfstände – Silos für Flugmotoren. Die Hallen: Flugmotorenhallen. Die Werkzeugmaschinen: Maschinen für Flugmotoren. Ich weiß nicht, alles wurde doch demontiert. Mir schien, was wieder angeschafft wurde, nur *darauf* angeschafft und nicht auf Autos. So tief war das Wissen drin – davon, nicht von Autos. Vielleicht konnten die paar, die man gebaut hatte, sogar fliegen? Der 501, der 503? Auch der 700, der in Massen herumstand. Na, ich hab sie verkauft, schnell; wie, kann Ihnen der Kolk mal erzählen. Wir haben alles, aber auch alles umkrempeln müssen. Und das ging nur, wenn man durchgriff. Mit ein paar Mann: dem Gieschen, dem Monz, dem Kolk, dem Osswald – und so herrlichen Leuten wie Falkenhausen, dem für mich besten Motorenkonstrukteur der Welt! Und Wilcke, als er Generaldirektor wurde, gewährend darüber. Gewährend, weil er nicht nötig hatte, von Autos was verstehen zu müssen. Er deckte ab, sagte ja, wenn's ihm einleuchtete, nein, wenn's ihm widersinnig erschien; niemals jein. Und eher ja als nein. Und hatte nie Pech, mit keinem. Oft sagte ich, laut, daß er's hören konnte: Da kommt der Obertelefonierer. Er hörte weg. Ich schämte mich. Ich wußte nicht, daß er wußte, daß ich mich schämte. Erst viel später, als wir Glas gekauft hatten, ließ er's mich wissen. Aber der Reihe nach. Es fing an...«

Es fing mit der Geschichte an, die mir Kolk erzählen sollte.

»Ist Ihnen bekannt«, sagte Kolk, noch bevor wir uns setzten, »wer Hahnemann zu BMW brachte?«

Ich nickte: »Quandt natürlich, mit seinem berühmten Spürsinn.«

»Nein«, sagte Kolk. »Quandt interessierten technische Dinge, nicht der Verkauf. Was man mit Marketing machen kann, davon hatte er keine Ahnung.«

»Und wer hatte die?«

Oscar Kolk. Als Prokurist kassierte er kurz vor der Kapitulation 1945 noch insgesamt 63,5 Mio. RM ausstehender Stoppkosten beim Reichsluftfahrtministerium.

»Mathern.«

»Der Rechtsanwalt Mathern, der Daimler-Benz das Konzept verdarb?«

»Derselbe, ja. Nicht nur, daß er die Hauptversammlung platzen ließ. Er war es, der Quandt den Tip gab, über Wilcke, und Hahnemann beschwor: ›Du gehst nicht zu Borgward. Du gehst zu BMW.‹«

»Er kannte ihn?«

»Beide saßen nach 45 im selben Lager, hatten Wasser und Brot geteilt. Wasser und Brot teilen ist wie Kitt. Das war am Flughafen Freiburg, bei den Franzosen. Die hatten dort alles eingelocht, was Rang und Namen hatte und über einer bestimmten Gehaltsgrenze lag: Manager, Universitätsprofessoren, Wissenschaftler, höhere Beamte, Parteibonzen, ›Würdenträger‹, SS. Hahnemann war so etwas wie Spieß im Lager, und Mathern, der raus wollte aus Deutschland, nach Südamerika, mit Frau und Kindern, nur raus, er hatte die Nase voll – Mathern spielte Klavier, mitunter bei den Gendarmen, in deren Baracke, außerhalb der Umzäunung, wenn die zur Nacht speisten. Eines Nachts, er sagte, er müsse mal austreten, verschwand er; man glaubte, er sei ins Lager zurückgegangen. In Wahrheit wartete seine Frau mit dem Auto. Hahnemann hat dann den Morgenappell verzögert, er ließ immer wieder abzählen, bis er wußte: Viereinhalb Stunden sind rum – die verabredete Zeit, die die Matherns bis zur Grenze brauchten.«

»Und die Flucht gelang?«

»Über Genua nach Brasilien, ja. In den fünfziger Jahren kehrte Mathern zurück, wurde wieder Anwalt, steile Karriere in Frankfurt, das Weitere wissen Sie: Denzel holt ihn, die BMW-Händler zu vertreten, die Aktionäre proben den Aufstand, Mathern der Held des Tages. Dann, in Düsseldorf, sieht er Hahnemann wieder, der gerade von Semler den Antrag erhalten hat, nach Bremen zu kommen. Mathern: ›Du bist verrückt. Du gehst zu BMW.‹ – ›Wie kommst du auf BMW?‹ – ›Ich bin dort Aufsichtsrat. Sauerei, daß Semler – er ist unser Aufsichtsratsvorsitzender – dich zu Borgward verfrachten will.‹ – So lief das.«

»Das war im Frühjahr 1961. Aber erst im Herbst tritt Hahnemann bei BMW ein.«

»Ja«, sagte Kolk, und wir setzten uns. »Es gab Schwierigkeiten. Man wollte ihn nicht. Golda, der ganze Betriebsrat lief Sturm, die Mehrheit im Aufsichtsrat war gegen ihn, auch im Vorstand wurde er abgelehnt.«

»War sein Ruf so schlecht?«

»Man wußte, wie er bei Daimler-Benz aufgetreten war, jeder kannte doch jeden dort. Der paßt nicht zu uns, verkauft uns BMW – ich gebrauche sein eigenes Wort – ›unterm Arsch weg‹. Und da war ja was dran. Wie sich, er war kaum vierzehn Tage bei uns, zeigen sollte, als ich ihn durchs Werk führte. Nahezu jede freie Stelle im Hof war mit 700-Wagen vollgepfropft. ›Warum sind die nicht bei den Händlern?‹ fragte er. ›Die Händler werden sie nicht mehr los‹, sagte ich. ›Der Inlandsmarkt ist zu.‹ – ›Warum?‹ fragte er. – Sie müssen wissen, wie er so ein ›Warum?‹ herausbrachte. Obwohl ich ein reines Gewissen hatte – ich war Verkaufsleiter Inland, also verantwortlich –, spürte ich, wie mir das Blut in den Kopf schoß, gab mich aber gelassen. Ob er vielleicht wisse, daß auf der IAA in Frankfurt der Prototyp vom 1500, dem neuen Mittelwagen, gestanden habe? Er schwieg. Und daß, fuhr ich fort, jeder, der sich überlege, ob er den 700 kaufen solle, seitdem seinen Kaufwunsch zurückstelle. ›Wir haben‹, sagte ich, ›in den ersten zehn Tagen nach der Ausstellung zweitausend Vorbestellungen auf den 1500. Leider ist er noch lange nicht serienreif.‹ Hahnemann schwieg noch immer. Ich erklärte, daß der 700, auch der 700 Sport, den man den ›Facharbeiter-Porsche‹ nannte, das Werk zwar gerettet habe, aber auch mit neuen Chromleisten nicht mehr den Anschluß schaffe, den wir brauchen.

Das alles, sagte Hahnemann endlich, sei ihm bekannt. Was ihm nicht bekannt sei, habe ihm das sorgenvolle Gesicht Kämpfers verraten, der – man näherte sich dem Jahresabschluß – Angst vor der Bilanz habe. Was er an Monatsumsatz brauche, um die auszugleichen, habe er ihn gefragt. Kämpfers Antwort: ›20 Millionen!‹ – ›Das sind‹, sagte Hahnemann, ›60 Millionen bis Jahresende. Und wenn ich Ihnen die bringe?‹ – ›Dann‹, entfuhr es Kämpfer, ›sag ich mein Lebtag Sie zu Ihnen.‹ – Das war unser Gespräch.

Noch am selben Tag handelte Hahnemann. Er ließ sich die Liste der Importeure vorlegen, fragte, wer der schwächste sei, auf den man also am

Unverkaufte BMW 700 beim belgischen Importeur Moorkens, Antwerpen.

Einkaufs-Chef Karl Monz.

ehesten verzichten könne, erhielt zur Antwort, das sei der Importeur in Kopenhagen, und schickte sofort einen Mann der Exportabteilung – der Exportchef selbst war gerade in den USA – mit dem Flugzeug nach Dänemark, von wo dieser, tags drauf zurück, die Weigerung des Importeurs überbrachte, die ihm aufgedrückten dreißig oder vierzig Wagen abzunehmen. Worauf Hahnemann zum Telefon griff, den Vertrag fristlos aufkündigte und, der Reihe herum, alle Importeure anrufen ließ und mit festen Quoten beglückte, etwa so: Da ist dieser Neue, der spielt verrückt. Wir können euch nur raten: Nehmt die Autos, wenn Ihr euren Vertrag behalten wollt. – Die meisten wußten bereits von dem Rausschmiß, keiner meuterte, noch am selben Abend waren alle tausend Autos verkauft, die auf Halde standen, und Hahnemann hatte sechs Millionen ›im Sack‹ – auch das ein stehender Ausdruck von ihm –, die er dem völlig überwältigten Kämpfer präsentierte.

Das war sein Entree, und die Türen öffneten sich: nach oben, bis zu Quandt rauf, so wenig dem Hahnemanns Stil lag; beim Aufsichtsrat, der sofort jedes Wenn und Aber fallen ließ; auf der Vorstandsetage, wo es nicht nur Kämpfer die Sprache verschlug; auf der Ebene der Subdirektoren und leitenden Angestellten, von denen ich einer war. Und die Konstruktionsabteilung, die technischen Bereiche, vor allem auch Gieschen, beflügelte es ebenso wie Monz im Einkauf, der, von Borgward zuerst zu VW gegangen, nun bei uns war. Es gab niemand, zu dem es sich nicht rumsprach, nicht zuletzt zu denen, die es am meisten betraf: die Händler. Sie alle spürten: Ein neuer Wind weht, und bläst er uns ins Gesicht, mag das zwar unangenehm sein, aber für BMW nützlich, und nützt es BMW, nützt es auch uns.

Als Hahnemann kam, war das Erstaunen bei ihm, was BMW war, nicht weniger groß als bei uns – über ihn. Für ihn war das keine Firma, war es der ›hinterletzte Dreck‹, wie er mir später einmal gestand. Was ihn am meisten gewundert hat: daß wir so stolz darauf waren, den ›hinterletzten Dreck‹ mit unserer Leistung verbanden. Gott sei Dank, es war unser, aber auch sein Glück. Mit wem hätte er machen können, was wir ihm machten, wem zumuten, was er uns zumutete, aber auch sich; er schonte niemand, sich selbst am wenigsten, gab auch Fehler zu, wenn sie ihm passiert waren, schob das nie ab. Er identifizierte, solidarisierte sich mit ›dem hinterletzten Dreck‹ – und damit gewann er uns, überwand unsere Skepsis.

Vor dem Krieg war er durch die Schule von General Motors gegangen, hatte bei Opel, in der ›Elitehochschule der Welt‹, das Automobil gelernt, von der Pike auf, wie Nordhoff, wie Stieler von Heydekampff... Unbestreitbar hatte General Motors das alles erfunden und durchexerziert, was es bei BMW nur in Ansätzen oder überhaupt noch nicht gab: Kundendienst, Ersatzteillager, Verkäuferschule... Das alles fehlte uns, wir waren ein kleines Autowerk, und wenn die Fachpresse unsere Handelsorganisation die ›Schlauchflicker‹ nannte, dann stimmte das: Neben ein paar wirklichen Händlern waren es kleine Werkstätten, die uns vertraten, bei denen aber das Werk, und das entging auch Hahnemann nicht, ein ungeheures Ansehen hatte. Er sah sofort, was man daraus machen konnte, und was aus dem ›vorsintflutlichen‹ Maschinenpark zu machen war, sah Gieschen.

Eine der typischen Werkstätten von damals.

Im Grunde genommen passierte BMW mit Hahnemann auf der Verkaufsseite, was Popp einst auf technischem Gebiet passiert war mit Friz, in dessen Ledermappe die Konstruktionszeichnung des Höhenflugmotors steckte, den Daimler verschmäht hatte – und dann mit Männern wie Schleicher, Böning, Fiedler, v. Falkenhausen, die das BMW-Image schufen. Dieses Image war jetzt, mit der R 32 hatte es 1923 begonnen, gerade vierzig Jahre alt.

Hahnemann erfuhr, was es wert war, als er seine Nische erfand. Diese Nische war nichts weiter als der Satz, ich glaube, er stammte vom ›Spiegel‹: ›Wer von Mercedes zu einer anderen Marke übergeht, steigt ab, wer von Mercedes-Benz zu BMW geht, steigt *um*.‹ Nicht *auf*, um Gottes willen! BMW durfte also nie in den Deckungsbereich des Mercedes-Benz-Images geraten, andererseits mußte es alles tun, was der Gleichwertigkeit entsprach. Ein Widerspruch in sich, zugegeben, und doch Realität. Hier lag mit ›jugendlich‹, ›sportlich‹, aber auch mit ›handlich‹, mit ›gediegen in der Ausführung‹ die Nische, die ein kleiner Hersteller ausfüllen konnte, ohne daß es den großen kratzte.

Hahnemann war, vor allem, Psychologe.

Er sah: Nichts hatte BMW ruinieren können, weder irgendeine schwerwiegende Fehlentscheidung seiner Führung noch ein so kurioser

Fahruntersatz wie die Isetta, noch sonst irgend etwas. Was zählte, war, wie soll ich sagen, allein die Verbrauchervorstellung von dem Ding, das man haben wollte. Nicht wie es ist, war ausschlaggebend, sondern, wie der präsumtive Kunde glaubt, daß es sei.

Auf diesen Satz stellte Hahnemann alles, was BMW nun wurde. Das unausrottbare Image war die Voraussetzung dazu. Daß die technische Imagination keine Täuschung war, verdankte er den nach wie vor erstklassigen Ingenieuren im Werk, zu denen der Draht von seiner Verkaufsetage in die Konstruktionsbüros immer kurzgeschlossen blieb. Mochte man dort über die Nische auch lachen, wenn Hahnemann sie wie ein Wanderprediger propagierte – sie wurde zur Wohnung, in der BMW fast ein ganzes Jahrzehnt lebte. Überlebte, muß man aus der Rückschau sagen.

Aber bekanntlich ist der, der vom Rathaus kommt, klüger als der, der hineingeht. Auch ich glaubte erst ganz allmählich an die Richtigkeit der Thesen von ›Nischen-Paul‹, wie die Presse Hahnemann bald nannte. Ich bin aber auch nie ein Mann der Theorie gewesen. Für Hahnemann war die Nische freilich nie Theorie – nur ein Mittel zur Überführung einer Fiktion in die Praxis. Dazu gehörte die Faust. Er gebrauchte sie rücksichtslos. Nur selten schlug er daneben. Als sie, 1971, ins Leere ging, stand der Turm. Mit ihm war die Pionierzeit zu Ende.«

Dies war die *eine* Geschichte, und wenn Kämpfer, der 1963 ausschied, eine andere erzählte, widersprach sie nicht der Darstellung Kolks, setzte aber aus der Sicht eines Mannes im Vorstand dem Geschehen einige Lichter auf, durch die manches verständlicher wird. »Ich habe Hahnemann nur in der Anfangszeit erlebt«, sagte er, »das fing gleich gut an. Ich kam von New York geflogen, wo es viel Ärger gab, hatte so'n Nachtflug hinter mir, da wartet Herr Wilcke schon auf dem Flughafen. ›Was ist los?‹ fragte ich, ›seid ihr pleite?‹ – ›Nein‹, sagte Wilcke, ›aber Sie müssen sofort nach Milbertshofen kommen. Aufsichtsratssitzung. Da wird Ihnen der Herr Hahnemann vorgestellt. Den wollen wir heute zum Verkaufschef machen.‹ – ›Wir?‹ fragte ich und dachte, da steckt doch Mathern dahinter! ›Quandt will es‹, sagte Wilcke, und ich: ›So schnell kann ich mich nicht entscheiden. Möchte erst mal mit meinen Leuten sprechen!‹ Wilcke sah das ein, in der Sitzung dann auch der Aufsichtsrat, und Hahnemann wurde *nicht* bestellt – erst in der nächsten Aufsichtsratssitzung, im September war das, 1961.

Vorausgegangen war, daß ich, im Export ging es drunter und drüber, in den Verkauf mußte, Niederlande, Frankreich, Belgien usw., und ich hatte erklärt: ›Wir brauchen einen Vorstand im Verkauf, jeder soll nur das machen, was er kann, ich bin kein Verkäufer...‹ – ›Ach, das können Sie schon‹, sagten alle, ›Sie machen es ja gut.‹ Wie schlecht ich es gemacht hatte, sah ich dann, als Hahnemann kam.

Gleich zu Anfang erzählte er mir – und nicht nur mir –, er sei Skorpion. ›Angenehm‹, sagte ich. Und er: ›Angenehm? Hören Sie mal die Geschichte, die ist nicht von mir, hat meine Frau erfunden.‹ Die Geschichte ging so: Da sitzt ein Skorpion an einem Bach, und in dem Bach, auf der anderen Seite, quakt ein Frosch. Sagt der Skorpion: ›Komm, trag mich rüber, es soll dein Schaden nicht sein.‹ – ›Mach ich nicht‹, sagt der Frosch, ›du tust mir was.‹ – ›Ich tu dir nichts‹, sagt der Skorpion, ›es soll dein Schaden nicht sein.‹ – Der Frosch schwimmt also heran, trägt den Skorpion durch den Bach ans andere Ufer, aber kaum daß er Boden unter den Füßen hat, fühlt er einen Stich. ›Du wolltest mir doch nichts tun‹, jammert der sterbende Frosch. Der Skorpion: ›Hast du von einem Skorpion etwas anderes erwartet?‹ – So die Einführung Hahnemanns jedem gegenüber, mit dem er zu tun hatte – damit der gleich wußte, woran er war. Zog das nicht – wie bei mir – und ließ man sich nicht einschüchtern, kam man glänzend mit ihm zurecht. Wie sich gleich zeigen sollte...

Als Finanzer vergab ich die Etats – mit der nötigen Kontrolle, versteht sich. Er fuhr aus der Haut; mit seinem Werbeetat könne er machen was er wolle. ›Das können Sie nicht‹, sagte ich, ›nicht ohne Gegenzeichnung durch mich.‹ Er hat das sofort akzeptiert, ohne Widerrede – und als Argument benutzt bei der Qualitätskontrolle, auf die er so drang und mit der seine Philosophie stand und fiel.

Dann war die Planung für 1963 fertig – das Jahr, in dem ich ausschied, da sollte der Mittelwagen schon etwas bringen. Ich war immer etwas skeptisch gewesen, nun sah ich, wie Hahnemann das machte. Der ließ die

Franz Josef Strauß und Paul Hahnemann.

Vertreter kommen, von überallher, und sagte: ›Der Preis wird soundso sein, wenn Sie nicht wollen, können Sie gleich nach Hause gehn!‹ Der hat das durchgesetzt! Und wenn ich in meinem Monatsbericht hineinschrieb, mit dem Absatz sei dies und das nicht richtig gelaufen, sagte Hahnemann zu seinen Verkäufern: ›Im nächsten Monat gleicht ihr das aus. Der Plan wird erfüllt!‹ Und er wurde erfüllt, Monat für Monat. – Als ich schon bei der Max-Hütte war, besuchte ich noch einmal Wilcke in München. ›Wissen Sie, Kämpfer, was wir gerade beschlossen haben?‹ sagte der. ›Wir wollen einen Umsatz von einer Milliarde erreichen.‹ – ›Aber wie denn bloß‹, rief ich aus, ›– in Milbertshofen!‹ (Dingolfing war zu dieser Zeit noch nicht erworben.) ›Das ist einfach Phantasie!‹ Es war keine Phantasie. Es wurden sogar mehrere Milliarden daraus – aber nicht ohne Hahnemann, der große Treiber war er.«

Eine marktpsychologische Untersuchung – die erste, die BMW überhaupt in Auftrag gab – hatte den Beweis erbracht, wie stark das Produkt BMW von der Verbrauchervorstellung bestimmt war. Die Analyse führte der Marktforscher und Psychologe Dr. Bernt Spiegel durch. Er riet, die von ihm entwickelte Marktnischentheorie auf BMW anzuwenden.

Der Marktforscher und Psychologe Dr. Bernt Spiegel.

Die Versuchspersonen hatten Kärtchen überreicht bekommen, auf denen die Namen von Automarken verzeichnet waren. Sie hatten diese Kärtchen anderen Kärtchen zuzuordnen, auf denen zum Beispiel stand:

Verstaatlichtes Unternehmen bzw. *teilverstaatlichtes Unternehmen* oder *Unternehmen mit starker staatlicher Beteiligung.*

Die Versuchspersonen wußten nicht, wer die Befragung in Auftrag gegeben hatte. Sie selbst hatten sich als wirtschaftspolitisch uninteressiert bezeichnet. Sie überlegten kaum, als sie zu wählen hatten, wer verstaatlicht sei, und gaben in der Mehrzahl Daimler-Benz den Zuschlag – trotz jahrelanger, in der Presse detailliert beschriebener Diskussionen über eine staatliche Sanierung von BMW, auch Erörterungen im Rundfunk über Staatskredite, mögliche staatliche Beihilfen oder Übernahme des Werkes durch den bayerischen Staat. Nichts davon war haftengeblieben, niemals aber auch war über Daimler-Benz derartiges verbreitet, ja auch nur im Ansatz erwogen worden.

In einem Vortrag vor der Nürnberger Akademie für Absatzwirtschaft beschrieb Hahnemann 1968, was, auf BMW bezogen, imagebildend haftengeblieben war und was nicht. Völlig wirkungslos hatten sich die Dixi-Nachfolger erwiesen, obwohl ihre Existenz vielen Personen noch gut in Erinnerung war. Nicht sie selbst waren in Vergessenheit geraten, aber ihre Zugehörigkeit zu BMW. Ähnlich stand es um alle erst wenige Jahre zurückliegenden Isetta-Typen, vom 600, dem Liliput-Omnibus, war kein Makel auf die Marke BMW gefallen, und vom 700 ließ man nur, als BMW-like, das kleine Sport-

Zum BMW-Image trug wesentlich das Sportcoupé des 700 bei. Hier beim 6-Stunden-Rennen Hockenheim 1960.

»Der Wagen starb wie ein alter Bauer...«

Das Ende des 501.

coupé gelten, dank seiner Sporterfolge, seiner Kompaktheit, seiner motorischen Bulligkeit (Äußerung einer Versuchsperson: »Wissen Sie, der kleine Zornige...«). Auch die Großwagen der fünfziger Jahre hatten nichts BMW-Abträgliches, aber auch kaum etwas hinterlassen, was man für BMW-typisch hielt. Nicht eigentlich BMW, hieß es. BMW sei ganz anders... Hingegen waren immer wieder die Vorkriegsmodelle 326, 327 und 328 genannt worden. Hahnemann sagte: »Nach diesen Erkenntnissen strichen wir die Isetta und den BMW 600 aus dem Programm. Die Großwagen und später auch die BMW 700-Typen mußten dasselbe Schicksal erleiden. Dagegen mußte ein Auto entwickelt werden entsprechend der Käufervorstellung und in direkter Generationenfolge der exklusiven BMW-Vorkriegsmodelle.«

Über das »Sterben«, das »Gestorben werden« ließ er sich klaglos so aus: »Manche Mitglieder der Verwaltung konnten es nicht fassen, daß der Vorstand auf sein Flaggschiff verzichten wolle, das ›in so unvergleichlicher Weise auf den Autobahnen und überall, wo es auftrat, Aufsehen und Bewunderung erregt‹. Daß dieser Typ jahrelang die Quelle großer Verluste war, wurde tunlichst übersehen, ebenso wie die spöttischen Bezeichnungen der Konkurrenz, die den Wagen schon lange Zeit als ›altmodischen Barockengel‹ oder als ›Barock-Teenager‹ abtat. Der Wagen starb wie jener alte Bauer in der Erzählung, der, längst auf dem Altenteil sitzend, für die Dorfjugend ein gerngesehener und wohlgelittener guter alter Opa war, die Taschen prall vollgefüllt mit Bonbons, die er jederzeit freigebig verteilte. Und dann starb er eben, er war nicht mehr da, und er ward auch bald vergessen und hinterließ keinerlei Resonanz. So auch der BMW-Großwagen. Nach seinem Tode blieb das Image stumm; auch seine Liebhaber, mit wenigen Ausnahmen – so etwa die bayerischen Landesbehörden, die nun betrübt darüber waren, in heiligen bayerischen Landen mit fremdstämmigen Automobilen fahren zu müssen. Nun, dieser Fehler wird ja auch bald geheilt sein. Sie wissen sicherlich, daß wir noch in diesem Jahr (1968) einen 6-Zylinder-Wagen in Serie nehmen werden, der auch Regierungsvertretern angemessen sein sollte.«

Schließlich erwähnte er auch noch einen ausgeprägt »deutschen Zug«, der, im Mercedes-Image vorzüglich anzutreffen, dort starke autoritative, »deutschnationale« Züge aufweise, wogegen BMW mehr das »Nicht-Amerikanische«, das Gediegene, das Nicht-Modische, auch das Technisch-Sachliche verkörpere. Zuordnungen der Versuchspersonen wie »wertbeständig«, »für Leute, die den Wagen lange behalten wollen« und »kein häufiger Wechsel in den Modellen« seien dafür typisch gewesen.

Man sieht hieraus, daß der Agitator in Hahnemann genau so sein Handwerk beherrschte wie der Verkaufspsychologe, der fünfzehn Jahre Opel-Großhändler war, bevor er zur Auto-Union ging. Immer auf Abgrenzung bedacht, immer die psychologische »Marktlücke« im Auge, in der

BMW manövrieren muß, darf er den Wirt nicht verprellen, in dessen Nische er sitzt, aber auch nicht den Gast, den er ihm abwerben kann. Scheinbar harmlos attestiert er dem großen Bruder Vorzüge, die der gar nicht hören will – und stößt Kunden, die Attribute wie die genannten bisher stillschweigend in Kauf nahmen, mit der Nase darauf. Nie hat er die Worte des Telegramms vergessen, das er auf seinem Schreibtisch vorfand: »Wir wünschen der stolzen BMW alles Gute. Daimler-Benz AG. Dr. Joachim Zahn.« Er kennt Zahn, den Finanzchef von Untertürkheim, der keine Gelegenheit vorübergehen ließ, wem immer zu versichern, daß die Bayerischen Motoren Werke zwar auf der Ebene der gehobenen Werkstatt Beachtliches geleistet hätten, als Automobilfabrik aber kaum zu bezeichnen seien, was auch in Zukunft so bleiben werde – und ist auf der Hut.

Viel Spielraum bleibt nicht, und Ironie ist ein zartes Pflänzchen, das er hegt und pflegt. Spricht er von der »liebenswürdigen und gediegenen Eleganz«, die BMW-Automobile kennzeichne, läßt er aus, daß es auch eine

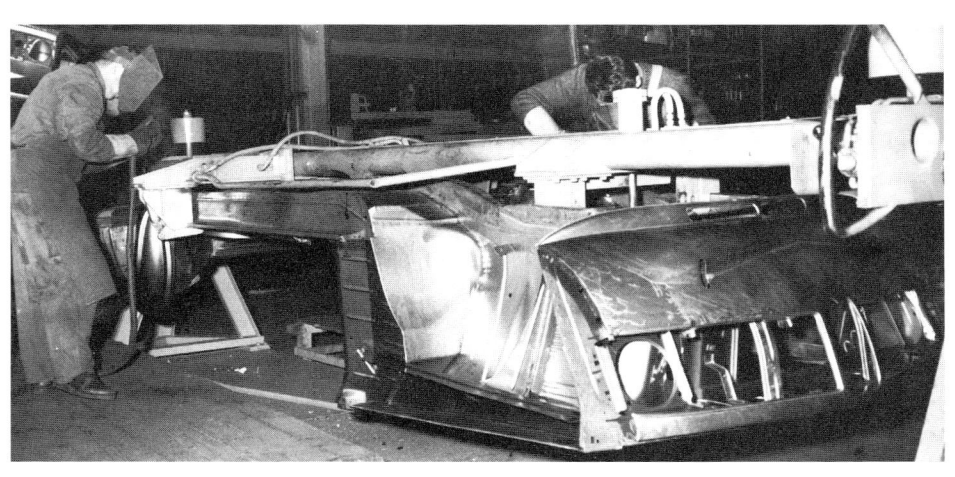

Schweißen von 1500er Karosserie-Teilen.

pompöse Eleganz gibt, und wer »Beschwingtheit« will, in die zugleich »sportlich«, »handlich«, »gewandt« hineinspielt, muß halt auf »offiziöseren«, um nicht zu sagen »amtlichen« Zuschnitt verzichten. Erst als Daimler-Benz, bisher elegant die Nadelstiche übersehend, in einer werksinternen Broschüre *sine ira et studio* – wie man vorgibt – Hahnemanns Thesen Punkt um Punkt untersucht und technische Gegenbeweise ins Feld führt, nimmt er den Fehdehandschuh auf und sagt offen, was den Unterschied von BMW-Automobilen gegenüber einem Mercedes ausmacht. In seiner Sprache ausgedrückt, heiße das: »Wenn es in Deutschland ein Geschäftsmann zu etwas gebracht hat und er muß seinen Nachbarn zeigen, daß er etwas ist, kann er nur einen Mercedes fahren. Wenn er es aber zu etwas gebracht hat und er hat es dabei nicht einmal nötig, das auch zur Schau zu stellen, dann kann er sich auch einen BMW leisten.«

Verwundert, nicht ohne Respekt, verfolgt man in Stuttgart, was Hahnemann für die Öffentlichkeit einfällt. In Großanzeigen stellt er Fragen an den Käufer.

Erste Frage: »*Haben Sie Grund, an der Lauterkeit eines Automobilwerks zu zweifeln?*«

Zweite Frage, einige Wochen später: »*Sind Sie sicher, daß man Ihr Automobil nach bestem Wissen und Gewissen verkauft?*«

Diese Anzeigen sehen auf den ersten Blick alle gleich aus: ein großes Bild – ein Automobil, als BMW erkennbar, in Fahrt oder auch gestellt, ein »schönes« Foto –, eine Headline darunter, dazu das BMW-Signum, der weiß-blaue Propellerkreis, und dann der Text. Headline und Text überraschen stets.

EINSAM

Vierundzwanzig Stunden lang in Spa/Belgien.

Härtester Vergleich der besten Tourenwagen der Welt.

Nur die schnellsten kommen mit.

Nur die sichersten kommen durch.

Und nur die zuverlässigsten kommen an.

Das sind die Rennen, in denen BMW Wagen gewinnen: 1964, 1965, 1966.

Rohbau ...

Eine andere Headline heißt HAFTPFLICHT, darunter liest man den Text:
> Wir haben dem BMW gute Bremsen gegeben, damit Sie Ihrem Vordermann nie zu nahe kommen.
> Leider können wir Ihren Hintermann nicht zwingen, auch einen BMW zu fahren.
> Sein Pech.

Dann, als der Sechszylinder herauskommt, steht da anmaßend, selbstbewußt, doch nicht ohne Charme:
GESCHLOSSENE GESELLSCHAFT
> Der BMW 2500 konkurriert in Aussehen, Komfort und Fahrleistung nur gegen sich selbst – und gegen den BMW 2800. Er kommt im Frühjahr.

Und darunter steht, frei nach einem Lied, das alle Welt in den dreißiger Jahren sang und das ein sogenannter Ohrwurm ist: »Nach Paris der Lie-

Montage...

be wegen...«: AUS FREUDE AM FAHREN (Lummert, dem Werbeleiter, ist es eingefallen, von ihm stammt auch später der Slogan »Die neue Klasse«.)

All dies schüttelt man nicht aus dem Ärmel – wie gern Hahnemann es auch hat, daß jemand dies meint. Vielmehr ist alles »maßgemacht«, auf den Punkt berechnet, psychologisch immer auf Personen (Person ist auch der »große Bruder«), nie auf ein vages Gegenüber abgestimmt, deshalb sitzt das alles so, trifft, erheitert, hat Schwung. Selbst wenn es die Dinge bis zur Großmäuligkeit überzieht, weckt es Neugier: Was steckt dahinter? Ein Werk, ein Mensch? Bald hat man den Namen für ihn: Mr. BMW. Die Konkurrenz lächelt etwas gequält darüber. Ihm ist es recht.

Aus Freude am Fahren: der fertige 1500.

Dabei ist seine Strategie höchst einfach. Nackte, nüchterne Zahlen bestimmen sie. Nächst den Ergebnissen, die die Marktuntersuchung erbracht hat (Wie sieht ein Automobilkäufer BMW an? Welche Vorstellungen hat er von einem Automobil, das BMW erzeugt?), legen sie sein Handeln fest, diktieren Produkt- und Verkaufsüberlegungen. Hier ist das Schlüsselwort (»Unprätenziöse Exklusivität«), davon geht er aus. Dort ist das Ziel, in das er es einbrin-

Auf der IAA 1961.
Im Gewühl kaum
zu sehen...

gen muß. Dazwischen liegt viel persönliches Risiko. Man muß nicht gleich den Hamlet-Monolog bemühen, doch Scheitern ist drin, und scheitert er, scheitern alle, die sich mit ihm verbünden.

Aber das Ziel ist kein Phantom. Bezugsgröße ist der Preis: ein Automobil, das über 9000 Mark liegt. Wer kann es sich leisten? Leute, die zehn-

Unprätentiöse Exklusivität:
Das Ziel ist kein Phantom.

tausend Mark im Jahr verdienen? Kaum. Zwanzigtausend? Auch nicht. Dreißigtausend? Da fängt es an. Wie viele Menschen in der Bundesrepublik gibt es in dieser Einkommensklasse? 480 000, hat die Marktforschung ermittelt. Ungefähr 450 000 davon sind Autobenutzer, Käufer aber nur – bei einem Kaufintervall von zwei bis drei Jahren – 300 000. Was ist mit den übrigen? Sie fahren billigere Autos.

1964 wurden in der Preisklasse über 9000 DM 145 000 Einheiten im Lande verkauft. Rechnet man ihnen die Reserve von 40 000 Autokäufern hinzu, die billigere Autos benutzen, aber nicht benutzen müssen, und jährlich 20 000 Autofahrer, die in die obere Einkommensklasse hineinwachsen... der Rechenstift arbeitet, addiert, summiert: aktivierbare Käuferreserve jährlich 40 000 Autofahrer, das kann differieren, nein, das ist die unterste Grenze, die können wir erreichen, müssen wir erreichen, also Ärmel aufgekrempelt, los!

Strategie! Nach Moltke ist sie die Anwendung des gesunden Menschenverstandes auf die Kriegskunst, aber auch »ein System von Aushülfen«, sprich: Improvisation, Auskommen mit Gegebenheiten, Inkaufnahme von Umwegen, Finten schlagen, nie aber – und der Verkaufsstratege Hahnemann hämmert es in die Köpfe – Abstriche machen, die das Ziel selbst – und das heißt hier: das Produkt – in Frage stellen, seine Qualität gefährden, die Ansicht des Käufers erschüttern könnten von der absoluten Überlegenheit,

Hahnemann stellt den 1500 vor ... hier den Händlern in der neuerbauten Halle 140 ...

Verläßlichkeit und technischen Güte dessen, was ihm versprochen wurde. Indessen, wir hörten es schon, hatte der Prototyp des 1500 Erwartungen geweckt, die bei allem Jubel, den sie im Werk auslösten, den Technikern, die unter dem Druck der Kaufverträge den Wagen in kurzer Zeit serienreif machen sollten, aber auch einem Gieschen, der für die gesamte Technik verantwortlich ist, den kalten Schweiß auf die Stirn trieben. Wie erfüllen, was der Verkauf bedingungslos fordert: einen Wagen ohne Kinderkrankheiten auf die Beine stellen, ein Produkt, das neue Maßstäbe setzt, das in Fortführung der dreißiger Jahre mit ihren unvergessen gebliebenen Autos BMW die Zukunft der sechziger, wenn nicht der siebziger Jahre bestimmen und sichern muß!?

»Tief versteckt, aber um so sicherer geborgen, befindet sich im Herzen des deutschen Autokäufers eine Sehnsucht nach Gediegenheit, die von preiswerten Großserienwagen nur unvollkommen erfüllt werden kann«, hatte die führende deutsche Automobilzeitschrift zur vorgezogenen Premiere des 1500 auf der IAA geschrieben und keinen Zweifel gelassen: Dieser Wagen erfüllt sie.

Als elfeinhalb Monate später, am 25. August 1962 – für jeden Insider verfrüht –, endlich die Bänder mit der Serie anlaufen, weiß Hahnemann, was auf ihn zukommt: Der Wagen ist *nicht* serienreif, es wird, es muß Reklamationen hageln, und es hagelt sie.

Er gibt niemandem eine Schuld. Alle haben ihr Bestes getan. Aber was vier bis sechs Jahre braucht – so lange dauert es in der Regel, bis ein Automobil seine Serienreife erreicht –, kann auch die versierteste Technikercrew nicht in zwei Jahren schaffen, das kann, wie Hahnemann meint, nur ein »Scheißauto« werden, ein unausgereiftes Ding, dazu noch in Hallen gebaut, in denen noch nie – den 700 läßt er nicht gelten – ein Auto gebaut worden

... und hier, in Anwesenheit des Vorstands, der Presse in Rottach-Egern.

Abholung der Vorführwagen durch die Händler.

185

ist. Auch Gieschen, meint er, Gieschen, dem die Fertigung untersteht und mit dem er trefflich zurechtkommt, sei da überfordert.

Nach den Statuten des Verbands der Deutschen Automobilindustrie (VDA) muß einem Fahrzeug, das auf der Messe präsentiert wird, spätestens ein halbes Jahr später die Serie folgen, wenn nicht, droht eine hohe Konventionalstrafe. Als der oberste Techniker des VDA zur Abnahme im Werk erschien, hatte Gieschen eine Bandstraße mit 700-Coupés räumen lassen und zwanzig von Hand gemachte 1500 darauf plaziert, Arbeiter daran gestellt, die emsig letzte Handgriffe verrichteten. »Sie wollen doch nicht sagen«, lacht der Prüfer, »daß das 'ne Serie ist?«

»Durchaus«, behauptet Gieschen, »wie groß ist denn die Serie bei Porsche?« (Die Lose dort lagen immer zwischen höchstens zwanzig bis fünfzig Stück.)

»Sind Sie Porsche?« fragte der Prüfer.

»Nein«, sagte Gieschen, »BMW. Deshalb sehen bei uns Preßteile auch nicht wie Preßteile aus.«

»Und Graugußblöcke wie aus Aluminium«, spottet der VDA-Prüfer, wohl wissend, daß es über der Frage Leichtmetall- oder Graugußmotor fast zum Eklat gekommen ist (noch in der Nacht vor der Ausstellung hatte man, im letzten Augenblick doch zum Graugußmotor entschlossen, für den v. Falkenhausen eintrat, den hellglänzenden Alu-Motor des Prototyps mit grauer Farbe bestrichen).

Einer Konventionalstrafe hatte man gerade noch entgehen können, aber was nach Auslieferung der ersten Wagen – bei enthusiastischer Zustimmung der Fachwelt – an Mängeln zum Vorschein kam, übertraf die schlimmsten Befürchtungen: Da stimmt es mit der Aufhängung der Lenkung am

Vorstellung des 1500 bei den Importeuren. Hier in Wien.

»Selbst der liebe Gott hat einen Kontrolleur...« Bönsch untersucht Art und Umfang der Mängel.

Fahrgestell nicht, Hinterachseinsätze haben »gefressen«, am Motor reißen Pleuel, die sich durch das Kurbelgehäuse schieben... Hahnemanns Spott ist überwältigend. Fast scheint es, er säße im Lager der Konkurrenz, wenn er frei herumerzählt: Erblicke er einen 1500 mit Hamburger Kennzeichen in München, sei er versucht, einen Wachsstock in St. Peter zu stiften, damit der heil nach Hause komme. Indessen erfüllt er höflich, immer lächelnd, jeden Kulanzanspruch – ist das Auto auch schlecht, soll man wenigstens sagen: Die Kerle sind nett – und handelt. Ein Stab von zwölf Leuten wird gebildet, mit Helmut Werner Bönsch an der Spitze, und untersucht Art und Umfang der Mängel; man kommt auf die stattliche Zahl von 124, wovon 120 Lappalien sind – in der Mehrzahl immer die gleichen, mit ein paar Handgriffen zu beheben –, und nur der Rest ist konstruktiv zu ändern. Machen wir, sagt Gieschen. Und ist außer sich, daß ihm die Endabnahme genommen und dem Verkauf unterstellt werden soll. Indessen, *dies* ist der Punkt, und Hahnemann erklärt: »Selbst der liebe Gott hat einen Kontrolleur – den Teufel. Du hast nur uns, zu meinem und deinem Glück.«

Und er hat recht. Hatte der Wagen seiner Ansicht nach mehr Fehler als ein Hund Flöhe – Fertigungsmängel sollte er in kurzer Zeit keine mehr haben. Stur nahm Hahnemann in Kauf, daß die von der Qualitätskontrolle beanstandeten Exemplare die Hallen verstopften, daß Tohuwabohu herrschte, wohin man trat, und die Drähte heißliefen wegen Nichteinhaltung der Lieferungsfristen – unnachsichtig gingen, ihre Checklisten in der Hand, sei-

Verladung in die USA.

Hoffen auf die neue Modellreihe. Alfons Goppel betrachtet den 1500: Für Regierungsvertreter nicht angemessen.

Alle Statistiken zeigen den Aufwärtstrend.

ne Kontrolleure von Wagen zu Wagen, schieden, was fehlerhaft war, aus und wiesen damit Kosten, die der Käufer zu tragen hätte, ans Werk zurück, die wiederum, ob Gieschen es wollte oder nicht, der Fertigung aufgeladen wurden. Wie die jetzt zurechtkam, war ihre Sache, so wie es Hahnemanns Sache war, mit dem Preis zurechtzukommen, der mit 8500 DM, wie ursprünglich versprochen, die Kalkulation sprengte und fast um 1000 DM höher angesetzt werden mußte. Ein phantastischer Preis! sagte die Branche – vergleichbare Fords und Opels kosteten keine 7000 DM –, und Hahnemann meinte dies auch. Zugleich wußte er: Das war die Probe. Akzeptierte der Käufer den Preis, akzeptierte er auch den Mehrwert, den BMW bot: Exklusivität, Sportlichkeit, technische Neuerungen, wie sie kein Wagen der gehobenen Mittelklasse aufwies, und dazu (nun garantierte, kontrollierte) Qualität – jenen Mehrwert, der die Nische bestimmte, in der BMW leben konnte.

Und da dies eintrat, kein Protest sich dagegen erhob, war auch die These vom niedrigen Grundpreis widerlegt, auf den alles, was einen Wagen erst begehrenswert und zum Auto macht, aufzuschlagen und gesondert in Rechnung zu stellen sei – eine Täuschung, die das Gegenteil dessen erreichte, was sie beabsichtigte, der Käufer verzieh sie nie. Zum anderen bestätigte es die Richtigkeit einer alten Forderung Quandts, ein BMW müsse seinen Wert auch im Preis darstellen. Wenn ihr, so hatte er sein Management beschworen, mit einem guten Auto ein gutes Geschäft machen wollt – und ein gutes Geschäft müssen wir machen, sonst können wir kein gutes Auto herstellen –, dann muß sein Preis hoch sein ... oder der Käuferkreis, auf den wir Wert legen, wird es nicht kaufen. Wenn Tante Lieschen das Auto kaufen kann, kauft es dieser Käuferkreis nicht ...

Daran war, wie sich nun erwies, nicht zu deuteln. Quandts Meinung indessen, der Wagen könnte durchaus mehr als 10 000 Mark kosten, widersprach Hahnemann rigoros. Es gab magische Grenzen, die man nicht überschreiten durfte. Die 10 000-Mark-Grenze war eine solche. Und die Nische – Hahnemann wurde nicht müde, es immer wieder zu sagen – war keine »Lücke«, kein »Sektor«, war überhaupt nicht materiell, war nur psychologisch zu sehen und zu werten.

Die Frage war: Wie lange hielt die Gunst des Käufers vor? Sie forderte eine zweite heraus: Wie ging es weiter? Die kleinen Wagen, einschließlich der Isetta, auch den Großwagen konnte man vergessen. Aus der Sicht des Käufers hatte der 1500 eingelöst, was er versprach, und ins Schwarze getroffen. Doch gemessen an dem, was andere Hersteller darunter (Opel, Ford) und darüber (Mercedes mit dem Modell 190) anboten, durfte die Euphorie über seinen Verkaufserfolg nicht darüber hinwegtäuschen, daß alles von einer Modellreihe abhing, in der er stand, in der er ... der Anfang war. Erst eine Modellreihe könnte die Nische füllen, erst eine Modellreihe die an ihren Rändern erfaßte Marktlücke aufbrechen und besetzen. Erst eine Modellreihe ...

1800 Ti-Motor.

Hahnemann nennt sie – mit dem »1800«, dann mit einer Sportversion, die die Buchstaben TI erhält; beide Modelle präsentiert das Werk im Herbst 1963 – »die neue Klasse«. Sind es die »erwarteten, weiterentwickelten« Modelle? Ein Auto, das sich äußerlich nur geringfügig von seinem Vorgänger unterscheidet – im Fall des 1800 zum 1500 sind es eine durchgehende Chromleiste und Radzierringe, bequemere Sitze, auch etwas mehr Luxus im Innenraum –, ist gewöhnlich noch kein anderes Auto. Ein BMW ist es. Jedenfalls in den Augen der Käufer; warum, weiß der liebe Himmel. Allein seine 90 PS – der 1500 hatte nur 75 PS – machen es zum »Erlebnis«, zum »Sportwagen mit vier Türen« (behauptet nicht Hahnemann, behaupten die Tester). Und der TI (Turismo internationale, eine allgemein verwendete Standardformel) wird, um weitere 20 Pferdestärken erhöht und bestückt mit zwei Doppelvergasern, in seinem Karosseriekleid in Silbermetallic-Lackierung – er ist nur so zu haben – sofort zum »Tiefstapler in Silbergrau«. Weil er in 10,5 Sekunden von 0 auf 100 km/h beschleunigt und 170 km/h Spitzengeschwindigkeit erreicht? Andere können das auch. Hahnemann zuckt mit den Schultern: So ist das nun mal mit Automobilen – vorausgesetzt, daß sie von BMW sind. Wie sonst ist es zu erklären?

Ja, dies vorausgesetzt. Und das heißt: daß Image und Modellpolitik nicht auseinanderklaffen, daß sie homogen sind, daß *eine* Hand beides zusammenschließt und daß dabei stets die rechte weiß, was die linke tut. Und

1800 Ti mit Hubert Hahne am Steuer.

dabei durchgreifen kann, vor wechselndem Hintergrund: neuen Aufsichtsräten, neuen Vorstandsvorsitzenden und -kollegen, doch bei konstant bleibendem Führungsanspruch, der, welch ungewöhnlicher Vorgang in einer AG, vom Großaktionär ausgeht, von Quandt.

Die neue Klasse

Die Sage vom Vogel Phönix, der sich aus der Asche erhebt, traf gewiß auf den freien Teil Deutschlands, die Bundesrepublik, zu, und gab es ein sicheres Zeichen, daß der Patient genesen war, so konnte, wer aus den achtziger Jahren auf das Jahr 1960 zurückschaute, es deutlich in dem Faktum erkennen: Den Arbeitern ging es erstmals besser, besser als je zuvor. »Sie haben zwar weniger erreicht als die Selbständigen, aber sicher genausoviel, wenn nicht mehr, als die Beamten«, heißt es in einem zeitgenössischen Bericht (Fritz Richert im »Monat«). »Sie gehören zu diesem Staat, sie erkennen ihn an, wie er sie ... Viele Arbeiter werden Angestellte werden und – wenn nicht selbst, dann in ihren Kindern – keine Ressentiments mehr besitzen und erregen. Der Anteil der Löhne an den Produktionskosten wird weiter sinken, womit ein Argument gegen Lohnerhöhungen verblaßt. Die Gewerkschaften sind reich, sie lassen ihr Geld arbeiten wie die Kapitalisten auch, und sie haben sich auch schon das bescheidene Schweigen der Besitzenden angewöhnt. Die Wirtschaftsform ist kaum mehr umstritten, nur die Lebensmittelpreise bereiten Ärger. Obwohl es den Arbeitern bei weitem nicht so gutgeht, wie ihre Neider glauben, scheint es doch so, als ob es nichts mehr gäbe, was die Parteien dem Volke versprechen könnten ...« Der Bericht fährt fort: »Haben die Bundesbürger wirklich alles, daß man ihnen, wie der Salome, nur noch rollende Köpfe anbieten kann? Die Gesellschaftspolitiker beantworten die Frage mit Nein und fordern das ›Eigentum für alle‹. Sie sind unzufriedener als die betroffenen ›breiten Schichten‹ selbst. Denn das Schlagwort, samt dem Wunsch, die Arbeitnehmer stärker, als dies bisher geschehen ist, am Vermögenszuwachs zu beteiligen, entstammt nicht den Hütten der Armen, sondern den Schreibmaschinen der Nachdenklichen. Sie finden, daß die Arbeiter, die endlich Staatsbürger geworden sind, auch Vollbürger der Wirtschaft werden sollten ...«

Bei allen Abstrichen, die man darin findet, eine Bilanz, die sich sehen lassen konnte. Doch – wie war es dazu gekommen? Ein ungeheurer sozialer Umwälzungsprozeß hatte stattgefunden. Wo? Wann? Worauf war er zurückzuführen? Welche Kräfte hatten ihn bewirkt? Genügten, um ihn zu erklären, die »deutschen Tatsachen«?

Daß ein Land wie die Bundesrepublik innerhalb zweier Jahrzehnte vom Bettlerstaat zur zweitgrößten Industrienation der westlichen Hemisphäre aufsteigen konnte, hatte sicher mit den Antrieben zu tun, die ein verlorener Krieg in Menschen erweckt, die ins Nichts starren, sicher auch mit der anfänglichen Torheit der Sieger, was noch übrig war, zu demontieren – womit sie den Deutschen fast zwangsläufig zu neuen Techniken verhalfen, die an Stelle der zerstörten Produktionsbasis traten –, und sicher damit, daß die Bundesrepublik, wieder angekurbelt durch amerikanische Wirtschaftshilfe, zunächst von jenen Lasten befreit blieb, die Amerika, Großbritannien und Frankreich für Rüstung und Atomwaffen tragen mußten – nicht von ungefähr datierte der deutsche Wirtschaftsaufschwung mit dem Ausbruch des Kriegs in Korea; von Rüstung befreit, aber auch von ausländischer Konkurrenz, die auf Rüstung umschalten mußte, kamen die Deutschen auf den Weltmärkten »voll ins Geschäft«. Auch die deutsche Teilung hatte am »Wirtschaftswunder« ihren absurden Anteil – Techniker, Forscher, hochqualifizierte Facharbeiter, Kaufleute, die von »drüben« kamen, wirkten an ihm mit. Aber reichte dies alles aus, konnte dies »greifen«, wenn es nicht Voraussetzungen dafür gegeben hätte, die ganz woanders lagen? Geschaffen hinter der wahrnehmbaren Zeit: Währungsreform, Teilung Deutschlands, Bundesrepublik, ihre Einbindung in den Westen, Erhards soziale Marktwirtschaft ... kam den Deutschen zugute, womit sie am allerwenigsten gerechnet hatten. »Wir stehen«, so drückte es der in New York lebende deutsche Historiker Fritz Sternberg aus, »in der westlichen Welt – und daher auch in der Bundesrepublik – in dem Prozeß, daß die wachsende Mehrheit der Menschen im Lebensstandard zu Mittelständlern wird. Die USA haben damit begonnen, in Europa setzt sich dieser Prozeß fort; er ist noch in keiner Weise beendigt, er geht vor unser aller Augen weiter.«

Sternberg führt dafür die Tatsache an, daß in den USA, die im Zweiten Weltkrieg niemals auch nur einen Tag Kriegsschauplatz waren, in drei Jahren, vom Frühjahr 1942 bis zum Frühjahr 1945, *neue* Fabriken mit einer

Produktionskapazität gebaut wurden, die ungefähr halb so groß war wie die Kapazitäten aller Fabriken, die in den USA von 1842 bis 1942 gebaut worden waren. In der Bundesrepublik dagegen – so Sternberg – wurden durch den Krieg die Fabriken und Städte aufs stärkste betroffen; daher gab es nach der Währungsreform bereits einen ganz gewaltigen Aufstieg der Produktion, um nur die Kriegszerstörungen auszugleichen, aber man blieb in den fünfziger Jahren nicht dabei stehen, sondern man baute – ebenso in Frankreich und Italien – einen großen neuen Produktionsapparat, den die USA auf der anderen Seite bereits während des Krieges gebaut hatten. Daraus ergab sich eine Wachstumsrate im ganzen Jahrzehnt der fünfziger Jahre, die ungleich größer war als die amerikanische ...

Vor diesem Hintergrund ist zu sehen, was sich in Milbertshofen abspielte. Jene in unbegreifbar kurzer Zeit in den dreißiger Jahren entwickelten Automobile, die den Ruhm von BMW begründeten, an sie wird nun angeknüpft, aber nicht nur, was die Modelle angeht – auch das Tempo, das Pionierhafte, das technische Klima, zum Teil noch von denselben Leuten bestimmt (v. Falkenhausen, Fiedler, v. Rücker), die Art und Weise des Wechselspiels zwischen Werk und Publikum sind ganz ähnlich. Wie damals ergeben sich Anstöße zu neuen Typen, die der Markt sofort annimmt; aus Mängeln führen Umwege, die man aus Not einschlägt, überraschend zum Ziel, wird Beschränkung in der Wahl der Mittel zur alles beherrschenden Tugend. Die Lage ist oft bis zum Bersten brisant, jeder geht bis an die Grenze seines Könnens, seines Vermögens, steckt zurück, bordet über (Falkenhausen will gehen, wenn ... »Gut«, erklärt Gieschen abrupt, »gehen Sie. Ich gehe dann auch.« – Falkenhausen bleibt).

Der sie alle bändigt, auch irgendwie immer die richtige Zündfolge herstellt, wenn sie explodieren, der besänftigt und antreibt, kappt und zusammenführt, lenkt und leitet, ist Hahnemann, dessen Verkaufsideen das Produkt bestimmen, Anlauftermine und Stückzahl festlegen, Fertigungsprinzipien umwerfen, wenn ein Modell vor der Zeit heraus muß, Werbeleute um den Schlaf bringen. Alles und jedes, das er anfaßt, dient dem »Verkauf«, und wem das nicht paßt – wie der Händlerschaft die Maßgabe, daß jeder Wagen nur gegen Barscheck das Werk verläßt –, macht er verständlich, daß das keine Schikane ist, daß es nur so geht, nur so, und warum erst jetzt. Daß Produktionsplanung und Planung im Marketing-Bereich ein und dasselbe Ding sind, eins sich zum anderen verhält wie kommunizierende Röhren und beide ein drittes bedingen: die Unternehmensplanung – und die liegt, jedenfalls zur Stunde, beim Verkauf. Rigoros trennt er sich von Exportüberlegungen, die einem Weltunternehmen zustehen, (noch) nicht BMW. (»Wir exportieren«, heißt es in Verlautbarungen des Werkes, »in 136 Länder der Erde ...«; darunter sind, stellt Hahnemann fest, Länder wie Ghana, Uganda, Kenia und Chile, mit Lieferungen von zwei bis zehn Wagen jährlich, eine Verzettelung ohnegleichen.) Auch die in Amerika und Kanada unterhaltenen Niederlassungen arbeiten mit Verlusten, großen Verlusten – er löst sie auf, um dafür im Inland um so stärker vertreten zu sein und, ihm ebenso wichtig, in den benachbarten europäischen Staaten: mit »Importeur-Zentren«, die auf eigene Rechnung arbeiten (wie Thodoroff in Frankreich, Fleischmann/Sodi in Italien, Moorkens in Belgien, Grewe in Holland, Blakhourn in England, Hübner in der Schweiz, Söderström in Schweden, Denzel in Österreich und Ere Juri in Finnland). »Home market first«, die Stärkung

»Wir exportieren in 136 Länder der Erde ...« heißt es großsprecherisch im Verkaufsprospekt. Aber das schöne Bild trügt.

Die meisten Exportfilialen arbeiten mit Verlusten. Hahnemann löst sie auf.

»Home market first« – mit den Staaten der EWG und der EFTA dahinter... Importcenter Belgien: Moorkens in Antwerpen.

Importeur Thodoroff, Paris.

Importeur Söderström, Stockholm.

Importcenter Niederlande: Alimpo NV, Den Haag.

Importeurs-Team Italien: Aladar Fleischman...

...und Luigi Sodi.

des Inlandsmarktes – mit den Staaten der EWG und der EFTA (*E*uropean *F*ree *T*rade *A*ssociation) dahinter: das ist unser Feld, hier wird das Schicksal von BMW entschieden, hier müssen wir operieren, werden wir operieren. Der alte Satz, daß die Hälfte einer Automobilfabrik draußen liegt – draußen bei den Händlern –, ist gewiß eine Binsenwahrheit, nur hat niemand sie beherzigt. Hahnemann tut es. Doch wenn er, wie rüde er auch dabei auftritt, Schlafmützen motiviert, noch den Trägsten zur Mitarbeit hochreißt, Verweigerung oft in spontane Zustimmung verwandelt, aber auch dem die Tür weist, mit dem »nichts mehr geht«, kann er dies alles nur, weil Männer ihn stützen, die die strategische Durchführung seines Konzepts (Was der Kunde braucht, wird gebaut... und so, daß er es bezahlen kann... und daß es anständig ist) in ihrem Verantwortungsbereich kompromißlos abdecken.

Es sind nur ein paar, aber es sind alles Männer in seinem Alter, nicht generationenweit auseinander, alle um die Fünfzig (der einzige, der schon Fünfundsechzig zählt, ist Fiedler; er gehört zu ihnen, und man läßt ihn ungern gehen). Keiner intrigiert, weil keiner den anderen fürchtet, und jeder ist ein Profi auf seinem Gebiet.

Da ist Monz, der Einkaufschef, ein Mann, einsilbig wie sein Name, der zu allem, was außerhalb seines Ressorts abläuft, sagt: »Nicht meine Kanne Bier!« Doch in *seinem* Ressort hat er es verstanden, aus simplem Einkauf Materialwirtschaft zu machen, die gesamte Zubehörindustrie in die Versorgung werksinterner Technik einzubeziehen und, die Läger auf minimale Größen beschränkend, Geld zu verdienen, ohne produktiv zu sein: nicht durch Feilschen beim Einkauf (da hebt er nur sein kleines schwarzes Buch aus seinen Einkäuferzeiten bei VW hoch, um die gleichen Mengenrabatte zu erhalten), sondern durch die Einsparung teurer Lagerzinsen.

Da sind die vier »Landesfürsten« in der Entwicklung: Alexander v. Falkenhausen, ein Herr, unnachgiebig, eigensinnig, bescheiden, still, ein Ingenieur, der bereits BMW-Geschichte, Motorradgeschichte gemacht hat, nicht einfach, hochkarätig, wie man in der Branche sagt; Alfred Böning, immer ein wenig Donath nachtrauernd, der ihm einst die Entwicklungsabteilung anvertraut hat, in der er seit Falkenhausens Wiedereintritt nicht mehr dominiert, stets leicht gekränkt, weil nicht genügend gewürdigt, wie er meint, in Wahrheit ein unumstrittener, durch Hunderte von Patenten auch über BMW hinaus anerkannter Konstrukteur; den dritten, Eberhard Wolff, kennen wir durch die Isetta. Wolff ist *der* Mann im Versuch, der selbst mit dem vierten, Wilhelm Hofmeister, dem Hausstylisten und Nachfolger Szimanowskis, am besten auskommt. Denzel empfindet Hofmeister als bösen Geist, der ihm seinen 700 vermurkst habe, was Hahnemann freilich anzweifelt, der in Hofmeister so etwas wie das technische Gewissen erblickt, auf das er, wenn die anderen sich streiten, sich immer verlassen kann. Jeder der vier ist ein Individualist reinsten Wassers, jeder sich selbst gegenüber und dem an-

Individualisten reinsten Wassers: (v. l. n. r.) v. Falkenhausen, Fiedler, Böning, Hofmeister.

Claus v. Rücker.

Bernhard Osswald.

dern nicht grün, alle vier schwer regierbar, wovon Claus v. Rücker als Entwicklungschef – einst, in den dreißiger Jahren, hatte er unter Schleicher den Motorradversuch geleitet, nun hat ihn Quandt von Porsche zu BMW zurückgeholt – wie auch Bernhard Osswald, der die Entwicklung im Vorstand vertritt, gleicherweise ein Lied singen können. Auch Bönsch hat es mit den vieren nicht leicht. An der Nahtstelle zwischen Technik und Verkauf, dem Vorstand direkt unterstellt, leitet er eine Abteilung, die es bisher in der ganzen deutschen Automobilindustrie nicht gibt, die »Wertanalyse«: Hier wird Teil um Teil eines jeden produzierten Autotyps »abgefragt«, ob es, bei unvermindertem Qualitätsanspruch, nicht kostengünstiger hergestellt werden kann, und wäre es nur eine massive Chromleiste (Kostenpunkt 48 DM), die sich durch eine hohle (Kostenpunkt 5 DM) ersetzen läßt.

Und da ist dann eben Gieschen, der Hahnemann stets wie Sisyphos vorkommt, den Felsblock bergaufwärts wälzend, nie murrend, wenn der wieder zurückrollt, erneut sich gegen ihn stemmend, um das Unmögliche zu vollbringen. In Gieschens Fall heißt das: aus einem nur partiell aufgeräumten, bombenzertrümmerten Scherbenhaufen eine Automobilfabrik zu machen, dazu aus Menschen, die noch nie an einem Automobil, oft nicht einmal an einem Stück Blech gearbeitet haben, Automobilwerker. Als »Techniker mit dem Schmierlappen«, wie ihn Kämpfer noch sah und belächelte, ist er, ein Meister der Improvisation, der für Hahnemanns Verkaufskünste unersetzliche Gegenpart geworden. Systematisch *und* schöpferisch, ohne zu wissen, wieviel Inspiration dazugehört, und zu ahnen, daß er sie besitzt, setzt er im Werk Stein auf Stein, ermöglicht damit die »Neue Klasse« und alles, was dann kommt und im Turm Gestalt wird ... mit Paul Volk zur Seite: Von der Auto-Union gekommen, tritt Volk 1963 in Milbertshofen als Werksleiter ein.

Volk ist es, der zusammen mit Siedler, dem Mann von »drüben«, den Produktions- und Fertigungsbereich »schmeißt« – und das heißt: nach jener Formel durchorganisiert, die ihm in zwanzig Jahren Automobilbau zur zweiten Natur geworden ist. Es ist keine Weltformel. Als er Maschinenbau studierte, schrieb sein Professor sie vorn an die Tafel – immer dann, wenn einer auf Arbeit, die er geleistet hatte, besonders stolz war. Da stand dann:
N = A:T – nichts weiter, und der Stolz verging, weil Arbeit (A) eben erst in der Zeiteinheit (T), in der einer sie tut, zur Leistung (N) wird, die Ausmaß und Tempo allen industriellen Wachstums bestimmt.

Auch bei BMW konnte dies nicht anders sein, und sucht man nach einer Erklärung dafür, wie es möglich ist, Produktion *und* Aufbau zusammenzuschließen – bei gleichzeitigem Abbau aller veralteten technischen Einrichtungen und der Installierung neuer, neuester Verfahren, z. B. in der Lackiererei mit der Elektrophorese im stromdurchflossenen Tauchbad, die bei Daimler-Benz erst in der Erprobung steckte –, so ist es Volks »Formel«, deren rigorose Anwendung im Produktionsbereich Gieschens Ziel, schneller als die anderen und damit vorn, ganz vorn auf dem Markt zu sein, erreichen läßt. (Und Kühnheit und Risiko, das alte Geschwisterpaar, stehen Pate: Um die geplanten höheren Stückzahlen nicht zu gefährden, muß der Karosserie-Rohbau erweitert werden. Während hoch oben die Betonsheds mit den Stützen verbunden werden, läuft in den geduckten Kleinhallen darunter die Arbeit weiter. Wie sich die Bilder gleichen: auf ähnliche Weise wurden, bei laufender Produktion, in den zwanziger Jahren die Holzhangars der Otto Flugzeugmaschinenwerke auf Anweisung Popps in Beton überbaut.)

Indessen bilden fünf Hauptabteilungen das Gerippe der neuen Vertriebsorganisation: Verkauf Inland, Export, Ersatzteilversorgung, Kundendienst und Versand und, als die Hahnemann wichtigste, Marketing. Hier sind Marktforschung, Verkaufsstatistik, Verkaufsförderung, Werbung, Presse und Public Relations zusammengefaßt, jede ein Ding für sich, eine Saite, auf der er spielt, mit dem Resonanzboden von 17 Bezirken, in die er die Bundesrepublik aufgeteilt hat.

In diesen 17 Bezirken – diese jedoch in drei Zonen zusammengefaßt – sitzen ungefähr an die 1000 Händler – davon etwa 500 BMW exklusiv vertretende –, und man muß Vergleichszahlen nennen (1964 gibt es 7500 Neuwagenhändler und 17 000 Werkstätten – einschließlich der von den Händlern als Nebenbetrieb geführten Reparaturwerkstätten – aller Marken und Firmen im Bundesgebiet), wenn man ermessen will, was das Wort von »der Hälfte einer Automobilfabrik, die draußen liegt« für BMW in den sechziger Jahren bedeutet.

Paradestück Niederlassung Berlin.

Paul Volk.

Im stromdurchflossenen Tauchbad: Elektrophorese.

Als Paradestück besonderer Art präsentierte sich darin die im Handstreich erworbene neue Niederlassung Berlin. Die alte Niederlassung – »das Hinterletzte, das wir besaßen« (Hahnemann) – grenzte an die werkseigene Daimler-Benz-Vertretung am Salzufer, und als Vankura, »unser Mann in Berlin«, gebürtiger Wiener, der immer wußte, wo Barthel den Most holt, nach München signalisierte, der Berliner Ford-Großhändler habe sich übernommen, seine Verkaufsräume und Werkstätten in der Moabiter Hüttenstraße stünden zum Verkauf, sah Hahnemann in ihrem Soforterwerb (es blieb keine Zeit, Aufsichtsrat und Vorstand zu befragen) eine nie wiederkehrende Chance, bei fast gleichzeitigem Verkauf des alten BMW-Areals an Daimler-Benz in dem erst wenige Jahre zuvor errichteten modernen Gehäuse eine funkelnagelneue Niederlassung erstehen zu lassen. Sie kostete das Werk, rechnete man den Verkaufserlös des Altbesitzes an Daimler-Benz ab, unterm Strich ganze 1,8 Millionen DM – ein Preis, der Dr. Karoli, dem Aufsichtsratsvorsitzenden, zwar Bewunderung abrang für Hahnemanns Kauf- und Verkaufskünste, ihn aber doch sagen ließ, beim nächstenmal wünschten er und das Gremium, dem er vorstünde, vorher gefragt zu werden. Das wäre, antwortete Hahnemann, selbstverständlich, vorausgesetzt, die »armen BMW« könnten sich das dann noch leisten: nämlich Erkleckliches mehr für solche Gelegenheiten hinzulegen, wenn nicht ganz und gar – ohne Sofortentscheidungen seien die nicht zu haben – auf sie zu verzichten.

Zur ersten großen Händlerversammlung – Gieschen hat dazu die gerade fertiggestellte Motorenbauhalle 140 zur Verfügung gestellt – lädt Hahnemann die Frauen mit ein. »Was wäre«, sagt er, »ein Händler ohne die Frau, die an der Kasse steht, die die Buchhaltung führt, die die Hand drüber hat...« Erst dann kommt er zum Thema: »Home market first«, dem Ausbau des Inlandsmarktes, der in allem, was das Werk zu tun gedenkt, Vorrang hat, abgestützt auf die vier werkseigenen Niederlassungen zwischen Hamburg und München, nicht minder aber auch auf die kleinen Händler, deren jeder, und mag seine Werkstatt vorerst noch so ärmlich bis popelig sein, sich als Niederlassung, versehen mit dem Plus unschätzbarer Eigeninitiative, begreifen könne, begreifen dürfe, begreifen müsse... »Wenn Sie wissen«, sagt er, »was auf uns zukommt, was vor uns steht...« und spricht zum ersten Mal von der Sorge, daß die Produktion (als die eine Hälfte einer Automobil-

Händlerversammlung in Halle 140: »Was wäre ein Händler ohne die Frau, die an der Kasse steht...«

»Das sind die ausgetretenen Latschen eines in Ehren ergrauten Autoverkäufers!« Hahnemann bei seiner Rede.

fabrik) hinter der Vertriebsorganisation (als der anderen Hälfte »draußen«) schon jetzt hinterherhinkt, dergestalt, daß »ein Sog auf unsere Automobile entsteht, wie ihn andere große Firmen sich vergeblich wünschen«. »Sollte dies eintreten«, sagt er dann, »vergessen Sie nie, wo das ganze Geheimnis des Automobilgeschäftes liegt – in dieser Pappschachtel nämlich!« Und er weist auf ein hübsches, fast kostbar verschnürtes Präsent, läßt es verlosen. Das Los fällt an die Frau eines Großhändlers. Als sie den Karton öffnet, liegt ein Paar alter, schmutziger, unterm Schweiß der Füße, die sie getragen haben, verbrauchter abgetretener Schuhe darin. »Das sind«, sagt Hahnemann – und er hält sie hoch, Kolk hat sie ihm eingepackt – »die ausgetretenen Latschen eines in Ehren ergrauten Automobilverkäufers!« Beifall. Nachdenken. Ernüchterung. Noch lange spricht man von den alten Schuhen, und in dem Markteinbruch, der das Automobilgeschäft nach dem Ölschock 1973 einige Monate fast zum Erliegen bringt, schreibt ein Händler im Westfälischen an Hahnemann privat: Sollten die Dinger damals in den Müll gewandert sein, er habe jetzt so ein Paar...

»Ich bin in der Aufgabe BMW aufgegangen«, sagt Hahnemann zwanzig Jahre später in einem fast philosophischen Exkurs, in dem er darüber nachdenkt, was er falsch gemacht hat. »Falsch war vor allem, nicht zu tun, was psychologisch notwendig ist für einen Vorstand, der einen Großaktionär hat: im besten Einvernehmen mit ihm zu leben. Knabentrotz. Ich habe mich oft gegen ihn gestellt. Zum Beispiel die Sache mit dem Preis. Hätte man diplomatischer machen können. Quandt sagte: ›Sie sind das nicht gewöhnt, wissen nicht, was man nehmen kann.‹ – Ich: ›Bin ich dafür verantwortlich oder Sie?‹ – Quandt: ›Eben das ist es ja. Ich bin nicht Ihr Vorstands-, nicht Ihr Aufsichtsratsvorsitzender, bin nur der Großaktionär. Aber das sage ich Ihnen: Wenn ich bei der nächsten Hauptversammlung sehe, daß Sie Geld hergeschenkt haben... nächstes Jahr, in der Bilanz... dann packe ich Sie.‹« Hahnemann hat darauf erwidert, das sei Quandts gutes Recht. Er wußte aber auch, der von Quandt gewünschte Preis war überzogen, alle Leute hatten ihn für verrückt erklärt: Den Wagen wirst du nicht los... »Dann die HV. Bestes Ergebnis seit Jahren, erstmals Dividende. Quandt lädt vor Freude uns alle in die ›Vier Jahreszeiten‹ ein. Toasts. Viel

Das Werk Milbertshofen nach Bau der Hallen 140 und 140 a.

**BMW macht Gewinn
erste Dividende
Konsolidierung
neue Investitionen**

Der Mittelwagen trägt das Geschäft / Händlernetz wird ausgebaut und verbessert / Bilanzbild günstiger

Süddt. Zeitung
v. 19. 6. 1966.

Prof. Kurt Lotz.

Dr. Josef Rust.

Lob. Ich schweige. Wo ist Hahnemann? Hier. Er erhebt das Glas, der fast blinde Mann sucht meine Augen. Und was sage ich? ›Sie wollten, Herr Dr. Quandt, mich doch noch... packen!‹ – War das gut? Nein, es war ganz schlecht.

Aber schlecht war es nicht, als wir – es ging immer wieder mal um Kooperation, nicht um Verkauf; Kooperation mit anderen Automobilwerken – uns mit VW anlegten. Der Anlaß, wie vielfach bei solchen Zwisten, war eine grundvernünftige Überlegung, wie sie BMW und Daimler-Benz, bei allem Hader, den es zwischen uns gab, längst praktizierten: ein Austausch von Technologie und, wenn Engpässe auftraten, von Grundproduktionen, Zahnrädern, Zylinderköpfen, Getriebeteilen und so fort. Auch für VW mit uns und für uns mit VW bot sich ähnliches an. Dort lag, schon unter Nordhoff, die ›Entwicklung‹ im argen – bei uns war sie erstklassig –, während in der Fertigung, im Service – da war VW nicht zu schlagen – es sich umgekehrt verhielt. ›Dort seid ihr‹, erklärte ich, ›hier sind wir die letzten Nachtwächter. Also laßt uns miteinander reden.‹ Es war aber nicht zu reden. Zu reden sei, wie man durchblicken ließ, nur über Kauf.

Das war in der Wohnung von Fritz Mathern in Bad Homburg, gleich um die Ecke von Karinhall, wie unter Auguren Harald Quandts Residenz hieß, dort trafen wir uns: Lotz, General bei VW, Rust, sein Aufsichtsratsvorsitzender, und auf unserer Seite: Mathern, Karoli, der war da schon unser Aufsichtsratsboß, ich. Also Kauf: Was kosten die stolzen BMW – 700 Millionen, eine Milliarde? Rust rief: ›Bringen Sie uns den Herrn Quandt her! Sie sind nicht die richtigen Verhandlungspartner für uns!‹ Ich sagte: ›Herr Rust, Sie haben uns völlig mißverstanden!‹ Rust, Mathern und Karoli verließen daraufhin das Zimmer, ich blieb mit Lotz allein – wir hatten ihn, damit er nicht zu groß ist (1.92 Gardemaß), im niedrigsten Sofa plaziert. Lotz sagte: ›Was wollen Sie eigentlich, Hahnemann. Im Frühjahr hat Daimler-Benz die neue S-Klasse gebracht, Mitte des Jahres kommt unser neues Modell – dann verkaufen Sie doch keine Autos mehr!‹ Wir waren unter vier Augen. Ich antwortete: ›Eins müssen Sie sich merken, Herr Lotz: In puncto Arroganz bin ich *Ihnen* überlegen!‹

Dann hielt Lotz in Wien eine Rede, in der, auf die Frage eines Journalisten, die Wendung fiel: Ja, BMW würde gut zu VW passen. Woraufhin bei mir das Telefon nicht mehr stillstand. Unsere Händler, die Importeure wollten wissen, ob sie überhaupt noch eine Mark in BMW investieren sollten, VW übernähme ja nun den Laden... Gut. Ich rief Simoneit an, den Chefredakteur von ›Capital‹, bat um ein Interview, und so kam es zur Schlagzeile: ›Herr Lotz, wo haben Sie denn die Milliarde?‹ Als Quandt dies las – und Anzeigen, die ich aufgab: ›Nun sind wir die Kleinsten. Aber die Länge des Fließbandes bürgt nicht für die Qualität einer Marke!‹ –, ließ er mich kommen. ›Das können Sie nicht tun‹, sagte er, ›der Herr Lotz, mit dem ich gut stehe, hat mich angerufen... Sie gefährden die VARTA – VW ist im Batteriegeschäft unser größter Abnehmer!‹ Und was sagte ich? ›Ich bin nicht für VARTA, ich bin für BMW verantwortlich!‹ Quandt nahm dies hin, nicht verärgert, im Gegenteil, gelassen, fast heiter. Dann sagte er: ›Wenn wieder mal so etwas ist, vergessen Sie, daß ich nur der Großaktionär bin. Ich kämpfe auch. Nur müssen Sie mich verständigen, es wäre mir ein leichtes gewesen...‹ – ›Nein‹, habe ich da geantwortet, ›wenn mich im Busch jemand angreift und er hat das Messer im Maul, kann ich nicht erst den Generalstab anrufen und fragen, was ich tun soll. Dann trete ich – ich habe kein Messer – ihn mit den Füßen vor den Bauch!‹ Quandt nahm auch das hin. War es schlecht, war es gut? Diesmal war es gut. Wir kamen nie mehr auf so etwas zurück.«

Am 15. Februar 1962, von Quandt berufen, nimmt Karl Heinz Sonne, Dr. rer. pol., 48 Jahre alt, im Vorstand der Jüngste, dessen Vorsitz ein. Er hat Erfahrung in der Führung einer AG. 17 Jahre lang, davon sieben Jahre an der Spitze, stand er in Diensten der »größten Filter- und Staubabscheider-Fabrik des Kontinents«, der Concordia Elektrizitäts AG, eines Unternehmens der Quandt-Gruppe, dessen Umsatz unter seiner Regentschaft sich von sechs auf 40 Millionen Mark mehr als versechsfachte. Quandt, wie er meint, hat die richtige Wahl getroffen.

Er hatte sie ganz allein getroffen, und so schlug die Ernennung Sonnes wie ein Blitz in München ein. Am meisten überrascht war der auf Vorschlag Quandts gewählte Nachfolger Semlers im Amt des Aufsichtsratsvorsitzenden, der frühere Honorarprofessor an der Technischen Hochschule München, Adolf Wagner. Gerade hatte er einer Presseagentur mitgeteilt – und diese die Nachricht verbreitet –, demnächst würde Kämpfer, mit dem er ausgezeichnet zusammenarbeite, als der derzeit wichtigste Mann bei BMW an die Spitze des Vorstands treten. Schriller Mißklang.

Wagner hatte ein Aufsichtsratsmandat in Flicks Maximilianshütte, besaß Branchenerfahrung als früherer Chef der Oberschlesischen Hüttenwerke AG in Gleiwitz, die einst zu den wichtigsten Zulieferern der Kraftfahrzeugindustrie zählte, gehörte nach dem Krieg wie Quandt dem Daimler-Benz-Aufsichtsrat an, war nicht irgendwer. Mit Verve und Engagement hatte er sich in die BMW-Materie eingearbeitet, bald aber auch bemerkt, wie Quandt in München »ständig hereinregiert«. Er fand das unzulässig . . . daß Protokolle des Vorstands, noch ehe der Aufsichtsrat sie erhielt, an Quandt gingen, dieser ständig mit Vorstandsmitgliedern einzeln konferierte, sie nach Homburg bestellte, höchstpersönlich im Werksgelände erschien, um sich von den Fortschritten beim Aufbau neuer Fertigungsstraßen und Hallen selbst ein Bild zu machen, oder mit Hahnemann über Preise sprach. Alles dieses mißfiel Wagner, schließlich war BMW eine selbständige AG und *kein* Unternehmen der Quandts.

Auch Kämpfer gefiel es nicht, seine Finanzberichte, die er zur Unterrichtung von Vorstand und Aufsichtsrat schrieb, in »Quandt-Berichten«, die Wilcke regelmäßig nach Homburg sandte, wiederzufinden. Er sagte zu Wilcke: »Daß der Quandt da immer reinregiert mit seinen zehn Prozent, das ist eine tolle Geschichte . . .« Wilcke schwieg, er war Justitiar und einer der wenigen, die wirklich wußten, wie hoch der finanzielle Einsatz – und entsprechend das eingebrachte Risiko – seines Auftraggebers tatsächlich war. Doch vermittelte er ein Gespräch, in dem Kämpfer – man hatte sich ganz privat in Kämpfers Haus in Söcking getroffen – Quandt unumwunden zu bedenken gab: »Sie wollen regieren – und können mich, als Finanzvorstand des Werkes, nicht einmal entlasten.«

»Wir haben die Bankenstimmen«, entgegnete Quandt, »Sie brauchen keine Sorge zu haben.« Woraufhin Kämpfer erklärte: »Ich fühle mich *allen* Aktionären, nicht nur Ihnen gegenüber verantwortlich.«

Dann kam Sonne. Quandt suchte erneut Kämpfer auf. »Sie wissen«, sagte er, »warum ich den geschickt habe?«

Kämpfer: »Der kommt aus Ihrer Gruppe.«

»Ja«, sagte Quandt, »ich habe so viel Geld und Interesse in BMW gesteckt, ich brauche unbedingt einen Vertrauensmann«, und, den Grund nicht verschweigend, warum er nicht Wagners Vorschlag, Kämpfer zum Generaldirektor zu machen, gefolgt sei: »*Sie* fühlen sich ja *allen* Aktionären verantwortlich!«

Kämpfer zog daraus die Konsequenzen und kündigte – er hatte ein Angebot von Flick erhalten, die »Max-Hütte« zu übernehmen –, und auch Wagner, der seinen Protest aufrechterhielt, trat als Aufsichtsratsvorsitzender zurück – auf spektakuläre Weise: einen Tag vor der Hauptversammlung Ende August 1962. Auf ihr wurde bekannt, daß Quandt neben einem zweiten Hauptaktionär in Gestalt von Dr. Jacques Koerfer (mit 8 Prozent Kapitalbeteiligung) inzwischen 25 Prozent des auf 60,3 Millionen DM erhöhten Kapitals vertrat.

Zum neuen Aufsichtsratsvorsitzenden wurde, abermals auf Quandts Vorschlag, der Essener Wirtschaftsprüfer Dr. Hermann Karoli gewählt.

So schien alles wieder im Lot und wäre es wohl auch gewesen, wenn Sonne, kaum drei Jahre im Amt, nicht plötzlich gekündigt hätte. Der enttäuschte Quandt formulierte später: »Wenngleich er ein kluger, fleißiger Vorsitzer war, fühlte er sich doch in dem Gremium der seinerzeit tätigen Herren nicht sehr wohl, so daß er im Frühjahr 1963 zu Herrn Henle ins Ruhrgebiet überwechselte . . .« Ähnliches hatte auch schon der »Spiegel« vermutet, der einen Bericht mit der Überschrift »Sonne und Wind« veröffentlichte. Darin stand, Sonne habe aus »klimatischen« Gründen gekündigt, worunter sowohl der Föhn – der Neuansässigen im Alpenvorland schon nach einem Jahr zu schaffen macht – als auch das ungewöhnliche Betriebsklima bei BMW verstanden werden konnte.

In der Tat war an jenem Kollegialprinzip, das der an die Spitze des Vorstands Berufene vorgefunden hatte, nichts geändert worden: Jedes Vor-

Karl Heinz Sonne.

Der Vorstand – (v.l.n.r.) Hahnemann, Gieschen, Kämpfer, Sonne – gratulieren Verkaufsdirektor Hensel zum Geburtstag.

Dr. Hermann Karoli.

standsmitglied, voll verantwortlich für sein Ressort, war bei darüber hinausgreifenden Entschlüssen stets an die Zustimmung aller gebunden. So war Sonne ein Generaldirektor ohne Befugnisse geblieben, und auch der Umstand, daß er sich Fachkenntnisse in der Autobranche erwarb – er selbst hatte sich vor der Presse als »teuerster Lehrling« der deutschen Automobilindustrie bezeichnet, weil er im Block 54, in der Entwicklungsabteilung, regelrechten Unterricht in Sachen Automobil nahm –, bewog niemanden im Vorstand, ihm mehr als Repräsentationspflichten zuzugestehen. Dennoch sah man respektvoll, was Sonne als gelernter Betriebswirt einführte: neben der »Wertanalyse« die sogenannte »Deckungsbeitragsrechnung«, bei der Kosten und Gewinn pro Modell, auf alle 126 Varianten des BMW-Autoprogramms umgelegt, errechnet wurden; bald stellte man fest, daß von Variante 100 an überhaupt kein Verdienst, aber auch bei Variante 1 nur ein Plus von allenfalls 50 DM erzielt worden war. Als Sonne gekommen war, hatte Kämpfer, wohl um ein Zeichen zu setzen, daß es so nicht weiterginge, ihm eine zu erwartende Verlustrechnung von 18 Millionen DM vorgelegt. Sonne ließ nachrechnen: Es blieb immer noch ein Defizit von 13,8 Millionen. Die Skepsis ist er nie losgeworden.

Dennoch war jenes Wortspiel von »Sonne und Wind« durchaus zutreffend. Als Sonne in der Überzeugung ging, daß ihm anderwärts größere Chancen geboten würden – er trat bei Klöckner-Humboldt-Deutz in ein vom Volumen und von der Aufgabe her größeres, mit BMW überhaupt nicht vergleichbares Unternehmen als Generaldirektor ein –, hatte ihm der Wind der Zeit den Ruf eines überaus erfolgreichen Managers eingetragen; denn BMW war am Ende seines dreijährigen Direktoriums über den Berg – dank jener Umstände, die wir kennen.

»Herr Sonne«, heißt es in einer werksinternen Mitteilung des Generaldirektors der MAN, Ulrich Neumann, an das Werk Augsburg, datiert 11. 2. 1965, »Herr Sonne erzählte mir, daß er Anfang April seine Tätigkeit in München aufgibt ... Er war am Telefon recht munter und aufgeräumt; wahrscheinlich nicht zuletzt deshalb, weil er sich in so glücklicher Weise aus der BMW und aus dem Streit mit der MAN herausziehen kann.«

Streit? Tatsächlich waren Meinungsverschiedenheiten über das weitere Schicksal der BMW Triebwerkbau GmbH zwischen den Vertragspartnern zum handfesten Zwist geworden, im Zuge dessen es zu einer Art Machtkampf kam. Im Vertrag von 1960, durch den die MAN 50 Prozent der Triebwerkbaugeschäftsanteile erhielt – womit ihr die Hälfte der »Perle« gehörte –, hatte BMW sich bereit erklärt, ein weiteres Beteiligungsprozent, das entscheidende 51ste, dann an die Maschinenfabrik Augsburg-Nürnberg zu übertragen (Kaufpreis: der Nominalwert und ein Paketzuschlag von zwei Millionen DM), wenn die beiden auf dem Allacher Gelände arbeitenden Gesellschaften BMW Triebwerkbau GmbH und MAN-Turbomotoren GmbH fusioniert würden.

Gesamttriebwerkanlage Rolls Royce/ MAN RB. 153-61.

Streit in Allach. Blick in eine Halle der Triebwerkbau GmbH, die noch BMW gehört.

Hochdecker Do 27.

Focke Wulff
P 149 D SC 333.

Rolls-Royce-Tyne-
Triebwerk.

Montage des
Tyne-Triebwerks
bei der MAN-
Turbo.

An der beabsichtigten Fusion war nicht zu rütteln. Auch ihr Zeitpunkt stand fest: dann nämlich, wenn zwei Bedingungen erfüllt wären. Erstens müsse MAN-Turbo ihren laufenden Entwicklungsauftrag für ein Düsentriebwerk der Bezeichnung MAN RR (Rolls-Royce) 153 abgeschlossen haben, und zweitens müsse ein angemessener Fertigungsauftrag auf dieses oder ein anderes Triebwerk an MAN-Turbo erteilt worden sein. Gefragt, wann es soweit sei, hatte Wilcke auf allen Hauptversammlungen den Aktionären, die erstaunt und befriedigt das weitere Wachsen und Gedeihen der BMW-Tochter verfolgt hatten, immer mit demselben Vers geantwortet: Noch nicht, man warte noch ab. Erst wenn die Gleichgewichtigkeit der Auftragserteilung gegeben sei, werde man, könne man es machen ...

Die MAN drängte: Die Bedingungen seien erfüllt. BMW bestritt dies: Der Auftrag sei abgebrochen, nie abgeschlossen worden ... Stand dahinter etwa der Wunsch der Mutter, die Tochter zurückzukaufen, um – was ja immer wieder einmal erwogen worden war – doch »in der Luft« zu bleiben, sich nicht allein auf Automobile und Motorräder zu beschränken? Begreiflich erschien es schon. Die Triebwerkbau hatte ihren Umsatz innerhalb von vier Jahren verzehnfacht – was die MAN, zur Hälfte daran beteiligt, natürlich nicht ungern sah – und war, so kümmerlich sie nach dem Krieg wieder begonnen hatte, wirklich zum Juwel geworden ... (Um nicht allein von Staatsaufträgen, sprich militärischen Planungen, die sich schnell ändern konnten, abhängig zu sein, hatte sie nach einer amerikanischen Lizenz Lycoming-Kolbentriebwerke gebaut, die zu beträchtlichen Stückzahlen in der Dornier Do 27 und in der FWP-149 geflogen wurden, auch eine Gas- und eine Strahlturbine für zivile Zwecke entwickelt, jene als Flug- und Flughilfsmotor, diese als Hilfsantrieb für Segelflugzeuge und als stationären Motor.) Und doch war es abwegig, an »Rückerwerbung« zu denken – allein schon aus Loyalität einem Unternehmen gegenüber, das durch großzügige Kreditgewährung, über eigene Interessen hinaus, solidarisch die Sanierung von BMW unterstützt, wenn nicht überhaupt erst möglich gemacht hatte. Wilcke hatte dies nie vergessen. Nein, nein – aber die »Gleichgewichtigkeit« mußte gegeben sein. Auch in der Bewertung von Grund und Boden und den Gebäuden klafften die Vorstellungen auseinander, und Dr. Karoli, der Aufsichtsratsvorsitzende der BMW AG, der zusammen mit Wilcke – Sonne war schon gegangen – die Schlußverhandlungen führte, legte dar, welche Bedeutung die Triebwerkbau seit Jahrzehnten für BMW habe und daß für die Aufgabe eines solchen Juwels auch ein entsprechender Preis vereinbart werden müsse – bald sprach man von 70 Millionen DM, bald von 50 bis 55. Tatsächlich war ja nicht nur das Gelände inzwischen mehr wert geworden, auch die »Fertigungskunst« des Unternehmens war gewachsen, praktisch konnte die Triebwerkbau jedes nur denkbare Triebwerk herstellen.

Schließlich kam – die MAN hatte den Vorauftrag für die Lizenzfertigung des Rolls-Royce-Triebwerks »Tyne« erhalten und vorgelegt – in der Nacht zum Donnerstag auf Freitag, dem 28. April 1965, in Hannover die

BMW — nicht mehr in der Luft

(SZ) BMW hat nur noch eine Basis, die allerdings finanziell stärker geworden ist — das ist die Konsequenz des Verkaufs der *BMW-Triebwerkbau GmbH* an die MAN. An diesem Juwel, das innerhalb von vier Jahren seinen Umsatz fast verzehnfachte, waren beide Unternehmungen bisher je zur Hälfte Partner — keine sehr harmonischen übrigens. Um die Triebwerkbau ging eine Art Machtkampf. Die MAN wollte die 1% Anteil mehr haben, die ihr in traurigen BMW-Zeiten in Aussicht gestellt worden waren, und die BMW AG wollten am liebsten alles zurückkaufen. Jetzt hat sie sich mit einem wohlfeilen Preis begnügt — gute 500% hat die MAN für das restliche Paket von 10 Mill. DM Stammkapital bezahlt gegenüber 166 2/3%, die sie anlegen mußte, als sie sich zur Hälfte in die Triebwerkbau eingekauft hatte.

BMW zieht sich aus einem Gebiet zurück, auf dem sie einen großen Namen gemacht hat — aus dem Bau von Flugmotoren. Die heutige BMW-Triebwerkbau, die künftig wohl MAN Triebwerk- und Turbomotorenbau oder so ähnlich heißen dürfte, ist die Nachfolgerin der 1936 gegründeten *BMW-Flugmotorenbau GmbH*. Auch sie war eine Perle im Konzern von BMW, verständlich in der damaligen Periode der Aufrüstung. Und die BMW-Triebwerkbau wurde ebenfalls wieder groß, als der militärische Auftraggeber wieder in Erscheinung trat. Öffentliche Aufträge sind sehr solide Aufträge. Allerdings hängen sie in dem Falle ganz von der militärischen Strategie ab. Und diese kann sich von heute auf morgen ändern, ein Risiko, dem die BMW-Triebwerkbau schon seit 1955 durch die Entwicklung eines zivilen Zweiges (Gasturbine) Rechnung zu tragen versucht.

Die Gasturbine soll auch jene Lücke füllen, die nach dem Auslauf des derzeitigen Programms und dem Beginn des kleineren Lizenzbaus des Rolls-Royce-Triebwerks Tyne entstehen wird. Nach der jetzigen Transaktion ist der Triebwerkbau auf nur noch zwei Firmen konzentriert: auf die MAN und die Klöckner-Humboldt-Deutz AG, Köln, deren neuer Vorstandsvorsitzender Dr. K. H. Sonne übrigens aus dem Hause von BMW kommt. Th.

Süddt. Zeitung
vom 30. 4. 1965.

Einigung zustande. Die BMW AG verkaufte ihre gesamten Anteile an der Triebwerkbau GmbH und erhielt dafür 30 Millionen DM. Dazu kamen etwa 17 Millionen DM erlassener Darlehensschuld, alle Anteile an der (im Besitz der Triebwerkbau befindlichen) BMW Maschinenfabrik Spandau GmbH Berlin und Grundstücks- und Gebäudebesitz in München. Unterm Strich ergab das einen Kaufpreis von insgesamt 54,4 Millionen DM und die Erfüllung des Wunsches von Dr. Karoli, der Name BMW möge alsbald aus dem künftigen Firmennamen der Triebwerkbau GmbH verschwinden.

Im Werk waren die Meinungen geteilt. Abschiedsstimmung bis Betroffenheit lag auf manchem Gesicht, alte Erinnerungen wurden wach, Traditionen, sagte dieser und jener, legt man nicht ab wie ein Hemd. Nun war die »Absage an die Luft« besiegelt, endgültig auch die Chance dahin, doch noch – über die Triebwerkbautochter – in irgendeiner Weise mit der wiedererstarkenden Rüstungsindustrie ins Geschäft zu kommen, auch nur ihr lose verbunden zu bleiben. Tempora mutantur – die Zeiten ändern sich. Hatten sie sich nicht schon geändert? Und war eine bayerische Industriepolitik, der es darauf ankam, zukunftsträchtige Wirtschaftszweige im Agrarland Bayern wachsen und sich entfalten zu lassen, nicht längst darauf eingegangen? Man brauchte nur an Siemens in München und Erlangen, an Messerschmitt-Bölkow, an Krauss-Maffei zu denken, eine ganze Computerbranche war im Entstehen begriffen, auch die Deutsche Versuchsanstalt für Luft- und Raumfahrt in Oberpfaffenhofen gab es. Alle diese Unternehmungen waren von Rüstungsüberlegungen im Sinne neuer Technologien, wie sie z. B. die Weltraumfahrt forderte, nicht zu trennen. Tempora mutantur, eben. Und dabei war BMW – gebranntes Kind hin, gebranntes Kind her – immer ein Umsteiger gewesen, hieß ja auch nicht Bayerische *Automobil* Werke, hieß Bayerische *Motoren* Werke, als welche man vom Flugmotor aufs Motorrad, vom Motorrad wieder auf den Flugmotor und von beiden erst aufs Automobil gekommen war ... bei dem es nun blieb, wohl auch bleiben mußte, wollte man der MAN gegenüber nicht das Gesicht verlieren und als Vertragsbrecher dastehen. (Wilcke später darüber: »Es ging gar nicht anders.«)

Uneingeschränkte Freude indessen empfand der Betriebsratsvorsitzende Kurt Golda. Eine schwere Hypothek hatte ihn gedrückt – jetzt endlich konnte er sie abtragen. Sie wurzelte in einigen Sätzen, die der Betriebsrat der Maschinenfabrik Spandau Anfang 1963 an den Bundesminister für Gesamtdeutsche Fragen, Dr. Rainer Barzel, gerichtet hatte – einer Art Notschrei, in dem es hieß, wie völlig unverständlich es sei, daß das Stammhaus, die Bayerische Motoren Werke AG München, es »in unserer Situation fertigbringt, der kleinen Belegschaft die Auslastung in Zukunft zu versagen«. Die Maßnahmen des Vorstandes und die von der Geschäftsleitung beabsichtigten Entlassungen hätten zu einer erheblichen Beunruhigung der Belegschaft geführt, die in einer 17jährigen Aufbauarbeit nicht nur der BMW AG die Treue gehalten, sondern durch ihre Arbeit das Spandauer Werk unter den ungünstigsten Bedingungen zu einem leistungsfähigen Betrieb gemacht habe und heute nun abgehalftert werden solle. Wörtlich dann: »Man kann wohl Hunderte und Tausende Ausländer in Brot und Arbeit bringen, auch in unserem Stammhaus, doch hat man nicht den Willen, einer Handvoll Berliner Arbeitnehmer, die es wahrlich verdient hätten, den Arbeitsplatz zu erhalten.«

Golda setzte sich hin und schrieb an seinen Kollegen, den Betriebsratsvorsitzenden Fritz, den folgenden Brief: »Lieber Willi! Aus der letzten Aufsichtsratssitzung vom 15. 9. kann ich dir nachstehenden Bericht des Vorstandes bzw. des Aufsichtsrates geheim und persönlich übermitteln: Herr Wilcke berichtete einleitend darüber, daß Spandau über ein Flächenareal von 137 000 qm verfügt. Davon sind benutzbar 33 000 qm. Die Belegschaft beläuft sich auf 231 Personen. Der Umsatz des Jahres 1964 ergab 5,4 Mio., davon das Motorrad 3,2 Mio. Es entstand ein Verlust von 33 000 DM.

Inzwischen hat Herr Gieschen aufgrund seines Besuches in Spandau dem AR folgenden Bericht gegeben:

Der Gesamteindruck war positiv. Es ist deshalb beabsichtigt, die gesamte Motorradfertigung nach Spandau zu verlegen. Um die Auslastung sicherzustellen, soll eine Ersatzteilfertigung für auslaufende Typen (BMW 700) aufgezogen werden. Beide Vorhaben lassen sich aber nur dann realisieren, wenn die jetzt vorhandene Belegschaft von 250 auf 1000 Mann erhöht werden kann. Vorstand und Aufsichtsrat sind sich darüber im klaren, daß

Hinterradschwingenfertigung für Motorräder im Spandauer Werk.

Verwaltung.

Alte Fertigungshallen aus der Flugmotorenzeit.

bis 1968 Investitionen in der Größenordnung von 10 bis 15 Millionen DM vorgenommen werden müssen...«

Der zweite, dem ein Stein vom Herzen fiel, war Hahnemann. Stets hatte ihn das Dahinvegetieren von Spandau, schon aus optischen Gründen, bedrückt. Wie vertrug sich das: Die Niederlassung Berlin, in Moabit gerade günstig erworben, stand glänzend da, und Spandau, als früheres Teilwerk, das einst die beste Lehrlingsausbildung Deutschlands vorzuweisen hatte, verkam! – Sodann war er froh, das ihm fremde Sachgebiet »Flugzeugantriebe« in Allach mit den militärischen Auftraggebern an den Nagel hängen zu können. Nie war ihm, wenn er als Delegierter der AG zur Triebwerkbau nach Allach hinausfuhr, ganz wohl gewesen. Diese komplizierten Turbinen, von deren Technik er nichts verstand! Einmal war er, zu nah an einen Prüfstand geraten, vom Luftstrom fast weggeblasen worden. Und was hieß »Zweiwellen-Zweistromtriebwerk«, was »kontinuierliche Schubkonvektor-Steuerung«? Und dieses Teil wurde hier, jenes in England gefertigt. Und »diese General Electric, die uns wie den letzten Dreck behandelte – mit bis aufs Drei- und Vierfache erhöhten Toleranzen gegenüber dem, was die amerikanischen Werke lieferten, und man wußte nie, ob der Ober, wenn wir uns beim Essen unterhielten, nicht ein Aufpasser war... Nein«, war er in Sonne gedrungen, »verkaufen wir den blauen August, bauen wir Automobile, die sind solider; vielleicht läßt sich nicht so viel an ihnen verdienen, aber alles hat Hand und Fuß, und Zukunft haben sie auch...«

Werkzeugbau.

DAS THEMA DES TAGES

BMW ist splendid

(SZ) Die Aktionäre der Bayerischen Motoren Werke AG, München, haben von ihrem Besitz bisher wahrlich noch nicht viel gehabt, außer einer manchen von ihnen selbst etwas unverständlichen Anhänglichkeit an das Unternehmen — und außer der Genugtuung, durch eine eigenwillige Entscheidung Ende 1959 das Blatt von BMW gewendet, das Schicksal in die Bahnen des Erfolges gezwungen zu haben. Jetzt bekommen sie etwas, nämlich nicht acht, sondern überraschend zehn Prozent Dividende, dies nach einem erfolgreichen Geschäftsjahr 1964 und in einem noch mehr Erfolg versprechenden Geschäftsjahr 1965. Die, noch nicht vorliegende, Bilanz des letzten Jahres sieht sicherlich so vorzüglich aus, wie die Verwaltung schon heute durchblicken läßt.

Süddt. Zeitung
v. 19. 5. 1965.

So weinte er der Löschung der Buchstaben BMW im Namen der künftigen Firma, in der die Triebwerkbau aufging, keine Träne nach, auch dann nicht, als die MAN-Turbo GmbH – wie sie sich zunächst weiter nannte – im Juni 1969 in MTU Motoren- und Turbinen-Union München GmbH umgegründet wurde, und horchte nur auf, als es hieß, in ihr seien nunmehr »die Luftaktivitäten von BMW, MAN, Daimler-Benz und Maybach vereinigt«. Daimler-Benz auch? Nanu! Tatsächlich hatte Untertürkheim mit der sofortigen Verlegung seiner Triebwerksentwicklung nach München sich so doch noch späten Zutritt zu Allach verschafft (um dann fünfzehn Jahre später, im Februar 1985, die Hälfte der MTU unter Vorkaufsrecht ganz aus dem Besitz der MAN zu erwerben, nicht gerade um einen Pappenstiel – mehr als eine halbe Milliarde DM –, wie es ja auch kein Pappenstiel gewesen war, was die MAN 1965 für die Hälfte der Triebwerkbau-Anteile der BMW AG hatte hinblättern müssen).

So weit, so gut – oder schlecht? Wenige Wochen nach dem Verkauf des Allacher Werkes an die MAN fand 1965 in München die jährliche Hauptversammlung der BMW-Aktionäre statt, die, wie die »Süddeutsche Zeitung« schrieb, »einstimmig alle Regularien genehmigte, so die von 6 Prozent auf 10 Prozent erhöhte Dividende, vgl. auch Thema des Tages«.

Im »Thema des Tages« war dann zu lesen: »Will man bei BMW mit den überraschend beschlossenen 10 Prozent einer etwaigen Opposition Wind aus den Segeln nehmen, die vielleicht in dem ebenso überraschenden Verkauf der Hälfte der BMW Triebwerkbau Anstoß genommen hätte? Sicherlich – der Preis war gut. Aber mit dem Verkauf ist zugleich auch die zweite Basis von BMW dahin.« Einen Satz weiter hieß es dann: »Gleich zogen aber auch die BMW-Kurse an der Börse an.«

Der Aufsichtsrat hatte, nach Sonnes Kündigung, Gerhard Wilcke in den Vorstand delegiert und ihn, der zwar noch nie ein Unternehmen geführt hatte, sich aber wie kein anderer bei BMW auskannte, auf Wunsch Quandts zum Vorstandsvorsitzenden gemacht. Mochte der Entschluß auch vom Zeitdruck diktiert sein, mochte Quandt seine Wahl auch nicht als endgültige Lösung betrachten – sie war ein Glücksgriff. Wilcke war praktisch sein Statthalter, genoß genügend Autorität, verstand sich mit allen in seiner unverändert toleranten Gesinnung, redete in nichts herein, was er nicht verstand, tat dennoch, was er für richtig hielt und baute in Quandt, wiewohl dieser nichts davon wissen wollte, den Wunsch, direkt zu führen – der ja manchmal den Feldherrn verleitet, Geschützführer zu spielen –, mehr und mehr ab. Es gab für Quandt auch noch anderes im »Hauptgeschäft« des Lebens zu tun als nur BMW. Allmählich näherte er sich den Sechzig, und die schöpferische Unruhe fiel von ihm ab.

Glück und Glas

Nicht nur mit BMW, auch mit der Landmaschinenfabrik Hans Glas im niederbayerischen Dingolfing war ein Mann verbunden, der unsere Geschichte schon mehrfach gekreuzt hat. In München an der Dachauer Straße, dort, wo sie in die Innenstadt mündet, hatte er sich in den fünfziger Jahren in eilig aufgeschlagenen Baracken, mitten im Trümmergelände, als Motorrad- und Autohändler niedergelassen, nachdem es am äußersten Ende derselben Straße, wo sie die Stadt verläßt, draußen in Allach, für ihn nichts mehr zu bestellen gab. (Er war im Karlsfeld Ordnance Depot Leiter der deutschen Werkspolizei gewesen. Es hatte gebrannt. Wenn es wieder mal brennt, sagten die Amerikaner, sei er dran. Es brenne bestimmt mal wieder, hatte er erwidert, da ginge er lieber gleich.)

Georg (»Schorsch«) Meier, wer könnte es anders sein, fing als Händler mit Fahrrädern an. Er vertrieb die Imme, ein genial konstruiertes Kleinmotorrad aus Immenstadt, das freilich Fertigungsfehler hatte und beim Käufer auf Ablehnung stieß (der Hersteller hatte es geschickt verstanden, Meier und andere Händler durch Aktien an sich zu binden). Dann aber war gleich eins der ersten Fahrzeuge im Schaufenster Meiers der Goggo, ein Roller, in etwa der italienischen Lambretta nachgebildet, den Andreas Glas, der Sohn des Gründers, fabrizierte, und der reißend Absatz fand. Als die Nachfrage sank, die Leute wollten vier Räder und ein Dach über dem Kopf, sannen Händler und Fabrikant gemeinsam darüber nach, was für ein Motor ein solches Gefährt ziehen könnte. Der Händler schlug sofort einen BMW-Motor vor (er vertrieb inzwischen BMW-Räder, vorzugsweise das R 24-Modell), ging nach Milbertshofen ins Werk hinüber und sollte bis ins Alter hinein nicht den Tonfall vergessen, mit dem man ihn dort abblitzen ließ. Der Stellvertreter des Verkaufsdirektors sagte: »Mein lieber Meier, Sie glauben doch wohl nicht im Ernst, daß wir unseren Qualitätsmotor einer niederbayerischen Landmaschinenfabrik überlassen!« Der alte Glas, als er davon hörte, knurrte: »BMW? Niemals. Machn ma selba – besser.« Und er sollte recht behalten: sein Goggomobil wurde der erklärte Liebling der Massen, schlug die Isetta haushoch, und Glas wuchs und wuchs – bis zum Jahr 1966 baute die Landmaschinenfabrik Glas im niederbayerischen Dingolfing an die 300 000 Goggomobile ... und hätte sie weitergebaut und wäre sie losgeworden, wenn da nicht ...

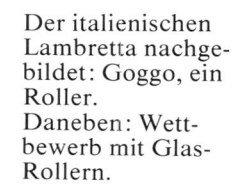

Ja, dachte Meier an einem Augusttag dieses schicksalsreichen Jahres 1966, was tun? Ihm war klar geworden: In dem Maße, wie es mit BMW aufwärts ging, verlor Glas immer mehr an Fahrt. Händler sahen solche Tendenzen kalt an, Meier nicht. Denn Glas, weniger BMW, verdankte er seinen

Schorsch Meier und Max Klankermeier.

Die Anfänge der Firma Schorsch Meier in der Dachauer Straße.

Der italienischen Lambretta nachgebildet: Goggo, ein Roller. Daneben: Wettbewerb mit Glas-Rollern.

Goggomobil-Sonderschau in Nürnberg 1958.

Ein richtiges Auto! Bis zum Jahr 1966 baute Glas in Dingolfing an die 300 000 Goggomobile. Sogar ein Coupé gab es.

Der große Glas 2600 V 8, von Spöttern auch »Glaserati« genannt.

Aufstieg im Nachkrieg, stets hatte er Glas *und* BMW vertreten und, als Hahnemann kam und die Alleinvertretung wünschte, diesem erklärt: Niemals ohne Glas! So war er einer der BMW-Großhändler, die noch eine andere Marke führten, und das in München, wo das Werk saß! Und das auch dann, als Glas sich an richtige Autos gewagt hatte, die neben dem Goggomobil ihr Publikum fanden. Keine schlechten Autos, im Gegenteil: höchst respektable! Andererseits wußte Meier, das Beispiel des 501 vor Augen, wie schnell die Kräfte eines Herstellers verzehrt waren, wenn sein Ehrgeiz weiter reichte als die Mittel, über die er verfügte. Und jetzt ging nichts mehr außerm Goggomobil, und die Freude war tiefer Niedergeschlagenheit gewichen; ganz abgesehen vom nicht honorierten Wagemut hing sein Händlerruf ja von Autos ab, die verkauft wurden und nicht bei ihm herumstanden. Auch Drechselmayer, einen mit ihm befreundeten Glas-Zulieferer aus Geisenhausen, drückte der gleiche Schuh, noch schlimmer, war er doch zu 90 Prozent von Glas abhängig. »Kruzitürken, was mach' ma, Schorsch?« – »Ja, was?« – »Fahr zum Anderl«, riet Drechselmayer, »red' mit ihm. Auf dich hört er!« – »Und wenn er nicht hören will?«

    Da fiel Meier etwas ein. Im Jahr zuvor hatte er Hahnemann auf der Automobilausstellung in Frankfurt getroffen. Links, auf dem BMW-Stand, war noch jenes Nachfolgemodell des 503, das von Nuccio Bertone in Turin entworfene Hardtop-Coupé, zu sehen, BMW 3200 CS genannt. Rechts, nur durch einen schmalen Gang getrennt, stand der neue, ebenfalls von einem Italiener, von Pietro Frua karossierte 3,0-Liter-Wagen von Glas, den Spötter bereits »Glaserati« getauft hatten. Hoepner, der BMW-Pressechef, stieß Hahnemann an: »Da drüben steht der Anderl Glas, der würde sich freuen, wenn Sie ihm gratulierten.« Hahnemann ging hinüber, und Meier hörte den folgenden Dialog:

    »Schickes Auto, gratuliere, sieht schön aus, ein Wurf. Aber Anderl, hättscht du mich gefragt, hätt ich dich nach Milbertshofen in ein großes Zimmer mit Akten geführt, lauter Akten, Reklamationsakten Bertone! Wenn man hier ein Auto mechanisch baut und die Karosserie aus Italien kommen läßt, ist das – die Pleite. Warum? Hat einer einen Unfall und braucht eine neue Tür, kommt die erstens ein Vierteljahr später an – aus Italien! –, und zweitens paßt sie nie. Hier fehlt ein Zentimeter, dort zwei; kein Stück, über Holzwerkzeuge gehämmert, ist wie das andere...« Glas schwieg. Dann sagte Hahnemann in seiner unerregten leisen Art, ganz ohne Bosheit, fast heiter: »Aber ihr macht uns ja alles nach. Dem 700 habt ihr den kleinen Isar, dem 1500 euren 1700 nachgebaut, und jetzt unser Schaukelpferd, den Bertone! Auch die Pleite – wir haben sie hinter uns, es ging ja grade noch gut – werdet ihr uns nachbauen! Aber wenn es soweit ist, rufscht mich an? Milbertshofen ist ja nicht weit, gell?«

    Und Anderl Glas, verdutzt, doch nicht auf den Mund gefallen, hatte, ohne rot zu werden, gesagt: »Mach ich!«

203

Das Landstädtchen Dingolfing in Niederbayern.

Die kommende Motorisierung witternd: Hans Glas.

Sich daran erinnernd, fuhr Meier, seine Frau neben sich – die Frauen waren immer dabei –, in seinem 507 nach Dingolfing, wurde herzlich wie immer von der Glas-Sippe empfangen, man sprach vom Wetter, Meier meinte, es sei etwas schwül, ja, sagte der alte Glas, das sei es in der Tat, am Dienstag sei Lohnzahlung, und er wisse nicht, woher die Gelder nehmen, ein Engpaß, noch nie vorgekommen, er habe auf die Landesbürgschaft gehofft, die erste habe er erhalten, die zweite verweigere man ihm, nun sei es aus, nicht nur mit dem neuesten Modell – es sollte auf der IAA Anfang September vorgestellt werden –, mit allem. Oder weißt du einen Rat, Schorsch?«

Meier staunte. Noch nie, sagte er später, sei er, auch als Rennfahrer nicht, so schnell ins Ziel gelangt. Ob er Hahnemann anrufen solle, habe er gefragt. Das sei *die* Idee, riefen Vater und Sohn Glas, als hätten sie nie daran gedacht, wie aus einem Munde; wenn er das tun würde, sie würden's ihm nie vergessen. »Das Gesicht wahren«, setzte Meier seiner Erzählung hinzu, »gilt in Bayern ebenso viel wie bei Großmächten. Beide Glas wahrten ihr Gesicht, ich hatte keins zu verlieren, und so rief ich, noch vom Wohnzimmer aus, Hahnemann an.«

Hahnemann hatte, als er den Hörer abhob, das Wort ebenso wenig vergessen wie Meier, als er es durchrief. Er spräche im Beisein des alten und jungen Glas aus Dingolfing, und er solle sagen, im Namen der Firma Glas: es sei soweit ...

»Es war an einem Freitag«, erinnerte sich Hahnemann, »Wochenende, und ich war, rundheraus gesagt, erschöpft. Wir hatten die letzten Tage nur über ein Thema gesprochen: wie wir die Kapazität erhöhen könnten. Gieschen hatte treuherzig gesagt, er könnte das Band ein bißchen schneller laufen lassen. Nach allem, was herauszuholen war, lieferte Milbertshofen etwa 400, 450 Wagen am Tag. Wir hätten längst 500, 600 gebraucht. Das Werk platzte aus allen Nähten. – Noch am Abend war Glas bei mir – nein, wir trafen uns in Schorsch Meiers Wohnung. In der Nacht schlief ich nicht. Sonnabend vormittag ging ich spazieren, in den Isarauen. Man muß Probleme zerlegen, wenn man sie lösen will, sagte ich mir. Es gab nichts zu zerlegen, und ich stand ganz allein. Ich wußte: Keiner meiner Kollegen würde im Traum daran denken, bei Glas einzusteigen. Uns ging's doch schon gut. Wir hatten 500 bis 700 Millionen Umsatz, Erfolg macht satt, und keiner – ich ging sie der Reihe nach durch –, keiner dachte so weit, keiner, daß wir in Milbertshofen, in Mauern eingesperrt mit 450 Autos am Tag, die Pleite hochrechnen konnten; Löhne und Kosten, alles stieg, wir *mußten* die Produktion erweitern! Wilcke, gut, den würde ich auf meine Seite bringen. Und Karoli, der dem Aufsichtsrat vorstand? Er war Wirtschaftsprüfer, alles was ich nicht konnte, konnte er. Wir verstanden uns gut; diesmal auch? Ich wog alles ab. Wahrscheinlich würde er zögern, mindestens raten, die Sache zu überschlafen. Das hieß, sie auf die lange Bank schieben; fing man aber zu rechnen an, war sie tot.

Niederlassung der Landmaschinenfabrik Glas in Pilsting. Darunter: Isaria-Landmaschine.

Das erste Goggomobil wird gefeiert.

Das Glas-Werk 1959.

Der Sonntag kam. Am Nachmittag rief ich Quandt an. Ich sagte: ›Wir müssen Glas kaufen. Wir kriegen einige hunderttausend Quadratmeter Land, schon das ist jeden Preis wert. Wir kriegen 4000 Automobilwerker – ausgebildete Leute, die nicht jeder zigtausend Mark kosten, bis sie soweit sind. Und . . . wir helfen dem bayerischen Staat, der die am Hals hat, falls Glas die Pleite baut . . .‹ Quandt sagte: ›Seh' ich ein. Setzen Sie das im Vorstand durch, wenn's schiefgeht, steh' ich Ihnen bei.‹ Ich sagte: ›Glas braucht sofort fünf Millionen.‹ Quandt sagte: ›Sprechen Sie mit Pollmann‹ – Pollmann war der Finanzchef –, ›ich decke die Summe.‹ Am Montag ging ich zu Pollmann, erhielt, keiner wußte davon, den Scheck – und gab ihn Anderl Glas. – So sind wir zu Glas gekommen.«

Hans Glas, elftes, aber noch nicht letztes Kind des Landmaschinenfabrikanten Maurus Glas, der seit Anfang des Jahrhunderts in Dingolfing Handdreschmaschinen herstellte, hatte es nach seiner Lehre im väterlichen Betrieb schon mit achtzehn Jahren in die Welt hinausgetrieben – über die Berliner Filiale einer großen kanadischen Landmaschinenfabrik nach Toronto, in deren Stammhaus er eintrat, und dann, als der Erste Weltkrieg kam, auf die Flucht. Erzählte er später seinen Kindern davon, schien alles gleichermaßen vertrackt wie folgerichtig verlaufen zu sein: jenes Land der unbegrenzten Möglichkeiten, in das er sich durchschlug, hatte, vom Tellerwaschen bis zum Fließband bei Ford in Detroit und bei der Motorradfabrik Indian Motor Cycle Comp., wo er sich zum Betriebsleiter hocharbeitete, gewiß die Vorbedingungen geschaffen für das, was er wurde, als er an die Isar zurückkehrte . . . Nach Rückkauf des väterlichen Betriebes aus den Händen des saarländischen Stumm-Konzerns, der in der Weltwirtschaftskrise unterging, gelang ihm in den dreißiger Jahren, was niemand für möglich hielt: nämlich die Landmaschinenfabrik Glas, eine unter vielen, da irgendwo in Niederbayern, einer Gegend, wo es nur Feldwege gab, zur »größten Sämaschinenfabrik Europas« zu machen. Unangefochten hatte sie den Zweiten Weltkrieg überlebt, und Hans Glas, die kommende Motorisierung witternd, meisterte die Krise der Nachkriegszeit, indem er, wir wissen es, zur saisonabhängigen Produktion von Landmaschinen – drei Monate konnte man Tag und Nacht arbeiten, drei Monate lief dann überhaupt nichts – die Produktion zunächst von Motorrollern und dann des Goggomobils aufnahm. Was wir nicht wissen: Andreas Glas, der Sohn, aus dem Krieg ohne Schramme heimgekehrt, wird als Landmaschineningenieur 1950 ausgesucht, eine mit Marshallplangeldern finanzierte Studienreise in die USA zu machen. Hier, wo ein Land sozusagen auf Rädern lebt – stärkster Eindruck, daß selbst Arbeitslose ihr Unterstützungsgeld mit dem Auto abholen –, erhält er die Gewißheit: Keine zehn Jahre, und in Deutschland – beim derzeitigen Stand Null, von ein paar ersten Volkswagen abgesehen – wird es ähnlich sein. Wenn man sich da rein-

Zwei Freunde... Karl Dompert, Leiter der Konstruktionsabteilung

Anderl Glas, der Juniorchef.

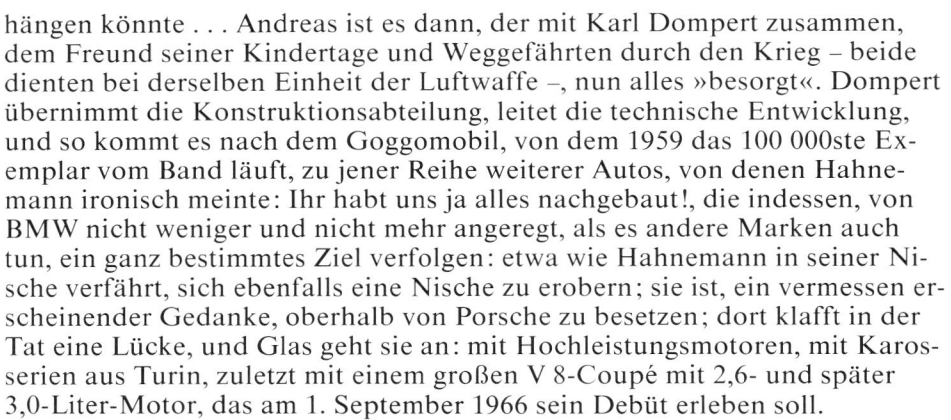

hängen könnte... Andreas ist es dann, der mit Karl Dompert zusammen, dem Freund seiner Kindertage und Weggefährten durch den Krieg – beide dienten bei derselben Einheit der Luftwaffe –, nun alles »besorgt«. Dompert übernimmt die Konstruktionsabteilung, leitet die technische Entwicklung, und so kommt es nach dem Goggomobil, von dem 1959 das 100 000ste Exemplar vom Band läuft, zu jener Reihe weiterer Autos, von denen Hahnemann ironisch meinte: Ihr habt uns ja alles nachgebaut!, die indessen, von BMW nicht weniger und nicht mehr angeregt, als es andere Marken auch tun, ein ganz bestimmtes Ziel verfolgen: etwa wie Hahnemann in seiner Nische verfährt, sich ebenfalls eine Nische zu erobern; sie ist, ein vermessen erscheinender Gedanke, oberhalb von Porsche zu besetzen; dort klafft in der Tat eine Lücke, und Glas geht sie an: mit Hochleistungsmotoren, mit Karosserien aus Turin, zuletzt mit einem großen V 8-Coupé mit 2,6- und später 3,0-Liter-Motor, das am 1. September 1966 sein Debüt erleben soll.

Fragt man, woher Glas den Mut, aber auch das Können nahm, sich so weit vorzuwagen, so sind abermals die Vokabeln »vertrackt und folgerichtig«, die das Lebensmärchen des alten Glas begleiten, zulässig. Vertrackt war, daß der Führerschein Klasse 4, mit dem das Goggomobil ohne Fahrprüfung gefahren werden durfte, nach 1958 nicht mehr erwerbbar war. Ergo: Sterben die Leute weg, die sich des Privilegs noch erfreuten, stirbt das Goggomobil. Folgerichtig war es deshalb, ein neues Fahrzeug aufzulegen. Wie-

Das 100 000ste Goggomobil hat das Band verlassen.

Im Auto: Enkelkinder von Hans Glas.

der ein Kleinauto? Wie hatte einst Henry Ford gesagt: Nur eine große Automobilfabrik kann kleine, nur eine kleine Automobilfabrik große Wagen bauen – jene in hoher Stückzahl, diese in Handarbeit. Galt das Wort für Amerika, so galt es auch für die »kleinste Automobilfabrik Deutschlands«, wie sich Glas nicht ohne Stolz nannte. Patriarchalisch geführt – der Seniorchef stellte noch immer seine Sämaschinen her; autark – bis zur werkseigenen Metzgerei; ohne Schulden – kein Fremdkapital und deshalb frei vom lästigen Dreinreden anderer; vor allem aber mit einer Technikerschar, um die manches Werk von Rang den findigen Dompert beneidete – z. B. war Ischinger von BMW, waren überragende Techniker und Monteure anderer bekannter Firmen zu Glas gegangen und leisteten hier, was es anderwärts nicht oder kaum noch gab: so flexibel wie schnell, ohne Bürokratie, knffligste konstruktive Probleme oft von einem Tag auf den anderen zu lösen und zu entscheiden. (Als Helmut Werner Bönsch von BMW in Dingolfing einzieht, um die Glas-Produkte auf BMW-Qualität zu bringen, zollt er der Glas-Technik und dieser Leistung höchstes Lob.)

Woran es hapert, ist freilich die viel zu knappe Finanzdecke, die größere Investitionen – und Glas bleibt dabei, sich nicht zu verschulden – einfach verbietet: Investitionen in Prüfgeräte – man baut schließlich Hochleistungsmotoren –, Kontrolleinrichtungen, Werkstoff-Testmaschinen... in das ganze kostspielige Arsenal zur Erzielung von Qualität, die gewiß bei der

Konstruktion anfängt, ebenso aber vom Material und seiner Erprobung unter härtesten Bedingungen abhängt. Alles dies wäre nicht bekannt? Natürlich ist es bekannt, doch sprengt es die Grenzen, über die niemand sich klarer ist als der Seniorchef selbst. Als es 1962 zu einem »Fusionsgespräch« kommt – Quandt ist dabei, auch Franz Josef Strauß, man erwägt wieder ein-

Karosseriebau des Goggomobils.

mal den Zusammenschluß bayerischer Automobilwerke zu einer Union –, sagt Hans Glas knapp und klar: Nein, dies übersteige seine Kräfte, er wolle sich mit den Großen nicht messen, wolle bewußt »klein« bleiben: »Steine, die wir nicht heben können, lassen wir liegen.« Und: »Wir verkaufen alles außer unserer Familie.« Glas war ein Familienbetrieb. Und nun hatte er ihn verkauft?

Als Gieschen nach Dingolfing hinausgefahren ist, erklärt er, zurückgekehrt, in Hahnemanns Büro: »Hoch versichern, anzünden.« Monz ist gar nicht hinausgefahren. Trotzdem will Hahnemann wissen, wie er, der Einkaufschef, über den Glas-Erwerb denkt. »Nicht meine Kanne Bier«, sagt Monz; erwartet Hahnemann etwas anderes? Pollmann, der Finanzchef, der zwar den Scheck ausgeschrieben, aber Hahnemann entgeistert angesehen und nicht unterlassen hat, zu sagen: »Auf Ihre Verantwortung!« – Pollmann schätzt, nach erstem Einblick in die Unterlagen, den jährlichen Verlust, den das Engagement bei Glas mit sich bringen wird – von Kauf will er immer noch nicht reden –, auf mindestens zweieinhalb Millionen! Vier Wochen später sagt er: Nach genauen Prüfungen nicht zweieinhalb – sieben oder gar acht Millionen. Und sechs Wochen später: Sechsunddreißig Millionen DM hätten seine Leute nunmehr errechnet. – Jährlich? – Jährlich! – Osswald, der Entwicklungschef im Vorstand, ist schon aus Imagegründen gegen die Her-

Endmontage des Glas 700.

einnahme von Glas: Wir können doch nicht einfach die Mühlen mit der BMW-Niere versehen und sagen, nun sind das BMWs. Vielleicht auch das Goggomobil? Na, hören Sie, warum dann nicht unsere Isetta aus der Gruft holen? Alle sind dagegen. Wilcke, mehr dafür als dagegen, fühlt sich überstimmt. Karoli schwankt. Und Quandt? Der hat zu Hahnemann gesagt:

»Setzen Sie sich durch!« Das braucht nun keiner, und Quandt schon gar nicht, Hahnemann zweimal zu sagen. Sein Büro wird zur Glas-Relaisstation.

Indessen war Glas noch gar nicht gekauft – das Abkommen trat erst bei Gewährung der in Aussicht gestellten Staatsbürgschaft in Kraft. Man konnte noch immer zurücktreten, und die Einwände der Fronde gegen den Glas-Erwerb verfestigten sich in dem Maße, wie die Probleme wuchsen. In den Dingolfinger Hallen Autos zu bauen, und noch dazu gute, war dem Patriarchen Glas geglückt – aber auch nur elf Jahre lang. Schon 1964 hatte es – bei einem Umsatz von 154 Millionen DM – Verluste gegeben, 1965 – unter Anspannung aller Mittel und bei Beschränkung auf notwendigste Investitionen – keine Gewinne, und 1966 – bei einem geplanten Umsatz von 200 Millionen DM – standen tote Kapitalien in Form von Material und fertigen, doch unverkauften Wagen zuhauf im Werk herum, die Lasten aber liefen weiter; allein an Zinsen waren dreieinhalb Millionen DM fällig. Jede Gesellschaft, auch wenn sie BMW hieß, mußte scheitern, wenn sie bei einer Übernahme die Linien nur weiterzog, zwar die Produktion umstellte, aber alles beim alten beließ, was natürlich die Familie erhoffte. Wie eine faire Lösung finden, ohne den Glas' weh zu tun? Selbstverständlich mußten so tüchtige Leute wie Andreas Glas und Karl Dompert weiter dem Werk erhalten bleiben – sie waren zu Geschäftsführern bestellt worden –, aber konnte man ihnen zumuten, Glas als selbständige Automobilfabrik aufzugeben, ihr Le-

Friedlich vereint: BMW- und Glas-Automobile.

benswerk nur als Zulieferbetrieb zur Fertigung von BMW-Teilen zu betrachten und daraufhin einzurichten? Aber auch dann war das meiste niederzureißen und neu aufzubauen – reichten dazu die Mittel? Selbst bei 50 Millionen DM Staatsbürgschaft zur Abdeckung der Verbindlichkeiten und für Investitionen in Dingolfing und das Landshuter Motorenwerk des Glas-Unternehmens war das fraglich; gerade hatte BMW Berlin-Spandau zurückerworben, hatte 50 Millionen DM für den Ausbau Spandaus bereitgestellt, die Motorradproduktion sollte dorthin verlegt werden. Berlin aufgeben, zurück marsch, marsch, Motorräder nach Dingolfing? Was geschah mit den Glas-Händlern und Kunden, denen versichert worden war, Glas-Automobile würden, versehen mit dem BMW-Qualitätssiegel, weiterlaufen, sozusagen in Ergänzung der BMW-Palette? Doch schon der viertürige Glas mit 1,7-Liter-Motor stand da quer, nicht nur als Konkurrenz zum BMW 1600 und zum viertürigen BMW 1800, sein Absatz war viel zu gering, um eine Doppelproduktion zu rechtfertigen – außerdem hatte BMW ein ganz anderes Image, es würde verfälscht. Und der große Glas-8-Zylinder? Er sah schön aus, war aber nicht ausgereift, um als Flaggschiff des gemeinsamen Unternehmens, zumal man ein solches Spitzenprodukt von BMW erwartete, gelten zu können. Ihn weiterbauen, ihn auslaufen lassen? Beides verschlang neue Gelder, neue Investitionen. Im ersten Fall mußte die Fertigung wirtschaftlicher gestaltet werden, wenn ein Gewinn herausspringen sollte, im zweiten Fall mußte der Wagen auf »BMW-Qualität« gebracht werden. Und wo? In Holzhallen, gegen die die Gewerbeaufsicht schon jetzt protestierte? Sodann der ganze Rattenschwanz weiterer ungelöster Probleme. Gerade die bei Glas in größeren Stückzahlen produzierten Modelle, vom Goggomobil abgesehen, warfen nur geringen, oft keinen Gewinn ab, und Modelle, die Gewinne einbrachten, wie das Coupé oder die neue Limousine 1304 CL – mit ihrem Fließheck ein sehr modernes Auto –, waren keineswegs wirtschaftlich günstig herzustellen (allein eine entsprechende Verbesserung der Fertigung würde Millionen DM kosten, hatte man ausgerechnet).

Mit alldem mußte sich Hahnemann, mehr als ihm lieb war, herumschlagen. Mit Dr. Peter, dem Vertreter des Landes Bayern, Dr. Sonntag von der Bayerischen Staatsbank und Dr. Karoli saß er zusammen im neu gebildeten Aufsichtsrat der Glas GmbH, dann hatte er es satt, stieg aus und ließ sich – man war sofort dafür – zum »Generalbevollmächtigten für Glas« ernennen, krempelte die Ärmel hoch und zog aus, den gordischen Knoten zu durchschlagen.

Der Schwertstreich – ob Weiterführung von Glas als selbständiges Werk oder als Zulieferwerk – lag im Verkauf all dessen, was unverkauft am Lager war. Allein dies brachte Geld in die Kassen, sicherte die Existenz von Glas – bis man sich endgültig klar wäre, was geschehen sollte, Pläne erstellt waren und so weiter. Die Nebelwand, in die Hahnemann hineinging – niemand wußte, was dahinter zum Vorschein kam –, war vor allem von der Ungewißheit gezogen: Würde das Image von BMW auf Glas übergehen? Nahmen die treuen Glas-Kunden es übel, nun an einen Partner gebunden zu werden, der, arrogant und selbstgefällig aus ihrer Sicht, bisher eine ganz andere Käuferschicht angesprochen hatte?

Ein Marketing-Problem. Hahnemann ging es an – inzwischen war die Staatsbürgschaft vom Freistaat Bayern erteilt worden und Glas für 9,1 Millionen DM in den Besitz von BMW übergewechselt –, indem er (mit Bönsch für die Produktangleichung, Dompert für die Produktion, dem Oberingenieur Balbaschewski für die Technik und dem Hahnemann-Assistenten Schaab für den Vertrieb) am Ort des Geschehens, in Dingolfing, ein Verbindungsbüro installierte, dessen erster und wichtigster Auftrag es war, die unverkauften Wagen nach BMW-Normen zu überarbeiten und Wagen, die aus der Fertigung kamen, sofort der in Milbertshofen geübten – sattsam bekannten – Qualitätskontrolle zu unterziehen. Innerhalb der ersten drei Wochen durfte überhaupt kein Wagen ausgeliefert werden; erst nach diesem Zeitpunkt erhielt jeder Käufer seinen Wagen garantiert aus der »neuen« Fertigung. Daneben lief eine Aktion mit rollenden Kommandos, die bei den Händlern die wichtigsten Beanstandungen beseitigten.

Löste Hahnemann, in Milbertshofen den altbewährten Kolk zur Seite, sozusagen im Handumdrehen dieses Problem, so blieb die Meinung der Käufer von Glas-Wagen geteilt. Ein Herr X. schrieb, ihn wundere, daß Glas erst 1966 »über den Jordan« gegangen sei (»Nach den Erfahrungen, die ich mit meinem Isar 600 und mit dem 1002 Coupé gemacht habe, hätten die Leute eigentlich schon früher von der Bildfläche verschwinden müssen«), und ein Herr Y. bedauerte, daß »der Ofen aus« sei. (»Was soll ich in Zukunft mit meinem 1004 in einer BMW-Werkstatt? Gerade die persönliche Behandlung war es doch, die alle Glas-Fahrer auf die Dauer für dieses Fabrikat erwärmen konnte. In Dingolfing gab es keine Bürokratie.«) Und Prominente, darunter Filmstars wie Dieter Borsche, legten wahre Bekenntnisse ab: »Mit meinem Glas 1700 TS«, schrieb Borsche, »mit dem ich sehr zufrieden bin, hatte ich das angenehme Bewußtsein, kein Massen-Auto zu fahren ... Bleibt zu hoffen, daß Glas-Automobilen in den guten Händen von BMW noch ein recht langes Leben beschieden sein wird. Solange es Individualisten gibt, sollte es auch individuelle Autos geben.«

Solchen Hoffnungen stand, was BMW betraf, zunächst auch gar nichts entgegen. Wie sonst hätte Gerhard Wilcke vor der gesamten Glas-Belegschaft, die sich am 10. November 1966 vormittags 10.15 Uhr in der großen Versandhalle von Dingolfing zur Übergabe des Werkes versammelte, bestreiten können, daß ein Flirt, eine Verlobung oder gar eine Heirat zwischen beiden Unternehmen stattgefunden habe. »Wir haben nicht geheiratet«, hatte er gesagt, »BMW hat in der Glas GmbH eine neue Tochter adoptiert.« Und der »neue Familienvater«, als der er sich verstanden wissen wollte, hatte dem anwesenden Landesvater Alfons Goppel und Hans Glas, dem

1300/1700 GT Cabrio (oben) ... und Coupé (unten).

Verwaltungsgebäude des Glas-Unternehmens.

10. November 1966, 10.15 Uhr. Glas wird von BMW übernommen.

Landesvater Alfons Goppel (links) und Seniorchef Hans Glas (3. v. l.) bei der Übergabe.

Unverändert weitergebaut: das Goggomobil.

Seniorchef, zugerufen: »Denken Sie an den Zusammenschluß von Horch, Wanderer, Audi und DKW zur Auto-Union vor dem letzten Weltkrieg! Wie diese Unternehmen ihre Erzeugnisse auch weiterhin als Partner hergestellt haben, wollen auch wir als Partner hier zusammenarbeiten...« Nein, man sähe keinerlei Notwendigkeit, an der konstruktiven Grundlinie von Glas zu rütteln, wohl aber wolle man die Vorteile des Zusammenschlusses wahrnehmen: den Einsatz größerer finanzieller Mittel zum Ausbau und zur Rationalisierung von Dingolfing, die größere Wirtschaftlichkeit, die »unser Einkauf durch die Vereinheitlichung und höheren Stückzahlen, insbesondere für die Hans Glas GmbH«, erzielen könne, Ausbau und Verstärkung beider Händlernetze und, last not least, die Verbreiterung gemeinsamer Grundlagen, wie Kundendienst und Ersatzteilbeschaffung...

Von so viel Optimismus getragen, steckte auch Golda, der Betriebsratsvorsitzende, zurück, dem es im Aufsichtsrat am schwersten gefallen war, für die Übernahme zu stimmen; das unternehmerische Risiko erschien ihm zu hoch, der Verzicht auf soziale Verbesserungen, den die Belegschaft für die nächsten zwei Jahre leisten sollte, unangemessen. Doch wollte er nicht im Bremserhäuschen sitzen. Es ging um die Zukunft von BMW, den zweiten großen Schritt nach vorn, nachdem die Sanierung durch Quandts Risikobereitschaft geglückt war und man soeben mit Glanz und Gloria, nicht mit Ach und Krach, die 50jährige Wiederkehr der Gründung des Werkes hatte begehen können.

Daß dann die Glas-Tochter schneller, als angenommen werden konnte, ihre Eigenständigkeit verlor und bereitwillig unter die Fittiche der Mutter schlüpfte, hatte selbst diejenigen verblüfft, die Wilckes optimistische Verheißung von vornherein für ein Windei hielten. War Glas dem Konkurs doch näher gewesen, als es den Anschein hatte? Oder lag es am weiter gewachsenen Selbstbewußtsein der Mutter, die auf »Partnerschaft« nicht mehr erpicht war? Zwar hatte die AG 1966 einen leichten Rückgang im Export zu verzeichnen gehabt, doch wog der, gemessen am Inlandsverkauf, nicht schwer. Im Geschäftsbericht für 1966 hieß es: »Bemerkenswert ist, daß wir unsere Inlandszulassungen um 9387 Stück oder 27 Prozent steigern konnten, während die Gesamtzulassungen in der Bundesrepublik Deutschland 1966 um rund 0,8 Prozent unter der Vorjahreszahl lagen. Bei vielen anderen deutschen Automobilproduzenten mußte der Export den Rückgang der Zulassungen im Inland ausgleichen. BMW konnte dagegen den Anteil an den gesamten inländischen Automobilzulassungen von 2,5 Prozent auf 3,2 Prozent (1966) steigern. Diese günstige Absatzentwicklung bei BMW hielt auch an, als unser gesamter Industriezweig im letzten Quartal 1966 fühlbare Einbußen bei den Zulassungen hinnehmen mußte.«

Liest man die Geschäftsberichte der folgenden Jahre, wird, soweit sie über Glas Auskunft geben, ganz deutlich, wohin von Anfang an die Reise ging. In der verhaltenen Sprache, derer Geschäftsberichte sich immer bedienen, heißt es schon im Bericht über das Geschäftsjahr 1966 – in dem also die Übernahme erfolgte –, daß der Erwerb der Hans Glas GmbH (mit einem Grundbesitz von 300 000 qm, davon 63 300 qm bebaut, und einer geschulten Belegschaft von z. Zt. 2750 Personen) zwar die »für unser Unternehmen notwendigen Möglichkeiten weiterer Expansion« gewährleiste, daß jedoch »in den Übergangsjahren bis zur Eingliederung der Hans Glas GmbH mit ihrem Produktionsprogramm in unser Unternehmen« mit Belastungen aus dieser Beteiligung zu rechnen sei.

Im Jahr darauf schreibt man: »Die Hans Glas GmbH erzielte 1967 einen Jahresumsatz von DM 110 Mio. gegenüber DM 165 Mio. im Jahre 1966.« Und: »Seit 1967 wirken sich unsere Maßnahmen zur endgültigen Integration der Werksanlagen in Dingolfing und Landshut aus. Im Zuge dieser Maßnahmen mußten wir die Produktion der Hans Glas GmbH, die nach wie vor aus Automobilen, Landmaschinen und Kofferaufbauten für Bundeswehrfahrzeuge bestand, zurücknehmen, zeitweise Kurzarbeit einführen und auch die Belegschaft vorübergehend, etwa bis zum Herbst 1968, verringern. Ein Teil der bisherigen Mitarbeiter der Hans Glas GmbH wird in unserm Werk München auf seine Aufgabe in Dingolfing und Landshut vorbereitet.«

Schließlich spricht der Bericht über das abgelaufene Geschäftsjahr 1968 unumwunden vom »planmäßigen Abschluß der Eingliederung der Hans Glas GmbH in den Unternehmensbereich der BMW AG ...« und teilt lapidar mit: »Von der bisherigen Glas-Produktion wird nur noch das Goggomobil gebaut. Im übrigen stellten wir die gesamten Dingolfinger und Landshuter Werksanlagen auf BMW-Fertigung um; es werden dort jetzt Aggregate, Achsteile, Austausch- und Ersatzteile sowie Teilesätze hergestellt. Die Landmaschinenfabrik wurde einschließlich des Werkes Pilsting an die Firma Gebr. Eicher OHG, Dingolfing, veräußert.«

War es, muß der Leser fragen, also doch reine Augenwischerei, was Wilcke bei der Übernahme verkündet hatte? Keineswegs. Man glaubte durchaus, was man sagte. Gewiß war die Straffung des Glas-Programmes, waren Änderungen, die tief in die Struktur von Dingolfing eingriffen, unumgänglich. Wiederum sah Bönsch, über die ihm zugewiesene Aufgabe der Qualitätsangleichung hinaus, die Weiterentwicklung von Glas-Fahrzeugen als Chance für BMW an, das eigene Programm nach unten abzurunden und auszubauen. Da war der von Ischinger – den Fiedler einst gehen ließ – für Glas entwickelte 1300 mit Zahnriemenantrieb für die obenliegende Nockenwelle, ein Motor, dem Bönsch epochale Bedeutung zumaß, wie geschaffen, die Modellpalette unterhalb der neuen Klasse, wo der sportliche 700 unvergessen in der Erinnerung stand, zu ergänzen und aufgegebene Marktanteile zurückzugewinnen – auch Hahnemann hatte nichts dagegen. Doch die Glas-Leute wollten, denn dafür war alles in Dingolfing eingerichtet, den 1700 weiterbauen – der aber im BMW 1800 sein Gegenstück hatte –, und für den großen V 8 war, nach Ansicht von Bönsch, der Zahnriemenantrieb nicht ausgereift. Doch erst als er sieht, daß die von Milbertshofen angewiesenen Mittel zur unbedingt notwendigen Qualitätsangleichung nicht ausreichen, geht »unser Mann bei Glas«, bei aller Bewunderung für die Glas-Konstruktionen und der Techniker, nach Milbertshofen zurück, stürzt sich dort in die Vorbereitungen zur Einführung der Sechszylinder in den Markt. Dabei hatte man, als Gemeinschaftsarbeit und als Beweis für die wahrhaft konstruktive Zusammenarbeit beider Häuser, noch 1967 auf der IAA den BMW 1600 GT vorgestellt, einen Wagen, der sich anschickte, Porsche den Rang streitig zu machen. Das Blechkleid, einst für die Glas GT-Typen entworfen, stammte von Frua, auch die Vorderachse war Original Glas, alles andere Original BMW, während *mehr* Glas im neuen Drei-Liter-Glas 3000 V 8 steckte. Mit von BMW garantierter Spitzengeschwindigkeit von 200 km/h und als erstes deutsches Serienautomobil mit einer Transistorzündanlage ausgerüstet, wurde er von Bönsch und Dompert ebenfalls noch 1967 in Rottach-Egern der Fachpresse vorgestellt, und Bönsch beschwor die Kritiker, dies sei »kein Dream-car, der auf internationalen Salons ein blutleeres Dasein führt, sondern ein echter Gran Turismo, der die Handlichkeit, die Kurvensicherheit und die Richtungsstabilität des echten Sportwagens in einer einmaligen Harmonie mit dem Komfort der Ermüdungsfreiheit und der Laufruhe des Reisewagens für die große Fahrt vereinigt. Er wurde von Ingenieuren gebaut, die es gewohnt sind, selbst 1000 Kilometer ununterbrochen hinter dem Lenkrad zu sitzen.«

Andreas Glas (links) und Karl Dompert im Karosserierohbau.

Beweis für die konstruktive Zusammenarbeit beider Häuser: der BMW 1600 GT 1967.

211

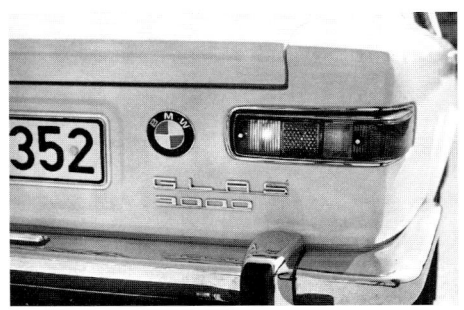

Realität gegen Träume. Was vorn noch wie ein Glas-Wagen aussieht (oberes Bild), trägt, wie der neue V 8, am Heck das BMW-Emblem.

Worte in den Wind? Vielleicht war es ein letzter verzweifelter Versuch, das Wilcke-Konzept doch noch einzulösen. Aber bald verschwindet, vom Rechenstift gestoppt, der neue V 8, auch wenn er rechts am Heck das emaillierte BMW-Emblem tragen darf, sang- und klanglos. Auch Dompert und Anderl Glas, die als Geschäftsführer fungieren, sehen dann wohl ein, daß die Realität gegen die Träume steht, die man hegt, und es ist Dompert, der, als BMW sich entscheiden muß, ob Landshut oder Dingolfing den Standort für neue Werksanlagen abgeben soll, einen wahren Kampf um Dingolfing führt – und diesen Kampf gewinnt.

Was sich im Hintergrund dieser Standortfrage vollzog, berührte den Kern der Motive des Glas-Erwerbs, ging es doch weniger um die in Dingolfing erworbenen Flächen – was immer auf ihnen geschehen würde – als um den Kauf eines »Leutepotentials« von 3500 Automobilarbeitern, ohne die BMW die notwendige und beabsichtigte Expansion verwehrt blieb. Entschloß man sich nun, neu zu bauen, lag es nahe, dies eher in Landshut zu tun, wo die Grundstücksabteilung der BMW AG zum Glas-Motorenwerk äußerst günstig große Landflächen (400 000 qm) hatte hinzukaufen können – grüne Wiese, auf der, unbehelligt von Altbauten, die dort nicht erst abzureißen waren, und nicht bedrängt von räumlicher Enge wie in Dingolfing, das neue Automobilwerk errichtet werden konnte. So hatte sich der Vorstand der BMW AG einhellig – bis auf Hahnemann – bereits für Landshut entschieden, als Dompert auf den Plan trat.

Mit seinem leidenschaftlichen Plädoyer für Dingolfing, das optimal günstiger läge, legte er zu seinem Hauptargument, daß die Mehrzahl der Facharbeiter hier in Lohn und Brot stünden (etwas über 3000, in Landshut waren es 450 und in Pilsting an die 200 Arbeiter), eine mit allen Statistiken, Zahlen und Beweismaterial jeder Art gespickte Studie vor, die darin wurzelte, daß das Arbeitskräftereservoir nicht im Raum München–Landshut–Dingolfing läge – einem Einzugsgebiet, das ohnehin durch BMW-Pendler ins Werk München ausgeschöpft sei –, sondern zwischen Dingolfing und der Tschechoslowakei: im weithin unerschlossenen und industriell brachliegenden Niederbayern, vornehmlich in dessen östlichem Teil, aus dem man jede benötigte Anzahl von Facharbeitern (26 000 bis 28 000) erhalten könnte.

Begünstigt wurde Domperts Votum für Dingolfing von der latenten Angst der bayerischen Staatsregierung, daß dieses in seiner Arbeitsstruktur ungeheuren Schwankungen unterworfene Niederbayern, ginge der Motor für seine Industrialisierung kaputt – und dieser Motor war Glas –, das Land vor unabsehbare Schwierigkeiten stellte.

Und so entschied man sich, den schon gefaßten Entschluß verwerfend, für Dingolfing, nicht zuletzt deswegen, weil es hier keine Probleme mit Jugoslawen, Griechen und Türken gab wie im Stammwerk in München, und auch die Frage der Fernpendler, aus denen nun Nahpendler wurden, war damit gelöst: niemand brauchte mehr in Wohnwagen oder in Notunterkünf-

Die frühere Zentrale von Glas, jetzt BMW-Werk 2 in Dingolfing.

Aus der Zeitung
»Der neue Tag«,
Weiden. 24. 11. 66.

ten, getrennt von Familie und ländlichem Kleinbesitz, vor Ort am Arbeitsplatz die Woche zu verbringen; Werksbusse fuhren früh um fünf die Leute heran, um sie nach Schichtende, manche bis vor die Tore Passaus, zu Hause abzusetzen – ein Zuhause, das meistens ein kleines landwirtschaftliches Anwesen mit Ackerland oder Garten umschloß.

Versucht man, die kargen Angaben der Geschäftsberichte in Leben zu überführen, so stößt man vergeblich auf irgendwelche Dramatik. Reibungslos hatte sich der Verkauf der vorhandenen Fahrzeuge, reibungslos die »Integration« der Glas-Händler – dank Kolk – in die BMW-Verkaufsorganisation vollzogen. Und die Dingolfinger Belegschaft, deren Vertrauen in Glas uneingeschränkt sich auf BMW übertragen hatte? Auch die »Entlassungswelle«, die einen Teil der Arbeiterschaft vorübergehend traf, hatte nicht die von der kleinen Landgemeinde Dingolfing befürchtete Lähmung ausgelöst. Hahnemann hatte jedem einzelnen freigestellt, so lange, bis die neuen Hallen gebaut waren und die Produktion wieder anlief, in München zu arbeiten; dann würde er wieder eingestellt. Das war eine feste Zusage. Das Arbeitsamt hatte denen, die nicht in München arbeiten wollten, Arbeitslosenunterstützung zugesagt. In einer Sitzung beim Arbeitsminister Pirkl, an der auch Golda teilnahm, ging alles ohne Hektik über die Bühne. Im übrigen machten die wenigsten von dem Angebot, nach München zu gehen, Gebrauch. Fast jeder hatte seine Kuh im Stall, war halber Bauer geblieben und zog es vor, in Dingolfing an der Isar, auf sich selbst gestellt und sich einschränkend, statt in

Betriebsversammlung am 7. 4. 67:
Master-Plan durchgeführt.

München (das zwar auch an der Isar lag, aber eben nicht in Niederbayern) die Zeit zu überbrücken. So erledigte sich auch dieses Problem. Und auch der Zukauf von Land, das BMW brauchte, um den von Gieschen vorgelegten Master-Plan durchzuführen, wurde, so schwierig es sich anließ, Zug um Zug gelöst, nachdem der schwerste Stein aus dem Weg geräumt war. Denn es lag, das erworbene Gelände durchschneidend, »mittendrin« jene zweite Landmaschinenfabrik (namens Eicher), die bewogen werden mußte, auf anderen Grund überzusiedeln (man bot ihr den Glas-Besitz in Pilsting an), und »mittendrin« lag jener »Müller«, entschlossen, sowenig wie sein historisches Vorbild, der Müller von Sanssouci, sich dem alten Fritz gebeugt hatte, auf keinerlei Angebot einzugehen. Erst dem Bürgermeister Heiniger, den Dompert und Hahnemann gemeinsam beschworen, gelang die Überredung, gelang es auch, weitere Landkäufe zur Arrondierung des künftigen Fabrikgeländes bei Bauern, die die Preise hochschraubten, zur Hälfte des Verlangten durchzusetzen, indem er selbst als Käufer auftrat, nicht ohne sich auszurechnen, was die Gewerbesteuer – auf den für BMW erworbenen Flächen – seinem Städtchen einbringen würde.

Der Kolumnist Morlock berichtete im »Spiegel«, welche Antwort ihm 1966 in Dingolfing auf seine Frage: »Werden Sie das Goggomobil weiterproduzieren?« zuteil geworden sei. Anderl Glas, schrieb Morlock, zeichnete auf seinem Notizblock eine Bleistiftlinie, die man sich als Rentabilitätsgrenze vorzustellen habe: »Hier (sein Stift sticht einen Millimeter oberhalb der Linie aufs Papier) bau ma's noch weiter, hier (Stift auf der Linie) bau ma's a no weiter, hier (Stift einen Millimeter unterm Strich) bau ma's nimmer weiter.«

Man schrieb 1969, als der Stift unterm Strich aufsetzte und das Goggomobil starb.

Wegen fällig werdender neuer Verträge mit Zulieferern hätte es auf über 4000 DM verteuert werden müssen, einen Preis, den BMW – dem Goggomobil war als einzigem Glas-Auto das BMW-Emblem verweigert worden – nicht mehr für realistisch hielt. Auch paßte es nicht in die Linie, bei aller

Das war das Goggomobil: Mobilität zu Minimalkosten. Rechts der Lloyd Alexander.

Nur noch wehe Erinnerung: das Goggo Coupé.

Bewunderung seines Erfolges (mit 282 000 insgesamt gebauten Exemplaren war es das erfolgreichste aller deutschen Kleinautomobile, hatte die Isetta [161 728], hatte auch den »Leukoplastbomber« genannten kleinen Lloyd aus Bremen [131 733] aus dem Felde geschlagen und stand konkurrenzlos da), paßte einfach nicht ins BMW-Programm, auch nicht mit seinen Varianten von 300 und 400 ccm, die Glas samt einem Coupé dem Urmodell hatte folgen lassen. Damit es nicht auf Lagerhalden, auch nicht in die Schaufenster der BMW-Händler geriet, hatte Hahnemann den Vertrieb über separate Auslieferungsdepots gelenkt; nun übergab er, als gelte es, das »Goggo-Dings« so weit wie möglich von seiner Geburtsstätte zu trennen – am Ende konnten in Dingolfing doch noch Gelüste aufkommen, es neu zu bauen –, den »Rest vom Schützenfest« sowie alle Ersatzteilbestände an eine Firma hoch oben im Norden, in Bremen. Womit ein Glücksgefühl der Deutschen – Goggomobil gleich wiedererlangte Mobilität zu Minimalkosten – in einem Verdrängungsakt sein Ende fand.

Sucht man nach einem Symbol für das Ende der Nachkriegszeit, so war es das Sterben dieses Autos. Die Deutschen waren endgültig wieder wer. Jedenfalls glaubten sie das.

Griff nach den Sternen

Wir müssen noch einmal zum »Urteil des Paris« zurück – jener Episode, in der Hans Nibel, Technisches Vorstandsmitglied im Hause Daimler-Benz und unumstrittene Kapazität auf dem Gebiet des Motorenbaus, im Herbst 1932 in Sindelfingen unter drei Entwürfen, die ihm als »Paris« von BMW vorgelegt wurden, sich für den Motor Rudolf Schleichers entschied: einen nach amerikanischem Bauprinzip konstruierten Sechszylinder (Graugußblock, 1,2 Liter und statt eines neuen Vergasers, den zu entwickeln viel Zeit erfordert hätte, mit zwei Solex-Vergasern ausgestattet, keine Kostenfrage – ein Solex-Vergaser kostete damals ganze 7,50 Mark).

Mit diesem Motor, eingebaut in eine Karosserie, die in altgewohnter Weise in Sindelfingen hergestellt wurde – einen einfachen Holzrahmenaufbau, über den das Blech gezogen war –, hatte Daimler-Benz sozusagen Geburtshelferdienste für einen Wagen geleistet, der als BMW 303, vorgestellt am 11. Februar 1933, nur wenige Tage nach Hitlers Machtergreifung, den Beweis erbrachte, daß Luxus und Wirtschaftlichkeit sich nicht ausschlossen. Daß sich auf diesen Wagen ein ganzes Programm gründen würde, ahnte niemand. Erfüllte er doch lediglich die von Popp, dem damaligen BMW-Generaldirektor, gehegte Vorstellung, ein neuer BMW müsse unter der Haube mehr Kraft bergen, als man ihm ansähe, was nur ein Sechszylinder einlösen könne. Der Wagen trug, um 200 Kilogramm leichter als jedes vergleichbare Modell und mit 50 Prozent höherer Leistung als der bisherige Vierzylinder 3/20, zum erstenmal die für BMW charakteristische »Niere« – kein Modeemblem: sie ergab sich von selbst, Fiedler hatte den Kühler in leicht geneigter Form angelegt und die Ecken abgerundet, um den Luftwiderstand zu verringern.

Beides brauchte Daimler-Benz nicht zu kratzen. Der neue Sechszylinder erzielte mit 1173 ccm Hubraum 30 PS Leistung bei 4000 Touren – also keine Gefahr! Stets hatten, im Hinblick auf eine nie aufgegebene Zweckehe, Popp und der mit ihm befreundete Daimler-Benz-Chef Kissel sich arrangiert, die Abgrenzung der Produkte beider Häuser strikt eingehalten. Auch diesmal war man d'accord, Daimler-Benz hatte sogar den Motor bestimmt, und kein Wölkchen trübte den Himmel. Bis im Herbst 1935 BMW mit einem neuen 2-Liter-Wagen, dem 319, in die »große Klasse« vorstieß ... Alarm! Daimler-Benz verweigerte die weitere Zusammenarbeit – zunächst mit der Begründung, Ganzstahlkarosserien baue man in Sindelfingen nicht, dann ganz offen: Man wolle nicht Zulieferer sein für ein Produkt, das als Konkurrenz angesehen werden müsse. Der Bruch zwischen »Stern« und »Propellerfeld« war da. – Wer konnte ahnen, daß der Bruderzwist BMW/Daimler-Benz lange, lange nach dem Tod beider Männer – ein »Tausendjähriges Reich« war vergangen, aus seinen Trümmern die Bundesrepublik Deutschland erstanden –, in voller Schärfe aufs neue entbrennen würde ... an jenem Sechszylinder, zu dessen Urbild Daimler-Benz fünfunddreißig Jahre zuvor den Segen gegeben hatte, nicht wissend, daß es die Natter am eigenen Busen nährte?

Als Hahnemann, »Nischen-Paul«, 1968 aus seiner Nische heraustrat – man konnte auch sagen: sich aus dem Windschatten des großen Bruders löste –, tat er dies, indem er seiner neuen Klasse den 2500, einen Sechszylinder, folgen ließ. Nicht als Mercedes-Konkurrenz, erklärte er, für die BMW-

BMW 2000 CS Coupé.

Das 3200 CS Bertone Coupé.

Einstieg in die obere Mittelklasse: BMW 2500.

Aufsteiger sei der größere Wagen gedacht. Er wußte genau, daß beides auf dasselbe herauskam: Jeder Wagen, den BMW in der anspruchsvollen oberen Mittelklasse verkaufen würde, kostete Daimler-Benz einen Kunden. In der Preisklasse über 15 000 Mark stand Mercedes bisher allein auf weiter Flur. Opel, Jaguar und die großen Amerikaner, mit ihren geringen Stückzahlen, zählten nicht, die einzige Marke, die hier eine Chance hatte, war BMW.

Nichts war natürlicher, als sie zu nützen. Der legendäre BMW 327, vor dem Krieg mehr als jeder andere BMW-Typ Synonym für automobilistischen Fortschritt, hatte 1965 im BMW 2000 CS, im Jahr darauf im 2000 TI (120 PS, 180 km/h Spitze), obwohl beide nur vier Zylinder aufwiesen, seine moderne Wiedergeburt erfahren. Nach dem Abstoßen der alten Achtzylinder-Wagen, auch des teuren Bertone-Coupés, ebenso aller Glas-Typen, die das Image verdarben (und ohnehin nicht rationell herzustellen waren), lag nichts näher, als mit einem »großen« Wagen die alte Zielvorstellung Popps vom Automobil schlechthin einzulösen, nicht als Ungetüm in einer Prestigeklasse, die gern auf Mercedes beschränkt bleiben sollte, sondern als Sechszylinder für einen »neuen Fahrertyp«, über den H. W. Bönsch, als er ihn im September 1968 der Presse in Rottach-Egern vorstellte, sich wie folgt ausließ: »Unser Leitbild konnte weder der muskelbepackte Bodybuilder noch der behäbige Bürger sein. Uns schwebte der Typ des Leichtathleten vor: temperamentvoll, sehnig, durchtrainiert, leichtfüßig, agil, vital – und durch und durch jugendlich.«

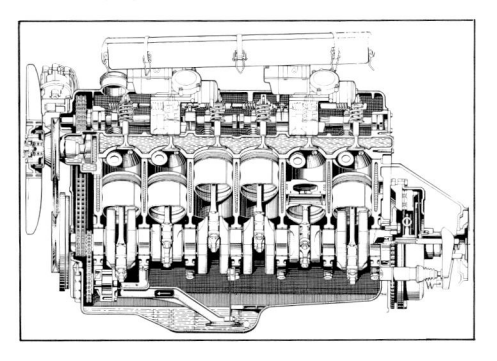

Solcher Werbungslyrik – wir werden noch sehen, wie sehr sie den großen Bruder peinigte – fügte er seine Gedanken vom »abgestimmten Automobil« hinzu. Die »Abstimmung« beschränke sich keineswegs auf die Konstruktion, vielmehr beinhalte sie eine Symbiose, jene Lebensgemeinschaft zwischen Mensch und Maschine inmitten neuer Verkehrsverhältnisse:

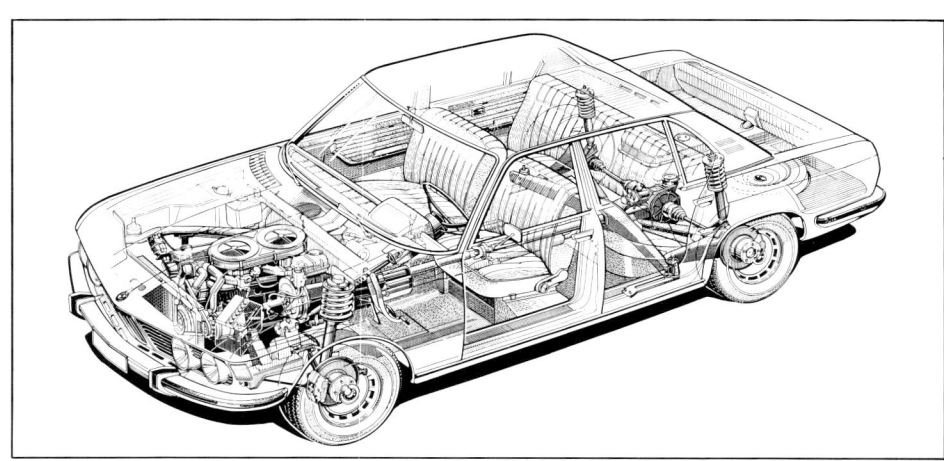

Motorlängsschnitt BMW 2500.

Der BMW 2500 im Schnitt.

»Lebensgewohnheiten und Umwelteinflüsse haben sich in den letzten Jahrzehnten grundlegend gewandelt. Wir rollen nicht mehr gemütvoll über menschenleere Straßen, sondern spielen täglich ein erregendes Spiel mit unendlich vielen Varianten, das schnelle Reflexe – und einen auf diese Reflexe schnell reagierenden Wagen – voraussetzt, wenn wir Freude an diesem Spiel haben wollen.«

Marketing-Sprache, gewiß. Daß das Sportliche dem modernen Lebensgefühl näherstand als die bürgerliche Repräsentation – im Grunde das Erfolgsgeheimnis von BMW –, wußte man in Untertürkheim so gut wie in München. Ärgerlich war nur, daß die kühle Kalkulation, die hinter dem Marketing stand, sich auch auf die Technik des neuen Wagens stützte. Bei Daimler-Benz war aus guten Gründen der Wankelmotor in Entwicklung, der sich (im NSU RO 80) in der Laufruhe als überlegen gegenüber allen entsprechenden Sechszylindern erwiesen hatte. Der neue BMW-Sechszylinder hatte – und war ein Hubkolbenmotor! – die gleiche Laufruhe: Ergebnis eines konsequenten Massenausgleichs an der Kurbelwelle, die zu ihren zwölf Gegengewichten siebenfach gelagert war, so daß keine störenden Schwingungen auftreten konnten. Und wenn die Fachkritik (wie in »auto motor und sport«) den »sonoren, turbinengleichen« Lauf in allen Drehzahlbereichen rühmte (»6500, selbst 7000 U/min erreicht der Motor mühelos, ohne daß Leistungsschwund oder Ventilflattern spürbar werden«), wenn sie von aus-

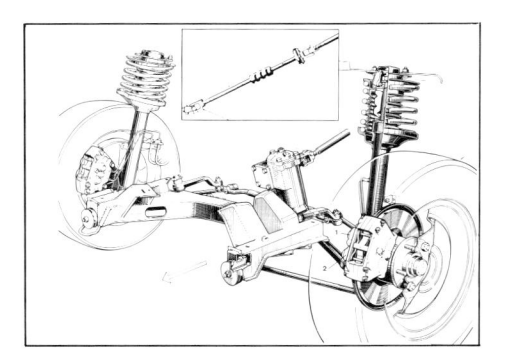

Radaufhängung mit Lenkungsanordnung im BMW 2500.

geklügelter Brennraumform, ja von »Brennraum-Strategie« sprach, die den Motor thermisch äußerst unempfindlich mache, und neben der zum Rotationskolbenmotor etwa gleichwertigen Drehfähigkeit und Laufruhe den absolut niedrigeren Kraftstoff- und Ölverbrauch herausstrich, dann war bei der im selben Atemzug festgestellten »recht betagten Motorkonstruktion der Stuttgarter Konkurrenz« bei dieser Alarm geboten.

Schon das Wort »Konkurrenz« versetzte die Untertürkheimer in Wut, und da sie zur »unauffälligen Souveränität«, die der BMW 2500 seinem Fahrer verschaffe, seiner »Handlichkeit«, seiner »fast an ein Wunder grenzenden Leichtgängigkeit infolge einer neuartigen Lenkungsgeometrie« noch lasen, dies alles, von den langen Wartezeiten ganz abgesehen, erleichtere dem Käufer bestimmt oft den Entschluß, Stern Stern sein zu lassen und auf die weiß-blaue Marke umzuschwenken, war es verständlich, daß sie nicht mehr schweigen wollten.

Wer jedoch die Philippika las, mit der sie zum Gegenschlag ausholten (halböffentlich, im »Scheinwerfer«, einem hausinternen Mitteilungsblatt der Verkaufsorganisation), reagierte belustigt bis enttäuscht. Schon die Überschrift »Wir freuen uns auf die weiß-blaue Konkurrenz« stimmte nachdenklich. Wirklich? fragte sich, in aller Unschuld, der Leser. Und fragte weiter, was, um Himmels willen, den oder die Verfasser bewogen haben mochte, die folgende These aufzustellen:

»Der konstruktive Aufwand, mit dem dieser neue Große BMW auf die Räder gestellt worden ist«, stand da schwarz auf weiß, »bedeutet nicht zuletzt eine Verbeugung vor der Arbeit und vor dem Können *unserer* Ingenieure und Mitarbeiter in Konstruktion, Versuch und Fertigung. Er ist der Beweis dafür, daß man sich in München darüber klar ist, gegen wen man anzutreten hat. Und man ist bestrebt, mit möglichst gleichwertigem Angebot uns den Markt streitig zu machen.«

Aus dem beigefügten Bild des Corpus delicti wurde dann der Beweis für die Unzulänglichkeit dieses Vorhabens abgeleitet:

»Böse Menschen, zu denen wir uns nicht zählen, haben dem neuen Großen BMW nachgesagt, er sei, wenn man bei einem Foto mit der Hand die Frontpartie zudecke, kaum von einem Mercedes-Benz zu unterscheiden.

Das ist zweifellos übertrieben – obwohl das Auto nicht schlecht aussieht. Gewisse Stilelemente findet man heute an vielen Wagen mehr oder weniger variiert.

Viel interessanter wäre die Frage, ob der Große BMW wirklich ein Großer Wagen ist – oder nur ein etwas gewachsener kleiner BMW?

Dem ›Stern‹-Tester B. Busch zum Beispiel ›fiel auf, daß er (der BMW) nicht auffällt‹. Das kann ein Vorzug sein. Für Leute, die gern tiefstapeln. Das kann aber auch ganz schlicht beweisen, daß diesem Auto fehlt, was es eigentlich haben sollte – sowohl die Dimension wie das Erscheinungsbild des wirklich Großen Wagens.«

Der serienmäßig mit Sperrdifferential und Niveauausgleich ausgestattete BMW 2800.

... hier bei seiner Presse-Vorstellung 1968 in Rottach-Egern.

Der Vorstand mit Mitgliedern des Aufsichtsrates (v. r. n. l.: Wilcke, Gieschen, Dr. Draeger, Osswald, Dr. Peter, Hahnemann, Pollmann, Golda) am neuen 2500.

Die »Rutschplatte« innerhalb des Versuchsgeländes der Daimler-Benz AG in Stuttgart-Untertürkheim mit neun konzentrisch angelegten Fahrbahnen mit verschiedenem Bodenbelag.

Und so ging es fort – mal hämisch bis gehässig (»Rein äußerlich ist der BMW zwar handlich, aber so sieht er auch aus – nämlich verhältnismäßig klein«), mal lobend (»BMW hat einen weiteren Sprinter auf die Beine gestellt, der sich sehen lassen kann!«) und gleich wieder abwertend. (»Wir haben zwar auch Spaß hin und wieder an einem flotten Spurt, insgesamt halten wir mehr von der athletischen Überlegenheit des Zehnkämpfers, des Mannes, der schnell ist *und* stark, gewandt *und* ausdauernd. So auch, meinen wir, sollen Automobile gebaut sein.«)

Hahnemann blieb ungerührt. »BMW ist eine Braut, die täglich schöner wird«, überschrieb im Jahr darauf der »Spiegel« ein Interview mit ihm (das Wort stammte nicht von Hahnemann, sondern war die Antwort von Karoli, als auf einer Hauptversammlung ein Kleinaktionär wissen wollte, ob eine Fusion und mit wem geplant sei). Zum Zeitpunkt des Interviews (September 1969) war die Nachfrage auf die Sechszylindertypen BMW 2500 und 2800 so gestiegen, daß die Käufer bis zu 15 Monaten auf die Lieferung warten mußten – genausolange wie auf einen Mercedes 280. Dennoch bestritt Hahnemann hartnäckig den Vorwurf, den Mercedes-Fahrern endgültig die linke Fahrbahn streitig gemacht zu haben.

SPIEGEL: Wie anders soll man Ihre großen Wagen sonst deuten, wenn nicht als Anti-Mercedes-Wagen, noch dazu mit dem exakt gleichen Hubraum?
HAHNEMANN: Das stimmt, wenn man nur Produkt zu Produkt vergleicht.
SPIEGEL: War das Zufall?
HAHNEMANN: Reiner Zufall. Es ist ein Ergebnis unserer Nischen-Politik. Denn der 2,5-Liter-BMW oder der 2,8-Liter-BMW sind andere Autos, die anders erfühlt, erfahren, empfunden werden als der 2,5-Liter-Mercedes oder der 2,8-Liter-Mercedes. Unsere psychologische Marktnische wird hier besonders deutlich erkennbar, weil diese beiden Autos in der Tat akkurat den gleichen Hubraum haben.
SPIEGEL: Und das war keine Absicht?
HAHNEMANN: Ich wiederhole: nein.
SPIEGEL: Wir möchten auch wiederholen und sagen: wirklich ein merkwürdiger Zufall.
HAHNEMANN: Wir haben an Mercedes überhaupt nicht gedacht, als wir dieses Auto entwickelten. Das hätte genausogut auch ein 2,6-Liter sein können. Wir hatten zuerst vor, einen 2,2-Liter zu bauen. Davon kamen wir ab, um bei den Mercedes-Benz-Leuten den Eindruck zu vermeiden, wir wollten genau in ihre Klasse reinfahren.
SPIEGEL: Und damit bei Mercedes so ein Verdacht gar nicht aufkommen konnte ...
HAHNEMANN: ... haben wir den 2,5-Liter gebaut, so war das ...
SPIEGEL: ... eben ...
HAHNEMANN: ... und zwar vor allem, weil jedes Automobil eine genaue Abstimmung zwischen Maschine und Gewicht braucht. Wir sind ja nicht zuletzt deshalb so berühmt in aller Welt, weil wir das abgestimmte Automobil bauen. Wahrscheinlich ist uns Daimler-Benz in der Fertigung noch eine Nasenlänge voraus. Das ist auch einfacher, wenn man, wie die Stuttgarter, schwerer baut. Aber in der Feinabstimmung können wir es gewiß mit jedem Wettbewerber aufnehmen.

Karikatur aus dem Handelsblatt.

Offenes Rennen

Rechts: Cockpit des BMW 2800

Unten: Hubert Hahne auf einem BMW Formel 2-Wagen (Brabham-Chassis) 1966 in Hockenheim und beim Bergrennen in Eigental/Schweiz auf dem BMW 2000 Ti.

So sprach Hahnemann und log gewiß ebensowenig, wenn er beteuerte, mit seinem Vorstandskollegen im besten Einvernehmen zu Daimler-Benz zu stehen. »Der Frieden zwischen beiden Häusern war, jedenfalls auf Vorstandsebene, nie gestört. Wir haben eine freundschaftliche Zusammenarbeit mit den Stuttgartern . . .«

»Freundschaftliche Gespräche bei einem Rehrücken?« fragte der »Spiegel«.

»Nein«, sagte Hahnemann, »auch im Austausch von technischen Erfahrungen. Wir studieren beispielsweise die Art und Weise der Terminkontrolle. Es gibt Austausch-Ingenieure. Die Stuttgarter stellen uns auch öfter mal ihre Versuchsbahn zur Verfügung . . .«

Auf eben diese Versuchsbahn, die BMW fehle, hatte der »Scheinwerfer« angespielt: »Die Arbeit dort verbreitet nicht den heroischen Schimmer, der vom harten Motorsport ausgeht. Dafür garantiert sie den Erfolg – das serienreife Automobil, das seine Erprobung *hinter* sich hat.«

Die offene Unterstellung, der BMW habe eine solche Erprobung noch *vor* sich, hatte Hahnemann zwar geschickt gekontert, doch traf sie ihn stärker, als er zugab. Die Grundfrage war ja wohl: Kann der Rennbetrieb noch Prüfstand für den Serienwagen sein?

Erfahrungen aus dem Rennsport, aus Rallyes und aus Straßenversuchen auszuwerten und dem Serienfahrzeug zugrunde zu legen, war, falls man kein Dogma daraus machte, zweifellos richtig . . . und unverzichtbar für jenes »sportliche Automobil«, wie es BMW dem Käufer anbot mit seiner »aktiven Sicherheit«: seiner Straßenlage . . . seinem Bremsverhalten . . . seinem Beschleunigungsvermögen . . . und dem Werbewert, der darin lag, daß die technische Auslegung für Grenzbeanspruchungen im Rennsport selbstverständlich dem Serienwagen zugute kam, auch wenn der sie gar nicht benötigte. (Aber: kauft der Käufer, was er braucht? Immer nur, was er sich wünscht . . .)

Andererseits waren die Schlüsse, die man aus einem Fehlverhalten des Fahrzeugs, z. B. in einer bestimmten Kurve, auf einem bestimmten Kurs zog, nur dann von Wert, wenn der exakten Analyse und der Beseitigung der Ursachen weitere Prüfungen folgten – Prüfungen unter den genau gleichen Bedingungen, die eine Rennstrecke, niemals die Landstraße bot. Gewiß, ein Renn- oder Rallyefahrer wagte sich im entscheidenden Moment in Grenzbereiche vor, die ein Testfahrer nie ermittelte. Dennoch, wollte man mit wissenschaftlicher Gründlichkeit ein Fahrzeug zur Reife entwickeln, brauchte es dazu ein Gelände, auf dem die notwendigen Test-, Meß- und Prüffahrten praktisch sooft man wollte – bis zum optimalen Ergebnis – wiederholt werden konnten. Daimler-Benz hatte ein solches Gelände und es – was der »Scheinwerfer« nicht erwähnte – den Münchnern großzügig zur Verfügung gestellt. Eine langfristige Lösung war dies indessen nicht. Gerade hier berührten sich die Interessen zu direkt – ganz abgesehen davon, daß man den Gastgeber nicht mit den eigenen Errungenschaften provozieren wollte: Seht mal, was wir da schon wieder im Kasten haben ... So hatte BMW in aller Stille bei Aschheim am Speichersee eine halbe Million Quadratmeter Land aufkaufen lassen, um eine eigene Versuchsbahn einzurichten.

Am Speichersee eine halbe Million Quadratmeter Land aufgekauft: Die BMW-Versuchsbahn bei Aschheim.

Und die Rennaktivitäten gestrichen? Man hatte phänomenale Erfolge errungen. Unvergessen leuchtete, auch wenn sie unter anderen Verkleidungen und Markenbezeichnungen (Veritas) lief, die Technik des »Mille-Miglia«-Wagens 328 aus den ersten Nachkriegs- und frühen fünfziger Jahren herauf. Dann hatte der »Bergkönig« Hans Stuck – mit 57 Jahren, wie er glaubte, eigentlich am Ende seiner Karriere – im »schönsten Auto der Welt«, dem 507, im Wallbergrennen am Tegernsee ein glänzendes Comeback erlebt und war im 700 RS, dessen Zweizylinder-Boxermotor mit 85 PS Spitzengeschwindigkeiten bis zu 190 km/h hergab, sogar zum Titel eines deutschen Automobil-Bergmeisters aufgestiegen. Hubert Hahne brachte es dann, als der Tourenwagensport in Europa begann, Mitte der sechziger Jahre, zunächst im 1800 TI, zwei Jahre später im 2000 TI zum ersten Tourenwagenfahrer der Welt, der die Nordschleife des Nürburgringes in weniger als 10 Minuten bewältigte. (Die Zeit von 9:58,2 Minuten entsprach einer Durchschnittsgeschwindigkeit von 137,2 km/h, und ein Sportjournalist schrieb: Der BMW 2000 TI ist ein Vorgriff auf das Jahr 2000.)

Apfelbeck-4-Ventil-Motor

Dem Vorstand war es recht. Es war ihm recht, daß man den 2-Liter-Motor des 2000 TI als 16-Ventiler – mit 260 PS – in einen Bergspider namens »Monti« einbaute (1966 wurden mit diesem als »Apfelbeck-Motor« bekanntgewordenen Aggregat allein an die acht Weltrekorde aufgestellt), und er hatte nichts dagegen, daß BMW 1967 in die Formel 2 einstieg, in der

Dieter Quester im »Monti« Bergspider mit dem Apfelbeck-Motor.

Fahrer wie Hubert Hahne, Gerhard Mitter, Dieter Quester, Jacky Ickx oder Jo Siffert Erfolg um Erfolg errangen. Wenn sportliche BMW-Fahrer sich auf diese Weise mit einem Produkt und einem Produzenten identifizierten, war BMW eben mehr als nur eine Fabrik, war ein Stück ihres Lebens, mindestens ein Teil ihrer Weltanschauung geworden – und das war das schlechte-

Jacky Ickx und Hubert Hahne gewinnen das 24-Stunden-Rennen von Spa Francorchamps im 2000 Ti.

ste nicht. Dieser Motorsport erzog ja auch dazu, in kritischen Situationen zum richtigen Zeitpunkt das Richtige zu tun. Sodann wirkte er – was immer wieder ein Mann bewies, der Konstrukteur *und* Rennfahrer in einer Person war: v. Falkenhausen – innerbetrieblich zurück. Ein Unternehmen war wie ein Mensch: Treibt es Sport, so ist es durchtrainiert, begeisterungsfähig, leistungsstärker ... Hahnemann konnte ein Lied davon singen: mit Konstruktionsabteilungen – er hatte sie kennengelernt –, die allein der Rechenstift dirigierte, war kein Blumentopf zu gewinnen; in Bürokratie erstarrt, erstarrte auch das Produkt. Wer aber, wie Jochen Neerpasch, der spätere Rennleiter bei BMW, einmal sagte, »das Flair und die Atmosphäre der sportlichen Auseinandersetzung erlebt hat und unter ihrem Eindruck Lösungen, Ideen und Organisationstalent entwickelt, der hat jene Begeisterungsfähigkeit, die Grundlage für eine total andere Einstellung zum Automobil ist«. Um diese Grundlage ging es. Fehlte sie einem Konstruktionsteam, fehlte sie auch dem Kunden. So war »Motorsport«, zumal für ein Werk, das von jeher das »sportliche Automobil« pflegte, ein unverzichtbares Marketing-Mittel, das nur dann zum Bumerang werden konnte, wenn Niederlagen (nicht nur in Rennen, auch bei Rallye-Fahrten) oder gar Unglücksfälle bis Katastrophen – man brauchte nur an Le Mans zu denken – den Gott »Automobil« von einem Tag auf den anderen vom Sockel stürzten; dann verteufelten die Massen, was sie soeben noch angebetet hatten.

Hubert Hahne, der BMW-Erfolgspilot der 60er Jahre (links), mit Rennleiter Klaus Steinmetz.

Spa/Francorchamps. Hahne an der Haarnadelkurve La Source.

Auf Anhieb Weltrekord über 1000 Meter in Hockenheim durch Entwicklungschef v. Falkenhausen.

Falkenhausen legt letzte Hand an bei Einstellung des Apfelbeck-Motors. Im Hintergrund links der Konstrukteur Ludwig Apfelbeck.

Dieter Quester nach seinem Formel-2-Sieg über Clay Regazzoni (rechts) in Hockenheim 1970.

Hier lag die Ursache für das ambivalente Verhalten, das die Firma zeigte, wenn sie Weltrekordfahrten auf dem Hockenheimring im Sommer 1968 (sie waren bei der ONS, der Obersten Nationalen Sportkommission für den Automobilsport in Deutschland, bereits angemeldet und von dort zugesagt) kurzerhand verbot, dann aber doch genehmigte – zum Triumph von Alexander v. Falkenhausen. Der hatte, um seinen Formel-2-Wagen überhaupt einmal zu bewegen, schon Probefahrten auf dem Werksgelände, rund um die Produktionshallen, unternommen. Am 22. September errang er dann tatsächlich auf Anhieb in Hockenheim den Weltrekord über 1000 Meter und die Viertelmeile im stehenden Start, den ihm freilich schon vierzehn Tage später die Italiener wieder abjagten, die ihn aber auch nur bis zum 15. Dezember behielten, als ihn Hubert Hahne erneut für BMW erstritt.

Die Notwendigkeit, das eine zu fördern, entband nicht von der Pflicht, das andere im Auge zu behalten. Entscheidend blieb, was der präsumtive Kunde verlangte, und das war – das Verbraucherverhalten der letzten Jahre hatte es klar erwiesen – neben der Sportlichkeit, die ein BMW bot, auch sein Komfort. In allen drei Klassen hatte BMW beide Komponenten verschieden quantifizieren müssen, hatte, was den kleinen Wagen auszeichnete – seine betonte Sportlichkeit (für junge Fahrer: harte Federung, man mußte »durch die Kurven preschen können«) –, bei den Mittelklassewagen zugunsten des Komforts gemindert (». . . mit einem Temperament und einer Gesamtleistung, die man in dieser Hubraumklasse wohl von ausgesprochen sportlichen Fahrzeugen, aber nicht von einer sehr komfortablen Limousine gewohnt war«, lobte die »Automobil-Revue« in der Schweiz). Dann hatte man beim Großen Wagen, der wieder sportlicher ausgelegt war, 1970 die Quittung erhalten, als plötzlich 5000 Sechszylinder auf dem Hof standen – nach einem Zuwachs von 85 Prozent im Vorjahr. Wie das? »Wir haben uns verrechnet«, gestand Hahnemann ein, »einfach falsch kalkuliert; nicht 30 Prozent Wachstum, nur 12 Prozent gab der Markt her; hinzu kam das schlechte Exportgeschäft, in Frankreich bedingt durch die zweimalige Aufwertung der Währungen und zusätzliche Sondersteuern, in Schweden durch neue Sicherheitsbestimmungen.«

Der wahre Grund lag woanders: Jene älteren Herren, die jung dachten, zwar durchaus Sportlichkeit, aber Komfort nicht minder schätzten, hatten, wie Schnellumfragen bewiesen, BMW den Rücken gekehrt (einhellige Kritik: »Bei einem so teuren Wagen müßte auch die Innenverarbeitung wesentlich besser und sorgfältiger sein!«), und Hahnemann und Gieschen reagierten blitzschnell; sie ließen »mehr Komfort« in die Sechszylinder ein, wobei sie aber bestrebt blieben, Mercedes nicht zu erreichen.

Einem anderen Vorwurf, der sich gegen die Werbung richtete, daß sie nämlich bei manchem Fahrer ein möglicherweise verhängnisvolles Überlegenheitsgefühl auslöse, begegnete man ebenso schnell, indem jedem Neuwagen ein Handbuch mit dem Titel »Haben wir das nötig?« beigelegt wurde –

um zu verhindern, daß Krawallfahrer herangezogen wurden. Zwar verheimlichte Hahnemann nicht, »Herrn Walter Scheel, dem Oppositionsführer des Deutschen Bundestages«, einen Sechszylinder verkauft und auf seine Frage: »Herr Scheel, wie kommen Sie eigentlich dazu, einen BMW zu kaufen?« die Antwort erhalten zu haben: »Als Oppositionsführer kann ich doch kein Establishment-Auto fahren!«, doch hütete er sich, Image gegen Image auszuspielen und über »Opposition«, für die BMW das Symbol sei, mehr zu sagen, als jedermann wußte: daß es bei allen Zeichen der Zeit – Studentenunruhen, Demonstrationen und Sit-in's, bei all den Ereignissen auf den Straßen der Großstädte, vor den Werkstoren, in den Universitäten und Parlamenten – um den Grundprotest einer Jugend gegen die Väter- und Großvätergeneration und damit auch gegen die Wohlstandsgesellschaft ging, für die, nun eben ja, Mercedes das Statussymbol abgab. Wörtlich sagte er: »Darunter haben die Stuttgarter eine Menge zu leiden. Wir sind die Nachgekommenen. Jeder weiß von uns, daß es uns dreckig gegangen ist.«

Untrügliches Merkmal von Krisen sind Sparmaßnahmen. Zur Halde, die jene »komfortlosen« Sechszylinder-Wagen vorübergehend bildeten – es war im Oktober 1970 –, kam ein Ereignis, das in München einige Wellen schlug: Gerade war der Formel-2-Wagen von BMW als Sieger aus dem Flugplatzrennen in Neubiberg hervorgegangen, da deckten die Monteure den Wagen mit schwarzem Segeltuch ab – als Zeichen der Trauer über einen

Fahrerlager in Thruxton/England. Was beim Easter-Monday-Race (Ostermontags-Rennen) 1970 hoffnungsvoll begann, fand im Herbst ein jähes Ende: Einstellung der Rennaktivitäten bei BMW.

Vorstandsentschluß, der »wegen der Gefährlichkeit des heutigen Formel-2-Sports und der immer größer werdenden Entfernung zum Serienautomobil« den Rückzug von den Rennpisten und die Auflösung der BMW-Rennabteilung verkündet hatte.

Sparmaßnahmen? In der Tat waren nicht nur den Bayerischen Motoren Werken, vielmehr der gesamten deutschen Automobilindustrie – nach ungewöhnlichen Zuwachsraten von 20 bis 40 Prozent; noch im letzten Jahr bei BMW von 17 Prozent – die Kosten einfach davongelaufen; man hatte sie zwar durch erhöhte Umsätze auffangen können, hatte weiter produziert, produziert, ohne indessen das System der Produktion zu verbessern, also weiter zu rationalisieren, wie dies in normalen Zeiten *normal* ist. Jetzt war die Quittung da, ein »Generalangriff auf alle Kosten« geboten.

Und Werksfahrer, Ingenieure, Techniker, voran v. Falkenhausen, trugen den Trauerflor am Arm, war doch ihr liebstes Kind, der Rennsport, der Devise EINSPARUNG zum Opfer gefallen... Dabei hatte das Werk nur nachgeholt, was beim großen Bruder, drüben in Stuttgart, bereits vor Jahren geschehen war.

Aufs neue richtete sich der Blick von BMW auf ihn. Bei allen Kooperationsplänen, die man in München hegte – Daimler-Benz war gar nicht so abgeneigt, mit BMW zusammen ein gemeinsames Werk zur Herstellung automatischer Getriebe zu betreiben –, kam es mehr denn je darauf an, ein

Konservatives Image abgestreift: Daimler Benz 190 E 2,3/16.

Zwerg unter Riesen zu bleiben. VW, die Nummer Eins der deutschen Automobilindustrie, hatte gerade in diesen Tagen keine Gelegenheit ausgelassen, kundzutun, daß für manchen Kleinen bald kein Platz mehr da sein werde – ohne zu ahnen, daß Wolfsburg selbst bald in die größte Krise seiner Geschichte hineinsteuern würde. Als »Kleiner«, mit relativ kleinen Stückzahlen und mit einer Mannschaft, die innerhalb kürzester Zeit genügend Innovationskraft einbringen konnte, um jedem Pendelschlag des Trends gerecht zu werden, war BMW beweglicher als jeder »Große«.

Blieb nur die Frage, ob man, wenn Daimler-Benz beschloß, seinerseits »sportlich« zu werden, und damit sein konservatives Image abstreifte, den Stoß nach »unten« auf die Domäne, die München eisern besetzt hielt, auffangen konnte. Noch dachte niemand in Stuttgart auch nur im Traum daran. Zu fest waren die Vorstellungen des Käufers an »Marken« gebunden, an das, was sie ihm an »Selbstwert« zuführten – ein eiserner Ring, der beide, Käufer und Marke, aneinander band.

Fünfzehn Jahre sollte Mercedes brauchen, ihn zu sprengen. Erst 1984 fuhr Daimler-Benz mit seinem sportlich daherkommenden Modell 190, zum erstenmal in seiner Geschichte, direkt in den Marktbereich von BMW hinein, zur Verwunderung der Branche – und hatte Erfolg.

In Homburg und anderswo

Was sich hinter Produktionsziffern, Umsatzmillionen und dergleichen verbirgt, ist immer das Werk von Menschen. Führt die Kurve nach oben, werden viele, fällt sie ab, nur wenige daran beteiligt sein wollen. Bei totalem Niedergang ist es keiner, bei spektakulärem Erfolg jeder gewesen, der ihn ausgelöst oder herbeigeführt, »wesentlich mitbestimmt«, »bedeutenden Anteil daran« hat; haben dort Zeitumstände, Tendenzen, gegen die man machtlos war, Unglücksfälle, für die niemand konnte, besorgt, was nicht zu verhindern war, ist es hier dann jedes einzelnen Talent, sind es sein gerade auf diesem Gebiet überragendes Können, sein Wissen, seine unbestreitbaren Fähigkeiten, die die Ursache bildeten.

In unserer Geschichte ist es nicht anders. Wie viele, die ich sprach, maßen sich zu, BMW an jenem schicksalsreichen Tag des 9. Dezember 1959 gerettet zu haben; begründet, schlüssig, in verständlicher Überbewertung ihres, in grotesker Unterschätzung des Anteils anderer. Dennoch war es Mathern allein, der den »Sieg« erfocht, wie es Quandt war, der, fußend auf dieser Voraussetzung, BMW auf die richtige Straße brachte. Staunend zunächst, daß sie sich als gangbar erwies, mehr und mehr überzeugt, daß es keine andere gab, wurde er, bestärkt vom sich abzeichnenden Erfolg, wachsend sicherer in seinen Entscheidungen, die immer – was ist ein Mann ohne die richtigen Mitarbeiter? – Personalentscheidungen waren.

Wie sahen diese Entscheidungen aus? Richter-Brohm schickt er in die Wüste; begreiflich, Symbolfiguren negativer Art, schon in bezug auf den bayerischen Staat, sind nicht zu gebrauchen – dennoch hätte Richter-Brohm ein anderes Schicksal verdient. – Feith, Fürsprecher der gescheiterten Daimler-Benz/Deutsche-Bank-Sanierung, die doch Quandts ureigener Gedanke war, ist von sich aus zurückgetreten; Augenmaß, Respekt – was blieb ihm übrig? – Mathern, keineswegs gleich »belohnt« mit einem Sitz im Aufsichtsrat, darf diesem erst später beitreten, wird dann in einen »Beirat zum Aufsichtsrat« berufen, scheidet, beiseite gedrängt, aus, erkrankt, stirbt. – Kämpfer, ein Mann, der unbedingt für die Daimler-Benz-Sanierung war, bleibt, als das Blatt sich gewendet hat, wie ein alter Löwe auf seinem Platz, kämpft mit Wilcke die Quandt-Sanierung durch, loyal, zäh, ist aber nicht unbedingt ein Mann Quandts und wird deshalb, wiewohl jeder und er selbst das erwarten konnte, auch nicht Generaldirektor; er geht, ohne Trauer. – Den Vorsitz nimmt Sonne ein. Daß der Erwählte keinerlei Erfahrungen im Automobilbereich hat, stört den mißtrauischen Quandt nicht; Sonne ist sein Gewächs, »bewährt in einem Unternehmen der Quandt-Gruppe«. Als »sein Mann« kündigt, ist das wie ein Faustschlag. – Dann wird Wilcke, nach eigener Bekundung nie mehr als Quandts Justitiar, Vorstandsvorsteher, also General. Ergeben dem Großaktionär, ist er, der sattelfeste Jurist, der ideale Statthalter, dem es nichts ausmacht, zunächst nur die Lücke zu füllen, die durch Sonnes vorzeitigen Weggang entstanden ist, dann wächst er über die von ihm nie anders verstandene Rolle hinaus, ist als Vorstandsvorsitzender, den Titel Generaldirektor vermeidend, absolut für das Unternehmen da, das er selbständig führt, zu aller Verblüffung. Dennoch weiß Quandt, was er an ihm hat ... wenn Wilcke zum Beispiel, wie es Mitte 1969 geschieht, den Aktionären den Wink gibt, der BMW-Kurs sei überhöht, ein Verkauf der Papiere mithin geraten – und Quandt an der Börse gerade sein BMW-Paket vergrößert (er hat seine Anteile an dem Öl- und Kali-Konzern Wintershall in Höhe von 125 Millionen DM abgestoßen) ...

Betriebsratsvorsitzender (links) und Großaktionär (rechts) im Gespräch.

Mit den meisten dieser Entscheidungen war ein Mann verbunden, der völlig außerhalb des Homburger Führungskreises und Beraterstabes der Quandt-Gruppe stand. Seine Legitimation hatte er aus freien Wahlen erhalten und seinen Auftrag: SICHERUNG DER ARBEITSPLÄTZE stets auf das Unternehmen selbst bezogen. Florierte es, gab es Arbeitsplätze; verkam es, gab es keine. Nach diesem einfachen Grundsatz handelte er – und handelte so, als gehörte das Werk nicht nur den Aktionären, sondern auch den Arbeitern und ihm selbst. Kurt Golda, der Betriebsratsvorsitzende der BMW AG, war 1956 einfacher Schlosser im Betrieb gewesen, als er in dieses Amt hineingewählt wurde. Fragt man, wie es kam, daß Quandt ihm ein ungewöhnliches Vertrauen entgegenbrachte, muß man umgekehrt fragen: Wie kam Golda, ein »Mann

225

Ins Werksgeschehen eingebunden: Golda mit Minister Hundhammer (Mitte) und Baron von Feury, dem Präsidenten des Münchner Rennvereins (4. v. r.) bei Verleihung des BMW-Rennpreises in München-Riem.

In Dingolfing – als Glas von BMW übernommen wird (v. l. n. r. Golda, Hahnemann, Wilcke).
Unteres Bild: mit Oberbürgermeister Dr. Jochen Vogel (rechts) und Gieschen-Nachfolger Koch (Mitte).

der Gewerkschaft«, der ausschließlich Interessen der Arbeitnehmerseite vertrat, dazu, Quandt zu vertrauen?

Jeder Mensch hat ein Schlüsselerlebnis für Einsichten, die ihn prägen. Goldas Schlüsselerlebnis lag in jenem 9. Dezember 1959, als er sah, wie Quandt innerhalb der Hauptversammlung eine Veränderung seines Standpunktes vornahm. Von der »Rettung durch Daimler-Benz«, die Quandt selbst initiiert hatte, war er über die Bereitschaft der Aktionäre, für die Erhaltung ihres Werkes zu kämpfen, ohne daß ein zukunftweisendes Konzept vorlag, zu der Erkenntnis gelangt: Es lohnt sich! ... und zum Entschluß, mit allen Risiken und Konsequenzen hier einzusteigen. Einer solchen unternehmerischen Entscheidung sich nicht zu verweigern, im Gegenteil, sie zu unterstützen, mit allen Risiken und Konsequenzen nun auch seinerseits, erschien Golda selbstverständlich – und ließ ihn über alle Schranken springen, die gemeinhin zwischen Arbeitgeber und Arbeitnehmer gesetzt sind.

Quandt wußte sehr wohl, wieviel bei der Regelung technischer Angelegenheiten vom inneren Frieden eines Betriebes abhing und daß nicht unversöhnliche Gegnerschaft, sondern »konstruktive Zusammenarbeit« – wie sie das Bundesverfassungsgericht in seinem Urteil zum Mitbestimmungsgesetz den Tarifpartnern zur Pflicht machte – jene gesellschaftliche Ordnung trug, die das Land, in dem man lebte, erstrebte und die es brauchte. Stimmte die soziale Ordnung im Betrieb, stimmte sie auch in der Gesellschaft. Alles hing also vom Betrieb ab, dessen »innerer Friede« dann freilich ein Nonsens war, wenn es bei den einmal gefundenen Formen und Normen sozialer Einrichtungen blieb; sie mußten neu ermittelt werden, nicht anders als in der Technik, wo jedes Verharren auf einmal gefundenen Stufen Rückschritt bedeutete.

Quandt suchte deshalb den Dialog, Golda nicht minder. Beide Männer führten ihn nicht von »Warte zu Warte«, eher wie Nachbarn am Zaun, manchmal wie Freunde und auch und gerade dann, wenn es sozialpolitisch heikel war und, wie öfters geschehen, der Vorstand Goldas Wünschen und Vorstellungen bereits ein »Nein« erteilt hatte. Quandt war dadurch mehr als einmal in Schwierigkeiten geraten, hatte aber stets, wie bei Goldas Forderung einer Stärkung des Unternehmens durch Rücklagenbildung und einer Beteiligung der Belegschaft an dem von ihr miterwirtschafteten Erfolg, eine Lösung gefunden, die beide Seiten zufriedenstellte. (Im angeführten Fall flossen von 60 Millionen DM Rücklagen – bei 60 Millionen DM Dividende – 20 Millionen DM in Form einer Mitbeteiligung an die Belegschaft zurück.) Und so war es bei Kapitalerhöhungen, wo Goldas gründliche Prüfung der kritischen Frage (Kann das Unternehmen bei einer Dividendendotierung von 18 Prozent eine solche Erhöhung zu pari vertragen, ohne seine Investitionskraft zu schmälern?) den Ausschlag gab für die Antwort: Es kann! So war es bei Vorstandsverträgen, deren Erneuerung eine Schwächung des Unternehmens bedeuten konnte (wenn Golda aus seiner Sicht bewies: keine Gefahr! und Quandt sich überzeugen ließ, unterschrieb er – oder unterschrieb nicht, wenn das Gegenteil der Fall war), und es war so beim Abstecken gegenseitiger Positionen, wo dieser jenem, jener diesem zur Kurskorrektur riet, um den Einweg zu verhindern, der unheilvoll werden konnte. Auch Quandts Neigung, seine Industriewerke untereinander in Vergleich zu setzen, verlor sich – Goldas Verdienst? – allmählich völlig.

Alles dies spielte sich, wenn beide in Intervallen, die von jeder Regelmäßigkeit befreit waren, in Bad Homburg oder an anderem Orte zusammentrafen, ohne Tagesordnung und ohne jegliche Tabus ab. Kam man nicht zu Rande, vertagte man sich, um Distanz zu gewinnen, traf sich dann erneut, Quandt gewiß, daß Golda versucht hatte, Quandt-Interessen gegen die der Belegschaft abzuwägen, Golda in der sein Gewissen beschwichtigenden Beobachtung, daß es Quandt selbst immer um das Unternehmen ging – beider A und O.

Quandt wußte: Golda hatte sein Lehrgeld bezahlt. Angefangen bei Allach – dort hatte er, 1949 bei BMW eingetreten, als Betriebsrat den Vorstand zu bewegen versucht, Milbertshofen aufzugeben und Allach als modernes Werk zu betreiben und auszubauen, vergeblich, wie wir wissen – bis hin zur Halle 95 an der Milbertshofener Riesenfeldstraße, wo er als Schlosser wieder begann, in den Betriebsrat gewählt und dessen Vorsitzender wurde. Nichts war ihm dann erspart geblieben: Kurzarbeit, Massenentlassungen, die Auswahl treffen zu müssen: Du gehst, du bleibst (wieso ich und der

Golda spricht zu
Arbeitern des
Werkes.

Das ist das neue Angebot:

Mitverdienen am Gewinn von BMW

München
Gleiche Rendite wie die Aktionäre ohne das Risiko einer Aktie: So interessant ist die Gewinn-Schuldverschreibung von BMW.

Sie sind sich einig, daß BMW-Mitarbeiter mehr von BMW haben sollen: Hauptaktionär Herbert Quandt (Bild links), BMW-Vorstandschef Eberhard v. Kuenheim und der Leiter des Betriebsrats Kurt Golda. Die Hauptversammlung muß ihrem Plan noch zustimmen.

In der Betriebsversammlung lag das BMW-Angebot auf dem Tisch:

Eine Namens-Gewinnschuldverschreibung für alle Mitarbeiter. Nach der Einführung der Erfolgsbeteiligung, die im Sommer '73 erstmals ausgezahlt wurde, ist damit der zweite Schritt zur betrieblichen Vermögensbildung der BMW-Mitarbeiter getan.

Und das sind die wichtigsten Punkte:

■ Verzinsung so hoch wie die BMW-Aktien (1973 gab es 16 Prozent)

■ Mindestverzinsung garantiert mit 7 Prozent

■ Trotz der günstigen Verzinsung wie bei den Aktien kein Kursrisiko.

■ Ein Exklusivangebot für BMW-Mitarbeiter. Nur Betriebsangehörige können davon profitieren.

▶ Lesen Sie Seite 2

Ein Angebot.
Aus der BMW-
Werkszeitung
»bayernmotor«
Dezember 1973.

nicht?) und die Ohnmacht, mitanzusehen, wie die Banken, als Modell um Modell fehlschlug, ohne Rücksicht auf Schließung und Belegschaftsschicksal schon gefaßte Entschlüsse des obersten Gremiums, des Aufsichtsrates, dem er selbst angehörte, einfach umwarfen, sich jeder unternehmerischen Verantwortung entzogen (auch wenn Golda protestierte, woraufhin der Vertreter der Dresdner Bank den Raum verließ, später dann auch sein Mandat niederlegte, was nützte es?). Quandt wußte auch von Goldas Damaskus, als Richter-Brohm, auf den er seine Hoffnung setzte, nicht zurücktrat, weil ihm sein Pensionsvertrag wichtiger war als die Belegschaft, mochte die zehnmal entschlossen sein, sich hinter ihn zu stellen und »das Ding durchzuziehen« – eine Welt brach da für Golda zusammen. Ebenso wußte er von Goldas Geheimtreffen mit Könecke, dem Generaldirektor von Daimler-Benz, bald darauf, und wie Golda als Belegschaftsvertreter den Köder »Zulieferbetrieb« – der BMW immer noch für Untertürkheim werden könnte, wie Könecke »im Interesse der Erhaltung der Arbeitsplätze« anbot – zurückgewiesen hatte, vertrauend auf Quandt; aber war das so sicher gewesen?

Bei allen diesen Aktionen hatte Golda sein Mandat niemals überzogen, es jedoch in einer Weise benutzt, die den Unternehmer in Quandt erkennen ließen, wie eng Sozialpolitik »vor Ort« und unternehmerische Entscheidungen miteinander verknüpft waren. Er hatte nachgedacht. Nirgendwo in der Welt interessierten einen Großaktionär betriebsinterne Fragen, die die Belegschaft betrafen – Sache des Betriebs, in dem zwar sein Geld steckte, die ihn aber nichts anging. Wieso ging sie ihn nichts an? War zum Beispiel das Problem der Gastarbeiter nur auf den Betrieb beschränkt, war es nicht – ein gesellschaftliches Problem? Wie der Betrieb es löste, bestimmte auch die Darstellung des Unternehmens, sein Ruf, seine Glaubwürdigkeit hingen davon ab. Über Golda erfuhr Quandt, welche Anstrengungen im einzelnen ergriffen worden waren, um zu verhindern, eine zweite Sorte Mensch entstehen zu lassen. Welche Rechte behielten die deutschen Arbeiter vor Türken, Griechen, Jugoslawen? Gar keine, sie sind gleichgestellt. Welche Nachteile ergeben sich dennoch für die Fremden? Wie war das mit diesem Warnstreik der Italiener in der Lackiererei? (Extremisten waren, wie Golda hatte ermitteln können, aus Italien eingeschleust worden, hatten versucht, den Funken zu zünden, Golda warf die Rädelsführer hinaus, in der Nacht schlug man ihm die Scheiben seines Hauses ein.)

»Und der Quandt«, sagte einmal beiläufig einer der von seinen Entscheidungen Betroffenen, »... wie diese Menschen alle so eingestellt sind, ich habe den Henschel persönlich kennengelernt und den Flick und den Soundso, die sind alle gleich: alle sehr skeptisch und mißtrauisch und so weiter ... und alle haben immer ein offenes Ohr für den, der erzählt, was andere nicht erzählen.« Er spielte damit auf Gieschen an, der in langen Telefonaten mit Quandt »immer mal etwas durch die Ritzen durchkommen« ließ, Dinge, die man im Vorstand intern lieber für sich behalten hätte.

Von solchem Verdacht – ganz abgesehen davon, daß er nicht im Vorstand, sondern im Aufsichtsrat saß – war Golda frei, und auch Quandt, der keinen Hehl daraus machte, daß er Golda eine neue Sicht auf die Arbeitswelt verdankte, in der »Humanisierung der Arbeitsplätze«, Gewinnbeteiligung, Prämien aus Rücklagenfluß und so fort keine Geschenke waren, die man dem Partner erwies. Es waren Grundrechte, an die das Unternehmen genauso gebunden war wie an die (selbstverständlich beanspruchten) Rechte des Aktionärs. (Wobei zu fragen blieb: Was verlor der, wenn der Geschäftsgang rückläufig war, keine Dividende abfiel, im schlimmsten Fall der Konkurs drohte? Höchstens seinen Einsatz, die Aktie, nicht aber, wie der Arbeiter, seine Existenz!)

Karl Heinz Sonne war der erste Jüngere, den Quandt an die Spitze der ihm wichtigsten Provinz in seinem Industriebereich, der autonomen BMW AG, stellte. Er kam aus dem Quandt-Bereich, hatte sich bewährt, war ganz nach oben gelangt.

Überwechseln zur Quandt-Gruppe will um diese Zeit (1965) aus Hannover, wo er in einer Werkzeugmaschinenfabrik schnell vom Betriebsingenieur und, als rechte Hand des Firmeninhabers, zum technischen Leiter aufgestiegen ist, ein Diplom-Ingenieur namens Eberhard v. Kuenheim. Er ist fünfunddreißig Jahre alt und schickt, obwohl ihm dies wie ein Akt der Undankbarkeit gegenüber seinem Förderer und Gönner, dem Inhaber der Firma, erscheint – doch es muß sein, beschließt er gegen alle persönlichen Bindungen, die er empfindet –, ein Bewerbungsschreiben nach Bad Homburg. Er richtet es an Dr. Dirk Cattepoel, den Personalchef und verantwortlichen Mann für Public Relations im Günther-Quandt-Haus, der Zentrale für viele industrielle Aufgaben und Verwendungsmöglichkeiten. Er hat Cattepoel anläßlich eines Vortrags in Hannover flüchtig kennengelernt. In dem Bewerbungsschreiben steht: dann und dann geboren, dann und dann Ingenieur-Diplom, Fachkenntnisse auf dem Gebiet der Automatisation. Längere Zeit hört er nichts. Dann, im Sommer noch desselben Jahres, erhält er eine Aufforderung zu einem unverbindlichen persönlichen Gespräch.

Er fährt sofort hin.

Abschied von den Flegeljahren

Beim Durchblättern einer Porträtsammlung von neuen Männern der Ruhrindustrie nach dem Kriege hatte mich jeweils ein Punkt interessiert: Wie waren sie, Kaufleute, Techniker, Forscher, in ihre Führungspositionen gelangt? Ein bedeutender Industrieller hatte im Vorwort vier Grundvoraussetzungen für den Mann in der Spitzenstellung einer Industrie genannt:
1. Solider, fester, geradliniger Charakter, der die Beschreitung von ungeraden Wegen verbietet, plus gesundem Ehrgeiz.
2. Intelligenz.
3. Ausreichende Vorbildung, in Erfahrung umzusetzen. Mit Intelligenz gekoppelt, ermöglichen Vorbildung und Erfahrung die überdurchschnittliche Leistung.
4. Intensive harte Arbeit, die niemals nach einer 48-Stunden-Woche fragt.

Zusätzlich nannte er, bedingt durch das immer komplizierter werdende Wesen der Wirtschaft, die Erwerbung eines über den Betrieb hinausgehenden Wissens, eventuell durch Unternehmerseminare im Ausland.
     Durchweg waren in dem Buch Männer vorgestellt, die nach 1945 sich an die Spitze hochgearbeitet hatten. Eine größere Anzahl hatte sich dadurch ausgezeichnet, daß es ihnen in zähen Verhandlungen mit den Alliierten gelungen war, eine Zerstörung der Werksanlagen durch Total- oder Teildemontage zu verhindern. Genügte das? Gewiß nicht. Es sicherte ihnen aber Profil. Fritz Berg zum Beispiel, Fabrikant von Eisen- und Stahldrähten, war lange in den USA gewesen, sprach perfekt Englisch und rettet das heimische Altena an der Lenne durch entsprechende Zusammenarbeit mit den Besatzungsbehörden vor marodierenden Fremdarbeitern, wird Bürgermeister, dann kurze Zeit Landrat, vor allem sieht man ihn dort rege, wo er als Sprecher von Industrieverbänden auftreten kann: bei der südwestfälischen Industrie- und Handelskammer, bei den Eisen-, Blech- und Metallwarenherstellern ... 1949 schlägt seine Stunde, er avanciert an die Spitze der Dachorganisation der deutschen Industrie, die bisher ausschließlich von Männern der Großindustrie besetzt gewesen war, Duisberg, Krupp von Bohlen und Halbach, Wilhelm Zangen. (Reusch, Generaldirektor der Gutehoffnungshütte, aber wird, obwohl im Dritten Reich offener Widersacher Hitlers, von den Besatzungsmächten *nicht* akzeptiert. Sie wollen keinen »Großen«, er erscheint ihnen zu gefährlich.) – Ein anderer, der Hüttendirektor Rudolf Graef, entwickelt ein neues Verfahren zur Herstellung von Qualitätsstählen, ohne daß man den raren Rohstoff Schrott – wie bei Siemens-Martin-Stahl – dazu benutzen muß. – Professor Haberland, Generaldirektor der Bayer-Werke, rettet nach dem Krieg die aus dem IG-Komplex herausgesprengte Betriebsgemeinschaft Niederrhein mit den vier Werken Leverkusen, Elberfeld, Dormagen und Uerdingen vor Demontage und weiterer Aufsplitterung und ermöglicht damit der deutschen Chemie den Anschluß an die sich überstürzende Entwicklung der Groß-Chemie in der Welt. – Andere gehen den umgekehrten Weg: nicht gegen die Besatzungsmacht, sondern mit ihr – wie Heinz P. Kemper, der aufgrund seiner Kenntnisse der Wirtschaft der USA von den Amerikanern zum Treuhänder der zu amerikanischem Eigentum deklarierten, führerlos gewordenen Stinnes-Gruppe gemacht wird; er erreicht, daß die Stinnes-Zechen aus der alliierten Kontrolle ausscheren, ja, daß der ganze Konzern zusammenbleibt und in deutsches Eigentum zurückgeführt wird. – Alfried Krupp von Bohlen und Halbach, nach einem Mann Ausschau haltend, der ihm die Reste seines Werkes zu einem organischen Ganzen zusammenflicken kann, trifft bei einem jungen Bildhauer Berthold Beitz. Beitz, der einem Versicherungskonzern vorsteht, hat keinen blassen Schimmer vom Metier und wird, alle gültigen Regeln auf den Kopf stellend, Krupps Generalbevollmächtigter. – Eine weitere »Sternstunde« in der Karriere deutscher Industrieführer ist der Korea-Krieg 1951. Willi H. Schlieker, 1948 selbständiger Eisenhändler ohne nennenswertes Kapital, erfindet, da den Ruhrhütten Koks zur Ausnutzung ihrer Stahlproduktion fehlt, das Kohle-Stahl-Austauschgeschäft mit den USA: Er importiert amerikanische Kokskohle, läßt sie verkoken, exportiert den damit hergestellten Stahl, bezahlt mit dem Erlös die Importkohle. Die erzielten großen Gewinne steckt er in ein altes Blechwalzwerk, das er aufkauft, abreißt, neu aufbaut – und weil er sich über die

Umsatzentwicklung von 1962 (294,9 Mio.) bis 1971 (1907,1 Mio.).

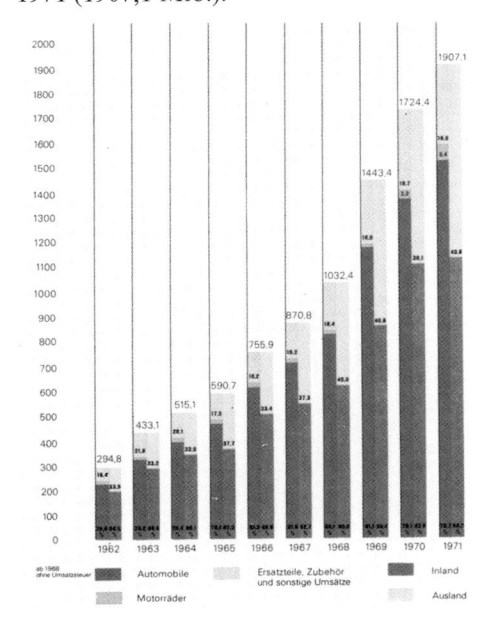

hohen Seefrachtkosten ärgert, die er für den Kohlentransport von den USA nach Deutschland aufbringen muß, kauft er drei Schiffe und macht eine Reederei auf . . .

Sie alle hatten ihre Stunde erkannt – und gehandelt. Begünstigt vom Glück atypischer Situationen, im Rücken die Not, vor sich ein Problemfeld, das sie nur deshalb nicht schreckt, weil sie beherzt sind, waren sie über Widerstände, die ihnen die Zeit hinwarf, in ihre Führungspositionen hineingewachsen, nicht ohne die vier Tugenden zu besitzen (wer sie nicht besaß, hatte sich nicht behauptet), gewiß aber auch nicht allein durch sie.

Von allen diesen Männern und den Chancen, die sich ihnen boten, konnte ein Fünfunddreißigjähriger, der sich unter ihnen irgendwo in einer mittleren Position befand, in den sechziger Jahren nur träumen. Über die Mehrzahl der genannten Grundvoraussetzungen zu verfügen, nützte ihm nicht viel. Tausende verfügten über sie wie er, Tausenden war es wie ihm in seinem Bereich, den er beherrschte, zu eng, Tausende spürten wie er die gleiche Unruhe, die gleiche Beklommenheit: mit ihren Kenntnissen, ihrem Fachwissen – das in der von ihnen ausgeübten Praxis schon brachlag –, vor allem aber mit ihren nur in Ansätzen in Gebrauch genommenen Ingenieurfähigkeiten steckenzubleiben, alt zu werden, bevor es losging . . .

Herbert Quandt hört von diesem Eberhard v. Kuenheim zum erstenmal im Vierer-Kreis, wo man ihn lobend erwähnt. Cattepoel hat ihn als »Stabsmann für technische Fragen« dem Verantwortungsbereich Harald Quandts zugeteilt – in der Quandt-Gruppe sind das alle den Maschinenbau betreibende Unternehmungen, von der IWK (Industrie-Werke Karlsruhe), der Keller & Knappich GmbH über Busch-Jäger bis zur Dürener Metallwerke AG –, und auch Gerhard Vieweg, der vom Vater testamentarisch Harald beigegebene Hauptverantwortliche für dessen Federführungsbereich, ist der neue Mann aufgefallen. »Denken Sie«, sagt Harald, »er hat 54, ich 53 das Ingenieurdiplom gemacht. An derselben TH – in Stuttgart!« Aber noch mehr verbindet sie. Harald, Fallschirmjäger im Krieg und, verwundet in Nordafrika, in Gefangenschaft geraten, hat nach seiner Entlassung als Maurer, Gießereiarbeiter, Schweißer sich durchgeschlagen, dann studiert; Kuenheim, mit siebzehn Jahren als Marinehelfer versehrt dem Krieg entronnen und elternlos (sein Vater verunglückt tödlich 1935 bei einem Sturz vom Pferd; die Mutter wird, als die Russen in Ostpreußen das 50 Kilometer südlich Königsberg gelegene Gut Juditten erreichen, verschleppt, kommt in einem Lager um), steht bei Bosch am Fließband, fertigt Kühlschränke, Autozubehör und ähnliches, bis er sein Studium (mit einem 10 000-DM-Stipendium von Bosch) beginnen kann. Beide haben sich durchgebissen, der eine als Erbe eines reichen Vaters (und Sohn der Magda Goebbels, mit der Günther Quandt in zweiter Ehe verheiratet war), der andere als Sproß einer alten Adelsfamilie, deren Ursprünge bis ins 11. Jahrhundert und ins Elsaß zurückreichen und dem wenigstens vier Jahre Salemer Schulerziehung vergönnt waren (auch kein Zuckerlecken, keine Schule für »Söhnchen«: »War eine Klassenarbeit fällig, hat der Lehrer die Aufgabe gestellt und ging dann aus dem Zimmer. Es wurde niemals abgeschrieben . . . Schülerselbstverwaltung, wir machten alles selber – natürlich hielt der Lehrer seine schützende Hand drüber . . .«). Beide sind, wiewohl altersmäßig auseinander (Harald 1921, v. Kuenheim 1928 geboren), von gleichen Eindrücken, gleichem Erleben geprägt, und beide sind Techniker aus Leidenschaft – wenn dies Wort, ihrer Nüchternheit entsprechend, auch nicht mehr angebracht erscheint.

1967, als Harald mit seiner Turboprop-Maschine bei Nizza tödlich abstürzt, endet dieser geistige Bund, und v. Kuenheim wird – »das war vielleicht zwei Monate danach«, so er selbst darüber, »Harald verunglückte am 23. September, ja: Ende November . . .« – zu Herbert Quandt gerufen. »›Setzen wir uns‹, sagte er, ›erzählen Sie, was Sie machen.‹ Es war an einem Samstagvormittag, Samstag war damals schon arbeitsfrei, so gegen zehn oder elf, er war allein.«

Kuenheim weiter: »Ich hatte mir natürlich Gedanken gemacht, was für ein Mensch er war. Man lebte im Quandt-Haus auf kleinstem Raum zusammen, wie auf einem U-Boot – ausgeschlossen, mit dem Kommandanten nicht in Berührung zu kommen. Ich hatte Quandt – Herbert, nicht Harald – nur flüchtig ein- oder zweimal im Gang gesehen, wußte, er war blind, fast blind, was ihm niemand anmerkte. Trotzdem hatte ich den Eindruck, er übersah mich, wünschte nicht, daß man ihm begegnete. Andererseits lebte er keines-

Harald Quandt.

wegs abgekapselt, ein sehr heutiger Mensch, sagten alle, die ihn kannten, und wer täglich mit ihm zu tun hatte, sprach von seiner ›Treue‹, seiner geradezu umwerfenden Menschlichkeit. War jemandem ein Unglück zugestoßen, einer Sekretärin, im Urlaub, auf der Reise, setzte er den ganzen Apparat seiner Macht in Betrieb, um zu helfen ... Und dann gab es den anderen Herbert, der einen Menschen, der ihn enttäuscht hatte und der in Abhängigkeit zu ihm stand – wir sind alle abhängig irgendwie –, diese Abhängigkeit spüren ließ: jäh, hart, um nicht zu sagen brutal. Daß er andere Meinungen, stand die seine einmal fest, verwarf, einfach nicht gelten lassen wollte, selbst wenn sie ihn überzeugten, glaubte ich allerdings nicht. Es sei gefährlich, ihm zu widersprechen? Dann war es auch gefährlich, dies nicht zu tun, falls man die bessere Kenntnis hatte. – Doch zu unserm Gespräch. Er sagte: ›Erzählen Sie, wer sind Sie?‹ Wir haben ein bißchen geplaudert, dies, das, wo kommen Sie her? Ich kam ja auch vom Lande. Er war schon immer interessiert an Pferden, ostpreußischen Pferden, so kannte er meinen Namen, mein Vater und Großvater haben da eine nicht unerhebliche Rolle gespielt. Plötzlich fragte er: ›Was würden Sie auf dem Sektor machen, in dem Sie jetzt arbeiten? Sie haben doch Einblick!‹ Ich hatte Einblick, es war der Bereich Schalter bei Busch-Jäger in Lüdenscheid. Wir unterhielten uns, wie die Personalbesetzung zu beurteilen sei, und über gewisse Firmen. Ich sagte: ›Von diesem Sektor würde ich mich trennen, den würde ich verkaufen, das hat gar keinen Sinn‹ und legte dar, warum. Quandt antwortete: ›Das hat mir noch nie jemand gesagt, aber den Eindruck hatte ich immer; ich konnte es nur nicht begründen.‹ Dann, unvermittelt, sagte er: ›Machen *Sie* das!‹ So ging ich an einem Samstagvormittag aus dem Quandt-Haus hinaus und dachte: Was habe ich da vorgeschlagen? – Wir haben dann Busch-Jäger, den Schalterbereich, mit großem Erfolg an BBC verkauft. Er paßte genau dorthin, und die sind auch glücklich damit und auf diesem Gebiet die größten.«

Das war der Einstieg bei Herbert, 1967, v. Kuenheim war nun »sein« Mann. Er übernahm an Stelle des Weihnachten 1967 verstorbenen Faber du Faur, als dessen Nachfolger er ohnehin vorgesehen war, die gesamte technische Betreuung des Harald zugewiesenen, nun verwaisten Stabsbereichs der Quandt-Gruppe. Im Sommer 1968 erhielt er auf Guernsey, wohin er mit seiner Familie, sich unerreichbar wähnend, in Urlaub gegangen war, ein Telegramm: »Sofort nach Homburg kommen.« Kuenheim weiter darüber: »Sie können sich vorstellen, wie das die Familie freute, besonders die Kinder, die damals noch klein waren. Wir reisten verfrüht nach Bad Homburg ab, und dort sagte Quandt: ›Also hören Sie, ich habe es mir überlegt mit der IWK (die war schon das Sorgenkind Haralds gewesen), es sieht finster dort aus. Gehen *Sie* zur IWK.‹ Ich ging, wurde in den Vorstand delegiert, auf Zeit, zunächst für drei Monate. Aus den drei wurden zehn, aus den zehn sechzehn Monate. Im Frühjahr 1969 gelang es uns, das ins Trudeln geratene Flugzeug wieder aufzufangen – wenn ich sage ›uns‹, war das vor allem, mit Vieweg und mir, Dr. Wökpemeier, der später zu Klöckner-Humboldt-Deutz ging ...«

Jetzt geht es wie im Bilderbuch weiter. Quandt drückte den Sachverhalt in der ihm eigenen Art, Persönliches in farbloses Geschäftsdeutsch einzubinden, wenn es »feierlich« wird, an v. Kuenheims fünfzigstem Geburtstag später so aus: »Wir hatten uns nicht getäuscht. Sehr rasch waren die Spuren Ihres Wirkens erkennbar, und – was noch wichtiger war – innerhalb der Leitung des Werkes, ja der gesamten Belegschaft, vollzog sich ein geistiger Wandel, den Sie den dortigen Männern gezielt vermittelten.

Diese Aufgabe war zwar sehr reizvoll; wieder kamen die Hummeln in Ihnen in Bewegung. ›Zufrieden Herz hat nie genug.‹ Eines Tages erschien Dr. Cattepoel bei mir mit der Information, Herr v. Kuenheim würde sich möglicherweise einmal für den Platz des Herrn Gieschen (bei BMW) interessieren, wenn dieser in Pension gehen würde. Er wolle sich doch beizeiten gemeldet haben. So kam es zu dem Gespräch zwischen Ihnen und mir, an das Sie sich sicher noch genau erinnern. Ich mußte Ihnen auf diese Anfrage leider mit einem Nein antworten, weil ich mich ja schließlich nicht in dem Bereich meines Bruders einfach als Heldenklau betätigen konnte. Ich konnte allerdings ein Interesse an Ihnen – wenn, dann aber für eine höhere Aufgabe – nicht ganz leugnen. Allem voran aber mußte ein Gespräch mit Frau Inge Quandt [der Witwe Harald Quandts] gehen.

Nicht lange brauchte ich zu warten, bis Sie wieder bei mir waren, und ich glaube, es bedarf weiterer Worte nicht. Am 1. Januar 1970 waren Sie mit

Eberhard v. Kuenheim.

Vorstellung v. Kuenheims im BMW-Kreis am 1. 1. 1970.

Zustimmung des gesamten Aufsichtsrates BMW zum Vorstandsvorsitzenden des Unternehmens berufen.«

Als Eberhard v. Kuenheim, mit einundvierzig Jahren der jüngste Generaldirektor der deutschen Großindustrie, seinen Schreibtisch am Oberwiesenfeld bezieht, sind ihm zwei Dinge bekannt. Einmal, daß Quandt etwa seit Mitte des vergangenen Jahres die Mehrheit der BMW-Aktien gehört (vielleicht der eigentliche Grund für Kuenheims Berufung; Quandt will Sicherung des Erworbenen, Kontinuität, die Sturm- und Drangzeit ist vorbei). Zum andern, daß die gewachsene Hierarchie – mit Hahnemann als der motorischen Kraft in einem Vorstand, der eisern nach dem Kollegialprinzip verfährt – nur aufzusprengen ist, wenn er, der neue Vorstandsvorsitzende, sich ein-, nicht über-, aber auch nicht unterordnet. Daß sie gesprengt werden muß, wenn er führen will, wissen alle, die es betrifft, so gut wie er, dem man, wohin er blickt, mit Sympathie und Respekt begegnet, allen voran Hahnemann selbst. Allein, nicht der Wille zu führen zählt, erst die Tat, und die steht, solange er Neuling in der Branche ist, in den Sternen.

Schon vor seinem Amtsantritt – Quandt hatte die Nachricht im September 1969 einen Tag vor der Internationalen Automobilausstellung bekanntgegeben, wo sie wie eine Bombe einschlug – wollte die Presse wissen, welche »weitgesteckten Expansionspläne« er zu verwirklichen habe. Die BMW-Produktion soll, schrieb der »Spiegel«, in weniger als sechs Jahren von heute 600 auf 1000 Wagen täglich gesteigert, der Umsatz von 1,1 Milliarden DM (1968) auf drei Milliarden erhöht werden. – Die Angaben stammten nicht von ihm, er las sie belustigt, ebenso was er, befragt über seinen Führungsstil, mit dem er das Unternehmen in die achtziger Jahre steuern werde, gesagt haben sollte: »Hier mal ins Kreuz treten – da mal streicheln.«

Der Satz hätte von Hahnemann stammen können – Kuenheims Führungsstil war das nicht, würde es nicht sein. Aber wie war er dann? Kuenheim kannte hier niemanden. Jeder Regierungschef, wenn er sein Amt übernahm, brachte, wenigstens zum Teil, seine Mannschaft mit, an die er gewöhnt war wie sie an ihn; mit ihr faßte er Tritt, gewann festen Boden – trug der nicht gleich, hatte er den Bonus »Schonfrist« und die Gewißheit: Du fällst schon nicht hin, und solltest du einmal ausrutschen, wir sind ja da, stützen dich, blocken dich ab.

Der einzige, der *ihn* stützte, war Quandt – und ein Unternehmen, das einzigartig dastand. In der Rezession von 1966/67, als die deutsche Automobilindustrie von Absatzflaute, Kurzarbeit und Entlassungen geschüttelt wurde, hatte BMW das sensationelle Plus von 34 Prozent gegenüber dem Vorjahr zu verzeichnen (mit rund 44 000 allein 1966 verkauften Autos), und seitdem ging es ständig aufwärts. Die Modellpalette war »bereinigt«. Schon 1967 gab es nur noch Fahrzeuge der neuen Klasse, der Umsatz war auf 870 Millionen DM gestiegen (1962 hatte er noch keine 300 Millionen betragen),

Der millionste Wagen der Neuen Klasse, ein BMW 2000, verläßt das Werk.

De Gaulle-Eskorte mit BMW-Motorrädern.

Erneutes Bekenntnis zum Motorrad: Die BMW R 60/5 – in der Behördenausführung marktführend (darunter).

Auf Dingolfinger Fertigungsanlagen in Südafrika gebaut: der BMW 1804.

und er stieg weiter, stieg, überschritt 1968 die Milliardengrenze, und 1969 war es weiter steil aufwärtsgegangen.

Auch das Motorrad hatte man über die Flaute hinweggerettet. Als Transportmittel hatte es ausgedient, die großen Herstellernamen waren vom Markt verschwunden, nur BMW hatte durchgehalten, gestützt auf den Ruf, den die Boxermaschine bei Polizei und Behörden hatte und der nicht auf Deutschland beschränkt geblieben war (de Gaulles berühmte Motorradeskorte als Beispiel). Und obwohl sicher war, daß man vom Motorradgeschäft nicht leben konnte, so war ebenso sicher, daß die Freizeitgesellschaft es neu belebte – eine neue Modellreihe, 1969 aufgelegt, entsprach diesem Trend und sicherte Ausbau und Investitionen in Spandau.

Sodann war Hahnemanns Leitsatz, daß nur die Hälfte einer Automobilfabrik aus dem Werk selbst, der Produktionsstätte, die andere Hälfte aus der Handels- und Import-Organisation besteht, rigoros durchgeführt worden. Der Vertrieb, gesteuert von den Bereichen Vertrieb Inland, Vertrieb Export, Marketing, Kundendienst und Ersatzteilwesen, hatte mit einer neuen Abteilung »Händlerbauberatung« BMW »draußen« Gesicht gegeben. Kundendienst-Ingenieure berieten den Vertriebspartner vor Ort. In der Kundendienst-, ebenso in der Verkäufer-Schule wurden die Mitarbeiter der Partner im Werk ausgebildet. Die Niederlassungen Berlin, Hamburg, Essen, Bonn, München, Saarbrücken arbeiteten reibungslos. Die Auslands-Vertriebsorganisation, ständig verbessert durch Einrichtung und Ausbau der Importzentralen in der Schweiz, in Österreich, Frankreich, Belgien, Holland, Schweden, Finnland, Großbritannien und USA, lief wie am Schnürchen. Auch mit dem Ostblock waren Geschäftsverbindungen geknüpft, Importeure in Bulgarien, Jugoslawien und Ungarn gewonnen worden. Mit einem Partner in Südafrika bestand ein Montagevertrag. (Dort wurde ein BMW 1804 gebaut – auf Dingolfinger Fertigungsanlagen. Er war nichts anderes als die – leicht veränderte – Glas-1700-Limousine, deren Hahnemann sich auf diese Weise elegant entledigt hatte).

All dies hatte zur Folge, daß ein Run auf BMW-Automobile entstanden war, und dies wiederum, daß fast alle Modelle drei bis vier Monate im voraus bestellt waren. Die Glas-Erwerbung war dadurch glänzend gerechtfertigt. Mit der Sanierung aller Altanlagen in Dingolfing, dem Bau eines Zentralersatzteillagers dort, dem Hinzukauf weiterer Landflächen in Dingolfing für ein zweites Automobilwerk und dem Ausbau von Landshut als Fabrik für Kunststoff und andere Teile und für die Austauschfertigung, vor allem aber mit Gewinnung eines Einzugsgebiets für neue Arbeitskräfte, das bis vor die Tore Passaus reichte, war die Enge von Milbertshofen gesprengt, die Kapazitätsausweitung kein lebensbedrohendes Problem mehr.

Und was die berstende Enge anging, in der die Verwaltung lebte, auch der Vertrieb, auch der Einkauf – auf zwanzig Büros in der Stadt München verteilt, für die man jährlich an die neun Millionen DM Miete zahlte,

Utopie, Experiment und Realität: Bürohäuser großer Architekten. (v. l. n. r.) Seagram Verwaltungsgebäude von Ludwig Mies van der Rohe. PANAM Verwaltungsgebäude von Walter Gropius. Hochhaus Phoenix-Rheinrohr von Helmut Hentrich und Hubert Petschnigg.

Professor Dr. Karl Schwanzer von der Technischen Hochschule Wien. Ihm fiel ein zweiter Preis zu. Einen ersten gab es nicht.

ganz abgesehen von den zusätzlichen Kosten für unproduktive Wege –, war auch hier für Kuenheim nichts zu tun.

Der Bau eines Verwaltungsgebäudes war bereits beschlossen und stand unmittelbar bevor.

Der Projektierung war eine Ausschreibung vorausgegangen, zu der acht Architekten eingeladen wurden. Zwei davon, Professor Schwanzer von der Technischen Hochschule Wien und Professor Henn, der Hausarchitekt der Quandt-Gruppe hatten einen zweiten und dritten Preis erhalten. Ein erster Preis war nicht vergeben worden.

»Ich war«, so berichtete Hahnemann dem neuen Chef, »fasziniert von dem Schwanzerschen Modell. Es war modern, hatte eine Assoziation zum Auto (Vierzylinder) und paßte ausgezeichnet in den Rahmen des olympischen Geländes. Der Hennsche Entwurf war sicher arbeitsabfolgemäßig sehr gut, aber ohne irgendwelchen werblichen Wert für unser Image – Arabellahäuser hatten wir in München schon eine ganze Menge. Quandt war dennoch dafür, was mich wunderte, wußte ich doch, daß nicht nur der alte Quandt ein Architekturfan gewesen war, auch Herbert war es, dann und wann sprach er davon, ließ durchblicken, wie gern er selbst Architekt geworden wäre, daß Funktion und Ästhetik eines Bauwerks zusammengehörten, eine Einheit bildeten, auch die Quandt-Gruppe sei, so gesehen, ein Stück Architektur. Trotzdem – oder deswegen? – lehnte er Schwanzers Entwurf ab, ›das ist ja ein Turm‹, sagte er, als er das Modell abfühlte, ›was sollen wir damit?‹ Ich erklärte es ihm. Er blieb bei seinem Nein. Daß der Turm dann doch durchkam, ist eine Geschichte für sich. Interessiert Sie die, Herr von Kuenheim?«

»Sehr«, sagte der Herr v. Kuenheim.

Die Geschichte, pointenreich wie alle Hahnemann-Geschichten, lehrte, daß nichts verloren ist, selbst wenn alles verloren scheint, weil Menschen – Menschen sind. Sie handelte von einem genialen Architekten, der, wie Künstler meistens, ein denkbar schlechter Verkäufer seiner Sache war, dergestalt, daß, als er sein Projekt präsentierte, er niemand dafür einzunehmen vermochte. Quandt ohnehin nicht, auch alle Aufsichtsratsmitglieder, Golda eingeschlossen, der inzwischen gegründete dreiköpfige Beirat zum Aufsichtsrat, der gesamte Vorstand unter Wilcke, alle bis auf einen – Hahnemann – ließen erkennen, daß sie geneigt seien, komme es zur Abstimmung, dem »braven« Entwurf Henns vor dem »kühnen« Bau Schwanzers – einer Monstrosität, sagte jemand, was denn da »kühn« sei – den Vorzug zu geben. »Wollen Sie den Bau, Professor?« fragte der Verkaufspsychologe Hahnemann den verunsicherten Schwanzer. Natürlich wolle er ihn, sagte der. Und die Konstruktion sei – er, Hahnemann, verstünde nichts davon – kein ungesichertes Experiment, bei dem auch nur das Geringste schiefgehen könne? Schwanzer verwies auf Bauten in der Art des Turms, die er in Südamerika errichtet hatte. »Gut«, sagte Hahnemann, »dann fahren Sie schnellstens nach Ascona, Ihre Zeichnungen zufällig unterm Arm, besuchen, rein zufällig, dort Herrn Koerfer – Dr. Jacques Koerfer ist nach Quandt unser zweiter Hauptaktionär, ein künstlerisch außerordentlich aufgeschlossener Mensch –, der hat dort ein schickes Haus, ganz aus Glas und Beton, in ein altes Bauerngehöft reingesetzt, schon in der Eingangshalle werden Sie einen Braque sehen, schätzen Sie ihn, ich nehme an, Braque liegt Ihnen, ruhig auf zwei Millionen und –

Dr. Jaques Koerfer.

nein, wickeln Sie Koerfer nicht ein, stellen Sie ihn. K. ist ein kluger, seriöser Geschäftsmann, hold der Kunst, nicht weil sie dekoriert, kein Protz, beileibe nicht, er versteht wirklich etwas davon, ist auch mäzenatisch tätig – ihm machen Sie klar, was der Turm sein wird, den wir übrigens ›Vierzylinder‹ taufen wollen – na ja, so 'ne Werbeidee, nicht von Ihnen! –, dann fahren Sie unverzüglich nach Essen, besuchen dort Dr. Karoli, unseren Aufsichtsratsvorsitzenden, auch der hat ein feines Haus. Schönen Gruß von mir . . . von Koerfer auch, der sei Feuer und Flamme . . . Haben Sie Karoli gewonnen, ist die Sache gelaufen.«

Und die Sache lief. Bei der nächsten Sitzung der Gremien – Quandt hatte alle Stimmberechtigten, um den Bau des Verwaltungsgebäudes endgültig zu beschließen, nach Bad Homburg geladen – hätten sich, so Hahnemann, Koerfer und Karoli enthusiastisch für Schwanzers »einzigartiges Modell« ausgesprochen, so daß einer nach dem andern umfiel und Quandt, noch zögernd, wenigstens den Planungsauftrag erteilte. Mit 6,5 Millionen DM, die der kostete – »Quandt gibt doch nicht 6,5 Millionen für eine Planung her, aus der dann nichts wird!« beruhigte Hahnemann den immer noch skeptischen Architekten –, war damit der Turm »im Sack«, auch wenn der Einwand, Großraumbüros seien längst überholt, noch durch eine Demonstration der Schwanzerschen »Segmente«, die der Vierzylinder vorsah, entkräftet werden mußte.

Hahnemann, Verkäufer auch dieser Idee, hatte sich dazu ausgedacht, auf dem Filmgelände in Geiselgasteig ein solches Segment im Maßstab 1:1 aufbauen zu lassen – mit von Scheinwerfern angestrahlten Almmatten und Berghütten vor den Fenstern: eine Vision alpenländischer Folklore, wie sie der Föhn unterm weiß-blauen Himmel manchmal an München heranzieht; auch das kommende Olympiagelände, das schon in ersten Entwürfen skizziert vorlag, war angedeutet, und eine Schar hübscher Sekretärinnen, die die Bavaria-Filmschule stellte, mimte »Arbeitswelt« an Schreibtischen und Büromaschinen, als die Besichtigung stattfand. – Alle waren begeistert, dem Bau des Turms stand nichts mehr im Wege.

Im Oktober 1971 ging Gieschen. Er hatte die Pensionsgrenze erreicht. Quandt gab einen Empfang und hielt eine Rede. Er rühmte, am Beispiel Gieschens, die Technik, unterstrich ihre Bedeutung für die Gegenwart von BMW, umriß die Zukunft, die nun jüngeren Leuten anvertraut sei, im Hinblick auf den überragenden Platz, den eben die Technik darin einnehmen müsse, wolle man ungefährdet und noch als eigenständiges Unternehmen die achtziger Jahre erreichen. Nur die Technik . . . Kein Wort von Marketing, kein Wort von der anderen Hälfte einer Automobilfabrik »draußen«, eine, wie Hahnemann herauszuhören meinte, glatte Absage an das unternehmerische Konzept, mit dem er, der Verkäufer, den Umsatz versiebenfacht hatte – man näherte sich bereits 1,9 Milliarden DM – und in dem die Glas-

Schwanzers Modell vom Turm.

Erwerbung als Voraussetzung für den Turm und alles weitere Wachstum stand (Quandt hatte dies honoriert, indem er Hahnemann wegen seiner Verdienste darum eine Prämie von 100 000 DM auszahlen ließ). Da grummelte doch was? Gieschen trat auf ihn zu, erinnerte ihn an ihre gemeinsamen Jahre, den fast gleichzeitig begonnenen Einstieg »in den Laden«, er habe Hahnemanns Gesicht beobachtet, es käme ihm so vor, als ob er am liebsten auch gehen würde. Hahnemann erwiderte: »Ohne Nachfolger?«

Gieschen verzog keine Miene. Hinter dem Scherz steckte der alte Hohn, der sich schon über ihn entladen hatte, als er 1968, an seinem 60. Geburtstag, Quandt, der zur Feier erschienen war, um einen Nachfolger ersucht hatte. Fast belustigt hatte Quandt erwidert, es sei ihm noch nie passiert, daß ein Vorstandsmitglied sich den Kopf über einen Nachfolger zerbreche. – »Wissen Sie einen?« – »Nein«, hatte Gieschen geantwortet, »ist nicht meine Sache; ist Sache des Aufsichtsrates, innerhalb von zwei Jahren einen zu finden.« – Dann, 1970, Gieschen war gerade »zu Karmann unterwegs« (der Karosseriefabrik in Osnabrück, die an einem neuen BMW-Coupé arbeitete), rief Quandt ihn abends im Hotel an – für Gieschen nicht ungewohnt, sie telefonierten oft: »Da hat sich ein junger Mann bei mir gemeldet, er war bei Ford, ist jetzt bei der Stoßdämpferfabrik Soundso« – Gieschen kannte die Firma –, »er heißt Koch. Gucken Sie sich den doch mal an.« Gieschen tat es, fand nichts an dem jungen Mann auszusetzen, führte ihn durch Werkstätten und Hallen seines Reiches, stellte ihm Fragen, ließ ihn selbst Fragen stellen, erprobte ihn in Sitzungen, deren Leitung er ihm übertrug, dann schlug er dem Vorstand nach »Stufenplan einer Abgabe von Verantwortung«, so wie er diese zehn Jahre zuvor stufenweise übernommen hatte, Koch zu seinem Stellvertreter und, unter Ausklammerung der Konstruktion, die Osswald unterstand, sowie der Maßgabe, daß er, Gieschen, Bauherr beim Turm bleibe, bis der fertig sei, als Nachfolger vor.

Und hatte ihn nun, den Nachfolger, war die Sorge los, während Hahnemann, strikt gegen geteilte Verantwortung, die niemandem diene, im Gegenteil, nur alle verunsichere, der Frage stets ausgewichen war, wer denn, wenn er in Pension ginge, ihn ersetzen könnte? Warum war er ausgewichen? Fühlte er sich – unersetzlich? Er hatte, Gieschen zur Seite, nie darüber nachgedacht. Nun auf einmal... was war mit ihm los – Abschiedsgedanken?

Er sah jetzt, Gieschen zutrinkend, zu Koch, dem Nachfolger, hinüber: einem Mann Anfang Vierzig, schlank, alert, gewandt, einer unter vielen, die etwas werden wollten, schon etwas geworden war, ohne Verbindungen, »einfach so«, geht hin, bietet Wissen und Können an, nimmt für sich ein – o alter Gieschen, der du gleich siehst, riechst, schmeckst: der ist der Richtige!, während unsereiner, stets nach dem Satz verfahrend »Der ist es, für den ich der richtige Boß bin!«, plötzlich im Dunkeln herumtappt.

Denn galt dieser Satz allgemein, galt er auch für ihn, Hahnemann, unter Kuenheim, der nun der Boß war, fragte sich nur, ob der richtige Boß

Automobil- und Motorradumsatz 1971

Automobil- und Motorrad-Absatz
in Stückzahlen

EWG	119 078 (71,6%)			
BRD	EWG ohne BRD	EFTA	USA	übrige Auslandsmärkte
88 004 = 52,9%	31 074 = 18,7%	21 076 = 12,7%	13 560 = 8,1%	12 640 = 7,6%

	INLAND		AUSLAND	
	1971	1970	1971	1970
1602/1802/2002 touring	57 773	50 040	51 268	40 367
1800/2000	12 934	20 237	8 971	12 151
2500/2800 3.0 S/3.0 CS	17 297	22 474	18 111	13 581
PKW gesamt	88 004	92 751	78 350	66 099
Motorräder	4 539*	2 924*	14 359*	9 422*

* über BMW Vertriebs GmbH

6-Stunden-Rennen 1969 auf dem Nürburgring: Im 2002 Ti Günter Huber/Österreich.

236

BMW 2000
(Bauzeit 1966–72)
Rechts:
BMW 2800 CS.

BMW Touring
2000 tii
Rechts:
BMW 1600
Cabriolet.

Der Motor des
2000 tii.

für einen, der es gewohnt war, den Gang der Dinge zu bestimmen. Doch lag das Problem nicht hier, nicht in Machtentsagung und Machtergreifung.

Wo immer es Berührungspunkte mit dem neuen Vorsitzenden gegeben hatte, bei Pressekonferenzen, der Vorbereitung der Hauptversammlung, der Vorstellung des neuen Programms, in Händlerbesprechungen bis hin zu weiteren, die Zukunft von BMW sichernden (oder gefährdenden) Expansionsplänen, waren latent, nie offen, von Außenstehenden gar nicht bemerkbar, zwei Lebensarten, zwei diametral entgegengesetzte Ansichten von Führung und Management, zwei Stilprinzipien aufeinandergestoßen. Beide, so logisch wie zwingend, lagen in der Natur beider Männer, beide zugleich in einer Entwicklung, die mit dem Ende der Pionierzeit (unter Hahnemann) auch das Ende spontaner, aus der Situation sich ergebender Entschlüsse gebot, nichts dem Zufall überließ, das Gesetz des Handelns vom Diktat des Marktes befreite und, was Phantasie, Intuition und wohl auch Instinkt bisher bewirkt hatten, in generalstabsmäßige Planung überführte.

Mit »Frontführung« wie in der Pionierzeit war dies nicht zu leisten. Ihr »Jargon«, an Hahnemanns Person gebunden, dessen Artikulation, der »rüde Ton«, den er pflegte, die Saloppheit, mit der er nicht nur sich, sondern das Haus darstellte, waren der Firma, wie sie Kuenheim vorschwebte, nicht gemäß, verdarben sie ihm. Daß er von Adel war, ein »kühler Preuße«, wie man ihm nachsagte, in Mimik und Gestik sparsam, im Temperament ausgeglichen und ohne Schwankungen, nicht rauchte, mit seinen Besuchern am liebsten Tee trank, in seiner Kleidung unauffällig-konventionell war, von der Figur, von der Haltung, von den Manieren her ein »Herr«, hatte damit nichts zu tun. Die Flegeljahre waren vorbei. Es stand, wie er meinte, der Firma nicht an, etwas zu sein, was sie nicht (mehr) war.

Herbert und Johanna Quandt, begleitet von Dompert (links) und Gieschen-Nachfolger Koch, beim Gang durch die neuen Werksanlagen in Dingolfing.

Aber was war sie? Noch immer befand sie sich, trotz der Glas-Erwerbung, trotz neuer Werksbauten in Dingolfing und Landshut, dem Ausbau von Spandau und so fort erst an der Schwelle zum Großbetrieb, war eine »kleine Fabrik« ohne eigene Fertigungen im Ausland, in ihrer Ertragskraft gefährdet bei jeder fremden Entscheidung, die außerhalb des Hauses lag, dennoch groß genug, um sich nicht mehr ausschließlich dem Wachstum verschreiben zu müssen und, sollten Absatz und Produktion einmal zurückgehen, dies nicht gleich als ein Unglück anzusehen. Denn die Basis war solide, die Nachfrage gut (man würde 1971 rund 172 000 Automobile produzieren, was einem Wachstum von fast 7 Prozent entsprach und beim Umsatz, bei 1,85 Milliarden DM, einem solchen von etwas über 9 Prozent) – was wollte man mehr?

Indessen hing, Hahnemanns Grundüberzeugung, Wohl und Wehe der kommenden Jahre von der Vollständigkeit einer »Produktpalette« ab, die bei BMW – die »Nischenzeit« konnte man vergessen – ihm jetzt viel zu schmal erschien, um einer Rezession zu begegnen, mit der immer zu rechnen war. Um den Käufer, der bei BMW bleiben wollte, nicht zu vertreiben, mußte man ihm dann auch ein kleines Fahrzeug anbieten können, nicht von minderer Qualität, aber in einer anderen Klasse und unter 10 000 DM, das zudem die Händler abhalten würde, Fremdfabrikate – um zu überleben – in ihr Verkaufsprogramm aufzunehmen (Borgward war nicht zuletzt deshalb in die Pleite marschiert). Es war wieder der alte Satz, der Hahnemann leitete: daß die Hälfte einer Automobilfabrik draußen lag, beim Händler – und ihn nun bestärkte, aus der anderen Hälfte, der Produktionsstätte, jene »richtige Automobilfabrik« zu machen, die plötzlich zu haben war: die niederländische Van Doorne Automobielfabrieken N. V. Eindhoven suchte einen Partner und bot, wie immer diese Partnerschaft aussehen würde, auch Kauf oder Teilkauf ihres bei Aachen liegenden PKW-Werkes an. Hier könnte man einsteigen – der Verkäufer Hahnemann sah in den mit Riemenantrieb ausgestatteten zu übernehmenden Kleinwagen der Holländer keine Schwierigkeit, die würde er nach bewährtem Glas-Rezept an den Mann bringen – und in großen Stückzahlen jenen kleinen BMW-Wagen bauen, der, anknüpfend an den 700, den der Käufer angenommen hatte, BMW sicher und risikolos in die Zukunft führen konnte.

Der Plan stieß bei Kuenheim auf wenig Gegenliebe. Nicht so sehr die Kaufsumme schreckte ihn – 70 Millionen DM sollte das DAF-Werk kosten –, auch nicht die räumliche Entfernung zu Aachen, als vielmehr die Gefahren einer Programmumstellung von so grundsätzlicher Art: die unabschätzbaren Kosten, die Unwägbarkeiten des dort zu produzierenden Modells. Nach Hahnemann hatte Osswald, der Entwicklungschef, den »Kleinen« fertig entwickelt im »Kasten«; aber war er erprobt? Auch fehlten Marktforschungsergebnisse, die seine Einführung wünschenswert machten, auch nur annähernd absicherten. Erst vor einem Jahr, im Herbst 1970, hatte Goppel, der bayerische Ministerpräsident, den ersten Spatenstich zum neu-

». . . dann können wir auf 250 000 bis 300 000 Autos kommen . . .«
Das neue Werk 2,4 in Dingolfing.

en Werk 2.4 in die Dingolfinger Erde getan, im Hof stand ein großes Modell der Bauten, die Presse war dagewesen, und Hahnemann hatte getönt: ». . . Dann können wir auf 250 000 bis 300 000 Autos kommen!« – eine Riesenzahl, gemessen an den 140 000 Wagen, die man gerade baute. Auch die 8000 eingeplanten Mitarbeiter in Dingolfing, von denen gesprochen wurde – 20 000 Menschen zählte zu dieser Zeit die Gesamtbelegschaft! –, erinnerten Kuenheim an die »Himmelangst«, die er hatte ausstehen müssen . . . Hatte Hahnemann da schon die »richtige Automobilfabrik« vor Augen, die BMW werden sollte? Nein, nein – und doch, ohne Hand und Fuß war ja nichts, was Hahnemann vortrug, also sollte man die Geschichte Quandt entscheiden lassen . . . Wann? – Sofort. Quandt setzte die Besprechung, unter Teilnahme führender Aufsichtsräte – Dr. Karoli, Dr. Draeger – sogleich auf den folgenden Tag an.

Hahnemann ging es nicht gut. Er hatte wenige Tage zuvor auf der Fahrt nach Dingolfing einen schweren Autounfall erlitten – schuldlos, wie der Polizeibericht ergab. Sein Wagen war völlig zertrümmert worden, er selbst war unverletzt geblieben, seine Begleiterin lag mit schwerem Schock im Krankenhaus, es bedrückte ihn sehr. Als er gegen elf wie verabredet im Günther-Quandt-Haus in Bad Homburg eintraf, erfuhr er, er möge sich gedulden, die Herren berieten noch, was sie, wie die Sekretärin hinzufügte, bereits ab acht Uhr taten.

Hahnemann wartete. Dann seien – so sein Report über den Rest des Morgens – nacheinander Dr. Karoli und Dr. Draeger (nicht Quandt, nicht v. Kuenheim) erschienen, hätten ihm mitgeteilt, daß es nicht um die DAF-Erwerbung ginge, daß man allein über ihn, die Klagen, die es über ihn gäbe, sein »Sündenregister« und seine künftigen Kompetenzen gesprochen habe. Vom Verkaufsressort würde bisher die Produktplanung wie überhaupt jedwede Frage, die das Unternehmen betreffe, bestimmt. Quandt habe jetzt aber vor, das Kollegialprinzip aufzuheben, Kuenheim nicht nur nominell als Generaldirektor fungieren zu lassen . . . Daraufhin habe er, Hahnemann, erklärt, dagegen sei ja nichts einzuwenden, außer daß man dies alles, wie das normal sei, *mit* ihm – er sei eigens hierherbestellt worden – hätte verhandeln und zur Sprache bringen sollen und nicht unter seinem doch wohl kaum unbeabsichtigten Ausschluß. Er bäte deshalb um seinen Abschied, man möge Quandt dies bestellen. Ohne ihn nochmals zu sprechen, habe Quandt dies goutiert, ein Schriftstück sei aufgesetzt worden, er habe es unterzeichnet, dann seinen Chauffeur gerufen, sei nach München gefahren, habe dort seinen Schreibtisch abgeräumt und sei nach Hause gegangen, entschlossen, jeden Versuch, ihn umzustimmen, käme er von Quandt oder von anderer Seite, abzuweisen.

Soviel über die Vorgänge in Bad Homburg; ein Aufsichtsratsprotokoll, das diese Darstellung bestätigt oder entkräftet, gibt es nicht. Nach Goldas bestimmter Erinnerung hat sich aber am Nachmittag bis in die späten Abendstunden des nächsten Tags – es war der 28. Oktober 1971 – in München das Folgende abgespielt: Er, Golda, habe »Widerstand der Arbeitnehmerseite« gegen Hahnemanns Ausscheiden angekündigt. Daraufhin habe sich das Aufsichtsratspräsidium in seinem Büro versammelt und das Problem im Hinblick auf »Schaden für das Unternehmen« mit großem Ernst diskutiert. Es sei gelungen, Hahnemann zu erreichen – im Krankenhaus, wo er die bei seinem Autounfall verletzte Begleiterin besuchte – und zu überreden, zu kommen. Einzelanhörungen der Herren Hahnemann und v. Kuenheim, erbetene Bedenkzeiten habe man abgelehnt, die Sache müsse vom Tisch. Schließlich, nach hartem Ringen, einmütiger Beschluß des Aufsichtsrats: Hahnemann bleibe Verkaufschef, bleibe im Vorstand wie bisher, keine »Degradierung«, »worauf Herr v. Kuenheim nochmals Bedenkzeit erbat, die wir ihm zubilligten, aber auf eine Viertelstunde beschränkten. Als sie herum war, trat er ein, in der Hand die ›Süddeutsche Zeitung‹ (vom nächsten Tag, die in München schon abends ausgetragen wird). Die Zeitung meldete den Rücktritt Hahnemanns, der Aufsichtsrat tage in Permanenz, wie verlaute, beabsichtigen die Mitglieder dieses Gremiums, ihr Mandat niederzulegen, falls es beim Rücktritt bleibe, auch der Betriebsrat habe vor, dann zurückzutreten; spürbare Beunruhigung in der BMW-Belegschaft, man höre von Streikdrohungen. – An all dem, bis auf den Rücktritt, stimmte nichts. Wer der Urheber der Falschmeldung war, konnte nicht geklärt werden, ein ›Schaden für das Unternehmen‹ war nicht mehr abzuwenden, nun blieb uns,

Kollegialprinzip:
Franz Josef Strauß
mit Quandt (Mitte)
und Hahnemann.

die wir den Schaden hatten verhindern wollen – Quandt war bereitgewesen, die Demission zurückzunehmen –, nichts anderes übrig, als das Handtuch zu werfen. Es blieb beim Rücktritt. Hahnemann ging.«

Ein dritter Bericht, der der Erinnerung v. Kuenheims entstammt, bestätigt Goldas Schilderung der Vorgänge in ihrem äußeren Verlauf, zugleich gewährt er Einblick in die innere Dramatik eines Geschehens, das so viel entschied. Er, Kuenheim, sei unter den Einreden des Präsidiums, das allein ermächtigt war, eine Entscheidung zu treffen, weithin verunsichert worden. Wenn alle, so habe er sich gefragt, bis auf Dr. Draeger, grundsätzlich anderer Meinung sind, wieweit stimmt dann die meine? Unentschlossen, ob er nach den Ereignissen in Homburg es »darauf ankommen lassen« solle, sei ihm plötzlich bewußt gewesen, daß in Lösung der vor Quandt aufgerollten Führungsfrage nun doch, was bisher überhaupt nicht zur Debatte stand, alles auf die Frage »Er oder ich?« hinausliefe. Die Wahrheit, daß nur einer regieren könne – eine alte Auffassung Quandts, ebenso aber auch die Hahnemanns –, sei ihm jetzt, da er sich der Befragung gegenübersah, bestürzend klar vor Augen gestanden – so klar, daß er, in Abschätzung seiner Möglichkeiten, das Werk zu führen, im Verbleiben Hahnemanns nur einen faulen Kompromiß habe erblicken können – niemand, am allerwenigsten dem Unternehmen, dessen Führung Quandt ihm anvertraut habe, sei damit gedient. Dann lieber, so sei sein Entschluß gewesen, »trete ich vom erhaltenen Auftrag zurück«.

In diesem Augenblick sei Dr. Draeger – der im Präsidium Quandts Auffassung zugunsten Kuenheims, wie schon in Homburg, vertreten und gegen Dr. Karolis Beharren auf Hahnemann verteidigt habe – auf ihn zugegangen und habe ihm unter vier Augen fünf Worte gesagt. Die fünf Worte hätten gelautet: »Jetzt stehen Sie es durch!«

»Gewiß«, so Kuenheim, »war meine Entscheidung gefallen. Draeger gab mir, für ihre Richtigkeit, die letzte Gewißheit. – Was dann folgte, die Sache mit der Zeitung, war eine Posse; Zufall, nicht Schicksal – oder Ironie? Manchmal werden aus Ironie, die hereinspielt, die schweren Dinge im Leben ganz leicht. Jedenfalls fielen die Würfel. Hahnemann ging; ich blieb.«

Der Turm

> Wer ist aber unter Euch, der einen Turm bauen will,
> und sitzet nicht zuvor und überschläget die Kosten,
> und ob er's habe hinauszuführen?
>
> Lukas 14, 28

Als im Sommer 1970 am Petuelring die Baumaschinen anrückten, um die Fundamente für den Turm in die Erde zu senken, wußten nur wenige Menschen, worauf man sich eingelassen hatte. Zu ihnen gehörte der Architekt, der mit der Signifikanz seiner Schöpfung – »signifikant« war ein Schlagwort geworden, das er selbst nur zögernd gebrauchte – die Vision einer Arbeitslandschaft verband, in der man auch leben konnte; gehörte sein Planungschef, der innerhalb von 26 Monaten – dann begann die Olympiade – auf den Tag genau den Bau auszuführen hatte; und gehörte Quandt, den nach wie vor, wenn er an den Turm dachte, die Grundfrage peinigte: Paßt das zu uns? Ist das BMW? Kann ich als der Mehrheitsbesitzer einlösen, was da, eben mit seiner Signifikanz, nach außen versprochen wird?

Die am Modell erfühlte Bauform: lauter Kreissegmente, in denen lineare Arbeitsläufe stattfinden sollten – wie denn, alles verlief doch im Kreis? – widerstrebte ihm ebenso wie die Vorstellung von Zylindern, die die Vertikalschichtung der Stockwerke assoziieren würde. Stockwerke als Rippen? Ein Zylinder war hohl, der darin zu denkende Kolben stieg auf und nieder – welch an den Haaren herbeigezogener Vergleich (Fahrstuhl!), der zudem, sollte ein Verwaltungsgebäude denn schon »Vierzylinder« heißen, dem Sechszylinder widersprach, der BMW charakterisierte. Und das andere Symbol, jenes vierblättrige Kleeblatt, dem der Grundriß entsprach? Es war höchstens vom Flugzeug aus wahrzunehmen. Auch der technischen Schönheit, die man den vier am Kopf befindlichen Kragarmen nachrühmte – sie hielten die vier Säulen, an denen die Kreissegmente der Stockwerke hingen –, konnte er nicht viel abgewinnen. Zylinderköpfe, Ventile? Gut, sie hatten eine Funktion – die wichtigste im ganzen Bauwerk, da sie die hängende Last ins tragende Zentrum des in die Erde gehenden Kerns ableiteten – und erinnerten abermals an Kolben, die sie bewegten und die es nicht gab. Allein die verkürzte Bauzeit samt der damit verbundenen Kostenersparnis – Rohbau und Ausbau überlagerten sich, die am Boden fertiggestellten Etagen wurden hochgezogen – leuchtete dem Großaktionär ein. Kein Gerüst, jedenfalls keins in ganzer Höhe – fabelhaft. Aber sonst?

An Hängehäusern gab es in Deutschland die Rathaustürme von Marl und, am Alsterufer in Hamburg, das »Finnlandhaus«. Der Turm, mit 99,50 Meter Höhe – er durfte nicht höher sein als die Zwillingskuppeln der Frauenkirche, die mit ihren hundert Metern die Münchner Stadtlandschaft

Auflage der Stadt:
Nicht höher als die
Zwillingskuppeln
der Frauenkirche.

überragten – war der dritte Bau dieser Art: ein Haus vom Boden zu lösen, es schweben zu lassen. Zugleich ließ er ahnen, was Winston Churchill einmal mit dem (von Baukünstlern gern zitierten) Satz ausgedrückt hatte: »Erst bauen wir die Häuser – und dann bauen die Häuser uns.«

Der Architekt, den Pevners Lexikon der Weltarchitektur zu den »besten österreichischen Architekten des 20. Jahrhunderts« rechnete, der Professor Karl Schwanzer aus Wien war dieser Ansicht nicht. Ziel seiner Planung wie stets, wo er gebaut hatte, war die Ausschaltung des Zufalls, war es, »das Unvorhersehbare durch bewußt gesteuerte Handlungen« auszuschließen, und die Forderung, daß der Planer den Versuch zur Kontrolle der Zukunft wagte. Anders ausgedrückt hieß das: Ein von ihm entworfenes Gebäude sollte jeder, der es benutzte, als das seine, als etwas ihm Zugehöriges erkennen, zudem sollte es unverwechselbar in seiner Umgebung sein und obendrein, wie im Falle des Turms, Wesenszüge der »Idee« tragen, der es diente.

Schwanzer stimmte, um beim letztgenannten zu bleiben, darin mit Quandt überein: der Abwehr der Assoziation »Motor«, die er absurd fand. »Sollte ich dann«, hatte er einem Reporter gesagt, »für die Verwaltung einer Schuhfabrik einen Hausschuh bauen?« Aber: dem Werk, einem »amorphen Konglomerat« von auf weiter Fläche sich hinstreckenden Industriebauten, einen visuellen Bezugspunkt zu schaffen, war ebenso zwingend wie das

In 791 Tagen gebaut... Bauphasen des Turms.

Bedürfnis der Firma nach Selbstdarstellung, die jedermann, der sie nur einmal sah, als »BMW« im Gedächtnis behielt: ». . . ein Solitär mit dem technischen Glanz der Utopie, etwas einsam aufragend.«

Und so würde in 791 Tagen, fixiert auf die Spiele, aus der üblichen randstädtischen Bebauung, die eher zufällig als gewollt das alte Oberwiesenfeld umstand, kein neuer Gasometer, kein Verwaltungsklotz, sondern ein eher schlanker Bau aufragen, der zur grafischen Schrift einer von Seilen und Masten in der Schwebe gehaltenen olympischen Zeltstadt, auch zur spitzen Nadel des in den Himmel stechenden Fernsehturms gegenüber wie ein Pendant wirken sollte, das etwas weitergab. Deshalb, nicht zuletzt, seine Kreisform: Schwanzers Architektenidee war, den Impuls »Spiele« aufzufangen und in die Normalität der dahinter liegenden Arbeits- und Wohnlandschaft des immer stiefmütterlich betrachteten Münchner Nordens zu überführen; wer dort lebte, befand sich plötzlich in einer anderen Stadt...

Jeder Großbau ist ein Abenteuer mit kalkulierbaren und unkalkulierbaren Risiken. Standortbedingt – BMW lag nun einmal am Oberwiesenfeld, wo die Spiele stattfanden – mußte der Turm fertig sein, wenn das Weltspektakel begann (Sommer 1972). Also mußten die besten Bauleute Deutschlands heran – Schwanzer engagierte sie –, doch allein ein Netzplan, der die gleichzeitige Verrichtung vieler Arbeiten vorsah, konnte die pünktliche Fertigstellung des Baus ermöglichen. Voraussetzung dafür war seine ungewöhnliche Konstruktion: das Haus stand nicht, es hing. An einem vierarmigen Trägerkreuz angehängt – jedes seiner Arme maß sechzehn Meter –, würde über »Spannstähle« genannte Trossen Geschoß um Geschoß, mit bereits am Boden versehener Aluminiumfassade und fertig verglast, mittels hydraulischer Pressen hochgezogen – in Hüben von 20 cm kontinuierlich –, alle achtzehn Geschosse. Ein letzter Hub von 14 Meter Höhe würde sie gemeinsam dann in die endgültige Lage bringen – und den Raum darunter freigeben. Während im Hängehaus am Innenausbau gearbeitet werden konnte, war es so möglich, auf der Erde das Eingangsgebäude zu errichten – und jenen 230 Meter langen, vierstöckigen Flachbau, der sich ihm anschloß. (Das Dach hatte Schwanzer als Erholungsfläche projektiert; durch Bepflanzung wollte er hier »der Natur zurückgeben, was wir ihr gestohlen haben« und »Wald bis ins Werk hinein« wachsen lassen.)

Zum technischen Wagnis des Turms kam das ästhetische: eine Betonschüssel, silbern gestrichen, von vierzig Metern Durchmesser; am Verkehrsknotenpunkt Petuelring – Lerchenauer Straße gelegen und durch eine Fußgängerbrücke vom Olympiagelände erreichbar, andererseits direkt mit dem Turm verbunden, sollte sie die »inhaltliche Beziehung von Auto, Straße und Verkehr« symbolisieren: sie nahm das BMW Museum auf.

Hat der Architekt nur technische und ästhetische Ziele bei seiner Arbeit vor Augen, so wird er nur technische und ästhetische Lösungen produ-

zieren – und sich gesellschaftlichen und politischen Fragen entziehen. Gerade um sie aber ging es Schwanzer. Blickte er zurück auf seine Zunft, so war aus dem Künstler, als der er sich im 19. Jahrhundert auch begriffen hätte, in den zwanziger Jahren des neuen Jahrhunderts der Sozialreformer und Techniker geworden; erst in der Nachkriegszeit war der Architekt zum Koordinator und Planer der komplexen Umwelt von heute und morgen aufgestiegen – und als solcher verstand sich Schwanzer, als er zum »Großraum, der keiner ist«, das Innere des Turms bestimmte.

In jeweils vier Dreiviertelkreisen, Segmenten, die sich in jedem Stockwerk um den Vier-Röhren-Kern lagerten, sollten allenfalls bis zu dreißig Menschen sitzen, »so viele wie in einer Schulklasse, die einzige Gemeinschaft, an die sich die meisten ein Leben lang erinnern«. Eine neue Atmosphäre der Arbeit: menschlich, fröhlich, heiter, animierend, stimulierend und verbindend werde so verwirklicht. Wörtlich heißt es in Schwanzers »Gedanken nach dem Bauen«: »Der rund geformte Raum bildet eine zusammenfassende Hülle mit Stimulans für weitblickende, peripär ausstrahlende Gedanken. Ebenso aber ist er raumwirksam für konzentrierte Polbildung von zusammenfließenden, konzentrierten Ideen. Die Gruppe, das Team identifiziert sich mit dem Innenraum und durch seine Transparenz nach außen mit dem Stadtpanorama Münchens.« Seine Vision faßt das so ins Bild: »Der einzelne Mitarbeiter blickt von der knappen Distanz der Schreibtischarbeit auf und sieht in die Weite. Trotzdem empfindet er Nachbarschaftsgefühl und Verbundenheit... Die Teamgruppe hält, schon strukturell bedingt, zusammen, bildet Teamgeist und entwickelt leistungsbetonte Konkurrenzlust. Der runde Raum versammelt zwingend zur Gemeinschaft, ähnlich dem runden Tisch, der gleichwertige, unprivilegierte Plätze bietet und in einem Kreis Menschen ›gleicher Chancen‹ ohne Präferenz vereinigt.«

Um auch hier unkalkulierbare Risiken auszuschalten, hatte Hahnemann, so wie er Schwanzer veranlaßte, in Geiselgasteig ein ganzes Segment im Maßstab 1:1 aufzuführen – und damit Vorstand und Aufsichtsrat für Schwanzers Idee gewann –, zweitausend Leute seines Vertriebs zwei Jahre lang im vollklimatisierten Dukek-Haus am Frankfurter Ring sich an neue Arbeitsformen gewöhnen lassen; dort wurden, annähernd wie im Turm geplant, mit Stellwänden versehene Großraumbüros mit Klimaanlagen geboten, die damals noch neu waren. Als man dann in den Turm einzog – ohne Hahnemann –, waren die Leute, wie der Planungsingenieur Franz Joseph Fritsche sich zu erinnern wußte, »jedenfalls daran« gewöhnt.

Fritsche, der Erfahrungen in den USA gewonnen hatte, war insofern ein Glücksfall, als er beide Phasen – die organisatorische Durchführung des Baus und was, nach Fertigstellung, dieser dem Unternehmen planerisch aufzwang – sozusagen im kleinen Finger hatte. Von Anfang an gegen »Abschnitte« in der herkömmlichen Weise des Bauens, hatte er bedacht, was es heißen würde, wenn da, hochgezogen in einer Gleitschalung, die wie ein Silo aussah, für den Fall einer Bauverzögerung oder Unterbrechung fünfzehn Stockwerke einfach in der Luft hängen blieben... zur Freude der Neider, die dann gehöhnt hätten: Aha, nun ist den großspurigen BMW das Geld ausgegangen...

»Das Streben nach der besten Lösung, nach Vollkommenheit, ist dem menschlichen Lebewesen inhärent, obwohl wir gleichsam als Erbsünde die Unvollkommenheit, die jedes Bemühen um Perfektion im Fehlerhaften erstickt, mit uns tragen. Aber jeder Versuch, in Unbekanntes vorzustoßen, erfordert den Mut zum Unvollkommenen, genauso wie den Willen zu Besserem. Das ›Vollendete‹ ist eine Arroganz, es würde einen Abschluß bedeuten, und wo gibt es nicht noch eine Verbesserung in menschlichen Dingen?«

Worte des Architekten... Fritsche dachte sachlicher, doch nicht minder anspruchsvoll. Bereits die andere Art des Bauens – Aufteilung der Arbeitsleistung in gleichartige, sich rhythmisch wiederholende Bauvorgänge im zeitlich fixierten Taktverfahren – hatte ein neues Denken gefordert, ein Aufbrechen alter Organisationsformen, wie sie die »Großschmiede« noch aufwies – Fritsche sprach von BMW stets von der »Großschmiede«, die er drüben im Werk vorgefunden habe – und von denen es herunter mußte, wollte BMW die Zukunft bestehen. Diese Zukunft begann mit dem Turm.

Er sah dies durchaus mit amerikanischen Augen. Er hatte elf Jahre lang Großbauten für die NASA und für die US-Air Force als planender

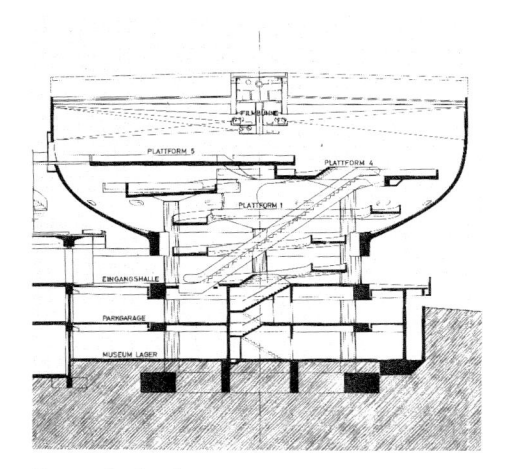

Querschnitt des BMW Museums.

Blick vom Turm auf die »Museumsschüssel«.

Ingenieur durchgeführt – Raketenabschußbasen, Radarstationen, unterirdische Anlagen in Georgia/USA, in Adana in der Türkei –, die in ihren organisatorischen Einrichtungen eher an Science-fiction-Romanen orientiert zu sein schienen als an Denkmustern noch so kühner traditioneller Ingenieurtechnik. Mit »Operation research« vertraut (der Anwendung wissenschaftlicher Methoden mathematischer, statistischer und logistischer Art zur Ermittlung optimaler Entscheidungen), als hätte er sie mit der Muttermilch eingesogen, hatte er auch jenen Geheimflugplatz angelegt, von dem die legendäre U 2 aufgestiegen war – ein Spionageflugzeug, das in Höhen operierte, die bis dahin für unerreichbar galten. Die Sowjets hatten es über Südrußland abgeschossen oder zur Notlandung gezwungen – darüber schweigen sie sich aus – und die Reste samt der Pilotenausrüstung des unglücklichen Fliegers Francis Garis Powers gerade im Moskauer Gorkipark ausgestellt, als ich dort spazierenging, im Sommer 1960. Als ich Fritsche davon erzählte – er kannte Powers, ja war beim Start des Fernaufklärers dabeigewesen –, mochte ihm aufgehen, wie klein die Welt war und wie nahe auch hier im Turm, in dem wir uns irgendwo zwischen dem 15. und 22. Stockwerk befanden, in einer der Buchten, wo man wirklich meint, man schwebe, von weiß Gott wo gekommen, gerade über der Erde ein, ein Scheitern neben dem Gelingen gestanden hatte. Jedenfalls sprach er sofort davon.

»Denken Sie nicht«, sagte er, »ich spinne. Daß der Turm nicht scheiterte – besser gesagt: wir am Turm –, lag an zwei Umständen. Einmal, daß Gieschen kein Mann von gestern war; obwohl kein Baumensch, begriff er als Automobilmann alle Neuerungen, die die Vorplanung weder vorgesehen noch einkalkuliert hatte – das technische Geschoß zum Beispiel, das die oberen sieben Stockwerke trug, während die unteren quasi an ihm hingen. Wir mußten es einlegen, um die Klimaanlagen und den ganzen komplizierten

Mit amerikanischen Augen: Planungsingenieur Franz Joseph Fritsche.

Werksanlagen und Turm, vom Parkdeck Olympiagelände her gesehen.

technischen Kram unterzubringen, damit der ... nicht ganz von unten kam. Zum zweiten, daß der Mann von morgen – ich meine Kuenheim – weit genug dachte. Schmeißen Sie mal Einrichtungen weg, die noch gut funktionieren, die aber die Zeit überholt hat, was bloß niemand weiß; Kuenheim wußte es. Er wußte auch: Jemanden zu überreden, freiwillig aufzugeben, woran er gewöhnt ist, hätte Jahre gekostet – bei Millionen-, vielleicht Milliardenverlusten, die versäumte Entschlüsse bedeuten. Beim Turm wurden sie nicht versäumt; Kuenheim handelte, unter Umgehung aller ›Dienstwege‹, entschied einfach – darin Hahnemann ähnlich, mit dem ihn sonst wenig verband –, obwohl EDV, Mikroprozessoren, diese neuen Kommunikationstechniken, gerade erst begonnen hatten, die Welt zu verändern – nicht geistig, da verändert sich nichts so schnell, aber organisatorisch, gewaltig.

In der Regel trug ich abends um sechs, ein- oder zweimal die Woche, vor, was anstand. Höchstens verging eine Nacht, und ich hatte das Plazet – oder nicht. War Kuenheim nicht zu gewinnen, stimmte das, meistens; dann hatte ich ... zu amerikanisch gedacht. Manchmal sagte ich: Jetzt sind Sie zu deutsch. – Warum? – Ich begründete es. Gut, sagte er, ich bin überzeugt. Am nächsten Tag: Sie nicht mehr? Sagte ich dann: Doch!, war's okay; sagte ich: Man könnte natürlich auch ... winkte er ab; er habe es durchrechnen lassen, die Sache ginge in Ordnung. – Was mich am meisten verblüffte: daß die Hierarchie schwieg.«

»Hing das«, fragte ich, »mit Hahnemanns Sturz zusammen?«
»Ich will es nicht ausschließen«, sagte Fritsche. »Zunächst war, als er ging, absolute Windstille. Es war, als setzte ein Motor, der alles bewegt, plötzlich aus. Sprang ein anderer an? Vielleicht war ich einer der wenigen, die wußten: der war längst angesprungen.«

Hinter der grünen Stellwand – es gab keine Wände im Turm – summte die Sprechanlage. Jemand hob ab. »Ja«, hörte ich eine weibliche Stimme, »Herr Fritsche ist hier . . .« Während Fritsche – »immer auf Achse, immer erreichbar« – das Gespräch abnahm, trat ich zum Fenster. Unten, neben der Museumsschale, standen, wie Männchen aus Plastilin, Polizisten mit Sprechfunkgeräten, und eine Armada dunkler BMW-Limousinen schob sich in vornehmer Gelassenheit von Petuelring die kopfsteingepflasterte Auffahrt hinauf, hielt, nacheinander sprangen die Türen auf, und Herren in Sommermänteln, klein, drahtig, elastisch, strebten, um sich schauend, einige blickten nach oben, als zöge ihnen die Architektur den Hals hoch, dem Portal zu.

»Sie sind da«, sagte Fritsche in meinem Rücken, »ich muß hinunter. Kommen Sie mit?«

Wir fuhren hinab, eilten im Ausstellungsgang an südafrikanischer Kunst vorbei, betraten im Bildungszentrum, vom Werkschutz kontrolliert, eine kleine Kammer, die ich noch nie bemerkt hatte, eine Art Regieraum, in dem schon die Dolmetscher Platz genommen hatten, um die Simultananlage zu füttern. Durch schalldichte Glaswände sah man in einen Saal mit Sitzungstischen, auf denen farbige Wimpel standen, in den Türen Gedränge, junge Damen, Diener, die Getränke anboten, dann traten sie nacheinander ein . . . »Der Graue«, sagte Fritsche, »links vorn, mit dem schwarzen Kurzhaar, ist Signor Ghidella von Fiat – Agnelli hat leider absagen müssen –, im Streifen der Boß von Renault, Georges Besse, dahinter die Schweden, von Volvo Pehr Gyllenhammar, gleich daneben John Egan von Jaguar, ah, welcome Mr. Perry, das ist der Boß von Rolls-Royce, der kleine Dicke neben Breitschwerdt, dem Mercedes-Chef, der gerade mit Kuenheim spricht . . .« Alles ging sehr schnell, Kuenheim, der Gastgeber (und derzeitige Präsident der Geladenen), trat ans Mikrofon, begann mit der Begrüßung. »Wenn jetzt«, murmelte Fritsche, »eine Bombe fiele, wäre die europäische Automobilindustrie führerlos.« Er hatte als Planungsmann das Gipfeltreffen der Branche organisiert, samt einem Bankett, das tags zuvor im Antiquarium der Residenz stattgefunden hatte. (Später erfuhr ich, daß es sich um das jährlich einberufene Board meeting des CCMC [*C*omité des *C*onstructeurs d'Automobiles du *M*arché *C*ommun] handelte, das diesmal der internationalen Lösung des Katalysator-Problems galt). »Sie müssen jetzt raus«, sagte Fritsche, »Geheimkonferenz. Na, die Sache läuft. Ich komme gleich nach. Warten Sie auf mich?«

Ich erinnerte mich, während ich wartete, was er von der Air Force, seinem Auftraggeber, als er Flugplätze baute, gesagt hatte: Es sei das wohl am besten organisierte Wesen der Welt (er sagte tatsächlich: »Wesen«). Etwas davon in den Turm zu verpflanzen, habe ihm immer vorgeschwebt . . . War dies geglückt? War der Turm ein Wesen, erschaffen in kalter Organisation, lebte er – und die Firma in ihm? Fritsche hatte von den Kämpfen berichtet, die sich abspielten, als man den Turm bezog. Allein, daß es keine Wände mehr gab, hatte – trotz aller »Einübung« vorher – die Leute schockiert. Gestandene Abteilungsleiter hatten sich geweigert, einzuziehen, da alles mitgehört werden könne, nicht bedenkend, daß Mikrotechnik – wenn man hören will, was einer spricht – noch die dickste Wand durchlässig macht wie Papier; wozu dann überhaupt eine? »Sehen Sie«, hatte Fritsche geworben, »überall Licht, Tageslicht, noch an der Mittelsäule, Entfernung vom äußersten Arbeitsplatz am Fenster 25 Meter . . . jeweils vier Teamräume, ohne Türen, ohne Gänge . . .«

Am Tag der Einweihung hatte Schwanzer den Bauherrn in jenen dem Flachbau eingefügten kathedralengroßen Raum geführt, der leer war – bis auf vier kleine, grau gestrichene Schränkchen, die sich in seiner Mitte befanden. Was soll das, hatte, angesichts der ungeheuren Raumverschwendung, Kuenheim gefragt. Schwanzer hatte auf die Kabel gedeutet, die, noch nicht abgedeckt, von den Kästchen in einem zweiten, über der Grundfläche gespannten Boden nach außen führten . . . zu Datensichtgeräten, deren »Eingebungen« die Kästchen speicherten. »Und der ungeheure Raum darum?«

Bürosegment im Turm.

»Computerkathedrale« im Flachbau.

fragte der immer noch fassungslose Kuenheim. ». . . wartet auf Millionen, Milliarden Daten, die er verwalten und speichern wird, geronnene Entscheidungen, die zu neuen Entscheidungen gerinnen!« – wäre die Vision gewesen, die er, der Planer, hätte geben müssen, aber nicht gab, weil er sie nicht geben konnte. »Keiner konnte sie geben«, sagte Fritsche. »Wer wußte schon, wie die Datenflut anschwellen würde, so gewaltig, daß trotz immer neuer Computergenerationen – heute geht in die Fläche einer Hand hinein, was damals schon die ganze Halle gefüllt hätte – die EDV längst ausgebrochen ist, neue Häuser bezogen hat, irgendwo in der Stadt . . . wie wohl überhaupt, wenn Wachstum etwas vergrößert, dies das Problem des Turms war. Vergrößerten sich die Teams nur um ein paar Leute – 1700 saßen im Turm, sitzen immer noch dort, eine nicht veränderbare Zahl – drückten sie von oben nach unten – und von unten wieder herauf. Ständig zog man um, wanderten die Abteilungen, wichen auf Mietgebäude aus. Um nicht in Miete zu sitzen, hatten wir ihn gebaut, den Turm. Heute« – es war der 15. Mai 1985, an dem Fritsche dies sagte – »reichen zehn Türme nicht aus, um alle unterzubringen. Kennen Sie das Alabamagelände? Dort bauen wir jetzt ein Ingenieurzentrum. Die Platznot – es ist für 7000 Ingenieure gedacht – wird auch dann nicht behoben sein. Denn das Wachstum hält an. Von 1,5 Milliarden DM Umsatz, als der Turm geplant wurde, ist BMW« – ich kannte die Zahl, hatte sie mir aus dem letzten Geschäftsbericht eingeprägt, wußte sie auswen-

Turm und Milbertshofer Werksanlage im Umfeld von Olympischem Dorf und Petuelring.

dig wie er – »auf 17,1 Milliarden Umsatz gewachsen«, sagten wir beide gleichzeitig.

Und sahen uns an, als hätten wir soeben den Stein der Weisen berührt, dann lachten wir, ein schallendes gleichsam homerisches Gelächter erscholl . . . über uns selbst, über die Mystik der großen Zahl, auf die wir wie jeder gestarrt hatten . . .

Kurz darauf sprach ich mit v. Kuenheim. Er erzählte vom Turm und wie er, noch in Himmelangst nach der Dingolfinger Pressekonferenz – wo Hahnemann das Ziel von 250 000 bis 300 000 Autos, die man bauen wolle, bekanntgab – hier oben im 22. Stock eingezogen sei. Dann sagte er: »1973 wurde das Werk, für das damals der Grundstein gesetzt wurde, in Dingolfing eingeweiht. Es war November, die große Energiekrise war hereingebrochen, Geschwindigkeitsbegrenzungen, Sonntagsfahrverbot – als wir das Werk eröffneten, hatten wir 2000 Aufträge auf unsere Autos, gebraucht hätten wir 15 000. Da haben alle gesagt: Jetzt fliegen sie auf die Nase. Die ganze andere Automobilindustrie hat damals entlassen, Tausende von Arbeitern lagen auf der Straße. Wir haben gesagt: Wir fahren das Werk an – hätten wir es geschlossen, hätte das die Moral völlig zerstört. – Dann ist uns die Mathematik zu Hilfe gekommen. Wir haben uns die Verlaufskurven im Rückgang der Auftragseingänge vorgenommen und gesehen: Da ist ein Wendepunkt, die Kurve geht nach oben. Daraufhin beschlossen wir: Jetzt halten wir durch ... Herbst 73, Frühjahr 74 war das, die große Zeit der Rezession nach dem Jom-Kippur-Krieg, die Araber lieferten kein Öl, Rotterdam fiel aus. Noch immer entließen die anderen, Opel, VW, mit viel Abfindungen... Doch wir sahen den Wendepunkt. Es war die Tat des jungen Wirtschaftsministers Friderichs, zu sagen, ich mache keine Rationierung, seine große Tat. Treibstoff wurde teurer, aber mehr passierte nicht.

Hahnemann hätte vielleicht gesagt: Ich spüre, der Frühling kommt. Wir haben die Mathematik benutzt, die Kurve analysiert und gesagt: Es wird so. Wir waren natürlich auch nicht sicher: Sehen wir das richtig oder die anderen? Wir sind aber, als Konsequenz daraus, 1974 mit fliegendem Start hochgekommen.«

Hier ist meine Geschichte zu Ende – nicht die Geschichte von BMW.

Aber genau hier, an dieser Stelle, verzweigen sich die Geschehnisse. Mit ihrem Anspruch, wahrgenommen zu werden, verstellen sie mir die Sicht. Unwichtiges drängt sich nach vorn, Wichtiges bleibt im Hintergrund, das, worauf es wahrscheinlich ankommt, fristet sein Dasein noch im Verborgenen.

Zugleich hört die historische Distanz auf, die es dem Geschichts- (und Geschichten)erzähler erlaubt, wie Harun al Raschid unerkannt überall dabeizusein, Ereignisse und Gestalten gleichsam wie im umgedrehten Fernglas zu erblicken und ins Auge des Lesers zu rücken (Ob es mir gelang? Es wird sich herausstellen, wenn er, hier angekommen, diese Zeilen liest. Doch ist mir darum nicht bange.)

Bange wäre mir, hätte ich mich auf den Versuch eingelassen, wie vom Jahr 2000 aus rückgewendet, mit vorgegebener Distanz, auch das Nachfolgende zu schildern (v. Kuenheims weiteren Aufstieg mit dem Aufstieg des Unternehmens, Quandts Tod 1982, Graf Goltz an der Spitze des Aufsichtsrats, den Technologiekonzern, der BMW zu werden beginnt ...).

– als wüßte ich, was aus dem Ding AUTOMOBIL geworden ist, von dem ich behauptet habe, es hätte die eigentliche Bewegung in diesem Jahrhundert verursacht, kraft seiner Mobilität, mit der es die Menschen aus Klassen und Ständen riß, zueinander, durcheinanderbrachte und die Städte veränderte ...

– als wüßte ich, ob die Firma, die hier geschildert wurde, sich dann immer noch stolz und eigensinnig BMW nennt, Bayerische Motoren Werke (übrigens *nicht* Automobil Werke, welch kleiner Unterschied, mögen die Gründer auch gar nicht daran gedacht haben, seine durchaus zukunftweisende Bedeutung haben könnte). Vielleicht ist BMW in einem Riesentrust aufgegangen, in dem Kämpfe, wie sie mit Daimler-Benz stattfanden, künstlich in Szene gesetzt werden, damit den Leuten die Langeweile vergeht ...

– als wüßte ich auch bereits, ob unser Planet dann überhaupt noch existiert.

Allen »Zeitzeugen«, die ich zu diesem Buch befragte, möchte ich hier herzlich Dank sagen. Wie bereits im Vorwort zum ersten Band »Vor der Schallmauer (1916–1945)« erwähnt, wäre ohne sie, die unmittelbar am Geschehen Beteiligten, meine Geschichte nicht zu schreiben gewesen. Sie alle, die mir den Grundstoff lieferten, trugen zudem zum Verständnis von komplizierten technischen Abläufen bei, durch die das Zeitalter geprägt wurde – stärker und elementarer, als es jeder, der damit zu tun hatte, sich vorstellen konnte.

Über den Zeugenkreis hinaus gilt mein Dank einer Anzahl von Menschen, die sich der ebenso lästigen wie schwierigen Aufgabe unterzogen, als Fachleute auf ihrem Gebiet meinen Text auf die Richtigkeit technischer Details zu überprüfen, zu korrigieren und zu ergänzen. Es sind dies an erster Stelle Herr Dipl.-Ing. Helmut Schubert von der MTU (Motoren- u. Turbinen-Union München GmbH), und, im Umkreis von Allach, die Herren Heinrich Leibach, Josef Hareiner, Christoph Mayer-Mendel und Max Pöhlein †, ferner Herr Dipl.-Ing. Kurt Grasmann, der die Durchsicht des Kapitels »Absage an die Luft« übernahm. Auch Frau Marianne Popp, der Chefsekretärin von Kurt Donath, verdanke ich wertvolle Hinweise, desgleichen Frau Edith Fiedler. Vor allem aber habe ich Hans Fleischmann, dem inzwischen in Ruhestand getretenen Leiter des Historischen Archivs von BMW, zu danken. Er brachte mich Schritt um Schritt weiter bei dem Versuch, Vorgänge eines überaus komplexen Werksgeschehens in den größeren Zusammenhang einer Zeit zu stellen, über die wir, obwohl sie noch immer unsere Zeit ist, so wenig wissen.

Die Protokolle aller Befragungen, die meinem Buch vorausgingen, wurden dem Dokumentationszentrum der Bayerische Motoren Werke übergeben und dort archiviert.

H. M.

Namensregister

Kumuliertes Namensregister der Bände I und II.
Die römischen Ziffern vor den Seitenzahlen verweisen jeweils auf die Bandnummern.

d'Abernon, Viscount *I* 115, 116
Abs, Hermann Jos. *II* 126
Adenauer, Konrad *I* 145. *II* 105
Agnelli, Giovanni *II* 246
Alberti, Dr. *I* 26
Aldington, H. J. *I* 203, 215. *II* 51, 52, 66
Ammann, Rolf *I* 252, 295, 302, 303, 304
Amundsen, Roald *I* 121
Archimedes *II* 107
Arendt, Hannah *I* 92
Arnold, Henry A. *II* 107
Aristoteles *II* 45
Attlee, Clement Richard *II* 29
Aubrun *I* 25
Auspitzer, Julius *I* 39, 42, 43
Austin, Sir Herbert *I* 155, 156

Baade, Dr. Fritz *II* 82
Baade *II* 113
Backmann *II* 134
Backstein, Hermann *I* 16
Bäumer, Walter *I* 254, 255
Baierlein, Anton *I* 27–31, 33, 79
Balbaschewski *II* 209
Baldauf, Oscar *II* 137, 138
Baldwin, James *I* 161
Banfield *I* 47
Barbarino, Otto *II* 150, 151, 152, 159
Barzel, Rainer *II* 199
Bauer *I* 197
Bauhofer, Toni *I* 101, 102
Baur, Karl *II* 90
Bechstein *II* 83, 84
Beitz, Berthold *II* 229
Bell, Johannes *I* 105
Benz, Carl *I* 21, 38, 51
Berg, Fritz *II* 229
Bertone, Nuccio *II* 203
Besse, Georges *II* 246
Bethmann-Hollweg, Theobald von *I* 49
Beyerle, Dr. Josef *II* 82
Bieber, Anna *I* 80
Bieber, Franz *I* 80, 95, 96, 97, 100, 129, 161, 164, 165
Billmann, C. S. *I* 24
Black, Wilhelm *II* 124, 125
Blakhourn *II* 190
Blenk, Hermann *II* 110
Blériot, Luis *I* 21, 24, 25, 26, 31, 36, 39
Blomberg, Werner von *I* 182, 183, 190, 237
Böcklin, Arnold *I* 22, 36
Böhm, Reinhold *I* 129
Boelcke, Oswald *I* 19
Böning, Alfred *I* 221. *II* 21, 22, 24, 69, 86, 87, 88, 89, 93, 124, 178, 191
Bönsch, Helmut-Werner *I* 97. *II* 86, 127, 186, 192, 206, 209, 211, 216
Bohr, Nils *I* 173
Borgward, Carl F. W. *II* 162, 173, 174, 238
Borsche, Dieter *II* 209
Botschen, Ann *II* 97
Bourne, Arthur B. *II* 57, 58, 59
Bracq, Paul *I* 202B
Brandenburg, Hans *I* 23

Brandenburg, Ernst *I* 123
Brandner, Ferdinand *II* 111, 113, 117
Braun, Alfred *I* 173
Braun, Wernher von *I* 269
Breitschwerdt, Werner *II* 246
Brenner, Richard *I* 206. *II* 23
Briand, Aristide *I* 148, 174. *II* 16
Brill, Hermann *II* 82
Britsch *I* 65, 66, 67
Bruckmann, Bruno *I* 249, 250, 270, 275, 279, 299. *II* 108
Brüning, Heinrich *I* 174
Brug, von *II* 32, 33, 34
Bruhn, Richard *II* 92
Buchner, Max *I* 144, 145, 154. *II* 94
Budd, Ambi *II* 65
Büchner *II* 174
Bücker, Clemens *I* 114
Bürger, Max *I* 116
Busch, B. *II* 217
Buske, Alfred *I* 292, 293
Busse *I* 305
Buttlar von *I* 145, 246
Byrnes, James F. *II* 50

Canaris, Wilhelm *I* 235, 285
Caracciola, Rudolf *I* 212. *II* 49
Castiglioni, Camillo *I* 44, 45, 47, 70, 71, 76, 84, 85, 86, 87, 88, 89, 98, 103, 111, 128, 133, 135, 146, 147, 148, 149, 150, 188. *II* 15, 45
Cattepoel, Dirk *II* 228, 230
Chapin, Roy *II* 125, 146
Christiansen, Friedrich *I* 114
Chrumitschew *II* 111
Churchill, Winston *II* 19, 29, 107, 242
Claimes *II* 48
Clay, Lucius D. *II* 53, 55, 56, 81
Cleinow *I* 140
Clémenceau, Georges *II* 84
Coli, François *I* 120
Cortese, Franco *I* 255
Craig, Joe *II* 51
Curie, Marie *I* 173

Dahlerius, Birger *I* 237
Daimler, Gottlieb *I* 21, 36, 38, 48, 51. *II* 15
Daimler, Paul *I* 46
Danckwerts, Justus *II* 82
Deby, Kurt *I* 96, 294, 299, 304, 305. *II* 17, 20, 28, 30, 35, 38, 39, 47, 48, 64, 89, 90
Delagrange, Léon *I* 26
Delius, Ernst von *I* 206
Dellmensingen, Heinrich Krafft von *I* 188, 189, 255, 263, 287, 288, 289. *II* 26, 119, 121
Delp, Alfred *I* 289, 290
Denk, Franz *II* 27
Denzel, Wolfgang *II* 123, 124, 125, 126, 127, 142, 146, 155, 177, 190, 191
Diemer, Zeno *I* 54, 56, 58, 77, 78, 88, 105
Dietrich, Lorenz *II* 26, 32, 67
Djilas, Milovan *II* 81
Dörhöfer, Philipp *I* 36, 37
Dompert, Karl *II* 206, 208, 209, 211, 212, 213
Donath, Kurt *I* 294, 299. *II* 19, 21, 24, 26, 28, 29, 30, 31, 32, 35, 40, 43, 51, 52, 53, 62, 63, 64, 66, 67, 68, 70, 71, 73, 74, 75, 76, 77, 87, 89, 90, 92, 94, 95, 101, 102, 106, 115, 119, 191
Dorls, Wilhelm *I* 268, 300, 301. *II* 24, 25, 26, 32, 67, 68, 106
Draeger, Dr. *II* 238, 239, 240
Dräxlmaier *II* 203
Drekmann *I* 60
Drexelius, Wilhelm *II* 82
Duckstein, Martin *I* 93, 94, 95, 99, 100, 126, 127, 154, 155, 166, 167, 168, 267

Dümler, Otto *I* 40, 41
Duisberg *II* 229

Ebert, Friedrich *I* 72, 115
Egan, John *II* 246
Ehrhardt, Gustav *I* 138
Ehrhardt, Heinrich *I* 137, 138, 139
Einstein, Albert *I* 173
Eisenlohr, Wolfram *I* 283
Eisenhower, Dwight D. *I* 306
Eisner, Kurt *I* 73, 74
Endres, Ludwig *I* 16
Engels, Friedrich *II* 153
Erbslöh, Adolf *I* 36, 37
Erhard, Ludwig *II* 99, 158, 189
Etrich, Igo *I* 26
Euler, August *I* 26, 32

Falkenhausen, Alexander von *I* 221, 222, 258, 260, 295, 297, 298, 299. *II* 24, 66, 68, 102, 103, 124, 168, 178, 186, 190, 191, 221, 222, 223
Falkenheim, Ernst *II* 122, 123
Fane, Alfred Fane Pears *I* 224, 225, 226
Farman, Henry *I* 24, 26, 39, 119
Feith, Hans *II* 123, 128, 129, 135–147, 170, 225
Ferber *I* 23, 26
Fermi, Enrico *I* 173
Fernihough, Eric *I* 220, 222, 224
Fickert, Dr. *I* 22
Fiedler, Fritz *I* 167, 168, 204, 205, 206, 209, 210, 213, 215, 216, 217. *II* 17, 22, 23, 24, 65, 66, 87, 88, 94, 99, 101, 124, 126, 168, 178, 190, 191, 211, 215
Fitzmaurice, James C. *I* 120
Flatow, Ernst *I* 299
Fleischmann, Aladar *II* 190
Fleischmann, Hans *I* 216. *II* 190
Flick, Friedrich *I* 128. *II* 126, 128, 132, 138, 141, 143, 144, 147, 162, 163, 173, 174, 175, 176, 227
Ford, Henry *I* 11, 142, 157
Forstner, Josef *I* 233
Fouché, Joseph *II* 153
Franz, Anselm *I* 273. *II* 108
Franz Ferdinand, Erzherzog *II* 84
Frey, Kurt *I* 185
Friderichs, Hans *II* 248
Fritsche, Franz Joseph *II* 237, 244, 246
Fritz, Willi *II* 199
Friz, Max *I* 46, 48, 49, 51, 52, 53, 54, 55, 58, 66, 77, 79, 80, 81, 83, 87, 92, 93, 94, 95, 96, 97, 98, 99, 100, 101, 103, 112, 114, 116, 119, 126, 129, 133, 154, 155, 156, 160, 166, 167, 192, 208, 218, 220, 245, 249, 250, 268. *II* 15, 17, 24, 67, 178
Frowein, Robert *II* 119, 120, 122
Frua, Pietro *II* 203, 211

Gall, Karl *I* 219, 220, 229, 230, 231, 232
Galland, Adolf *I* 273, 274
Gallieni, Joseph Simon *I* 129, 130
 u. Vorwort
Ganz *II* 65
Gaulle, Charles de *II* 233
Geisendorf, Hans *I* 30
Gerlach, Fritz *II* 49
Gerngroß, Rupprecht *I* 300
Ghidella *II* 246
Gieschen, Wilh. Heinrich *II* 162, 174, 175, 176, 178, 185, 186, 187, 190, 192, 199, 204, 207, 213, 222, 227, 231, 235, 236, 237, 244, 245
Giesler, Paul *I* 199, 295
Glas, Andreas *II* 202–208, 212, 213, 214
Glas, Hans *II* 97, 99, 202, 204, 205, 207, 209

Goebbels, Josef *I* 199, 299, 304
Goergen, Fritz Aurel *II* 158, 159, 160
Göring, Hermann *I* 62, 149, 181, 190, 193, 200, 237, 238, 239, 241, 242, 245, 266, 268. *II* 15
Goertz, Albrecht Graf *II* 101, 102, 103, 104
Golda, Kurt *II* 135, 136, 144, 145, 152, 158, 170, 177, 199, 210, 213, 225, 226, 227, 235, 239, 240
Goppel, Alfons *II* 209, 238
Grass, Leo *I* 167, 168
Grewe *II* 190
Grewenig, Hanns *II* 88, 89, 94, 99, 101, 102, 103, 104, 119, 174
Gronau, Wolfgang von *I* 121, 122, 123, 124, 125, 178
Grosz, Georg *I* 92
Groth, Rudolf *II* 171
Günter *II* 48, 89
Guthsmuths *II* 150, 151, 152
Gyllenhammar, Pehr *II* 246

Haberland *II* 229
Hagemann *I* 66
Hagen, Hermann *I* 271
Hahne, Hubert *II* 220, 221, 222
Hahnemann, Paul G. *II* 173, 175–182, 184, 185, 186, 187, 188, 190–196, 200, 203, 204, 206, 207, 208, 209, 211–215, 218, 219, 222, 223, 232, 233, 234, 235, 236–240, 244, 246, 247, 248
Halifax, Edward Wood *I* 237
Hamburger, Frank *I* 24
Hanstein, Huschke von *I* 165, 254, 255
Haspel, Wilhelm *II* 74, 75
Haufel, Dr. *II* 137
Haugg, Ada *I* 28, 29, 31
Haußner, Conrad *I* 137
Havenstein, Rudolf von *I* 103
Heinemann, Paul *I* 101
Heinemann, Wolfgang *I* 25
Heiniger *II* 213
Heinkel, Ernst *I* 47, 84, 87, 114, 120, 148, 191, 240, 241, 269, 270, 271, 273, 274, 278
Heinrich, Prinz von Preußen *I* 38
Heisenberg, Werner *I* 173
Henke, Alfred *I* 241
Henn *II* 234
Henne, Ernst *I* 96, 102, 159, 160, 162, 163, 164, 165, 166, 167, 212, 213, 214, 220, 222, 223, 224, 233. *II* 17, 61
Hess, Rudolf *I* 181
Heuss, Theodor *II* 84, 85
Heydekampf, Gerd Stieler von *II* 92, 178
Hildebrandt, Alfred *I* 23, 24
Hille, Fritz *I* 249, 250, 253, 255, 256, 258, 277, 289. *II* 68
Himmler, Heinrich *I* 277, 279, 285, 300, 301, 306
Hindenburg, Paul von *I* 155
Hirth, Hellmuth *I* 26
Hitler, Adolf *I* 130, 132, 149, 170, 171, 174, 175, 178, 179, 180–183, 185, 186, 190, 199, 200, 207, 208, 211, 221, 234, 236, 237, 241, 249, 258, 261, 273, 291, 306. *II* 12, 13, 15, 16, 55, 83, 215
Höch, Hannah *I* 135
Hoegner, Wilhelm *II* 41
Hoepner, Carl *II* 97, 203
Hörauf *I* 66
Hof, Ernst *II* 120
Hoffmann, Annie *I* 76
Hoffmann, Max Edwin *II* 101, 102, 103, 125
Hoffmann, Paul *II* 71
Hofmeister, Wilhelm *II* 94, 124, 125, 126, 127, 191

Holzinger, Egon *II* 137, 138
Holzschuh, Theo *I* 224
Hopf, Sepp *I* 94, 160, 164, 166, 218, 232
Hoppe *I* 140
Horten *II* 116
Horthy, Nikolaus *I* 159, 165
Huber, Willi *II* 83
Hübner *II* 190
Hühnlein, Adolf *I* 183, 214
Hünefeld, Ehrenfried von *I* 120
Hull, Cordell *II* 19
Hundt, Eberhardt *II* 72, 74, 75

Ickx, Jacky *II* 221
Ischinger, Leonhard *II* 92, 206, 211

James, William *I* 224, 226
Janisch, Robert *I* 31
Janssen, Dr. *II* 171
Jaray, Paul *I* 159, 160
Jüssen *I* 30
Junkers, Hugo *I* 105
Juri, Ere *II* 190

Kämpfer, Ernst *II* 104, 121, 122, 124, 126, 136, 138, 141, 154, 155, 157, 161, 162, 167, 168, 170, 174, 177, 178, 179, 180, 192, 196, 197
Kaiser, Augsut *II* 27
Kamm, Wunibald *I* 133. *II* 64
Kandt, Albert *I* 138, 144, 145, 154, 206. *II* 94
Kappus, Peter *I* 279. *II* 108
Kármán, Theodore von *I* 282. *II* 107, 108, 109, 110
Karoli, Hermann *II* 192, 195, 196, 198, 199, 204, 207, 209, 218, 235, 238, 239, 240
Keller, Eugene *II* 31
Kemper, Heinz P. *II* 229
Kessler, Ernst *I* 289
Kiendl, Albrecht *I* 16
Kissel, Wilhelm *II* 215
Klankermeier, Max *I* 218. *II* 96
Kleist, Heinrich von *II* 142, 146
Knoch *II* 68
Knorr, Georg *I* 83
Koch, Hans *II* 236, 237
Köhl, Hermann *I* 120
Köhler, Jupp *I* 114
Könecke *II* 150, 151, 162, 227
Koenig-Fachsenfeld, R. von *II* 64
Könitz *I* 76
Köppen, Paul *I* 101, 220
Koerfer, Jacques *II* 196, 234, 235
Kolk, Oscar *I* 296, 297. *II* 12, 13, 14, 15, 16, 17, 18, 61, 93, 97, 98, 176, 177, 179, 194, 209, 213
Kolowrat, Sascha Graf *I* 86, 126
Kordt, Dr. Theo *II* 82
Krages, Hermann D. *II* 122, 123, 144, 151, 152, 174
Kranz, Heinz *II* 122
Kraus *II* 50
Kraus, Karl *I* 87
Kraus, Wiggerl *I* 221
Krauter, Josef *I* 295, 302, 303
Kressenstein, Freiherr Kreß von *I* 34
Kries, Kurt *I* 244
Kruckenberg, Franz *I* 159, 160, 172
Krupp von Bohlen und Halbach *II* 229
Kruse, Georg *II* 49
Kübel, Josef *II* 131, 138
Kuenheim, Eberhard von *II* 227, 230, 231, 234, 237, 238, 239, 240, 245, 246, 247
Kurtz, Walter *II* 30
Kusnezow, Nikolai *II* 111

Laeisz, Erich *I* 42
Landmann, Werner *I* 119
Lang, Hugo *II* 159
Lange, Horst *II* 12
Langen, Eugen *I* 21, 31
Larsen, John *I* 105
Latham, Herbert *I* 26
Leibach, Heinrich *I* 266, 267, 268. *II* 68, 115
Leopold, Prinz v. Bayern *I* 33
Lesage, Alain René *II* 14
Letsch, Gabriel *I* 31
Levasseur, Léon *I* 26
Ley, Robert *I* 181, 185, 186, 199
Lilienthal, Otto *I* 21
Lindbergh, Charles *I* 120, 240
Lindpainter, Otto Erik *I* 26, 27, 30, 36
Linhardt, Fritz *I* 233
Lippisch, Dr. Alexander *I* 250
Litz von (Deckname) *I* 109
Löhner, Kurt *I* 270
Loewy, Raimund *II* 102
Loof, Ernst *II* 17, 66, 68, 101, 102
Loritz, Alfred *II* 49
Lotz, Kurt *II* 195
Low, A. M. *I* 101
Lucht *I* 245, 249, 250, 267, 279
Ludendorff, Erich *I* 63, 70
Ludwig II., König von Bayern *II* 84
Ludwig III., König von Bayern *I* 40, 41, 50, 72, 74
Lummert, Fritz *II* 183
Lurani, Giovanni, Conte *I* 224, 226, 255
Lutz, Bob *II* 99

Mader, Sepp *I* 109
Mangoldt-Reiboldt, Dr. von *II* 52, 75, 76, 115, 119, 120, 123
Mann, Thomas *I* 173
Marshall, George *II* 50
Marx, Karl *II* 153
Masters, Robert E. L. *II* 71, 72, 73, 74
Mathern, Dr. Friedrich *II* 130, 131, 132, 133, 140, 141, 142, 143, 145, 146, 147, 152, 162, 164, 172, 177, 179, 195, 225
Matthiesen, Ernst *II* 123
Mauermeier, Josef *I* 220
Maunory *I* 129
Max, Prinz von Baden *I* 72
Max Emanuel, Kurfürst von Bayern *I* 18
McCloy, John J. *II* 75, 76
Meier, Georg (Schorsch) *I* 218, 219, 228, 231, 232, 233, 234, 235, 256, 273, 274, 292. *II* 26, 51, 61, 68, 202, 203, 204
Messerschmitt, Willy *I* 274
Michelotti, Giovanni *II* 89, 124, 126, 127, 155
Milch, Erhard *I* 183, 189, 191, 193, 200, 201, 237, 238, 239, 242, 243, 245, 250, 252, 256, 268, 273, 294. *II* 23
Mittelholzer, Walter *I* 116, 117
Mitter, Gerhard *II* 221
Moll, Guy *I* 212
Montane, Jacques *I* 114
Montgomery, Bernhard L. *II* 29
Monz, Karl *II* 176, 178, 191, 207
Moorkens *II* 190
Morgenthau, Henry *II* 19
Morlock *II* 213, 214
Moskowitz *II* 30
Mucha, Elmar *I* 281
Mühle, Heinrich von der *I* 224
Müller, Heinz *I* 281
Müller, Hermann *I* 105
Müller, Dr. Rudolf *II* 165
Mussolini, Benito *I* 165, 306

Nadolny *I* 16
Nallinger, Fritz *II* 155
Napoleon *II* 31
Neubauer, Alfred *I* 134
Neumann, Ulrich *II* 197
Neumeier, Fritz *I* 70, 84
Neumeyer, Hans Friedrich *II* 92
Nibel, Hans *I* 168. *II* 215
Niedermayer *II* 68
Nold, Erich *II* 118, 130–134, 137–140, 142, 143, 145, 171, 172
Nordhoff, Heinrich *II* 178, 195
Null, von der *II* 108
Nungesser, Charles *I* 120

Oberndörfer *I* 30
Oestrich, Hermann *I* 270, 271, 272, 273, 288, 292, 293. *II* 109, 112
Ohain, Hans Joachim Papst von *I* 269, 270, 273
Opel, Adam *I* 146
Ortega y Gasset, Jose *I* 171
Orwell, George *II* 80
Osswald, Bernhard *II* 192, 207, 236, 238
Osswald, Werner *II* 95, 176
Otto, Gustav *I* 16, 17, 19, 20, 21, 24, 25, 26, 27, 28, 31, 33, 34, 35, 39, 42, 71, 79, 89. *II* 14
Otto, Nikolaus August *I* 21, 31, 36, 89

Pavel, Dr. Horst *II* 144, 152, 156, 161, 165, 170, 171
Pedsel *II* 33
Perry *II* 246
Pertuss, Robert *II* 168, 169, 174
Peter, Dr. Hans *II* 164, 209
Petuel, Ludwig *I* 36, 37
Pflaum, Richard *II* 82
Pininfarina *II* 89
Pirkl, Fritz *II* 213
Plüschow, Gunther *I* 117, 118
Politis, Nikolaus G. *I* 148
Pollmann, Friedrich W. *II* 205, 207
Popp, Franz Josef *I* 17, 20, 46, 47, 48, 49, 50, 51, 52, 53, 58, 59, 63, 64, 65, 68, 69, 70, 71, 73, 76, 77, 79, 80, 81, 83, 85, 86, 87, 89, 94, 95, 99, 104, 112, 114, 115, 116, 117, 125, 126, 128, 129, 130, 131, 132, 136, 140, 141, 143, 144, 146, 151, 154, 155, 156, 157, 158, 159, 165, 166, 167, 168, 170, 178, 181–189, 191, 192, 193, 199, 200, 201, 203, 204, 205, 206, 208, 209, 210, 211, 214, 215, 216, 217, 220, 237, 238, 239, 240, 241, 242, 243, 245, 247, 248, 249, 250, 251, 252, 256, 257, 258, 261, 263, 267, 277. *II* 14, 16, 17, 22, 23, 24, 45, 52, 67, 68, 69, 73, 74, 88, 90, 92, 100, 106, 119, 120, 173, 178, 192, 215, 216
Porsche, Ferdinand *I* 45, 47, 86, 98, 128, 133, 183, 184, 186, 210
Prein, Dr. *II* 171
Prestel, Karl *II* 110, 111, 112, 113
Purucker *I* 301

Quandt, Günther *II* 150, 154
Quandt, Harald *II* 144, 153, 195, 231
Quandt, Helmut *II* 150
Quandt, Herbert Werner *II* 144, 145, 147, 150, 151, 152, 154, 155, 156, 157, 158, 159, 160, 161, 164, 165, 169, 170, 172, 173, 174, 179, 187, 188, 194, 195, 196, 201, 205, 207, 208, 210, 225, 226, 227, 230, 231, 232, 234, 236, 239, 240, 241, 242
Quandt, Inge *II* 231
Quester, Dieter *II* 221

Rapp, Karl *I* 17, 19, 20, 35, 37, 38, 41, 42, 43, 45, 46, 48, 50, 51, 52. *II* 14

Rathenau, Walther *I* 41, 103, 104. *II* 106
Rech *II* 68
Reich, Rudolf *I* 93, 95, 100, 101
Reichenberg, Graf Wolfskeel von *I* 33
Rentzel, Adolf *I* 27, 36
Reusch, Hermann *II* 132
Richert, Fritz *II* 189
Richter, Uli *I* 224
Richter-Brohm, Dr. *II* 117, 118, 120–125, 127, 133, 134, 135, 136, 147, 151, 161, 162, 163, 167, 168, 169, 172, 225, 227
Richthofen, Manfred Freiherr von *I* 62
Ristau *I* 279
Rivolta *II* 94
Robertson *II* 56
Röhm, Ernst *I* 174
Roosevelt, Franklin Delano *I* 178, 190, 306. *II* 19, 107
Rootes, Lord William *II* 145
Rosemeyer, Bernd *I* 230
Rosenberg, Arthur *I* 103
Rosengart, Lucien *I* 143
Ruecker, Claus von *I* 299. *II* 17, 191
Rummel, Hans *II* 75
Rust *II* 195

Sachs, Hans *I* 259
Sachse, Helmut *I* 249, 257, 266, 268, 270. *II* 108, 113, 114, 115, 117
Sänger, Eugen *I* 278
Saint-Exupéry, Antoine de *I* 259
Santos-Dumont, Albert *I* 26
Schaab, Heinrich *II* 209
Schaaf *II* 36, 37
Schacht, Hjalmar *I* 70, 84, 181, 182
Schaeffer, Hans *II* 66, 68
Schairer, Georg *II* 109, 110
Schapiro, Jakob *I* 134, 135, 138, 140. *II* 173
Scharnagl, Karl *II* 30
Schaumburg-Lippe, Prinz Max zu *I* 224, 225, 226, 227
Scheel, Walter *II* 223
Scheibe, Dr. *II* 111
Scheidemann, Philipp *I* 72
Schelp, Helmut *II* 108
Schicken *II* 174
Schleicher, Kurt von *I* 108
Schleicher, Rudolf *I* 92–96, 99, 100, 101, 102, 127, 129, 159, 160, 164–168, 204, 205, 207, 209, 212, 216, 217, 218–224, 228, 232, 233, 258. *II* 21, 24, 67, 99, 125, 127, 168, 178, 191, 215
Schlieker, Willi H. *II* 229
Schmid, Karl (Carlo) *I* 128. *II* 82, 83, 84
Scholl *II* 27
Schwalber, Dr. Josef *II* 82
Schwanzer, Karl *II* 234, 235, 242, 243, 247
Schweder, Paul *II* 97
Schwinner, Dr. *II* 146
Semler, Dr. Johannes *II* 139, 143, 158, 159, 160, 161, 163, 167, 170, 171, 172, 173, 174, 175, 176, 177
Serren *II* 32
Shukow, Georgi K. *II* 40
Siara, Dr. *II* 140
Siedler, Albert *II* 36–43, 62, 192
Siffert, Jo *II* 221
Silvey *II* 35
Simoneit, Ferdinand *II* 195
Smith *II* 72
Sodi, Luigi *II* 190
Söderström *II* 190
Soenius, Hans *I* 99, 220
Soestmeyer, C. K. *II* 108
Sohr, Kurt *I* 280, 281, 282, 283, 284, 287, 288, 290, 292, 293
Sokolowskij *II* 56

Sonne, Dr. Karl Heinz *II* 195, 196, 197, 198, 200, 201, 225, 227
Sonntag, Dr. *II* 209
Speer, Albert *I* 274, 294, 295
Speidel, Wilh. Freiherr von *I* 74, 110
Sperr *II* 49
Spiegel, Dr. Bernt *II* 180
Spitta, Dr. Theodor *II* 82
Stadlbauer, Dr. *II* 30
Stalin, J. W. *II* 29, 81
Stauss, Emil Georg von *I* 127, 132, 133, 136, 145, 146, 148, 158, 186, 209, 210, 248, 256, 257. *II* 119
Stegmann, Karl *I* 101
Steindorff, Hermann *I* 119
Steinhoff, Johannes *II* 116
Stelzer, Peppi (Sepp) *I* 101, 220
Stempel, Wilhelm *I* 33, 34
Sternberg, Fritz *II* 189
Stiff, Ray C. *I* 283
Stinnes, Hugo *I* 69, 85, 103
Stolle, Anna *I* 80
Stolle, Martin *I* 67, 79, 80, 81, 99, 100, 103, 104
Strauß, Franz Josef *II* 159, 165, 207
Strauss, Wilhelm *I* 70, 87
Stresemann, Gustav *I* 115, 141, 148, 152, 158. *II* 16
Stroinigg, Hubert *II* 126
Stuck, Franz von *I* 26, 27
Stuck, Hans *II* 104, 220
Süsterhenn, Dr. A. *II* 82
Suhr, Otto *II* 82
Szimanowski, Peter *I* 254. *II* 87, 91, 191

Taruffi, Piero *I* 222
Tchicherin, Frank *II* 110
Tenenbaum *II* 53
Thodoroff *II* 190
Thomas *II* 30
Thomas, Albert D. *I* 264
Thomsen *I* 109
Tito, Josip *II* 81
Toynbee, Arnold *I* 10
Trötsch, Fritz *I* 189, 203, 233. *II* 22, 23, 24, 51, 52
Truman, Harry S. *II* 19, 29, 108

Udet, Ernst *I* 34, 59, 60, 62, 63, 126, 189, 190, 200, 201, 239, 240, 243, 245, 247, 249, 250, 251, 252, 268, 270, 273, 274, 279, 281. *II* 15

Vack, Bert le *I* 161, 165
Vankura *II* 193
Veeh *I* 36
Vielmetter, Johannes Philipp *I* 83, 85
Vögler *I* 69
Vogts, Dr. *II* 111
Voigt, Richard *I* 140
Volk, Paul *II* 192

Wagenführ, Felix *I* 45, 51, 53, 58
Wagner, Adolf *II* 196
Wagner, Herbert *II* 199, 273
Wagner, Willi *I* 144, 145, 199. *II* 94
Walker, Graham *II* 57
Warsitz, Erich *I* 270
Wassermann, A. E. *I* 147
Wassermann, Max von *I* 134
Wassermann, Oscar *I* 146
Watt, James *I* 21
Webbert, Henry *I* 24
Wendel, Fritz *I* 269, 271
Wenk *II* 89
Werlin, Jakob *I* 186
Werneck, Dr. Fritz *I* 224

252

Wessel, Willy *I* 279
West, Jock *I* 230, 231, 232
White *I* 230
Wichmann, Hans *I* 171, 173
Widmann *I* 299
Wiedmann, Max *I* 42, 43, 44, 46, 50, 68, 69, 70
Wilcke, Gerhard *II* 147, 155–167, 169, 170, 171, 172, 174, 176, 177, 179, 180, 196, 198, 199, 201, 204, 207, 209, 210, 211, 225, 234
Wilder, Thornton *II* 35
Wilhelm I., deutscher Kaiser *II* 84
Wilhelm II., deutscher Kaiser *I* 63, 72
Will, Dr. *II* 140
Wittenstein, Oskar *I* 36, 37
Wökpemeier, Dr. *II* 231
Wolf, Harald *II* 56
Wolff *I* 251
Wolff, Eberhard *II* 92, 93, 94, 98, 124, 191
Wolff, Karl *I* 291
Woods, Stanley *I* 230, 231
Wrba, Dr. Max *I* 276, 294. *II* 24, 25
Wright, Milton *I* 24
Wright, Orville *I* 21, 22, 23, 24
Wright, Wilbur *I* 21, 22, 23, 24

Zahn, Dr. Joachim *II* 123, 162, 182
Zangen, Wilhelm *II* 229
Zastrow, Freiherr von *I* 27
Zborowski, Helmut von *I* 247, 249, 275, 276, 278, 279, 280, 281, 282, 283, 284, 287, 288, 289. *II* 109, 118
Zeppelin, Ferdinand Graf *I* 22, 23
Zinn, August *II* 158
Zipprich, Erich *II* 23, 68
Zorn, Wolfgang *I* 150
Zürcher, Dr. Paul *II* 82

Sachregister

Kumuliertes Sachregister der Bände I und II.
Die römischen Ziffern vor den Seitenzahlen
verweisen jeweils auf die Bandnummern.

Abbaukommissar *II* 32, 33
A. B. C. Motorrad *I* 99
Abgas-Turbolader *I* 268
Abrüstung *II* 35
Achtzylinder *II* 93
ADAC *I* 161
Adler *I* 146, 205. *II* 70
Aerodynamik *II* 117
Aerodynamiker *I* 160
Aero Motor Export GmbH *I* 247
Aeroplanbau Otto & Alberti *I* 26
AFM (Alexander von Falkenhausen, München) *II* 66
A. G. O. Flugmotor (Aeromotor Gustav Otto) *I* 30
A. G. O. Flugzeugwerke (Aviatiker Gustav Otto) *I* 32, 33
»Akademie für Aviatik« *I* 25
Alabamagelände *II* 247
Albatros Jagdeinsitzer *I* 58
Albatros-Werk *I* 70
Allach *I* 243, 244, 247, 248, 257, 258, 261, 262, 263, 264, 265, 268, 275, 288, 300. *II* 17, 18, 21, 24–27, 30–35, 51, 68, 70–73, 75, 76, 89, 91, 114, 117, 118, 119, 132, 162, 197, 200, 202, 226
Alliierte Hohe Kommission *II* 44
Alpenfahrt *I* 144, 206. *II* 24, 106
Alpenfestung *I* 299, 300, 302. *II* 24, 106
Alpine Montangesellschaft *I* 85
Ambi Budd *I* 144, 158, 211
American Bantam *I* 173
American Motors Corporation *II* 125, 133, 146, 162
Amt für Wehrtechnik und Beschaffung *II* 114
Amundsen-Wal *I* 121, 123, 125
Antonow 8 *II* 111
Antonow 10 *II* 111
Anzani-Motor *I* 26
»Apfelbeck-Motor« *II* 220
Arado 234 V8 *I* 272
Arbeitserlaubnis für Autoreparaturen *II* 21
Ariel *I* 220
Argus *I* 42
Argus-Flugmotor *I* 28
Argus-Motoren *I* 58
Arnold Development Center *II* 108
Arpajon *I* 60, 61, 62
Aschheimer Versuchsbahn *II* 220
Askania *II* 112
ATAR (Atelier Aeronautique de Rickenbach) *II* 109
Audi *I* 167. *II* 175, 210
Austin-Motor Co. *I* 139
Austin-Seven *I* 103, 132, 136, 138, 139, 140, 142, 143, 155, 171, 172, 203. *II* 16
Austro-Daimler *I* 44, 45, 52, 65, 85, 86, 128, 166
Austro-Daimler-Lizenz *I* 47
Austro-Daimler-Motoren *I* 46, 52
Authenried *I* 209
Autobahn *I* 170, 180
Automobilausstellung
 1924 *I* 131

1928 *I* 140
1930 *I* 130
1931 *I* 155
1933 *I* 131, 168, 170
1934 *I* 203
1935 *I* 203, 221, 238
1936 *I* 211, *II* 64
1937 *I* 184
1938 *I* 217
1955 *II* 98, 103, 104
1959 *II* 126
1961 *II* 177, 185
1965 *II* 203
1966 *II* 204
1969 *II* 232
Automobilclub München (A. C. M.) *I* 95
Automobilisierung *I* 131
»Automobil-Revue« *II* 105, 222
»Automobil Technik und Sport« *II* 122
»auto motor und sport« *II* 95, 216
Auto-Union *I* 165, 167, 184, 205, 227, 233, 235, 250. *II* 70, 144, 163, 175, 176, 181, 192, 210
Aviatiker *I* 19
AWTOWELO *II* 41, 44, 63
Axialdruckausgleichskolben *I* 272
Axialverdichter *I* 272

Banca d'Italia *I* 134
Bank der Deutschen Luftfahrt *II* 33
Basdorf *II* 246, 247, 248, 278. *II* 18
Bayerische Autogarage GmbH *I* 21
Bayerische Flugzeugwerke AG *I* 16, 34, 35, 49, 70, 86, 88, 89, 93, 98
Bayerische Inspektion d. Ingenieurkorps u. d. Festungen *I* 26
Bayerische Luftschiffer- und Kraftfahrabteilung *I* 32
Bayerische Motorenwerke (BMW) *I* 17, 19, 20, 27, 35, 44, 49, 50, 58, 59, 63, 68, 69, 70, 71, 74, 83, 84, 88, 103, 146, 149, 164, 165, 248, 250
Bayerische Staatsbank *II* 122, 209
Bayerische Vereinsbank *II* 163
»Bayerischer Barockengel« s. BMW 501
Bayerisches Kriegsarchiv *I* 32, 76
Bayerisches Kriegsministerium *I* 33, 64
Bayer-Werke *II* 220
BBC *II* 231
Benz *I* 21, 47, 51, 134, 137
Benz & Cie *I* 38, 132
Berlin (Moabit) *II* 192, 200
Berlin-Blockade *II* 56
Beschleunigung *I* 203
Betriebskosten *I* 142, 152
Bilanz des Jahres 1924 *I* 116
Bitschweiler *I* 258. *II* 18
Blériot-Eindecker *I* 31
Blitzkrieg *I* 238, 242
BMW Automobile
 Dixi *I* 136, 138–143, 145, 147, 152, 153, 154, 158, 166, 171, 172, 202. *II* 16, 94, 95, 104, 119, 180
 Dixi DA2 *I* 144
 Dixi DA3 *II* 154
 Dixi DA4 *II* 154
 S. Isetta
 303 *I* 166, 168, 169, 205, 206, 210. *II* 215
 309 *I* 205, 210
 3/15 *I* 172, 184. *II* 94
 315 *I* 206, 209
 315/1 *I* 203, 206, 214
 318 *I* 258
 319 *I* 206, 209, 210, 213, 217. *II* 215
 319/I *I* 203, 210
 3/20 *I* 156, 166. *II* 215
 320 *I* 214, 215, 216, 217, 296. *II* 44

 321 *I* 217, 253, 255. *II* 37, 40, 63
 325 *I* 216
 326 *I* 211, 214, 215, 216, 217, 253, 255. *II* 64, 65, 69, 85, 86, 87, 181
 327 *I* 214, 216, 255. *II* 44, 89, 181, 216
 327/28 *I* 215. *II* 66
 328 *I* 207, 213, 214, 215, 216, 227, 228, 298. *II* 17, 83, 169, 181
 328 Mille Miglia *I* 202, 224. *II* 17, 220
 329 *I* 215, 216
 332 *I* 254, 258. *II* 86, 87
 335 *I* 216, 254, 255
 337 *I* 254, 258
 340 *II* 44, 63
 342 *II* 45
 501 *II* 77, 86, 88–91, 93, 101, 137, 174, 176, 203
 502 *II* 91, 92, 95, 97, 101
 503 *II* 91, 102, 104, 126, 168, 174, 176
 505 *II* 105
 507 *II* 91, 102, 103, 104, 126, 204, 220
 600 *II* 98, 100, 104, 123, 124, 180, 181
 700 *II* 124, 125, 126, 133, 141, 143, 144, 146, 150, 154, 166, 170, 176, 177, 181, 186, 191, 199, 203, 238
 700 Coupé *II* 126, 157, 166, 180, 186
 1500 *II* 177, 185, 186, 187, 188, 203
 1600 *II* 122, 208
 1800 *II* 188, 208
 1800 TI *II* 188, 220
 1804 *II* 122, 209
 2000 CS *II* 216
 2000 TI *II* 216, 220
 2500 *II* 183, 215, 217, 218
 2800 *II* 183, 218
BMW-Blätter *I* 194, 206, 209
BMW Bootsmotoren *I* 75, 80
 M4A1 *I* 83
 M4H12 *I* 82
BMW Flugmotoren
 Doppelsternmotor *I* 240, 242, 250, 266, 267
 .139 *I* 245
 .800 *I* 250, 251
 .801 *I* 240, 245, 250, 251, 252, 257, 265, 266, 267, 269, 295. *II* 15, 24, 25, 34
 .801i *I* 268
 Sternmotor
 .Xa *I* 192
 .132 *I* 126, 193, 244, 291, 299
 .132 Dc *I* 194, 241
 .132 H *I* 238
 .132 K–N *I* 244
 .132 N *I* 242
 Vierfachsternmotor 803 *I* 268, 278
 X-4 »Rohrschlange« *I* 282, 284
 003 Strahltriebwerk *I* 271, 272, 274, 275, 278, 292, 293, 295. *II* 109, 110, 111
 IIIa-Motor *I* 52–58, 60, 61, 63, 64, 66, 67, 70, 71, 73, 75, 76, 78, 105, 111, 112, 200, 239, 268. *II* 15
 IV-Motor *I* 73, 74, 76, 77, 78, 97, 105, 108, 111, 112, 114, 115, 116, 118, 119
 Va-Motor *I* 119
 VI-Motor *I* 97, 107, 111, 112, 113, 115, 116, 117, 122, 126, 146, 193, 194, 240
 VI-U-Motor *I* 119
 VIIa *I* 123
 117 *I* 245
 P 3302 *I* 271, 278
 P 3370 *I* 283
 P 3371 *I* 283
 P 3374 *I* 288
 P 3378 *I* 282
 P 3390 *I* 283
 P 3395 *I* 278

BMW-Flugmotorenbau Gesellschaft
  mbH *I* 195, 208, 244, 247, 276
BMW-Generalversammlung 1927 *I* 127
BMW Maschinenfabrik Spandau *I* 247
BMW Motorräder
  R 5 *I* 221
  R 11 *I* 220, 221
  R 12 *I* 189, 221, 253. *II* 37
  R 24 *II* 52, 56, 61, 92, 202
  R 25 *II* 62, 95
  R 32 *I* 92, 95–100, 102, 133, 218, 220.
    II 17, 61, 178
  R 35 *II* 38, 39, 40
  R 37 *I* 96, 99, 100, 101, 102, 161, 219
  R 42 *I* 218
  R 51 *I* 221. *II* 60, 61, 89
  R 62 *I* 218
  R 67 *II* 62
  R 68 *II* 62
  R 71 *II* 37
  R 75 *I* 253, 255, 259, 260, 298, 299. *II* 20
BMW Motorradmotoren
  M2B 15 *I* 80–83, 95, 98, 129, 133
  M2B 36 *I* 101
BMW Museum *I* 173. *II* 243
BMW Niere *I* 168, 169
BMW Ring *I* 257
BMW Studienges. f. Triebwerkbau *II* 114, 115, 116
BMW Triebwerkbau GmbH *II* 116, 117, 118, 122, 142, 145, 156, 157, 158, 160, 161, 164, 165, 197, 199, 200, 201
BMW Turbo *I* 202
BMW Werke siehe Allach, Basdorf, Berlin (Moabit), Dingolfing, Eisenach, Landshut, Milbertshofen, Pilsting, Spandau, Zühlsdorf; vgl. auch Bayerische Flugzeugwerke, Brandenburgische Motorenwerke, Otto-Werke, Rapp-Motorenwerke
Böhmisch-Mährische Maschinenfabrik *II* 120, 121
Boeing *II* 110
Bogohl 8 *I* 54, 56
Bombenkrieg *I* 274
Bootsmotor *I* 75, 80
Borgward Werke *II* 170, 173–178
Borgward Arabella *II* 176
Borgward Isabella *II* 174
Bosch *I* 259. *II* 41, 154, 230
Boxermotor *I* 81, 97, 98, 160. *II* 220
Brandenburgische Motorenwerke (Bramo) *I* 243, 245, 246, 247, 249, 269, 270, 278. *II* 112
Bramo 323 Fafnir *I* 243, 245, 271
Bramo 329 *I* 245
Brennabor *I* 146
Brennkammer *I* 271
Brescia *I* 224, 255
Brinker Eisenwerke *I* 265
Bristol Aeroplane Company *II* 65, 66, 164, 165
Bristol 400 *II* 66
Brookland-Rennen *I* 215
Brough-Superior *I* 220, 222
Bruckmühl *I* 288, 305
BSA *I* 220
Bundesverfassungsgericht *II* 226
Bundesverteidigungsministerium *II* 114, 115, 132, 156, 159, 164, 165
Bundeswehr *II* 114

»Capital« *II* 195
Chillingworth, Preß- Zieh- und Stanzwerke, Nürnberg *I* 135
Chillingworth-Presse *II* 47
Chrysler *I* 146. *II* 162

Chrysler 2-Punktaufhängung *I* 206
Cigoni-Bad *I* 40
Citroen *I* 132, 144
Coleopter *II* 118
Coleopter »Käfer« *II* 109
Comité des Constructeurs d'Automobiles du Marché Commun (CCMC) *II* 246
Concordia Elektrizitäts AG *II* 195
Continental *II* 104
Coppa Acerbo *I* 212
Corvette *II* 103
Cozette-Kompressor *I* 160
Curtiss *I* 190
Curtiss-Hawk *I* 239
Curtiss-Wright-Werk *I* 239
c_w Wert *II* 104

Dachau *I* 258. *II* 18, 25
Daimler *I* 21, 42, 46, 47, 48, 51, 52, 137, 146, 245, 248, 268. *II* 14
Daimler-Benz *I* 126, 128, 132, 133, 136, 137, 155, 157, 158, 168, 183–186, 189, 205, 209, 210, 243, 249, 250. *II* 73, 75, 114, 123, 128, 129, 132, 134, 136, 138, 139, 141, 142, 145, 150, 152, 155, 157, 158, 162, 163, 164, 166, 170, 171, 175, 177, 180, 181, 192, 193, 196, 201, 215, 216, 218, 219, 223, 224, 225, 226
Daimler Motor *I* 52
Danat-Bank *I* 146, 147, 151, 154
Darmstädter Bank *I* 35
Datsun *I* 173
Decauville *I* 137, 138
Delage *I* 255
Demarkationslinie *II* 41
Demontage *II* 29, 35, 38, 46, 47, 48, 51, 73, 89, 189, 229
Department of Defense Documentation Center *II* 108
Depression *I* 141
Detroit *I* 133, 138, 146
Deutsche Arbeitsfront *I* 185
Deutsche Bank *I* 132, 147, 148, 257, 297. *II* 88, 119, 122, 123, 126, 131, 135, 139, 145, 151, 152, 162, 163, 170, 171, 225
Deutsche Luftfahrt AG *I* 245
Deutsche Lufthansa *I* 193
Deutsche Verkehrsfliegerschule *I* 121
Deutsche Versuchsanstalt für Luftfahrt (DVL) *I* 271, 278. *II* 108
Deutsche Versuchsanstalt für Luft- und Raumfahrt (DVLR) *II* 199
Deutschlandbericht *I* 187, 188, 196, 198, 199
Deutsch-Russische-Luftverkehrsgesellschaft (deruluft) *I* 108
DFW-Doppeldecker *I* 52
Differentialkolbengerät *I* 288
Differentialkolbentriebwerk *I* 276
Dingolfing *II* 180, 202, 208, 209, 210, 211, 212, 213, 214, 233, 238, 247
Dion-Bouton-Motor *I* 137
Disconto-Gesellschaft *I* 147, 148
Dixi siehe BMW und Wartburg
DKW *I* 157, 183, 233. *II* 175, 210
Dodge-Plan *II* 55
Döberitz *I* 236
Doppelrohrrahmen *I* 218
Dornier *I* 122. *II* 109
  Do X *I* 172, 173
  Do 11 *I* 191
  Do 217 *I* 267
  Do-Merkur *I* 108, 116, 117
  Do-Wal *I* 113, 121, 122, 191, 194
  Do 27 *II* 198
Douglas *I* 80, 220

Dover *I* 24, 25, 26
»Drehpunkt 1930« *I* 171–174
Drehstabfederung *II* 86
Drehzahl *I* 266
Dresdner Bank *II* 122, 123, 163, 227
Drittes Reich *I* 174
Dukek-Haus *II* 244
Dürrerhof *I* 208, 209, 245, 248. *II* 17, 38

Echterdingen *I* 22
EFTA (European Free Trade Association) *II* 191
Eibsee *I* 162
Eicher OHG *II* 211
Eifelrennen *I* 145, 214
Eilenriede *I* 229, 231
Einzelbrennkammer *II* 111
Eisenach *I* 136–139, 141, 143, 154, 156, 158, 167, 183, 198, 208, 209, 247, 248, 252, 291, 294, 296, 304. *II* 16, 17, 18, 34, 36, 38, 63, 72, 85, 94, 119, 173
Eisenacher Fahrzeug- und Maschinenfabrik GmbH, vorm. BMW *II* 36
Eisrennen *I* 163
Elektrophorese *II* 192
Entwicklungs-Abteilung *II* 21, 22
Ersatzteilfertigung für auslaufende Typen *II* 199
Erster Weltkrieg *I* 63
Etrich-»Taube« *I* 26
Europäische Zahlungsunion *II* 119
European Recovery Program (ERP) *II* 51
EWG *II* 191
Explosionsmotor *I* 11

»Facharbeiter Porsche« (700 Sport) *II* 177
Fahrradfabrik Riesenfeld *I* 36, 37
Fahrradmotor *II* 23
Fallstromvergaser *I* 207, 212
Farman-Getriebe *I* 119
Fédération Aéronautique Internationale (FAI) *I* 77, 178
Fédération Internationale Motocycliste (FIM) *I* 162
Fertigungshallen *I* 126
Fiat *II* 121, 162, 246
Fliegerersatzabteilung *I* 50, 54, 56, 57, 58
»Fliegender Kilometer« *I* 162, 163, 222
»Fliegende Meile« *I* 162, 164
Fließband *I* 133
»Flink« *I* 94, 98. *II* 94
»Flottweg« *I* 35, 94. *II* 94
Floyd-Bennett *I* 249
Flugapparate *I* 24
Flugmaschinenwerke Gustav Otto *I* 26, 27, 28, 88, 89
Flugmotor *I* 79, 104
Flugmotorenfabrik Allach GmbH *I* 244. *II* 17
Flugmotorenfabrik Eisenach *I* 245. *II* 223
Flugwerk Deutschland *I* 33, 36, 37, 39
Focke Wulf *I* 265
Focke Wulf Condor *I* 241
  FW 190 *I* 267
  FW 200 *I* 241
  FW 200 C *I* 242
Fokker Dreidecker *I* 59
Fokker F 111 *I* 108
Fokker D VII *I* 59, 60, 61
Fokker DXIII *I* 109, 110
Ford *I* 131, 133, 144, 146. *II* 70, 73, 99, 121, 123, 133, 162, 166, 167, 170, 187, 205, 236
Formel 2 *II* 221, 222, 223
Forschungsanstalt Professor Junkers *I* 105
Frankfurter Bank *II* 171
Frankreichfeldzug *I* 273

255

Frazer-Nash *I* 202, 203, 215. *II* 51, 66
Freistaat Bayern *II* 157, 158, 159, 164, 165, 209
Fuldamobil *II* 95

Ganzmetallflugzeug *I* 105
Ganzstahlkarosserie *I* 210
Gasmotor *I* 21
Gasturbine *II* 198
General Electric *II* 108, 123, 159, 164, 165, 200
General Motors (GM) *I* 146, 147. *II* 178
Genf 1954 *II* 92, 98
Germania Werke Leipzig *I* 54
Geschwindigkeitsrekord *I* 163
Gesellschaft zur Förderung gewerblicher Unternehmungen (GEFU) *I* 108, 110
Getriebeprüfstand *II* 59
Gewerkschaft *I* 181
Ghia-Aigle *II* 105
Ghialinie *II* 105
Glas-Automobile
  Goggomobil *II* 95, 97, 99, 202, 203, 205, 206, 207, 209, 211, 213, 214
  Isar 600 *II* 203
  1002 Coupé *II* 209
  1004 *II* 109
  1300 *II* 211
  1304 CL *II* 209
  1700 *II* 203, 233
  1700 TS *II* 208, 209
  3000 V8 *II* 208, 211, 212
Gleitbomben *I* 277, 283
Gnôme-Motor *I* 38, 39
Goggomobil siehe Glas-Automobile
Goldmark *I* 104, 116
Goliath-Werke *II* 162, 174
Gothaer Waggonfabrik AG *I* 135, 136, 138, 140
Graugußblock *I* 167, 168. *II* 215
»Grönlandwal« *I* 124
Großer Preis von Deutschland *I* 235
»Großschmiede« *II* 244
Grundgesetz *II* 81, 82, 83
Gutehoffnungshütte *II* 132

Hagen & Co *I* 147
Halberstädter Doppeldecker *I* 54
Hanomag 3/16 *I* 144, 157
Hans-Brandenburg Flugzeugwerke *I* 47, 84, 85, 114
Hans-Glas GmbH *II* 176, 202, 205, 208–211, 213, 233, 235, 238
Hansa-Lloyd *I* 146
Hauptversammlung 1959 *II* 128–147
Heckmotor *I* 183
Heinkel
  .HD 17 *I* 111
  .HD 24 *I* 118
  .HD 39 *I* 114, 118, 119
  .He 1 *I* 114
  .He 46 *I* 191
  .He 49 *I* 191
  .He 51 *I* 115
  .He 60 *I* 191
  .He 70 »Blitz« *I* 193, 194, 240
  .He 111 *I* 240, 241, 242
  .He 112 *I* 269
  .He 118 *I* 270
  .He 162 *I* 274
  .He 178 *I* 270
  .He 280 *I* 273
  .He S3B *I* 270
  Kabine *II* 95
  Seeflugzeug D 1313 *I* 118
»Helios« *I* 94, 95, 98
Henkel-Konzern *II* 120

Henry Schroeder Banking Corporation *I* 133
Henschel *II* 139, 143, 158, 169
Henschel HS 126 *I* 245, 265
Henschel-Gleitbombe *I* 288
Herbitus Höhenprüfanlage *II* 17, 48, 108
Hinterradfederung *I* 221
Hitlerputsch *I* 115
Hitlerjugend *I* 179
Hockenheimring *II* 222
Höhenflugmotor *I* 52, 53, 55, 59, 268. *II* 14, 15
Höhengastheorie *I* 51
Höhenprüfstand siehe Herbitus
Höhenvergaser *I* 52, 53, 55
Hoffmann-Kabine *II* 95
Hohe Kommission *II* 52
Holzgas BMW *I* 296
Horch *I* 166, 167, 206. *II* 87, 175, 210
Horch V8 Versuchswagen *I* 165
Horex *II* 59
Hubkolbenmotor *II* 216
Hypergole Kombinationen *I* 282

IAA Frankfurt/M. s. Automobilausstellung
I. G. Farben *II* 30, 32, 120
IG Metall *II* 98
Iljuschin *II* 118
Imme *II* 202
Indian Motor Cycle Comp. *II* 205
Industrie-Werke-Karlsruhe (IWK) *II* 230, 231
Ingenieurkorps der Fliegertruppen *I* 64
Ingenieurzentrum *II* 247
Ingolstädter Landstraße *I* 161, 162
Inspektion der Flieger *I* 55, 64, 65
Inspektion des Ingenieurkorps *I* 32
Institut für Zeitgeschichte *I* 276
Internationale Alpenfahrt siehe Alpenfahrt
Internationale Reichsfahrt 1921 *I* 81
Isar 600 siehe Glas-Automobile
Isetta *II* 93, 94, 95, 97, 98, 100, 116, 124, 179, 180, 187, 202, 207, 214
Isle of Man *I* 219, 224, 229, 233

Jaguar *II* 216, 246
Johannisthal *I* 33, 38, 70, 73, 113, 158
Junkers *I* 111, 126, 243, 245, 248, 250, 265, 269, 301. *II* 108, 111, 112
  .Ju A 20 *I* 116
  .Ju F 13 *I* 105, 110, 111, 116, 117
  .Ju 52 *I* 126, 191, 194
  .Ju 52/3 *I* 236
  .Ju 87 *I* 239
  .Ju 88 *I* 272
  .Ju 90 *I* 238, 241
  .Ju 388 *I* 267
  Jumo 004 *II* 108
  Jumo 012 *II* 108
  Jumo 211 *I* 245

Kaiserpreis *I* 37, 38, 39, 40
Kalter Krieg *II* 53
Kampnagel AG *II* 120
Kardanantrieb *II* 97, 98, 218
Karlsfeld Ordnance Depot (KOD) *II* 26, 33, 51, 61, 67, 71, 72, 202
Karlstraße *I* 21
Karmann *II* 168, 236
Karmann-Ghia *II* 169
Karwa *I* 75
Kastenrahmen *II* 87
Katalysator *II* 246
KdF-Wagen *I* 201
Kegelradumlaufgetriebe *I* 119
Kitty Hawk *I* 22
Klemm *I* 192

Kleinturbine *II* 114, 115
Klöckner-Humboldt-Deutz *II* 197, 231
Knorr Bremse AG *I* 82, 83, 85, 86, 87, 88, 89. *II* 45
»Kölnische Rundschau« *II* 103
Königswellenantrieb *I* 222
Kolbermoor *I* 304
Kommandogerät *I* 266, 297
Kompressor *I* 159, 160, 214, 219, 220, 222
Kontrollrat *II* 20, 27, 30, 32, 44, 51, 75
Konzentrationslager (KZ) *I* 244, 256, 258, 263, 268, 269, 277, 284
kopfgesteuert *I* 161, 166
Koreakrieg *II* 109, 189, 229
Kowno *I* 108
Kraft durch Freude *I* 195, 198
Krauss-Maffei *II* 52, 199
Kriegsgefangene *I* 258, 263
Kriegsmusterbetrieb *I* 257
Krupp *I* 266. *II* 13
Kübelwagen *I* 187, 253, 259
K. und K. Österreich-ungarische Marine *I* 46
Kurzhubmotor *II* 121
Kusnezow NK 4 *II* 111
Kusnezow NK 12 *II* 111

Ladedruck *I* 266
Lambretta *II* 202
Lamellenkompressor *I* 166
Lancia-Aurelia *II* 86
Lancia-Lambda *I* 133
Landesanstalt für Aufbaufinanzierung *II* 164
Landmaschinenfabrik Glas *II* 205, 211
Landsberg *I* 183
Landshut *II* 211, 212, 233, 238
Landshuter Motorenwerk (Glas) *II* 208
Lattenverschläge *II* 45
Laubfrosch *I* 144
Leichtbauweise *I* 203, 207
Leichtmetallkopf *I* 207
Leichtmetallmotorblock *II* 91
Leichtmetall-V8-Zylindermotor *II* 92
Leichtmetallzylinderkopf *I* 100, 219
Le Mans *I* 215, 224, 228, 254. *II* 221
Lerchenauerstraße *I* 88, 103, 106, 112, 127, 134, 165, 304. *II* 21
»Leukoplastbomber« (Lloyd) *II* 214
Lipezk *I* 108, 109, 110, 111
Litzmannstadt *I* 248
Lloyd-Werke *II* 162, 174
Luftalarm *I* 263
Luftangriff *I* 261, 265
Luftfahrtanlagen GmbH *I* 244
Luftfahrtforschungsanstalt Braunschweig *I* 278
Luftfahrtgarantiekomitee *I* 106
Luftgekühlter Motor *I* 125, 126, 243, 245, 246, 249
Lufthanse *I* 118, 119, 193, 194, 238, 239, 241
Lufthoheit *II* 106
Luftkrieg *I* 263
Luftschiff *II* 22, 24
Luftschiff »Graf Zeppelin« *I* 172
Luftschraubenuntersetzungsgetriebe *I* 194
Lusty *II* 108
Lycoming-Kolbentriebwerke *II* 198
LZ 4 *I* 22

Machtergreifung *I* 170
Märkische Orientierungsfahrt *I* 220
Maginot Linie *I* 174
Magirus *I* 146
MAN *I* 35, 88, 89. *II* 117, 119, 132, 141, 142, 143, 145, 164, 169, 197, 198, 199

MAN RR 153   *II* 198
MAN-Turbomotoren GmbH   *II* 164, 165, 167, 201
Marienplatz (München)   *I* 303
Marina di Pisa   *I* 112, 113, 121, 122
Markenzeichen   *II* 63, 69, 72
Marne-Taxi   *I* 129
Marsbergl   *I* 18
Marshall-Plan   *II* 47, 51
Martini und Simader Bankhaus   *I* 34
Maschinengewehrzapfen   *I* 197
Matchless   *I* 220
Mauser   *I* 129
Maximilians-Hütte   *II* 180, 196
Maybach   *II* 144, 201
Megola   *I* 81
Mercedes   *I* 55, 58, 59, 132, 133, 147, 155, 156, 157, 168, 212, 227, 255. *II* 74, 99, 104, 119, 144, 178, 187, 218, 246
Mercedes-Benz   *I* 156, 166, 168
Messerschmitt   *I* 155, 269, 274, 285. *II* 199
.Me 109   *I* 274
.Me 163B   *I* 276, 283
.Me 168   *I* 283
.Me 209 VI   *I* 269
.Me 262 VI   *I* 271, 273, 274, 278, 288
Messerschmitt Kabinenroller   *II* 95
Metallurgique   *I* 79
MIG 15   *II* 109, 110
Milbertshofen   *I* 18, 48, 58, 70, 88, 154, 165, 192, 196, 198, 208, 209, 239, 243, 244, 247, 248, 252, 278, 294, 299, 301, 304. *II* 17–21, 24, 25, 27, 28, 30, 33, 34, 68, 71, 73, 85, 90, 119, 128, 133, 150, 151, 155, 157, 162, 163, 179, 180, 190, 192, 203, 204, 226, 233
Militärregierung   *II* 24, 25, 28, 30, 31, 35, 49, 52, 56, 76, 84
Mille Miglia (Tausend-Meilen-Rennen)   *I* 215, 224, 225, 226, 254
Mitbestimmungsgesetz   *II* 226
»Monat«   *II* 189
»Monti«-Bergspyde   *II* 220
Moosacher Straße   *I* 20, 49, 63, 64, 75, 78, 82, 86, 88
Morgenthau-Plan   *II* 19, 51
Moskau   *I* 259
Mot-Coupé Isetta siehe Isetta
»Motorcycle«   *II* 57
»Motor Cycling«   *II* 57
Motorenbauaufsicht (Moba)   *I* 64, 73
Motorflug   *I* 24
Motorgetriebeblock   *I* 218
Motorisierung   *I* 131
»Motor-Kritik«   *II* 65
Motorpflug   *I* 75
Motorrad   *I* 80
Motorrad-Weltrekord   *I* 162
MTU (Motoren- und Turbinen-Union München GmbH)   *II* 201
Mühlheim   *I* 21
»Münchner Zeitung«   *II* 30

N. A. G.   *I* 47, 146
Napier-Lion-Motor   *I* 110
NASA   *II* 244
NATO   *II* 55, 117, 122
Nationalspende   *I* 38
Nationalsozialistische Betriebszellenorganisation (NSBO)   *I* 189, 196
Nationalsozialistisches Kraftfahrerkorps (NSKK)   *I* 228
Neue Klasse   *I* 202
Neunkirchner Allee (Wien)   *I* 161, 164
New Yorker Börse   *I* 151
Niederbarnimer Flugmotorenwerke   *I* 247, 278. *II* 18

»Nische«   *II* 175, 178, 179, 181, 187, 206, 218, 238
Nordmarkenflug   *I* 28, 30
North American F 86 Sabre Jet   *II* 109, 110
Norton   *I* 220
NSDAP   *I* 197, 198. *II* 29
NSU   *I* 146, 183, 184, 233
NSU RO 80   *II* 216
Nürburgring   *I* 170, 212, 213, 214, 232, 235. *II* 17, 101

Oberkommando des Heeres (OKH)   *I* 253, 259, 294
Oberkommando der Wehrmacht (OKW)   *I* 300
Oberschleißheim   *I* 57
Oberschlesische Hüttenwerke AG   *II* 196
Oberwiesenfeld   *I* 17–20, 26, 27, 30, 32, 49, 63, 70, 78, 86, 88, 120, 127, 262, 265, 302, 303. *II* 15, 242
Ölkühler   *I* 212
Olympische Spiele 1936   *I* 236
ONS (Oberste Nationale Sportkommission)   *II* 222
Opel   *I* 132, 146, 147, 157, 183, 200, 201, 205, 259. *II* 99, 166, 167, 170, 178, 181, 187, 216, 248
Operation Paperclip   *II* 107, 114
Östersund   *I* 163
Otto-B-Doppeldecker   *I* 42
Otto-Doppeldecker   *I* 30
Otto-Motor   *I* 273
Otto-Werke   *I* 49. *II* 192

Pariser Autosalon   *I* 99
Parseval-Luftschiff   *I* 19, 21
Pasadena   *I* 282
Pearl Harbour   *I* 178
Peenemünde   *I* 280
Pendelachse   *I* 155
Pertrix-Chemie AG   *II* 153, 156
Pfalzwerk   *I* 39
Pfeilflügel   *II* 109, 110
Philips   *II* 156
Pilsting   *II* 211, 212
Pintsch Bamag AG   *II* 120
Pirna   *II* 113
Pola   *I* 47, 51, 72
Pontonform   *II* 89
Porsche   *II* 186, 192
Postflugwesen   *I* 105
Potsdamer Abkommen   *II* 23, 29
Pratt & Whitney   *I* 125, 154, 191, 192, 193, 239, 249, 269. *II* 15, 23
»Hornet«   *I,* 125, 126, 154, 191, 193, 194, 238, 246
»Wasp«   *I* 125, 191, 192, 238, 269
Preßstahlrahmen   *I* 220
Presto   *I* 146
Preußische Flugzeugmeisterei   *I* 51
Preußische Heeresverwaltung   *I* 49
Preußische Inspektion der Fliegertruppen   *I* 49
Preußisches Kriegsministerium   *I* 32, 69
Prinz-Heinrich-Flug   *I* 38
Pritschenwagen   *I* 154
Privatwirtschaft   *I* 181
Production Control Agency   *II* 29
Propellerkreis   *I* 50, 55, 83, 87, 143, 156, 203. *II* 15, 182
Property Control   *II* 23, 25, 35
Prototyp   *I* 202
PTL Triebwerk   *II* 114
Puch   *I* 44
Puchheim   *I* 25
Pulvermagazin   *I* 18

Quandt-Gruppe   *II* 156, 195, 225, 230, 231, 234

Räterepublik   *I* 77
Raketen   *I* 265, 278. *II* 23
Raketentriebwerk   *II* 15, 29
Rapp-Motor   *I* 42, 44, 47
Rapp-Motorenwerke AG   *I* 16, 17, 20, 36, 37, 39, 40, 42, 44, 45, 49, 50, 63, 68, 70, 79. *II* 14, 15
Reichsautobahn siehe Autobahn
Reichsluftfahrtministerium (RLM)   *I* 190, 193, 200, 201, 238, 239, 245, 246, 250, 251, 257, 266, 267, 270, 277, 278, 280, 281, 282, 296, 297. *II* 17, 23, 104
Reichsmarineamt   *I* 42
Reichsverband der Deutschen Automobilindustrie (RDA)   *I* 183, 184, 185, 186
»Reichswerk«   *I* 244
Renault   *I* 246
Renndoppeldecker Typ Lindpaintner   *I* 27, 36
Renndoppeldecker Typ Otto   *I* 31, 34, 42
Reparationen   *II* 13, 16, 29, 30, 34, 38, 44, 48, 51, 58, 59
Reutter   *I* 217
Revolution   *I* 72
Reykjavik   *I* 123
Rheinmetall   *II* 13
Rheinstahl-Hanomag   *II* 162
Richthofen-Geschwader   *I* 59, 62, 239. *II* 15
Riesenfeldstraße   *I* 51, 54, 78, 94, 96, 99, 302. *II* 226
Ringbrennkammer   *I* 272. *II* 111
Röhm-Revolte   *I* 207
Rohrbach-Flugboot   *I* 119
Rohrbach »Roland«   *I* 119
Rohrbach »Romar«   *I* 118
Rohrrahmen   *I* 97, 98, 168, 204, 207, 221
Rohrschlange siehe BMW-Flugmotor X-4
Roland I Feldberg   *I* 126
Rolls Royce   *II* 114, 115, 117, 164, 165, 198, 246
Rolls Royce Eagle   *I* 121
Rolls Royce Motoren   *II* 17
Rootes   *II* 123, 133, 141, 162
Rosengart   *I* 172
Rotationskolbenmotor   *II* 217
Rüsselsheim   *I* 146, 201
Rüstung   *I* 200, 240, 241, 243
Ruhrfond   *I* 109, 110
Ruhrinvasion   *I* 115
Rumpler   *I* 33
Russenmotor   *I* 109, 110
Ruthenberg Luftschiff   *I* 36

Salpetersäure   *I* 277, 281
St. Die   *I* 248, 269
»Sascha«   *I* 86
Schallmauer   *I* 278
»Schattenfabrik«   *I* 243, 248
»Scheinwerfer«   *II* 217, 219
Schering   *II* 156
Schienenzepp   *I* 160, 172
Schleißheim   *I* 55, 57
Schleißheimer Straße   *I* 18, 19, 20, 36, 37, 39, 40, 50, 65, 78. *II* 15
Schneeweis   *I* 36, 37
Schräglenker-Hinterachse   *II* 99, 125, 168
Schutzvereinigung für Wertpapierbesitz   *II* 130, 131, 132, 140, 158, 171
Schwäbische Hüttenwerke (SHW)   *I* 133
Schwebemotor   *I* 205
Schwerpunktachse   *I* 206
Schwingachse'   *I* 154, 204. *II* 99

257

Security Clearence *II* 118
Sechs-Tage-Fahrt (Six Days) *I* 102, 220
Sechszylinder *I* 158, 166, 167, 168, 205. *II* 87, 183, 215, 216, 218, 222, 241, 244
Sekundärluftzumischung *I* 272
Selbstragende Karosserie *II* 124, 125
Semperit-Werke *I* 44
Senior-Tourist-Trophy siehe Tourist Trophy
Senkrechtstarter *II* 109, 164
Shell *II* 122
Siemens AG *II* 199
Siemens Apparate und Maschinen GmbH *I* 246
Siemens Flugmotorenbau *I* 246
Siemens-Martin-Stahl *II* 229
Simca *II* 69, 162
Sindelfingen *I* 156
Six Days *I* 102, 220
SNECMA Socité Nationale d'Etudes et de Constructions des Moteurs Aéronautiques *II* 109
Sociedad Colombo-Aleman de Transportes Aéros *I* 117
Solex-Vergaser *I* 167. *II* 215
Solitude *I* 99, 100, 101. *II* 61
Solvay-Konferenz *I* 173
Sozialdemokratische Partei Deutschlands (SOPADE) *I* 187
Soziale Marktwirtschaft *II* 99, 189
Spandau *I* 247, 248, 249, 250. *II* 18, 24, 34, 56, 68, 199, 200, 208, 238
»Spiegel« *II* 139, 196, 213, 218, 232
»Spirit of St. Louis« *I* 120, 240
Spitfire *I* 267
Stadelheim *I* 125. *II* 23, 24
Stadt des KdF Wagens *I* 187
Stalingrad *I* 259
Starfighter *II* 159, 160, 164, 165
Starrachse *II* 167
Starrahmen *I* 221
Staßfurt *II* 110, 111
»Stern« *II* 217
Sternmotor *I* 125. *II* 15
Stinnes-Gruppe *II* 229
Strafgefangene *I* 258
Strahltriebwerk *I* 269, 270, 274, 278. *II* 15, 23, 29, 108
Strahlturbine *II* 198
Stromformlimousine *I* 225
Stromlinie *I* 154, 159, 161, 222
Stromlinieninnenlenker *I* 228
SÜD-BREMSE *I* 20, 88, 89
Süddeutsche Bank *II* 134
Süddeutsche Zeitung *II* 49, 102, 137, 201, 240
Suezkrise *II* 99
Sunbeam *I* 220

»Tat« *II* 104
Tata *I* 159, 165, 212
Technologie-Austausch *II* 195
Teleskopgabel *I* 221
Thunderbird *II* 103
TI (Turismo Internationale) *II* 188
Tiefbettrahmen *I* 103
Tourist Trophy (T. T.) *I* 219, 224, 228, 230, 231, 232, 233, 234. *II* 26, 51
Transistorzündanlage *II* 211
Triebwerk GE J79 siehe Starfighter
Triebwerk 018 *II* 112
Triebwerk Tyne *II* 198
Triest *I* 47
Trinkaus Bankhaus *II* 171
Triumph *I* 220
Turm *II* 234, 235, 236, 241, 242, 244, 245, 247

Unimog *II* 73, 74
United Aircraft *II* 159
Uprawleschensk Godorok *II* 112, 113
US Air Force *II* 244

Van Doorne Automobielfabrieken N. V. (DAF) *II* 238
Varta *II* 156, 195
Verband der Deutschen Automobilindustrie (VDA) *II* 186
Vereinigte Österreichische Eisen- und Stahlwerke AG *II* 120
Veritas *II* 101, 220
Versailler Vertrag *I* 78, 79, 104, 105, 113, 174
Versuchsanstalt für Luftfahrt *I* 38
Versuchsbahn *II* 219
Versuchsflüge *I* 56
Vertriebsorganisation *II* 192, 194
Victoria *I* 80, 83, 99, 100
Victoria-Werke *I* 81, 85, 198
Viertakter *II* 175
Viertaktverfahren *I* 21
Vierzylinder *I* 158. *II* 235, 241
Vignale Karosseriebau *II* 124
V-Motor *I* 74
»Völkischer Beobachter« *I* 180, 236
»Volksjäger« *I* 274
Volksmotorisierung *I* 170
Volkswagen *I* 130, 133, 183, 184, 185, 186, 187, 202, 205, 298. *II* 92, 96, 166, 174, 178, 191, 195, 224, 248
Volkswagenwerk *I* 185
Volldruckhöhe *I* 266
Vollschwingachse *I* 183
Volvo *II* 246

Währungsreform *II* 53, 55, 60, 81, 189, 190
»Waldwerk« *I* 246
Wallbergrennen *II* 220
Walter-Gerät *I* 283
Walter-Werke Kiel *I* 278
Wallstreet *I* 141, 151
Wanderer *II* 210
Wankelmotor *II* 216
Wartburg *I* 142
Wartburg Sport *I* 145, 154
»Wartburg«-Wagen *I* 137, 138
Wassergekühlter Motor *I* 125, 126, 192, 243, 345, 346, 349
Wassermann Bankhaus *I* 134
Wehrhoheit *I* 208
Weimarer Republik *I* 108, 174
Weltflug *I* 124, 178
Weltrekord *I* 223. *II* 222
Weltverkehr *I* 173
Weltwirtschaftskrise *I* 157, 178
Wertanalyse *II* 192, 197
»Westfahlen« *I* 194
Windkanal *II* 108
Wintershall *II* 225
Wirbelkammer *II* 168
Wirtschaftswunder *II* 60, 189
Wirupal *I* 109
Wolfsburg *I* 187

Zahnstangenlenkung *I* 204
Zeitgeschichte *I* 12
»Zeitsignale« *I* 12
Zentraldruckschmierung *I* 168
Zentralrohrrahmen *I* 183
Zivilluftfahrt *I* 238
Zschopauer Motorenwerke *I* 167
Zühlsdorf *I* 247, 248, 258, 278, 280. *II* 18, 34
Zündapp *I* 184. *II* 53, 92
Zündapp Janus *II* 95

Zweitakter *II* 175
Zweitausend-Kilometerfahrt 1934 *I* 207
Zyklon-Werke *I* 135, 139
Zylinderkopf *I* 212. *II* 60, 90

Bildnachweis

14, rechts o.	MTU	
24, unten	MTU	
30	Stadtarchiv München	
31, links	Stadtarchiv München	
36	Berliner Illustrierte Zeitung Nr. 100, 1. Jahrgang	
44, Mitte	Automobil Revue	
49	Hans Schurer	
50, links o.	Stadtarchiv München	
Mitte	Hans Schurer	
links	Süddeutsche Zeitung	
links u.	Süddeutsche Zeitung	
51, unten	Keig, Isle of Man	
54, links o.	Stadtarchiv München	
Mitte	Stadtarchiv München	
links u.	Stadtarchiv München	
55	Stadtarchiv München	
links u.	Das Auto, PKW + Motorrad + Sport Süddeutscher Verlag	
81, Mitte	Süddeutscher Verlag	
85, Mitte o.	R. Herzog	
92, oben	Swissair	
94, unten	Simons	
101, 1. Mitte	Daimler-Benz Archiv	
2. Mitte	Daimler-Benz Archiv	
104, unten	J. Mourreau, Paris	
106	Gräfin Sandizell	
107, oben	aus: »Die Wirbelstraße«, T. von Karman, 1968, Hoffmann und Campe	
Mitte	aus: »Alliierte Jagd auf deutsche Wissenschaftler«, Kurowski, 1982, Kristall Langen-Müller	
unten	aus: »Alliierte Jagd auf deutsche Wissenschaftler«, Kurowski, 1982, Kristall Langen-Müller	
108, oben	MTU	
Mitte	MTU	
links u.	MTU	
rechts u.	MTU	
109, links	MTU	
rechts	MTU	
110, Mitte	Süddeutsche Zeitung	
unten	aus: »Jane's All the worlds aircraft«, Leonhard Bridgeman	
111, oben	aus: »Jane's All the worlds aircraft 1978–79«	
Mitte u.	aus: »Alliierte Jagd auf deutsche Wissenschaftler«	
112, klein o.	MTU	
1–3 u.	aus: »Alliierte Jagd auf deutsche Wissenschaftler«, Kurowski, 1982, Kristall Langen-Müller	
113	Süddeutsche Zeitung	
115, oben	MTU	
unten	MTU	
116, oben	Dornier	
116, links u.	MTU	
groß u.	MTU	
117, oben	MTU	
unten	MTU	
119, oben	Süddeutsche Zeitung	
Mitte	Süddeutsche Zeitung	
122, oben	Der Spiegel, Hamburg	
124, groß o.	Denzel, Wien	
links o.	Denzel, Wien	
Mitte	Denzel, Wien	
1. unten	Denzel, Wien	
2. unten	Denzel, Wien	
125	Denzel, Wien	
127, Mitte	Rudi Herzog, Wiesbaden	
128	Süddeutsche Zeitung	
130, 1. oben	Süddeutsche Zeitung	
2. oben	Süddeutsche Zeitung	
2. unten	Der Spiegel, 1958	
131	Simplizissimus	
132, Mitte	MAN	
unten	F. Timpe, München	
133	Süddeutsche Zeitung	
134, 1. oben	Süddeutsche Zeitung	
2. oben	Süddeutsche Zeitung	
135, oben	F. Timpe, München	
Mitte	Der Spiegel	
136, unten	Süddeutsche Zeitung	
137	Süddeutsche Zeitung	
138, Mitte	Der Spiegel, Hamburg	
139, unten	F. Timpe, München	
140, unten	Süddeutsche Zeitung	
141	Ernst Kämpfer	
142, oben	»Die Zeit«	
143	F. Timpe, München	
144, oben	Süddeutsche Zeitung	
145	Süddeutsche Zeitung	
146	Der Spiegel, Hamburg	
147	Der Spiegel, Hamburg	
150, Mitte	Süddeutsche Zeitung	
unten	Ernst Kämpfer	
151	Daimler-Benz Archiv	
153	Quandt-Zentrale, Bad Homburg	
154, unten	Denzel, Wien	
155, unten	Daimler-Benz Archiv	
158, Mitte	Witkowsky, Hans, Düsseldorf	
unten	Witkowsky, Hans, Düsseldorf	
160	Süddeutsche Zeitung	
161, oben	Ernst Kämpfer	
Mitte	J. Mourreau, Paris	
162, oben	Daimler-Benz Archiv	
unten	Süddeutsche Zeitung	
164, oben	MTU	
Mitte	MTU	
unten	MTU	
165, oben	Süddeutsche Zeitung	
unten	MTU	
166, links o.	Simons	
rechts o.	Simons	
links u.	Simons	
rechts u.	Simons	
171	Deutsches Museum	
172	Süddeutsche Zeitung	
173, Mitte		
groß	»Aus Automobil und Motorrad Chronik« S. 20	
Mitte klein	»Aus Automobil und Motorrad Chronik« S. 20	
unten	»Aus Automobil und Motorrad Chronik« S. 20	
174	Ernst Kämpfer	
179, oben	Walter Hölzl, Rottach-Egern	
180, oben	Der Spiegel, Hamburg	
unten	Leica-Studio Wörner, Grötzingen	
184, oben	Robert Vack	
Mitte	H. F. Lauffer, Frankfurt/M.	
185, oben	Ernst Kämpfer	
klein u.	Ernst Kämpfer	
186, Mitte	Lothar Rübelt, Wien	
191, Mitte	J. W. Durrer, Gravenhage	
192, 1. unten	Claus v. Rücker	
195, oben	Süddeutsche Zeitung	
Mitte	VW Archiv	
unten	VW Archiv	
196, unten	Ernst Kämpfer	
197, links u.	MTU	
groß u.	MTU	
198, oben	Dornier	
Mitte	MTU	
links u.	MTU	
groß u.	MTU	
199	Süddeutsche Zeitung	
201	Süddeutsche Zeitung	
202, links u.	Thomas Müller, Hamburg	
rechts u.	Thomas Müller, Hamburg	
205, Mitte	Thomas Müller, Hamburg	
206, links o.	Karl Dompert	
rechts o.	Karl Dompert	
213, oben	»Der neue Tag«, Weiden	
218, links u.	Daimler-Benz Archiv	
219, oben	Handelsblatt	
219, 2. unten	Volker Rauch, Nürnberg	
221, Mitte	H. P. Seufert, Waiblingen	
unten	Volker Rauch, Nürnberg	
222, unten	Kurt Wörner, Karlsruhe	
224	Daimler-Benz Archiv	
233, oben	Foto Actualités Télévisées, Paris	
234, Mitte	Büro Schwanzer, Wien	
236, unten	Ferdi Kräling, Siedlinghausen	
237, rechts	H. P. Seufert, Waiblingen	
241, unten	Prugger, München	
244, Mitte	Benno Wundshammer, Rottach-Egern	
unten	Benno Wundshammer, Rottach-Egern	
245, Mitte	Sigrid Neubert, München	
247, Mitte	Bavaria Luftbild GmbH, Oberschleißheim	

Die BMW Edition im ECON Verlag bildet ein exklusives Programm von Büchern rund um die Welt des Automobils und des Motorrads. Sie sind geschrieben von Kennern ihres Themas, in der Regel von bekannten Journalisten und Schriftstellern ihres Fachs; illustriert von den besten deutschen Fotografen und mit zum Teil niemals zuvor gezeigtem Archivmaterial; gestaltet von dem Designer Otl Aicher, dem auch die Olympischen Spiele München 1972, die Lufthansa und das ZDF ihr Design verdanken.

Die BMW Edition vereinigt zum erstenmal Markenportraits des Automobil- und Motorradherstellers BMW mit einer fesselnden Industriegeschichte und mit einem Buch über den Motorsport, wie man es von diesem Unternehmen erwarten darf: sorgfältig entwickelt, modern und klar gestaltet, gut verarbeitet und nicht nur für den Tag geschaffen. Alle Bände nutzen erstmals auch das gesamte dokumentarische Material für ihr Thema. Alle Bände sind als gemeinsame Bücher von BMW und ECON werksüberprüft – ein Gütesiegel, das nur diese Edition hat. Alle Bände sind reich illustriert und hervorragend gestaltet. Sie sind zusammen ein Ganzes: die Welt von BMW.

Horst Mönnich
Vor der Schallmauer
BMW
Eine Jahrhundertgeschichte
Band 1
1916–1945

ECON

Die Geschichte der Bayerischen Motoren Werke ist zugleich eine Geschichte unseres Jahrhunderts: das Porträt eines Unternehmens vor dem Hintergrund turbulenter Zeiten. Horst Mönnich schreibt voller Freude am Detail und doch mit weitem Horizont; die Chronistenpflicht hält ihn nicht ab von ausdrücklicher Anteilnahme.

Ein kurzer Krieg – so glaubte man 1914 – würde die Spannungen zwischen den europäischen Mächten lösen; er wurde zur Weltkatastrophe. Kleine Unternehmen, die voller Optimismus für eine friedliche Zukunft geschaffen waren, wuchsen zu Rüstungsbetrieben: Damals entstanden die Bayerischen Motoren Werke. Ein fabelhafter Flugmotor gelang auf Anhieb, doch der Krieg war verloren. Das Werk überlebte, Menschen schlugen sich durch. Die Schicksalsgemeinschaft der Ingenieure auf der einen Seite, Banken und Spekulanten auf der anderen, das Notprodukt Motorrad als neues Fundament, wieder Flugmotoren als eigentliches Metier des Hauses, die »Roaring Twenties«, erste Autos, die Wirtschaftskrise, Hitler und die Folgen: Die Geschichte des heute erfolgreichen Unternehmens ist schon oft geschildert worden. Doch bei seinen Recherchen zum ersten Band der Jahrhundertgeschichte von BMW, der 1914 beginnt und 1945 mit den Trümmern des Zweiten Weltkriegs endet, hat Horst Mönnich erstmals Zugang zu allen Archiven bekommen, mit allen wesentlichen Zeitzeugen persönlich gesprochen und ungeahntes Material ergründen können.

Horst Mönnich, 1918 geboren, ist durch zahlreiche Bücher (z.B. DIE AUTOSTADT, EINREISEGENEHMIGUNG, LAND OHNE TRÄUME), Reportagen, preisgekrönte Hörspiele und Fernsehspiele bekannt geworden. Er ist Mitglied des PEN und von Anfang an Mitglied der Gruppe 47. Mönnich gehört zu den wenigen Schriftstellern, die es verstehen, die deutsche Wirklichkeit, zu der auch Wirtschaftsfragen gehören, differenziert darzustellen.

Wie kommt es, daß mit einer Automarke bestimmte Vorstellungen und Erwartungen verbunden sind?

Werbung kann keine Wunder bewirken, das Produkt muß der Aussage entsprechen, und der Charakter einer Marke entsteht nicht von heute auf morgen. Wie entsteht er überhaupt? In diesem profund geschriebenen Werk wird sichtbar, wie dies geschah, wie der Käufer mit bestimmten Forderungen und Erwartungen an das Werk herantritt und wie schöpferische Mitarbeiter den Charakter erfassen und prägen. Die Marke BMW, mit der sich dieses Buch befaßt, ist ein fesselndes Beispiel. Ihr Charakter war schon klar umrissen, ehe 1933 der erste echte BMW erschien.

So lebendig ist selten über das Auto berichtet worden, so enthusiastisch, sachverständig, verständnisvoll, aber auch kritisch. Paul Simsa beschreibt in sehr persönlichem Stil die Probleme eines Unternehmens, seiner Manager, Konstrukteure, Techniker und Designer. Eng damit zusammen steht das faszinierende Panorama, das die reichhaltigen Farbbildfolgen darbieten und die Welt der BMW-Automobile erschließen.

Der Band ist Dokumentarwerk der Automobilmarke, eine Liebeserklärung an eine Marke und durch die Abbildung der einzelnen Typen und Modelle ein wertvolles Nachschlagewerk.

Paul Simsa, Jahrgang 1924, Dr. phil., machte sein Hobby zum Beruf: Er schrieb schon als Student für Motorradzeitschriften und war Mitarbeiter einer Motorradfabrik. Seit 1955 ist er bei der Motor Presse, Stuttgart, tätig. Als Chefredakteur von Motorzeitschriften, als Tester und Autor hat er sich seit Jahrzehnten mit Marken und Modellen auseinandergesetzt, viel über Industriegeschichte geschrieben und den motorisierten Alltag kommentiert.

In der Geschichte des Motorsports haben die Bayerischen Motoren Werke viele packende Kapitel mitgeschrieben. Von den ersten Höhenflügen mit BMW-Flugmotoren über Ernst Hennes Rekordfahrten bis zur Turbo-Technik in der Formel 1 reicht die spannende Entwicklung.

In diesem Buch geht es aber keineswegs darum, minutiös alle Münchener Motorsporterfolge zu schildern. Im Mittelpunkt steht die Faszination dieses erregenden Spiels von Menschen und Maschinen. Mitreißende Reportagen über weltberühmte Rennen und Rennstrecken finden sich hier ebenso wie lebendige Berichte vom Rande des Rennsports.

Natürlich kommen auch die Triumphe von ›Schorsch‹ Meier bei der Tourist Trophy nicht zu kurz. Berichtet wird über das Rennfahrerblut der Stucks, über die Wettbewerbe der Tourenwagen, über die ›Dreckarbeit‹ der Geländefahrer, über die Wüstenrallye Paris–Dakar und – nicht zuletzt – über den persönlichen Einsatz der Ingenieure, Mechaniker, Rennleiter und Fahrer, die mit Herz und Blut der Faszination Rennstrecke erlegen sind.

Eingebettet in die Berichte über Rennen und Rekorde erläutert Rolf Heggen auch die Sportgesetze und technischen Bestimmungen und beantwortet die vielgestellten Fragen: Warum Motorsport mit Werkseinsatz, und welchen Wert hatte (oder hat) der Motorsport für die Entwicklung von Autos und Motorrädern?

Vom Dixi bis zum M 1 hat so ziemlich alles am Motorsport teilgenommen, was bei BMW ›das Laufen lernte‹. Heute gilt die Münchener Motorsport GmbH als ein Muster für modernes Management im Renneinsatz.

Was BMW dem Motorsport und der Motorsport BMW zu verdanken hat, wird in diesem reich illustrierten Streifzug durch mehr als sechzig Jahre Motorsportgeschichte deutlich gemacht.

Rolf Heggen, 1944 in Wuppertal geboren, ist seit 1966 Redakteur bei der ›Frankfurter Allgemeinen Zeitung‹. Über die Ressorts Sport, Motor, Wirtschaft führte der Weg in die Magazin-Redaktion der F.A.Z. Heggen hat viele Jahre von Olympischen Spielen und Weltmeisterschaften berichtet, von Formel 1-Rennen wie von Motorrad-Geländefahrten. Als Fahrer nahm er an verschiedenen internationalen Rallyes teil. Er schrieb Bücher über Kanusport, Volleyball und Handball. Seine Reportagen und Kommentare wurden in zahlreichen Büchern über Olympische Spiele und Fußball-Weltmeisterschaften sowie in Jahrbüchern, Taschenbüchern und Schulbüchern veröffentlicht.

Gerold Lingnau
Freiheit auf zwei Rädern
BMW
Charakter einer Motorradmarke

ECON

Freiheit – das ist das erste, das man auf dem Motorrad erfährt. Freiheit für Sonne, Regen und Wind. Freiheit zum aktiven Fahren, durch Kurven, im Gelände, auf der Autobahn. Und Freiheit im Erleben eines der erregendsten Abenteuer unserer Zeit, das jedem offensteht. Motorradfahren ist mehr als Fortbewegen. Es ist Auseinandersetzung mit der Straße und faszinierendes Vergnügen zugleich. Es weckt Gefühle, die man einem technischen Gegenstand sonst nicht zuwendet: Liebhaberei ist das treffendste Wort dafür. Wer sich die Freiheit auf zwei Rädern erobert hat, für den ist das Motorrad kein totes Gerät. Er lebt mit ihm und auf ihm, er steht zu Modell und Marke.

Am Anfang der Motorradmarke BMW war eine Idee. Ihr ist das Münchner Unternehmen bis heute treu geblieben. Die Maschinen der achtziger Jahre stammen – mit Boxermotor und Kardanantrieb – in gerader Linie von jener R 32 ab, die 1923 den Stammbaum der weiß-blauen Modelle begründete. Generationen von Fahrern haben seither die Tugenden der BMW-Motorräder genossen und ihre kleinen Fehler lächelnd ertragen. Und sie haben in guten und schlechten Zeiten zu einer Marke gehalten, die ihre Anfänge nie verleugnen und ihr technisches Konzept bis jetzt nie grundlegend ändern mußte.

Dieses Buch handelt von den BMW-Motorrädern und von den Menschen, die sie fuhren und fahren. Beide gehören zusammen, wie Pferde und Reiter. Und so ist hier nicht nur von Zylindern, von seiten- und obengesteuerten Ventilen, Rohr- und Preßstahlrahmen die Rede, von Teleskopgabeln, Federbeinen und Verkleidungen, von Keilklotz-, Kardan- und Scheibenbremsen. Auch die eigentlichen Akteure gewinnen Gestalt: Männer und Frauen auf BMW-Maschinen. Der Rennfahrer Otto Steinfellner tritt auf – Österreich, zwanziger Jahre –, der Polizist Michael Funke, der Veteranen-Sammler Hans Wilhelm Busch, der amerikanische BMW-Fan Bruce Seguine aus Oregon und viele andere. Sie alle haben eines gemeinsam: ihre Sympathie für die weiß-blaue Marke. Freiheit auf zwei Rädern? BMW-Fahrer mögen und müssen sie nicht missen. Gestern nicht, heute nicht – und auch morgen nicht.

Gerold Lingnau, geb. 1934, Dr. rer. pol. und Dipl.-Volksw., trat 1961 in die Wirtschaftsredaktion der ›Frankfurter Allgemeinen Zeitung‹ ein und ist seit 1972 dort verantwortlicher Redakteur im Ressort ›Motor‹. Er widmete sich den Fragen des Verkehrswesens und der Automobilwirtschaft. Lingnau betreibt das Motorradfahren aus Hobby und ist Autor und Mitverfasser von bisher sieben Büchern, davon drei Werken über Motorräder.